BENSON BOBRICK

LAND DER SCHMERZEN – LAND DER HOFFNUNG

DIE GESCHICHTE SIBIRIENS

BENSON
BOBRICK

Land
der Schmerzen

Land
der Hoffnung

Die Geschichte Sibiriens

Aus dem
Amerikanischen von
Karl Heinz Siber

DROEMER KNAUR

Die Deutsche Bibliothek – CIP – Einheitsaufnahme
Bobrick, Benson :
Land der Schmerzen – Land der Hoffnung, Die Geschichte Sibiriens
[Aus dem Amerikan. von Karl Heinz Siber]. – München : Droemer Knaur, 1993
Einheitssacht.: East of the Sun < dt. >
ISBN 3-426-26708-X

Titelblatt: Hundeschlittenkonvoi in einem Tal der nördlichen Kamtschatka
(Lithographie, 18. Jahrhundert)

© Copyright 1993 für die deutschsprachige Ausgabe
bei Droemersche Verlagsanstalt Th. Knaur Nachf. München 1993
Titel der amerikanischen Originalausgabe:
East of the Sun; The Epic Conquest and Tragic History of Siberia
Originalverlag: Poseidon Press Simon & Schuster Inc., New York
© Copyright 1992 by Benson Bobrick
Gestaltung und Herstellung: von Delbrück, München
Umschlaggestaltung: Agentur ZERO, München
Umschlagfotos: IFA-Bilderteam, München
Texterfassung : Brigitte Apel, Wietze
Filmbelichtung: Appl, Wemding
Umbruch: Ventura Publisher im Verlag
Druck und Bindearbeiten: Spiegel, Ulm-Jungingen
Printed in Germany
ISBN 3-426-26708-X

5 4 3 2 1

Für Sherry
und
im Gedenken an meine Mutter, die
1929 alleine Sibirien bereiste

INHALT

TEIL DREI

TEIL VIER

VORWORT

DIESES BUCH könnte wie eine Fortsetzung meiner Biographie Iwans des Schrecklichen erscheinen, weil sich dessen Regierungszeit ihrem Ende zuneigte, als die Eroberung Sibiriens begann. In Wirklichkeit hat es aber eine ganz andere Entstehungsgeschichte.

Meine Mutter fuhr 1929 als 20jährige mit der Transsibirischen Eisenbahn allein von Moskau nach Wladiwostok und reiste von dort aus weiter nach Seoul zu ihrem Vater, der in der koreanischen Hauptstadt als Missionar wirkte. Im Jahr zuvor war er zum Bischof der Methodistenkirche gewählt worden; sein Episkopat umfaßte Japan, Korea und die Mandschurei. Vier Jahre später kam noch Südostasien hinzu.

Er hatte viele Geschichten zu erzählen aus diesen damals noch ziemlich unbekannten Ländern, so daß ich mit faszinierenden Einblicken ins Innenleben Asiens und des Fernen Ostens aufwuchs – zwar aus zweiter Hand, aber immerhin mit wunderbaren alten Fotografien garniert. Doch immer klaffte eine große Lücke in diesem Bild: Das nördliche Drittel Asiens fehlte – das geheimnisvolle Sibirien. Dabei gehörte es doch zu Rußland, der Heimat meiner Vorfahren väterlicherseits. Meine Mutter starb, bevor ich alt genug war, sie zu fragen, was sie auf ihrer Reise gesehen hatte, und so wurde diese Reise zum Bestandteil des unergründeten Geheimnisses, das Mutter für mich war und blieb. Indem ich ihren Spuren folgte (so vermute ich) und soviel wie möglich über das nördliche Asien in Erfahrung brachte, vertiefte ich mich in ein imaginäres Gespräch der denkbar gründlichsten Art mit ihr. Meine Suche führte mich nach Moskau und St. Petersburg, nach Zentralasien und kreuz und quer durch das ganze Sibirien zwischen Ural und Japanischem Meer. Was ich fand, war Geschichte.

TEIL
EINS

Vorhergehende Seite: Tungusische Familie

1

SCHLAFENDES LAND

Als sich das 16. Jahrhundert seinem Ende zuneigte, lag Rußland in Trümmern. Krieg, Hungersnot, Seuchen und der Terror im Polizeistaat Iwan des Schrecklichen, des ersten Zaren von Rußland, hatten das Land entvölkert. Moskau lag in Schutt und Asche. Im Westen bedrängt von Polen und Schweden, im Süden von den Krimtataren, wandte Rußland sich dem Osten zu, wo Sibirien »geheimnisvoll und endlos weit die Arme ausbreitete«.

Es war ein Zufall, vergleichbar nur mit der Entdeckung Amerikas durch Kolumbus, daß eine kleine Expedition in das östliche Grenzland im Zeitraum weniger Generationen zur Eroberung eines Gebiets führte, das größer war als das Römische Weltreich.

Lange Zeit hatte Rußland bezüglich Sibirien eigentlich keine genauen Vorstellungen, was es besaß. Heute freilich verkörpert dieses riesige Territorium die reichste Ressourcen-Schatzkammer der Erde und das letzte wirklich noch unerschlossene Siedlungsgebiet der Menschheit – eine Hoffnung am düsteren Horizont der Zukunft Rußlands.

Sibirien war und ist ein geologisches und anthropologisches Wunderland. In Teilen ähnelt es zwar dem Norden des europäischen Rußlands, und die flachen Trockensteppen in seinem Süden bilden die nahtlose Fortsetzung des ausgedehnten osteuropäischen Steppengürtels. Im Grunde aber ist es ein eigener Subkontinent, den man nur dem Namen nach kannte.

Lange Gebirgszüge durchschneiden das Land in Nord-Süd- und West-Ost-Richtung. An seinen fernsten Gestaden ragen Vulkane auf, die zum feuerspeienden pazifischen Ring gehören. Und seine mächtigen Ströme, Rivalen des Mississippi und des Nils, hätten, zu einem Band aneinandergekettet, fünfundzwanzigmal die Erdkugel umschlingen können. Jedes der drei großen Flußsysteme umfaßt eine größere Fläche als ganz Westeuropa.

Die Klimazonen Sibiriens reichen vom Polarkreis bis in die Subtropen und bergen Lebensräume für so unterschiedliche Tierarten wie Eisbären und Kamele. Sibirien überspannt Breitengrade, auf denen so gegensätzliche Städte liegen wie das grönländische Thule und das französische Marseille. Mit seinen rund 13 Millionen Quadratkilometern umfaßt Sibirien zwischen Ural und Pazifik, zwischen Mongolei und Nordmeer etwa 7,5 Prozent der gesamten Landmasse der Erde.

Bei dem Versuch, sich zu veranschaulichen, was das bedeutet, kam ein Entdecker des 19. Jahrhunderts zu folgendem Ergebnis:

> Wenn es möglich wäre, ganze Länder aus einem Bereich der Erdkugel in einen anderen zu versetzen, könnte man die gesamten Vereinigten Staaten von Amerika, von Maine bis Kalifornien und vom Oberen See bis zum Golf von Mexiko, abheben und so über Sibirien legen, daß sie dessen Grenzen nirgendwo berühren würden. Man könnte sodann Alaska und sämtliche Staaten Europas (mit Ausnahme Rußlands) dazunehmen und sie als Einzelstücke in die verbleibenden Ränder einpassen. Wenn man so die gesamte USA einschließlich Alaskas sowie ganz Europa außer Rußland untergebracht hätte, wären immer noch über 800 000 Quadratkilometer Sibirien übrig.

Sibirien birgt auch die vielleicht älteste Stelle der Erdoberfläche, die nördlich der Mongolei gelegene Region um den Baikalsee. Um die Wende zum 20. Jahrhundert forschte eine Expedition in dieser Gegend nach Spuren des Gartens Eden. Es klingt zwar absurd, ein immergrünes irdisches Paradies ausgerechnet in Sibirien zu suchen, doch Tatsache ist, daß dieses Land sich als unvergleichliche natürliche Schatzkammer entpuppt hat.

Zwei Legenden liefern Erklärungsversuche für die paradoxe Fülle der gefrorenen Reichtümer Sibiriens. Eine erzählt, dem lieben Gott seien, als er seine Wohltaten über die Erdkugel verteilte, über Sibirien die Hände vor Kälte so steif geworden, daß er besonders viele Schätze fallen ließ. Die andere besagt, Gott habe, zornig über die Menschen, den reichsten Teil der Erde zufrieren lassen. Zur Strafe für die Sünden Adams habe er das Land leblos gemacht.

Der Name Sibirien weckt mystische Assoziationen. Er leitet sich ab vom mongolischen *siber*: schön, wunderbar, rein – und vom tatarischen *sibir*: Schlafendes Land.

Das Dornröschen im Herzen dieses schlafenden Landes ist der Baikalsee, der älteste See auf Erden, der nicht weniger als ein Fünftel der auf der Welt vorhandenen Süßwassermenge enthält und dem Volumen nach der größte Süßwassersee der Erde ist. Von 336 Zuflüssen gespeist, hat das tiefste Binnengewässer auf Erden die Form einer über 600 Kilometer langen Sichel und weist ein in sich geschlossenes Ökosystem auf. Von den 1700 am und im Baikalsee beheimateten Pflanzen- und Tierarten kommen 1200 nur hier vor, unter anderem ein Fisch namens *Golomjanka*, der lebende Junge zur Welt bringt.

Im Baikalsee gab es einmal Zehntausende von Robben, obgleich die Entfernung zum nächsten Ozean über 1500 Kilometer beträgt. Für chinesische Chronisten des Altertums war der Baikalsee denn auch das nördliche Meer, einige sibirische Stämme verehrten ihn als heiliges Meer. Und auch die Russen, die sich abergläubische Erklärungen für seine scheinbar aus heiterem Himmel kommenden Stürme zurechtlegten (die angefacht werden von Winden, die von den vulkanischen Zinnen der ihn umschließenden Gebirgsketten herabfegen), pflegten zu sagen: »Erst auf dem herbstlichen Baikalsee lernt ein Mensch, von ganzem Herzen zu beten.«

Topographisch zerfällt Sibirien in drei breite waagerechte Zonen. Im Norden erstreckt sich entlang der gesamten Eismeerküste, von Nowaja Semlja bis zur Beringstraße, ein weiter baumloser Tundragürtel. In der Mitte schließt sich ein breiter Waldgürtel an, der vom Uralgebirge bis zum Ochotskischen Meer reicht. Im Süden folgt, vom Ural bis zur mongolischen Grenze und darüber hinaus, ein Streifen urbaren Landes, das nach Osten zu in Trockensteppen und Halbwüsten übergeht.

Die äußerst niederschlagsarme und öde Tundra lag die meiste Zeit des Jahres unter einer fährtenlosen Schneedecke. Nichts wuchs hier außer Moosen, Flechten und schütterem Gras. Rauhe arktische Stürme peitschten den Schnee auf und preßten ihn zu einer harten Decke zusammen. Darunter befand sich eine dicke »geologische Eisschicht« – dauerhaft gefrorener Boden, dessen Vordringen in noch größere Tiefen wohl nur die aus dem heißen Erdinneren ausstrahlende Wärme verhinderte.

Im sibirischen Sommer taut der Boden zwar auf, aber nur bis zu einer Tiefe von einigen Dezimetern. Die darunterliegende Frostschicht ist hart wie Eisen und läßt kein Wasser durch. Im Frühling regnet es gewissermaßen aufwärts; der Boden kann nur durch Verdunstung Wasser abgeben. Da die oberste Bodenschicht durch schmelzenden Schnee stets mit Wasser gesättigt wird, bildet sich auf ihr mit der Zeit ein dichter, tiefer Teppich aus grauen arktischen Moosen. Aus abgestorbenem Moos sproß immer wieder neues Moos, bis die gesamte Tundra schließlich zu einem riesigen, schwammigen Sumpf geworden war.

Im südlichen Randbereich der Tundra schlugen vereinzelt Bäume Wurzeln; sie krümmten sich zu grotesken Formen. So wuchs die Zwergzeder wie eine sich selbst überlassene Weinrebe am Boden entlang, auch andere Bäume zeigen bemerkenswerte Verkrüppelungen und Verwindungen, Folge ihres beständigen Bemühens, sich nach der blassen arktischen Sonne auszurichten.

Diese groteske Baumwelt kontrastierte mit einer Landschaft, die streckenweise aussah, als sei sie von einem der Geometrie zugetanen Schöpfer entworfen. Das frühsommerliche Schmelzwasser sammelt sich in Tümpeln von vollkommen runder Form. Steine, die aus dem Boden herausgedrückt worden sind, bilden oft konzentrische Kreise mit den größeren Steinen außen und den kleineren innen. Eiskeile, die entstehen, wenn Schmelzwasser in Risse oder Frostspalten fließt, zerschneiden den Boden in geradlinig begrenzte Vielecke.

300 bis 600 Kilometer südlich der Eismeerküste geht die Tundra in einen Nadelurwald, die Taiga, über. Als erstes tauchten verstreute Lärchen auf, die sich an einen Fleck aufgetauten Bodens klammerten. Weiter südlich folgten, in Abstufungen, dichtere Ansammlungen von Fichten, Tannen, Zedern, Birken und Zirbelkiefern, bis schließlich die ineinandergreifenden Äste und Zweige zu einem dichten Nadelbaldachin zusammenwuchsen.

Im Herzen der Taiga drang selbst um die Mittagszeit nur dämmriges Licht durch die Baumkronen; die eigentliche Faszination der Taiga aber lag darin, daß sie sich über Tausende und Abertausende von Kilometern hinzog. »Nur Zugvögel«, schrieb Anton Tschechow, »wissen, wo sie endet.«

Während die Tundra nur wenige Tierarten ernährte (Rentiere, Eisbären, Lemminge und Polarfüchse), wimmelte es in der Taiga von Braun- und Schwarzbären, Wölfen, Zobeln, Eichhörnchen, Iltissen, Hermelinen, Luchsen, Elchen, Hasen, Wildschweinen, Dachsen, Vielfraßen und Hunderten von Vogelarten, darunter Enten und Gänsen.

Die Taiga geht nach Süden allmählich in eine Mischwaldzone mit Pappeln, Espen, Ulmen, Ahorn und Linden über, die dann den Steppengebieten mit ihren üppigen urbaren Böden und Weideflächen weicht. Streckenweise war die westsibirische Steppe so fruchtbar wie die ukrainische Schwarzerde.

Im Süden grenzt Sibirien auf einer Strecke von über 3000 Kilometern an ein »Land des Sommerschnees«, wo mächtige weiße Salzablagerungen die Strahlen der Wüstensonne reflektierten.

Die Temperaturen schwanken in Sibirien zwischen allen Extremen, nicht nur zwischen Nord und Süd, sondern auch an Ort und Stelle. Selbst in den nördlicheren Breiten kann der kurze Sommer fast so heiß werden wie die Winter kalt. Und am »Kältepol der Erde«, bei Ojmjakon an der oberen Indigirka, wo es im Winter bis zu minus 70 Grad kalt werden konnte, stieg das Thermometer im Juli manchmal auf über 35 Grad.

Als gliedernde Elemente schieben sich in die breiten horizontalen Gürtel von Tundra, Taiga und Steppe mehrere große Gebirgszüge hinein: Altai, Sajan, Jablonowyj, Stanowoi, Werchojansker Gebirge und die Vulkankette der Halbinsel Kamtschatka. Der Altai türmt sich zwischen der westsibirischen Ebene und der mongolischen Gobi-Wüste auf, der Sajan zieht sich vom Altai zum Baikalsee, der Jablonowyj, der im Süden bis in die Mongolei reicht, teilt Transbaikalien (das Gebiet zwischen dem Baikalsee und dem oberen Amur) in zwei fast gleich große Hochebenen. Der Werchojansk verläuft in einem riesigen Bogen östlich der Lena und stößt im Norden an die Laptewsee.

Weit im Osten zieht sich der Stanowoi-Gebirgszug in weitem Bogen von der chinesischen Grenze aus nach Norden, folgt der Küstenlinie des Ochotskischen Meeres und reicht mit seinen weißen Gipfeln bis an den Mund der Penzinskaja-Bucht.

Das Rückgrat der Halbinsel Kamtschatka bildet ein Gebirgszug, der aus einer Kette fast regelmäßig aufgereihter, zerklüfteter Vulkangipfel besteht, gekrönt vom Kljutschewskaja-Vulkan, der mit seinen 4750 Metern Höhe der Monarch der sibirischen Berge genannt wurde. Entlang der gesamten fernöstlichen Küste finden sich abrupte Abbrüche verschiedener Gebirgsketten in Form gewaltiger Klippen. Erdbeben, Vulkanausbrüche und andere geologische Katastrophen haben diese Vulkankette von den Feuerbergen der amerikanischen Nordwestküste losgerissen, mit denen sie einst eine Einheit gebildet hatten. In den Zwischenräumen sind vulkanische Inselketten übriggeblieben, deren nackte Steilküsten einen ähnlich brüchigen und zerklüfteten Anblick bieten.

In den Gebirgen Südsibiriens, in den Gletschern des Altai und in den Grenzgebieten zur Mongolei entspringen die drei großen sibirischen Ströme: der Ob, der Jenissej und die Lena. Alle drei gehören zu den mächtigsten Flüssen der Erde. Von zahlreichen östlichen und westlichen Nebenflüssen gespeist, winden sie sich über Tausende von Kilometern nordwärts, dem Polarmeer entgegen, an dessen Küste ihre Wassermassen sich in die eisgeschwängerte See ergießen. Sibiriens vierter großer Strom ist der Amur, der auf der mongolischen Hochebene südlich des Baikalsees entspringt, in großen Schlingen ost- bis nordostwärts fließt und zwischen dem Ochotskischen und dem Japanischen Meer in den Pazifik mündet. Der Amurmündung gegenüber liegt die Insel Sachalin, und östlich von ihr reihen sich, leicht nach Süden versetzt, die Inseln der Kurilen-Kette aneinander.

Noch viele weitere Flüsse münden im sibirischen Nordmeer: Indigirka, Jana und Kolyma sowie, dem Beringmeer zufließend, der Anadyr. Der Nordküste vorgelagert oder quer über das Nordmeer verstreut, finden sich phantastische Inseln und Landzungen, etwa die Insel Nowaja Semlja, die Halbinsel Jamal (»Ende des Landes« in der Sprache der Samojeden), die Halbinsel Taimyr (so groß wie Kalifornien und die nördlichste Ausbuchtung des eurasischen Festlands) oder Archipele wie die Ljachow- oder die Neusibirischen Inseln, deren Oberfläche aus nichts anderem besteht als »einem Gemisch aus Sand und Eis und Elfenbein und den versteinerten Resten riesiger prähistorischer Bäume«.

Das alles ist Sibirien.

1928 stieß ein Bauer im Nordosten Sibiriens beim Ausheben eines Kellers für sein Haus auf eine steinzeitliche unterirdische Behausung mit einem Fundament aus Mammutstoßzähnen und Tierknochen, beschwert mit gewichtigen Kalksteinplatten. Zusammengebundene Rentiergeweihe bildeten ein Tragegerüst für das Dach, in der Mitte der Wohnstätte befanden sich eine Feuerstelle und ein ovales Grab, das den Leichnam eines Kindes enthielt. Zu den vielen beigegebenen Schmuckstücken gehörten ein Kopfband und ein geschnitzter Anhänger in Form eines fliegenden Vogels. Die Untersuchung des Schädels offenbarte eine doppelte Zahnreihe, eine Anomalie, die die übrigen Grabbeigaben für dieses Kind erklären könnte, denn Mißbildungen wurden einst mit übernatürlichen Kräften in Verbindung gebracht.

Siedlungen nahezu prähistorischen Alters sind an vielen Orten zwischen Ob und Transbaikalien entdeckt worden, Überreste steinzeitlicher Wohnstätten finden sich in ganz Sibirien. Die Inschriften und Bildzeichen auf den Uferklippen und den versteinerten Palisaden des Jenissej sind sehr alt, die Felszeichnungen entlang der Lena zeigen ein riesiges Pferd, wilde Büffel und Elche. Diese Funde erlauben es, einen vorsichtigen Blick in die ferne Vergangenheit Sibiriens zu werfen.

Als Gletscher noch große Teile Sibiriens bedeckten und die gesamte nordwestliche Tiefebene unter einer mächtigen Eisdecke lag, wanderten »riesige, kopflastige Mammuts mit gelblichen, nach oben gebogenen Stoßzähnen« aus dem nördlichen Indien ins südliche und mittlere Sibirien ein und labten sich an den Gräsern und Blumen, die überall an den steilen Flanken des hügeligen Geländes zu sprießen begonnen hatten. Zu den Bewohnern dieses prähistorischen Tierreichs gehörten auch das zottige Rhinozeros, der wilde Büffel, der Säbelzahntiger und die Steppenantilope. Als die Gletscher sich zurückzogen, bildeten sich riesige Binnenseen; nördlich des Polarkreises wuchsen Bäume – in den Mägen einiger ausgegrabener Mammuts fanden sich Reste von Pflanzen wie Butterblumen, die heute nur noch sehr weit südlich von den Fundorten der Tiere wachsen. Im Lauf vieler Jahrtausende veränderte die sibirische Landschaft ihr Gesicht. Die Binnenmeere verschwanden, das Land hob sich, große Flußläufe entstanden. Entlang ihren Ufern begannen sich Menschen niederzulassen. Der Wolf wurde zum Haushund domestiziert, Stammholz zum Bau von Behausungen verwendet, die aus Stein gefertigten Werkzeuge und Jagdwaffen verfeinert. Schließlich gingen die sibirischen Jäger dazu über, Bogen und Pfeile aus Holz zu fertigen, dazu Harpunen aus Rentiergeweihen und Fischhaken aus Knochenteilen. Sie begannen mit unterschiedlichen Arten von Pfeilspitzen und Speeren zu experimentieren und lernten, leichte Kanus aus Birkenrinde zu bauen.

Am Ende der Neusteinzeit war das gesamte nördliche Asien besiedelt, am dichtesten im Bereich des Baikalsees, im Herzen der Taiga. Aus den Waldgebieten wagten die Jäger sich nordwärts in die Tundra hinaus, erreichten die Nordmeerküste und wohnten in zusammenfaltbaren Zelten aus Tierhaut.

Die ersten Werkzeuge aus Metall tauchten um 2000 v. Chr. auf: Messer, Nadeln und Fischhaken, kalt geschmiedet aus elementarem Kupfer, das die Jäger in den

Bergen gefunden hatten. Sehr viel später wurden Messer- und Schwertklingen in Lehmformen aus geschmolzenem Metall gegossen.

Zu Beginn des zweiten vorchristlichen Jahrtausends zogen Viehzüchter im Stammesverband über die Steppen Westsibiriens und begannen den Boden zu bebauen. Sie arbeiteten mit steinernen Hacken und mahlten das Korn in Handarbeit. Auch Reiterkulturen entwickelten sich in dieser Zeit. Die Bevölkerung des Minussinsk-Talkessels (einer Oase im oberen Teil des Jenissej-Tals zwischen dem Sajan- und dem Altai-Gebirge) brachte es in der Metallbearbeitung auf eine so hohe Kunstfertigkeit, daß über die aus Bronze gegossenen und geschmiedeten Gegenstände gesagt worden ist, sie vermittelten »einen vollständigeren Überblick über die handwerklichen Fortschritte in der Bronzezeit und den Übergang von der Bronze- zur Eisenbearbeitung, als man ihn irgendwo anders auf der Welt finden kann«.

Im 6. Jahrhundert n. Chr. begründete eine Volksgruppe, die türkischen Ursprungs war, ein mächtiges Reich mit seinem Zentrum in der Mongolei. An seiner Spitze standen die Uiguren. Sie trieben Handel mit China und besiedelten das gesamte Jenissej-Tal. Über den Gräbern ihrer Toten schütteten sie von Monolithen gekrönte Hügel auf. Die Uiguren, die ursprünglich wandernde Hirten gewesen waren, entwickelten sich zu fähigen Ackerbauern; sie bewässerten große Landflächen durch Kanäle.

Im 9. Jahrhundert trat ein anderes Turkvolk auf den Plan, das der Kirgisen. Es kam vom Oberlauf des Jenissej und setzte der uigurischen Vorherrschaft ein Ende. Die Jenissej-Kirgisen waren Ackerbauern und geschickte Handwerker, die auch die Kunst der Metallbearbeitung beherrschten und lebhaften Handel mit Tibetern und Chinesen trieben. Sie benutzten eine Runenschrift, die bruchstückhaft erhalten geblieben ist in Inschriften auf Tongefäßen und Grabsteinen.

Im 13. Jahrhundert fegten die mongolischen Reiterheere des Dschingis-Khan über Transbaikalien und die sibirische Ebene westwärts; sie beraubten die an ihrem Weg siedelnden Stämme und wirbelten ihre Lebensgrundlagen durcheinander. Innerhalb kurzer Zeit dehnten die Mongolen ihren Herrschaftsbereich über weite Teile Asiens und über Sibirien mit Ausnahme des äußersten Nordens aus. Im Westen überrannten sie, vorbei am südlichen Sporn des Altai-Gebirges, die zentralasiatischen Tiefebenen und drangen ins »Land der sieben Flüsse und tausend Quellen« ein. In Rußland, das damals aus einer Reihe feudaler Fürstentümer bestand, hinterließen sie eine Spur des Schreckens und des Blutes. Nachdem sie Rjasan eingenommen hatten, schrieb ein Zeitgenosse: »Der Fürst mit seiner Mutter, seiner Gemahlin, seinen Söhnen, den Bojaren und den Einwohnern, sie alle wurden, ohne Rücksicht auf Alter oder Geschlecht, mit barbarischer Grausamkeit hingeschlachtet. Priester wurden bei lebendigem Leib geröstet, Nonnen und Mädchen in den Kirchen vor den Augen ihrer Familien vergewaltigt. Kein Auge blieb offen, das um die Toten hätte weinen können.« 1240 eroberten die Mongolen, weiter in Richtung Europa vorpreschend, Kiew, machten die Stadt dem Erdboden gleich und massakrierten ihre Bewohner. Erst der Tod von Ögädäis, des Nachfolgers von Dschingis-Khan, machte dem blutigen Eroberungszug ein Ende. 1480 konnte Rußland das mongolische Joch abwerfen, aus der Erbmasse der Goldenen Horde entstanden mehrere kleinere Reiche.

Als die Russen sich anschickten, den Ural – den langen, schmalen Gebirgsriegel, der Europa vom nördlichen Asien trennt – zu überschreiten, waren in Sibirien mindestens 140 eigenständige Völkerschaften ansässig. Wanderhirten zogen mit ihren Vieh- und Schafherden durch die Steppenlandschaften des Südwestens. Nomadisierende Waldbewohner jagten und fischten in der Taiga. In der Tundra des Nordens weideten Rentiernomaden ihre großen Herden entlang fester Wanderrouten. Ackerbau wurde nur in primitivster Form betrieben (im Tal des Amur), im äußersten Nordosten lebten primitive Stämme, die wilde Rentiere erlegten oder entlang der Küsten des Bering- und des Ochotskischen Meers Wale, Walrösser und Seehunde jagten.

Einige der in den Steppen und Wäldern lebenden Stämme waren seit der Eisenzeit nachweisbar und hatten ethnische Verwandtschaftsbeziehungen nach China und Zentralasien, während die Bewohner der Tundra und der nördlichen Küstenregionen von den in der Steinzeit eingewanderten Stämmen abstammten. Die meisten sibirischen Stämme (es handelte sich insgesamt um eine runde Viertelmillion Menschen) gehörten fünf großen Volks- und Sprachgruppen an: der türkischen, der mandschu-tungusischen, der finno-ugrischen, der mongolischen und der sogenannten paläosibirischen, vorwiegend mongolisch geprägten Gruppe. Die Hauptstämme der paläosibirischen Gruppe (die von den vorgeschichtlichen Bewohnern Sibiriens abstammte) waren die Tschuktschen, die Jukagiren, die Korjaken, die asiatischen Eskimos und die Kamtschadalen im Nordosten, die Jenissej-Ostjaken oder Ket am unteren Jenissej, die Giljaken oder

Niwchen am Amur und auf Sachalin sowie die unerklärlicherweise kaukasisch geprägten Ainu des südlichen Sachalin und der Kurilen.

Die meisten Paläosibirer waren von kleinem und stämmigem Wuchs, mit breiten, platten, bartlosen Gesichtern, vorstehenden Wangenknochen, kleinen, tiefliegenden Augen und sehr kleinen Nasenlöchern, was offenbar ihre Lungen vor dem Einströmen größerer Mengen eiskalter Luft schützte. Daß zwischen diesen Völkern und den Ureinwohnern Amerikas physische, kulturelle und biologische Bezüge bestehen, gilt unter Anthropologen als unzweifelhaft. Man schätzt, daß vor vielleicht 25 000 Jahren sibirische Nomaden über eine Landbrücke, die damals die beiden Erdteile im Gebiet des heutigen Beringmeers verband, nach Amerika gelangten.

Vom dritten nachchristlichen Jahrhundert an gesellten sich zu den Ureinwohnern neosibirische Stämme – die finno-ugrischen Wogulen, Ostjaken und Samojeden, Turkvölker wie die Jakuten und Tataren, die Mandschu-Tungusen und die mongolischen Burjaten.

Die halbnomadischen Ostjaken und Wogulen bewohnten die Wälder und Sümpfe des Ob-Irtysch-Beckens; die Samojeden, nomadisierende Rentierhirten, zogen auf der Jamal- und der Taimyr-Halbinsel und im Tundra-Tiefland westlich des Jenissej umher; die Jakuten bewohnten das Lena-Tal, ihre Siedlungen reichten bis an den Oberlauf von Jana, Indigirka und Kolyma; das Siedlungsgebiet der Tungusen erstreckte sich vom Tal des Jenissej ostwärts bis zum Pazifik. Stammesverwandt mit den Tungusen waren die Lamuten, die das Küstengebiet des Ochotskischen Meeres bewohnten, und die Golden und Dauren, die im Tal des Amur lebten. Im 13. und 14. Jahrhundert schließlich ließen sich die Burjaten in den Steppengebieten am Südufer des Baikalsees nieder.

Von den moslemischen Tataren abgesehen, waren alle sibirischen Völkerschaften heidnisch. Organisiert waren sie in Sippschaften oder in Stämmen. Die kulturell am weitesten fortgeschrittenen unter ihnen waren die Burjaten und die Jakuten, die von zentralasiatischen Wanderhirtenvölkern abstammten. Sie züchteten Rinder und Pferde und wurden von Sippenältesten regiert.

Die Rentierhirtenstämme hingegen verfügten über keine hierarchischen Strukturen. Sie kamen nur gelegentlich zu Familientreffen zusammen, um Rituale zu zelebrieren oder die Früchte ihrer Jagd zu teilen. Die Zähmung von Rentieren zwang die weit nördlich lebenden Stämme zu einem Nomadenleben; niemand führte ein einsameres Leben als die Korjaken der nördlichen Kamtschatka, die,

wie ein Reisender berichtete, »hoch oben zwischen erloschenen Vulkangipfeln«
über weite, moosbedeckte Steppen zogen, »4000 Fuß über dem Meeresspiegel,
die halbe Zeit in wallende Hochnebelwolken getaucht und häufig von Regen-
und Schneestürmen umtost«.

2

DER SCHRITT ÜBER DIE SCHWELLE

Am Ende des 16. Jahrhunderts waren durch Entdeckungsfahrten große Teile der Erde realistisch kartiert; Sibirien aber war noch weitgehend unbekannt, weil die eisbedeckten Meere entlang seiner nördlichen Küste sich für den Seeweg nach China als unpassierbar erwiesen hatten. Auf Karten aus jener Zeit wird das nördliche Asien zuweilen als die »Große Tartarei« bezeichnet, als eine Landmasse mit erkennbaren Umrissen, aber ohne geographische Gliederung.

Der Fluß Ob stellte aus abendländischer Sicht die östliche Grenze der bekannten Welt dar; was immer die »Große Tartarei« sonst noch zu bieten hatte, malten sich die Kartographen mit ausschweifender Phantasie aus. Sie zeichneten Bilder asiatischer Nomaden inmitten von Kamelen und Zelten oder zeigten sie beim Anbeten heidnischer Götzenbilder. In den Bildinschriften wurden sie gelegentlich als Kannibalen identifiziert oder als Wesen, die »Schlangen, Würmer und anderes Getier essen«. Plausible Mutmaßungen vermischten sich immer wieder mit zählebigen Vorstellungen von einem ganz andersartigen, fremden und mythischen Land, das sich bis zum Sonnenaufgang erstreckte – »bis östlich von der Sonne, zum höchsten Berg Karkaraur, wo die einarmigen, einbeinigen Menschen hausen«.

Schon in alten russischen Kloster-Chroniken war von Sibirien die Rede, ein kleiner Teil des Gebiets war unter der Bezeichnung Jurgra russischen Pelzhändlern seit langem vertraut, die mit Eingeborenenstämmen an der Ob Geschäfte machten.

Im Jahr 1236 verwies ein Wandermönch Julius auf ein »Land von Sibur, umgeben vom nördlichen Meer«, in dem die Eingeborenen ihre Opfer skalpierten. 1376 errichtete der tapfere Heilige Stefan von Perm im Tal des Kama-Flusses eine Kirche – ein anderer Missionar war dort einige Zeit zuvor bei lebendigem Leib gehäutet worden. Und schon 1455 begann der moskowitische Staat den Missionaren militärisches Geleit zu gewähren, Truppen durchstreiften das Grenzgebiet und zwangen Stammeshäuptlinge zu Tributzahlungen.

Auch das tatarische Khanat von West-Sibir, das sich in der Niedergangsphase des mongolischen Imperiums unmittelbar östlich vom Ural gebildet hatte, geriet bald in den politischen und militärischen Aktionsradius Moskaus. Es umfaßte türkisch-islamische, finnische und samojedische Stämme und ein Gebiet, das sich im Osten ungefähr bis zum Irtysch und im Süden bis in die Ischim-Steppe hinein erstreckte.

1555 erkannte der Khan die Vorherrschaft Iwans des Schrecklichen an, der daraufhin seinen Ehrentiteln den eines »Zaren von Sibir« hinzufügte – zu früh, wie sich zeigen sollte.

Unterdessen hatten die Moskowiter die Nordmeer-Passage zwischen Archangelsk und dem nördlichen Ende des Uralgebirges erkundet. Doch erst nach der Einnahme Kasans (eines weiteren Nachfolgestaats des Mongolenreichs an der mittleren Wolga) eröffnete sich ein südlicher Zugang in das Khanat. Niemand wußte damals, daß Sibirien sich jenseits des Ob bis zum Pazifischen Ozean erstreckte und daher den gesamten Nordteil des asiatischen Kontinents umfaßte. Auch wenn das Khanat von Sibir ein organisiertes Staatswesen war und sein Handel bis ins westliche China reichte, waren seine Tage gezählt. Die Konflikte zwischen den mohammedanischen Tataren (die 1272 zum Islam übergetreten waren) und den anderen Volksgruppen verschärften sich, es gab Reibereien zwischen den Ostjaken und den Wogulen.

1552 vereinnahmten die Truppen Iwans des Schrecklichen das Khanat von Kasan, drei Jahre später erklärte sich Fürst Yediger bereit, an Iwan einen jährlichen Tribut in Form von Fellen zu entrichten. 1563 wurde Yediger in seiner Hauptstadt Isker am Irtysch von Khan Kutschum, der seinen Stammbaum auf Dschingis-Khan zurückführte, umgebracht. Kutschum legte sich eine aus Usbeken bestehende Palastwache zu, schaltete seine Gegner aus und versuchte, den heidnischen Stämmen mit Hilfe der Mullahs von Buchara den Islam nahezubringen. 1571 kündigte Kutschum die Tributzahlungen an Moskau auf, zwei Jahre später entsandte er eine Strafexpedition gegen die Ostjaken von Perm, die die Vorherrschaft Moskaus anerkannt hatten. Durch die ausbleibende Reaktion Moskaus ermutigt, ließ er 1579 einen moskowitischen Gesandten auf dem Weg nach Zentralasien abfangen und töten.

Während des Livländischen Krieges (1557 bis 1581), in dem Iwan der Schreckliche sich einen Zugang zur Ostsee zu erkämpfen versuchte, hatte die moskowitische Regierung die Verteidigung ihrer Ostgrenze und der Ural-Provinzen den Stroganows anvertraut, einer mächtigen Dynastie von Wirtschafts- und Finanzmagnaten. Der Reichtum der Stroganows gründete sich auf Handel mit Salz, Erz, Getreide und Fellen, ihre Besitzungen erstreckten sich von Ustjug und Wologda bis Kaluga und Rjasan. Die Stroganows handelten mit Engländern und Holländern, wobei ihnen die Halbinsel Kola als Umschlagplatz diente, sie bauten Verbindungen nach Zentralasien auf und beschäftigten Auslandsvertreter auch im Westen, zum Beispiel in Antwerpen und Paris.

Die Familie sicherte sich alsbald eine absolute wirtschaftliche Vormachtstellung im russischen Nordosten. Eine Urkunde aus dem Jahr 1558, die ihnen den Zugriff auf einen großen Teil der Region um Perm an der oberen Kama garantierte, diente als Vorbild für das, was später nachkam. In diesem Vertrag – und in allen weiteren – verpflichteten sich die Stroganows, als Gegenleistung für langfristige Steuerbefreiungen wirtschaftliche Unternehmungen zu finanzieren und aufzubauen, Boden urbar zu machen, Grenztruppen auszubilden und auszurüsten, nach Erzen und anderen Bodenschätzen zu schürfen und auszubeuten, was immer sie finden mochten. Sie hatten die Rechtsprechungsgewalt über die einheimische Bevölkerung und durften ihre Besitzungen mit Palisadenfestungen und Geschützen absichern. So entstand an den gen Osten führenden Binnenschiffahrtswegen alsbald ein Saum aus militärischen Vorposten.

Als die Besiedlung den Fuß des Uralgebirges erreichte, gingen die Stroganows daran, eine Reihe von Eingeborenenstämmen, die zu beiden Seiten der Gebirgskette lebten, ihrer Herrschaft zu unterwerfen. Die Stämme wehrten sich. Sie vernichteten Feldfrüchte, griffen Dörfer, Salzsiedereien und Mühlen an und ermordeten Siedler, die sich an der Westflanke des Ural niedergelassen hatten. Zur Bekämpfung dieser Aufrührer wurden Truppen losgeschickt, aber sie konnten nicht auf längere Zeit von den belagerten Westgrenzen des Zarenreichs abgezogen werden.

Wagemutige Prospektoren hatten unterdessen östlich des Urals, am Fluß Tura, Silber- und Eisenerzvorkommen entdeckt und sie vermuteten nicht zu Unrecht, daß sich in derselben Region auch Vorkommen von Schwefel, Blei und Zinn finden würden. Den Augen der Kundschafter waren auch die üppigen Weidegründe entlang dem Fluß Tobol nicht entgangen, wo die Tataren ihr Vieh grasen ließen. Die Stroganows beantragten daher 1574 einen neuen Freibrief, der es ihnen erlauben würde, »einen Keil zwischen die sibirischen Tataren und die Nogaier Tataren zu treiben« (einen weiter südlich siedelnden Stamm), und zwar durch die Errichtung befestigter Siedlungen entlang den Flüssen Tobol und Tura; sie wollten diese Aufgabe übernehmen, wenn sie als Gegenleistung das Recht erhielten, die Bodenschätze der Region auszubeuten.

Moskau ging auf den Handel ein. Die Stroganows durften für ihre Miliz sogar entlaufene Leibeigene oder Gesetzlose rekrutieren und einen Feldzug gegen Kutschum organisieren, um ihn zur Entrichtung des Tributs zu zwingen.

Die Stroganows stützten sich auf angeheuerte Kosaken, freie Wehrbauern, die in den Grenzregionen des Reichs ein mehr oder weniger prekäres Dasein fristeten. Es gab unter ihnen umherstreifende Einzelgänger und Mischlinge, aber auch Angehörige jenes unsteten Grenzgängervolkes aus Landstreichern, Entlaufenen, Religionsflüchtlingen, Wanderarbeitern, Banditen und Abenteurern, das in den Wäldern oder Steppen dieses Niemandslandes Zuflucht gesucht hatte vor Steuern, Hunger, Gläubigern und staatlicher Repression. In dem ungezähmten Land, in dem sie sich mit Tataren vermischten oder schlugen, schufen sie sich eine neue, selbständige Existenz. Ihren Namen leiteten sie von dem türkischen Ausdruck *Kazak* ab: Rebell, freier Mann.

Manche Kosaken hatten sich zu ihrem Schutz zu Gemeinschaften zusammengeschlossen, die von gewählten Häuptlingen, Atamanen, geführt wurden; ihre Wehrsiedlungen erstreckten sich entlang der Wolga, des Dnjepr und des Don. Sie verübten Überfälle auf Tatarendörfer oder gingen auf Beutezüge, raubten moskowitische Binnenschiffe aus, die auf den Flüssen unterwegs waren, und überfielen Truppenpatrouillen, die Moskau entsandt hatte.

Die Geschichte der Kosaken weist starke Ähnlichkeiten mit den Legenden und Mythen des amerikanischen Wilden Westens auf. Die Kosaken entsprachen, wenn man so will, den amerikanischen Pionieren, die Tataren den Indianern und die russischen Truppen der US-Kavallerie.

Einer der berühmtesten Kosaken war Wassili (Jermak) Timofejowitsch, Bandit in dritter Generation und berüchtigter Wolgapirat. Er war nicht sehr groß, aber äußerst kräftig, hatte ein flaches Gesicht, einen schwarzen Bart und gelocktes Haar; »seine Gefährten«, heißt es in den sibirischen Chroniken, »nannten ihn Jermak, nach einem Mühlstein. Seinen soldatischen Leistungen nach war er ein Großer.«

Reguläre russische Militärpatrouillen, die auf ihren Flößen Galgen mitführten, sollten entlang der Wolga der Autorität des Zaren Geltung verschaffen und die Banditen vertreiben. Die Gejagten flohen flußabwärts zum Kaspischen Meer, andere suchten in den Steppen das Weite. Eine Gruppe unter Jermak soll sich, der Kama flußaufwärts folgend, in die Wildnis der Provinz Perm gerettet und dort Aufnahme in die Grenztruppen der Stroganows gefunden haben.

Einige Jahre später veranstalteten die Stroganows, über den Freibrief des Zaren hinausgehend, eine Expedition zur Sicherung des Kama-Siedlungsgebiets; ihr Ziel war, einen Teil Sibiriens in ihr Bergbaumonopol einzugliedern und Zugang zum Pelzreichtum Sibiriens zu gewinnen.

An den Ufern der Kama, südlich von Solikamsk, versammelte sich am 1. September 1581 unter Jermak als Führer eine Kosakenstreitmacht von 840 Mann, darunter 300 livländische Kriegsgefangene, zwei Priester und ein entlaufener Mönch. Zusammengehalten wurde die Truppe durch einen soldatischen Kodex: Jeder, der sich des Ungehorsams schuldig machte, wurde mit dem Kopf voran in einen Sack gesteckt, mit einem vor die Brust gebundenen Sandsack beschwert und »in den Fluß gestoßen«.

Ob die Stroganows diese Expedition freiwillig unterstützten, ist fraglich. Sie waren keine Wohltäter und betrachteten ihren Beitrag offensichtlich als einen »vertraglich abgesicherten Kredit«. Die Kosaken sahen das anders: Sie erklärten sich lediglich bereit, aus ihren Erträgen die Stroganows zu entschädigen oder aber, falls sie nicht wiederkehrten, ihre Verpflichtungen »durch das Gebet in der anderen Welt« einzulösen.

Die Nachwelt deutete diese sarkastische Zusage in ein leidenschaftliches religiöses Bekenntnis um, zumal die sibirischen Chroniken das Söldnerunternehmen Jermaks als einen heiligen Kreuzzug gegen die Ungläubigen darstellten. »Kutschum«, heißt es in einer Passage, »führte ein sündiges Leben. Er hatte hundert Frauen, und neben Mädchen auch Knaben, betete Götzen an und aß unsaubere Speisen.«

Auch wenn die Kosakenarmee, in Kompanien gegliedert, jede unter eigener

Flagge, kaum geeignet schien, ein Khanat zu erobern, stand es um ihre Überlebenschancen nicht so schlecht wie viele glaubten. An Zahl ihrem Gegner weit unterlegen, waren sie eine disziplinierte, gut bewaffnete und gut verpflegte Truppe. Ihre militärische Überlegenheit verdankten sie ihren Feuerwaffen.

In flachbödigen Booten, die gerudert, getreidelt oder auch gesegelt werden konnten, drangen Jermak und seine Mannen zu den Ausläufern des Uralgebirges vor, marschierten vom Oberlauf des Flusses Serebrjanka 30 Kilometer weit über Land und errichteten an den Ufern des Tagil (an einer Stelle, die heute Bärenfels genannt wird) ihr Winterlager. Im Frühjahr ging die Reise weiter: zunächst den Tagil hinunter, dann weiter auf der Tura in Kutschums Reich. Ein Scharmützel an der Mündung des Tobol forderte einen ersten Blutzoll, doch erst weiter flußabwärts, wo das Tal sich zu einer Schlucht verengte, hatten die Tataren sich auf die Lauer gelegt. Hunderte Krieger hielten sich, zu beiden Seiten eines mit Baumstämmen und Seilen errichteten Sperrdamms, in den Bäumen versteckt. Es war Nacht, als das erste Boot gegen den Damm stieß.

Die Tataren griffen an, aber in der Finsternis konnte ein Großteil der Jermakschen Flotte umkehren und flußaufwärts entkommen. Die Kosaken gingen an Land und fertigten aus Zweigen und abgebrochenen Ästen Menschenattrappen, sie vertäuten sie auf den Booten, die sich dann, nur noch mit einer kleinen Rumpfmannschaft besetzt, wieder auf den Weg machten. Die anderen schlichen halbnackt über Land, um die Tataren von hinten zu überraschen. Als in der Morgendämmerung die Boote wieder die Schlucht erreichten, wurden die überlisteten Tataren von hinten unter Feuer genommen und vollständig aufgerieben.

Der wütende Kutschum beschloß, die Eindringlinge zu vernichten, bevor sie seine Hauptstadt erreichten; Jermak wußte seinerseits, daß er die Stadt vor Einbruch des Winters einnehmen mußte, wenn seine Männer nicht in der sibirischen Kälte umkommen sollten. Bisher hatten sie sich zwar siegreich geschlagen, aber ihr Proviant schrumpfte, Überfälle und Krankheiten hatten die Streitmacht bereits auf die Hälfte reduziert. Dennoch setzten sie ihren Vormarsch fort.

Zum entscheidenden Waffengang kam es Ende Oktober am Zusammenfluß der Ströme Tobol und Irtysch, wo die Tataren am Fuß eines Hügels eine Palisade errichtet hatten. Die anstürmenden Kosaken feuerten mit ihren Musketen in die dichte Masse der Verteidiger – mit verheerender Wirkung. Ein großer Teil der zwangsrekrutierten Tataren ergriff sogleich die Flucht, die Kosaken siegten.

Kutschum, heißt es, habe an diesem verhängnisvollen Tag eine Vision gehabt:

»Der Himmel ging auf, und furchterregende Krieger mit glänzenden Flügeln strömten aus den vier Himmelsrichtungen herbei. Auf die Erde herabsteigend, umzingelten sie die Streitmacht Kutschums und riefen ihm zu: ›Gehe fort aus diesem Land, du ungläubiger Sohn des düsteren Dämons Mohammed, denn von jetzt an gehört es dem Allmächtigen.‹«

Als die Russen einige Tage später Isker erreichten, fanden sie es verlassen vor, von seinen legendären Reichtümern war nicht mehr viel vorhanden. Immerhin aber entdeckten die Männer Vorratslager mit Gerste, Mehl und getrocknetem Fisch.

Jermak begann nun, von den bisherigen Untertanen des Khans Tribute einzuziehen; er brauchte freilich, wenn er seine Position festigen wollte, Verstärkung und Geschütze. Deshalb entsandte er Iwan Koltso, ebenfalls ein berühmter Räuberhauptmann und Nummer zwei nach Jermak, mit fünfzig Mann nach Moskau. Auf Schneeschuhen und mit Rentierschlitten folgten sie dem legendären »Wolfspfad«, einer Direktroute über den Ural, die durch das Tawda-Tal und über Tscherdyn führte.

In Moskau fiel die Expedition in Ungnade. Noch wußte dort niemand, was Jermak vollbracht hatte, bekannt war nur, daß die Wogulen zur Vergeltung für seinen Eroberungszug plündernd durch das obere Kama-Tal gezogen waren und russische Siedlungen niedergebrannt hatten. Offenbar hatten sie genau an dem Tag, als Jermak abmarschiert war, Tscherdyn angegriffen und benachbarte Dörfer angezündet. Der Militärgouverneur von Perm hatte daraufhin den Stroganows vorgeworfen, sie hätten den Schutz der Grenze vernachlässigt. In einem Brief vom 16. November 1582 zieh ein erbitterter Zar die Magnatenfamilie des »an Verrat grenzenden Ungehorsams«.

Dazu kam Unbill im Westen, wo sich Iwans Livländischer Krieg seinem demütigenden Ende näherte: Narwa war gerade an die Schweden gefallen, die Polen verengten ihren Belagerungsring um Pschkow.

Koltso rüttelte mit seinen sensationellen Neuigkeiten die deprimierte Hauptstadt auf. Sich dem Zaren zu Füßen werfend, verkündete er die Eroberung Iskers durch Jermak und rief Iwan zum Herrscher des Khanats aus. Dem sprachlosen Hof präsentierte er seine überzeugende Kriegsbeute, zu der drei gefangene tatarische Adlige und eine Schlittenladung voller Pelze, die fünfmal so viel wert war wie der Tribut, den der Khan jährlich an Moskau bezahlt hatte. Iwan begnadigte Koltso auf der Stelle und Jermak in absentia; er sagte Verstärkungen zu und ließ Jermak eine mit dem kaiserlichen Wappen verzierte Rüstung schicken.

Im Kreml küßte Koltso untertänig das Kreuz, während in Sibirien Eingeborene zum Beweis ihrer Loyalität ein blutiges Schwert küssen mußten. Jermak versuchte auf seine Weise, die sibirischen Stämme zu christianisieren. In einer religiösen Machtprobe schlitzte sich ein eingeborener Schamane mit einem Messer den Magen auf und heilte sich dann auf wundersame Weise, indem er die Wunde mit Gras bestrich; Jermak kippte, unbeeindruckt, die hölzernen Totems der Einheimischen ins Feuer.

Als der Sommer 1584 zu Ende ging, erstreckte sich Jermaks Machtbereich bis fast an den Ob. Es war ihm gelungen, in einem waghalsigen Ausfall den Neffen Kutschums gefangenzunehmen, doch die tatarischen Marodeure lieferten den Besatzern einen Kleinkrieg, der Jermak und seine Mannen zermürbte.

Im November traf ein lang erwarteter, fünfhundert Köpfe starker Verstärkungstrupp auf Schneeschuhen in Isker ein, der aber keinen eigenen Proviant mitbrachte und die Vorräte Jermaks rasch aufzehrte. Im Verlauf des langen Winters starb ein Teil der Garnison an Hunger, einige Soldaten aßen gar »ihre toten Gefährten« auf. Die Überlebenshoffnungen der Garnison erlitten zwei grausame Rückschläge: zwanzig Kosaken, die an einem See lagerten, wurden im Schlaf überrascht und getötet; Koltso ließ sich mit vierzig Begleitern zu einem Freundschaftsbankett locken, bei dem die russischen Gäste massakriert wurden.

Anfang August 1585 ging Jermak selbst in die Falle. Auf die Nachricht hin, eine uneskortierte Karawane aus Buchara nähere sich dem Irtysch, brach er hastig mit einer Kompanie Kosaken auf, um sie in Empfang zu nehmen. Als die Meldung sich als falsch erwies, sahen die Russen sich gezwungen, auf einer Flußinsel ihr Nachtlager aufzuschlagen. Ein Sturm kam auf und trieb die Wachleute in ihre Zelte. Ein Kommando aus Eingeborenen konnte so unbemerkt zu der Insel übersetzen, die Kosaken überfallen und sie fast bis auf den letzten Mann töten. Jermak schaffte es noch, in seine Rüstung zu schlüpfen und sich zu den Booten durchzukämpfen, aber sein Boot entglitt ihm, und als er ins Wasser sprang, um es festzuhalten, zog die schwere Rüstung ihn unter Wasser. Von den 1340 Mann, die nach Sibirien aufgebrochen waren, blieben 90 übrig. Der bedrängte Trupp zog sich eilends in den Ural zurück; dort trafen sie an einem Gebirgspaß auf eine Hundertschaft Strelitzen, die sich mit Kanonen auf dem Weg nach Osten befand. Was immer die langfristigen Ziele der Stroganows gewesen sein mochten,

Jermak hatte nie die Absicht, Sibirien zu erobern; sein Unternehmen war ein Beutezug nach Art der Kosaken. Auch Isker hatte er vermutlich nicht eingenommen, um es in Besitz zu nehmen, sondern lediglich, um es zu plündern und sich dann zurückzuziehen. Sein Vorstoß aber hatte dem Khanat einen nicht wiedergutzumachenden Schlag versetzt; nie wieder sollten seine zerschmetterten Teile sich zu einem Ganzen vereinen.

In den zwanzig Jahren nach Jermaks Tod brachten die »farblosen Horden«, wie die Russen von den sibirischen Eingeborenen genannt wurden, einen großen Teil des westlichen Sibiriens unter ihre Kontrolle. Ein Waffenstillstand mit Polen und Schweden im Westen machte ihnen den Rücken frei für eine organisierte Eroberung der transuralischen Gebiete. Die schiffbaren Flüsse als Transportwege nutzend, konnten sie Isker unverzüglich wieder einnehmen und zerstören. 1586 festigten sie ihre Stellung durch die Gründung Tjumens an der Tura. Und nach der 1587 erfolgten Gründung von Tobolsk am Zusammenfluß von Tobol und Irtysch konnte kein Einheimischer mehr daran zweifeln, daß die Russen für immer bleiben würden.

1591 hatten die Russen ihren Aktionsradius südwärts bis zur Barabinsk-Steppe ausgeweitet und zwischen Tjumen und Kasan den Stützpunkt Ufa errichtet, zur Sicherung einer neuen Trans-Ural-Route für Truppen und Nachschub. In den darauffolgenden eineinhalb Jahrzehnten erfolgte die Gründung weiterer russischer Außenposten. 1593 wurden Pelym und Beresow gegründet, 1598 Werchoturje an der Tura als neues Tor zu Sibirien.

Im Jahr 1600 fuhren 100 Kosaken von Tobolsk aus in vier kleinen Schiffen den Ob hinab bis an die Nordmeerküste und dann weiter nordostwärts in Richtung des Mündungstrichters des Tas. Obwohl sie ein Schiff verloren und in einen samojedischen Hinterhalt gerieten, erreichten sie unweit der Tas-Mündung eine günstige Stelle für die Errichtung eines Forts, dem sie den Namen Mangaseja gaben. Somit verfügten die Moskowiter an der Wende zum 17. Jahrhundert über eine befestigte Route nach Sibirien, bewacht von den Festungen Werchoturje, Turinsk und Tjumen, hatten mit Beresow, Obdorsk und Mangaseja den Unterlauf des Ob gesichert und mit Surgut, Narym und (von 1602 an) Ketsk auch dessen Mittel- und Oberlauf. Südlich von Tobolsk hatte unterdessen die größte Expeditionstruppe (1200 Kavalleristen, 350 Fußsoldaten), die jemals zur Errichtung eines neuen Forts in Sibirien aufgebrochen war, zwischen der Ischim- und der Barabinsk-Steppe die Fundamente für Tara gelegt. Alle diese Festungen dienten als Stützpunkte für die Besatzungstruppen und für die weitere Ausdehnung des russischen Herrschaftsbereichs.

»In Sibirien«, schrieb der damalige englische Botschafter in Rußland, Giles Fletcher, »hat [der Zar] etliche Burgen und Garnisonen ... und schickt dahin viele neue Sachen, zum Anbauen und Ansiedeln, sowie er neuen Boden gewinnt.« Binnen kurzer Zeit dehnten die Russen ihr Herrschaftsgebiet um eineinhalbtausend Kilometer nach Osten aus. Nachdem 1604 die bedeutende Festung Tomsk errichtet worden war, um die Ob-Tiefebene vor den Übergriffen zentralasiatischer Nomaden aus dem Süden zu schützen, »war der Grundstein für das Russische Reich in Asien gelegt«.

Für die Stroganows fiel in dieser ersten Phase der Eroberung Sibiriens die Ausbeute geringer aus als erhofft. Zwar räumte die Regierung ihnen zusätzliche Handelsprivilegien ein und verlieh ihnen westlich des Urals neue Gebietstitel, so daß sie ihr Bergbau-, Mühlen- und Handelsimperium ausbauen konnten, doch auf das Land, das Jermak erschlossen hatte, erhielten sie keinen Zugriff. Als die Regierung erkannte, welche großen Möglichkeiten sich da auftaten, wurde die Rückeroberung Sibiriens zur Staatsangelegenheit; es ging nun um die »planmäßige Beherrschung von Flüssen und Übergängen durch den Bau von Blockhäusern und Festungen«.

Die Russen nutzten lokale Feindschaften, um ihre Macht nach und nach auszubauen. So machten sie mit den einheimischen Ostjaken gemeinsame Sache bei der Unterwerfung der Wogulen im Gebiet von Pelym. Viele Stämme aber beugten sich nicht, am wenigsten die Tataren.

Khan Kutschum hatte sich in die südliche Steppe abgesetzt, bevor die Russen seine Hauptstadt wiedereroberten, und machte ihnen von diesem sicheren Schlupfwinkel aus noch vierzehn Jahre lang zu schaffen. Er war ein listiger Stratege und entwickelte sich zu einer tatarischen Ausgabe von Sitting Bull, indem er sich ein ums andere Mal dem russischen Zugriff entzog. Feldzüge gegen ihn wurden 1591, 1595 und 1598 unternommen. Obwohl mit der Zeit die meisten seiner Gefolgsleute und Angehörigen gefangengenommen wurden, wollte er sich nicht in die Niederlage fügen, sondern lieferte den Russen weiterhin Rückzugsgefechte. Einmal bot er Verhandlungen über einen gerechten Frieden an, der den Seinen die Möglichkeit eröffnen sollte, im Tal des Irtysch nach ihren Stammesgewohnheiten zu leben. Die Russen versuchten ihn mit Geld und mit der Aussicht auf einen königlichen Rang zu locken – Kutschums Antwort: er brannte eine russische Siedlung nieder. 1598 starb er, alt und fast erblindet, von der Hand treuloser Nogai-Mörder, an die er sich hilfesuchend gewandt hatte.

Nach dem Tod Kutschums ging Moskau daran, alle Ansprüche der Erben auf den Thron des Khanats abzublocken. Soweit sie in Rußland ansässig waren, billigte man ihnen den Status einer vertriebenen Königsfamilie zu, die moskowitische Elite nahm sie in ihren Kreis auf. Die Töchter Kutschums wurden mit jungen russischen Adligen verheiratet, die Söhne in die aristokratische Rangliste aufgenommen. Ein Enkel Kutschums erhielt die Stadt Kasimow an der Oka, die so lange Zeit eine Schaubühne für tatarische Marionettenfürsten blieb. Kutschums Neffe Mametkul wurde als Fürst anerkannt und brachte es zum General in der russischen Armee.

Das änderte nichts daran, daß Kutschums unbeugsamer Widerstand zur Legende wurde. Bis weit ins 17. Jahrhundert hinein wurden in seinem Namen immer wieder Aufstände vom Zaun gebrochen.

Jermak ging nach seinem Tod sowohl in die russische als auch in die tatarische Geschichte als Heldengestalt ein. Die Namen der Kosaken, die in der Schlacht um Sibir gefallen waren, wurden in eine Gedenktafel in der Kathedrale von Tobolsk eingraviert.

Der Legende nach zog ein tatarischer Fischer die Leiche Jermaks einige Zeit nach seinem Tod aus dem Irtysch und erkannte sie sofort an dem doppelköpfigen Adler, mit dem seine Kettenpanzerhaube geschmückt war. Angeblich wies der von der Rüstung eingehüllte Leib Jermaks keine Anzeichen von Verwesung auf, aus seinem Mund und seiner Nase soll frisches Blut gequollen sein. Von seinem Körper und seinen Kleidern gingen in der Folge wundersame Wirkungen aus: »Die Kranken wurden geheilt, Mütter und Säuglinge vor Krankheiten bewahrt.« Tief beeindruckt begruben ihn die Eingeborenen unter einem Nadelbaum am Fluß, noch viele Jahre später soll eine feurige Säule die Stelle markiert haben.

3

»ÖSTLICH DER SONNE«

Als die Eroberung Sibiriens begann, gehörte Rußland bereits zu den größten Staaten der Erde. Zahlreiche Fürstentümer waren mit Gewalt unter moskowitische Herrschaft gezwungen worden, Iwan der Schreckliche unterwarf die Tataren-Khanate Kasan und Astrachan an der Wolga und legte damit den Grundstein für einen Vielvölkerstaat.

Iwan war der erste in der langen Reihe russischer Zaren, der seine Herrschaft auf ein »göttliches Recht« zurückführte; auch wenn die meisten europäischen Monarchen einen gleichlautenden Anspruch geltend machten, so bildeten die russischen Zaren mit ihrer uneingeschränkten Machtfülle doch einen Ausnahmefall: »Wie Nebuknadnezar«, schrieb ein Zeitgenosse, habe es dem russischen Zaren freigestanden, »jeden, der er wollte, töten oder auspeitschen zu lassen, zu demütigen oder zu fördern«.

An der Spitze der wachsenden staatlichen Bürokratie befand sich ein kaiserliches Ratsgremium, die Bojaren-Juma, der fast ausschließlich Männer von Adel angehörten. Daneben gab es ein inneres Kabinett von Staatsräten, die der Zar nach Belieben konsultierte. Aus dem Kreml herrschte der Zar über 13 Millionen Menschen, in der Mehrheit bettelarme Bauern, die als Leibeigene auf großen Gütern schufteten oder in einem der zahllosen Dörfer kleine Parzellen bewirtschafteten. Es gab keine bürgerliche Mittelschicht, keine selbständigen Kaufmannszünfte, keine merkantilistischen Wirtschaftsformen, wie sie sich in den meisten anderen europäischen Ländern zu entwickeln begannen. Selbst die

Großkaufleute des russischen Reichs verdankten ihre Stellung einem Patent der Krone.

Der Staat reglementierte alles, auch das Reisen im Inland. Reisen ins Ausland waren ohnehin so gut wie unbekannt, denn die Russen sollten »nichts von den freien Einrichtungen, die es in anderen Ländern gab, erfahren«. Die polizeiliche Überwachung war fast lückenlos, das eigentliche Markenzeichen des Systems aber die »Pflicht zur Denunziation«. Jeder Moskowiter, gleich welchen Ranges, mußte bereit sein, seine Mitbürger auszuspionieren und alles zu melden, was ihm über obrigkeitswidrige Handlungen zu Ohren kam.

Das russische Strafrecht war barbarisch, Folter an der Tagesordnung. Zum Tode Verurteilte wurden mit eisernen Haken in Stücke gerissen, geköpft oder gepfählt, aber auch das Abhacken von Gliedmaßen, das Foltern mit rotglühendem Eisen und das Auspeitschen gehörten zum Strafenrepertoire. Ein verbreitetes Züchtigungswerkzeug war die Knute, eine kurze Peitsche, die in drei Riemen aus hartem, gegerbtem Elchsleder auslief und »wie Messer einschnitt«.

In der Welt des Durchschnitts-Moskowiters gab es nur wenige Annehmlichkeiten. Die Straßen waren schlecht, zwischen den Städten gab es keine Gasthöfe, die dem erschöpften Reisenden Obdach bieten konnten. Die Trunksucht war eine nationale Plage, die Sodomie ein verbreitetes Laster (jedenfalls nach dem Eindruck von Ausländern), geistige Regsamkeit wurde bestraft. Diese systematische Unterdrückung hat, wie ein ausländischer Diplomat notierte,

> die Menschen bis ins Mark geprägt. Denn ebenso wie sie selbst von ihren höchsten Beamten und sonstigen Vorgesetzten sehr hart und grausam behandelt werden, sind sie grausam untereinander, namentlich gegenüber ihren Untergebenen und denen, die von ihnen abhängig sind. So daß der gemeinste und erbärmlichste [Bauer], der vor einem Herrn buckelt und kriecht wie ein Hund und den Staub zu seinen Füßen aufleckt, zum unerträglichen Tyrannen wird, wenn er die Oberhand hat.

Der Außenwelt bot das Moskauer Reich das Bild eines abgeschotteten, noch halb barbarischen Volkes und Staates, der sich einerseits zum einzigen Hort des wahren Christentums proklamierte, andererseits aber ein Tummelplatz der Dummheit, des Aberglaubens und der Unmoral war. Ein Besucher der Hauptstadt faßte seine Eindrücke in den folgenden Versen zusammen:

Ikonen, Kirchen, Kreuze, Glocken,
Geschminkte Huren, Knoblauchduft,
Untugend, Wodka allerorten,
All das ist Moskaus Alltagskluft.

Am Markt spazierengehn und gaffen,
Nachts bechern, um dann lang zu schlafen,
Gemeinsam nackt an nackt im Bette
Und rülpsend, furzend um die Wette.

Die Mörder, Diebe, Hurenböcke
Gibt's hierzuland an jeder Ecke,
Dagegen rührt sich keine Hand –
Welch üble Zeiten für das Land.

Solche Schmähschriften übersahen freilich die tiefe Frömmigkeit des russischen
Volkes, sie ignorierten die verspätete, aber ernsthafte Erneuerung, die unter der
rauhen Oberfläche der Alltagswelt längst im Gange war. Kulturelle Einflüsse aus
dem Westen wurden spürbar, sie hätten, im Zusammenwirken mit dem byzan-
tinischen Erbe Rußlands, zu einem harmonischeren Erwachen führen können als
Rußland es später erleben sollte. Die Keime schlugen damals jedoch keine
Wurzeln. Die Tyrannei Iwan des Schrecklichen hatte die Nation »wie mit einer
Axt« in zwei Teile gespalten. Die gesellschaftlichen Gegensätze, die im Land
aufgebrochen waren, sollten ihn lange überleben.
1582 brachte Iwan in einem Wutanfall seinen ältesten Sohn um. Als er 1584 starb,
folgte ihm Fjodor, ein nachgeborener Sohn, ein zerstreuter und unschlüssiger
Monarch, der sich stark an die von seinen Vormündern berufenen mächtigen
Bojaren anlehnte und dessen persönliche Schwäche Komplotte geradezu herausforderte. Aus den Machtkämpfen ging als starke Persönlichkeit hinter dem
Thron Boris Godunow hervor, ein Adliger tatarischer Herkunft, mit dessen
Schwester Fjodor verheiratet war. Schon nach kurzer Zeit war er allgemein als
faktisches Staatsoberhaupt anerkannt, als Lordprotektor, wie die Engländer
sagten.
Godunow war ein Mann mit außerordentlichen Fähigkeiten. Trotz der zahlreichen Mißstände im Lande blühte unter seiner Regierung die Wirtschaft auf. Die

Staatseinnahmen wuchsen, die Steuerlast sank, Ruhe und Frieden kehrten zurück, und es schien, als würden die Menschen »nach den Nöten der Vergangenheit« nunmehr Trost finden.

Entlaufene Bauern kehrten in ihre Dörfer zurück, neues Land wurde urbar gemacht, der Getreidepreis sank, und in den Kornkammern des Landes wurden hohe Überschüsse verzeichnet. Die wirtschaftliche Blüte schlug sich in einer kraftvollen Bautätigkeit nieder: Moskau und Smolensk bekamen Stadtmauern aus Stein, zahlreiche Kirchen wurden errichtet, der Hafen von Archangelsk wurde ausgebaut und im Kreml der berühmte Glockenturm »Iwan der Große« fertiggestellt.

Godunow setzte auch Zeichen gegen die Nomaden der südlichen Steppen, die im Niemandsland zwischen Rußland und der Krim lebten: er gründete eine Reihe neuer befestigter Städte, er eroberte Gebiete zurück, die im Livländischen Krieg an Schweden verlorengegangen waren, und trieb die Eroberung Sibiriens ostwärts des Ob voran.

Als Fjodor 1598 ohne Erben starb, wurde ihm die Krone angeboten. Wie Shakespeares Caesar, schlug er sie dreimal aus, um zu demonstrieren, daß es zu ihm keine Alternative gab. Bei seiner Krönung erklärte er demonstrativ: »Gott sei mein Zeuge, daß es in meinem Reich keinen Armen geben soll!« – und riß sich den edelsteinbesetzten Kragen von seiner Robe.

Nach seiner Krönung am 1. September 1598 ließ Boris Godunow Wohltaten verkünden: Für Offiziere und Beamte gab es beträchtliche Gehaltserhöhungen, für die Kaufleute Steuervergünstigungen, die Eingeborenen im westlichen Sibirien wurden für ein Jahr von der Steuer befreit. »Wir nehmen einen mäßigen Tribut«, erklärte er, »so viel, wie jeder entrichten kann. … und von den Armen, die den Tribut nicht aufbringen können, soll kein Tribut genommen werden, so daß in Sibirien niemand in Not geraten sollte.«

Trotz dieser Wohltaten blieben die Gegensätze, blieb die Konkurrenz zwischen den Großgrundbesitzern um die Bauern, die sie zur Bewirtschaftung ihrer riesigen Güter brauchten. Die wohlhabenderen Grundherren lockten Bauern von ihren kleineren Parzellen weg; da unter ihnen auch viele Wehrbauern waren, litt die äußere Sicherheit des Staates. Die Regierung griff zu drastischen Maßnahmen: Die Bauern wurden kraft Gesetzes an die Scholle gebunden. Ihre Freizügigkeit war zwar schon in der Vergangenheit erheblich beschnitten, doch nun zementierten die unter Godunow und seinen Nachfolgern erlassenen Dekrete

die Entwicklung hin zur Leibeigenschaft. Die von ihren Grundherren geschröpf-
ten Bauern wurden von den staatlichen Steuereinnehmern vollends ausgepreßt.
Gewalt machte sich breit. Im Kernland streiften die zu Straßenräubern gewordenen Bauern in Banden umher, plünderten Klöster und Herrensitze, entlang der
Südgrenze sammelten sich Legionen von Unzufriedenen, deren Mißmut sich
allmählich zum offenen Aufruhr steigerte.

Die Situation verschärfte sich in den Jahren 1601 bis 1603 durch drei aufeinan-
derfolgende Mißernten, die zu Hungersnöten und einem Massensterben führten.
Godunow ließ Geld und Getreide aus den staatlichen Schatzkammern an die
Armen verteilen, doch Hamsterer und Geschäftemacher vereitelten eine gerech-
te Hilfe. Ganze Dörfer starben aus, Katzen, Hunde und Ratten fanden ebenso
den Weg in hungrige Mägen wie Baumrinde und Stroh; auf Märkten wurde
öffentlich Menschenfleisch feilgeboten. In Moskau gingen, wie ein Augenzeuge
schrieb, Tag für Tag die »Menschen zu Tausenden zugrunde wie Fliegen an
einem Wintertag«. Die Toten wurden fortgekarrt und in Gräben gekippt »wie
man es mit Schutt und Abfall macht«. Ein Hofapotheker rettete ein kleines
Mädchen vor dem Hungertod im Schnee und vertraute es einer Bauernfamilie
an – später erfuhr er, daß sie das Mädchen verspeist hatten. Tausende arbeitsloser
Taglöhner zogen im Land umher oder versuchten ihr Glück in der Wildnis.
Die Zeit der Wirren, die turbulenteste Periode der russischen Geschichte vor der
Revolution von 1917, hatte begonnen.

Die Krise war schon bald nicht mehr zu steuern. Godunow war zwar ein
legitimer, ordnungsgemäß gewählter Herrscher, konnte aber auf keine dynasti-
sche Verbindung mit Rußlands »heiliger Vergangenheit« verweisen. Alsbald sah
er sich in die Rolle eines gewissenlosen Usurpators gedrängt, der mit Gewalt,
List und verbrecherischen Mitteln den Thron an sich gerissen hatte. Man unterstellte ihm nachträglich, er habe den Zarewitsch Dmitri (den neunjährigen Sohn
Iwan des Schrecklichen) ermordet und seine eigene Schwester, ja sogar den
Zaren Fjodor selbst, vergiftet.

Mit Hilfe seines Agentennetzes konnte Godunow zwar zahlreiche Verschwörun-
gen aufdecken, doch die Unzufriedenheit wuchs weiter. 1603 schlossen sich
Straßenräuber, entflohene Sklaven und Bauern zu einer Erhebung zusammen,
die Menschen, die nun mit romantisierender Wehmut auf die schlimmsten
Epochen der Vergangenheit zurückblickten, begannen sich nach der schützenden Herrschaft eines »geborenen Zaren« zu sehen.

Im Kielwasser der vom Militär niedergeschlagenen Rebellion sah Godunow sich mit dem Gerücht konfrontiert, Zarewitsch Dmitri habe den Anschlag auf sein Leben wie durch ein Wunder überlebt und schicke sich an, den Thron zurückzufordern. Tatsächlich hatten die Polen einen passenden Thronprätendenten präpariert, der im Oktober 1603 an der Spitze einer Truppe von Söldnern und Freiwilligen in Rußland einmarschierte. Obwohl dieser Falsche Dmitri, wie man ihn nannte, »eine seltsame und unansehnliche Gestalt war, mit Warzen im Gesicht und ungleich langen Armen«, erwies er sich als charismatischer Führer. Viele Unzufriedene schlossen sich seinem Feldzug an. In seiner Hilflosigkeit gegenüber der anschwellenden Flut wandte Godunow sich der Zauberei und Wahrsagerei zu, am 13. April 1605 starb er. Wenige Wochen später wurden seine Frau und sein Sohn ermordet und der Kreml erstürmt.

Nach einem knappen Jahr war der Falsche Dmitri in der Versenkung verschwunden, abgesetzt von Wasili Schuiskij, einem Adligen, der zwar über den richtigen Stammbaum verfügte, nicht aber über breite Unterstützung. Neue Aufstände und Invasionen aus dem Ausland schlossen sich an, bis im Juni 1607 erneut ein von den Polen unterstützter Pseudo-Zarewitsch gen Moskau marschierte. Schuiskij mußte einem polnischen Zaren weichen. Als alles auf eine Teilung Moskowiens hindeutete, sammelten sich im Norden und Osten russische Volksheere, die, von patriotischer Leidenschaft erfüllt, von Sieg zu Sieg eilten. Am 25. Oktober 1612 kapitulierte die polnische Garnison im Kreml, die Ausländer wurden vertrieben. Am 21. Februar 1613 wählte eine Nationalversammlung einen neuen Zaren, den 16jährigen Michail Romanow, einen Großneffen von Anastasia, der ersten Ehefrau Iwan des Schrecklichen.

Die Zeit der Wirren – ein Jahrzwölft nicht enden wollenden Unheils – war zu Ende.

Die Pioniere der sibirischen Eroberung litten bei aller Selbständigkeit, Tatkraft und Kühnheit, die eine unwirtliche Umwelt ihnen abverlangte, zwangsläufig unter den Unruhen in ihrem Mutterland. Während die Nation um ihr Überleben kämpfte, lichteten sich die russischen Stützpunkte in Sibirien. Die Ureinwohner versuchten sich zu erheben. 1608 wäre es der Prinzessin Anna von Koda beinahe gelungen, einen gemeinsamen Aufstand aller Eingeborenenvölker Westsibiriens zu organisieren. 1612 wurde noch einmal ein Versuch unternommen, das alte Khanat von Sibir, »wie es in den Tagen Kutschums gewesen war«, wiederherzustellen. Erst in letzter Minute erfuhren die Russen von dem Komplott, zehn Rädelsführer wurden dingfest gemacht und gehängt.

Obwohl die Russen mit ihrem Zugriff auf das Ob-Irtysch-Becken ihr Land flächenmäßig um mehr als ein Drittel erweitert hatten, verbanden sich in Moskau mit dem Namen Sibirien noch so bescheidene geographische Vorstellungen, daß man in der neuen Kolonie eigentlich nur ein potentielles Tauschobjekt sah. Boris Godunow wollte einen einflußreichen Bojaren für den gemeinsamen Kampf gegen den Falschen Dmitri gewinnen und bot ihm »die Königreiche Kasan und Astrachan sowie ganz Sibirien« an. Der Falsche Dmitri hingegen hatte seinem Schwager, einem mächtigen polnischen Adligen, als Gegenleistung für seine Hilfe, »das ganze Land Sibirien« versprochen. Doch ehe das Ob-Irtysch-Becken richtig gesichert war, begannen die Russen in das nächste große Flußtal, das des Jenissej, vorzudringen.

Die Pioniere dieses Vormarschs erkundeten zunächst die östlichen Nebenflüsse des Ob, überquerten dann ein flaches Plateau, bis sie an ostwärts strömende Flüsse kamen. 1619 hatten sie schon alle wichtigen Flußläufe und Übergänge zwischen den beiden Strömen erkundet. An strategischen Punkten erbauten sie Blockhäuser oder Forts, um die Einwohner zu Tributleistungen zu zwingen und sie »unter die hohe Hand des Zaren bringen« zu können. Zu den Ausgangspunkten ihrer Erkundungsreisen gehörten Tomsk und Ketsk im Süden und Mangaseja im Norden; so konnten sie den Jenissej aus zwei Richtungen in die Zange nehmen. Am Unterlauf des Flusses trafen die russischen Pioniere auf die Tungusen, am Oberlauf auf die Burjaten, von denen sie noch nie gehört hatten. Dieser Stamm siedelte in einem pelztierreichen Gebiet, hielt und züchtete Nutztiere und war dem Vernehmen nach auch in der Lage, Getreide an- und Silber abzubauen – eine Kombination, die ihre Wirkung auf die Russen nicht verfehlte.

Die Tungusenstämme östlich des Jenissej und die Burjaten im Gebiet um den Baikalsee führten einen zähen, aber vergeblichen Kampf gegen die Errichtung von russischen Stützpunkten auf ihrem Land: zähneknirschend mußten sie miterleben, wie die Kolonisatoren 1619 Jenissejsk (am Zusammenfluß von Jenissej und Angara), 1627 Krasnojarsk und 1631 Bratsk an der Angara gründeten.

Am oberen Jenissej trafen die Russen allerdings auf heftigen Widerstand der Kirgisen und Kalmücken, deren Siedlungsgebiete südlich an Sibirien grenzten; erst im Laufe der beiden folgenden Jahrhunderte konnten die Russen hier ihre Herrschaft festigen.

Russische Seefahrer hatten unterdessen den Schiffahrtsweg von Archangelsk nach Mangaseja erkundet und trieben hier Tauschhandel – Waren gegen Pelze – mit den einheimischen Ostjaken und Samojeden. Mangaseja, die »fabelhafte Stadt am Eismeer«, blühte auf und zog immer mehr Händler an. »Hunderttausende von Zobel-, Hermelin-, Silber- und Blaufuchspelzen«, berichtet ein Autor, »und zahllose Tonnen kostbaren Mammut- und Walroß-Elfenbeins« wurden Jahr für Jahr aus Mangaseja ohne staatliche Kontrolle schwarz nach Europa verschifft. Aus Zentralasien und China fanden, über Zwischenhändler, auch Seide, Porzellan und kostbare Stoffe ihren Weg nach Mangaseja, die Stadt wurde zu »einem sibirischen Bagdad, wo man große Geschäftsabschlüsse mit phantastischen, mehrere Tage dauernden Festen feierte, bei denen zu den besten europäischen Weinen einheimische Delikatessen aufgetischt wurden wie Stör, Kaviar, Pilze, Beeren, Wildbret und anderes Freiwild«.

Als in Moskau endlich wieder Stabilität einkehrte, war die Kunde vom Pelzreichtum Sibiriens schon in alle Himmelsrichtungen gedrungen und hatte die Begierde der am Erwerb neuer Kolonien interessierten europäischen Mächte erregt. Die russische Regierung fürchtete, ausländische Agenten könnten versuchen, direkt mit den Eingeborenen Handel zu treiben und durch das Tor der Tas-Mündung den reichen Nordwesten Sibiriens als Kolonie zu erbeuten. Neidisch auf Mangaseja waren auch inländische Kaufleute, die ihren Sitz im Ural, in Tjumen und Tobolsk, hatten und sahen, daß dort Geschäfte gemacht wurden, die ebensogut auch über sie laufen konnten. Die Regierung in Moskau sperrte 1619 den Seeweg nach Mangaseja – auch für russische Seefahrer, damit sie ihn nicht an Ausländer verrieten. Sie verlautbarte, jeder, der dieses Verbot mißachte, werde eines grausamen Todes sterben. Navigationshilfen entlang der Schiffahrtsroute wurden entfernt und Wachtposten aufgestellt, die die Aufgabe hatten, jeden abzufangen und zu töten, der durchzufahren versuchte. Auf der Jamal-Halbinsel wurde ein Küstenfort errichtet, das den Übergang zwischen der Karasee und dem Ob-Busen kontrollierte. Man fälschte sogar Seekarten; die Insel Nowaja Semlja erschien als Halbinsel – was später manchen Seefahrer das Leben kostete. Bald darauf setzte der Niedergang Mangasejas ein. Die reichen Kaufleute verschwanden, 1643 wurden alle wichtigen Verwaltungsfunktionen nach Turuchansk verlegt, einer Neugründung an der Mündung der Unteren Tunguska in den Jenissej. 1678 wurde Mangaseja auf Anweisung von oben, aber ohne amtliche Begründung, in Schutt und Asche gelegt. Bei den eingeborenen Samojeden

hieß der Ruinenort von da an Tagarevyard, »zerstörte Stadt«. Die Überreste
Mangasejas wurden erst knapp dreihundert Jahre später wiederentdeckt.
Mangaseja trug vielleicht mehr als jede andere in der Frühphase der Koloni-
sierung errichtete Siedlung dazu bei, den Mythos vom sagenhaften Reichtum
Sibiriens zu begründen. In Moskau bedrängte 1632 ein ehemaliger Militär-
gouverneur dieses Bezirks, betört von den Schätzen, die durch Mangaseja ge-
schleust worden waren, den Zaren, er möge das Signal zum Aufbruch vom
Jenissej weiter nach Osten geben, hinüber ins Flußbecken der Lena, »östlich der
Sonne«.

Die Russen hatten von der Lena zuerst durch die Tungusen gehört, die ihnen
auch von den Jakuten oder »Pferdemenschen« erzählt hatten, die an den Ufern
dieses Flusses wohnten. Ursprünglich ein Volk von Wanderhirten aus südliche-
ren Breiten, waren die Jakuten im Zuge der Umwälzungen, die den Aufstieg
Dschingis-Khans begleiteten, nach Norden verschlagen worden und hatten sich
schließlich entlang der mittleren Lena niedergelassen. Dort gingen sie trotz des
extremen Klimas weiterhin der Vieh- und Pferdezucht nach. Die Wintermonate
brachten Menschen und Tiere gemeinsam in den schützenden Behausungen zu.
Von den Quellgebieten östlicher Jenissej-Nebenflüsse aus ließen sich westliche
Zuflüsse der Lena auf kurzen Wegen erreichen. Erkundungstrupps, die von
Jenissejsk und Mangaseja aus aufbrachen, befuhren nach Überwindung der
flachen, hügeligen Wasserscheide das Flußsystem der Lena von Norden wie von
Süden. Bald tauchten rivalisierende Expeditionen aus Tomsk und Tobolsk auf;
erst als die Regierung den Kosaken Pjotr Beketow von Jenissejsk aus losschickte,
begann die eigentliche Eroberung des Lena-Beckens.
1631 überschritt Beketow mit rund 30 Mann von dem ein Jahr zuvor gegründeten
Ilimsk aus die Wasserscheide zur Lena, wandte sich zunächst flußaufwärts,
erbaute aus gefällten Bäumen ein befestigtes Lager und machte die einheimischen Jakuten tributpflichtig. 1632 gründete er an einer Flußschleife der mittleren Lena Jakutsk, das später als Stützpunkt für Expeditionen zum Nordmeer
und zum Pazifik diente. In rascher Folge entstanden weitere Vorposten, 1635
wurde am Zusammenfluß von Lena und Olekma der Grundstein für Olekminsk
gelegt.
Zwischen einzelnen Kosakenbanden brachen immer wieder Kämpfe aus, einige
ließen sich sogar in Stammeskriege verwickeln. Diese Konflikte führten zu einem

Rückgang der Staatseinnahmen. Moskau reagierte 1638 mit dem Beschluß, Jakutsk zur Hauptstadt eines eigenen Verwaltungsbezirks zu erklären, dessen Betreten Militärangehörigen aus anderen Bezirken verboten war.

Der Erfolg dieser Maßnahme war nur mäßig. Die Eroberung Westsibiriens war zwar noch systematisch geplant und durchgeführt worden, östlich des Jenissej aber hatte man es mit einem noch unwegsameren Land zu tun, in dem die vorgeschobenen Stützpunkte wie winzige Inseln wirkten. Die Russen an der Lena befanden sich 4000 Kilometer östlich des Urals und so weit weg von ihren Auftraggebern im Kreml, daß die Macht sich auf die lokale Ebene oder gar in die Hände kleiner Gruppen verlagerte.

Das Fehlen einer organisierten staatlichen Militärmacht schien den Ureinwohnern eine Widerstandschance zu eröffnen. So wehrten sich beispielsweise die Burjaten lange Zeit heftig gegen das Vordringen der Russen; das gebirgige Gelände half ihnen, einen wirksamen Kleinkrieg zu führen. Erst 1648 gelang es den Russen, den Baikalsee zu erreichen. Der Kosake Kurbat Iwanow konnte ihn noch im selben Jahr überqueren und nach heftigem Kampf den sein Ostufer bewohnenden Burjaten einen Pelztribut aufzwingen.

Im Jahr darauf baute Iwan Pochabow, ein Offizier aus Jenissejsk, das 1631 angelegte Fort Bratsk an der Angara aus und versah es mit Palisaden und Gräben; an der Spitze einer Expedition erkundete er den Baikalsee bis an die Mündung der Selenga. Er berührte damit das Grenzgebiet zur Mongolei. Nachdem er erfahren hatte, daß die Burjaten dieser Region aus der Äußeren Mongolei Silber, Seide und andere Waren im Tausch gegen Pelze bezogen, suchte er den Khan der östlichen Mongolen auf; dieser beteuerte, er besitze selber weder Seide noch Silber, sondern kaufe beides von den Chinesen. In rascher Folge entstanden in dieser Zeit die neuen Forts Wercholensk (1641), Werchne-Angarsk (1646), Werchne-Udinsk (1648) und Bargusin (1648) am Ostufer des Baikalsees und 1652 Irkutsk am Zusammenfluß von Angara und Irkut.

Zur russischen Befriedungspolitik gehörte, daß viele Eingeborene zwangsweise getauft wurden. »Diejenigen, die sich dazu nicht freiwillig bereitfanden, wurden in den Fluß getrieben, und wenn sie zurückkamen, wurde ihnen ein Kreuz um den Hals gehängt.« Überzeugt davon, daß die neue Religion ihnen keinen Segen brachte, traten die Eingeborenen in selbstmörderischer Wut zu einem Angriff auf die russische Garnison in Bratsk an.

1652 wurde Pjotr Beketow mit dem Auftrag ausgesandt, die Autorität des Zaren wiederherzustellen. Er erkundete im Verlauf des darauffolgenden Jahres mit Flößen die Flüsse Selenga, Ingoda und Schilka, gründete Irgensk und im Frühjahr 1653 Nertschinsk. Während im Jenissejgebiet eine ordentliche Verwaltung etabliert wurde, ging die Erkundung und Eroberung des Lena-Beckens von Jakutsk aus in drei Richtungen: zur Beringstraße, zum Bering-Meer und Kamtschatka nach Nordosten; zum Ochotskischen Meer nach Osten und zum Amur nach Süden. Schon zwei Jahre nach Erreichen der Lena hatte eine Gruppe von Russen den Fluß Aldan bis zu seinem Ursprung in den Stanowoi-Bergen erkundet, 1639 machte sich eine 20köpfige Expedition unter Iwan Moskwitin auf die Suche nach dem »großen Meeresozean«, von dem die Einwohner erzählten. Sie folgten den Flüssen Judoma und Maja flußaufwärts, überquerten einen Gebirgspaß und trafen auf den Fluß Ulja, auf dem sie bis an seine Mündung ins Ochotskische Meer, einem Teil des Nordpazifiks, vorstießen.

125 Jahre nachdem die Spanier den Pazifischen Ozean von Osten her entdeckt hatten, stießen die Russen zu seinem westlichen Rand vor. In nur 55 Jahren hatten sie den gesamten nordasiatischen Kontinent durchquert, während in Nordamerika die eingewanderten Kolonisten noch nicht einmal über das Appalachengebirge hinausgekommen waren.

Beim Vordringen von einem Flußbecken zum nächsten hatten die Russen sich an die östlichen und westlichen Nebenflüsse der drei großen Ströme gehalten. Ob, Jenissej und Lena flossen nordwärts Richtung Polarmeer; die russischen Entdecker fuhren auf den Nebenflüssen flußabwärts und wurden so bald mit verschiedenen Abschnitten der Nordmeerküste vertraut.

Einer der großen Pioniere der Nordmeererkundung war der Kosake Jelisej Busa. Von Jakutsk aus fuhr er 1617 die Lena hinab und erreichte östlich der Mündung des Flusses Olenjek die Küste. Er überwinterte in einer geschützten Bucht und drang anschließend mit Schlitten bis zur Jana vor. Ihr folgte er flußaufwärts und erkundete die Täler des Werchojansker Gebirges, des kältesten bewohnten Gebietes auf der Erde. Im Jahr darauf brach er wieder nach Osten auf und erreichte den Fluß Indigirka, an dem er einen neuen Volksstamm entdeckte, die Jukagiren, die zwischen den Jakuten im Landesinneren und den Tungusen an der Küste eingekeilt waren. 1642 kehrte er nach fünfjähriger Odyssee nach Jakutsk zurück und berichtete über die Entdeckung dreier neuer Flüsse von beträchtlicher Größe; für zusätzliche Erregung sorgte er durch das Gerücht, es müsse noch einen weiteren Fluß geben, an dem Silberlager zu finden seien. Alsbald machten sich mehrere Kosakengruppen reisefertig.

Unterdessen waren auch andere auf Busas Spuren gewandelt. Im Sommer 1640 erreichte ein fünfzehn Mann starker Trupp unter Führung des Kosaken Dmitri Zyrian die Indigirka. Von dort segelten sie die Nordmeerküste entlang ostwärts zur Alaseja, wo sie nicht nur Jukagiren trafen, sondern Angehörige eines weiteren Stammes. Die Tschuktschen berichteten von einem Fluß noch weiter im Osten, der Kolyma, dem östlichsten der ins Nordmeer mündenden größeren Ströme Sibiriens.

Der erste Russe, der diesen noch einmal über eineinhalbtausend Kilometer östlich der Lena gelegenen Fluß zu Gesicht bekam, war 1644 Michail Staduchin. Er gründete an dessen Unterlauf die Siedlung Srednekolymsk. Zwei Jahre später kämpfte sich eine Gruppe durch die vereisten Küstengewässer in Richtung Tschuktschen-Halbinsel, fuhr in eine kleine Bucht ein und traf auf eine Tschuktschen-Sippe, mit der sie sogleich Tauschhandel begann. Die Russen breiteten ihre mitgebrachten Waren am Strand aus, die Eingeborenen nahmen sich davon, was ihnen gefiel, und gaben dafür Walroßstoßzähne oder Gegenstände aus Elfenbein.

Solche friedlichen Begegnungen waren aber eher die Ausnahme. Überfälle, arktische Stürme, der Verlust von Schiffen und Booten führten dazu, daß nur wenige Expeditionen glücklich zu Ende gingen. Die sibirischen Pioniere waren zwar zähe Burschen, aber trotz der Gefahren, die ihnen drohten, konnten sie sich nicht immer aufeinander verlassen. So blieb im Sommer 1650 eine Expedition unter Timofej Buldakow auf halbem Weg zwischen den Mündungen von Jana und Indigirka im Eis stecken. Im September trieben sie auf Schollen weit auf das Meer hinaus. Sie zerlegten ihre Boote, bauten sich Schlitten und versuchten, ihre Vorräte über die Eisschollen zur Küste zu transportieren. Nach neun Tagen erreichten sie schließlich die Küste – halb nackt, halb verhungert, von Skorbut gezeichnet. Ein Stück landeinwärts entdeckten sie ein winterfestes Blockhaus am Ufer der Indigirka, wo eine Gruppe von Steuereinnehmern Quartier bezogen hatte. Diese verfügte über einen beträchtlichen Vorrat an Weizen und Mehl, der für Tauschgeschäfte mit den Eingeborenen gedacht war. Die Steuereinnehmer weigerten sich aber, ihren Landsleuten auch nur einen Bissen abzugeben, obwohl die Verhungernden sich ihnen als Sklaven anboten.

Die von den ersten Erkundern der sibirischen Nordküste verwendeten Fahrzeu-

Jermak, der Eroberer Sibiriens

Jermaks Horde
beim Übergang zwischen zwei Flüssen

Ein Tatarenüberfall am Fluß Tobol
(Man beachte das auf eigene Faust
voranschreitende Banner Christi)

Ein Gefecht
unweit der Tatarenhauptstadt Sibir

Befestigte Stadtmauer, typisch für Sibirien

Szenen aus der Frühgeschichte
der Eroberung Sibiriens
(Aus einer illustrierten sibirischen
Chronik des 17. Jahrhunderts)

Ein Nachtlager in der
ostsibirischen Taiga
(Lithographie, 18. Jahrhundert)

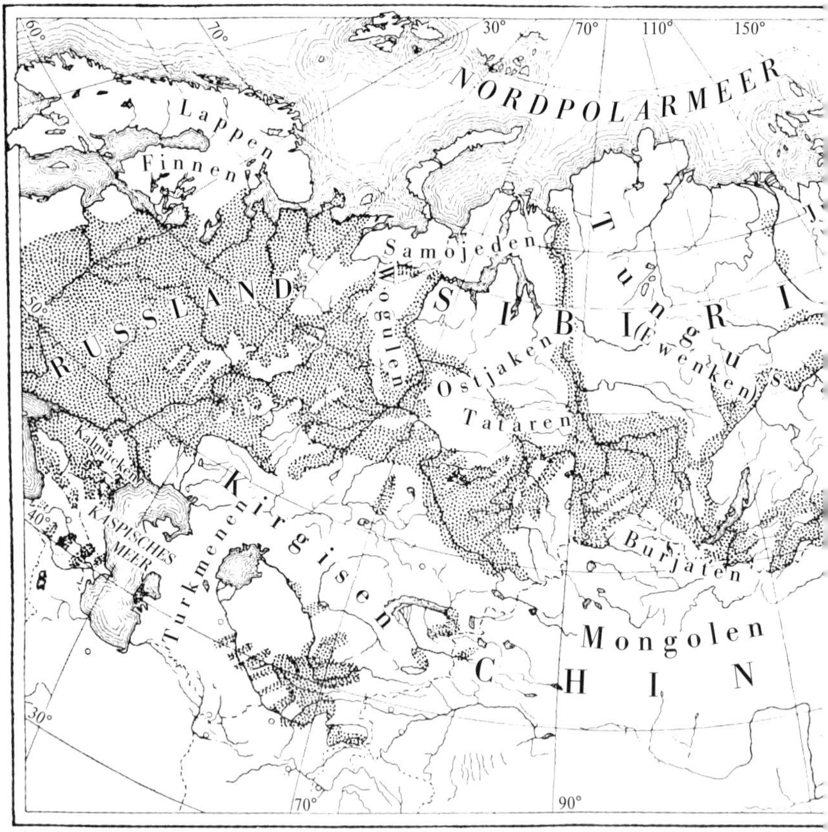

Die Verteilung der wichtigsten Stämme des nördlichen Asiens und die russischen
Hauptsiedlungsgebiete

Winterhütte bei Ochotsk
(Lithographie, 18. Jahrhundert)

russische
Bevölkerung

J. HART, NUTLEY

Kirche der Altgläubigen

Innenraum einer Kamtschadalen-Jurte (Lithographie, 18. Jahrhundert)

Vulkan auf Kamtschatka (Lithographie, 18. Jahrhundert)

Aleuten mit Jagdspeeren in ihren Kajaks

Vitus Bering

Grigori Schelichow,
der »russische Kolumbus«

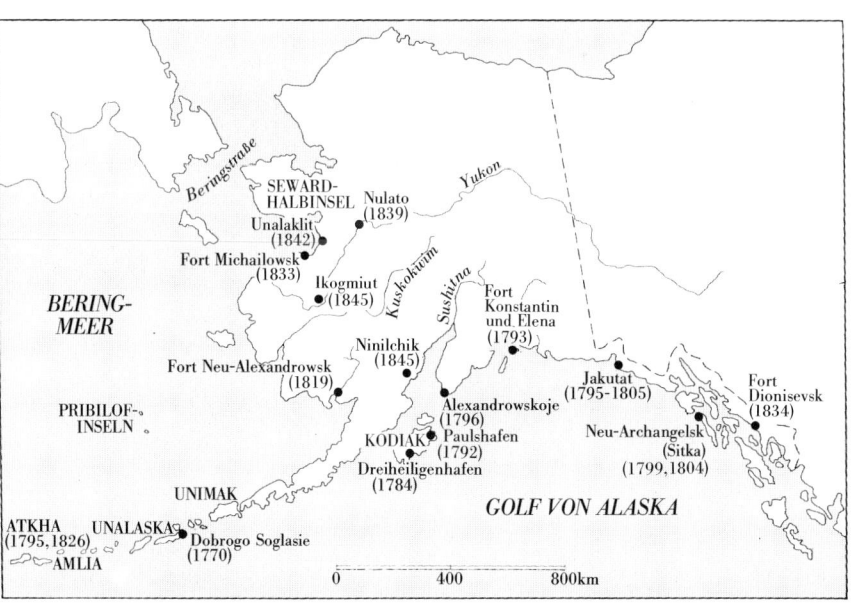

Russische Siedlungen und Stützpunkte in Alaska

Alexander Baranow,
erster Gouverneur Russisch-Amerikas

Nikolai Resanow, Architekt der
russischen Expansion in der Neuen Welt

Kamehameha, König von Hawaii

ge waren äußerst primitive Konstruktionen, gefertigt aus an Ort und Stelle vorhandenen Materialien ohne jegliche Eisenteile, zusammengehalten von Holznägeln oder Lederriemen. Ihr Anker bestand häufig nur aus einem mit einem Stein beschwerten Holzkreuz, ihr Segelzeug aus einem einzigen Masten und einem Segel aus Tierhäuten. Es gab aber auch solider gebaute Modelle, die den kleinen Küstenschiffen nachempfunden waren, die traditionell in Pomorje gebaut wurden, dem Gebiet an der russischen Nordmeerküste. Aus dieser Region – aus der nördlichen Dwina-Tiefebene und von der Küste des Weißen Meeres – kam ein ziemlich großer Teil der Nordmeer-Pioniere. Manche waren bis dahin Jäger und Fallensteller gewesen, andere Hochseefischer. Die Erfahrung hatte sie gelehrt, ihre Boote so zu bauen, daß sie sie auch noch im Treib- und Packeis manövrieren konnten und beim Absegeln der Küste »dem Frühling zu folgen«, wenn das Eis unter der wärmenden Wirkung des Golfstroms vom Westen nach Osten fortschreitend aufriß.

Ihr typisches Fahrzeug war »ein verhältnismäßig leichtes, bewegliches Boot mit geringem Tiefgang, mit flachem Boden und gerundeten Bordwänden. Der Bootskörper war so geformt, daß er Zusammenstöße mit Eisschollen abmilderte oder sich, wenn er eingeklemmt wurde, auf das Eis schob, und daß er durch Wasserrinnen manövriert oder über Eisschollen gezogen werden konnte.« Für Fahrten im Nordmeer war dieser Bootstyp zweckmäßiger als »die schweren Hochseeschiffe mit steileren Bordwänden, spitzem Kiel und größerem Tiefgang«, wie westliche Seefahrer sie benutzten.

Die im Jakutsker Gebiet entwickelte sibirische Variante war bis zu 20 Meter lang, 6 Meter breit und hatte einen Tiefgang von 1,5 bis 1,8 Metern. Gebaut aus leichtem, trockenem Fichten- oder Lärchenholz, verfügte es über einen Kiel und ein starres, durch Querstreben verstärktes Gerippe, das beplankt war »wie westliche Schiffe«. Eisennägel, Klammern und Bolzen sorgten für zusätzliche Stabilität. Zur Standardausstattung dieser Koggen, wie sie genannt wurden, gehörten ferner ein großes Leinensegel, ein Eisenanker sowie Steuerruder, Ruderpinne, Ankerwinde und sogar eine windgetriebene Pumpe. Ein Kompaß im Kupfergehäuse, eine in Mammutelfenbein eingelassene Kompaß-Sonnenuhr oder eine Anzahl in Knochen gefaßte Magneteisensteine komplettierten die Ausstattung. Ein solches Wasserfahrzeug konnte, je nach Größe, bis zu 50 Personen und bis zu 45 Tonnen Fracht transportieren.

Von allen Nordmeerexpeditionen jener Zeit war die bei weitem dramatischste die Suche des Kosakenhauptmanns Semjon Deschnew nach dem Anadyr. Deschnew hatte sich um das Jahr 1630 für den Dienst nach Sibirien gemeldet und war in Jenissejsk stationiert worden. Später wurde er nach Jakutsk versetzt, wo er eine Jakutin heiratete, und bezog schließlich im Gefolge des Kosakenführers Dmitri Zyrian einen Außenposten bei den Jukagiren an der Jana. In den darauffolgenden Jahren gehörte er zu den Pionieren bei der Erkundung der Nordmeerküste.

Die Gerüchte über die Schätze des Kolyma-Tals lockten zahlreiche Händler an, die sich, zusammen mit den aus Jakutsk dahin beorderten Soldaten, in den wenigen Siedlungen entlang der Kolyma zusammendrängten. Ein Markt, der einmal jährlich im August in Srednekolymsk stattfand, ließ Pelzjäger und Händler aus weitem Umkreis zusammenströmen; doch in den Köpfen spukte die Neugier auf das, was weiter im Osten vielleicht noch der Entdeckung harrte. Die Agenten reicher Kaufleute waren ständig auf der Suche nach neuen Jagdgründen; mit einem von ihnen, einem gewissen Fjodor Alexejew, tat sich Deschnew zusammen.

Alexejew hatte ursprünglich gehofft, sich in Jakutsk geschäftlich etablieren zu können, doch als er 1639 dort eintraf, stellte er fest, daß eine Reihe anderer Agenten den Markt bereits unter sich aufgeteilt hatte. Er wollte sein Glück am Olenjek versuchen, einem westlichen Parallelfluß zur Lena, doch die dortigen russischen Vorposten waren ständigen Angriffen der Tungusen ausgesetzt. So wandte er sich schließlich nach Osten, erreichte nacheinander die Flüsse Jana, Indigirka und Alaseja und schließlich, 1646, die Kolyma. Doch sogar hier war die Konkurrenz bereits so stark, daß er eine Expedition ausrüstete, um den Anadyr zu finden, ein bis dahin noch unerschlossenes Gebiet. Deschnew hatte zu diesem Zeitpunkt bereits fünf Jahre an der Kolyma zugebracht und dürstete nach neuen Taten, zumal er trotz seiner ehrenvollen Vergangenheit noch immer nicht in eine verantwortliche Position befördert worden war. So erbot er sich, die Expedition Alexejews als Vertreter des Staates (verantwortlich für die Einziehung der Tribute) mitzumachen, und versprach, als Beweis des Gelingens persönlich mehrere Hundert Zobelpelze mitzubringen. Mehrere Boote wurden startklar gemacht und mit allem Notwendigen beladen, darunter Perlen und Kupferknöpfe für den Tauschhandel, Zobelfallen, dreizehn »in Knochen gefaßte Magneteisensteine« und Brecheisen zum Abkratzen des Eises, das sich an den Bordwänden festsetzen würde.

Nach einem ersten mißglückten Anlauf im Sommer 1647 setzte sich die Expedition, bestehend aus 90 Mann und 7 Koggen, im Juni 1648 von Srednekolymsk aus in Bewegung. An der Kolyma-Mündung wandten sie sich nach Osten, verloren aber auf dem beschwerlichen Weg entlang der Küste noch vor Erreichen der Tschuktschen-Halbinsel vier Boote; ein fünftes ging auf der Halbinsel selbst zu Bruch. Mit den beiden verbliebenen, von Deschnew und Alexejew kommandierten Schiffen gelang es ihnen, das große Nordostkap Asiens zu umsegeln. Auf einem Küstenfelsen erblickten sie ein turmartiges Gerüst aus Walknochen, gegenüber im Meer zwei Inseln – die Diomeden. Den Winden und Stürmen trotzend, legten sie am Kap an, überstanden ein Gefecht mit Tschuktschen, schifften sich wieder ein und wurden in einem Sturm auseinandergerissen. Deschnews Boot wurde am 1. Oktober ein gutes Stück südlich der Mündung des Anadyr an die Küste geworfen. Auch Alexejew lief irgendwo an der Küste auf Grund und mußte mit seinen Leuten an Land gehen, wo sie allesamt den Tod fanden – mit Ausnahme von Alexejews jakutischer Konkubine.

Auf dieser erstaunlichen 100tägigen Entdeckungsreise hatten Deschnew und seine Gefährten über 3000 Kilometer tückischen Seewegs zurückgelegt, waren irgendwo vor dem Ostkap knapp einem Strudel entkommen, hatten die Diomeden-Inseln entdeckt und die Nordostspitze des Ostasiatischen Kontinents umschifft – 80 Jahre bevor Vitus Bering die Passage durchfuhr, die heute seinen Namen trägt.

Deschnew jedoch war sich der Tragweite seiner Entdeckung nicht bewußt; er dachte nur an sein Vorhaben, den Anadyr zu finden. Mit 25 Mann machte er sich auf den Weg durch das bergige Landesinnere; nach rund 10wöchiger Wanderung stießen sie auf den Unterlauf des Anadyr, nahe seiner Mündung. Ihre Erwartungen wurden enttäuscht. Die Wälder waren ebenso spärlich wie die Zobel, große Teile des Gebiets bestanden aus Tundra und nacktem Fels.

Die Männer teilten sich in zwei Gruppen auf, um zu jagen. Zwölf zogen flußaufwärts, kehrten aber nach zwanzig Tagen ohne große Beute zurück. Unweit der Stelle, an der sie wieder zur anderen Gruppe stoßen sollten, schlugen neun von ihnen ein Nachtlager auf – und blieben spurlos verschwunden. Die sechzehn Überlebenden bauten sich im Frühjahr 1649 Flöße aus Treibholz und zogen flußaufwärts, wo es ihnen gelang, die Eingeborenen zu unterwerfen und tributpflichtig zu machen. Auf einer Insel im Fluß errichtete Deschnew das Fort Anadyrsk.

Unterdessen hatte der altgediente Kosake und Entdecker Michail Staduchin, der nichts von Deschnews Expedition wußte, sich ebenfalls, und zwar auf dem Landweg, aufgemacht, den Anadyr zu finden. Sein Weg war der wesentlich leichtere. Mit Hilfe jukagirischer Führer konnte Staduchin im Sommer 1650 den legendären Fluß binnen weniger Wochen erreichen; nach mehreren Gemetzeln brach er im Februar 1651 mit einer Gruppe von Gefährten in Richtung Penschina auf und kam bis zum nördlichsten Ausläufer des Ochotskischen Meers, dem Penschinabusen.

Deschnew erkundete im Juni 1652 die Mündung des Anadyr und entdeckte am äußeren südlichen Ende des Mündungstrichters einen Walroß-Brutplatz. Auf einer sandigen Fläche in Form eines langgezogenen Dreiecks aalten sich Hunderte von Walrössern, der Boden war übersät mit Stoßzähnen. Deschnew sammelte auf, was er konnte, und kehrte 1654 noch einmal dorthin zurück, um nachzufassen, diesmal in Begleitung Juri Seliwerstows, der später den Versuch machte, den Entdeckerruhm und die damit verbundenen Belohnungen für sich in Anspruch zu nehmen.

Deschnew stieß auf dieser zweiten Exkursion zu seiner großen Überraschung auf eine Korjakensiedlung, wo er die jakutische Konkubine seines verschollenen Reisegefährten Fjodor Alexejew wiedertraf. Sie berichtete ihm, daß, nachdem ihr Boot an die Küsten geworfen worden war, die meisten Insassen, auch Alexejew, von Korjaken umgebracht worden oder an Entkräftung gestorben seien. Einige wenige jedoch, darunter der Sohn Alexejews, hätten in kleinen Booten das Weite gesucht.

Im Herbst 1654 fand Deschnew, er sei nun lange genug umhergezogen, und beantragte bei seiner vorgesetzten Behörde die Zahlung seines rückständigen Gehalts und die Entsendung eines Nachfolgers. Er faßte zusammen, was er seit der Abreise aus Jakutsk geleistet hatte, wies auf die erduldeten Entbehrungen und auf seine zahlreichen aus eigener Tasche finanzierten Unternehmungen hin. Es dauerte jedoch noch fünf Jahre, bis Kurbat Iwanow (der Kosake, der den Baikalsee entdeckt hatte) endlich eintraf, um ihn abzulösen.

Mit zweieinhalb Tonnen Walroß-Elfenbein und vielen Pelzen im Gepäck machte Deschnew sich auf den Weg nach Jakutsk. Als er im Frühjahr 1662 dort ankam, war sein Gehaltsrückstand auf über neunzehn Jahre angewachsen. Um das ihm zustehende Gehalt einzufordern, reiste er nach Moskau weiter. Dort sorgte er im September 1664 dafür, daß das Sibirien-Ministerium erfuhr, welche Opfer er für sein Land gebracht hatte. Er wies auf die Blessuren am ganzen Körper hin, die er im Lauf der Jahre davongetragen hatte, berichtete davon, wie er von den Bewohnern mehrerer großer Flußbecken Tribut eingetrieben hatte, ohne dafür »in Geld und Getreide entlohnt« zu werden, und ließ auch nicht unerwähnt, daß er diese ganze Zeit über »mit jeder Art von Mangel und Entbehrung gelebt, die Rinde von Lärchen und Fichten gegessen und 25 Jahre voller Dreck ertragen« habe. Der Staat sah schließlich ein, daß solche Opfer belohnt werden mußten. Deschnew wurde im Januar 1665 zum Kosakenkommandanten befördert und erhielt eine Prämie von 625 Rubeln in Sach- und Geldform – eine beträchtliche Summe in jener Zeit.

Deschnew kehrte nach Jakutsk zurück (wo seine jakutische Frau inzwischen einen Sohn zur Welt gebracht hatte) und versah seinen Dienst mit Auszeichnung, 1672 kehrte er nach Moskau zurück. Bis zu seinem Tod blieb ihm freilich die historische Bedeutung seiner Entdeckungsreise verborgen. Ein Grund dafür mag gewesen sein, daß die Frage, ob es zwischen Asien und Amerika eine Landbrücke gebe, zu Lebzeiten Deschnews noch von niemandem gestellt worden war. Deschnews eigener Einschätzung nach war das herausragende Ereignis seiner Laufbahn die Entdeckung der Walroß-Kolonie gewesen.

In Moskau geriet die Reise Deschnews um das nordostsibirische Kap bald in Vergessenheit, auch in Sibirien verblaßte die Erinnerung daran. Den Ruhm eines großen Entdeckers erntete er erst nach seinem Tod.

»Indem er die Antwort auf eine wichtige wissenschaftliche Frage lieferte«, schrieb ein Gelehrter, »stellte Deschnew sich in eine Reihe mit Kolumbus, dem Entdecker der Neuen Welt, Vasco da Gama, der als erster die Südspitze Afrikas umsegelte, und Magellan, der den Seeweg nach Südamerika entdeckte«.

4

»WEICHES GOLD«

Mit der Überquerung des Urals hatten die Russen sich »auf den Weg zum Imperium« gemacht. Doch während die seefahrenden Europäer aus ihren Kolonien in Indien, Mexiko oder Peru Gold und Silber, Gewürze und andere Kostbarkeiten holten, richtete sich die Habgier der russischen Entdecker auf das »weiche Gold«, das ihr Wilder Osten bereithielt – in Gestalt der kostbarsten Pelze der Welt. Tatsächlich verdankt Sibirien, wie Kanada und Teile der Vereinigten Staaten, »seine Erschließung und erste Ausbeutung ... dem Pelzhandel«, wie ein Historiker feststellte. Die Eroberung Sibiriens war das östliche Pendant zur Kolonisierung des amerikanischen Westens.

Pelze waren seit jeher das wertvollste Ausfuhrgut Rußlands. Seit der Zeit der ersten russischen Siedlungen im Kiewer Reich des 9. Jahrhunderts war die Jagd auf Pelztiere wichtigstes Motiv der russischen Expansion gewesen. Marco Polo hatte in seinem Reisebericht aus dem 13. Jahrhundert über Rußland geschrieben, es zeichne sich hauptsächlich durch den Besitz »der besten und schönsten« Pelze auf Erden aus. Zu jener Zeit galt noch das Dnjepr-Becken als »Lagerhaus des europäischen Pelzhandels«; später waren die Jäger und Fallensteller ins nördlicher gelegene Nowgorod umgezogen, das mit den Hansestädten verbunden war. Nordöstlich von Nowgorod erstreckte sich ein ausgedehntes Hinterland, das über die von Dwina und Petschora entwässerten Tiefebenen bis ans Weiße Meer reichte. Cholmogory, Pustozersk und andere Orte entwickelten sich zu Mittelpunkten des Pelzhandels, Russen und Eingeborene kamen alljährlich zu

Messen zusammen. Die Waren, die russische Kaufleute im Tausch gegen ihre Pelze aus dem Westen beziehen konnten, erwiesen sich als wichtiger Anreiz für den Aufbruch zu neuen Ufern.

Auch binnenwirtschaftlich waren Pelze in Rußland ein höchst begehrtes Handelsgut. Bis zum 15. Jahrhundert dienten sie als allgemeines Zahlungsmittel, die russischen Großfürsten und Zaren trugen eine Krone, die neben Juwelenschmuck auch einen Zobelbesatz aufwies. Für Menschen, die überwiegend im Bereich eines extremen Kontinentalklimas mit kalten Wintern lebten, hatten Pelze einen ebenso unschätzbaren Wert wie das Leben selbst. Als besonders kostbar galten unversehrte Zobel einschließlich Bauchfell und Tatzen.

Schon im 16. Jahrhundert hatte die Ausfuhr von Qualitätspelzen aller Art ins westliche Europa sowie nach Buchara und Samarkand solche Ausmaße angenommen, daß es 1558 zu einem akuten Pelzmangel im Inland kam und Mützen und Mäntel aus Kürschnereiresten von Kaninchen und Eichhörnchen zusammengestückelt werden mußten. Die Preise für Pelze schossen in die Höhe; in den siebziger Jahren des 16. Jahrhunderts waren als Folge der ungebremsten Pelzausfuhr (die nicht wenig zur Finanzierung des Livländischen Krieges beigetragen hatte) im Norden Rußlands die Pelztierarten nahezu ausgerottet. Zu diesem Zeitpunkt stammte ein großer Teil der besten Pelze, die an den Messeplätzen entlang der Wolga oder in Solwytschegodsk angeboten wurden, noch aus dem Tauschhandel mit Eingeborenenstämmen, die, ähnlich den Indianern Nordamerikas, eine naive Bereitschaft zeigten, ihre kostbaren Schätze gegen Talmischmuck oder billige Manufakturware einzutauschen.

Die Antwort auf die Stoßgebete des Moskauer Fiskus hieß Sibirien. Seit Jahrhunderten schon hatte parallel zur legendären Seidenstraße ein weiterer Handelsweg bestanden: die Zobelstraße. Sie führte durch das südliche Sibirien bis nach Byzanz.

Was Rußland nun am dringendsten brauchte, Sibirien besaß es im Überfluß; um es sich anzueignen, hatte Moskau zuerst Soldaten geschickt; in deren Gefolge machten sich Jäger und Fallensteller auf den Weg und lösten einen »Pelzrausch« aus, der dem späteren Goldrausch in Alaska nicht nachstand. Mit ein klein wenig Glück konnte man in einer Saison ein reicher Mann werden. Mit dem Erlös von 50 Fuchspelzen beispielsweise ließen sich 50 Morgen Land mit einem anständigen kleinen Häuschen, 5 Pferden, 10 Stück Vieh und 20 Schafen kaufen.

Die Überbeanspruchung der Jagdgründe führte jedoch dazu, daß die Jäger immer weiter nach Osten ziehen mußten; ihnen folgten Bauern, Handwerker und staatliche Verwaltungsbeamte.

Grundlage der Eroberung war der den Eingeborenen auferlegte Pelztribut; er bestimmte Form und Entwicklung der Kolonialverwaltung, die Militärstrategie, die Postierung von Truppen und die Zuweisung von Mitteln. Diese Politik prägte das gesellschaftliche System Sibiriens auch noch, als der Pelzhandel nicht mehr der dominierende Faktor des Wirtschaftslebens war.

Das aus dem Alttürkischen abgeleitete Wort *Jasak* bedeutete ursprünglich »Regierung« oder »Ordnung«, nahm aber mit der Zeit die Bedeutung eines Zwangstributs an, der einem unterworfenen Volk oder Stamm auferlegt wurde. Eine ähnliche Aufgabe, den *Dan*, hatten die Mongolen den von ihnen unterworfenen Slawen abverlangt.

In Sibirien hatten schon vor dem Auftauchen der Russen einige der noch bestehenden mongolisch-tatarischen Regimes die unterworfenen Stämme mit einem Tribut belegt. Nach den vielen Machtkämpfen um Sibirien bedeutete das Auftreten der Russen im Grunde nicht viel mehr als einen Wechsel des Kolonialherrn. Dies erklärt, weshalb den Russen die Durchsetzung ihrer Herrscherrolle zunächst verhältnismäßig leicht fiel.

Das Vorgehen der Russen war fast immer gleich: Gut bewaffnete kleine Gruppen eroberten Eingeborenensiedlungen, trommelten die Dorfältesten zusammen und nahmen einige Häuptlinge als Geiseln. An die Stammesbrüder erging dann die Aufforderung, die Gefangenen auszulösen; sie mußten schwören, gehorsame, *jasak*-zahlende Untertanen des Zaren zu werden. Wenn ein Stamm die Lieferung der Pelze verweigerte oder in Verzug geriet, drohten harte Strafen: Dörfer wurden angezündet, Rinder oder Rentiere beschlagnahmt, Frauen und Kinder als Geiseln genommen.

Außer dem *Jasak* erhoben die Russen auch noch sogenannte *Pominki* – Geschenke zu Ehren des Zaren. Ähnlich wie ein Trinkgeld zum festen Bestandteil einer Zeche werden kann, wurden die *Pominki* allmählich ein automatisch erhobener Zuschlag zum festgesetzten Tribut. Wo immer Eingeborene mit den erwarteten Geschenken geizten, wurde das als Zeichen der Aufsässigkeit gewertet.

Die Russen taten alles, um den Bewohnern der eroberten Gebiete deutlich zu machen, daß ihnen keine andere Wahl blieb, als sich den neuen Herren zu unterwerfen. Immer wenn ein russischer Kommandeur in ein frisch besetztes Gebiet versetzt wurde, bestellte er die Stammesältesten in sein Hauptquartier und empfing sie mit Salutsalven – eine Geste der Schmeichelei und der Einschüchterung zugleich. Bei dem sich anschließenden Fest hielt der Gastgeber eine politische Ansprache, in der er die Macht und die Gnade des Großen Weißen Zaren pries und bessere Zeiten verhieß.

Die Eingeborenen mußten einen Treueid auf den Zar ablegen, in einer Form, die nach Möglichkeit auf Elemente des örtlichen Brauchtums zurückgriff. Die übernatürlichen Mächte etwa, an die der eine oder andere Stamm glaubte, wurden als Zeugen beschworen, daß denen, die ihren Eid brachen, ein schreckliches Los drohe. Die Ostjaken zum Beispiel legten ihren Eid vor einem ausgebreiteten Bärenfell ab, auf dem sich ein Stück Brot, ein Messer und eine Axt befanden. Wer seinen Schwur brach, mußte damit rechnen, entweder beim Essen zu ersticken, in einem Kampf getötet oder von einem Bären zerrissen zu werden.

Art und Höhe des *Jasak* wechselten, aber im allgemeinen wurde der höchste Satz erhoben, der sich unter den gegebenen Verhältnissen erzielen ließ. Manchmal wurde eine jährliche Abgabemenge pro Person festgesetzt, in anderen Fällen eine Pauschalmenge für einen ganzen Bezirk. Zu Anfang des 17. Jahrhunderts lag der Satz zwischen 5 und 22 Zobelpelzen pro Kopf, doch bis Mitte des Jahrhunderts ging die Quote im westlichen Sibirien auf rund 3 Pelze zurück, eine Folge der Dezimierung des Zobelbestands. *Jasak*-pflichtig waren alle Männer zwischen 18 und 50, in manchen Fällen wurden auch die Familienmitglieder zur Berechnung herangezogen, wenn auch mit einer reduzierten Quote.

Ausdrücklich von der Abgabe ausgenommen waren nur »die Alten, die Krüppel, die Blinden und die Toten«, was die Russen jedoch nicht von dem Versuch abhielt, diesen Personenkreis indirekt, durch Abgaben auf seinen »Besitz«, zu erfassen. Der Pelz erster Wahl war der Zobel, doch in Ausnahmefällen konnten die Ureinwohner ihre Steuerschuld auch in anderen, weniger wertvollen Pelzen begleichen. Es gab eine Bewertungsskala, nach der eine bestimmte Anzahl von Fuchs-, Hermelin- oder Eichhörnchenpelzen einem Zobelpelz entsprach. Auch Elfenbein wurde als Ersatz akzeptiert.

Im Interesse einer möglichst unkomplizierten Tributeinziehung richteten sich die Russen bei der Einteilung der Steuerbezirke häufig nach den bestehenden Siedlungsgrenzen einheimischer Stämme. In den mehr oder weniger befriedeten Bezirken machten jedes Jahr nach Ende der Jagdsaison Steuereinnehmer die Runde oder die Eingeborenen brachten ihren *Jasak* in die russischen Forts. In unsichererem Terrain zogen die Steuereinnehmer es vor, sich in einem Blockhaus zu verschanzen; zu verabredeten Zeiten ließen sie dann zwei oder drei Eingeborene kommen, die ihre Felle durch die Fensteröffnung hineinwarfen. Dasselbe Fenster diente den Russen auch dazu, ihre Geiseln vorzuzeigen und Geschenke und Brot hinauszuwerfen.

Zusätzlich zum *Jasak* erhob der Staat eine zehnprozentige Steuer auf die Jagdausbeute von Fallenstellern und auf die Umsätze von Pelzhändlern. Diese russischen Steuerpflichtigen hatten bald allen Grund, sich ihrerseits wie ein unterworfener Stamm zu fühlen. Auch wenn der Zehnte auf sämtliche in Sibirien erbeuteten oder erzeugten Produkte erhoben wurde, an Pelzen war der russische Fiskus immer besonders interessiert. Von der Ausbeute einer Saison mußte jeder zehnte Pelz abgeliefert werden, und zwar »die Besten von den Besten und die Mittelmäßigen von den Mittelmäßigen ... ohne Vorauswahl und wie sie ausfallen«. Um zu verhindern, daß die besten Pelze unterschlagen wurden, mußte der Zehnte abgeliefert werden, bevor die Pelze in den Handel kamen. Umfaßte ein Pelzbestand weniger als zehn Stücke, so ließ sich der Steuereinnehmer zehn Prozent ihres Geldwerts auszahlen.

In den Dörfern und Städten an den größeren Handelswegen knüpfte der Staat so ein engmaschiges Netz von Zollstationen. Um deren Umgehung zu verhindern, wurden bestimmte Routen nach und von Sibirien gesperrt; 1695 erklärte ein Erlaß Werchoturje zur einzigen autorisierten Zollstation für das Gouvernement Sibirien. Hier wurden Pässe ausgestellt und sämtliche Güter und Handelswaren inspiziert oder überprüft und mit dem amtlichen Siegel versehen. Die bei Schmugglern beliebten Schleichwege wurden von staatlichen Patrouillen überwacht.

Regierungsbeamten war es zwar untersagt, selbst Handel zu treiben, aber viele taten es trotzdem, oft schlossen sie sich mit Kaufleuten zusammen, die den Fiskus betrügen wollten. Die Zollbeamten hatten allerdings die Vollmacht, jedermann, ohne Ansehen der Person, zu durchsuchen, und so konnten selbst Militärgouverneure auf der Rückreise von ihren Kommandoposten vor Überraschungen beim Grenzübergang nicht sicher sein. Zollinspektoren durchwühlten ihre Kutschen, Koffer und Körbe, schüttelten die Bettwäsche aus, öffneten Fässer und stocherten mit den Fingern in Brotlaiben. Nicht selten kam es zu Leibesvisitationen, von denen auch Frauen nicht verschont blieben. Die Inspektoren waren ausdrücklich angewiesen, auch in den Unterröcken nach Pelzen zu suchen.

Alle diese Mittel – *Jasak*, Zehnter, Zollkontrollen, Konfiszierung und staatliche Aufkäufe – dienten letzten Endes dazu, Jahr für Jahr einen stetigen Strom von Pelzen aller Güteklassen in die Schatzkammer der Sibirien-Verwaltung zu lenken. Dort wurden die Pelze geräuchert; aufbewahrt wurden sie manchmal in ausgehöhlten Baumstämmen, die mit Eis versiegelt und dann im Schnee vergraben wurden. Makellose Pelze vermochten nur die allerbesten Jäger zu liefern, kaum ein Russe konnte den Eingeborenen das Kunststück nachmachen, den Zobel mit einem Pfeil-Volltreffer in die Nase zu erlegen. Da Zobel entweder in einem Erdbau lebten oder in selbstgebauten Nestern auf Bäumen, versuchten es die Jäger auch mit diversen Fangtechniken. Ein Verfahren bestand darin, in einen Baumstamm ein Loch zu bohren, das gerade groß genug war, die Schnauze des Zobels aufzunehmen, und darin einen Köder zu verstecken, der mit einer Halterung für einen schweren Holzbalken verbunden war. Wenn der Zobel sich auf die Hinterbeine stellte und die Schnauze in das Loch steckte, löste sich der Balken aus der Halterung und zerquetschte dem Tier den Schädel, »ohne daß die wertvollen Teile des Fells den geringsten Kratzer abbekamen«.

Bei der Eroberung Sibiriens schwärmten die Entdecker und Pioniere sehr schnell in die entferntesten Winkel der neuen Kolonie, um sich neue Jagdgebiete zu sichern. Die Rodung der Wälder durch nachströmende Siedler vertrieb die Pelztiere jedoch zunehmend aus ihren angestammten Lebensräumen.

Als die Russen erstmals den Jenissej erreicht hatten, waren die dort ansässigen Tungusen so reich, daß sie Zobelfelle sogar als Steigfelle für ihre Skier benutzten. Und im Gebiet der Olekma-Mündung an der unteren Lena konnten Jäger anfangs im Verlauf einer einzigen Expedition bis zu 300 Zobel pro Mann erlegen. Schon um die Mitte des 17. Jahrhunderts jedoch fanden sich im westlichen Sibirien kaum noch hochwertige Zobelpelze, entlang den Flüssen Tunguska und Jenissej war der Zobel sogar schon 1627 »zu Tode gejagt«. An der oberen Lena war der Zobelbestand 1649 auf eine Handvoll Exemplare geschrumpft, gegen Ende des Jahrhunderts war er auch in der Umgebung von Jakutsk zur Rarität geworden. So mußte die Jagd auf andere Pelztiere intensiviert werden, namentlich auf Schwarz- und Polarfuchs, Biber, Hermelin und Eichhörnchen.

Der russische Aufbruch ins östliche Sibirien begann jedoch schon, bevor die Pelzressourcen Westsibiriens vollständig erschöpft waren. Überall suchten die Russen ihre Stellung zu festigen. Berufssoldaten stellten den Kern ihrer mit Musketen, Schwertern, Streitäxten und Spießen bewaffneten Besatzungstruppen. Dazu kam eine *Litwa* (»Litauer«) genannte Hilfstruppe, eine Art sibirischer Fremdenlegion, in der, wie ein Historiker aufzählte, Deutsche, Schweden, Polen, Litauer, Weißrussen und Ukrainer dienten, zumeist ehemalige Kriegsgefangene der Russen.

Wichtiger als diese beiden Gruppen aber waren letztlich die Kosaken – nicht die Freibeutertypen, wie Jermak sie um sich scharte, sondern die im staatlichen Sold stehenden Dorfkosaken oder Wehrbauern, von denen es 1625 rund 1000 und 1631 bereits doppelt so viele gab. Diese Kosaken gehörten zwar nicht zu den regulären Streitkräften, aber ihre Rekrutierung erfolgte »ausschließlich auf Initiative der Regierung«; sie waren besoldete Angehörige der militärischen Dienstklasse. Die sogenannten Dorfkosaken bewirtschafteten als bäuerliche Kolonisten steuerfreie Parzellen; als Gegenleistung wurde von ihnen erwartet, daß sie den gewöhnlichen Bauern, in deren Mitte sie lebten, Schutz gewährten.

Diejenigen, die aus Jermaks Truppe übriggeblieben waren, hatten sich im Lauf der Zeit mit regulären Soldaten, Fallenstellern, Kriegsgefangenen und anderen zusammengetan und errichteten im staatlichen Auftrag Forts und befestigte Städte. Entlohnt wurden diese Männer für ihre Dienste mit Geld, Naturalien oder mit Grund und Boden. Wie die Angehörigen des militärischen Dienstadels, bei denen die Dienstpflicht Bestandteil der ihnen verliehenen Grundherrschaft war, mußten sie im Kriegsfall Waffen und Ausrüstung selbst stellen. Im Zivilleben fungierten sie als oberste polizeiliche und richterliche Instanz, als Feuerwehr, als Kuriere, Spediteure, Posthalter und Zollbeamte.

Die Händler und Jäger erfüllten nicht nur ihre vom Staat zugewiesenen Aufgaben, sie wurden immer häufiger zu Entdeckern und Eroberern für die Krone. Ihre Expeditionen gingen oft, zumal in Ostsibirien, dem Vormarsch regulärer Truppen voraus; neue Jagdgründe ebneten den Weg zu Gebietserwerb. In dem Bemühen, die manchmal ungebärdige und aufsässige Bevölkerung zu kontrollieren, rekrutierte die Regierung auch Freiwillige aus den Reihen entlaufener Leibeigener und ehemaliger Sträflinge.

An ausgewählten strategischen Stellen errichteten die Russen Stützpunkte zur Sicherung ihrer territorialen Gewinne. In aller Regel plazierten sie ihre Forts auf dem Hochufer eines Flusses oder so, daß es den Landübergang zwischen zwei Flüssen beherrschte; die äußere Umfriedung bildete eine Palisade aus oben zugespitzten Holzpfählen. Umlaufende Brustwehren und Schießscharten für Scharfschützen, ein Tor und Ecktürme von bis zu zehn Metern Höhe komplet-

tierten die Befestigung, die oft noch mit einem Wallgraben und mit Artilleriege-
schützen gesichert wurde. In jedem Bezirk gab es ein größeres Fort, das nicht nur
als militärische Bastion, sondern auch als Verwaltungszentrum diente. Zusätzlich zu den Forts gab es kleinere Wehranlagen und dem Winterbiwak dienende
Blockhäuser, die in den Wäldern, in der Tundra oder an Seeufern errichtet
wurden. Um die Mitte des 17. Jahrhunderts gab es bereits ein die gesamte
sibirische Taiga, vom Ural bis an den Pazifik, überspannendes Netz solcher
Bastionen und Unterschlupfe.

Anfänglich befanden sich die Russen in Sibirien deutlich in der Unterzahl; in der
Umgebung von Jakutsk beispielsweise lebten 1676 nach Schätzungen 16 687
Eingeborene und 670 bewaffnete Russen. Bei manchen Eingeborenenstämmen
handelte es freilich nur um größere Familienverbände, bei anderen um Nomaden, die aufgrund ihrer Lebensweise nicht zu einer organisierten Verteidigung
der von ihnen durchwanderten Gebiete in der Lage waren. Obwohl sie bei ihrer
Guerillakriegführung bisweilen meisterhaften Gebrauch von ihren Ortskennt-
nissen machten, fehlte es ihnen doch an soldatischer Disziplin im westlichen
Sinn; nur selten kämpften sie unter dem Oberbefehl eines anerkannten Führers.
Die Russen waren zwar zahlenmäßig unterlegen, agierten aber im allgemeinen
als geschlossene, »sozial und rassisch einheitliche« Gruppe, hinter der zudem
ein mächtiger Staat stand. Die Tatsache, daß die über Feuerwaffen verfügten,
ermöglichte es ihnen zudem, mit verhältnismäßig kleinen Verbänden (die selten
mehr als hundert Mann zählten) Gebiete in der Größe von Hunderten oder gar
Tausenden von Quadratkilometern zu kontrollieren. Die Russen waren sich ihrer
Überlegenheit in arroganter Weise bewußt; in der geringschätzigen Meinung,
die sie von der Wehrfähigkeit der Eingeborenen hatten, unterschieden sie sich
kaum von den spanischen Konquistadoren, die vom ersten Augenblick an
erkannten, über welchen waffentechnischen Vorsprung sie verfügten. Kolumbus selbst hatte im Augenblick seiner Landung in der Neuen Welt eine Vorahnung, daß die Eroberer hier leichtes Spiel haben würden. Am 14. Oktober 1492,
kurz nach seiner Ankunft auf Hispaniola, schrieb er in sein Tagebuch: »Mit
fünfzig Mann können [die Eingeborenen] allesamt unterworfen und zu allem
Nötigen gezwungen werden.« Die Errichtung eines Forts hielt er für überflüssig.
Der russische Vorstoß in eine unbekannte Welt mit oftmals schwierigem Terrain
hätte zumindest erheblich erschwert werden können, wenn sich die eingeborene
Bevölkerung ihrer Stärke bewußt gewesen wäre. Tatsächlich aber sahen viele

Eingeborene in den Neuankömmlingen interessante Handelspartner; sie halfen ihnen bereitwillig mit Ratschlägen, Wegbeschreibungen und Informationen über die Sitten und Gebräuche ihrer Stammesverbände. In manchen Fällen erwählten sie die Eindringlinge sogar zu Bündnispartnern oder Beschützern im Kampf gegen feindliche Nachbarstämme. Manche Gruppen waren so daran gewöhnt, irgendwelchen Fremdherrschern Tribut zu leisten, daß sie sich den neuen Herren aus Rußland ebenso bereitwillig unterwarfen wie zuvor ihren mongolischen, kirgisischen oder burjatischen Feudalherren.

Der entscheidende Nachteil der Ureinwohner gegenüber den Russen war jedoch die Zerstrittenheit der sibirischen Stämme. Überall pflegten Sippen, die im Wettbewerb lebten, eine kriegerische Feindschaft untereinander; in draufgängerischen Raubzügen und Rachefeldzügen machten sie einander die besten Jagd- oder Fischgründe streitig und schlugen sich um Ehre, Frauen und Wertsachen. Dies erleichterte es den Russen wesentlich, ihre Herrschaft zu etablieren. Die Burjaten hatten sich traditionell mit den Jakuten, die Jakuten sich mit den Tungusen herumgeschlagen; die Ostjaken und die Wogulen waren, obgleich eng miteinander verwandt, seit jeher Erbfeinde. Ähnliches galt für Korjaken, Tschuktschen und Jukagiren.

Die blutigen Stammesfehden erreichten manchmal die Dimension eines Völkermords. Die Jukagiren hatten einstmals das gesamte Gebiet zwischen den Flüssen Lena und Anadyr bewohnt, vom Werchojansker Gebirge bis zum Nordmeer. Die Jakuten nannten das Polarlicht »Jukagiren-Feuer«, ein Überbleibsel aus der Zeit, in der ihre Vorfahren dieses Licht für einen Widerschein der zahllosen Lagerfeuer in den Winterquartieren der Jukagiren gehalten hatten. In der Folge hatten sich Korjaken, Tschuktschen und Tungusen zu Todfeinden der Jukagiren entwickelt, und so war deren Zahl, als die Russen auf den Plan traten, so sehr geschrumpft, daß sie zum kleinsten aller nordostsibirischen Stämme geworden waren.

Wenn zu Ehren der russischen Eroberer manchmal geschrieben wird, sie hätten immerhin den blutigen Stammesfehden ein Ende gemacht, so trifft dies keineswegs zu. Die Russen schürten vielmehr bewußt die lokalen Konflikte, um Kapital daraus zu schlagen. So setzten sie Ostjaken als Hilfstruppen gegen Wogulen und Samojeden ein, Jukagiren als Söldner gegen Tungusen, Korjaken und Tschuktschen und tungusische Freiwillige gegen die Burjaten. Jasak-zahlende Stämme halfen überdies mit, benachbarte Clans ebenfalls tributpflichtig zu machen. Viele

Eingeborene suchten das Weite und gerieten in die Reviere anderer Stämme, so daß es zu neuen Auseinandersetzungen kam. Tributpflicht, Tausch und Handel veränderten zudem die Verhaltensweisen, so daß, wie Robert Utley es auch für den Wilden Westen Amerikas beobachtet hat, »bei Gruppen, die zuvor mit dem von ihnen bewohnten Gebiet ihr Genügen gefunden hatten, territoriale Ambitionen entstanden. Denn jetzt jagten die Eingeborenen Wild nicht mehr zur Befriedigung ihrer eigenen Bedürfnisse«, sondern auch um den *Jasak* aufzubringen und um »für den Tauschhandel mit den Weißen Vorräte an Häuten und Fellen zu sammeln«. Durch Handel erworbene Gebrauchsgegenstände aus Eisen und Kupfer, Pfeilspitzen und Werkzeuge zum Beispiel, wurden zu unverzichtbaren Dingen ihres Lebens.

Während der gesamten Frühphase der Erschließung Sibiriens, in deren Verlauf die Russen ihre Herrschaft auf die drei größten Flußbecken Nordasiens sowie auf weite Teile der Nordmeerküste ausgedehnt hatten, war es zu zahllosen Feuergefechten, Scharmützeln, Überfällen und Vergeltungsangriffen gekommen; doch wenn man vom Kampf um Kutschums Hauptstadt Isker absieht, hatte sich kaum eine große militärische Kraftprobe ergeben. Die historische Größe des von Jermak begonnenen Eroberungszuges lag denn auch weniger in seinem Umfang als in seinen ungeahnten Ergebnissen.

Im Tal des Amur – des Schwarzen Drachenflusses – stießen die Russen schließlich auf die Chinesen.

5

DER SCHWARZE DRACHENFLUSS

Seit der Gründung von Jakutsk hatten die sibirischen Statthalter des Zaren ihre Fühler immer wieder nach China ausgestreckt. Zunehmende Versorgungsprobleme im östlichen Sibirien brachten die Russen bei ihrer verzweifelten Suche nach landwirtschaftlich ergiebigen Gebieten den chinesischen Grenzen immer näher.

1626 beschwerten sich Bewohner von Jenissejsk, die ihnen verfügbare Nahrung sei »so, daß in Rußland nicht einmal Tiere sie fressen würden«. 1629 herrschte in Krasnojarsk eine solche Hungersnot, daß die Soldaten der Garnison sich auf Kannibalismus verlegten, weiter im Osten war der Mangel an Nahrungsmitteln noch schlimmer. In den dreißiger Jahren hörten die Russen, die die Flußläufe des Jenissej und der Lena erkundeten, gerüchteweise von einem Tal im Südosten, wo es eine blühende Landwirtschaft und reiche Silber- und Erzvorkommen geben sollte.

Ähnliche Informationen brachten Pfadfinder von den Tungusen an der Angara mit, an der Küste des Ochotskischen Meeres machte Iwan Moskwitins die Bekanntschaft mit Lamuten, eines mit den Tungusen verwandten Stammes. Sie erzählten ihm von einem reichen Land im Süden, in dem Giljaken und Dauren siedelten. Diese Stämme, so hieß es, lebten in wohlhabenden und seßhaften Gemeinschaften und hätten alles, was die bedrängten russischen Kolonisten Ostsibiriens brauchten.

Im Juni 1643 unternahm Wassili Pojarkow aus Jakutsk eine Erkundungsexpedition, um den Wahrheitsgehalt dieser Gerüchte zu überprüfen. Mit 133 Mann und einem großen Vorrat an Pulver und Munition (doch mit wenig Proviant, da er das für die Verpflegung Nötige unterwegs aufzutreiben gedachte) folgte er zunächst flußaufwärts dem Aldan, einem Nebenfluß der Lena, überquerte sodann das Stanowoi-Gebirge, wobei er 49 Mann in einem Blockhaus an der Wasserscheide zurückließ, und stieg das Tal der Seja hinab bis zu deren Mündung in den Amur.

Die ersten Dauren, denen Pojarkow jenseits des Stanowoi-Kamms begegnete, waren recht gastfreundlich. Sie übergaben ihm *Jasak* und Geiseln und bestätigten, daß in ihrem Siedlungsgebiet Getreide angebaut wurde; andererseits leugneten sie »trotz seiner beharrlichen Nachfragen, irgend etwas von Silber-, Kupfer- oder Bleivorkommen zu wissen«. Was sie an Kunstgegenständen aus Metall besaßen, stamme, so erklärten sie, aus dem Handel mit Mongolen und Chinesen.

Die Russen wollten sich mit diesen Auskünften nicht zufriedengeben; ihr grausames Gebaren gegenüber den großmütigen Dauren führte zu wachsendem Widerstand, die Verpflegungsquellen versiegten. Im Winter 1643/44 verhungerten vierzig Russen. Der Frühling brachte zwar etwas Erholung, denn vom Blockhaus traf eine Abordnung ein, die frischen Proviant mitbrachte; doch als die Russen sich die Seja abwärts in Marsch setzten, war ihnen die Kunde von ihren Greueltaten bereits vorausgeeilt. Die Einheimischen rüsteten sich zum Kampf. Unweit der Mündung des Sungari geriet eine Gruppe russischer Pfadfinder in einen Hinterhalt und wurde aufgerieben. Pojarkow, der nirgendwo eine Möglichkeit fand, ungefährdet anzulegen, fuhr weiter flußabwärts. An der Mündung des Ussuri (eines der größten Amur-Zuflüsse) stellte er fest, daß er sich im Gebiet der Golden befand. Zwei Wochen später drang er ins Territorium der Giljaken ein, deren Siedlungsgebiet sich bis zur Pazifikküste erstreckte. Einen Monat später befand er sich an der Mündung des Amur, wo er einen weiteren schwierigen Winter (1644/45) durchstand, an dessen Ende seine Truppe auf sechzig Mann geschrumpft war. Da er es nicht wagte, durch feindliches Territorium amuraufwärts zurückzureisen, machten er und seine Leute sich im Frühjahr 1645 auf den Weg durch das stürmische Ochotskische Meer. Sie folgten dessen Küste nordwärts und erreichten nach drei Monaten die Mündung der Ulja, wo Moskwitin sechs Jahre zuvor ein Winterblockhaus errichtet hatte. Im Winter 1645/46 trieb Pojarkow von den dort heimischen Lamuten einen *Jasak* ein; als der Frühling kam, wandte er sich landeinwärts, überquerte das Küstengebirge, fand im Fluß Maja einen schiffbaren Weg zum Aldan, den er bereits kannte und von dem aus er über die Lena nach Jakutsk zurückkehrte.

Im Verlauf seiner Odyssee hatte Pojarkow riesige bislang unerforschte Gebiete erkundet, auf einer brauchbaren Karte die hervorstechenden Landschaftsmerkmale eingetragen, einen Teil der Küste des Ochotskischen Meers vermessen und die Bestätigung dafür geliefert, daß Dauria (das Gebiet am Oberlauf des Amur) ein dichtbevölkertes Land mit großem Reichtum an Wald und Pelztieren und mit für den Getreideanbau günstigen Boden- und Klimaverhältnissen war. »Und die Krieger des Herrschers«, schrieb er ungeachtet seiner grausigen Erlebnisse in seinem Reisebericht, »werden nicht hungernd in dieses Land ziehen.« Er sah im Tal des Amur bereits »die künftige Kornkammer Ostsibiriens« und war überzeugt, daß man mit 300 Soldaten das Gebiet unter russische Herrschaft bringen konnte.

Die von Pojarkow gefundene Route zum Amur war allerdings eine beschwerliche, weil Stromschnellen und steiles Gelände das Fortkommen erschwerten; er erkundete eine Route, die leichter zu bewältigen war: sie führte entlang des Olekma-Flusses bis an die Stelle, an der sich die Schilka mit dem Argun zum Amur vereinigt.

Für diese Route entschied sich auch der Mann, der Pojarkow folgte. Der um 1610 geborene Jerofej Chabarow war als Abenteurer und Geschäftsmann ein Hansdampf in allen Gassen. Er hatte in Solwytschegodsk für die Stroganows Salzsiedereien betrieben, ehe er 1633 nach Sibirien kam. Von 1636 an versuchte er sich am Jenissej als Landwirtschaftspionier und avancierte bald zu einer bedeutenden Figur der dortigen Entwicklung. Er streute seine Investitionen, eröffnete zusätzliche Salzsiedereien (bei Ustkut), mischte im Transportgewerbe mit und versuchte sich im Pelzhandel. Da er seinen Sitz unweit des Ilim-Passes hatte, der wichtigsten Verkehrsverbindung vom Westen zur Lena, hatte er Zugang zu den Informationen über die Erkundung der Amur-Region. Im März 1649 organisierte Chabarow mit Segen des Jakutsker Kommandanten eine privat finanzierte Amur-Expediton.

Mit 150 Mann machte er sich auf den Weg zum Olekma-Ursprung, überquerte im Winter 1649/50 den Jablonowyj-Gebirgszug und erreichte bald darauf den Amur. Die Eingeborenen, die mit dem Schlimmsten rechneten, flüchteten in Panik vor ihm, so daß die Russen auf ihrem Weg flußabwärts nur auf verlassene Dörfer stießen. Als Chabarow in einer Hütte eine alte Frau aufstöberte, die sich versteckt hatte, verhörte er sie unter Folter, bekam aber nicht mehr aus ihr heraus, als daß die Dauren Tribut an die Chinesen entrichteten. Nach einer allgemeinen Bestandsaufnahme des Gebiets stationierte Chabarow eine 50köpfige Garnison am Amur und kehrte am 26. Mai 1651 nach Jakutsk zurück, um Bericht zu erstatten.

In seiner Einschätzung der Chancen und Risiken realistischer als Pojarkow, vertrat er die Auffassung, man werde, da mit einem Eingreifen der Chinesen zu rechnen sei, eine mindestens 6000 Mann starke Besatzungstruppe benötigen, um das Gebiet unter Kontrolle zu bringen; dieser Aufwand würde sich jedoch lohnen, da das Amur-Tal den gesamten Bezirk Jakutsk mit Getreide versorgen könne.

Außerdem gebe es, so erklärte Chabarow, »im Amur mehr Fisch als in der Wolga, und die Wälder entlang dem Fluß, in denen es von Zobeln wimmelt, sind dunkel und großartig«. Die staatlichen Vertreter vor Ort waren beeindruckt und übermittelten seine Empfehlungen nach Moskau, wo sie auf begeisterte Resonanz stießen. Eine 3000 Mann starke Armee unter dem Befehl des Fürsten Lobanow-Rostowski, eines früheren Militärgouverneurs von Tobolsk, wurde in Marsch gesetzt. Es war das erstemal seit Beginn der Eroberung Sibiriens, daß die Russen zum Mittel einer regelrechten militärischen Kampagne griffen.

Unterdessen war Chabarow an der Spitze einer zweiten, 138 Mann starken Expedition im Herbst 1650 auf harte Gegenwehr der Dauren gestoßen. Nach zahlreichen Gefechten gründeten die Russen kleinere Siedlungen und zogen im Juni 1651 kämpfend weiter den Amur hinab. Gnadenlos machten sie die Dörfer dem Erdboden gleich und eroberten das Gebiet zu beiden Seiten des Flusses bis hin zur Sungari-Mündung. Sie brauchten anschließend nur eine Woche, um die Gegend unterhalb dieses Nebenflusses »vollkommen zu verwüsten«. Die Russen drangen plündernd und feuerlegend vor und »fällten die Eingeborenen wie Bäume«. Einmal brachten sie Hunderte von Frauen und Kindern in ihre Gewalt. »Mit Gottes Hilfe«, erinnerte sich Chabarow später, »verbrannten wir sie, schlugen ihnen die Köpfe ein … und töteten, Groß und Klein mitgezählt, 661.« Chabarow setzte seinen blutigen Raubzug ins Gebiet der Golden hinein fort und hinterließ auch hier eine Spur der Verwüstung. Die Eroberer jagten den Einheimischen einen solchen Schrecken ein, daß sich in ihren Volkssagen zweihundert Jahre später die Russen in menschliche Teufel verwandelt hatten. »Als die Russen erstmals am Amur auftauchten«, schreibt ein Historiker, »betrieben die

Eingeborenen dort Ackerbau und Viehzucht. Zehn Jahre später waren ihre Felder zu Wüsten geworden.«Chabarow siegte zwar, konnte Hunderte von Pelzen einheimsen und errichtete mit der Gründung von Atschansk eine zweite strategische Bastion der Russen im Amurgebiet. Sein Auftreten aber veränderte die langfristigen russischen Perspektiven in dieser Region dramatisch. Die Einheimischen, entsetzt über die Greuel der Russen, baten ihre Nachbarn und nominellen Herren, die Mandschu-Chinesen, um Hilfe.

Als die beiden asiatischen Großmächte sich zur militärischen Konfrontation rüsteten, war das eigentlich der Auftakt zu einer Art Wiederbegegnung. In der Epoche des mongolischen Großreichs, als Rußland und China unter das mongolische Joch geraten waren, hatten in Karakorum, der Hauptstadt des Reichs, Russen und Chinesen zusammengelebt und miteinander verkehrt; Handwerker aus beiden Ländern waren am Hof des Großkhans beschäftigt. Eine Zeitlang hatte der Khan eine Prätorianergarde aus russischen Söldnern unterhalten, regelmäßig hatten russische Fürsten ihm ihre Aufwartung gemacht, um sich in einem förmlichen Ritual als Vasallen des Khans bestätigen zu lassen.

Die Mongolen, deren Herrschaftsgebiet sich vom Pazifik bis über das Schwarze Meer hinaus erstreckte, hatten den Handel und Verkehr zwischen den zahlreichen von ihnen unterworfenen Völkern erleichtert und praktisch ein Netz weitreichender Straßen geknüpft, auf denen ein ständiger Karawanenverkehr floß. Unter den Bedingungen der mittelalterlichen *Pax Mongolica* beförderten reitende Boten Post vom Don bis zum Gelben Fluß; die Mongolen brüsteten sich damit, daß bei ihnen»ein junges Mädchen mit einem Beutel voll Gold allein von einem Ende des Reichs zum anderen reisen konnte, ohne den geringsten Schaden zu erleiden«.

Nach dem Zerfall des Mongolenreichs jedoch und parallel zum Aufstieg des Islam in Zentralasien wurden die Verkehrswege unterbrochen; es dauerte bis zum zweiten Jahrzehnt des 17. Jahrhunderts, ehe erstmals der Versuch gemacht wurde, zwischen Rußland und China wieder Kontakte aufzunehmen. Diplomatische und wirtschaftliche Unterhändler machten sich zu dieser Zeit, diesmal im Auftrag eines eigenen Kaisers, auf den Weg von Moskau nach Peking. Die Begegnung erwies sich als Kulturschock. Die Chinesen pflegten eine streng hierarchische Anschauung der internationalen Ordnung; sie gingen davon aus, daß ihr Land den ersten Platz einnahm. Die Außenbeziehungen des chinesischen

Reichs waren denn auch nach einem Tributsystem organisiert. Ironie der Geschichte, daß dieses das mittelbare Vorbild für das System war, das die Russen in Sibirien eingeführt hatten. Die Russen hatten es von den Mongolen übernommen.

Die Chinesen erwarteten Demutsgesten selbst von Vertretern anderer Großmächte. Hinzu kam, daß China auf wirtschaftlicher Ebene die Vorherrschaft über bestimmte sibirische Stämme beanspruchte. Diese Stämme trugen durch Tauschhandel und Tributzahlung dazu bei, den besonders im nördlichen China ausgeprägten Hunger nach Elfenbein und Pelzen zu stillen.

Der Landweg von Sibirien nach China führte streckenweise durch die Äußere Mongolei, was deren Bewohnern Gelegenheit gab, in die Rolle von Handelsvermittlern zu schlüpfen. (Von diesen Mongolen zu unterscheiden sind die westlichen Mongolen oder Kalmücken, deren Siedlungsgebiet das Altai-Gebirge und das nordwestliche Sinkiang umfaßte.) So kam es, daß die Russen schon ziemlich früh Einblicke in die Politik der Mongolei gewannen und durch die Berichte ihrer Gesandten einiges über das mächtige Chinesische Reich erfuhren: über die Große Mauer mit den darauf montierten Kanonen und den monumentalen Türmen, die es mit denen des Kreml aufnehmen konnten, und über die prachtvolle Hauptstadt Peking.

Bekannt war den Russen auch, daß in China eine starke Nachfrage nach kostbaren Stoffen wie Satin, Samt und Seide und nach Gold- und Silberschmuck bestand, und daß die Bauern dort Weizen, Gerste und Hafer anbauten. Um die Vorteile der Handelsbeziehungen zu einem hochentwickelten Staatswesen nutzen zu können, schickten die Russen 1618 Iwan Petlin als ihren Sendboten nach China; er kehrte mit einem Schreiben zurück, das eine Einladung zur Aufnahme wirtschaftlicher Beziehungen enthielt. Doch es dauerte bis 1675, ehe sich in Moskau jemand fand, der diesen Brief ins Russische übersetzen konnte! Wohl selten in der Geschichte hat ein Mangel an Sprachkenntnissen so dramatische Folgen für die Beziehungen zweier Staaten nach sich gezogen. Denn alle Schritte Moskaus, die in der Folge bewaffnete Konflikte heraufbeschworen, dienten eigentlich nur dem Ziel, ein Handelsabkommen mit China durchzusetzen.

Seit der Mission Petlins hatte sich freilich in China ein Machtwechsel vollzogen: 1636 war die Ming-Dynastie von der ursprünglich in der Mandschurei beheimateten Dsching-Dynastie abgelöst worden. Die Mandschu-Kaiser, denen es vor allem darum ging, ihre Macht zu sichern, widmeten zunächst ihr gesamtes

Augenmerk der Aufgabe, die in ihrem Reich allenthalben aufgeflammten Unruhen zu dämpfen und dann die mongolischen Stämme ihrem Herrschaftsbereich einzuverleiben.

Die Russen, deren Vormarsch im südöstlichen Sibirien bis dahin kaum auf Widerstand gestoßen war, nutzten die chinesische Schwäche zu riskanten Vorstößen auf nordchinesisches Grenzgebiet. Die Entdeckungsfahrt Pojarkows und seiner Kosaken den Amur hinab fand just in dem Jahr statt, in dem die Mandschu-Herrscher die am Unterlauf des Amur siedelnden Stämme ihrer Herrschaft unterworfen hatten.

Die chinesischen Herrscher sahen sich zunächst nicht in der Lage, dem russischen Vordringen zu begegnen; nach der Expedition Chabarows kamen sie jedoch zu der Einsicht, daß etwas getan werden müsse. Im März 1652 ließen sie eine 2000köpfige, mit Artillerie bestückte Streitmacht vor den Toren von Atschansk aufmarschieren und das Fort beschießen. Die im Schlaf überraschten Kosaken stürzten in Nachthemden zu ihren Stellungen, doch die Chinesen versäumten es, ihren Vorteil zu nutzen – sie hatten den Befehl, die russischen Verteidiger lebend gefangenzunehmen. Da die Chinesen wegen ihren inneren Probleme keinen Krieg riskieren wollten, zogen die Belagerer sich schließlich zurück mit der Forderung, die Russen sollten das Fort Atschansk unverzüglich räumen, sonst werde man wieder kommen. Als die Russen unter Chabarow sich daraufhin flußaufwärts zurückzogen, erblickten sie an der Sungari-Mündung weitere aufmarschierende Mandschu-Krieger. An der Mündung der Seja verlor Chabarow über ein Drittel seiner Männer – sie desertierten in die Wälder.

Unterdessen waren Berichte über die von Chabarow verübten Greuel dem Zaren zu Ohren gekommen. Er forderte Aufklärung. Im Herbst 1653 erschien ein neuer Kommandant, Dmitri Sinowjew, mit frischen Truppen; er hatte Medaillen für die Kosaken dabei, für Chabarow selbst jedoch einen Haftbefehl. Als Chabarow protestierte, »packte [Sinowjew] ihn am Bart und verprügelte ihn«.

Chabarow wurde unter Bewachung in die Hauptstadt gebracht und mußte sich vor der Sibirien-Abteilung verantworten; man klagte ihn an wegen vorsätzlicher Grausamkeit und Mißbrauchs seiner Vollmachten. Die Regierung brachte es jedoch nicht über sich, einen so ehrgeizigen Sohn des Vaterlands fallenzulassen. Am Ende wurde er rehabilitiert und als Baumeister des Reichs geehrt. Mit dem Segen des Zaren kehrte er als Kommandant der wichtigen Festung Ilimsk nach

Sibirien zurück. Zweihundert Jahre später wurde eine Stadt am linken Amurufer nach ihm benannt: Chabarowsk.

Sinowjew nutzte seine Zeit, um mit der Anlage von drei weiteren Forts zu beginnen. Er vergatterte einen Teil seiner Kosaken zum Ackerbau und wartete auf die Ankunft des Fürsten Lobanow-Rostowski mit seiner Streitmacht. Vergeblich. Die Regierung hatte sie kurzfristig zur unruhigen polnisch-russischen Grenze umdirigiert, da sie es für erfolgversprechender hielt, erst einmal den Versuch eines Dialogs mit Peking zu unternehmen.

Der russische Staat brauchte Geld. In der jüngeren Vergangenheit waren große Geldsummen aufgewendet worden, um mit einer Reihe kritischer Situationen fertig zu werden, vor allem mit dem Stenka-Rasin-Aufstand und dem Konflikt mit Polen um die Ukraine. Außerdem hatte sich die Handelsbilanz (zum Teil durch einschränkende Auflagen für ausländische Kaufleute) verschlechtert, auf dem Pelzmarkt tauchten amerikanische Konkurrenten auf.

Der russische Pelzhandel hatte den westeuropäischen Markt lange Zeit beherrscht, aber in der Endphase des 30jährigen Krieges begann das Angebot die Nachfrage zu übersteigen. Das hätte sich vielleicht wieder geändert, wenn nicht kanadische Biberpelze den Markt überschwemmt hätten. »Der Stern des russischen Pelzhandels in Europa begann zu sinken«, schrieb ein Historiker, »während der des kanadischen Pelzhandels aufging.« In China jedoch, wo die Nachfrage nach Pelzen groß war, lockte ein neues Absatzpotential.

1654 ernannte der Zar Fjodor Baikow zu seinem Handels-Sondergesandten für Peking. Baikow schickte einen in russischen Diensten stehenden Kaufmann aus Buchara nach Peking mit dem Auftrag, sein baldiges Kommen anzukündigen. Die Chinesen glaubten jedoch, dieser Kaufmann sei der russische Gesandte. Als sie aber feststellten, daß er weder Beglaubigungsschreiben noch Geschenke bei sich hatte, schickten sie ihn wieder fort. Als Baikow 1656 in Peking eintraf, gab es wieder Sprachprobleme. Die Chinesen begriffen nicht, wer er war und welchen Auftrag er hatte. Als nach langem Hin und Her Baikows Identität geklärt war, forderte der Hof ihn auf, seine Instruktionen und seinen für den Kaiser bestimmten Brief zu übergeben. Erst dann könne er zu einer Audienz vorgelassen werden.

Baikow, der Anweisung hatte, »sich auf nichts einzulassen, was als Anerkennung eines Höhergestelltseins des Kaisers im Verhältnis zum Zaren gedeutet werden könnte«, lehnte ab, woraufhin seine Gastgeber ihm seine Geschenke mit

Gewalt abnahmen. Baikow wurde mit dem Tode bedroht, schließlich ließ man ihn jedoch ungeschoren ziehen. Seine Mission war ein katastrophaler Fehlschlag.

In der Folgezeit kam es erneut zu militärischen Geplänkeln, die jedoch teilweise privaten Charakter hatten und von den russischen Kommandostellen nicht autorisiert waren. Im Flußbecken der Lena hatten sich wilde Gerüchte über das angenehme Klima und den natürlichen Reichtum des Amur-Tales ausgebreitet. Einige der zurückgekehrten Kosaken prahlten mit ihrer Kriegsbeute, etwa mit Seidenstoffen und Juwelen, und schürten bei ihren Landsleuten die Überzeugung, am Amur warte das Paradies auf sie.

1655 hatten sich nicht unerhebliche Teile der im östlichen Sibirien stationierten Besatzungssoldaten davongemacht, um an den bewaldeten Ufern des Amurs ihr Glück zu suchen. Von Soldaten zu Räubern geworden, plünderten und erpreßten die Deserteure die einheimische Bevölkerung nach Belieben (und mit besonderer Grausamkeit dann, wenn sie ihre übersteigerten Erwartungen nicht auf der Stelle erfüllt sahen). Die Chinesen sahen sich erneut zum Eingreifen gezwungen.

Die Russen errichteten auf ihrer Seite Grenzsperren, um die Abwanderung zu stoppen; doch diese ließen sich leicht umgehen. Die Region am oberen Amur wurde zu einem Tummelplatz von Gesindel, die Landwirtschaft brach zusammen.

Am 6. Juni 1654, als Stepanow und seine Mannen auf dem Sungari flußabwärts zu fahren versuchten, wurden sie von einem Mandschu-Regiment in die Zange genommen, ihre Boote wurden vom Ufer aus mit Kanonen beschossen. Die Russen zogen sich stromaufwärts zurück, wo weitere 65 Landsleute zu ihnen stießen, die soeben auf Flößen eingetroffen waren. Im Verlauf des Winters 1654/55 errichteten die Chinesen an der Mündung des Sungari ein Fort, um die Durchfahrt zu blockieren; die Russen verbarrikadierten sich derweil in ihrer Bastion Kumarsk. Im März 1655 mußten sie das belagerte Fort räumen. Sie zogen halb verhungert durch verlassene Dörfer und über öde Felder. Der verzweifelte Stepanow machte sich schließlich im Frühjahr 1658 mit 500 Mann auf den Weg flußaufwärts, doch die Chinesen verlegten ihm den Weg und zerschossen seine Boote.

Der Nachfolger Stepanows, Afanasi Paschkow, ehemals Militärgouverneur von Jenissejsk, traf kurz nach diesem Blutbad ein und beschloß, seine Zelte zur Sicherheit weiter nördlich, bei Nertschinsk, aufzuschlagen. Doch auch er mußte erleben, wie seine Legion in zwei Jahren durch Krankheit, Kälte, Gefechte und

Hunger – das Warten auf Nachschub und Verstärkungen aus Jenissejsk war vergeblich – dahingerafft wurde.

»Barfuß und halbnackt«, berichtet ein Historiker, »scharrten sie nach Wurzeln, Gräsern, Rinde, Aas« und schreckten nicht einmal davor zurück, »ein ungeborenes, einer toten Stute aus dem Bauch gerissenes Fohlen zu verschlingen«. 1660 zogen sie sich nach Irgensk zurück – zu diesem Zeitpunkt waren von ursprünglich 400 nur noch 75 Mann am Leben. Paschkow wurde zurückberufen, an seine Stelle trat Alexej Tolbusin.

Die russische Seite startete nun erneut eine diplomatische Initiative, die aber zu nichts führte: Der russische Gesandte wurde in Peking kurzerhand vor die Tür gesetzt, da sein Einführungsschreiben nach Meinung des Hofes die nötige Demut vermissen ließ.

Während die Russen Transbaikalien räumten, blieben Banden sibirischer Abenteurer und entlaufener Sträflinge in dem Gebiet und füllten das entstehende Vakuum. Nikifor Tschernigowski, ein Pole in russischen Diensten, der einen sibirischen Festungskommandanten ermordet hatte, tauchte 1665 an der Spitze von 84 Deserteuren am Amur auf, errichtete das Fort Albasinsk und organisierte so etwas wie eine freie Kosakenrepublik. In der Folge scharten sich weitere Kriminelle und Glücksritter um seine Fahne.

»Sie sind nur in unser Land gekommen«, klagte ein chinesischer Chronist, »um Zobelpelze zu holen und sich an Frauen und Mädchen heranzumachen.« Das war sicherlich so, aber den Gesetzlosen war der Rückweg nach Rußland verbaut; aus diesem Grund erlangte ihr »Staatswesen« eine gewisse Dauerhaftigkeit. Rund 1000 Hektar Land wurden unter den Pflug genommen. Als die Abenteurer 1672 ihr privat errichtetes Reich dem Gouverneur von Nertschinsk im Austausch für eine Amnestie anboten, willigte der nur allzu gern in den Handel ein.

1661 verstarb der erste Mandschu-Kaiser. Während der Regentschaft seines minderjährigen Nachfolgers K'ang-hsi hatte der Hof mit der Niederschlagung von Aufständen alle Hände voll zu tun. Die Russen, die bestimmte chinesische Reaktionen als positive Annäherungssignale deuteten, ließen sich zu weiteren Vorstößen verleiten und legten im Umkreis von Albasinks neue Vorposten und Siedlungen an. Im Jahr 1667 wechselte der Tungusenhäuptling Ghantimur, der bis dahin ein Vasalle der Mandschus gewesen war, mit 300 Kriegern, 9 Ehefrauen und 30 Kindern (»die Töchter nicht mitgezählt«) ins russische Lager über. Als die Mandschus ihre inneren Probleme gelöst hatten, mußten sie feststellen, daß sie es in ihren nördlichen Grenzgebieten nicht mehr nur mit kosakischen Freibeutern zu tun hatten, sondern mit »dauerhaften, offiziell der sibirischen Kolonie Rußlands angegliederten Siedlungen«.

In Peking erkannte man, daß die Aufnahme von Wirtschaftsbeziehungen zu Rußland und die Lösung der Probleme am Amur zwei Seiten einer Medaille waren. Dem neuen Gesandten des Kreml, Nikolai Milescu-Spafary, einem in russische Dienste getretenen moldawischen Adligen, gelang es jedoch nicht, einen umfassenden Dialog zu eröffnen. Als er im September 1676 aus Peking abreiste, hatte er nur einen von Kaiser K'ang-hsi unterzeichneten Erlaß bei sich, in dem als Vorbedingungen für Verhandlungen die Auslieferung Ghantimurs und ein Ende des russischen Vordringens gefordert wurden.

K'ang-hsi, der bei Erreichen seiner Volljährigkeit im Jahr 1680 sein Reich fest im Griff hatte, konnte nun Maßnahmen ergreifen, um dem russischen Vormarsch Einhalt zu gebieten. In der Erkenntnis, daß die bisher praktizierte Politik wenig erfolgversprechend war, ließ er in der nördlichen Mandschurei Militär aufmarschieren. Auf der Strecke von Peking zum mittleren Amur und im Einzugsbereich seiner Nebenflüsse entstanden in den Jahren nach 1680 Garnisonen, die Zone um das russische Siedlungsgebiet wurde genau erkundet und kartiert. Bei Kirin wurde eine Bootswerft errichtet, um den Bau einer Flotte zu ermöglichen, am Oberlauf des Liao entstanden Kornkammern für die Truppenverpflegung. Zwischen den Flüssen Liao und Sungari wurde ein Verbindungskanal ausgehoben.

K'ang-hsi hoffte freilich bis zuletzt auf eine politische Lösung. Er unternahm einen letzten Versuch, mit russischen Unterhändlern eine Vereinbarung auszuhandeln. Rußland solle sich, so forderte er, nach Jakutsk zurückziehen: »Ihr könnt dort Zobel fangen und Steuern eintreiben, aber ihr sollt nicht in unser Land kommen und Unruhe stiften.« Zum Ausgleich bot er einen Gefangenenaustausch und einen geordneten grenzüberschreitenden Handel an.

Die Russen wollten jedoch mehr, obwohl sich ihre militärische Lage von Tag zu Tag verschlechterte. Eine neu errichtete Mandschu-Festung bei Aigun schnitt ihnen den Zugang zur Seja ab, 1683 waren sie aus dem Gebiet des unteren Amurs und seiner Nebenflüsse vertrieben. Am oberen Amur war nur noch Albasinsk in russischer Hand.

Dieses Fort war nicht nur durch den üblichen Palisadenwall und Ecktürme, sondern zusätzlich durch einen breiten Graben gesichert. Außerhalb des Grabens befanden sich weitere Holzpalisaden und getarnte Fallgruben mit spitzen eisernen Pfählen darin. Auf den Mauerbrüstungen standen mit Harz gefüllte Blecheimer, die im Falle eines nächtlichen Angriffs als Laternen dienen konnten; lange Stangen lagen aufgeschichtet bereit, mit denen die von Angreifern angelegten Leitern weggestoßen werden konnten. Ein Geschützturm ermöglichte es der Artillerie, in jede Richtung zu feuern.

Als Alexej Tolbusin das Fort Albasinsk 1682 als Kommandeur übernahm, bestand die Garnison aus weniger als 500 Mann. Die Mandschu-Truppen, nach Schätzungen bis zu 10 000 Mann stark, verfügten über Kavallerie und Artillerie und bauten ihre Versorgungskette mit jedem Tag weiter aus. Am 23. Mai 1685 tauchten sie vor dem Fort auf.

Die Chinesen schütteten um das Fort herum Erdwälle auf, auf der Südseite bauten sie eine Mauer als Deckung für ihre Scharfschützen. Im Norden brachten sie Kanonen in Stellung, im Osten und Westen stationierten sie Fußtruppen, auf dem Fluß schwammen Kanonenboote. Gegen Abend schichteten sie an drei Seiten des Forts trockenes Holz und setzten die äußeren Holzpalisaden in Brand. Da die Flotte die Fußseite abschirmte, war den Russen jeder Fluchtweg versperrt. Nachdem die Chinesen das Fort eine Zeitlang mit Geschützsalven und Brandpfeilen eingedeckt und den Verteidigern dabei hohe Verluste zugefügt hatte, hißte Tolbusin die weiße Fahne. Die Russen waren den Mandschus auf Gedeih und Verderb ausgeliefert. Die Chinesen zeigten jedoch außerordentliche Zurückhaltung und gestatteten den Russen, sich unbedrängt nach Nertschinsk zurückzuziehen. Doch kaum waren die Chinesen ihrerseits abgezogen, da kehrte Tolbusin mit 826 Mann, 12 Geschützen, 4000 Pfund Pulver, 140 Handgranaten, mit Proviant für ein Jahr und mit einem deutschen Festungsingenieur nach Albasinsk zurück, um das Fort zu einem noch imposanteren Bollwerk auszubauen.

Im Juli 1686 kamen die wütenden Mandschus wieder. Auf einer 500 Meter vom Fort entfernten Anhöhe brachten sie ihre großen Geschütze, in einer 150-Meter-Distanz ihre leichte Artillerie in Stellung. Sie schlossen das Fort ein wie im Vorjahr, eröffneten seine Beschießung mit einem Hagel von Brandpfeilen und schützten sich auf dem Vormarsch zu den Mauern mit großen Holzschilden, die mit Leder überzogen und auf Fahrgestellen montiert waren. Dann schoben sie Leitern heran, die mit Einhängehaken versehen waren, dazu karrenweise Brennholz, Harz und Stroh für das Legen von Brandsätzen. Als ihre Aufforderung zur Kapitulation mit einer Kanonade beantwortet wurde, begannen die Chinesen mit der Belagerung. Alle russischen Versuche, den Verteidigern von außen Unterstützung zuzuführen, scheiterten. Tolbusin und viele seiner Getreuen fielen, die Überlebenden begannen zu hungern.

Nach einer alten Überlieferung ließ die hungernde Garnison einmal in einem Täuschungsmanöver dem Befehlshaber der Belagerungstruppe eine riesige, 40 oder 50 Pfund schwere Torte zukommen; sie hofften, dies werde ihren Gegenspieler davon überzeugen, daß man im Fort keine Not litt. Der Mandschu-Kommandeur bedankte sich überschwenglich und ließ um weitere Lieferungen bitten.

Russische Sendboten eilten daraufhin nach Peking, um die Ernennung eines Botschafters anzukündigen, der befugt sei, über die Probleme im Grenzgebiet zu verhandeln, sie übergaben einen Brief des Zaren an K'ang-hsi, in dem dieser die Hoffnung auf künftigen Frieden zum Ausdruck brachte. Am 3. November ließ der Kaiser die Belagerung Albasinsks aufheben. Als Verhandlungsort wurde Selenginsk in Transbaikalien ausgewählt.

Am 26. Januar 1687 machte sich in Moskau eine hochrangige russische Delegation auf den Weg nach Sibirien, an ihrer Spitze Fjodor Golowin, ein altgedienter Fachmann für sibirische Angelegenheiten und Sohn eines früheren Militärgouverneurs von Tobolsk. In Peking machte sich eine Mandschu-Abordnung reisefertig, der sich zwei Mitglieder der kaiserlichen Familie zugesellten.

In Golowins Weisungen stand, er solle auf einem Grenzverlauf entlang dem Amur bis zur Seja-Mündung beharren, so daß die russische Seite ihre Stützpunkte und Siedlungen auf der nördlichen Amurseite behalten könne. Falls die Chinesen auf einen völligen russischen Rückzug aus dem Amurgebiet bestehen sollten, dürfe er darauf nur eingehen, wenn die Gegenseite verbindlich den baldigen Abschluß eines zweiseitigen Handelsabkommens zusage. Die Auslieferung Ghantimurs dürfe er auf keinen Fall in Aussicht stellen.

Diese Verhandlungsposition war noch festgelegt worden, bevor Albasinsk kapituliert hatte und als es noch möglich schien, das Fort als russische Trumpfkarte in die Verhandlungen einzubringen; nach der russischen Niederlage erhielt Golowin die Weisung, eine Entmilitarisierung des Gebiets um das Fort vorzuschlagen. Falls die Chinesen dies ablehnten, solle er die Verhandlungen abbrechen, damit die russische Seite Zeit zum Sammeln ihrer Kräfte erhalte.

Die Chinesen waren nach ihrem Sieg über die Russen nicht willens, sich mit solchen Kompromissen zufriedenzugeben. Sie forderten die Auslieferung Ghantimurs und die Anerkennung ihres Hoheitsrechts über das Gebiet des Amur und aller seiner Nebenflüsse. »Falls die Russen mit diesen Bedingungen einverstanden sind«, hieß es in einem kaiserlichen Memorandum an die Unterhändler, »werden wir … in Handelgespräche eintreten; falls nicht, werden wir heimkehren und mit ihnen gar keinen Frieden schließen.«

Während auf beiden Seiten noch an den Verhandlungspositionen gearbeitet wurde, traten plötzlich die Mongolen auf den Plan. Obwohl von ihrer einst durch Dschingis-Khan und seine Horden errichteten Weltmacht nicht mehr viel übrig war, stellten sie nach wie vor einen beachtlichen regionalen Machtfaktor dar. Zwischen ihnen und den Russen kam es im mongolisch-sibirischen Grenzgebiet immer wieder zu Zusammenstößen, auch wenn beide Seiten um friedliche Beziehungen bemüht waren. Als aber kurz vor Beginn der russisch-chinesischen Verhandlungen noch einmal die Positionen abgesteckt wurden, schlugen sich die Mongolen faktisch auf die chinesische Seite.

Just zu der Zeit, da Golowin und sein Troß sich im Oktober 1687 zur Konferenz in Selenginsk einfanden, gab es in dieser Gegend neue Überfälle. Die Chinesen hatten somit allen Grund, auf die Durchsetzung ihrer Forderungen zu hoffen. Doch die Verhältnisse erwiesen sich als instabil. Schon im Jahr darauf formierte sich eine Anti-Mandschu-Koalition westmongolischer Stämme unter der Führung Galdans, eines grimmigen Kriegsfürsten. Die chinesische Delegation zog sich zurück, die Konferenz wurde vertagt, Nertschinsk zum neuen Treffpunkt bestimmt.

Als im Herbst 1689 schließlich die Verhandlungen in Gang kamen, hatte Galdan sich zum Herrn über weite Teile der Äußeren Mongolei aufgeschwungen und schickte sich an, Krieg gegen K'ang-hsi zu führen. Dies eröffnete nun den Russen die Möglichkeit, K'ang-hsi unter Druck zu setzen; China mußte sich schnell mit den Russen einigen, wenn es nicht zu einem russisch-mongolischen Bündnis kommen sollte.

Auch die Russen hatten Grund zur Eile. Ihre Staatsfinanzen waren durch einen teuren, aber ergebnislosen Feldzug auf der Krim aufs äußerste belastet, das Land steckte in einer allgemeinen wirtschaftlichen Krise, die nur durch einen schnellen Aufschwung des Handels mit China behoben werden konnte. Die Mandschu-Delegation traf am 20. Juli 1689 ein, eskortiert von einer Armee von 15 000 Mann;

Tausende Kamele und Pferde transportierten Proviant, eine Dschunken-Flotte brachte Kanonen und Infanteriewaffen. Über Nacht wuchs vor den Toren des russischen Forts eine Zeltstadt aus dem Boden.

Die russische Garnison von Nertschinsk zählte nur 600 Mann; sie wurde zwar um 1500 Mann verstärkt, doch das Kräfteverhältnis war eindeutig.

Zum ersten Treffen der Gesandten marschierte eine russische Kompanie in Paradeuniform mit Pfeifen und Trommeln auf; dahinter der Botschafter zu Pferde, gehüllt in ein aus Goldfäden gewobenes Gewand und einen mit Zobelpelz gesäumten Kaftan. Der Boden des russischen Zelts war mit orientalischen Teppichen ausgelegt, auf dem Schreibtisch des Botschafters standen Tintenfaß und Schreibzeug und eine Uhr, die die Stunden schlug.

Die Mandschu-Unterhändler ließen sich, vornehm zurückgelehnt, in Sänften herbeitragen, angetan »mit allen ihren Staatstrachten, die aus Gold und Seidenbrokat waren, bestickt mit Reichsdrachen-Emblemen. Nachdem sie von den russischen Machtinsignien gehört hatten, waren sie übereingekommen, Bescheidenheit zu demonstrieren, und verzichteten auf alle Statussymbole mit Ausnahme eines großen seidenen Schirms, der vor jedem Beamten hergetragen wurde.« In der Mitte ihres Zelts hatten sie eine schlichte Holzbank aufgestellt.

Die Verhandlungen begannen am 12. August und wurden mit Hilfe von Dolmetschern auf lateinisch geführt, wobei sich die chinesische Seite zweier jesuitischer Missionare bediente. Golowin nahm als erster das Wort und schlug in einer kurzen Rede die Grenzziehung entlang dem Amur vor, da »die Bewohner seines linken Ufers die Oberherrschaft des russischen Zaren bereits durch regelmäßige Tributzahlung anerkannt« hätten. Der chinesische Verhandlungsführer Songgotu konterte mit der Aussage, der Fluß Lena sei »die vom Himmel selbst geschaffene natürliche Grenze zwischen den beiden aufgeklärten Reichen«. Dies hätte freilich bedeutet, daß die Russen sich bis an den Baikalsee zurückziehen und ganz Transbaikalien und große Teile Ostsibiriens hätten preisgeben müssen.

Am folgenden Tag stürzten sich die Unterhändler in die Details; sie konzentrierten sich zunächst auf den Amur, der ein Gebiet durchfloß, das formalrechtlich zwar unter chinesischer Hoheit stand, dessen Kolonisierung aber erst durch russische Siedler in Gang gekommen war. Die Chinesen erklärten sich bereit, den Russen die Nutzung von Nertschinsk als sichere Zuflucht für ihre Kaufleute und Gesandten zuzugestehen, wenn ein Handelsabkommen zustande komme. Golowin machte das Angebot, den Amur bis hinunter nach Albasinsk abzutreten. Nach langem Hin und Her konnte dann am 27. August 1689 der Vertrag von Nertschinsk unterzeichnet werden – das erste Abkommen zwischen China und einer europäischen Macht.

Nachdem die Dokumente mit den Siegeln der jeweiligen Botschafter versehen waren, ließen die Moskowiter Platten voller Leckereien hereinbringen, angestoßen wurde mit Wodka, der für den chinesischen Geschmack eher zu stark war. Dann überreichten die Russen ihren Verhandlungspartnern etliche Geschenke, darunter Uhren, ein Fernrohr, zwei Silberbecher und mehrere kostbare Pelze. Die Chinesen revanchierten sich mit Goldpokalen, schönen Sätteln und Damast.

Beide Seiten zeigten sich zufrieden: Der Vertrag legte fest, daß die Grenze zwischen den beiden Reichen zunächst dem Lauf des Argun folgen und dann nördlich bis zum Kamm des Stanowoj-Gebirges, rund 300 Kilometer nördlich des Amur, verlaufen sollte, um dann nach Osten abzuknicken und bis an die Küste des Ochotskischen Meeres diesem Gebirgszug zu folgen. Die Russen behielten Nertschinsk (das ihnen aber keine ausreichende Basis für eine weitere Durchdringung der nördlichen Mandschurei bot), verloren jedoch Albasinsk, ihr Tor zum Amur; es sollte laut Vertrag dem Erdboden gleichgemacht werden.

In der Frage der Behandlung von Entlaufenen und Verbrechern im Grenzgebiet hatten die beiden Mächte sich zwar geeinigt, aber Ghantimur blieb in russischer Hand. Einige nicht eindeutige Formulierungen im Vertragstext führten später zu Streitigkeiten, doch war klar, daß das Abkommen den Russen den Zugang zum gesamten Amur-Tal versperrte. Die russische Seite konnte für sich die Anerkennung ihrer Gebietserwerbungen im östlichen Sibirien und ihrer Hoheitsrechte über die Burjaten Transbaikaliens verbuchen; dazu bekamen sie das ersehnte Handelsabkommen. Als es an den Austausch der Dokumente ging, überreichten die Russen den Mandschus Abschriften in Latein und Russisch und erhielten ihrerseits Kopien in Latein und Chinesisch. Der lateinische Text galt als der offiziell verbindliche; in Übereinstimmung mit dem sechsten Artikel des Vertrags wurden in der Folge an der Grenze Steinplatten in den Boden eingelassen, in die eine kurze Inhaltsangabe des Vertrages in allen drei Sprachen eingraviert war.

Das Abkommen von Nertschinsk leitete ein Zeitalter des Friedens zwischen den beiden Mächten ein, das fast 170 Jahre währte. Es gestattete den Russen, sich militärisch auf die Konflikte entlang ihrer westlichen Grenzen zu konzentrieren, die Chinesen konnten sich dem Mongolen-Problem widmen. Kaiser K'ang-hsi brauchte denn auch keine zehn Jahre, um Galdan militärisch auszuschalten.

Der Rückzug vom Amur kostete den Russen zwar einen konkurrenzlos günstigen Zugang zum Pazifik, doch waren ihnen die Früchte des Handels lieber als »die ungewissen Segnungen ... des Amur-Beckens und der Befahrung dieses Gewässers an die Gestade eines unbekannten Meeres«. Die Entscheidung war wohl richtig. Die Öffnung des chinesischen Marktes sorgte für einen Aufschwung des Pelzhandels. Die Chinesen kauften kaum Zobel, deren Bestände schon schrumpften, sie verlangten Hermelin, Polarfuchs und vor allem Eichhörnchen, den geringwertigsten, aber verbreitetsten aller sibirischen Pelze. Die chinesischen Kürschner verstanden sich besonders gut auf die Pelzfärberei, ein Metier, in dem sich bald auch russische Fachleute etablierten. Sie entwickelten ein Färbeverfahren, für das schwarze Krähenbeeren mit Alaun und Fischtran verkocht wurden; es verlieh den Pelzen einen vornehm-dunklen Glanz, für den deutlich höhere Preise gezahlt wurden.

Der wichtigste asiatische Exportartikel für Europa war Seide. Da Rußland von seiner Lage her prädestiniert war, als Mittler zwischen Ost und West zu fungieren, avancierte es bald zum Hauptnutznießer des Handels mit einer weiteren in Europa sehr begehrten Handelsware.

Die russische Politik gegenüber China zielte in der Folgezeit ausschließlich auf die Ausweitung der Wirtschaftsbeziehungen. Nertschinsk als Umschlagplatz wuchs und gedieh ebenso wie Irkutsk als Zentrum des ostsibirischen Pelzhandels; dasselbe galt jedoch auch für den Schmuggel.

Zeitweise überstieg die Zahl der illegalen Karawanen, die gen Peking zogen, die der staatlich konzessionierten um nahezu das Vierfache.

Im Vertrag von Nertschinsk war – ein Nachteil – die russisch-mongolische Grenze unbestimmt geblieben. 1727 setzten die Chinesen daher im Vertrag von Kjachta eine verbindlichere Festlegung der Südgrenze zwischen Argun und Jenissej fest. Die Äußere Mongolei gehörte damit nicht zum russischen Siedlungsbereich. Der Vorposten Kjachta lief bald darauf Nertschinsk den Rang als Zentrum des chinesisch-russischen Handels ab.

6

»DER JERMAK DER KAMTSCHATKA«

Nach dem Verlust des Zugangs zum Amur konzentrierten sich die Russen wieder auf den Nordosten Sibiriens, auf die Küste des Ochotskischen Meeres zwischen Uda-Mündung und Penschinskaja-Bucht und auf die Eroberung der Kamtschatka-Halbinsel, die ihnen schon seit Mitte des 17. Jahrhunderts in Umrissen bekannt war.

Nach Größe und Form in etwa mit Italien vergleichbar, wurde die Kamtschatka im Norden und Westen von Korjaken, in ihren restlichen Teilen (insbesondere im Tal des Kamtschatka-Flusses) von Kamtschadalen bewohnt; an ihrem äußersten südlichen Ende siedelten außerdem noch einige Ainu.

Vom Fort Anadyrsk aus hatten die Kosaken seit vielen Jahren von den korjakischen Rentierhirten weiter im Süden Tribut eingetrieben; doch erst nach der Ernennung des Kosaken Wladimir Atlassow – von Puschkin »der Jermak der Kamtschatka« genannt – zum Kommandanten von Anadyrsk breiteten sie sich auf der Halbinsel aus. Der aus bäuerlichen Verhältnissen stammende Atlassow war als kleiner Junge mit seiner Familie nach Sibirien gekommen und an der Lena in staatliche Dienste getreten. 1672 hatte er einen Tributtransport von Jakutsk nach Moskau eskortiert, 1695 wurde er nach Anadyrsk versetzt. Hier begann er sich für die Kamtschatka zu interessieren, von der die Russen noch glaubten, es sei eine Insel. 1696 entsandte Atlassow den Kosaken Luka Morosko als Kundschafter, im Jahr darauf brach er selbst mit 120 Mann zu einer Expedition auf, um das Gebiet für die Krone zu annektieren. Die Kamtschadalen kämpften auf Skiern gegen die Eindringlinge, die Korjaken auf Hundeschlitten, wobei »einer kutschierte und ein anderer Pfeil und Bogen gebrauchte« – in der Art römischer Wagenlenker. Sie verschanzten sich in Enklaven, aus denen heraus sie ihre Angriffe starteten. Sie schleuderten Steine auf die Russen, kämpften mit Speeren und primitiven Waffen. Doch die Russen schützten sich mit Schilden, drangen in die Eingeborenensiedlungen ein und metzelten alle nieder, die zu fliehen versuchten.

Sie erkundeten weite Strecken der Westküste und Teile des Landesinneren und wechselten über den Gebirgskamm auf die Ostseite; überall machten sie die Bevölkerung tributpflichtig. Mitte Juli 1696 erreichte Atlassow von Norden her den Kamtschatka-Fluß, hier teilte er seine Mannschaft auf: Eine Gruppe sollte weiterhin die Ostseite der Insel erforschen, die andere über das Gebirge auf die Westseite zurückkehren. Als Atlassows jukagirische Hilfstruppen meuterten, kamen sechs seiner Männer um, fünfzehn weitere wurden verwundet. Einige Korjaken machten sich mit seiner Rentierherde davon, doch er nahm die Verfolgung auf, holte die Diebe ein und tötete sie bis auf den letzten Mann.

Im Quellgebiet des Kamtschatka-Flusses stießen die Russen auf vier große, befestigte Kamtschadalen-Siedlungen, die aus Hunderten von Hütten bestanden. Zu ihrer Überraschung wurden sie gastfreundlich aufgenommen, konnten ohne Zwischenfälle Tribut abschöpfen. Nachdem die Russen erfahren hatten, daß ihre Gastgeber sich mit den weiter flußabwärts siedelnden Kamtschadalen im Krieg befanden, unternahmen sie einen Beutezug und erwarben sich so Achtung und Loyalität.

Atlassow setzte dann seinen Vormarsch nach Süden fort. Er erreichte zwar nicht ganz die Südspitze der Halbinsel, erfuhr aber, daß ihr mehrere Inseln vorgelagert waren – die Kurilen. Diese würden, so erzählte man ihm, von einem andersartigen Volksstamm bewohnt, »den behaarten Ainu«. Diese eigenartige Untergruppe der kaukasischen Rasse zeichnet sich tatsächlich durch eine dichtere Körperbehaarung aus als alle anderen Menschenrassen. Zu seiner noch größeren Überraschung vernahm er, daß jenseits der Kurilen größere Inseln lägen, auf denen Menschen »in Städten aus Stein« lebten und von wo die Ainu »teure Teller und Schalen, Baumwollgewänder, Baumwollstoffe mit Karomustern und bunten Farben und Kaftane« bezögen. Einige dieser Dinge hatten über die Ainu den Weg auf die Kamtschatka-Halbinsel gefunden.

Atlassow hörte außerdem von einem »fremden Wesen«, das die Kamtschadalen gefangengenommen hatten: Er ließ sich den Gefangenen vorführen, einen kleinen, glatthaarigen Mann mit dunklem Teint, der als Schiffbrüchiger an der Kamtschatka-Küste gestrandet war. Der Mann weinte vor Dankbarkeit, als er an die Russen ausgeliefert wurde, und bezeichnete sich als Untertan »Hondos« oder »Endos« – ein Hindu aus Indien, wie Atlassow vermutete. Weit gefehlt: Hondo bedeutet Tokio, der Mann hieß Dembei und war Japaner.

Als Angestellter eines Kaufmanns aus Osaka war Dembei im Winter 1695 mit einer Flotte von Frachtschiffen, die Waren für Endo geladen hatten, aufgebrochen: ein Taifun hatte sein Schiff von den anderen getrennt und ostwärts aufs offene Meer hinausgetrieben. Wochenlang waren er und ein Dutzend Reisegefährten hilflos im Ozean getrieben, bis sie endlich aus einem aus dem Wasser gefischten Baumstamm einen Mast und aus ihren mitgeführten Damaststoffen ein Segel bauen konnten; auf diese Weise erreichten sie die Küste der Kamtschatka. Sie fanden einen Fluß und segelten ihn hinauf, wurden aber alsbald von Kamtschadalen gefangengenommen. Dembei war der einzige Überlebende der Gruppe.

Atlassow brachte ihn nach Anadyrsk; von hier aus wurde er nach Moskau weiterbefördert und 1701 Peter dem Großen vorgeführt. Peter baute mit ihm eine japanische Sprachschule in der Hauptstadt auf, erlaubte es dem Gefangenen aber trotz seiner Zusage nicht, nach Japan zurückzukehren. Auf den Namen Gabriel getauft, verlebte er den Rest seiner Tage tief melancholisch in St. Petersburg – das erste Opfer der chronisch leidvollen Beziehungen zwischen Rußland und Japan.

Atlassow war unterdessen, nachdem er den Grundstein für Werchnokamtschatsk gelegt hatte, im Juli 1699 nach Anadyrsk zurückgekehrt; von dort aus reiste er nach Moskau, um persönlich über seine Heldentaten zu berichten. Aus den Angaben, die er machte, schloß die Regierung, daß die Halbinsel nicht nur ein reiches neues Pelztierrevier war, sondern möglicherweise auch ein Land, in dem Getreideanbau möglich sein würde – ein Ersatz für das aufgegebene Amur-Tal. Dankbar bezahlte sie ihm 100 Rubel Prämie und ernannte ihn zum Kommandanten der Kamtschatka.

Die unerwartete Beförderung stieg dem Kosaken ganz offensichtlich zu Kopfe. Er stellte sich über das Gesetz und überfiel auf dem Weg zum Antritt seines neuen Amtes mit zehn Gefährten an der Unteren Tunguska eine mit chinesischen Waren beladene russische Karawane. Als er sein Diebesgut in Jakutsk verscherbeln wollte, wurde er ertappt, angeklagt, verurteilt und in ein Verlies geworfen.

In den folgenden Jahren stärkte Rußland seine Stellung auf der Insel durch die Gründung von Nischnekamtschatsk (1711) an der Mündung des Kamtschatka-Flusses und von Bolscheretsk (1703) am Bolschaja-Fluß. Die Halbinsel war erstmalig in den Büchern der Steuerbehörde vollständig erfaßt. Doch im Jahr 1706 wurden mehrere ranghohe Beamte überfallen und ermordet, die führerlos gewordenen Kosaken ließen sich daraufhin zu einer Vernichtungs- und Vergewaltigungsorgie hinreißen. Die Regierung entschied, daß es nunmehr einer eisernen Faust bedürfe. Atlassow wurde 1707 aus der Haft freigelassen und erhielt eine Blankovollmacht; er durfte tun, was immer ihm nötig erschien, um die Dinge wieder unter Kontrolle zu bringen. Im Juli 1707 begann er wie ein Metzger mit der Arbeit, im Dezember hatte er die Eingeborenen im Griff. Willkür und Grausamkeit kennzeichneten auch sein Verhalten gegenüber den eigenen Männern, so daß sie gegen ihn meuterten. Sie nahmen Werchnokamtschatsk, Atlassow aber hatte sich schon nach Nischnekamtschatsk abgesetzt, wo der Kommandant ihm widerwillig Zuflucht gewährte. Im Januar 1711 erzwangen die Rebellen sich Zutritt zum Fort, exekutierten die verbliebenen Offiziere und ermordeten Atlassow in seinem Bett. Danach stellten sie sein Haus auf den Kopf und entdeckten, daß in den Kleidern seiner Frau beschlagnahmte Pelze verarbeitet waren.

Die Meuterer rechtfertigten ihr Handeln mit der Sicherheit des Staates. Die getöteten Beamten und Offiziere hätten, so behaupteten sie, ihre Befehlsgewalt mißbraucht, Staatseinkünfte in die eigene Tasche gewirtschaftet (sowohl in Geld- als auch in Pelzform) und durch ihre Willkürherrschaft die Einheimischen zum Aufstand angestachelt. Sie erboten sich, ihre Loyalität zu demonstrieren, indem sie die Ordnung im Land wiederherstellten; sie wollten eine Expedition zu den Kurilen unternehmen, um zu zeigen, daß sie in verantwortungsvoller Weise für den Staat tätig sein konnten.

Im August 1711 schiffte sich eine Gruppe unter Führung von Danilo Antsyferow und Iwan Kosyrewski, der beiden Rädelsführer des Putschs, am Kap Lopatka an der Südspitze der Kamtschatka ein und erkundete die Kurilen-Inseln. Auf der Grundlage von Angaben der eingeborenen Ainu konnten sie nach ihrer Rückkehr im September eine erste Karte des nördlichen Teils der Inselkette vorlegen. Das alles blieb nicht ohne Wirkung. Fürst Matvey Gagarin, der erste Gouverneur von Sibirien, setzte ihre Todesstrafe aus unter der Bedingung, daß sie ihre Arbeit weiterführten. In der Staatskasse fehlten die Tributzahlungen von fünf Jahren. Horden kriegerischer Korjaken durchstreiften die Berge, verbündeten sich mit den Jukagiren im Norden und den Kamtschadalen im Süden. Antsyferow verbrannte bei lebendigem Leib in einer Hütte, die Verwaltung funktionierte schlecht. Erst eine Windpocken-Epidemie, die 1715 die Halbinsel heimsuchte, brach den Widerstand gegen die russische Obrigkeit.

Kosyrewski hatte 1713 noch einmal die nördlichen Kurilen besucht und einige japanische Schwerter, eiserne Kessel, Lack-Utensilien und Gebrauchsgegenstände aus Papier und Seide mitgebracht. Das fachte die Neugier der Russen an, die noch immer keine Vorstellung davon hatten, wo Japan lag.

Noch verblüffender war, daß auf Kamtschatka selbst die Überreste zweier alter russischer Blockhütten gefunden wurden, und zwar unweit eines Flusses, für den die Einheimischen einen russischen Namen nannten. Es handelte sich um die Hinterlassenschaft jener Überlebenden aus der Truppe Fedor Alexejews, die »in die unbekannte Ferne« aufgebrochen waren, nachdem sie den Anadyr nicht gefunden hatten.

Der Überlieferung nach hatten die Eingeborenen diese Russen, als sie an der Kamtschatka landeten, für Götter gehalten. Doch nachdem sie sich untereinander in die Haare bekommen hatten und Blut geflossen war, hatten die Eingeborenen sie getötet – in der Hoffnung, »sich damit für immer von solchen furchteinflößenden Besuchern befreien zu können«.

7

VERWALTUNG

Nun waren die Russen zwar wieder aufgetaucht, aber ihre Eroberungspolitik war eher zufällig. In den ersten hundert Jahren der sibirischen Expansion geriet Rußland in der Tat so häufig in gesellschaftliche und politische Krisen, daß aus Moskau nur wenig Anstöße für den planmäßigen Aufbau der Kolonie im Osten kamen.

Nach dem Ende der Zeit der Wirren hatte es zwar einen wirtschaftlichen Aufschwung gegeben; doch da der Staat zur Finanzierung seiner Kriege (gegen Schweden um den Zugang zur Ostsee, gegen Polen und die Türkei um die Ukraine) immer neue Steuern erhob, provozierte er gewalttätige Aufstände: 1648 kam es zu Salzsteuer-Unruhen, 1650 zu Brotaufständen und 1662 zu einer Kupfermünzen-Revolte wegen der Entwertung der Silberwährung. 1670/71 schließlich breitete sich entlang der Wolga ein allgemeiner Volksaufstand aus, dessen Anführer, der Kosake Stenka Rasin, eine Gefolgschaft von 200 000 um sich scharte und für einige Zeit das gesamte Gebiet zwischen Nischnij-Nowgorod und Kasan beherrschte.

1655 grassierte in Rußland die Pest, mindestens 500 000 Menschen starben. Das 1649 in Kraft getretene Gesetzbuch drängte zwar den Einfluß der Kirche zurück, sanktionierte aber auch endgültig die Leibeigenschaft, indem es die Bauern zum Eigentum der Grundherren erklärte. In der russisch-orthodoxen Kirche war es zudem zu einer Spaltung gekommen; Wortführer der Altgläubigen war der Pop Avvakum, sein Gegenspieler der Patriarch Nikon.

Die Altgläubigen bekannten sich zu dem herkömmlichen, von den Kirchenkonzilien abgesegneten und den vom Blut der Glaubensmärtyrer geheiligten kirchlichen Ritualen. Nikon, der die Praxis der russischen Kirche mit dem griechischorthodoxen Ritus in Einklang bringen wollte, war der Überzeugung, die russischen Eigenheiten beruhten auf fehlerhaften Schriftübertragungen und alteingewurzelten Mißdeutungen der Heiligen Schriften. Ein Autor faßte die Konfliktpunkte so zusammen:

Die wesentlichen nach Klärung drängenden Differenzen waren: ob ein dreifaches Halleluja zu sprechen sei, zum Ruhme der Dreifaltigkeit, oder ein doppeltes Halleluja zu Ehren der zweifachen Natur Jesu Christi; ob bei kirchlichen Prozessionen in Richtung der Sonne oder von ihr weg marschiert werden sollte; ob das Tragen eines Bartes gut oder schlecht war; ob während der Messe einer oder mehrere Brotlaibe auf dem Altar liegen sollten – nach russischer Tradition waren es sieben; ob Iissous oder Issous die korrekte Schreibweise des Namen Jesu sei; ob der Heiland im Gebet als »unser Gott« oder als »Gottessohn« bezeichnet werden sollte; ob es richtiger war, zu sagen, »Gott, dessen Herrschaft ewig ist«, oder »Gott, dessen Herrschaft ewig sein soll«; ob das Kreuz vier oder aber acht Enden haben sollte, und schließlich wie das Kreuzzeichen korrekt zu machen sei: mit drei ausgestreckten Fingern, die Dreieinigkeit symbolisierend, und zwei angelegten zum Zeichen der Doppelnatur Christi, oder mit zwei ausgestreckten für die Doppelnatur und zwei angelegten für die Dreieinigkeit.

Die Griechen hielten sich in ihrer Liturgie an die erstgenannte, die Russen sich an die zweite Variante; auch wenn es so aussah, als ginge es bei diesem Konflikt um Spitzfindigkeiten – beide Seiten führten den Kampf, als stehe ihr Seelenheil auf dem Spiel. Seit über einem halben Jahrhundert war den Menschen in Rußland von ihren Vordenkern eingehämmert worden, das Moskauer Reich sei das »Dritte Rom«, die letzte Bastion des wahren Glaubens auf der Welt. Erstaunlich viele stellten nun unter Beweis, daß sie bereit waren, für ihren Glauben zu sterben.

»Hierfür sind wir aus dem Bauch unserer Mutter gekrochen«, schrieb Avvakum. »Habt ihr Angst vor dem Fegefeuer? … Die Angst kommt vor dem Feuer. … Ihr fangt Feuer, und schon sind sie da: Christus und die Heerscharen der Engel.« Hunderttausende folgten seinen Aufrufen, zwanzigtausend verbrannten sich bei lebendigem Leib.

Patriarch Nikon verfolgte die Abtrünnigen nicht allein aus frommen Überzeugungen. Er war das Oberhaupt einer Staatskirche, und der russische Staat konnte seinem Ziel, sich die Ukraine und andere Gebiete einzuverleiben, nur näherkommen, wenn deren orthodoxe Bewohner sich in der russischen Kirche wiederfanden. Der Partriarch war bereit, für dieses Ziel viel Blut zu vergießen; auch sein Gegenspieler Avvakum hätte sicher keine Skrupel gehabt, wenn er die Macht gehabt hätte. Er schrieb an den Zaren: »Ich würde sie alle [die Kirchenreformer] an einem einzigen Tag niederstrecken ... Wir würden damit anfangen, daß wir den Hund Nikon vierteilen, und nach ihm all seine Nikoniten.«

Nach elfjähriger Verbannung nach Sibirien mit seiner Frau und seiner Familie wurde Avvakum schließlich exkommuniziert und in Pustozersk eingekerkert; Am 14. April 1682 wurde er zum Ketzer erklärt und auf dem Scheiterhaufen verbrannt.

Ausläufer aller dieser Erschütterungen erreichten auch Sibirien. Religiöse Verfolgungen brachten einen Strom von Flüchtlingen ins Land. Es gab Versuche, auf Kamtschatka und im Amurgebiet, aber auch (1649/50) am oberen Ob »freie Kosakenrepubliken« zu errichten: In den Garnisonen Sibiriens kam es zu Meutereien wegen unzumutbarer Lebensbedingungen.

Der Dienst in Sibirien war hart. Offizieren winkten schnelle Beförderung und doppelter Sold, wenn sie sich auf drei bis fünf Jahre für Sibirien verpflichteten, doch war der Verdienst von Haus aus gering. Für einfache Soldaten war es oft unmöglich, mit den Munitions- und Proviantzuteilungen auszukommen. Manchmal wurden Naturalzuteilungen zu einem absurd hohen Preis auf den Sold angerechnet – oder es wurden völlig nutzlose Dinge geliefert. So erhielt die Miliz in Werchoturje ihren Sold einmal in Form einer Ration rostigen Eisendrahts. Um die Männer gleichwohl bei Disziplin zu halten, wurden strenge Vorschriften erlassen.

»Ausprügeln ohne Erbarmen« war die offiziell empfohlene Strafe für Ungehorsam, manche Kommandanten gebärdeten sich extra grausam. So beklagten sich 1645 Bedienstete in Jakutsk über ihren Kommandanten Pjotr Golowin: »Er prügelte uns gnadenlos mit der Knute, kugelte uns die Gelenke aus, goß uns Eiswasser über den Kopf, traktierte unsere Adern mit heißen Zangen, streute uns glühende Asche auf den Rücken und schob uns Nadeln unter die Fingernägel.« Sadismus war zwar nicht die Regel, aber auch kein Einzelfall: Atlassow, Paschkow, Pojarkow, Chabarow, Staduchin behandelten ihre Leute barbarisch. Moskau konnte sich lange keine genaue Vorstellung von seinen neuen Besitzungen machen. Bis 1637 nahm die Sibirische Abteilung (sie hatte ihren Sitz im Kreml) eine untergeordnete Stellung als Anhängsel des Kasan-Amtes ein, das für die Ostgrenzen des Russischen Reichs zuständig war. Erst als Rußland begann, sich den Pelzreichtum des Lena-Beckens anzueignen, wurde eine eigenständige Abteilung für Sibirien geschaffen. Diese Abteilung, *Prikas* genannt, war auch mit der Aufsicht über die Beamten und Offiziere betraut; sie war für die Verpflegung, für die Justiz, für die Erwirtschaftung von Gewinnen und die diplomatischen Beziehungen zu den Völkern jenseits der Grenze verantwortlich. Die Sibirien-Abteilung schickte Inspektoren, wenn Vorwürfe wegen Amtsmißbrauchs und Korruption zu untersuchen waren, sie kümmerte sich um aufsässige Eingeborenenstämme, um die Getreidepreise und die Lage der ackerbauenden Siedler. Sie stellte Pässe und Passierscheine aus und erhob Steuern auf eingeführte Waren. Vor allem aber mußten die Mitarbeitern der Sibirien-Abteilung die abgelieferten Pelze bewerten und lagern.

Die von Moskau ernannten Militärgouverneure übernahmen das Kommando in den größeren Forts und Städten; sie hatten die einheimische Bevölkerung in Schach zu halten, den *Jasak* und den Zehnten einzutreiben. Während im russischen Mutterland der Staatshaushalt weitgehend für Rüstung und Kriegführung verbraucht wurde, war in Sibirien die Sicherung staatlicher Einkommensquellen die Hauptaufgabe des Militärs. So gesehen waren die Militärgouverneure auch Finanzbeamte, ihre Soldaten auch Steuereintreiber.

Der Militärgouverneur in Sibirien war in seinem Bezirk oberster Befehlshaber, Polizeichef und oberster Richter zugleich. Er rüstete die Expeditionen aus und nahm ihre Berichte entgegen, organisierte die logistische Unterstützung für alle größeren militärischen Unternehmen, nahm Petitionen und Beschwerden entgegen und faßte seine Erkenntnisse in Berichten für Moskau zusammen.

Die hohen Zollbeamten wurden ebenfalls von der Moskauer Zentralverwaltung ernannt; von 1695 an (als bestimmt wurde, daß Reisen von und nach Sibirien nur noch über die Station Werchoturje erfolgen durften) hatten sie die Aufgabe, alle vom Schreibtisch des Gouverneurs kommenden Schriftstücke gegenzuzeichnen. Diese Kontrollen blieben verhältnismäßig wirkungslos. In den frühen Pionierzeiten hatte in der Verwaltung Sibiriens noch das System der Verköstigung gegolten; es war üblich, daß Beamte an Feiertagen Geschenke erhielten und einen Teil ihres Einkommens von der ihnen unterstellten Bevölkerung bezogen. Auf dem Papier war dieses System zwar in der Amtszeit Iwan des Schrecklichen abgeschafft worden, in Sibirien erwies es sich jedoch als höchst zählebig. Sibirien geriet so in den Ruf, eine Hochburg des Bakschisch-Unwesens zu sein. Tatsächlich war es so, daß die Gouverneure einfach selbst bestimmten, wer welche offiziellen und inoffiziellen Abgaben zu entrichten hatte. Viele Beamte meldeten sich nun wegen der unbegrenzten Bereicherungsmöglichkeiten für den Dienst in Sibirien.

Es gab aber auch andere materielle Anreize. Ein Gouverneur, der in Sibirien diente, war von allen Steuern befreit, gegen ihn laufende Prozesse ruhten bis zu seiner Rückkehr. Bei Amtsantritt erhielt er einen Reisekosten- und Gehaltsvorschuß, der Staat stellte ihm Kutschen und Boote und ein beachtliches Gefolge zur Verfügung. Als 1635 der neu ernannte Gouverneur von Mangaseja aufbrach, hatte er einen Troß von 33 persönlichen Bediensteten bei sich und an Proviant 200 Fässer Wein, 35 Pfund Honig, 35 Pfund Butter, 6 Fässer Pflanzenöl, 150 Schinken, dazu Mehl, Grieß und andere Grundnahrungsmittel.

Der Gouverneur von Tobolsk machte sich 1643 mit einem Gefolge von 40 Personen auf den Weg; bei anderen waren es 60, 70 oder noch mehr. Eigentlich sollten sie mit den Dingen, die sie mit auf den Weg bekamen, keine privaten Geschäfte tätigen, sie taten es trotzdem. Und manch einer half seiner Bewerbung mit Schmiergeldern nach. Diese Praxis bürgerte sich so sehr ein, daß die Sibirien-Abteilung bald eine Schmiergeldtabelle erarbeitete.

Anfangs waren die Dienstzeiten in Sibirien auf zwei oder drei Jahre begrenzt, 1695 wurde jedoch die Amtszeit auf sechs Jahre verlängert, weil die Betreffenden, wie es in der Begründung des Erlasses hieß,»schnell reich zu werden versuchen, wenn sie das Amt nur kurz bekleiden«. Der aus leidvoller Erfahrung geborene Ausspruch»Gott ist hoch oben, und der Zar weit weg« ist sibirischen Ursprungs.

Auch kleinere Beamte neigten dazu, in ihrem Amt in erster Linie eine Chance zur Bereicherung zu sehen; ein in Ungnade gefallener Höfling, der elf Jahre in der sibirischen Verbannung verbrachte, behauptete danach, er sei in dieser Zeit nur einem einzigen Steuereinnehmer begegnet, der»den geraden Weg gegangen« sei. Beim Militär hieß es, ein Mann, der als gemeiner Soldat aus Moskau abreise, werde bei seinem Eintreffen in Tobolsk zum Feldwebel, in Tomsk zum Fähnrich, an der Lena zum Leutnant, in Jakutsk zum Hauptmann und auf Kamtschatka zum Oberst. Ein Teil der auf Kamtschatka amtierenden Obristen bestand denn auch aus ehemaligen verbannten Kriminellen; einige hellten durch Heldentaten ihre dunkle Vergangenheit auf, andere setzten ihre kriminelle Karriere mit anderen Mitteln fort.

Am meisten hatten unter den vielen kleinen Despoten die Eingeborenen zu leiden; sie hatten kaum eine Chance, sich mit legalen Mitteln zur Wehr zu setzen. Sie fanden entweder keine Schriftkundigen, die bereit gewesen wären, für sie einen Beschwerdebrief aufzusetzen, oder die Beamten ließen ihre Briefe einfach verschwinden. Und in Moskau galt, daß »die Räder der Gerechtigkeit mit Geld geschmiert werden« mußten. Da ein Sonderkurier für die Reise von Jakutsk in die Hauptstadt und zurück zwei Jahre brauchte, hatte eine offizielle Beschwerde ohnehin wenig Sinn. Bis eine amtliche Untersuchung anlief, waren wichtige Zeugen längst durch Einschüchterung zum Schweigen gebracht oder gekauft worden.

Ein Teil der Eingeborenen suchte daher das Weite. Wogulen flohen nach Norden in die Tundra, Burjaten in die Mongolei, Tungusen zum Amur, Jukagiren zur Nordmeerküste. Die nach Norden Getürmten konnten in vielen Fällen wieder eingefangen werden, doch denen, die Zuflucht bei einem der selbstbewußten Nomadenstämme jenseits der Südgrenze gefunden hatten, konnten die Russen kaum etwas anhaben. Hin und wieder brachen größere lokale Aufstände aus, die sich zu einer direkten Bedrohung für russische Stützpunkte auswuchsen. So wäre Fort Beresow 1595 und 1607 beinahe von Ostjaken erstürmt worden, Kusnezk 1630 von Tataren und Tjumen und Tara 1634 ebenfalls von den Tataren. 1635 erstürmten Burjaten Bratsk und massakrierten die gesamte Garnison. 1641/42 bedrohten jakutische Rebellen Krasnojarsk und Jakutsk; 1648 wurde Wercholensk, 1658 Balagansk von Burjaten belagert. 1666 breitete sich entlang der gesamten nördlichen Küste des Ochotskischen Meeres ein Tungusen-Aufstand aus, der sich bis ins Indigirka-Becken fortpflanzte und sowohl Ochotsk als auch Saschiwersk bedrohte. 1679 schließlich versuchten aufständische Samojeden Obdorsk zu überrennen.

Die meisten dieser Rebellionen hätten sicher durch eine vernünftige Kolonialverwaltung vermieden werden können. Auch die Kirche hätte vermitteln können, tat es aber nicht. Sie war von Anfang an dabei gewesen – schon Jermak und seine Gesellen hatten auf ihrem Weg über den Ural eine Feldkirche in Form eines Zeltes mit sich geschleppt.

In Tjumen wurden 1586, im Jahr der Stadtgründung also, zwei Kirchen erbaut, in Tobolsk entstand ein provisorischer Kirchenbau schon vor der Einfriedung. Nicht weit davon wurde ein Jahr später das erste sibirische Kloster gegründet; ihm folgten bald weitere in Turinsk, Tjumen und Werchoturje. Doch bis zum Amtsantritt des ersten Erzbischofs von Sibirien, Kiprian, hatten die Kirchenmänner keine unabhängige Stellung, sie wurden von der Militärverwaltung schäbig behandelt wie Dienstboten. Die Kirchen funktionierten schlecht, die Klöster standen in dem Ruf, Lasterhöhlen zu sein, in denen Mönche und Nonnen es miteinander trieben oder Beziehungen zu Gespielen außerhalb der Klostermauern unterhielten. Ein Geistlicher klagte darüber, daß Mönche und Priester »wie Heiden lebten, in wilder Ehe Mischlinge zeugten, ihre Fastentage vernachlässigten und mit den Ungetauften unreine Dinge aßen«.

Um das Prestige der sibirischen Kirche aufzupolieren, ließ Kiprian aus dem Mutterland geheiligte Reliquien herbeischaffen. Er trug Berichte über Wunder zusammen und rief 1622 dazu auf, Jermak zum Glaubensmärtyrer zu erklären. Er sammelte sämtliches Material über den legendären Kosaken und legte damit den Grundstein für die Sibirische Chronik; Jermak wurde 1635 heilig gesprochen.

Kiprian brauchte nicht lange, um in den Klöstern wieder für Disziplin zu sorgen, er eröffnete neue Nonnenstifte in Jenissejsk, Tjumen und Werchoturje. Als die Kirche auf festen Füßen stand, konnte sie die religiösen Bedürfnisse der Bevölkerung zunehmend besser bedienen. Sie half, die Eingeborenen durch Überzeugungsarbeit zu befrieden, brachte die Kolonisierung voran, nahm Siedler vor der tyrannischen Willkür weltlicher Amtsträger in Schutz, spendete Almosen und leistete einen bedeutsamen Beitrag zur landwirtschaftlichen Erschließung Sibiriens. Die von der Kirche zelebrierten Rituale bereicherten das Leben der Menschen durch »Gepränge, Farben und prachtvolle Anblicke, wie man sie nirgendwo sonst in der trostlosen Entlegenheit« der sibirischen Pioniersiedlungen erlebte.

Während die Kirchen im Wilden Westen Amerikas zumeist nüchterne Bauten mit schlichter Einrichtung waren, zeichneten sich ihre sibirischen Gegenstücke bei aller Primitivität der Bauweise durch Liebe zum Ornament aus und waren häufig mit bronzefarbenen oder bunt bemalten Kuppeln geschmückt.

Moskau betrachtete die Arbeit der Kirche als unentbehrlich und förderte sie anfänglich mit Zuschüssen, Steuerbefreiungen und großzügigen Landschenkungen. Als die Kirche jedoch wohlhabend geworden war, begann sie ihr Vermögen selbst zu mehren, zum Beispiel durch hochverzinsliche Kredite. Schon um die Jahrhundertmitte geboten die sibirischen Erzbischöfe in der Umgebung von Tobolsk über mehrere Tausend Morgen Land und über einen beträchtlichen Teil der Bauern. Die staatlichen Stellen empfanden die Kirche alsbald als Konkurrenz und schränkten die finanziellen Manöver der Kirche ein. Als der Patriarch Nikon 1667 abgesetzt wurde (ohne daß man gleichzeitig seine Reformen rückgängig gemacht hätte), war dies auch ein Schlag gegen die Unabhängigkeit der Kirche. Zar Fjodor III. (1676–82) sorgte gleich zu Beginn seiner Amtszeit dafür, daß die neuen Vorschriften, die den kirchlichen Grunderwerb erschwerten, streng durchgesetzt wurden. 1698 schließlich erklärte Peter der Große:»Es gibt in Sibirien genügend Klöster für Männer und Frauen, um jene aufzunehmen, die das Gelübde ablegen wollen.«

Der Staat hatte überdies kein großes Interesse an der Missionierung der Eingeborenen. Zwar konnten getaufte Männer zum Militärdienst eingezogen und getaufte Frauen mit russischen Männern verheiratet werden, aber als russische Untertanen mußten sie keinen Tribut mehr entrichten, der Staatskasse ging Geld verloren. Es waren also nicht nur edle Motive, die den Kreml bewogen, Zwangstaufen zu verbieten und zu fordern, daß Christus nur»durch die Liebe« triumphieren dürfe.

Große Reformerfolge konnte die Kirche nicht einmal in ihren eigenen Reihen erzielen. Noch 1662 erklärte der Erzbischof von Tobolsk, die meisten Priester in seiner Diözese seien»Trunkenbolde und Wüstlinge«. Er appellierte an Moskau, ihm rechtschaffene Leute zu schicken. Einer von denen, die kamen, war der Pope Avvakum, der seine Verbannungsstrafe in Sibirien antreten mußte. Avvakum erwies sich freilich als zu rechtschaffen. Obwohl es Priestern untersagt war, körperliche Züchtigungen vorzunehmen, ließ er einen betrunkenen Mönch prügeln, weil der sein Abendgebet gestört hatte. Eine nicht bußfertige Dirne bestrafte er, indem er sie»drei Tage lang ohne Nahrung unter dem Boden seines Hauses einsperrte«. Bei einem anderen Unglücklichen namens Fjodor drückte er zunächst ein Auge zu: Fjodor war vor lauter Schuldgefühlen vorübergehend übergeschnappt, nachdem er am Ostersonntag mit seiner Frau geschlafen hatte;

dies wurde ihm verziehen. Als er später jedoch erneut sündigte, ließ Avvakum ihn »ausprügeln und an die Kirchenwand anketten«. Der Arme drehte durch und rannte als Amokläufer durch die Stadt.

In Tobolsk kreuzte Avvakum auch die Klinge mit dem legendären Kosaken Pjotr Beketow, der dem russischen Staat lange Jahre ausgezeichnete Dienste geleistet hatte. Beketow hatte am Jenissej und an der Lena gekämpft, hatte maßgeblichen Anteil an der Unterwerfung der Burjaten gehabt und hatte die Forts Jakutsk nahe am Polarkreis und Nertschinsk im Grenzgebiet zur Mongolei gegründet. Seit seinem Rückzug aus der vordersten Front in Tobolsk lebend, hatte er sich bemüht, einen kleinen Beamten, den Avvakum der Korruption bezichtigt hatte, zu verteidigen; am ersten Fastensonntag des Jahres 1655 ergriff er in der Kirche das Wort und ritt eine »öffentliche und leidenschaftliche« Attacke gegen den Popen. Unmittelbar danach erlitt er einen Schlaganfall und starb. Der rachsüchtige Avvakum sah hierin einen Akt Gottes und »befahl, die Leiche auf die Straße zu werfen, wo sie drei Tage lang als Futter für die Hunde liegen blieb«.

Bis 1627 war ganz Sibirien ein einziges Militärgouvernement. Als die russischen Kolonisten jedoch zum Jenissej vorstießen, wurde eine Aufteilung in zwei Gouvernements – mit Tobolsk und Tomsk als Verwaltungssitzen – vorgenommen. Tomsk verdankte seine Karriere seiner strategischen Lage an der wichtigsten Route zwischen West- und Ostsibirien, die über Ketsk und das Fort Makowsk führte. Ein Jahrzehnt später erreichten die Russen die Lena, und zwar sowohl von Mangaseja (das zum Gouvernement Tobolsk gehörte) als auch von Jenissejsk aus, das auf Tomsker Gebiet lag. Beide Gouvernements reklamierten das Lena-Gebiet für sich und »trieben einen kleinen Pelztribut für den Staat ein und einen sehr viel größeren für sich selbst«. Die Regierung beschloß daraufhin, im Lena-Gebiet einen eigenen Militärbezirk mit der Hauptstadt Jakutsk zu gründen. Jakutsk sicherte sich 1649 die Hoheit über Ilimsk, das Fort, das den Übergang zwischen Lena und Jenissej beherrschte. Da immer mehr Forts zu Städten heranwuchsen, wurde 1676/77 ein viertes Gouvernement geschaffen mit Jenissejsk als Verwaltungshauptstadt.

Zwischen den Hauptstädten bildete sich schnell eine Hierarchie heraus. Tobolsk etablierte sich als Hauptstadt Sibiriens. Sie war die größte, wohlhabendste und bevölkerungsreichste Stadt des russischen Ostens, der wichtigste Standort für Truppen und Nachschubgüter, Anlauf- und Durchreisestation für Siedler und

Verbannte. 1621 erfuhr die Stadt eine bedeutsame Aufwertung durch die Ankunft Kiprians, der hier das Hauptquartier seiner sibirischen Diözese aufschlug. 1708 wurde Tobolsk auch zum Sitz des ersten Gouverneurs von Sibirien, Matvej Gagarin, dem zwei Vizegouverneure zur Seite standen, von denen einer ebenfalls in Tobolsk residierte, der andere in Irkutsk. Letzterem unterstand der Militärgouverneur von Jakutsk, dessen Hoheitsbereich sich bis zur Küste des Ochotskischen Meeres und zur Kamtschatka erstreckte. Das Heranwachsen dieser Strukturen machte die Sibirien-Abteilung in Moskau zunehmend überflüssig, doch fristete sie noch ein Schattendasein, bis Zarin Katharina die Große sie 1763 auflöste.

8

EINE UNTERGEHENDE WELT

B eeindruckender noch als die Größe Sibiriens ist die Schnelligkeit, mit der die Russen das Land kolonisierten. Kleine Gruppen verwegener und entschlossener Männer bahnten sich zu Fuß oder zu Pferd den Weg durch den Nordosten Asiens, sie fuhren in zerbrechlichen Booten unbekannte Flüsse hinauf oder unbekannten Meeren entgegen. Sie stießen auf manchen ihrer Expeditionen weit über tausend Kilometer vor durch unwegsame Taiga, Tundra- und Sumpflandschaften.

Das Wetter war zeitweise extrem unwirtlich, wilde Tiere machten die Wälder unsicher, in der Tundra war es schon ein Glücksfall, wenn die Männer »ein paar Beeren, Pilze oder eßbare Baumrinde fanden«. Die Entbehrungen, die sie durchmachten, wurden nicht immer belohnt. Auch hier galt, wie bei der Suche nach Gold, daß das Glück nur wenigen hold war. Die rohen Winterblockhütten, die sie sich bauten, wurden in den Monaten der »tosenden Schneestürme und der fast durchgehenden Nacht zu Gefängnissen der Isolation«. Obwohl sie die Kunst der Positionsbestimmung mit Hilfe der Sterne nicht beherrschten, brachten sie brauchbare Landkarten zustande; da es ihnen meist an Papier fehlte, kritzelten sie ihre Berichte auf Streifen von Birkenrinde. Dennoch standen ihre Leistungen denen der westlichen Seefahrernationen in nichts nach. Nie zuvor in der Weltgeschichte haben so wenige so viel Land erobert.

Da die Russen keine kolonialpolitische Gesamtkonzeption hatten, paßten sie ihre Strategien der wechselnden Geschwindigkeit und Stoßrichtung ihrer Erkun-

dungs- und Eroberungszüge an. In den Zeiten des Pelzrauschs ließen sie sich
einzig und allein von der Aussicht auf höchstmöglichen Gewinn leiten. Sie
hielten sich an die Taiga, weil hier die meisten Pelztiere zu finden waren und
weil südlich der Taiga der Lebensraum der verhältnismäßig bevölkerungsstar-
ken und kriegerischen mongolischen und türkischen Nomadenvölker begann.
Um diese Nomaden auf Distanz zu halten, wurde die Südgrenze Sibiriens nach
und nach zu einer regelrechten Festungslinie ausgebaut.

Die Russen waren bei der Eroberung Sibiriens »überzeugt von ihrem Recht,
unterlegene und barbarische Widersacher zu vertreiben, den wahren Glauben
durchzusetzen und die wirtschaftlichen Früchte der so errungenen Herrschaft
zu ernten«. Ebenso wie Spanier, Briten oder Portugiesen verstanden die Russen
unter dem Begriff Fortschritt einen Prozeß, der vom »wilden« zum »zivilisierten«
Menschen führte; sie betrachteten es als ihre Aufgabe, die Wildnis zu kultivieren,
getreu dem biblischen Gebot: »Seid fruchtbar und mehret euch und reget euch
auf Erden, daß euer viel darauf werden.«

Dabei war Sibirien, strenggenommen, keine Wildnis im biblischen Sinn, sondern
wie Amerika die Heimat uralter Kulturen, ein Land mit heiligen Orten und mit
ausgetretenen Jagd-, Kriegs- und Handelspfaden. Für Menschen freilich, die
gewohnt waren, in Begriffen des Privat- oder Staatseigentums zu denken, war
die von den Eingeborenen praktizierte gemeinschaftliche Nutzung großer Landflächen kaum als Rechtsgrundlage für einen Besitzanspruch geeignet. John
Quincy Adams sprach vermutlich für alle Kolonialherren seiner Epoche, als er
1802 erklärte: »Welches Anrecht hat ein Jäger auf die tausend Meilen Waldgebiet,
die er auf der Suche nach Beute zufällig durchstreift? … Sollen die Äcker und
Täler, die ein wohlwollender Gott geschaffen hat, auf daß sie von unzähligen
Mengen bevölkert werden können, dazu verdammt sein, auf ewig menschenleer
zu bleiben?«

Es gab zwar da und dort Stämme, die ein bestimmtes Gebiet bewohnten und
kontrollierten, doch ein strenger Eigentumsbegriff war ihnen fremd. Sie waren
noch von der religiösen Vorstellung geprägt, das Land gehöre der Natur oder
den Göttern – »ebenso wie das Wasser der Flüsse und der klare Himmel
darüber«.

Das Land gehörte nach ihrer Auffassung nicht ihnen, sondern sie gehörten nach
Tradition zum Land. Sie waren es gewohnt, in Harmonie mit ihrer Umwelt zu

leben, die sie sich »untertan« gemacht hatten. Ihre Technik und ihr Kunsthandwerk beruhten auf der Verarbeitung von Horn, Mammut-Elfenbein, Holz und Tierhäuten; aus diesen Materialien fertigten sie alles an, was sie brauchten. Und das war oft erstaunlich: Schneemasken aus Bäreneingeweiden, Schneebrillen aus Birkenrinde oder gewobenem Haar, Zahnersatz aus Holz oder Elfenbein, Beinprothesen aus Horn, »Brutkästen für frühgeborene Kinder aus den wasserdichten Harnblasen von Seehunden, Schienen für gebrochene Gliedmaßen aus Treibholz«.

Auf dem Gebiet der Konfektion »hatten sie das Prinzip der Isolierschichten erfaßt; anstelle dickwandiger Mäntel und Jacken trugen sie zwei lose hängende knopflose Tuniken übereinander, so daß die dazwischen eingeschlossene Luft als Kältepuffer wirkte«. Kräftiges Leder wurde mit Erlenrinde gegerbt und in Knochenmark oder Sauermilch eingeweicht; zarteres Leder wurde über brennenden Tannenzapfen oder Dungbriketts geräuchert. Aus Waldärmen wurden Kanister, aus den Wirbeln der Meeressäuger Mörser gefertigt, aus ihren Blutgefäßen und Nervensträngen Schnüre und Taue. Seile mit besonders hoher Tragkraft wurden aus Streifen geräucherter Walroßhaut geflochten. Bergkristalle wurden zu Messerklingen geschliffen, Zobelknochen zu feinen Nadeln verarbeitet. Bei Vergleichen stellte sich heraus, daß die Gerätschaften der Einheimischen keineswegs schlechter waren als die der Russen. Die Hundeschlitten der Kamtschadalen beispielsweise waren trotz geringen Gewichts außerordentlich stabil; die Bauteile waren mit Riemen aus getrockneter Seehundhaut zusammengeschnürt, das Gestell ruhte auf breiten, hochgebogenen Kufen. Ein solcher Schlitten ließ sich in jede Richtung biegen, ohne zu brechen; er konnte das Hundertfache des eigenen Gewichts an Zuladung aufnehmen. Die paarweise angeschirrten Hunde wurden allein durch verbale Kommandos gelenkt, als Bremse diente dem Fahrer ein zugespitzter Stock.

Die Rentier-Kultur der Tundranomaden war auf ihre Art ebenso bemerkenswert wie die der Büffeljäger-Kulturen, die sich in den weiten Ebenen Nordamerikas entwickelt hatten. Die Rentiere dienten nicht nur als Reit- und Zugtiere, sondern lieferten auch Fleisch und Leder. Die getrockneten Sehnen wurden als Garn, die Geweihe als Material für Gebrauchsgegenstände verwendet. Aus den Knochen wurde Brennstoff gewonnen, aus Magen und Gedärm wurden Flüssigkeitsbehälter hergestellt, aus der starren, rauhen Haut der Beine das Oberleder für Schneeschuhe gefertigt.

Die Rentiere der Tschuktschen-Halbinsel hatten ein wilderes Temperament als die meisten anderen; sie fraßen Vogelkot und sogar Jungvögel und neugeborene Mäuse; der Geruch menschlichen Urins erregte sie so, »daß sie einen Mann, der in der Nähe sein Wasser ließ, angriffen«. Die Hirten taten also gut daran, sich vorzusehen; doch schließlich zogen sie aus dieser Eigentümlichkeit noch Nutzen: Jeder Hirte trug unter seinem Gürtel einen kleinen Lederbeutel mit Urin und benutzte diesen, um streunende Tiere zurückzuholen. Wenn sich Zuchtexemplare von der Herde trennen wollten, errichteten sie primitive Gatter; eine der Methoden, mit denen sie männliche Tiere kastrierten, war freilich barbarisch. Während die meisten Eingeborenen einfach den Samenleiter durchschnitten oder durchstachen, gingen die Tschuktschen so vor: »[Das Tier] wurde mit dem Lasso gefangen und zu Boden geworfen; während zwei Männer es festhielten, zerbiß ein dritter ihm mit den Zähnen die Hoden.«

Zu der revolutionären Mobilität der nordamerikanischen Indianer durch ihre Pferde gab es im Wilden Osten Rußlands keine echte Parallele. Das Pferd war zwar vielen Sibiriern längst vertraut; die Tataren standen in der Tradition der mongolischen Reiterei, die Jakuten (von den Russen zunächst als »Pferdemenschen« bezeichnet) hielten als Reitpferde eine kleine, äußerst robuste Rasse. In den Steppen des Südens (dem sibirischen Pendant zur amerikanischen Prärie) waren die Kirgisen und Kalmücken meisterhafte Reiter. In der Taiga aber waren Pferde wenig zweckmäßig; auch weiter im Süden war ihr Nutzen nur bedingt. Als Lasttiere wurden Kamele bevorzugt – auch aus einem anderen Grund: Im Grenzland zur Mongolei, wo Holz Seltenheitswert hatte, dienten von der Sonne ausgetrocknete Tierexkremente als Brennstoff. Bei der Verarbeitung zu Briketts waren die Burjaten Experten. Begehrt waren die Exkremente von Ziegen, Schafen und Kamelen, weil sie das kräftigste Feuer ergaben; an letzter Stelle rangierte der Pferdedung, der, »weil er nicht die Prozedur des Wiederkäuens durchläuft, aus nicht viel mehr besteht als zerkautem Stroh«.

Die sibirischen Ureinwohner lebten in Behausungen unterschiedlichster Art, die Nomaden unter ihnen jedoch sehr häufig in transportablen Zelten mit einer Öffnung an der Spitze zur Entlüftung. Manchmal ruhten sie auf einem Gerüst aus geneigten, oben zusammenlaufenden Stangen wie Indianertipis; als Zeltwände dienten Tierhäute und Birkenrinde.

Die großen runden Filzjurten der Kirgisen hingegen hatten eine leichte Unterkonstruktion aus Holz, die kegelförmigen Gemeinschaftszelte der Korjaken und der Rentier-Tschuktschen waren in kleine, durch Pelzvorhänge voneinander abgeschirmte Familienzellen geteilt. Die küstennahen Tschuktschen dagegen lebten in steinzeitlichen überdachten Erdhöhlen, deren »Gebälk« aus Kiefernknochen und Rippen von Walen bestand. Ähnlich konstruiert waren die Winterbehausungen der Kamtschadalen – mit Holz ausgekleidete, rechteckige, überdachte Erdhöhlen.

Während die Handwerkskunst der Eingeborenen das Interesse der Russen erregte, wurde ihr religiöses Leben mit Geringschätzung quittiert. Dabei hatte es viele bewunderungswürdige Elemente. Der gemeinsame religiöse Nenner der östlich der Tataren (die sunnitische Moslems waren) siedelnden Stämme war der Schamanismus; der Schamane (von dem tungusisch-mandschurischen Ausdruck *saman*,»ein Wissender«, abgeleitet) war der Hohepriester, der nach Überzeugung des Stammes die Fähigkeit besaß, Kranke zu heilen und mit dem Jenseits in Kontakt zu treten. In einem primitiven Pantheismus wurzelnd, sah der Schamanismus in der Natur innere Kräfte oder Geister am Werk und schrieb allen Lebewesen besondere Eigenschaften oder Zauberkräfte zu. Die Wünsche und Befehle dieser Geschöpfe zu deuten, war die Aufgabe des Schamanen. In ein langes Gewand gehüllt, das mit Bildern von Phantasievögeln, Emblemen und Zeichen verziert war, rief er, wilde Schreie und Gesänge ausstoßend, unsichtbare Geister herbei.

Unter den Schamanen hat es sicher auch Scharlatane gegeben, einige von ihnen aber waren fähige Heiler, ihre Kenntnisse entstammten den Traditionen der tibetanischen Medizin. Ein intensives körperliches und mentales Training versetzte sie in die Lage, kunstvolle Gesangs- und Tanzrituale auf- und kontrollierte Delirien und Trancezustände herbeizuführen. Oft beherrschten sie die Kunst des Bauchredens und des Entfesselns. Weit verbreitet war die Übung, sich ein Messer in den Magen zu stoßen und die Wunde sogleich wieder zu heilen. Ein Entdecker des späten 16. Jahrhunderts, der unweit der Mündung des Ob auf eine Gruppe von Samojeden traf, kam in den Genuß einer Vorführung dieses Spektakels:

Dann nahm er ein Schwert von eineinhalb Ellen Länge (ich maß es eigenhändig) und schob es bis zur halben Länge oder etwas weniger in seinen Bauch, aber keine Wunde war zu sehen. ... Dann legte er das Schwert ins Feuer, bis es warm war, und stieß es so in den Schlitz seines Hemds und, wie es aussah, durch seinen Leib, daß es an seinem Nabel eindrang und

an seinem Hinterteil wieder herauskam; da die Spitze hinten aus seinem
Hemd herausschaute, legte ich meinen Finger darauf; dann zog er das
Schwert heraus und setzte sich.

Bei einigen Stämmen war die Mythologie hoch entwickelt. So erklärten sich die
Tungusen die Abfolge von Tag und Nacht mit der Vorstellung, der himmlische
Bär (die Nacht) jage in der »oberen Welt« den himmlischen Elch (den Tag); dieser
Deutung des Sonnenzyklus entsprach die Vorstellung, daß in der »unteren Welt«
die an der Wurzel des Weltbaums ruhende Elchmutter Tiere und Menschen zur
Welt bringe, deren Seelen der Bär (als Herr über die Geister der Vorfahren) nach
ihrem Tod zurückfordere.

Für die Tschuktschen zeigte das Sternbild Castor und Pollux die Flucht zweier
Elche vor zwei Jägern, die beide ein Rentiergespann fuhren; das Sternbild
Delphin verkörperte für sie einen Seehund und die Milchstraße einen westwärts
strömenden Fluß mit zahllosen Inseln. Die Sonne stellten sie sich – ähnlich wie
die alten Griechen – als einen Mann in gleißenden Kleidern vor.

In dem Bemühen, das Problem der Sterblichkeit zu verarbeiten, entwickelte sich
bei einigen Stämmen, etwa bei Ostjaken und Wogulen, der Glaube an eine
jenseitige Wohnstätte der Toten; bei anderen bestand die Vorstellung von zwei
Welten, einer oberen und einer unteren. Die Kamtschadalen sahen in Eidechsen
»Spione, die der Gott der Unterwelt geschickt hatte, um ihr Betragen zu beobachten«; in den Vulkanen vermuteten sie die Fenster eines unterirdischen Reichs.
Wenn aus einem Vulkan Flammen schlugen, bedeutete dies, daß die Toten ihre
Zelte heizten. Die Jukagiren und andere Stämme hofften auf ein Leben nach dem
Tode; dort, so malten sie sich aus, könnten sie dann »auf dem roten Feuerschein
hausen und sich die Zeit damit vertreiben, mit einem Walroßschädel Ballspiele
zu machen«. Der bewegungslos am Firmament ruhende Polarstern markierte
nach einer anderen Vorstellung den Durchgang zu einem himmlischen Ort im
Osten, »morgenwärts«, wo der Herr aller Geister in einem Land mit immerwäh-
rendem Tageslicht lebte, und mit ihm alle diejenigen, die auf Erden ein gutes
Leben geführt hatten.

In Übereinstimmung mit diesem »christlichen Anklang« wurde im Schöpfungs-
mythos der Tungusen die Welt von einer Gottheit aus einer Wasserwüste geschaffen; der ältere Bruder dieses Schöpfergottes, der in der Unterwelt lebte und
für »alle bösen Dinge, alle Arten von Würmern und Schlangen« verantwortlich

war, versuchte ständig, die obere Welt zu zerstören; die Morallehre besagte, daß auf diejenigen, die sich in Versuchung führen ließen, Erbkrankheit und Schande warteten – die Ähnlichkeit zur biblischen Schilderung des Sündenfalls ist unübersehbar; den christlichen Vorstellungen vom Baum der Erkenntnis ähnelte auch der Gedanke, der Mensch stamme von einem Baum ab:»Der Mensch wurde aus einem Baum geboren. Der Baum spaltete sich in zwei. Zwei Menschen kamen heraus. Einer war ein Mann, der andere eine Frau. Bis ihnen ein Kind geboren wurde, waren sie über und über behaart. Immer mehr Menschen wurden geboren, von Sohn zu Sohn, und sie hatten zuerst weder Rentiere noch Hunde und dachten nicht darüber nach, wie alles zusammenhängt. Doch dann begannen ihre Nachkommen zu denken.«

Ihre Deutung der Sternbilder hinderte die Ureinwohner Sibiriens nicht daran, die Bewegungen der Sterne nüchtern zu beobachten. Der Große Bär war ihre Himmelsuhr, die Tschuktschen unterschieden über zwanzig Himmelsrichtungen, die sie nach der Sonne bestimmten. Die Einteilung des Jahreszyklus wurzelte in ihren täglichen Verrichtungen – die Kamtschadalen zum Beispiel teilten das Jahr in zehn Monate unterschiedlicher Länge ein und gaben ihnen Namen wie»Monat des roten Fisches«,»Monat des kleinen weißen Fisches«,»Monat des großen weißen Fisches« oder»Monat der fallenden Blätter«. Solche Vorstellungen verleiteten einen Russen zu dem Schluß, die Kamtschadalen seien»so dumm, daß nur ihre Fähigkeit zu sprechen sie von den Tieren unterscheidet. ... Sie wissen nicht einmal, wie alt sie sind. Sie zählen bis hundert, tun sich damit aber so schwer, daß sie über zehn nicht hinauskommen; wenn sie mit den Fingern beider Hände durch sind, falten sie die Hände, um zehn anzuzeigen, und machen dann mit den Zehen weiter; wenn die Zahl über zwanzig hinausgeht, wissen sie nicht mehr weiter, und dann fragen sie schreiend, woher sie den Rest nehmen sollen.«

Auch die Art der Begräbnisse löste bei den Russen Verwunderung aus. Die Ostjaken und die Wogulen räucherten das Haus eines Verstorbenen mit Harzfackeln aus; dann fertigten sie aus Angst vor dem Geist des Verstorbenen aus seinen Kleidungsstücken und Teilen seines Haarschopfs ein Bildnis an. Dieser Puppe wiesen sie die Rolle des Haushüters zu.

Bei den Korjaken und Tschuktschen wurde die Leiche einer Autopsie unterworfen: Der Brustkorb wurde geöffnet, die Organe wurden untersucht und eine Todesursache verkündet. Dann jedoch wurde der Leichnam aus Rücksicht auf die Nachkommen auf einen Scheiterhaufen gespießt –»damit das Kind, in dem die Seele [des Toten] wiederkehren wird, nicht dieselbe Krankheit bekommt«. Bei den Jukagiren kam es zeitweise vor, daß Leichen zerstückelt und Teile als Amulette an enge Verwandte verteilt wurden. Die Kamtschadalen gaben ihre Toten den Hunden zu fressen, um ihnen in ihrem nächsten Leben ein gutes Hundegespann zu sichern.

Die Tundra-Nomaden waren überzeugt, daß Krankheit und Schwäche mit dem Wanderdasein unvereinbar waren. Alte und Behinderte wurden getötet – ein Schicksal, das die Betroffenen»mit vollkommener Fassung trugen«. Der Todesstoß wurde ihnen mit einem raschen Messer- oder Lanzenstich in ein lebenswichtiges Organ versetzt, dann wurde der Leichnam verbrannt und die Asche in den Wind gestreut.

Die sibirischen Ureinwohner kannten zwar keine Schriftsprache, besaßen aber einen großen Schatz an mündlich überlieferten Dichtungen. Ihre Geschichtenerzähler begleiteten die Erzählungen zuweilen auf einem harfenähnlichen Instrument, das aus Nadelholz bestand und mit Sehnen bespannt war; bei den Liedern handelte es sich um melancholische Geschichten von Liebe und Liebeskummer, von Heldentaten und Jagdabenteuern. Viele der alten ostjakischen Balladen umfaßten Hunderttausende Verse, bei den Burjaten gehorchten die überlieferten Heldenlieder strengen rhythmischen Regeln, die beispielsweise eine regelmäßige Abfolge betonter und unbetonter Silben und Alliterationen am Anfang jeder Zeile forderten. Auch die heiligen Gesänge der Tungusen waren perfekt gereimte Gedichte»voller klarer, schöner Metaphern und rhythmisch intoniert«.

In Amerika wurden die Indianer systematisch aus den Lebensräumen ihrer Vorfahren verdrängt, aus den Bergen, Tälern, Wäldern und Prärien, die Grundlage ihrer Lebensweise waren. In Sibirien wurden die Kulturen der Eingeborenen her durch schrittweise Assimilation aufgesogen oder zersetzt. Die Stammesgemeinschaften wurden zur Entrichtung von *Jasak* gezwungen, ihre jungen Männer als Führer, Dolmetscher, als Arbeitskräfte (etwa beim Festungs- und Straßenbau), als Ruderer und Lastenträger eingesetzt. Sie sammelten im Auftrag ihrer russischen Herren Beeren, fingen Fische und machten Brennholz, manchmal wurden sie gezwungen, ihre eigenen Pferde, Hunde und gezähmten Rentiere sowie ihre Schlitten und Karren den Russen für Transportzwecke zur Verfügung zu stellen.

Solche Dienstpflichten vertrugen sich nicht mit ihrer traditionellen Lebensweise als Jäger und Sammler und entfremdeten sie ihrer angestammten Lebensweise.

Hinzu kam, daß die Russen sich rücksichtslos ihrer Jagd- und Fischgründe bemächtigten, ihre jungen Frauen entführten oder ihre Kinder als Geiseln nahmen und sie erst gegen ein Lösegeld von durchschnittlich einem Zobel pro Kind freiließen. Nach und nach verloren sie ihre handwerklichen Fertigkeiten und gerieten so immer mehr in Abhängigkeit von den Russen. Der Alkohol und aus Europa eingeschleppte Krankheiten besorgten den Rest. Der »betrunkene, verkommene Wilde« wurde in Sibirien schließlich ebenso zur Klischeefigur wie der Indianer in der Folklore des amerikanischen Westens.

Dennoch vollzog sich zwischen Eroberern und Eroberten ein Austausch von Einsichten und Erfahrungen, der auf beiden Seiten Veränderungen bewirkte. Die Kosaken stellten zum Beispiel immer wieder fest, daß sie, um in der sibirischen Wildnis bestehen zu können, Überlebenstechniken der unterworfenen Eingeborenen übernehmen mußten. So errichteten sie nach sibirischem Vorbild Winterlager, kopierten Unterkünfte und Kleidungsstücke und übernahmen die durch jahrhundertelange Erfahrung entwickelten Jagdtechniken. Die russischen Kolonisten übernahmen zeitweise mehr wilde Lebensgewohnheiten als die Trapper, Indianerscouts und die anderer Grenzgänger im Wilden Westen Amerikas.

Die klassische Unterkunft des russischen Sibirien-Pioniers war – wie die eines amerikanischen Pendants –, ein einfaches Blockhaus aus Rundbalken. Weit im Norden, wo selbst Brennholz kaum zu finden war, verkrochen sich die Russen wie die Eingeborenen in ein fellgedecktes Zelt und hüllten sich in pelzgefütterte Schlafsäcke. Von den Eingeborenen lernten sie, »jede Menge fette Nahrung zu sich zu nehmen, Anstrengungen und Nachtwanderungen zu vermeiden und nie, nur um sich kurzfristig aufzuwärmen, in eine schweißtreibende Gangart zu verfallen«. Einen annähernden Eindruck davon, welches Erlebnis ein Winterlager in der Tundra war, vermittelt der Bericht eines Sibirienreisenden aus späterer Zeit, der mit seinen Gefährten den Silvesterabend in einem Camp inmitten einer »weiten schneebedeckten Ebene unweit des Polarkreises« verbrachte:

Eilig löffelten sie ihre Suppe, um damit fertig zu werden, ehe sie im Teller fest fror. Obwohl sie dicht um ein flackerndes Feuer saßen, bedeckte bald weißer Reif ihre Kleider; ihre Bärte wurden zu »starren, wirren Bündeln aus gefrorenem Eisendraht«, ihre Augenlider schwer von dem sich darauf niederschlagenden Reifbelag; die Augen froren zu, wenn man auch nur zwinkerte. Alle ihre Ge-

brauchsgegenstände aus Metall, durch die unmäßige Kälte in ihrer Molekül-
struktur verändert, hinterließen auf ihren Händen Brandwunden –»fast genauso
als wenn sie rotglühend wären«; außerhalb des Lagerplatzes erstreckte sich »in
alle Richtungen bis zum fernsten Horizont [eine topfebene Steppe], für das träge
Auge so grenzenlos wie das Meer selbst«. Alles war

Stille und Eintönigkeit. Gott und die Menschen schienen dieses Land
abgetreten zu haben an den Geist der Arktis, der sein Polarlicht in zuckenden Fackeln über den nördlichen Himmel lodern ließ, zum Zeichen seiner
Macht und Herrschaft. … Wir waren, so schien es, in eine tiefgefrorene,
verlassene Welt eingedrungen, in der alle gewöhnlichen Gesetze und
Phänomene der Natur außer Kraft gesetzt waren, in der weder tierisches
noch pflanzliches Leben existierte und aus der sich sogar die Gnade des
Schöpfers zurückgezogen hatte. Die klirrende Kälte, die Einsamkeit, die
drückende Stille und das rötliche, düstere Mondlicht, das wie der Widerschein eines fernen, aber mächtigen Brandes glomm, all dies zusammen
weckte in uns ein Gefühl der Ehrfurcht, das vielleicht verstärkt wurde
durch das Gewahrsein, daß vor uns noch nie ein menschliches Wesen, von
einigen wandernden Tschuktschen abgesehen, im Winter durch dieses
Reich des Frostkönigs gezogen war.

Wohin es die Russen auch immer verschlug: sie waren klug genug, die Trachten
der Eingeborenen genau zu studieren. Im allgemeinen kleideten sich die Urbe-
wohner der sibirischen Wälder, der Tundra und der Steppe in Leder- oder
Pelzgewänder unterschiedlichster Machart, von Tieren wie Hirsch, Wolf, Pferd,
Schaf, Fuchs, Hund oder Bär. Die Küstenbewohner fertigten Kleidungsstücke
auch aus der Haut von Fischen, aus dem Fell von Walrössern und Seehunden
oder aus deren Därmen. Die Rentier-Tschuktschen trugen einen doppellagigen
Pelzkittel, der bis an die Knie reichte, Hirschleder-Hosen und Pelzstrümpfe.
Ähnlich die Korjaken: ihr schwerer Jägerwams aus gefleckten Hirschfell wurde
in Taillenhöhe mit einem Gürtel geschürzt und war unten mit einem Besatz aus
Vielfraßpelz gesäumt. Lange Pelzhosen, Stiefel aus Seehundfell mit fast knieho-
hem Schaft, Wolfsfellmützen usw. gehörten im Nordosten zur Standardausstattung von Russen wie Eingeborenen, nur in den Dörfern seßhafter Ackerbauern oder in größeren Städten hielt russische Mode (über die herkömmlichen

Schaffelljacken oder Pelzmäntel hinaus) Einzug. Und selbst dort waren vorgefertigte Stoffe oder Fertigbekleidung häufig Mangelware, viele Siedler behalfen sich damit, ihre Hemden und Hosen aus Wolldecken oder Sackgewebe zu nähen.

Zwar betrieben die Russen nicht im selben Umfang kommerzielle Jagd wie die Eingeborenen, sie ließen lieber jagen, aber in entlegenen Gegenden hing oft das eigene Überleben vom jägerischen Geschick ab. Die technisch hochwertigeren Waffen und Fallen der Kolonisten bewährten sich allerdings nicht in jedem Fall besser als die von den Eingeborenen. Die Ostjaken und die Wogulen benutzten beispielsweise Pfeile mit unterschiedlich geformten Spitzen: eine gegabelte Variante für Enten, einen Pfeil in schlanker Speerform für Ottern und Bären, eine gezähnte Spitze für Fische und eine stumpfe (um den Pelz nicht zu verletzen) für kleinere Pelztiere wie Zobel oder Eichhörnchen. Die Federn, die den Pfeil im Flug stabilisierten, waren ebenfalls auf ausgeklügelte Weise den unterschiedlichen Aufgaben angepaßt.

Da gab es zum Beispiel einen Pfeil, dessen Federn im Flug ein ähnliches Geräusch verursachten wie ein auf sein Opfer herabstoßender Habicht; Enten und Gänse ließen sich schneller ins Wasser fallen, wo sie für geübte Bogenschützen zur leichten Beute wurden. Wenn ein solcher Pfeil über ein Kaninchen hinwegflog, reagierte es mit Flucht in den nächstgelegenen Busch, wo es mit einer Schlinge leichter zu fangen war. Ein besonders bemerkenswerter Pfeil diente eigens zur Jagd auf Entenmütter mit Küken. Er wurde so abgeschossen, daß er über die Wasseroberfläche glitt und seine Federn dabei das Wasser ähnlich furchen ließ wie ein spurtendes Küken. Wenn die Entenmutter dem vermeintlichen Nachzügler entgegeneilte, geriet sie direkt in die Schußlinie.

Zobel wurden in feinmaschigen Netzen gefangen, an denen Glöckchen befestigt waren, Füchse ebenfalls in Netzen mit einer lebenden, an einen Pflock gefesselten Schwalbe als Köder. Fische, die unter dem Eis zugefrorener Flüsse lebten, wurden durch Schläge mit einem Holzhammer auf das Eis angelockt und durch ein Loch im Eis herausgefischt. Die Jakuten fingen Fisch in Korbfallen, die Kamtschadalen und andere Eingeborene des sibirischen Nordostens errichteten an Fisch-Umschlagplätzen kegelförmige, auf Stelzen montierte Gestelle, an denen die Fische zum Trocknen aufgehängt wurden. Wenn Anfang Juli der Lachs in großer Zahl aus dem Meer in die Flüsse zurückkehrte, warteten auf ihn Fangnetze, Körbe, Schlagnetze, Reusen und andere Hinterhalte.

Die sibirischen Küstenbewohner hatten ihre eigenen Tricks. Wenn Jäger im

Winter und Frühjahr neben den Atemlöchern im Eis auf Seehunde lauerten, zogen sie sich Eisbärpelzgaloschen über die Stiefel, um ihren Tritt zu dämpfen, oder sie kratzten von Zeit zu Zeit mit einem Schaber über das Eis, an dem eine Seehundpfote befestigt war. Im Atemloch selbst plazierten sie ein nähnadeldünnes Knochenteil »mit einer farbigen Schwanenfeder auf seiner gegabelten Spitze«; das Wackeln der Feder kündigte das Auftauchen eines Seehunds an.

Entlang der Küste des Ochotskischen Meeres wurden für den Walfang Ledernetze ausgelegt, die mit großen Steinen beschwert und an Felsvorsprüngen und überhängenden Klippen befestigt wurden. Manche Wal- und Seehundjäger benutzten Harpunen, deren Seile mit Schwimmern aus Seehundfell und deren Spitzen mit Widerhaken versehen waren, die sich im Fleisch des Beutetiers festkrallten.

Die vielleicht raffiniertesten Techniken wurden für die Bärenjagd entwickelt. Viele Stämme verehrten den Bären zwar als heiliges Tier: Ostjaken und Wogulen leisteten ihre feierlichsten Schwüre über einem Bärenkopf, sammelten nach einem Festschmaus die Knochen des verspeisten Bären ein und begruben sie. Dennoch wurden die starken Tiere gejagt. Die Kamtschadalen beispielsweise schichteten vor dem Eingang zu einer Bärenhöhle Balken und Baumstämme auf, die der Bär dann, um sich den Eingang freizuhalten, ins Innere zog – bis die Höhle ganz gefüllt war und er sich nicht mehr rühren konnte. Holzstapel wurden so geschichtet, daß sie bei Berührung einstürzten und das Tier k.o. schlugen.

Das Imitieren von Tierlauten und Vogelrufen beherrschten die Eingeborenen von klein auf; die Nomaden der Tundra verstanden sich besonders gut auf die Kunst, mit einem Horn aus Birkenrinde den Schrei des ostsibirischen Hirschs zu imitieren und ihn damit ins Verderben zu locken. Die Kamtschadalen fertigten ihre Bogen aus Walknochen oder Lärchenholz, die Ostjaken und Wogulen die ihren aus je einem Streifen Zedern- und Birkenholz, die sie zusammenleimten und mit Nessel- oder Hanfschnüren bespannten. Für die Pfeilspitzen (die oft vergiftet wurden) verwendeten sie Kristall oder Knochen. Diese Bogen waren solche Kraftbündel, daß der Jäger, der mit ihnen arbeitete, am linken Unterarm eine dicke gebogene Hornschiene trug, die den Schlag der Sehne abfing.

In den ersten Jahrzehnten der Erkundung Sibiriens drohte den russischen Kolonisten häufig der Hungertod. Mit improvisatorischem Geschick schmolzen sie aus Fischtran Butter, mahlten Wurzeln und Knollen zu einer Pampe, die als

Mehlersatz dienen konnte, brauten sich Tee aus Kuhbeerenblättern und versuchten von gezüchteten Gartenfrüchten zu leben, von Rüben, Karotten, Rettichen, Zwiebeln und Lauch. Da Gemüse- und Getreideanbau nur in geringem Umfang möglich war, mußten die Russen sich oft mit dem begnügen, was die einheimische Küche bereithielt.

Die Hauptnahrungsmittel der westsibirischen Tataren waren dem russischen Gaumen vertraut: Getreide- und Milchprodukte, Fisch und Wild. Die Ostjaken und die Wogulen aber tranken frisches Elch- oder Rentierblut, vermischten es mit Mehl zu Pfannkuchenteig oder benutzten es zum Andicken von Fleischbrühe. In den Wintermonaten wurden Teile der Jagdbeute konserviert; Fleisch wurde in dünne Streifen geschnitten und getrocknet oder geräuchert, Fisch im allgemeinen roh gegessen. Birkensaft war bei den Ostjaken ein beliebtes Getränk; aus Mehl, kochendem Wasser und etwas zerstoßener Weiß- oder Pfingstrose mischten sie einen Brei; Pfannkuchen buken sie auf heißen Steinen.

Die Kirgisen aßen Pferdefleisch und, in großen Mengen, gesottenen Hammel; ihr »Brot« war ein in Öl gebackener Mehlklumpen, ihren Durst löschten sie mit vergorener Stutenmilch (Kumis), mit der man sich sogar betrinken konnte. *Kumis* war auch bei den Burjaten und Jakuten beliebt, die außerdem oft geschmolzene Butter tranken. Eine jakutische Spezialität war »Milchteer«, eine Art Kochpudding mit Fleisch, Fisch, Wurzeln, Gras und den Weichteilen von Baumrinde als Zutaten; all dies wurde in einem Mörser zu einem Brei zusammengestampft und mit Milch und Mehl vermischt. Als Ersatz für die Wintermonate legten sie manchmal in mit Baumrinde ausgekleideten Erdgruben Vorräte von sauer eingelegtem Fisch an und froren, wenn es kalt wurde, das »halbverfaulte Ergebnis« dieser Prozedur ein. Dem russischen Gaumen genehmer (und für die Jakuten eine besondere Delikatesse) war eine durch Auskochen der Hörner junger Rentiere gewonnene, mit Pinienkernen angereicherte Sülze.

Bei der Verwertung eines geschlachteten Rentiers verschmähten die Tundra-Nomaden kaum etwas. Mit Genuß »schlangen sie die Augäpfel hinunter wie Oliven«, ebenso Lippen und Ohren. Besonders schätzten sie den halbverdauten Inhalt des Rentiermagens, einen grünlichen, klumpigen Brei aus Pflanzenfasern. Aus diesem kochten sie unter Zusatz von Fett und gestocktem Blut einen »schwarzen Pudding«, oder sie ließen die gekochte Masse eine Zeitlang stehen und gelieren, räucherten sie dann und aßen dieses mancherorts *Manjalla* genannte Gericht, von dem es hieß, es sei »die größtmögliche Annäherung an ein

Grundlebensmittel, die der Kunstfertigkeit der Eingeborenen möglich ist«. Diese Spezialität gewann auch bei den Kosaken zunehmend an Popularität.

Die sibirischen Küstenbewohner nährten sich in der Hauptsache von Walroß- und Seehundfleisch sowie von deren Fett; das Grundnahrungsmittel fast aller anderen Stämme des Nordostens war getrockneter und gemahlener Fisch; dieser *Jukola* ließ sich ohne weiteres für den Winter einlagern und diente dann als Grundzutat für alle Gerichte. Verschiedene Blätter und wild wachsende Gemüsearten wie Sauerampfer wurden entweder als Hauptgericht aufgetischt oder als Beigabe zu Fleisch gegessen; auf Kamtschatka bildeten die reichlich vorhandenen Kräuter, Wurzeln und Fische einen vollwertigen Ersatz für das fehlende Getreide. Die Kamtschadalen trieben auch einen regelrechten Handel mit Lemmingen, die die Eigenart hatten,»begehrte Körner und Wurzeln zu horten und sie zum Schutz vor anderen hungrigen Tieren mit giftigen Pflanzen abzudekken«. Die Kamtschadalen pflegten, wie es in einem Bericht heißt,»die Pflanzen wegzunehmen, die Vorräte für den eigenen Gebrauch herauszuholen, die Horte mit Kaviar oder Fischabfällen aufzufüllen und die Giftpflanzen wieder darüberzulegen. Den Lemmingen behagte dieser Tauschhandel offenbar, denn sie sammelten weiterhin Körner und Wurzeln und ließen sich den angebotenen Ersatz schmecken.«

Die Samen von Zedern oder Pinien, wie sie sich in den Bergen und in der Tundra fanden, gehörten ebenfalls zu den geschätzten Delikatessen der Kamtschadalen; sie aßen sie mit der Schale. Auch die Russen entwickelten eine Leidenschaft für diese Kerne; sie aßen sie»in großen, mundfüllenden Portionen und schweigsam, besonders wenn sie einander besuchten«, oder sie bereiteten sich daraus durch Vergärung ein dem Kwas ähnliches, bierartiges Getränk. Aus Süßgräsern, die zusammen mit den schwarzen Beeren des Geißblattes vergoren wurden, destillierten manche Stämme ein hochprozentiges Getränk, das halluzinogen wirkte und den Zechern wilde Alpträume bescherte.

Versorgungskrisen hatten von Anfang an die Frühkolonisierung Sibiriens erschwert, denn die Entdecker, die Händler und die Kosaken operierten vorwiegend in der Taiga und nicht in den für den Ackerbau günstigeren Breiten. Erst allmählich strömten Kolonisten ins Land, die sich in der Umgebung der verstreuten militärischen Posten, an den Flußläufen und Nachschubwegen als Bauern niederließen. Erst nach der Gründung von Krasnojarsk im Jahre 1628 –»in der

bewaldeten Steppe links und rechts des Jenissej« – wurde systematisch Landwirtschaft betrieben. Dies alles bedeutete, daß die russischen Pioniere in den
ersten hundert Jahren der Kolonisierung Sibiriens weitgehend auf regelmäßige
Lieferung von Nahrungsmitteln (insbesondere von Getreide) aus dem Mutterland angewiesen waren. In den Weiten Nordsibiriens, wo der für das Überleben
notwendige Kalorienbedarf um rund ein Drittel höher lag als in wärmeren
Klimazonen, drohten Gefahren wie auf hoher See, wo es ständig Mangelerkrankungen wie Skorkut gab. Im Rahmen der »sibirischen Lieferungen«, wie die
alljährlichen Lebensmittelfrachten für die Kolonie genannt wurden, gingen Zig-
tausende Tonnen Getreide und andere Bedarfsgüter in den Osten; sie stammten
aus den Städten im europäischen Nordosten Rußlands, aus Perm, Tscherdyn
und Solwytschegodsk und wurden auf Binnenschiffen und Karren nach Werchoturje am östlichen Fuß des Uralgebirges verfrachtet. Von da aus gingen sie
per Boot, Karren oder Schlitten zu diversen Depots im ganzen nördlichen
Sibirien. Je länger die Nachschubwege wurden, desto problematischer wurde
die kontinuierliche Versorgung – zuweilen brauchte ein Konvoi drei Jahre, um
in den sibirischen Osten zu gelangen, fünf Jahre bis zu den Stützpunkten auf
Kamtschatka oder an der Pazifikküste.

Die Regierung gestattete daher den privaten Getreidehandel, baute Lagerhäuser
und förderte die Landwirtschaft. Die verstreuten Flächen, auf denen die Eingeborenen bereits Ackerbau betrieben, wurden zu verbotenem Terrain für russische Kolonisten erklärt; andere Ureinwohner wurden ermahnt, »für den großen
Herrscher den Boden urbar zu machen«. Kosaken, Kutscher und Staatsbedien-
stete erhielten Land zugewiesen, freie Bauern wurden ermuntert, nach Sibirien
zu gehen, Domänenbauern der russischen Krone in Gebieten mit geringer land-
wirtschaftlicher Produktivität zwangsangesiedelt. Schließlich wurden auch
Kriegsgefangene und Verbannte rekrutiert, um den Menschenmangel in Sibirien
zu lindern.

Trotz des Verbots, Leibeigene zu beschäftigen, entwickelte sich sehr schnell ein
Sklavenhandel, vor allem mit Kindern aus Zentralasien, die von ihren Eltern über
die Grenze nach Rußland verkauft wurden. Auf der anderen Seite versuchten es
viele entlaufene Leibeigene in Sibirien auf eigene Faust, richteten sich irgendwo
in die Wildnis eine Heimstatt ein oder suchten ihre Chance wie andere Kolonisten in den aufstrebenden Städten. Manche fanden Arbeit als Lastenträger,
Ruderer oder Bootsführer, andere gingen als Pelztierjäger in die Wildnis. Alle

Kolonisten aus eigenem Willen, die bei den Behörden registriert waren, wurden später zu»Staatsbauern« erklärt und mußten entweder ein Stück Fronland bearbeiten oder einen Teil ihrer Ernte an den Staat abliefern. Dieser Ansatz wurde 1624 systematisiert, als der Militärgouverneur von Tobolsk den Grundsatz verkündete, der Umfang der Arbeit, den ein Bauer dem Staat schulde, richte sich nach der Größe seiner Parzelle.

Andererseits gab es in Sibirien nur wenige rechtliche Beschränkungen für den Erwerb von Land; dieser Umstand bildete, zusammen mit staatlichen Zuschüssen und Darlehen, einen Anreiz für die landwirtschaftliche Entwicklung. Die Behörden gaben Neubauern eine Starthilfe, verteilten nach Mißernten kostenlos Saatgut oder halfen, wenn eine Viehseuche gewütet hatte. Als 1634 die Bezirke Tjumen und Turinsk von plündernden Steppennomaden heimgesucht wurden, die zahlreiche bäuerliche Anwesen zerstörten, gewährte der Staat den Geschädigten Katastrophenhilfe. Die Kolonisten mußten sich im Gegenzug verpflichten, diejenigen Staatsdomänen mit zu bewirtschaften, auf denen Nahrungsmittel für die nächstgelegene Garnison angebaut wurden. Am Ende setzte sich das freie, auf eigenem Grund und Boden wirtschaftende Bauerntum in Sibirien durch – jedermann durfte soviel Land erwerben, wie er bearbeiten konnte. Unter diesen Verhältnissen entwickelte sich hier ein wesentlich zupackenderer und selbständigerer Typ des Bauern, als ihn das europäische Rußland mit seinen an Sklaverei grenzenden Verhältnissen hervorbrachte.

Die ersten bäuerlichen Siedler Sibiriens ließen sich am Mittellauf des Irtysch nieder, bauten sich Höfe, nahmen den Boden unter den Pflug oder trieben Weidewirtschaft. Den Schutz der Städte und der befestigten Forts aufgebend, waren sie bereit, alle Risiken des Pionierlebens zu tragen. Wie ihre Schicksalsgenossen in Amerika, mußten sie sich an das Leben in der Wildnis gewöhnen oder untergehen.

Viele lebten zunächst einmal in Erdhöhlen, errichteten aus Schilf und Lehm provisorische Hütten, bauten Zelte und machten dann eingeschossige Blockhütten aus gekerbten Rundbalken zu ihrem Domizil. Nachdem sie die Balken fest miteinander verbunden hatten, verschmierten sie die Fugen mit einem Gemisch aus Dung und Lehm, zum Schutz gegen die winterliche Kälte ummantelten sie ihre Hütten mit Erdwällen. Das Dach war mit Schindeln aus Baumrinde gedeckt, ein Holzboden schützte vor direktem Kontakt mit dem harten, steinigen Boden. Da Glas Seltenheitswert hatte, behalfen sich die meisten Siedler damit, daß sie die Fensterhöhlen entweder mit einer durchsichtigen Tierblase bespannten oder Scheiben aus Eis oder Glimmer einsetzten. Tische und Bänke wurden aus Brettern zusammengefügt. Die primitive Bauweise und die pioniermäßig schlichte Ausstattung dieser Hütten wurde manchmal durch bemerkenswerte ornamentale Ausschmückungen überdeckt: Fensterrahmen, in die geometrische Muster geschnitzt waren, kunstvolle hölzerne Gitterkonstruktionen als Fensterstürze oder eine fröhliche Bemalung des ganzen Bauwerks in roten, blauen und grünen Tönen. So groß die Einsamkeit auch war: es gab Wälder zu roden, Sümpfe trockenzulegen und Ackerböden von Steinen zu befreien. Die Freiheit und das weite Land waren aufregende Erfahrungen. Eine Pionierstadt des russischen Ostens wäre jedem Amerikaner aus dem Wilden Westen vertraut vorgekommen: im Eiltempo errichtete Holzbauten mit aus Brettern gezimmerten Gehsteigen, die eine breite, unbefestigte, von Pferdehufen und Wagenrädern reichlich zerfurchte Hauptstraße säumten. Eine Kirche, ein Wirtshaus und ein Gemischtwarenladen beherrschten das Stadtzentrum, Baumäste und verwitterte Pfosten dienten zum Anbinden der Pferde.

An die Stelle des von einem Pferd gezogenen Holzpfluges trat im Lauf der Zeit der fahrbare Pflug auf zwei Rädern, gezogen von einen Zweiergespann, eiserne Eggen verdrängten die älteren aus Holz. Wohlhabendere Landwirte legten sich mechanische Werkzeuge zum Bündeln und Dreschen des Getreides zu, die ärmeren behalfen sich mit einfacherem Werkzeug; sie schnitten das Korn mit Sicheln und droschen es mit hölzernen Ketten.

Bei der Behandlung von Verletzungen und Krankheiten verließen sich die Siedler in den meisten Fällen auf Hausmittel. Wodka und andere Spirituosen dienten zur Wundreinigung, aus zerdrückten Wurzeln wurden Breipackungen für Umschläge bereitet, aus Kräutern Säfte zur Linderung von Fieber oder Schmerzen. Rohes Fleisch, auf offene Wunden gelegt, sollte dem Organismus Gift oder schädigende Substanzen entziehen, Hauterkrankungen wurden mit einem Gemisch aus Bärenfett und Muttermilch behandelt, Läuse mit einem Sud aus Süßgräsern bekämpft; auf Engelwurz und Sauerampfer hofften diejenigen, die sich eine Geschlechtskrankheit zugezogen hatten.

Wichtiger als alles andere für eine dauerhafte Besiedlung Sibiriens war die Gründung von Familien; in den bäuerlichen Gebieten, aber auch in den Städten des Hinterlandes gab es jedoch kaum Frauen. Die Kosaken behaupteten, ihrem

Triumphator Iwan Koltso sei bei seinem Besuch in Moskau (als er die Nachricht von Jermaks Eroberungszug überbrachte) in einem kaiserlichen Erlaß die Erlaubnis zugestanden worden, Frauen nach Sibirien zu verfrachten – seltsamerweise dementierte die Regierung zu keinem Zeitpunkt die Existenz eines solchen Dokuments. 1630 traf ein Transport von 150 Frauen und Mädchen in Tobolsk ein. Die Soldaten entführten regelmäßig eingeborene Mädchen, selbst bettelarme Kosaken hielten sich einen kleinen Harem.

Im Grenzgebiet war es sogar üblich, daß Frauen verpfändet oder gegen Rubel oder Pelze eingetauscht wurden.

Die Aussicht auf billige Sklaven und Konkubinen gehörte zu den Verlockungen des Wilden Ostens, Zuhälterei und Prostitution waren allgegenwärtig. Manche »verpfändeten ihre eigenen Frauen als Sicherheit für empfangene Darlehen, ... und die Gläubiger vögeln diese Frauen, bis ihre Männer sie abbezahlt haben. Wenn die Zahlung nicht termingerecht erfolgt, verkaufen die Gläubiger sie an andere zur Unzucht oder Arbeit.«

Avvakum berichtet in seiner Autobiographie, Avanasy Paschkow (einer der frühen Amur-Pinoniere) habe zwei ältere Witwen aufgegriffen, die unterwegs zu einem Kloster in Jenissejsk waren, in das sie eintreten wollten; er habe darin eine unverzeihliche Vergeudung ihres Potentials gesehen und sie kurzerhand an zwei seiner Soldaten verheiratet. Die relativ lockere Sexualmoral der Eingeborenen kam den Bedürfnissen der russischen Soldaten oft sehr entgegen. Bei den sibirischen Stämmen waren Gruppenehe und Polygamie weit verbreitet, von einer Braut wurde nicht immer Keuschheit erwartet. In der Sprache der Tschuktschen gab es keinen Ausdruck für »Mädchen«, sondern nur Wörter für »verheiratete Frau«, »alleinlebende Frau« und »noch unbenutzte Frau«.

Zu den Sitten der Eingeborenen gehörten zwar diverse Verbote, sie liefen aber den Bedürfnissen der russischen Eroberer nicht unbedingt zuwider. Bei den Kamtschadalen durfte zum Beispiel niemand eine Witwe heiraten, ehe sie nicht »von ihren Sünden gereinigt« war. Dies konnte sie, so ein russischer Völkerkundler, durch Geschlechtsverkehr mit einem anderen Mann erreichen, »doch nur mit einem Fremden oder mit einem, der nicht im Banne des Tabus und der Verfemung steht, da die Mitglieder des Stammes darin eine grobe Ehrlosigkeit sehen. Daher kostete es eine Witwe früher sehr viel Mühe und Aufwand, jemanden zu finden, der sie [von ihren Sünden] reinigte, und mancher blieb nichts anderes übrig, als für den Rest ihres Lebens Witwe zu bleiben. Doch seit sich unsere

Kosaken auf Kamtschatka niedergelassen haben, sind die Witwen diese Sorge los; sie finden so viele Männer, wie sie brauchen, um sich ihrer Sünden zu entledigen.«

Während die nomadisch lebenden Korjaken äußerst eifersüchtig waren und ihre Frauen oft »beim kleinsten Verdacht der Untreue« umbrachten, war es bei den an der Küste wohnenden Korjaken und noch mehr bei den Tschuktschen (deren Gebräuche an die der nordamerikanischen Eskimos erinnerten) üblich, Besuchern die Frauen und Töchter als Bettgefährtinnen anzubieten. »Wer die Frau seines Gastgebers verschmähte, fügte ihm damit eine so schwere Beleidigung zu, daß er Gefahr lief, von ihm getötet zu werden.« Was immer die Sitten und Gebräuche der Eingeborenen zuließen, machten die Russen sich ungehemmt zunutze, mit der Folge, daß bald »unter den Russen und den russifizierten Eingeborenen des gesamten Nordostens, von der Lena bis zur Kamtschatka, kaum noch ein jungfräuliches Mädchen übrig [war] und bei den meisten das sexuelle Leben schon beim ersten Anzeichen der Geschlechtsreife« einsetzte. Auch der Inzest war weit verbreitet, »selbst in den Familien der Geistlichen«. Ein deutscher Entdeckungsreisender berichtete, die Kosaken gerieten in höchste Erregung, wenn ihnen wollüstige Tänze vorgeführt wurden, die das Paarungsverhalten von Bären, Walen und Gänsen parodierten, weil dies »ihrer eigenen Art der Aufforderung zum Geschlechtsverkehr« entsprach. Mischehen wurden praktisch zur Regel, vor allem im Norden und Osten, so daß sich beispielsweise der Ausdruck »Kamtschadalen«, der sich zunächst nur auf die Urbevölkerung bezogen hatte, bald auf die zahlreichen gemischtrassigen Bewohner der Halbinsel übertrug.

Zwischen der Geschichte der Eroberung des russischen Ostens und der des amerikanischen Westens gibt es so manche Parallelen, was deutlich wird, wenn man bei einem Historiker die folgende Charakterisierung der frühen sibirischen Siedler liest: »[Sie] setzten freiwillig alles aufs Spiel, was sie hatten, und verließen ihre gewohnte Umgebung, um auf der Suche nach einem besseren Leben in eine Wildnis vorzustoßen. Sie lernten Hunger kennen, Krankheit, Sturm und Dürre, Entbehrung, Heimweh und Einsamkeit, bevor sie es schafften, sich ein neues Heim zu bauen, neue Felder anzulegen, neue Freundschaften zu schließen und endlich auch neuen Wohlstand und ein neues Glück zu erlangen. Manche blieben auf der Strecke, manche kehrten zurück, manche gaben nach einem Jahr auf. Die überwältigende Mehrheit blieb und überlebte.« Sie hatten viele Gründe zum Bleiben. Im westlichen Sibirien gab es Ackerböden, die zu den besten der Welt gehörten, auch weiter ostwärts wurden bald üppige Ernten eingebracht – zwischen Jenissejsk und Krasnojarsk und im sogenannten Ilimsker Pflugland, im Umkreis einer großen Schleife der Lena. Um 1640 konnte sich der Bezirk Jenissejsk selbst versorgen und darüber hinaus andere sibirische Landesteile mit Getreide beliefern; nach 1685 hörten die »sibirischen Lieferungen« von jenseits des Urals auf, obwohl in einigen schwer zugänglichen Gebieten Versorgungsprobleme blieben.

In Transbaikalien, unweit des Flusses Argun, waren unterdessen Reste einer vorgeschichtlichen Bergbautätigkeit entdeckt worden. Als 1624 bei Tomsk Eisenerz gefunden wurde, setzte die wirtschaftliche Ausbeutung der sibirischen Bodenschätze ein. Bald stieß man auf Kupfer-, Silber- und Glimmervorkommen. Pflugscharen, Sensen und Sicheln, die bis dahin importiert werden mußten, konnten nun aus sibirischen Schmieden bezogen werden; schon früh konnten mineralische Farbstoffe und verschiedene Baustoffe (Kalksteinquader oder aus Lehm gebrannte Ziegelsteine) hergestellt werden. Bei Tobolsk, Ilimsk und Jenissejsk entstanden Salzbergwerke, die in den achtziger Jahren des 17. Jahrhunderts entdeckten Schwefel- und Salpetervorkommen an der Selenga und in der Umgebung von Jakutsk wurden zur Grundlage für eine sibirische Munitionsindustrie.

Griechische Bergbauingenieure in russischen Diensten gründeten im Jahr 1700 die Nertschinsk-Werke unweit der mongolischen Grenze, Nikita Demidow, ein einfacher Schmied aus Tula, baute bei Newjansk im mittleren Ural den ersten Hochofen und die erste Geschützgießerei Sibiriens. Sein Sohn Akinfej schürfte an den Hängen des Altai und des Urals nach Edelmetallen und ließ bei Kolywan eine ausgedehnte Hochofenanlage errichten; die Geschäfte des Familienunternehmens blühten.

Ackerbau und Viehzucht, Bergbau und Industrie führten zu starkem Wachstum der Bevölkerung und der Städte. 1662 lebten in Sibirien rund 70 000 Russen (darunter 20 000 Soldaten); am Ende des Jahrhunderts waren es mindestens 300 000 – was ziemlich genau der damaligen Zahl der europäischen Einwohner der 13 Kolonien an der amerikanischen Ostküste entsprach. Rund 40 Prozent der russischen Einwohner Sibiriens waren Bauern; sie waren verstreut über die mehr als 20 Verwaltungsbezirke Sibiriens, mit Schwerpunkt allerdings in den westlichen Landesteilen.

Nach wie vor aber bedurfte es einer starken militärischen Präsenz, um die Ordnung in den neuen Gebieten aufrechterhalten zu können. Viele, die als Soldaten nach Sibirien geschickt worden waren, machten sich seßhaft. Sie zogen es vor, mit ihren Familien außerhalb der Palisaden zu leben; sie richteten sich ein als Schmiede, Gerber, Färber und Seifensieder und schufen so mit der Zeit eine Vielfalt von Werkstätten und Läden. Und während es in Sibirien nach wie vor reguläre Soldaten gab, die rund um die Uhr einsatzbereit zu sein hatten, setzte der Staat für eine immer größere Zahl ziviler und militärischer Aufgaben eine irreguläre, zumeist aus Kosaken rekrutierte Miliz ein. Innerhalb der sibirischen Gesellschaft bildete sich eine Art Aristokratie heraus; sie formierte sich vor allem aus jenen verarmten Nachkömmlingen alter russischer Adelsgeschlechter, die »unter den Bedingungen des kolonialen Lebens zur militärischen und administrativen Elite heranwuchsen«. Die Gesellschaft in Sibirien veränderte sich in einem Maß, wie es im europäischen Rußland noch unmöglich war. Die Mobilität war groß, die Gruppen vermischten sich, im rauhen Pionierleben bildeten sich Hierarchien heraus, die kaum Rücksicht auf Herkunft, Name oder Dienstgrad nahmen.

Die Stadt Tobolsk zählte im Jahr 1710 rund 2500 Häuser und 10 000 Einwohner. Sie war über die Kuppe des östlichen Irtysch-Hochufers hinausgewachsen, neue steinerne Prachtbauten und Kirchen überragten und überstrahlten das alte, zinnenbewehrte Fort. Weiter unten in der flachen Uferzone drängten sich Holzbauten aller Art. Noch schneller als Tobolsk wuchs Tomsk, wo es einen großen, aus mehr als zwei Dutzend Holzschuppen bestehenden Basar gab, in dessen Läden diverse Importwaren angeboten wurden, darunter Lackarbeiten aus China. Hauptnutznießer des umfangreichen Handels mit China war jedoch Irkutsk, das die beiden vorgenannten Städte bald überflügeln sollte. Die Werften von Werchoturje, dem 1598 an der Tura gegründeten Tor zu Sibirien, lieferten Jahr für Jahr hunderte flußgängiger Boote aus. Im Süden hatten die Russen in der Zwischenzeit ihre Herrschaft nach Zentralasien hinein ausgedehnt, bis an den Westrand des Altai-Gebirges. Eine Expedition, die 1714 ausgerüstet wurde, um Gold zu suchen, führte zur Gründung von Omsk. Nach der Stationierung von Truppen in Semipalatinsk im Jahr 1718 entstand entlang der neuen Südgrenze des Reichs eine lange Kette von Festungen.

Ein Anfang war gemacht – aber eben nur ein Anfang in der unermeßlichen, unberührten Landschaft Nordasiens. Nur wenig von dem, was für das tägliche Leben erforderlich war, wurde in Sibirien hergestellt. Selbst Papier, Leinentuch und Gebrauchsgegenstände aus Metall mußten aus dem Mutterland bezogen werden. Für Sibirien blieb der Außenhandel – Rohstoffe gegen Fertigprodukte – wichtiger als der binnenwirtschaftliche Austausch; der Staat monopolisierte den Handel mit den wichtigsten Produkten.

Der Reisende, der bei Werchoturje sibirischen Boden betrat, brauchte rund zwei Wochen bis Tobolsk, drei Monate bis Tomsk und bis zu vier Monate, um das über 2000 Kilometer entfernte Jenissejsk zu erreichen. Von hier bis Jakutsk brauchte man weitere fünf Monate oder länger, für die 1600 Kilometer von Jakutsk zur Kolyma noch einmal drei Monate. Die meisten Reiserouten waren nur im Winter befahrbar und führten über zugefrorene Flüsse und Bäche. Der Straßenbau kam nur langsam voran; was in den Karten Überlandweg oder Straße genannt wurde, war oft nicht mehr als ein über Stock und Stein führender Pfad.

Im Jahr 1600 war in Turinsk der erste sibirische Poststation eröffnet worden mit 50 fest angestellten Kutschern; 1662 waren es bereits 3000 oder mehr, die Fahrgäste bis an die Lena beförderten. Die Entfernung zwischen St. Petersburg, das von 1713 an Reichshauptstadt war, und Anadyrsk betrug 13 000 Kilometer – nicht der Luftlinie, sondern der Reiseroute nach. Das entsprach einem knappen Drittel des Erdumfangs. Sibirien dehnt sich so weit aus, daß im Sommer die Sonne zur selben Stunde, da sie in Tobolsk untergeht, fern im Osten schon wieder ihre ersten Strahlen auf die Kamtschatka wirft.

Das alte Sibirien war eine zum Untergang verurteilte Welt, das russische Sibirien der Zukunft zeichnete sich erst in vagen Umrissen ab. Es war ein bildhaftes Symbol jener Phase des Übergangs, daß genau an der Stelle, wo sich einst die Tatarenhauptstadt Isker befunden hatte, ein in der Amtszeit Michail Romanows begonnenes Salpeterwerk unvollendet dastand, während von den Ruinen der alten Stadt noch Bruchstücke eines Walls und Häuserruinen, Gruben und Erdlöcher vorhanden waren.

TEIL
ZWEI

Vorhergehende Seite: Unterwegs nach Ochotsk (Lithographie, 19. Jahrhundert)

9

GESELLENJAHRE EINES ZAREN

A ls das 17. Jahrhundert zu Ende ging, war Sibirien zum größten Teil erkundet, zu einem kleineren Teil besiedelt, aber nirgendwo auch nur annähernd erschlossen. Akkurat vermessen und kartographiert waren erst winzige Bruchteile seiner gesamten Fläche.

Die Regierung übte über die zuletzt in Besitz genommenen Gebiete im fernen Nordosten und entlang der Pazifikküste nur eine lückenhafte Kontrolle aus. Daran hatte auch Atlassows gefeierte Durchquerung der Halbinsel Kamtschatka nichts geändert. Die einzige nennenswerte russische Siedlung an der Pazifikküste war Ochotsk, ein verschlafener Ort, der aus zehn kleinen Kosakenhütten und einer Palisade bestand. Die greifbareren Vorzüge der Amur-Region hatten die russische Expansion eine Zeitlang abgelenkt. Doch nach der vertraglichen Preisgabe dieses Gebiets mußten die Ochotskische Küste und Kamtschatka wieder gesichert werden. Diese Aufgabe packte Peter der Große an.

Der Zar, der sich mit St. Petersburg eine Residenz am äußersten westlichen Rand seines Reichs gewählt und seine Entschlossenheit verkündet hatte, das »Asiatische« aus der russischen Gesellschaft zu tilgen, sah Sibirien zunächst nur als staatliche Einnahmequelle. Er hat Sibirien nie bereist, während er alle anderen Teile seines Reichs mindestens einmal besucht hatte. Interessant waren für Peter nur die jenseits von Sibirien gelegenen Länder – China, Japan und der nordamerikanische Kontinent, von dem er wußte, daß er sich bis in unmittelbare Nähe der nordostasiatischen Küste erstrecken mußte. Um aber über Sibirien hinausspähen zu können, bedurfte es einen weiten Blicks. Wer dies tun wollte, mußte wohl oder übel die Strapazen einer Durchquerung Sibiriens auf sich nehmen. Peter, am 30. Mai 1672 geboren, hatte den Thron erst nach einem langwierigen Interregnum diverser Regenten und Thronprätendenten bestiegen. Peters Vater, Zar Alexis, war zweimal verheiratet und hatte bei seinem Tod 1676 drei Söhne hinterlassen: Fjodor und Iwan stammten von seiner ersten Frau, Peter stammte von seiner zweiten.

Zunächst war Fjodor zum Nachfolger seines Vaters gekürt worden; er war jedoch 1682 eines unerklärlichen Todes gestorben. Daraufhin wurde der damals zehnjährige Peter als Zar ausgerufen. Seine fünfundzwanzigjährige Halbschwester Sophia riß jedoch die Macht an sich und setzte mit Hilfe der Strelitzen, der Palastgarde, eine Teilung der Zarenwürde zwischen Peter und Iwan durch. Sich selbst machte sie zur Regentin.

Iwan entpuppte sich bald als Schwachkopf. 1689 erhob Peter, siebzehnjährig, Anspruch auf den Vorrang als Erbfolger. Er verbannte Sophia in ein Kloster, entmündigte seinen Halbbruder, akzeptierte in den nächsten fünf Jahren jedoch die Vormundschaft seiner Mutter. Peters eigentliche Herrschaftszeit begann somit erst 1694.

Peter war von hochgewachsener und kräftiger Statur und erfüllt von rastloser Tatkraft. Trotz einer eher dürftigen Ausbildung verfügte er über bemerkenswert umfassende Geistesgaben und strebte danach, jeden Aspekt der Regierungskunst persönlich zu beherrschen. Mit seiner »halb barbarischen, halb kultivierten Art« schien er, wie ein Schriftsteller es formulierte, »Rußlands eigene ungehobelte Hünenhaftigkeit zu verkörpern«.

Wichtigster Grundzug seiner Politik war die radikale Abkehr von der alten moskowitischen Tradition des Isolationismus; er wünschte eine »geistige und technische Zusammenarbeit mit der Außenwelt« und bereiste 1697/98 und 1717 zweimal Europa. Von der ersten Reise brachte er Schiffsladungen voller Bücher, Landkarten, Werkzeuge, Navigationsinstrumente und Schußwaffen mit. Er versuchte, seinen nicht gerade lernbegierigen Untertanen neue Lebensformen und Wertorientierungen nahezubringen. Trotz heftigen Widerstands holte er ausländische Handwerker und Techniker ins Land, modernisierte den russischen Kalender und führte in fast allen Bereichen des russischen Lebens Elemente westlicher Kultur und westlicher Mode ein. In den von ihm gegründeten technischen Schulen wuchs die Vorhut einer neuen, aus dem Landadel rekrutierten

Beamtenschaft heran. Seine Kampagne zur Verbesserung des Bildungswesens gipfelte in der Gründung der Kaiserlichen Akademie der Wissenschaften in St. Petersburg, die ihren Betrieb kurz nach seinem Tod aufnahm.

Peters militärisches Aufbauprogramm war nicht weniger ehrgeizig: Unter seiner Regie legte Rußland sich eine Flotte zu, die Landstreitkräfte wurden nach westlichem Vorbild grundlegend reorganisiert und mit neuen Waffensystemen ausgerüstet. Diese Reformen mißfielen besonders den Strelitzen, einer stolzen Truppe ritterlicher Musketiere, die, als ihre Ära sich dem Ende zuneigte, verzweifelte Manöver unternahmen, um ihren privilegierten Status gegen das neue Heer zu behaupten. Der Aufstandsversuch der Strelitzen im Jahre 1698 verschaffte Peter den Vorwand, auf den er gewartet hatte: Er löste die illoyale Elitetruppe auf.

In zähem Ringen versuchte Peter, die in Rußland herrschende Vettern- und Günstlingswirtschaft ebenso auszurotten wie die Korruption in Verwaltung und Justiz. Diese Reform gipfelte 1722 in der Einführung der sogenannten Rangtabelle; sie machte die für den Staat erbrachte Leistung zum einzigen Kriterium für den gesellschaftlichen Aufstieg.

Schon 1708 hatte Peter durch eine Verwaltungsreform das Reich in acht Gouvernements eingeteilt; Sibirien mit der Hauptstadt Tobolsk war eins davon. 1711 schuf er den Senat als eine Art zentrale staatliche Planungsbehörde, 1717 ordnete er die Bürokratie in neun »Kollegien« oder Abteilungen, die Ähnlichkeit mit Ministerien hatten.

Auch den Kirchenapparat baute er radikal um. Das Amt des Patriarchen wurde nach schwedischem Vorbild durch einen Heiligen Synod ersetzt. Er war einem Vertreter der Regierung verantwortlich, die Kirche also klar dem Staat untergeordnet.

In dem Bemühen, die Wirtschaft seines Landes zu fördern, ließ Peter neue Kanäle und Straßen anlegen. Die Hauptstadt St. Petersburg sollte es mit den wohlhabendsten westlichen Hafenstädten aufnehmen können. Peter holte Architekten, Künstler und Handwerker aus dem Ausland; die von ihnen in barockem und italienischem Stil erbauten Kirchen, Brücken, Paläste und andere Gebäude machten St. Petersburg bald zu einer der schönsten Städte der Welt.

Der Aufbau hatte einen hohen Preis. Zwar krankte Rußland nicht mehr an den sozialen Unruhen vergangener Jahre, doch der Versuch des Zaren, eine widerspenstige Nation unter seinen Willen zu zwingen, führte zu einer Zerreißprobe der Gesellschaft. Für den Bau von Werften und Schiffen, von Festungen, Straßen und Kanälen zog er Zehntausende bäuerlicher Zwangsarbeiter heran; in den Sümpfen, auf denen St. Petersburg erbaut wurde, ließen so viele von ihnen ihr Leben, daß es bald hieß, die Stadt ruhe auf einem Fundament aus Knochen.

Überdies befand sich das Land während der gesamten Phase dieses inneren Umbaus im Kriegszustand. Peter führte Feldzüge, um die südlichen Grenzen seines Reichs gegen Türken und Perser zu verteidigen und am Schwarzen und Kaspischen Meer Freiräume für seine Flotte zu erkämpfen. Vor allem aber wollte er Rußland zu einer fest etablierten Macht an der Ostsee machen. Das setzte voraus, daß er die Schweden zurückdrängte. Peters Großer Nordischer Krieg gegen den Schwedenkönig Karl XII. (in den auch Dänemark und Polen verwikkelt waren) dauerte von 1700 bis 1721; der in diesem Jahr unterzeichnete Friede von Nystadt besiegelte den Triumph Rußlands mit der Eingliederung Livlands (bestehend aus Lettland und Estland), Wyborgs und einiger finnischer Gebietsteile in das Reich.

1721 wurde Peter zum »Großen« gekürt, Rußland war zur dominierenden Macht im Norden Europas geworden. Ein Zeitgenosse schrieb über Peter: »Die See- und Handelsmächte, von denen er die Kunst der Navigation und des Schiffbaus und so viele andere vor seiner Zeit in Rußland unbekannte Künste gelernt hatte und die ihm so viele fähige Handwerker aller Art zur Verfügung gestellt hatten, erkannten zu spät, daß sie einen sehr potenten und gefährlichen Rivalen großgezogen hatten.«

Die großen Vorhaben Peters hatten viel Geld gekostet – und das in einer Zeit, die mit der weitgehenden Erschöpfung der Vorräte Sibiriens an »weichem Gold« und anderen Ressourcen zusammenfiel. Der Handel mit China steckte zudem noch in den Kinderschuhen, Kamtschatka war noch nicht voll unter russischer Kontrolle.

Die Feldzüge Peters verschlangen bis zu drei Vierteln der gesamten Staatseinnahmen, ein Umstand, den er mit dem kernigen, aber einäugigen Ausspruch kommentierte: »Geld ist die Arterie des Krieges.« Um mehr Mittel in die Kasse zu bekommen, besteuerte er so ziemlich alles vom Sarg bis zum Spielzeugbären. Peter führte eine neue Kopfsteuer ein, errichtete staatliche Handelsmonopole für Waren wie Tee und Papier und konfiszierte kirchlichen Grundbesitz. Er schröpfte die Bevölkerung, wo es nur ging. Überdies gab er Anweisung, sein Reich und dessen Ressourcen auf möglichst erschöpfende Weise »zu kartieren und zu zählen«. 1718 beauftragte er den in St. Petersburg ansässigen deutschen Naturforscher Daniel Gottlieb Messerschmitt, die natürlichen und die von Menschen geschaffenen Reichtümer des westlichen und des mittleren Sibiriens zu erfassen. Nach fast zehnjährigen Erkundungsreisen, die ihn über Tobolsk bis nach Nertschinsk führten, kehrte Messerschnitt 1727 mit Wagenladungen voller Pflanzen und Tiere, Gesteinsproben, Kartenskizzen und detaillierten Aufzeichnungen über Geographie, Bevölkerung und Naturgeschichte der wenig bekannten Gegenden zurück. Darüber hinaus konnte Messerschmitt bestätigen, daß es im Uralgebiet bedeutende Kupfervorkommen, im Raum Tobolsk Eisen- und bei Nertschinsk Silbererze gab.

Peter hatte schon 1711 begonnen, von Sibirien Geld, Pelze und andere Güter »über die für Einnahmen aus solchen Quellen festgesetzten Mengen hinaus« zu fordern und neue pelzträchtige Gebiete jenseits von Kamtschatka und der Nordmeerküste zu erschließen. Zunächst aber mußte er Korjaken, Tschuktschen und andere Stämme des Nordostens gefügig machen, die sich bislang dem Tributsystem widersetzt hatten. Sowohl auf Kamtschatka als auch im Anadyr-Gebiet hatten die Eingeborenen mit organisierten Angriffen die Eintreibung des *Jasak* zu einem kostspieligen Unternehmen gemacht. Teile der eingeborenen Bevölkerung hatten inzwischen den Gebrauch von Feuerwaffen erlernt, die Korjaken sogar mit der Herstellung von Schutzpanzern aus Metall begonnen. Nach wie vor war die Lage im gesamten Norden des Reichs trostlos. Fünf *Jasak*-Jahreseinnahmen waren den Behörden schon entgangen, mindestens 200 Russen waren umgekommen. Die Landverbindungen nach Kamtschatka waren so schwerfällig, daß eine Überwachung des dortigen Geschehens praktisch unmöglich war. So wurde bald deutlich, daß ein Seeweg nach Kamtschatka über das Ochotskische Meer gefunden werden mußte.

Auf Geheiß Peter des Großen wurde 1714 in Ochotsk eine 54 Fuß lange, einmastige Galeote (kleine Galeere) erbaut, auf der Kusma Sokolow sich im Juni 1716 einschiffte. Von der Mündung der Ochota aus folgte er zunächst der Küste nordwärts bis zur Mündung der Ola und überquerte dann die stürmische See ostwärts; nach zweiwöchiger Reise erreichte er die Westküste Kamtschatkas. Mit dieser Leistung errang Sokolow sich den etwas zu ehrenvollen Titel eines »russischen Vasco da Gama«. Der von ihm gefundene Weg wurde jedoch zur

Normalroute, ersparte den Russen den monatelangen Umweg über Anadyr und ermöglichte es ihnen, die Anforderungen ihrer Stützpunkte auf Kamtschatka rascher zu erfüllen.

Bald folgten ehrgeizigere Pläne für die Inbesitznahme der Region. Unter dem Namen Großes Kamtschatka-Kommando wurde eine Expeditionsstreitmacht zusammengestellt, die entlang der Nordmeer- und der Pazifikküste neue Stützpunkte anlegen, den Küsten vorgelagerte Inseln für Rußland in Besitz nehmen und den gesamten Nordosten, Kamtschatka eingeschlossen, fest unter russische Herrschaft bringen sollte. Auch die Kurilen-Inseln, von denen es hieß, sie seien mit Gold- und Silberadern durchsetzt, und ihre Beziehungen zu Japan sollten erkundet werden.

In Jakutsk, Ochotsk und Nischnekamtschatsk wurde mit Vorarbeiten für die Expedition begonnen, doch schon bald zeigte sich, daß das Unternehmen eine Größenordnung hatte, die mit den dort zur Verfügung stehenden Mitteln nicht zu bewerkstelligen war. Den Grundgedanken verlor man jedoch nicht aus den Augen. Das Kommando wurde im Juni 1718 aufgelöst; immerhin hatte es die pelzreichen Schantar-Inseln gegenüber der Uda-Mündung entdeckt und Neugier geweckt. Die russische Regierung beschäftigte sich in der gleichen Zeit mit Fragen, die direkt oder indirekt mit dem am heißesten diskutierten geographischen Rätsel jener Zeit zusammenhingen – ob es eine Landverbindung zwischen Asien und Amerika gebe.

Seit Marco Polo im 13. Jahrhundert seine Sehnsüchte weckende Schilderung der Reichtümer Cathays mitgebracht hatte, träumten die Europäer von einem Seeweg nach Fernost – ein Traum, der zu den treibenden Motiven der um die Mitte des 15. Jahrhunderts beginnenden großen Entdeckungsfahrten gehörte. Die Portugiesen waren die Schrittmacher mit ihren Fahrten entlang der afrikanischen Westküste, andere waren – unter dem Einfluß einiger von Marco Polo aufgestellten Thesen – der Überzeugung, dasselbe Ziel könne man auch auf einer westwärts führenden Route erreichen. Kolumbus war 1492 der erste, der dies versuchte. Er hatte sich in den Kopf gesetzt,»Indien« zu finden, und weigerte sich zeitlebens beharrlich, zu glauben, er habe einen neuen Erdteil entdeckt; bewaffnet mit diplomatischen Briefen an den Großen Khan,»suchte er in den Dschungeln Kubas vergeblich nach Spuren großer Städte und in Seide gewandeter Philosophen«. Nur sechs Jahre nach seiner Landung in Amerika erreichten portugiesische Schiffe unter dem Kommando Vasco da Gamas auf dem östlichen Seeweg Indien. Da in der Folge Portugal und Spanien die subtropischen Seewege kontrollierten (über Mexiko und die Philippinen, Afrika und den Indischen Ozean), wandten andere europäische Staaten ihr Augenmerk dem Norden zu.

Auch wenn die großen Entdecker der Renaissance die vom Mittelalter geschürten Ängste vor den Gefahren der unermeßlichen Ozeane weitgehend zerstreut hatten, haftete den arktischen Gewässern noch immer etwas von diesem Ruch an. Plinius hatte geschrieben, sie seien »von der Natur verflucht«; andere hatten geargwöhnt, die Natur brüte dort alle erdenklichen Mißgeburten aus, »monströse, wundersame Dinge, erschreckend, unsagbar und schlimmer, als Fabeln es darstellen oder Angstträume es ausmalen können, Gorgonen und Hydras und dunkle Schimären«.

In Beschreibungen des Nordmeers war oft von einem »schrecklichen, alles einsaugenden Strudel« die Rede und von arktischen Wirbelstürmen, die tropischen Hurrikanen an Gewalt nichts nachstünden. Walrösser und Riesenwale waren der zeitgenössischen Zoologie noch so fremd, daß sie sich mit Bildern von Phantasiegeschöpfen zu furchteinflößenden Kreaturen verbinden ließen. Das ewige Halbdunkel des arktischen Winters mit seinen unheimlichen Himmelsspektakeln wabernder Lichter und Formen war kaum dazu angetan, solche Ängste zu vertreiben.

Um dem entgegenzuwirken und die Seefahrer zur Suche nach einem kurzen, direkten nördlichen Seeweg nach Fernost zu ermuntern, hatten manche Kartographen (wie Sigismund von Herbertstein 1549 in seinen *Rerum Moscoviticarum Commentarii*) in vorsätzlichem Optimismus die Distanzen verkürzt, »um ihnen eine nur kurze Reise vor Augen zu führen, auf daß sie gesunden Mut fassen und mit größerer Hingabe durch die furchtbaren Prüfungen eines endlosen Eismeers gehen würden«. Auch Mercator hatte auf seiner großen Seekarte von 1569 die nordöstliche Umrundung Asiens »kurz und leicht« erscheinen lassen – als würde sich, war erst einmal das Nordkap umschifft, die Küste Nordasiens recht bald zum Pazifik hinunterbiegen. In Wirklichkeit erstreckte sie sich über Tausende von Kilometern ostwärts und wies einige Ausläufer aus, die fast unpassierbar weit nach Norden ins vereiste Polargebiet hineinragten.

Nach der Entdeckung Amerikas hatten englische, holländische, französische, italienische und dänische Seefahrer verschiedene Male versucht, eine Nordwest-

passage zum Pazifik zu finden. Als dies nicht gelang, wandten die Engländer ihr
Augenmerk dem Nordosten zu. Sebastian Cabot gründete 1553 in London die
»Mysterie und Kompanie der Kaufmanns-Abenteurer für die Entdeckung Ca-
thays und diverser anderer Länder« und rüstete drei kleine Schiffe für eine
Expedition aus. Die *Bona Speranza*, die *Edward Bonaventure* und die *Bona Confidentia* standen unter dem Kommando von Sir Hugh Willoughby und Richard
Chancellor, der ein Zögling des mystischen Mathematikers und Alchimisten
John Dee war. Die drei Schiffe lichteten am 11. Mai 1553 die Anker, wurden aber
unweit der Lofoten in einem Sturm voneinander getrennt. Während Willoughbys *Speranza* und die *Confidentia* sich bei Sonnenuntergang wiederfanden,
blieb Chancellors *Bonaventure* verschwunden. Willoughby und seine 83 Gefährten wurden in einer Bucht an der Küste Lapplands zum Überwintern gezwungen, ohne daß sie über die erforderliche Ausrüstung verfügt hätten. Sie wurden
später erfroren in ihren Schiffen gefunden. Chancellor, der auf eigene Faust
weitergesegelt war, überquerte das Weiße Meer und erreichte am 24. August
1553 die Mündung der nördlichen Dwina, wo er russischen Boden betrat.
Rußland war freilich nicht Cathay (auch wenn alsbald zwischen England und
Rußland vorteilhafte Handelsbeziehungen aufgenommen wurden), und so
machte sich einer von Chancellors Reisegefährten, Stephen Burrough, 1556
erneut auf, um die Suche fortzusetzen. Er ließ das Weiße Meer südlich liegen,
überwand die »gefährlichen Untiefen der Petschora« und wurde am 22. August
fast von einem Eisberg zerquetscht, nachdem er die Kara-Straße durchfahren
hatte – die Meerenge zwischen der Waigatsch-Insel und Nowaja Semlja. Beim
nächsten Versuch 1580 durchfuhren Arthur Pet und Charles Jackman die Jugor-
Straße (zwischen dem Festland und der Waigatsch-Insel), kamen aber in der
Karasee wegen Packeises nicht weiter.

Auf die Engländer folgten die Holländer. Willem Barents erkundete Mitte der
neunziger Jahre in zwei Expeditionen die Westküste von Nowaja Semlja. 1596
erreichte er die Nordspitze der Insel und umfuhr sie. Gleich darauf sah er sich
allerdings gegen die Küste gedrückt von »ganzen Städten aus Eis, mit Türmen
und Bastionen um sie herum«. 130 Kilometer weiter südlich suchte er Zuflucht
in einer Bucht. »In großer Kälte, Armut, Armseligkeit und Trauer« harrten
Barents und seine Gefährten aus, während das Packeis ihr Schiff zerdrückte und
in Stücke brach. Aus Treibholz und Planken ihres Schiffes bauten sie sich eine
Hütte; ein Bierfaß diente als Kamin. Während der langen Polarnacht spielte

Barents gelegentlich auf seiner Flöte oder er las beim Licht einer Bärenfettlampe seinen Matrosen Bücher über Seefahrtskunde und Geschichte vor. Je länger der Winter dauerte, desto sicherer schien es, daß auch diesen Entdeckern das schreckliche Los Willoughbys drohte. Die Sonne war hinter dem Horizont verschwunden, Schneewehen deckten ihre Hütte zu. Ihre Schuhe gefroren ihnen an den Füßen und wurden hart wie Holz, die vom Schiff geretteten Lebensmittelvorräte reichten nur knapp über den Winter. Doch als das Frühjahr kam, öffneten sich im vereisten Meer Fahrrinnen. Auf ihren zu Segeljollen umgebauten Ruderbooten machten sie sich auf den Weg gen Süden. Fünf Wochen später trafen sie an der Südspitze von Nowaja Semlja auf eine Gruppe dort lagernder russischer Fischer.

Barents kehrte nicht lebend nach Hause zurück. Doch vor der Abreise gen Süden hatte er einen Bericht über seine Reise geschrieben und ihn, in einem Pulverhorn verstaut, in den Kamin gehängt.

275 Jahre später, am 7. September 1871, wurde die Schaluppe eines norwegischen Walroßjägers, der die Ostküste von Nowaja Semlja befuhr, von einem Sturm in Barents Bucht verschlagen und fand dort, von einem dicken Eismantel verschlossen, die Hütte und die Aufzeichnungen.

Barents' Reise blieb für einige Zeit der letzte westliche Beitrag zur Erkundung der russischen Nordmeerküste; von 1619 an war es Ausländern verboten, in die Karasee einzufahren. Doch der Traum, im Norden einen Seeweg nach Osten zu finden, blieb lebendig.

Zu Beginn des 18. Jahrhunderts hatte Rußland ein Reich besetzt, das das gesamte nördliche Asien umfaßte. Peter der Große wurde daher bei mehreren Gelegenheiten von europäischen Wissenschaftlern gebeten, die Frage zu erforschen, ob es eine Nordostpassage gebe. Allein der deutsche Mathematiker und Philosoph Gottfried Wilhelm Leibniz schrieb ihm in dieser Sache mindestens fünfmal.

Bis zum Ende des 17. Jahrhunderts gab es allerdings nur wenige, die an die Existenz einer solchen Passage glaubten. Auch die Berichte russischer Pioniere verhießen nichts Gutes. Ein russischer Beamter sah sich daher zu der pessimistischen Stellungnahme bemüßigt: »Von [der Waigatsch-Insel] bis zum Eisigen oder Heiligen Kap ist das Meer für Schiffe völlig unbefahrbar, und sollte ein zweiter Christoph Kolumbus erscheinen und die Himmelsrichtung weisen, so könnte er doch nicht diese Gebirge aus Eis vertreiben: Denn Gott und die Natur haben das sibirische Meer so unüberwindlich mit Eis bewehrt, daß kein Schiff

bis zum [Jenissej] durchkommt, von einer Weiterfahrt nordwärts im offenen
Meer ganz zu schweigen.«

Zar Peter wollte jedoch alle Möglichkeiten ausloten: eine Nordostpassage, so
meinten Experten, würde die Reisezeit zwischen Europa und Japan von neun
Monaten auf fünf bis sechs Wochen verkürzen; Rußland hätte also Möglichkeiten, Durchfahrtszölle zu erheben, wie Spanien an der Straße von Gibraltar und
Dänemark am Sund. Ein Berater des Zaren, Fjodor Saltykow, arbeitete 1714 Pläne
für die dafür erforderliche Infrastruktur entlang der Nordmeerküste aus; nach
seinen Vorstellungen würden die Zöllner, von den Mündungen der sibirischen
Ströme aus auf Eisbooten operierend, eine Postenkette entlang der Küste bilden.
Die Kriege im Westen hatten Peter eine Zeitlang an der Verfolgung dieser Pläne
gehindert, aber schon 1712 soll er dem von ihm als Schiffbauer angeworbenen
Engländer John Perry erklärt haben, er werde, »sobald er den Frieden und die
Zeit habe, sich damit zu beschäftigen, zu erforschen versuchen, ob es möglich
sei, daß Schiffe über [Nowaja Semlja] ins [Nördliche Eismeer] einfahren könnten;
oder ob sich östlich des Flusses Ob ein Hafen finden ließe, wo er Schiffe bauen
lassen und sie, wenn möglich, an die Küsten Chinas und Japans schicken
könnte«.

1719 reiste in Peters Auftrag eine Gruppe von Männern, »erfahren in Navigation,
Geographie und Astronomie«, zur Ob-Mündung, um nach Standorten für Häfen
Ausschau zu halten und die Gewässer vor der Küste zu erkunden; zudem
entsandte der Zar die beiden Topographen Iwan Jewrejnow und Fjodor Luschin
(beide Absolventen von Peters neuer Marineakademie) nach Fernost mit dem
Auftrag: »Ihr werdet nach Kamtschatka fahren und von dort aus, wie befohlen,
… ergründen, ob zwischen Asien und Amerika eine Landverbindung besteht
oder nicht; und ihr werdet nicht nur nördlich und südlich gehen, sondern auch
östlich und westlich, und werdet auf einer Karte alles verzeichnen, was ihr seht.«
Luschin und Jewrejnow reisten im Juli aus der Hauptstadt ab und erreichten
Ochotsk ein Jahr später. Sie reparierten Sokolows angeschlagene alte *Ochota* und
segelten im September 1720 über das Ochotskische Meer nach Bolscheretsk. Den
Winter über vermaßen sie die nordöstliche Küste Kamtschatkas, im Mai 1721
klapperten sie die Kurilen in südlicher Richtung bis zur sechsten Insel ab. Dann
machten sie sich eilends auf den Rückweg ins europäische Rußland, wo sie im
Mai 1722 eintrafen und dem Zaren persönlich Bericht erstatteten; sie legten ihm
dabei die von ihnen angefertigte Karte der Kurilen vor. Peter hielt sich zu dieser

Zeit in Kasan auf, wo er »auf dem Weg zu seinem Feldzug gegen Persien am Kaspischen Meer Station machte«.

Er fand dennoch die Zeit, mit Jewrejnow ein längeres Gespräch zu führen, und nahm »mit Befriedigung« zur Kenntnis, daß Kamtschatka eine Halbinsel war und daß keine Anhaltspunkte für eine Landverbindung zwischen ihr und Amerika bestanden.

Die Gerüchte, daß Amerika nicht weit sei, hatten im nordöstlichen Sibirien schon lange die Runde gemacht; erstaunlicherweise hatten sogar zahlreiche Geographen der voraufgegangenen zwei Jahrhunderte die Lage der beiden Kontinente zueinander annähernd richtig erfaßt. Auf Gerardus Mercators berühmter Seekarte von 1569 trug die Meeresstraße zwischen den beiden Kontinenten den Namen »Straße von Anian«, eine Bezeichnung, die auf eine falsch gedeutete Textstelle bei Marco Polo zurückging.

Auf der sogenannten Barents-Karte von 1598 trennte diese Straße den nordöstlichen Zipfel Asiens von einem großen, sich nördlich davon erstreckenden Kontinent mit der Bezeichnung »America Pars«. Das war viele Jahre vor der Reise Deschnews, der erstmals einen Beweis für diese geographische Annahme erbracht hatte.

Die Kenntnis von dieser Reise war jedoch weitgehend verlorengegangen und lebte zur Zeit Peter des Großen nur noch in Volkslegenden fort. Ohnehin hätten die schriftlichen Berichte Deschnews (die ungelesen in den Archiven von Jakutsk lagen) keinen Hinweis darauf gegeben, wie nahe Amerika lag. Matwej Puschkin, Gouverneur von Smolensk, erzählte dem französischen Jesuiten Philippe Avril 1673, nach Überzeugung der Russen sei Amerika »nicht weit von jenem Teil Asiens entfernt, der sich in [das Nördliche Eismeer] hinein erstreckt«; von Asien nach Amerika gelangt seien Menschen erstmals unfreiwillig auf ins Meer hinaustreibenden Eisschollen.

Atlassow erfuhr 1697 von einem Tschuktschen-Führer, gegenüber dem unumschiffbaren Kap aus Eis zwischen den Flüssen Kolyma und Anadyr liege eine große Insel; deren Bewohner kämen hin und wieder über das Eis und böten Felle an. Bei diesen Fellen handle es sich um »Zobel minderer Qualität« mit schwarz und rot geringelten Schwänzen – gemeint waren offensichtlich Felle von alaskischen Waschbären.

Die Karten der damaligen Geographen waren noch sehr spekulativ; es fehlten

Maßstäbe und Angaben zu geographischer Länge und Breite. Auf manchen Karten erschien Nowaja Semlja als Halbinsel, auf anderen als Insel; Luschin und Jewrejnow hatten als erste eine Karte vorgelegt, die die Umrisse Kamtschatkas zeigte; auf ihr fehlte jedoch ganz die Tschuktschen-Halbinsel. Die größte Beachtung fand eine 1691 von Nicolaas Witsen vorgelegte Karte. Der Holländer war mit dem Zaren befreundet und hatte Zugang zu gut informierten Beamten. Seine Karte zeigte zwei spekulative Landzipfel namens »Kap Tabin« und »Eiskap«. Witsen äußerte die vage, aber zutreffende Vermutung, die Halbinsel Taimyr sei der nördlichste Punkt des eurasischen Festlands. Es gebe Leute, so Witsen, die glaubten, eines der beiden Kaps oder auch beide seien »mit Nordamerika verbunden«; an einer anderen Textstelle spreche er allerdings (Reflex einer verschwommenen Erinnerung an die Reise Deschnews) von »Berichten über eine Umsegelung des nordöstlichen Zipfels von Asien«.

Guillaume Delisle, der erste königliche Geograph von Frankreich, veröffentlichte 1706 in Paris eine »Carte de Tartarie« (d. h. von Sibirien), für die er einiges aus der Witsen-Karte übernahm, beispielsweise das gebirgige, nach Osten unbegrenzte Eiskap; in der Beschriftung hieß es, man könne nicht ausschließen, daß an dieser Stelle eine Landverbindung zu »einem anderen Kontinent« bestehe. Die Kenntnisse über den Nordpazifik waren zu dieser Zeit ebenfalls verwirrend. Den Anfang hatte ein gewisser Maerten Gerritsen Vries gemacht, der 1643 im Auftrag der holländischen Ostindien-Kompagnie den Nordpazifik bereist hatte, um »die unbekannte Ostküste der Tatarei [Sibiriens], das Königreich Cathay und die Westküste Amerikas [zu erkunden], dazu die Inseln östlich von Japan, denen Reichtum an Silber und Gold nachgesagt wird«. Mit mehr Phantasie als Klarsicht benannte Vries zwei von ihm angelaufene Kurilen-Inseln als »Staatenland« und »Kompagnieland« und schrieb beiden eine beträchtliche Größe zu. Hokkaido und Sachalin faßte er zu einer einzigen großen Landmasse zusammen, die er auf seiner Karte als »Jesso« bezeichnete. In seinem Begleittext bezeichnete er das »Kompagnieland« einmal als »westlichen Zipfel Amerikas«. Auf anderen späteren Karten wird Sachalin entweder als kleine Insel oder als Halbinsel gezeichnet. Japan wurde abwechselnd als Insel, als Bestandteil Jessos oder als eine mit dem asiatischen Festland verbundene Halbinsel dargestellt.

Auf der amerikanischen Seite, wo die Küste zu diesem Zeitpunkt allenfalls bis zum 43. Grad nördlicher Breite erkundet und kartiert war, erschien Kalifornien auf manchen Karten als Insel. Außerdem war noch von einem »Juan-da-Gama-

Land« die Rede, das ein portugiesischer Seefahrer 1589/90 auf der Fahrt von China nach Neu-Spanien (Amerika) gesichtet haben wollte und von dem man glaubte, es sei entweder eine große Insel oder ein Teil des amerikanischen Festlands.

So konnte es nicht verwundern, daß Schriftsteller den Nordpazifik zur Heimat ihrer Stoffe machten. Francis Bacon verlegte sein Atlantis hierher, Jonathan Swift beschrieb in *Gullivers Reisen* (verfaßt zwischen 1721 und 1725) eine Fahrt zum Kompagnieland und zum Staatenland, die er beide östlich von Jesso plazierte; sein Phantasieland Laputa siedelte er zwischen diesen Gestaden und Amerika an. Das reiche, aber isolierte Königreich Brobdingnag mit seinen Riesenmenschen und seinen ebenso gigantischen Tieren und Pflanzen war eine Halbinsel, die westlich der Straße von Anian dem Nordwesten des amerikanischen Erdteils entsprang. Die Karte, die Swift zusammen mit seinen Geschichten veröffentlichte, entsprach ziemlich genau dem damaligen Wissensstand über den nordpazifischen Raum.

Unbekannt ist, wieviel Peter der Große selbst wußte. Bei seinem Besuch in Amsterdam 1697 (als Nicolaas Witsen sein Gastgeber war) sprach er von Belegen dafür, daß der Nordostzipfel Asiens nicht mit Amerika zusammenhing, zumindest nicht in der Gegend des Kaps Tabin. Er sei aber nicht sicher, fügte er hinzu, ob es nicht an anderer Stelle eine Landverbindung oder eine Eisbrücke zwischen den beiden Kontinenten gebe.

Die Erkundung und Kartierung Kamtschatkas und der nördlichen Kurilen brachten wenige Jahre später eine gewisse Klärung. In revidierten Karten, die von 1714 an erschienen, war die längliche, teilweise nach Osten unbegrenzte Halbinsel an der Nordostecke Asiens verschwunden; ihre Stelle nahm nun ein grobes Abbild der Tschuktschen-Halbinsel ein, die auf drei Seiten vom Meer umspült war. Nach Angaben, die er von Peter dem Großen erhielt, revidierte Delisle 1717 in Paris seine Karte so, daß sie östlich des Kaps einige Inseln zeigte. Und ein anderer Kartograph, Johann Baptist Homann, fertigte 1722 auf Ersuchen Peters eine Karte an, die die Ergebnisse der Luschin-Jewrejnow-Expedition und weitere von der russischen Regierung beigesteuerte Informationen verarbeitete.

Am 5. November 1724 half Peter der Große im eisigen Wasser des Finnischen Meerbusens bei der Rettung einiger Seeleute; die Folge waren Fieber und Fröstelanfälle, die schließlich zu einer Lungenentzündung führten. Den Tod vor

Augen, raffte Peter sich noch einmal zu Vorschlägen auf, die zu glanzvollen Entdeckungsreisen führen sollten. Andrej Nartow in seinen Erinnerungen:

> Ich war damals fast ständig mit dem Kaiser zusammen und sah mit eigenen Augen, wieviel Seiner Majestät daran lag, die Expedition auf den Weg zu bringen, wohl in dem Bewußtsein, daß sein Ende nahe war. Als alles in die Wege geleitet war, wirkte er froh und zufrieden. Er ließ den Generaladmiral (Graf Apraksin) rufen und sagte:»Vor kurzem habe ich über etwas nachgedacht, das mir seit vielen Jahren durch den Kopf geht, doch andere Angelegenheiten haben mich an seiner Ausführung gehindert. Ich meine das Auffinden einer Passage durch das Nordmeer. Auf der Karte vor mir ist eine solche Passage eingezeichnet unter dem Namen Anian. Dafür muß es einen Grund geben. Auf meinen letzten Reisen habe ich mit gelehrten Männern über das Thema gesprochen, und sie waren der Meinung, eine solche Passage könne gefunden werden. Jetzt, da unserem Land keine Gefahr von Feinden droht, sollten wir uns bemühen, seinen Ruhm auf dem Gebiet der Künste und Wissenschaften zu mehren.«

Am 23. Dezember formulierte der Zar knappe Weisungen an das Admiralitäts-Kollegium für die Auswahl des Expeditionspersonals. Er wollte Geodäsen dabei haben, die das östliche Sibirien bereits aus eigener Anschauung kannten, unverwüstliche Schiffszimmerleute, erfahrene Seeleute sowie, wenn möglich,»einen Navigator und zweiten Navigator, die in Nordamerika gewesen sind. Falls sich solche Navigatoren in der [russischen] Marine nicht finden, dann schreibt sofort nach Holland per Admiralitätspost und fordert zwei Männer an, die sich in den Gewässern nordwärts von Japan auskennen.«

Die Admiralität einigte sich auf Vitus Bering, einen Dänen in russischen Diensten. Er sollte die Expedition leiten, zusammen mit zwei Unterführern, dem Dänen Martin Spangberg (der als Kapitän das regelmäßig zwischen Lübeck und Kronstadt verkehrende Paketboot kommandierte) und Alexej Tschirikow, der an der Marineakademie Kadetten ausbildete. Keiner dieser Männer war je in Amerika gewesen, doch Bering hatte in seiner Jugend immerhin Ostindien bereist, alle drei waren fähige und erfahrene Seeleute.

Bering eilte aus Wyborg, wo er ein kleines Gut besaß, in die Hauptstadt, und am 26. Januar 1725 unterzeichnete Peter die Instruktionen für ihn. Die Weisungen waren so knapp und bestimmt formuliert wie es dem Stil dieses Zaren entsprach, aber auf rätselhafte Weise auch vieldeutig:

1. Auf Kamtschatka oder anderswo ein oder zwei Schiffe mit Decks bauen.
2. Auf diesen Booten das Land ersegeln, das nach Norden zuläuft und das (da niemand weiß, wo es endet) anscheinend zu Amerika gehört.
3. Herausfinden, wo es mit Amerika zusammenhängt, und bis zu einer Stadt fahren, die einer europäischen Macht gehört, wenn euch ein europäisches Schiff begegnet, von ihm den Namen der nächstgelegenen Küste erfragen, ihn niederschreiben und persönlich an Land gehen. Erkenntnisse aus erster Hand einholen, sie auf eine Karte übertragen und hierher zurückbringen.

Zwei Tage später starb Peter der Große. Kaiserin Katharina I., seine Witwe und Nachfolgerin, bestätigte die von ihm aufgesetzten Instruktionen und ließ sie am 5. Februar 1725 Bering aushändigen. Es war der Startschuß für eines der bemerkenswertesten Abenteuer in der Geschichte der Entdeckungsreisen.

Der 1681 geborene Vitus Jonassen Bering war im Alter von 23 Jahren als Unterleutnant in die russische Marine eingetreten; er hatte im Schwarzen und Asowschen Meer gedient und sich während des Nordischen Krieges in der Ostsee ausgezeichnet. Seine Leistungen auf dem Gebiet der Logistik (der Organisation von Truppen- und Nachschubtransporten) wurden mit Beförderungen belohnt, bis zum Kriegsende brachte er es zum Kapitän-Leutnant.

Da zu diesem Zeitpunkt zwei Landsleute von ihm hochrangige Positionen in der Admiralität bekleideten – Peter Sievers und Cornelius Cruys gehörten zu den geistigen Vätern der neuen Marine Peter des Großen –, schienen Berings Sterne günstig zu stehen. Doch dann wurde er bei der nach Kriegsende fälligen Beförderungsrunde übergangen, er war Opfer des im Oberkommando der Marine ausgebrochenen Machtkampfs zwischen dem Dänen Sievers und dem Schotten Thomas Gordon. Der enttäuschte Bering nahm seinen Abschied und zog sich auf seinen Ruhesitz in Wyborg zurück. Schon acht Wochen später erhielt er die Aufforderung, als Kapitän-Kommandeur wieder in den aktiven Dienst einzutreten.

Bering brach sogleich von St. Petersburg auf, um ein Vorauskommando der Expedition einzuholen, das zwölf Tage zuvor die Hauptstadt verlassen hatte.

Von Wologda aus reisten sie zusammen weiter, über den Ural nach Tobolsk und von da aus auf Booten den Irtysch hinab und den Ob flußaufwärts bis Jenissejsk. Dort legten sie eine Pause ein. Mit ihrer beträchtlichen Ausrüstung überwanden sie dann die Stromschnellen des Jenissej und der Angara und kamen nach Ilimsk.

Dort teilten sie sich in zwei Trupps: Spangberg machte sich mit den schwereren Lasten auf den Überlandweg nach Ust-Kut, wo unter seiner Leitung im Winter über fünfzehn Flußkähne gebaut wurden, mit denen die Mannschaft und die Ausrüstung im Frühjahr die Lena hinab nach Jakutsk transportiert werden sollte.

Bering wandte sich südlich nach Irkutsk, um dort Vorräte für die nächste Etappe der Expedition zu organisieren und Informationen über den besten Weg nach Ochotsk einzuholen.

In einem Jahr hatte Bering es geschafft, seine Männer und seine Ausrüstung über schwierige Wege 7000 Kilometer weit durch Wälder, Gebirge und Steppe zu transportieren.

Doch die schwierigste Etappe lag noch vor ihnen. Im Frühjahr 1726 hatten sich die Gruppen in Ust-Kut wiedervereinigt; sie schifften sich auf der Lena in Richtung Jakutsk ein. Sie machten Tempo, indem sie Segel und Ruder einsetzten. Bei Gegenwind gebrauchten sie ein Wassersegel: es bestand aus aneinandergehängten Stücken von Lärchenstämmen, die vom Boot aus ins Wasser gehängt wurden, so daß die Flußströmung auf sie einwirkte wie der Wind auf ein Segel.

In Jakutsk ließ Spangberg die schwersten und sperrigsten Ausrüstungsteile (wie Schiffstakelage, Schmiedewerkzeug, Eisen, Teerfässer) auf Boote verladen und brach zum Judoma-Kreuz (am Oberlauf der Judoma) auf, Bering wollte an der Spitze eines Verpflegungstrosses, der unter anderem 2000 Ledersäcke mit Mehl mitführte, zu Pferde auf direktem Weg nach Ochotsk marschieren.

Die Strecke Jakutsk-Ochotsk war ein tödlicher Querfeldeinparcours aus Stromschnellen, Untiefen, Wäldern, Sümpfen, Eisflächen, Schlammlöchern und Klippen. Nach langen Gewaltmärschen, in deren Verlauf die meisten Packpferde eingingen und Tonnen von Mehl am Wegesrand gelagert werden mußten, erreichte Bering kurz vor Wintereinbruch sein Ziel.

Noch schlechter erging es Spangberg: Er blieb mit seinen Booten Anfang November, noch über 500 Kilometer von Ochotsk entfernt, im Eis der zufrierenden Judoma stecken. Die Männer gingen ans Ufer, bauten für den Weitertransport der lebenswichtigen Vorräte Hundeschlitten (die sie selbst ziehen mußten) und verzehrten bald, um nicht zu verhungern, »nicht nur ihre Pferde, sondern auch

Lederzeug, Kleider und Stiefel«. Aus der ungegerbten Haut der geschlachteten Pferde machten sie sich neue Mäntel und Schuhe. Dennoch überlebten sie nur, weil sie einige von Berings Mehldepots fanden. Als Bering von ihrer Notlage erfuhr, schickte er ihnen sofort einen Hundeschlittenkonvoi. Spangberg hatte, um Zeit zu gewinnen, Teile seiner Fracht an vier verschiedenen Stellen entlang des durch unbewohnte Wildnis führenden Weges deponiert.»Und während des ganzen Übergangs«, erinnerte Bering sich später,»wußten die armen Leute sich bei Nacht, oder wenn die schneidenden Eiswinde bliesen, nicht anders zu helfen, als sich so tief wie möglich in den Schnee einzugraben.« Im Frühjahr holten sie ihre deponierten Vorräte nach. Doch die auf den Kähnen zurückgebliebene Ausrüstung zu bergen, erwies sich als unmöglich.

Ersatz dafür ließ sich in Ochotsk nicht beschaffen, das nur aus elf Blockhütten und einem kleinen Vorratslager mit Trockenfisch bestand. Bering und seine Leute errichteten Unterkünfte für sich. Ein seetüchtiges Schiff zu bauen, erwies sich jedoch als schwierig, weil in der ganzen Gegend keine geeigneten Bäume wie Eichen oder Ulmen wuchsen. Schließlich zimmerten sie doch ein Schiff zusammen, die *Fortuna*. Sie wurde nicht von Nägeln zusammengehalten, sondern von Lederriemen. Solche Schiffe waren in Sibirien wegen des Mangels an Werkstoffen und Werkzeug nicht ungewöhnlich, entsprachen aber nicht dem Standard, den Marineoffiziere gewöhnt waren. Dennoch schaffte es die Bering-Mannschaft im Juli 1727, in zwei Überfahrten auf der vollbeladenen *Fortuna* Mannschaft und Proviant wohlbehalten nach Bolscheretsk, der Hauptstadt Kamtschatkas, überzusetzen.

Am Nordufer des Bolschaja-Flusses gelegen, bestand Bolscheretsk aus wenig mehr als einer eingefriedeten hölzernen Kaserne mit einer rund 45 Köpfe zählenden Garnison. Außerhalb dieses Forts standen eine dem heiligen Nikolaus gewidmete Kapelle und eine der Kirche gehörende Unterkunftshütte. Auf den zahlreichen Inseln des Bolschaja-Deltas befanden sich ferner rund dreißig Häuser, darunter eine Schankstube und eine Schnapsbrennerei.

Da Bolscheretsk für den Bau einer Werft ungeeignet war, luden Berings Männer ihre Fracht auf die Hundeschlitten zwangsrekrutierter Eingeborener und machten sich auf den Weg über den unwegsamen Gebirgskamm ins 1000 Kilometer entfernte Nischnekamtschatsk an der Ostküste. Unterwegs machten ihnen wütende Wirbelstürme zu schaffen, Schnee- und Graupelwolken»rollten wie dunkler Rauch über die Hochmoore«. Nachts,»oder wann immer es ihnen zum

Ausruhen zumute war«, gruben sie tiefe Löcher in den Schnee. Nach der Ankunft in Nischnekamtschatsk entlohnte Bering die Kamtschadalen, soweit sie überlebt hatten, mit ein wenig Tabak und einer Ration Tranöl.

Nach Jahren des Unfriedens war auf der Halbinsel gerade eine Phase der Ruhe eingezogen. Einmal jährlich tauchten die Agenten der Regierung auf und gingen wieder; Priester kamen, um aufmüpfigen Kosaken geistliche Führung anzubieten und Heiden zu bekehren. Um endlich Tribut einzutreiben, wurden jetzt die Eingeborenen gezählt und ihre Vermögenswerte registriert.

Auf Bering machte Kamtschatka 1726 den Eindruck eines »seltsamen Orts, der so weit außer Reichweite der übrigen Menschheit liegt, daß er niemals von einem anderen Volk als den Russen hätte aufgesucht oder gar unter den Pflug und in Besitz genommen werden können«. Er erkannte die potentielle strategische Bedeutung der Halbinsel, sah aber zugleich, daß sie für Siedler wenig Attraktives zu bieten hatte: »Wenn eine genügende Zahl von Menschen hierher geschickt würden, um die ausgedehnten Wälder, mit denen sie bedeckt ist, zu roden, so daß sie den Boden urbar machen, düngen und bebauen könnten, würde das vielleicht ausreichen, um aus ihr einen nicht mehr ganz so widerwärtigen Ort zu machen.«

Um seine Expedition auszurüsten, mußte Bering improvisieren. Baumstämme für den Schiffsbau wurden auf Hundeschlitten herbeigekarrt, ein Ersatzmittel für Teer aus dem Harz der in der Gegend wachsenden Lärchen hergestellt. Der Speiseplan wurde auf Karotten und anderes Wurzelgemüse umgestellt. »Durch Sieden von Meerwasser gewann er so viel Salz, wie er brauchte. Fischöl ersetzte die Butter, getrockneter oder eingelegter Salzfisch trat an die Stelle von Rind- und Schweinefleisch. Er ließ auch große Mengen von Pflanzen und Kräutern sammeln und brannte daraus einen ziemlich starken Schnaps, dem er stolz den Namen Branntwein verlieh und von dem er einen erklecklichen Vorrat anlegte.« Am 14. Juli 1728, dreieinhalb Jahre nach seiner Abreise aus St. Petersburg, stach Bering an Bord seines neugebauten Schiffes, der *St. Gabriel,* von der Mündung des Kamtschatka-Flusses aus in See; die Vorräte sollten ausreichen, um die vierzigköpfige Besatzung ein Jahr lang zu ernähren. Nachdem sie fünf Tage lang in nördlicher Richtung der Kamtschatka-Küste gefolgt waren, wendete Bering sich nach Nordosten. Auf diesem Kurs kam schon einen Tag später, kurz nach Überschreiten des 60. Breitengrades, wieder Land in Sicht. Es handelte sich um die südliche Seite der Tschuktschen-Halbinsel, die auf seiner Karte nicht korrekt eingezeichnet war; er folgte der Küste rund zwei Wochen lang und ging am 1. August vor Anker, um eine Bucht zu erkunden. Eine Woche später kam es zu einer Begegnung mit acht Tschuktschen, die sich in einem fellbespannten Boot dem Schiff näherten.

»Als wir sie aufforderten, an Bord zu kommen«, erinnerte sich Bering, »bliesen sie die Blase eines großen Seehunds auf, setzten einen Mann hinein und schickten ihn als Unterhändler zu uns herüber.« Später legten auch die anderen Tschuktschen mit ihrem Boot am Schiff an. Bering erfuhr von ihnen mit Hilfe zweier Dolmetscher, daß die Küste noch ein Stück weit nordöstlich verlief und dann nach Westen abknickte, und daß sich in der Nähe eine Insel befand. Diese passierten sie am 10. August. Bering bemerkte auf ihr menschliche Behausungen, aber keine Bewohner. Er nannte sie St. Lorenz-Insel, »weil wir den Namenstag dieses Heiligen schrieben«.

Am 13. August hatte die *St. Gabriel* die südwestlichste Spitze der Tschutkschen-Halbinsel umrundet. Wenige Tage später passierte Bering, ohne es zu ahnen, die Meerenge zwischen Asien und Amerika, die heute seinen Namen trägt. Bei klarem Wetter ist es möglich, von der schmalsten Stelle der Beringstraße aus beide Erdteile gleichzeitig zu sehen. An jenem historischen Tag aber verdeckte Nebel die amerikanische Küste, die Bering mindestens tausend Kilometer weit entfernt wähnte. Ohne einzuhalten, segelte er nordwärts weiter, auf die Tschuktschensee hinaus. Nachdem am 15. August die asiatische Küste außer Sichtweite geraten war, beriet er mit Spangberg und Tschirikow darüber, ob es ratsam sei, die Reise fortzusetzen, oder aber vor Beginn der kalten Jahreszeit nach Kamtschatka zurückzukehren. Spangberg machte den Vorschlag, höchstens noch zwei Tage nordwärts weiterzusegeln, »weil wir nun 65 Grad 30 Minuten nördlicher Breite erreicht haben und nach unserer Meinung und der Aussage der Tschuktschen außerhalb des äußersten Endes angekommen sind und das Land östlich passiert haben«. Hatte die Expedition damit nicht ihren Auftrag erfüllt? Tschirikow gab zu bedenken, man könne eine Landbrücke zwischen Asien und Amerika erst dann mit Sicherheit ausschließen, wenn man »bis zur Mündung des Kolyma-Flusses« weiterfahre oder mindestens der Küste so weit westwärts folge, bis Eis die Weiterfahrt blockiere. Er schlug daher vor, in Küstennähe weiterzusegeln, solange es ging, und zu erkunden, ob dieser Weg nach Amerika führe.

Bering pflichtete Spangberg bei. Die Tschuktschen hatten erklärt, die Küste knicke erst nach Norden, dann wieder nach Westen ab und sei auf beiden Seiten von offenem Meer umgeben; dies hatte sich als zutreffend erwiesen. Es erschien Bering daher sinnlos, Schiff und Besatzung aufs Spiel zu setzen, um nachzuprüfen, was ohnehin auf der Hand lag. Jeder Zeitverlust, den man jetzt riskiere, könne bedeuten, daß man den Winter irgendwo an der unwirtlichen Küste der Tschuktschen-Halbinsel verbringen müsse, wo es, soweit man blicken könne, nichts gebe außer großen schneebedeckten Felsklippen ohne Bäume, die Holz für den Bau von Winterhütten hätten liefern können. Die *St. Gabriel* kehrte nach Süden um. Bald kam die asiatische Küste wieder in Sicht, doch bei der Durchfahrt durch die Meerenge verhinderte eine ungünstige Witterung erneut, daß Bering die amerikanische Küste erblickte; er entdeckte statt dessen eine der Diomeden-Inseln.

Vier Tage später machte die Besatzung profitable Tauschgeschäfte mit vierzig Tschuktschen, die mit Booten am Schiff anlegten. Für Nägel und Nadeln erhandelten die Russen »eine gute Menge Trockenfleisch, Fisch, Wasser in Walfischblasen, fünfzehn Fuchspelze und vier Walzähne«. Ohne Zwischenfälle erreichte die *St. Gabriel* am 2. September ihren Heimathafen.

Auch wenn Bering sich nach außen hin überzeugt gab, seinen Auftrag erfüllt zu haben, wurde er doch immer wieder von Zweifeln geplagt. Den Winter über diskutierte er mit weit herumgekommenen Kosaken und anderen erfahrenen Leuten über die geographischen Verhältnisse vor Ort. Von etlichen Seiten hörte er, daß sich nicht allzu weit von der Ostküste Kamtschatkas Land befinden müsse – als Belege wurden nach Osten fliegende Vögel und im Wasser treibende Bäume von unbekannter Art genannt. Ende Juni 1729 segelte Bering die *St. Gabriel* von der Mündung des Kamtschatka-Flusses aus ostwärts und suchte die See in einem Radius von rund 200 Kilometern ab. Wahrscheinlich wäre er noch weiter hinausgefahren, wenn nicht Stürme seinen Tatendrang gebremst hätten. Bering nahm von Nischnekamtschatsk aus Kurs nach Südwesten, umschiffte das Kap Lopatka an der Südspitze der Halbinsel – »welch selbiges nie vorher getan worden war« – und steuerte geradewegs Ochotsk an. Er machte sich auf die lange Überlandreise zurück nach St. Petersburg, wo er am 1. März 1730 eintraf.

Während der fünfjährigen Abwesenheit Berings hatten der Senat und der neu ins Leben gerufene Oberste Geheime Rat einen neuen Auftrag erteilt. Eine Expedition unter Führung des Kosaken Afanasi Schestakow sollte die russische

Herrschaft im gesamten nordöstlichen Sibirien festigen. Schestakow konnte dabei über die für sibirische Verhältnisse außerordentliche Zahl von 1500 Milizionären verfügen. Einen Teil dieser Truppe unterstellte er dem Befehl von Dimitri Pawlutski, einem in Tobolsk stationierten Dragonerhauptmann, der sich den Ruf des schneidigsten russischen Tschuktschen-Kämpfers erworben hatte. Die Ergebnisse der Expedition standen jedoch in keinem Verhältnis zum Aufwand. Rivalitäten zwischen Schestakow und Pawlutski behinderten die Operationen. Der Versuch Schestakows, die Korjaken zu befrieden, endete mit einem Debakel, als er im März 1730 auf dem Schlachtfeld fiel. Den getrockneten Kopf Schestakows bewahrten die Eingeborenen noch lange als Siegestrophäe auf.

Beflügelt von ihrem Erfolg, überlegten einige Kamtschadalenhäuptlinge nun, wie sie die Russen aus ihrem Land vertreiben könnten. 1731 kam es in der Umgebung von Bolscheretsk und Werchnekamtschatsk zu Aufständen; etwas später taten sich im Gebiet von Nischnekamtschatsk die Kamtschadalen unter Fjodor Chartschin zusammen und eroberten das Fort. Ein paar Überlebende konnten sich zu einem russischen Schiff durchschlagen, das sich gerade für eine Reise zum Anadyr rüstete. Die Besatzung brachte ihre Kanonen an Land und richtete sie auf das Fort. Als der Beschuß begann, gerieten die Kamtschadalen in Panik. Chartschin floh, als Mädchen verkleidet, aus dem Fort. Andere blieben jedoch und kämpften weiter, bis eine Kugel ins Pulvermagazin krachte und das ganze Fort in die Luft flog. Einen Monat später fiel Chartschin in russische Hände; einige seiner Kampfgefährten begingen mit ihren Angehörigen Selbstmord.

Die Behörden in St. Petersburg kamen zu dem Schluß, Kamtschatka könne nicht von Jakutsk aus verwaltet werden; sie verlagerten die Zuständigkeit für die Halbinsel nach Ochotsk. Von Tobolsk aus wurde ein Beamter in Marsch gesetzt mit dem Auftrag, die Ordnung wiederherzustellen. Er untersuchte, warum es zu den Revolten gekommen war, und verhängte harte Strafen gegen eine Reihe von Russen und Kamtschadalen.

Nach dem Tod Schestakows hatte Pawlutski die Leitung der Expedition übernommen und sein Hauptquartier für einen Unterwerfungsfeldzug gegen die Tschuktschen in Anadyr aufgeschlagen. Zwar besiegten die Russen diese unbezähmbaren Krieger in mehreren Schlachten, doch schafften sie es nicht, sie endgültig niederzuhalten.

Das greifbarste Resultat dieser Expedition war ein Beitrag zur Geographie:

Pawlutski wollte endlich das »große Land« finden und organisierte daher eine Forschungsreise, zu deren Leiter er den Metallurgen Michail Gwosdew bestimmte. Zusammen mit Kapitän Iwan Fedorow requirierte Gwosdew die Beringsche *St. Gabriel* und stellte eine aus 39 Mann bestehende Besatzung zusammen.

Im Juli 1732 legten sie von der Anaydr-Mündung ab, verweilten kurz vor einer der Diomeden-Inseln und segelten dann ostwärts weiter. Offenbar sichteten sie das Kap Prince of Wales auf der alaskischen Seite. Beim Näherkommen sahen sie, daß es sich um eine ziemlich große Landmasse handeln mußte, die von Pappeln, Fichten- und Lärchenwäldern bedeckt war. Mehrere Tage segelten sie die Küste entlang und stellten fest, daß »kein Ende in Sicht« war. Einmal kam »ein nackter Eingeborener auf einer aufgepumpten Blase von der Küste zum Schiff herangepaddelt« und fragte sie, wer sie seien und wohin sie wollten. Sie entgegneten, sie hätten sich auf dem Meer verirrt und seien auf der Suche nach Kamtschatka. Daraufhin deutete der Eingeborene prompt in die Richtung, aus der sie gekommen waren.

Die Besatzung ging allerdings nicht an Land; und da sie es auch noch versäumte, nach ihrer Heimkehr ihre Eintragungen ins reine zu schreiben und eine brauchbare Karte zu zeichnen, kam ihre Reise den Behörden erst ein Jahrzehnt später, 1743, zur Kenntnis.

Zu diesem Zeitpunkt war die Frage, ob Gwosdew und Fedorow als die eigentlichen Entdecker Alaskas gelten sollten, akademisch geworden. Es hatten sich weitaus schwerer wiegende Dinge getan.

Nach seiner Rückkehr nach St. Petersburg im März 1730 hatte Bering der Admiralität Bericht erstattet. Bis in die jüngste Zeit ist die Nachwelt sich einig gewesen, daß Bering es aus überzogener Vorsicht versäumt habe, seinen Auftrag voll zu erfüllen. Er hatte die Meerenge durchfahren, die zu suchen ihm aufgetragen worden war, hatte aber nicht den letzten Beweis dafür geliefert, daß es zwischen Asien und Amerika keine Landbrücke gab – was möglich gewesen wäre, wenn er dem Vorschlag Tschirikows gefolgt wäre.

Die Leidenschaft, mit der die viele Jahre lang über diesen Punkt diskutiert wurde, war ein Zeichen für das starke Interesse von Staatsmännern, Kaufleuten und Wissenschaftlern an der vielbeschworenen Nordostpassage; eine unvoreingenommene Prüfung der zeitgenössischen Dokumente legt indessen eine völlig

andere Schlußfolgerung nahe. In den von Peter dem Großen formulierten Instruktionen war »keine Rede von einer Meerenge oder von der Suche nach einer
solchen«; in unklarem, aber bestimmtem Wortlaut hatte Peter Bering vielmehr
aufgefordert, »das Land zu ersegeln, das nach Norden zu läuft«. Wenn er auf
diesem Weg nach Amerika gelangen sollte, so die Instruktion, sollte er die Fahrt
bis zum Erreichen einer europäischen Siedlung fortsetzen und dabei den Küsten-
verlauf kartieren.

An welches Land dachte Peter? Um seine Instruktionen richtig verstehen zu
können, benötigt man eine Karte – und zwar die Karte, die Bering am 5. Februar
1725 mit auf den Weg bekam.

Mit großer Wahrscheinlichkeit war dies die sogenannte Homann-Karte, angefertigt um das Jahr 1722 im Auftrag Peter des Großen von dem in seinen Diensten
stehenden deutschen Kartographen Johann Baptist Homann. Es war die erste
gedruckte Karte, die Kamtschatka als Halbinsel zeigte, dazu zwei namenlose
Landmassen gegenüber der asiatischen Nordpazifikküste, die durch den Kar-
tenrand begrenzt wurden. Eine davon stand offenbar für die »Große Insel«, von
der die Tschuktschen berichteten, die andere für das »Juan-da-Gama-Land«, von
dem manche sagten, es hänge mit Amerika zusammen.

Mit Peters Formulierungen vom »Land … das nach Norden zu läuft«, könnte
also, je nach Deutung, die Landmasse gegenüber der Kamtschatka (Juan-da-Gama-Land) oder der nördlich davon in die Karte hineinragende Landzipfel gegenüber der Tschuktschen-Halbinsel oder aber die asiatische Küste selbst gemeint
gewesen sein. Bering versuchte offenbar, alle drei Hypothesen zu überprüfen.
Er segelte zuerst nordwärts entlang der Kamtschatka-Küste, wandte sich dann
nach Nordosten, wohl auf der Suche nach der Großen Insel (an deren Stelle er
jedoch auf die Tschuktschen-Halbinsel stieß, die viel weiter nach Osten vor-
sprang, als die Karte es zeigte), und kreuzte im folgenden Sommer östlich von
Kamtschatka, wohl nochmals auf der Suche nach dem Juan-da-Gama-Land.

Für Peter den Großen war die Erkundung einer Meerenge (von deren Existenz
er überzeugt war) nur Teil der größeren Aufgabe, den Weg zur Westküste
Amerikas zu finden. Bering fand diesen Weg nicht, weil die Küste, der er in
nördlicher Richtung folgte, nicht dorthin führte. Wenn er also seinen Auftrag
verfehlte, dann lag das vor allem an den unzulänglichen geographischen Informationen, die ihm zu Gebote standen. Bering hielt sich, so gut er konnte, an die
Homann-Karte, die jedoch mit einem erheblichen Fehler behaftet war. Auf ihr

lag die Tschuktschen-Halbinsel unmittelbar nördlich der Kamtschatka; in Wirklichkeit ragte sie weit nach Osten hinaus. Wenn Bering seine Eindrücke mit der Karte in Einklang zu bringen versuchte, mußte er zu dem Schluß gelangen, daß er den äußersten Zipfel Nordostasiens passiert hatte und daß die beiden Erdteile nicht miteinander verbunden waren.

»Nachdem Rußland zur Seemacht geworden war«, schreibt ein Historiker, »brauchte es im Ozean kein Hindernis mehr für eine weitere Expansion nach Osten zu sehen. Andere Mächte mußten um den halben Erdball segeln, um den Nordpazifik zu erreichen. Die Russen waren schon dort.«

Das langfristige Ziel, das Peter im Auge hatte, war die Eroberung neuer Kolonien; mit der Erkundung und Eroberung der Nordwestküste Amerikas wollte er sich eine Einflußsphäre in der Neuen Welt sichern, wie Frankreich, Spanien und England es bereits getan hatten. »Es besteht kein Zweifel daran«, schreibt ein Historiker, der die Reise Berings analysiert hat, »daß Peter von dem Gedanken an die Eroberung der noch unbekannten Gebiete entlang der Nordwestküste Nordamerikas beseelt war – als Fortsetzung der Besiedlung Sibiriens.«

Auch wenn manche Wissenschaftler Bering später ankreideten, daß er nach der Umrundung der Tschuktschen-Halbinsel nicht weiter westwärts bis zur Kolyma gefahren sei und damit den Beweis für die Existenz einer Nordostpassage geliefert habe, war die russische Admiralität mit seiner Leistung zufrieden. Bering wurde zum Kapitän-Kommandeur befördert und erhielt eine Prämie von 1000 Rubel.

Eine von Berings Mitarbeitern erstellte neue Karte des sibirischen Nordostens lieferte ein wesentlich genaueres Bild dieses Zipfels des asiatischen Kontinents; sie zeigte die Tschuktschen-Halbinsel als eine ostwärts vorspringende, leicht gegabelte (»wie das Gehörn eines Stiers«) Landzunge. Und das Land, das er im Sommer 1729 östlich von Kamtschatka gesucht hatte, existierte tatsächlich. Es war jedoch nicht das »Juan-da-Gama-Land«, es war auch nicht Teil des anvisierten amerikanischen Kontinents. Es war eine einsame und unbewohnte kleine Insel.

10

DIE GROSSE NORDISCHE EXPEDITION

Das »geheime Kommandounternehmen« der ersten Kamtschatka-Expedition Berings war lediglich das Vorspiel für ein zweites, noch viel ehrgeizigeres Projekt: Schon zwei Monate nach seiner Rückkehr in die Hauptstadt arbeitete Bering Vorschläge aus, die auf eine verstärkte russische Siedlungspolitik im Fernen Osten und auf weitere Entdeckungs- und Erkundungsreisen im Nordmeer und im Nordpazifik abzielten. Diese Vorschläge wurden der Admiralität vorgelegt und vom Senat aufgegriffen, der sich zwei Jahre lang eingehend mit ihnen beschäftigte.

Die erste Expedition hatte gezeigt, daß die russische Herrschaft im östlichen Sibirien auf schwachen Beinen stand, vor allem wegen der langen Nachschubwege – Bering wollte den fernen Osten Rußlands daher wirtschaftlich selbständig machen: durch die Ansiedlung von Ackerbauern und die Haltung von Nutzvieh, durch die Erschließung der Eisenerzvorkommen bei Jakutsk und an der Angara und durch die Anlage von Salzsiedereien bei Ochotsk. Er wollte den Hafen von Ochotsk ausbauen und dort eine Seefahrtsschule eröffnen. Diese Reformen seien unumgänglich, wenn Rußland das östliche Sibirien endgültig an sich binden und es zu einer Drehscheibe für den künftigen pazifischen Überseehandel machen wolle.

In einem zweiten Papier mit der linkischen Überschrift »Ein höchst bescheidener Plan« sprach er sich für weitere Pionierfahrten aus; eine Mission solle, so seine Konzeption, die Inselkette der Kurilen und den Seeweg nach Japan erkunden,

eine andere die Route nach Amerika finden, die ihm bei seinem ersten Anlauf
verborgen geblieben war.

Bering war nach wie vor überzeugt, daß »Amerika oder andere Länder« nicht
weit von der sibirischen Ostküste entfernt waren; er hatte auf Kamtschatka »niedrige Wellen, wie sie in schmalen Meeren üblich sind«, beobachtet und
Bäume im Meer treiben sehen, die auf Kamtschatka nicht wuchsen. Eine indi-
rekte Bestätigung für die Nähe Amerikas hatte auch ein Erlebnisbericht aus
den Reihen der Kosaken Pawluskis gebracht, die offensichtlich Eskimos waren.

Ergänzend zu den pazifischen Expeditionen empfahl Bering eine seemännische
Erkundung der sibirischen Nordmeerküste von der Lena-Mündung aus westwärts; er war sicher, daß östlich der Lena ein Seeweg (so sehr er auch von Eis
blockiert sein mochte) zur Tschuktschen-Halbinsel existierte.

Auf der Grundlage von Berings Empfehlungen wurde daraufhin eine zweite
Kamtschatka-Expedition vorbereitet, an deren Planungen Angehörige des Admiralitätskollegiums, des Senats und der kurz zuvor in St. Petersburg gegründeten Kaiserlichen Akademie der Wissenschaften mitwirkten. Der geistige Kopf
des Projekts war Iwan Kirilow, ein Zögling Peters des Großen, der als Senatsse-
kretär amtierte und sich dem Studium der Geographie und Kartographie verschrieben hatte; er war die treibende Kraft bei der Veröffentlichung des ersten
russischen Atlasses im Jahr 1734. Am russischen Hof herrschte in jener Zeit
Aufbruchsstimmung. Auf Katharina I. war Peter II. gefolgt, der Enkel Peter des
Großen; sein kurzes Interregnum als Mündel (er war noch nicht volljährig)
endete im Januar 1730 mit der Inthronisierung der Kaiserin Anna. Mit ihr kehrten
die Reformen an die Macht zurück. Bering schrieb:

Sie waren bestrebt, das Werk Peters fortzuführen. Und Anna war darauf
aus, in Europa als Führerin einer Großmacht und in Rußland als eine
Königin westeuropäischen Zuschnitts zu glänzen. Europa sollte in Hochachtung erstarren vor der Größe Rußlands, Rußland vor der Fortgeschrit-
tenheit Europas. Sie und ihr Hofstaat waren von einem unersättlichen
Verlangen nach dem Glanz und den äußeren Insignien hoher Kultur
erfüllt. Eines der sichersten Mittel zur Erringung kultureller Lorbeeren war
die Durchführung wissenschaftlicher Expeditionen. Die Voraussetzungen dafür waren vorhanden: eine Akademie der Wissenschaften, eine

Flotte, die Ressourcen eines Riesenreichs. Sie boten die Gewähr dafür, daß ihre Unternehmungen so groß, so spektakulär, so kühn wie möglich waren.

Eines der kühnsten Unternehmen wurde die zweite Kamtschatka-Expedition, ein Großprojekt, wie es in dieser Art »niemals vorher dagewesen war«: Zunächst einmal war in fünf Abschnitten die systematische Weiterführung der geodätischen Erfassung der russischen Nordmeerküste vorgesehen: von Archangelsk zum Ob, vom Ob zum Jenissej, vom Jenissej zur Taimyr-Halbinsel, von der Taimyr-Halbinsel zur Lena, von der Lena zum Anadyr. In der Vorbereitungsphase wurden entlang der gesamten Küste an strategischen Plätzen Vorrats- und Ausrüstungsdepots angelegt, an den Mündungen der wichtigsten Flüsse Leuchttürme errichtet, Gehege für Rentierherden (als Lasttiere und Nahrungsreserve) angelegt und in geschützten Buchten und Mündungstrichtern Fischfangstationen aufgebaut. Parallel dazu sollten in ganz Sibirien astronomische Positionsbestimmungen vorgenommen werden. Für die Expeditionen wurde der Bau von fünf Schiffen in Auftrag gegeben: zwei sollten den Weg nach Amerika suchen, drei den Seeweg nach Japan erkunden.

Im Gebiet des Baikalsees sollte durch Erforschung der dem See von Osten her zuströmenden Flüsse nach einer kürzeren Route zur Amur-Mündung gesucht werden; die angeblich im Osten oder Südosten von Kamtschatka liegenden Inseln, so der weitere Auftrag, sollten lokalisiert und in Besitz genommen werden mit dem Ziel der »Erhebung von Tribut ... zum Vorteil und Nutzen des Staates«. In allen Gebieten sollte zudem systematisch nach wertvollen Erzen gesucht werden. Da die Akademie der Wissenschaften in die Planungen einbezogen wurde, wuchsen die Aufgaben weiter: Es wurde an eine umfassende geographische, anthropologische, linguistische und historische Bestandsaufnahme Ostsibiriens gedacht.

Nun schlug die Stunde zweier deutscher Gelehrter, die die Aussicht auf eine rasche Karriere nach Rußland gelockt hatte und in deren Händen die Leitung des Akademie-Aufgebots gelegt wurde: Gerhard Friedrich Müller und Johann Georg Gmelin.

Müller, 1705 in Westfalen geboren, hatte an der Universität Leipzig Literatur und Geschichte studiert. Er war 1725 nach St. Petersburg gegangen und hatte im Gymnasium der Akademie eine Anstellung als Geschichts- und Lateinlehrer gefunden. Zwei Jahre später war er zum Assistenzprofessor für Geschichte an der Akademie berufen, 1730 dann zum Professor ernannt worden. Im gleichen Jahr bereiste er im Auftrag der Akademie Deutschland, Holland und England; in London wurde er zum Mitglied der Royal Society gekürt. Nach seiner Rückkehr entzweite er sich mit dem Direktor der Akademie und übernahm die Leitung der historischen und ethnographischen Arbeitsgruppe der zweiten Expedition. Zu seinen Aufgaben gehörte es, alle in Sibirien vorhandenen Archive zu sichten und alle Volksstämme des Landes zu beschreiben.

Johann Georg Gmelin, 1709 in Württemberg geboren, hatte als Wunderkind von sich reden gemacht; mit dreizehn hatte er sich an der Universität Tübingen eingeschrieben und mit Auszeichnung ein Studium der Medizin und Naturgeschichte absolviert. Nach seiner Promotion versuchte er sein Glück in St. Petersburg, wo er prompt zum Assistenzprofessor für Naturgeschichte an die Akademie berufen wurde. In seinen ersten Jahren dort ordnete und katalogisierte er die Mineraliensammlung der Akademie, schrieb mehrere wissenschaftliche Aufsätze und trat auch mit Artikeln in Publikumszeitschriften hervor. Schon mit 22 Jahren wurde er zum Professor der Chemie und Naturgeschichte ernannt. 1732 bewarb er sich um Teilnahme an der Expedition, bekam aber offenbar kalte Füße und zog seinen Antrag wegen »chronischer Leberbeschwerden« zurück. Zwei Flaschen Rheinwein, die er sich als Medizin zuführte, verbesserten seinen Zustand, da machte er wieder mit.

Mit Müller und Gmelin ging Louis Delisle de la Croyère nach Sibirien, ein Halbbruder der beiden berühmten Wissenschaftler Guillaume und Joseph Nicolas Delisle. Louis, der keine verantwortliche Funktion innerhalb der Expedition bekleidete, war so etwas wie eine verkrachte Existenz. Er studierte ursprünglich Theologie, hatte aber eine unbezwingbare Neigung zu Ausschweifungen. Nach »siebzehn wilden Jahren« in Kanada hatte er auf Drängen seiner Familie, die sich um ihre Reputation sorgte, den Mädchennamen seiner Mutter angenommen. Als sein Halbbruder Joseph 1727 einem Ruf auf den Lehrstuhl für Astronomie an der St. Petersburger Akademie folgte, hatte sich der unternehmungslustige Louis ihm angeschlossen.

Joseph Delisle erstellte einige der für die Expedition lebenswichtigen Land- und Seekarten und nutzte seinen Einfluß, um Louis in das Projekt einzubinden. Dessen wichtigster Auftrag bestand darin, die genaue Position (nach Längen- und Breitengrad) wichtiger Orte in Sibirien zu bestimmen, auf dem Schiff

Tschirikows an der Entdeckungsfahrt nach Amerika teilzunehmen und entlang der amerikanischen Küste dieselben Messungen vorzunehmen. Als Assistenten wurden ihm zwei Landvermesser aus dem St. Petersburger Observatorium zuge wiesen, Semjon Popow und Andrej Krasilnikow, dazu ein Dolmetscher und ein für die Instandsetzung und Reparatur der Instrumente zuständiger Mechaniker.

In der Charta der zweiten Kamtschatka-Expedition (für die sich später der Name »Große Nordische Expedition« einbürgerte) hieß es, sie sei in jeder Beziehung »die größte Expedition dieser Art, die je von einem europäischen Staat zum Zwecke der wissenschaftlichen und geographischen Forschung unternommen« worden sei. Doch es ging nicht nur um wissenschaftlichen Ruhm, es ging auch, so Kirilow, um die »Erweiterung des Reichs« und um »unerschöpflichen Reichtum«. Die Expedition sollte die russische Vorherrschaft in einem Raum festigen, der den gesamten Nordpazifik bis hinunter nach Japan umfaßte – einschließlich der Nordwestküste Amerikas, des einzigen Teils der Neuen Welt, der noch nicht von anderen Mächten mit Beschlag belegt worden war.

Die Spanier hatten sich in Mexiko und im südlichen Kalifornien festgesetzt, die Franzosen waren den Mississippi flußaufwärts bis an die Großen Seen vorgedrungen, die Engländer bauten entlang der nordamerikanischen Atlantikküste Kolonien und lagen mit den Franzosen im Wettstreit um Kanada. Ein russischer Beamter schrieb hierzu: »Es ist bekannt, welche Gewinne [diese Mächte] erzielen und wie wichtig der Handel und die Schiffahrt zu diesen Regionen für diese Königreiche ist.« Es sei daher wahrscheinlich, daß bei einer »Erkundung Amerikas auch dem [russischen] Staat solche Gewinne winken«.

Dieser Aspekt der Expedition sollte jedoch streng geheim bleiben. In den Instruktionen für die »Darstellung nach außen« wurden die Beteiligten auf absolute Geheimhaltung eingeschworen. Keinerlei Informationen über die Expedition oder die in ihrem Verlauf gewonnenen Erkenntnisse durften ohne Genehmigung durch die Krone preisgegeben werden, »weder insgeheim noch offen, weder mündlich noch schriftlich«.

Insgesamt waren 3000 Personen an dem Unternehmen beteiligt, Hilfskräfte und Wachmannschaften eingeschlossen; aus logistischen Gründen wurden mehrere selbständige Projektgruppen gebildet, Bering erhielt die Gesamtleitung. Er mußte dafür sorgen, daß dieses kleine Heer von Seeleuten, Soldaten, Arbeitern und Wissenschaftlern über mehrere Jahre in der Wildnis Sibiriens untergebracht, transportiert und verpflegt werden konnte.

An seiner Seite hatte Bering wieder seine beiden Adjutanten von der ersten Kamtschatka-Expedition, Alexej Tschirikow und Martin Spangberg, die beide zu Kapitänen dritten Ranges befördert worden waren. Tschirikow sollte das Kommando auf einem der beiden für Amerika bestimmten Schiffe übernehmen und in der Anfangsphase den Transport von Personal und Ausrüstung nach Ochotsk organisieren, Spangberg den Bau der Schiffe für den seemännischen Teil der Expedition überwachen und anschließend die Reise zu den Kurilen und nach Japan leiten.

Beide waren als Vorgesetzte nicht sonderlich beliebt: Spangberg war ein von sich selbst eingenommener Grobian, Tschirikow ein etwas pedantischer Mensch, der immer nach dem Lehrbuch ging. Bering hingegen war nach dem Urteil eines Reisegefährten »ein Mann mit guten Manieren, freundlich, ruhig und beim gesamten Personal, ob Offizier oder Matrose, allgemein beliebt«. Mit seiner geduldigen und vorausschauenden Art trug er wesentlich zur Überwindung der unzähligen Widrigkeiten bei.

Vizeadmiral Graf Nikolaj Golowin, der bald darauf zum Admiral und Präsidenten des Admiralitätskollegiums aufstieg, war sich der Probleme der Expedition bewußt. Er machte den Vorschlag, schwere Ausrüstungsteile, Munition und andere Materialien von Kronstadt aus auf dem Seeweg nach Kamtschatka zu schicken – eine Reise um die halbe Welt via Kap Hoorn. Auf dem Landweg würde Bering, so Golowin, mindestens zwei Jahre benötigen, zwei weitere für den Schiffsbau und dann noch zwei für die Seereisen. Frachtschiffe hingegen könnten in weniger als einem Jahr Ochotsk oder Kamtschatka erreichen. Außerdem könnten diese Schiffe sich anschließend auf die Suche nach neuen Häfen, Buchten und Küsten machen, die Interessensphäre Rußlands vor fremden Eindringlingen schützen und »ungehorsamen Eingeborenenvölkern einen Eindruck von der Macht Rußlands vermitteln«.

Die Admiralität verwarf diese Vorschläge Golowins, versprach aber, vorbereitende Arbeiten zu veranlassen, um die logistischen Probleme zu erleichtern. Der Senat empfahl, allen an der Expedition beteiligten Offizieren doppeltes Gehalt und einen Vorschuß für ein Jahr zu zahlen, »damit sie sich ausstatten und in zufriedener Stimmung abreisen können«.

Die eigenhändigen Instruktionen Peter des Großen für die erste Kamtschatka-Expedition wurden mit einer Ausnahme in die Weisungen für die zweite übernommen: Statt bis zur ersten von Europäern bewohnten Siedlung vorzustoßen, sollte Bering in gebührendem Abstand nördlich der bekannten oder vermuteten europäischen Siedlungen überwintern.

Am 17. Februar 1733 reiste das erste Marinekontingent unter Spangberg aus St. Petersburg mit dem Auftrag ab, sich auf direktem Weg nach Ochotsk zu begeben. Bering machte sich am 18. März auf den Weg nach Tobolsk, wo nach und nach auch die übrigen Expeditionsteilnehmer sowie Ausrüstungen und Vorräte eintrafen. Das Akademie-Kontingent, das sechshundert Köpfe zählte, erreichte Tobolsk erst im Januar 1734, wo Bering schon ungeduldig wartete. Die Akademie sollte ihm Landvermesser und Instrumente für die Eismeerküsten-Expedition stellen.

Das Akademie-Kontingent war »recht luxuriös ausgestattet«; zu seinem Stab gehörten Sekretäre und Forschungsadjunkten, Zeichner und Illustratoren, ein Tiermaler, ein Dolmetscher, »dessen Vertrautheit mit allen Sprachen der antiken Welt ihn wohl in die Lage versetzen sollte, sich mit den Eingeborenen Amerikas zu verständigen«, ein Chirurg, Köche, Dienstboten, ein Instrumentenmacher, fünf Topographen, ein Trommelschläger und eine aus vierzehn Musketieren bestehende bewaffnete Eskorte. In ihrem Troß führten die Akademiker eine aus mehreren hundert Bänden bestehende Bibliothek mit – nicht etwa nur »wissenschaftliche und historische Werke ihres Fachgebiets, sondern auch lateinische Klassiker und so leichte literarische Kost wie *Robinson Crusoe* und *Gullivers Reisen*, dazu große Vorräte an Schreibpapier, Skizzenblöcke, Malfarben, Tinte usw. Allein das Arbeitsgerät von de la Croyère füllte zehn Karrenladungen; es umfaßte diverse Fernrohre in Längen bis zu fünf Metern, fünf Theodoliten, zwanzig Thermometer, siebenundzwanzig Barometer sowie »sperrige Kupfergloben, Ketten, Magneten und Uhren«. Jedem Professor wurden zehn Pferde zugestanden, jedem anderen Expeditionsmitglied sechs. Die Wissenschaftler hatten Delikatessen der europäischen Küche und fässerweise europäische Weine dabei. Sie durften überall die Archive durchsehen, Dolmetscher und Führer anfordern und auf Rechnung der Akademie notwendige Dinge kaufen.

Bering hatte die Aufgabe, »diesen ganzen schwerfälligen Apparat, diese Gelehrtenrepublik, von St. Petersburg nach Kamtschatka zu verfrachten, für ihre Bequemlichkeit zu sorgen und jegliche Exkursionen und Abschweifungen möglich zu machen, die sich entweder aus wissenschaftlicher Zwangsläufigkeit ergaben oder die sie sich willkürlich in den Kopf setzten«. Das ging bald über Berings Kräfte. Er meldete sich ab und überließ das Akademie-Kontingent sich selbst.

Im Mai 1734 wurde in Tobolsk das Schiff fertiggestellt, mit dem die Nordmeer-küste zwischen der Ob- und der Jenissej-Mündung unter der Leitung von Leutnant Dmitri Owzwyn vermessen werden sollte. Für Bering war das ein willkommener Anlaß, mit Teilen seines Kommandos nach Jakutsk aufzubre-chen, wo er im Oktober eintraf. Dort stieß Tschirikow im nächsten Frühjahr mit einem Großteil der Ausrüstung zu ihm.

In Jakutsk waren jedoch, wie Bering feststellen mußte, keinerlei Vorkehrungen für seine Ankunft getroffen worden. Die von der Admiralität zugesagten Son-deroffiziere, die in Jakutsk vorab den Bau von Flußbooten überwachen und Materialtransporte nach Ochotsk hätten organisieren sollen, waren noch nicht einmal eingetroffen. Bering schaffte es dennoch, in sechs Monaten den Bau zweier kleiner Schiffe für die Nordmeer-Erkundung und vier größerer Lastkäh-ne für den Nachschubtransport zu organisieren.

Am 30. Juni 1735 brachen die beiden Schiffe – die *Jakutsk* unter dem forschen Leutnant Wassili Prontschischtschew und mit Semjon Tscheljuskin als Steuer-mann und die *Irkutsk* unter Leutnant Pjotr Lassenius – zu ihrer Mission auf. Beide sollten im Konvoi zur Lena-Mündung fahren, wo die *Jakutsk* sich nach Westen wenden, die Taimyr-Halbinsel umkurven und die Jenissej-Mündung ansteuern sollte, während die *Irkutsk* der Küste ostwärts folgen und nach Möglichkeit versuchen sollte, die Tschuktschen-Halbinsel zu umrunden und bis an den Anadyr vorzustoßen.

Die Überwinterung an der Nordmeerküste forderte sehr bald Opfer. Pron-tschischtschew mußte Anfang 1736 Schutz am Olenjok-Fluß suchen, Lassenius wurde von Sturm und Eis in einer Bucht festgehalten. An diesem menschenlee-ren Ort auf 71 Grad 28 Minuten östlicher Breite errichteten er und seine Besat-zung eine Hütte aus Treibholz. Als sie im Frühjahr von einer Hilfsexpedition entdeckt wurden, lebten von fünfzig Mann nur noch acht – auch Lassenius war tot. Bering entsandte ein neues Kommando unter Dmitri Laptew und ließ entlang der Nordmeerküste Nachschubdepots anlegen. Vier Jahre lang, von 1736 bis 1740, erkundete Laptew die Küsten zwischen Lena und Kolma; Packeis hinderte ihn, weiter nach Osten zu fahren.

Als die Nordmeer-Expeditionen angelaufen waren, konnte Bering endlich sein Augenmerk auf den Pazifik richten; im Winter 1735/36 begann er mit der Rekrutierung von Mannschaften und Pferden und mit der Lagerung von Aus-rüstung und Proviant zum Weitertransport nach Ochotsk. Er richtete bei Jakutsk eine Gießerei ein, in der Anker, Flaschenzüge und andere Eisenteile angefertigt werden konnten. Inzwischen waren über drei Jahre vergangen, seit die Expedition aus St. Petersburg aufgebrochen war; 300 000 Rubel waren ausgegeben, 40 Expeditionsteilnehmer hatten bereits ihr Leben gelassen. Lassenius war tot, sein Nachfolger Laptew erst knapp östlich der Lena. Prontschischtschew hatte in zwei Sommern vergeblich versucht, die Taimyr-Halbinsel zu umschiffen, Owzwyn rang noch mit den Tücken des Ob-Busens, die maritimen Expeditionen im Pazifik hatten noch nicht einmal begonnen.

Die Regierung wurde ungeduldig. Sie verlangte, die Expedition müsse nunmehr Ergebnisse bringen, »damit von jetzt an die Staatskasse nicht mehr unnütz geleert wird«.

»Ihre Expedition ist eine sehr langwierige«, schrieb die Admiralität an Bering, »und sie wird offenbar von Ihrer Seite etwas nachlässig geleitet, was man aus dem Umstand ersieht, daß Sie fast zwei Jahre gebraucht haben, um Jakutsk zu erreichen. Außerdem vermittelt Ihr Bericht den Eindruck, daß Ihr Aufenthalt in Jakutsk zu lange sein wird; es erscheint geradezu, als bestünde keine Hoffnung, daß es Ihnen gelingt, einen Schritt weiter zu kommen. In Anbetracht dessen ist die Admiralität äußerst unzufrieden und wird die Dinge nicht ohne eine Untersuchung auf sich beruhen lassen.«

Ein Jahr später wurde Berings Gehalt um die Hälfte gekürzt, die Admiralität drohte ihm »wegen Nichterteilung geforderter Auskünfte und Nichterledigung der ihm aufgetragenen Arbeit« mit Degradierung. In einem bitterbösen Antwortschreiben wies Bering darauf hin, daß von den Dingen, die die Admiralität zugesagt hatte, um den Transport seines Trosses von Jakutsk nach Ochotsk zu erleichtern, kein einziges bereitgestellt worden sei – »kein Pud Proviant geliefert, kein einziges Boot gebaut«. Die Behörden vor Ort hätten nicht einen einzigen Handschlag für die Expedition getan, alles habe er selbst machen müssen. Entlang der weit über 1000 Kilometer langen Strecke von Jakutsk nach Ochotsk habe er Wege durch Wälder und Sumpfgebiete anlegen, Lagerhäuser, Baracken, Winterhütten, Anlegestellen und provisorische Brücken bauen lassen; über siebzig Kähne und Boote seien zusammengenagelt worden als Transportmittel für Kanonen, Pulver, Tauwerk, Hanf, Bolzen, Ankertrossen und die großen Mengen an Proviant, die für die Ausstattung von sechs oder acht seetüchtigen Schiffen erforderlich seien. Für all dies habe er zwei Jahre aufwenden müssen, um nicht zu riskieren, daß »die ganze Expedition zu einem völligen Stillstand gekommen, meine Männer in die schlimmste Not geraten und das gesamte Unternehmen auf unrühmlichste Weise in die Binsen gegangen wäre«. Bering erinnerte die Admiralität daran, daß auf der ersten Expedition Spangberg und sein Versorgungstroß beinahe auf der Strecke geblieben waren, daß aber der damalige Konvoi im Vergleich zu den Massen und Mengen, die jetzt bewegt werden mußten, ein Klacks gewesen sei.

Die Regierung mußte einsehen, daß die Vorwürfe gegen Bering nicht aufrechtzuerhalten waren. Sie drohte den Behördenvertretern vor Ort die Folter an, wenn sie die Expedition nicht tatkräftiger als bisher unterstützten. Sie entband Bering von der Verantwortung für die Expeditionen zur Eismeerküste, so daß er sich von nun an auf die geplanten Reisen nach Amerika und Japan konzentrieren konnte. Endlich wurden auch Offiziere losgeschickt, die den Transport von Nachschub und Ausrüstung beschleunigen sollten. Ein großer Teil traf freilich erst in Sibirien ein, als Bering schon zur letzten Etappe nach Ochotsk aufgebrochen war.

Das Akademie-Aufgebot, das sich in gemächlichen Etappen im Kielwasser Berings bewegte, war inzwischen bis Irkutsk gekommen. Statt nun auf schnellstem Wege über Jakutsk Kamtschatka anzusteuern, deren Erforschung die Krönung ihrer Mission sein sollte, zogen Müller und Gmelin es vor, sich im Tal der Selenga südlich des Baikalsees umzusehen und Abstecher zur russisch-chinesischen Grenze zu machen. Sie beratschlagten dort mit mehreren chinesischen Beamten, studierten den Grenzhandel und besuchten die Silberbergwerke bei Nertschinsk.

Im September 1735 kehrten sie nach Irkutsk zurück und verbrachten dort die Weihnachtstage, die sich offenbar zu einem ausgedehnten Trinkgelage auswuchsen. Dann ging es weiter nach Ilimsk, wo das Osterfest den Vorwand für eine weitere einwöchige Orgie lieferte. Müller und Gmelin haben sich jedoch, so scheint es, sehr zurückgehalten – bestärkt vielleicht durch die Syphilis-Epidemie in allen Siedlungen, vielleicht aber auch, weil sie genug zu tun hatten. Sie hatten schon jetzt ein großes Archiv – Materialproben, Dokumente, Notizen – zusammengetragen.

Anfang Mai 1736 brach das Eis der Lena auf, am 27. Mai machte sich das Akademie-Kontingent (einschließlich de la Croyères) in zwölf Booten auf den

Weg flußabwärts. Zahlreiche Bauern und Sträflinge waren zu Galeerensklaven für die Expeditionstruppen gepreßt worden.

Als der akademische Troß im September endlich in Jakutsk anlegte, befand sich das Gros der Teilnehmer der See-Expeditionen schon seit längerem in der Stadt, die zum zentralen Versorgungslager für die noch vor Bering liegenden Missionen ausgebaut wurde. Die Stadt war so voll, daß es für die Gelehrten keinen Platz mehr gab. Bering, der von der Admiralität bereits ungerechterweise zum Sündenbock für die Verzögerungen gemacht worden war, wehrte alle Beschwerden ab. Er und sein Kommando hätten, so erklärte er den Gelehrten, »genug mit sich selbst zu tun«. Was immer sie an Klagen über unzureichende Unterbringung, Verpflegung und Transportmöglichkeiten vorbrachten, Bering stellte sich taub. Da alle passablen Unterkünfte besetzt waren, mußten die meisten Mitglieder des Gelehrtentrosses in primitiven, zeltartigen Hütten überwintern, mit einem Oberlicht, das zugleich der Entlüftung diente. In diesen »Schwarzstuben«, wie Gmelin sie nannte, verwelkten botanische Proben, das Schreibpapier wurde vom Ruß schwarz, die Bildermaler »mußten ihre Farben nach ganz anderen Regeln mischen«. Solche Mißhelligkeiten verloren freilich an Bedeutung, als Gmelins Domizil am 8. November abbrannte und sein gesamtes Material, darunter fast alle Aufzeichnungen des vergangenen Jahres und große Teile seiner Bibliothek, in Flammen aufging. Ein Zufall wollte es, daß in dieser subarktischen Wildnis ein Exemplar seines unentbehrlichen botanischen Spezialnachschlagewerks auftauchte; es befand sich im Besitz des verbannten italienischen Grafen Francesco Santi, der einst zu den von Peter dem Großen ins Land geholten ausländischen Talenten gezählt hatte und nun in Schigansk, einer Sträflingssiedlung am Polarkreis nördlich von Jakutsk, eine Verbannungsstrafe absaß.

Da die Akademiker keine Mittel hatten, aus eigener Kraft Kamtschatka zu erreichen, erkundeten sie im Frühjahr 1737 die nähere Umgebung. De la Croyère ließ sich zur Lena-Mündung fahren, um deren geographische Länge und Breite zu bestimmen. Müller durchforstete die am Ort befindlichen Archive, Gmelin versuchte, von seinen verlorengegangenen Sammlungen und Aufzeichnungen soviel wie möglich wiederherzustellen. Keiner war versessen, nach Kamtschatka zu gelangen, das nach wie vor als ein denkbar unwirtlicher und gefährlicher Ort galt.

Stepan Krascheninnikow, ein unternehmungslustiger junger Student, der Gmelin als Mitarbeiter zugeteilt worden war, wurde nach Kamtschatka vorausgeschickt, damit er dort Vorkehrungen für ihre Ankunft treffen konnte. Er sollte alles Wissenswerte über Kamtschatka sammeln, in Bolscheretsk für die Akademiker Häuser bauen lassen und einen kleinen botanischen Garten anlegen. Der junge Mann brach am 8. Juli 1737 im Troß Berings nach Ochotsk auf.

In seiner Denkschrift für die zweite Expedition hatte Bering die Anlage einer Operationsbasis am Pazifik vorausgesetzt: Ochotsk, die kümmerliche Siedlung an der Mündung der Ochota, sollte zu einer Hafenstadt ausgebaut, die Umgebung wirtschaftlich erschlossen und entwickelt werden. Doch wie schon in Jakutsk waren auch in Ochotsk die Planungen der Admiralität Papier geblieben. Grigori Skornjakow-Pisarew, ein Verbannter, der unter Peter dem Großen als Generalmajor, Direktor der Marineakademie und Chefprokurator des Senats große Fähigkeit bewiesen hatte, war mit der Leitung der vorbereitenden Arbeiten beauftragt worden; in den bitteren Jahren des Exils hatten sich seine Talente jedoch verflüchtigt. Weisungsgemäß hätte er in der Umgebung von Ochotsk jakutische und tungusische Schafhirten und russische Bauern (darunter 300 Sträflinge) ansiedeln, sie zum Ackerbau anleiten und ihnen Pferde, Vieh und Schafherden anvertrauen sollen; er sollte Unterkünfte, Werften, Docks und eine Gießerei aufbauen, in der Eisenwerker aus Jekaterinenburg mit dem Schmieden von Ankern und eisernen Gerätschaften beginnen konnten.

Schon am 30. Juli 1731 waren die ersten Instruktionen an ihn ergangen, im Jahr darauf hatte er die Befehlsgewalt über den neu gebildeten Verwaltungsbezirk Ochotsk erhalten, zu dem Kamtschatka und Anadyr gehörten. Als aber Spangberg 1735 in Ochotsk eintraf, um die Ausrüstung der Expeditionsschiffe zu überwachen, fand er »keinen Pisarew, keine Schiffe, keine Quartiere, keinen Proviant, keine russischen Ackerbauern mit vollen Kornkammern, keine Tungusen mit fetten Rinderherden, nichts als das alte, trostlose und öde Dorf, das er fünf Jahre vorher zurückgelassen hatte«. Kurze Zeit später tauchte Pisarew auf – mit einer Gruppe kosakischer Siedler im Schlepptau. Sehr schnell gerieten die beiden Männer aneinander; jeder versuchte, den anderen zu verhaften, beide schwärzten einander bei den Behörden an. Pisarew zog sich in ein drei Kilometer entferntes umfriedetes Fort zurück. Als Spangberg mit der Anlage einer Werft begann, ließ Pisarew die Fundamente für ein eigenes Dock legen. Beide wählten jedoch ungeeignete Standorte. Nach heftigen Regenfällen trat 1736 die Ochota über die Ufer, überflutete den tiefergelegenen Küstenstreifen und spülte die Früchte aller bis dahin geleisteten Arbeiten fort. Pisarew verlegte sich daraufhin

aufs »Plündern, Unruhestiften und Trinken«; statt sich um die Belange der
Expedition zu kümmern, richtete er sich »einen Harem ein und fand sein
Vergnügen darin, mit seinen Konkubinen [auf Schlitten] die vereisten Hänge von
Ochotsk hinabzusausen«.

Wie Bering in Jakutsk, nahm Spangberg in Ochotsk nun alles in die eigenen
Hände. Auf einer sandigen Landzunge im Delta der Ochota (wo später die ersten
Kais entstanden) kneteten seine Männer Lehm, formten Ziegel, bauten Häuser,
Baracken, Lagerhallen und eine Kirche. Als Bering zwei Jahre später, im Sommer
1737, eintraf, hatten sie aus Ochotsk so etwas wie einen Seehafen am Pazifik
gemacht. Obwohl jeder Baumstamm für den Schiffsbau mindestens 40 Kilometer
nach Ochotsk geflößt werden mußte, hatten Spangberg und seine Leute nicht
nur die beiden alten Beringschen Schiffe *Fortuna* und *Gabriel* repariert, sondern
zwei komplette neue Schiffe für die Kurilen-Japan-Expedition gebaut, die *Erzengel Michael* und die *Hoffnung*. Sie lagen voll bestückt im Hafen. Nur den Bau
von zwei Galeoten für die Fahrt nach Amerika hatte er nicht geschafft.

Mit der Fehde zwischen Spangberg und Pisarew konfrontiert, tat Bering nach
seiner Ankunft alles, um Pisarew ruhigzustellen; dessen »bösartige Besserwisserei« strapazierte aber bald die Nerven des sonst so geduldigen Kapitän-Kommandeurs. »Für die Korrespondenz mit ihm allein«, klagte Bering einmal, »könnte ich gut drei Sekretäre beschäftigen.« Mit seiner Abreise mußte Bering warten,
bis Spangberg auf dem Weg nach Japan war; da es schon spät im Jahr war, war
diese Fahrt erst im Frühjahr 1738 möglich. Fürs erste wurde daher die *Fortuna*,
mit Krascheninnikow an Bord, nach Bolscheretsk auf Kamtschatka in Marsch
gesetzt.

Seit Berings erster Expedition als regelmäßige Frachtfähre über das Ochotskische
Meer im Dienst, hatte die *Fortuna* ihre besten Tage längst hinter sich. Kaum hatte
die Besatzung den Sichtkontakt zum Land verloren, war das Schiff schon leck.
Um es zu erleichtern, warf die Besatzung die gesamte Ladung – 14 000 Pfund –
über Bord. Zehn Tage später, Kamtschatka war schon zu sehen, kam ein Sturm
auf mit turmhohen, von einem schweren Erdbeben verursachten Wellen. Um
das Schiff zu retten, ließ der Steuermann es in der Bolschaja-Mündung mit voller
Kraft aufs Ufer laufen. In der folgenden Nacht wurde das Schiff zu Kleinholz
geschlagen; Wrackteile trieben auf das Meer hinaus.

»Erst da erkannten wir«, schrieb Krascheninnikow, »in welch großer Gefahr wir
geschwebt hatten, denn alle Planken des Schiffs waren schwarz und so verfault,

daß man sie ohne weiteres mit den Händen knicken konnte.« Noch unheimlicher aber war, daß die Erde so gewaltig bebte, daß die Gestrandeten sich kaum auf ihren Beinen halten konnten.

Krascheninnikow büßte bei dieser Katastrophe sein gesamtes Reisegepäck ein, dazu sein Beglaubigungsschreiben und seine Lebensmittelvorräte. Die Eingeborenen auf Kamtschatka waren überzeugt, die Ankunft der Russen sei für die Naturkatastrophe verantwortlich, die ihrem Land widerfahren war. Dennoch konnte Krascheninnikow sich in Bolscheretsk häuslich einrichten. Im folgenden Frühjahr erkundete er den südlichen Teil Kamtschatkas, erfaßte ihre Flora und Fauna und sammelte zahlreiche Daten über die Lebensgewohnheiten, Bräuche und religiösen Überzeugungen der Kamtschadalen.

Müller und Gmelin hatten zwar das Glück, von solchen Prüfungen verschont zu bleiben, fanden aber dennoch das Leben in Sibirien schwer erträglich. Müller verbrachte den Winter 1737/38 in Irkutsk, wo er seiner Gesundheit zuliebe siebzehnmal zur Ader gelassen wurde. Gmelin stieß im März zu ihm. Die beiden waren jetzt fast fünf Jahre unterwegs, sie hatten den Glauben verloren, je die Pazifikküste zu sehen. Sich wieder westwärts wendend, überwinterten sie in Jenissejsk, doch ihre gemeinsame Petition nach St. Petersburg zurückkehren zu dürfen, wurde abgewiesen.

Ihr Gefährte de la Croyère war zwar ein sehr unterhaltsamer Zeitgenosse, hatte aber bis dahin nichts von wissenschaftlichem Wert zu dem Unternehmen beigetragen. Während seiner fünf Jahre in Sibirien hatte er nicht einen einzigen Ort geographisch exakt bestimmt. Er geriet von einer Bredouille in die andere, die Promiskuität seiner Frau stürzte ihn in ständig neue Demütigungen und lenkte ihn von seinen eigentlichen Aufgaben ab. Seine beiden Kollegen setzten die Akademie diskret von seiner Unbrauchbarkeit in Kenntnis, es wurden taktvolle Vorkehrungen zur Entsendung »zusätzlichen Personals« getroffen.

Der bemerkenswerte junge Mann, der unter diesem bescheidenen Etikett seine Aufwartung machte, war Georg Wilhelm Steller, den Carl von Linné später als einen »geborenen Naturforscher und Botaniker« lobte und der, rückblickend betrachtet, vielleicht sogar der bedeutendste Teilnehmer der Großen Nordischen Expedition war.

Steller, Sohn eines evangelischen Kantors und Organisten aus dem fränkischen Windsheim, war im März 1709 tot auf die Welt gekommen, durch Anwendung von Schwefeldämpfen jedoch – ein Wunder – wiederbelebt worden. Er legte, ähnlich wie Gmelin, eine »frühreife Neigung zur Erforschung natürlicher Zusammenhänge« an den Tag. An der Universität Wittenberg studierte er Theologie und Medizin und besuchte die berühmten Anatomievorlesungen Abraham Vaters; obwohl Naturwissenschaftler, glaubte er an Zauberkräfte und betätigte sich als Hellseher. Einem Freund soll Steller die folgende Episode anvertraut haben:

Einmal begab sich in der Nacht vor dem Weihnachtstag unsere Gruppe von Zauberlehrlingen in ein Walddickicht bei der Stadt. Dort räumten wir eine Fläche vom Schnee, zeichneten in die Mitte einen Kreis mit den einschlägigen Zeichen und begannen unsere Beschwörungen zu murmeln. Plötzlich erschien eine wundersame Gestalt, angetan mit einem buntscheckigen, zerlumpten Gewand und mit schwarzen Strümpfen, roten Stiefeln und gelben Absätzen. ... Ich besaß die Kühnheit, mich von hinten an den Burschen heranzuschleichen, seinen Fuß hochzuheben und den Stiefel und den Absatz in Augenschein zu nehmen. In diesem Augenblick erhob sich ein gewaltiger Sturm. Wir erschraken und flohen in größter Angst und Verzagtheit stadtwärts, wobei wir unaufhörlich mit Tausenden von Schneebällen bombardiert wurden, ohne jedoch die geringste Verletzung davonzutragen. Ich habe seither solchem gefährlichen Tun abgeschworen und bedaure meine Torheit in schmerzlichster Erinnerung an diesen teuflischen Hokuspokus und diese schrecklichen Streiche.

Von Wittenberg wechselte Steller an die Universität Halle, wo die naturkundlichen Fächer an der medizinischen Fakultät gelehrt wurden; um diese Zeit entwickelte er einen Heißhunger auf die Reiseliteratur. Er las Defoes *Robinson Crusoe* und Schnabels *Wunderliche Fata einiger Seefahrer*, einen Roman über ein Schiff, das auf einer paradiesischen Insel in einem unbekannten Meer strandet. Unter dem Eindruck dieser Geschichten (oder auch dank seiner hellseherischen Fähigkeiten, wie seine Zeitgenossen glaubten) sagte er 1734 voraus, er werde einmal in eine ferne Welt reisen, schiffbrüchig werden, auf einer unbewohnten Insel stranden und in einem unwirtlichen Land sterben. Noch im gleichen Jahr schloß er sich für kurze Zeit als Wundarzt einem russischen Artillerieregiment an, das an der Belagerung Danzigs beteiligt war, und segelte mit ihm über die

Ostsee nach St. Petersburg. Mit nur wenigen Kopeken in der Tasche besuchte er dort, so ist es überliefert, den Botanischen Garten und freundete sich mit einem deutschen Gärtner an, der ihn beim Erzbischof Feofan Prokopowitsch einführte. Der Erzbischof, ein liberal denkender Weltbürger, der die kirchlichen Reformen Peter des Großen durchgesetzt hatte, erkannte bald die Fähigkeiten Stellers und machte ihn zu seinem Hausarzt. Prokopowitsch war ein Förderer der Künste und Wissenschaften, in seinem Haushalt wurde Gelehrsamkeit, aber auch Lebensgenuß großgeschrieben. Berühmt waren die kulinarischen Köstlichkeiten, die in seinem Haus geboten wurden. Als Steller Ende 1734 in St. Petersburg eintraf, war das Akademie-Aufgebot bereits im hinteren Sibirien. Als die Behörden Anfang 1735 beschlossen, den wissenschaftlichen Stab zu verstärken, nahm Steller die Chance wahr. Prokopowitsch empfahl ihn der Akademie, auch Johann Amman setzte sich für ihn ein, ein international bekannter Botaniker, dem er assistierte. Steller machte in der Hauptstadt die Adresse von Daniel Gottlieb Messerschmidt ausfindig, der von 1720 bis 1727 Sibirien bereist hatte und wahrscheinlich mehr über dieses Land wußte als irgendein anderer Mensch. Messerschmidt hatte alle erdenklichen Informationen und Proben zur Natur- und Besiedlungsgeschichte Sibiriens gesammelt, darunter »Denkmäler und andere Antiquitäten und was ihm sonst noch an bemerkenswerten Gegenständen unterkam«. Seine Aufzeichnungen füllten neun engbeschriebene Bände, doch die Strapazen seiner Tätigkeit hatten ihn in eine gewisse geistige Verwirrung gestürzt.

Im Februar 1728 hatte Messerschmidt seine Sammlungen und Aufzeichnungen an die Akademie abgetreten und sich ganz in die Arme einer »wilden jungen Frau« – Brigitta Helene von Böckler – geworfen. Die Tochter eines Obersten war »ganz das Gegenteil von ihm«, aber er hielt sie »für genau die Frau, die er einst in Solikamsk in einem Traum gesehen hatte«. Messerschmidt heiratete seine Angebetete und wollte mit ihr in seine Heimatstadt Danzig zurückkehren. Doch am 27. Oktober 1729 wurden die beiden Opfer eines Schiffsunglücks, bei dem sie zwar nicht ihr Leben, aber ihr gesamtes Hab und Gut verloren. Mittellos kehrten sie nach St. Petersburg zurück. Messerschmidt wurde so depressiv, daß er zu keiner Tätigkeit mehr taugte, das Paar lebte in bitterster Armut. 1735 starb Messerschmidt im Alter von 50 Jahren.

Steller verliebte sich in die Witwe und heiratete sie kurz entschlossen in der Überzeugung, in ihr die Gefährtin seiner Träume gefunden zu haben. Am 28.

Juli 1736 wurde sein Reisegesuch bewilligt, am 9. September 1737 legte er, nachdem er von einigen geheimen Unterlagen Kenntnis genommen hatte, den vorgeschriebenen Eid ab.

Einige der leitenden Männer der Expedition (Bering, Spangberg, de la Croyère und andere) hatten Frau und Kinder mit auf die Reise genommen, auch Steller hatte seine Braut überredet, ihn zu begleiten. Sie versprach, mit ihm bis ans Ende der Welt zu gehen und jede Not mit ihm zu teilen; aber schon in Moskau überlegte sie es sich anders und »beschloß, zu Hause zu bleiben und an seinem Gehalt teilzuhaben«. Er gab ihr einen Teil seines Vorschusses, wohl wissend, daß sie ihn betrügen würde. Gmelin vertraute er später an, von da an sei er willens gewesen, »alles zu tun, womit er sich Erlösung von seinem Kummer verschaffen konnte«. Steller brauchte für die Reise nach Ochotsk drei Jahre. Seinen ersten sibirischen Winter (1738/39) verbrachte er in Tomsk, wo die Feiern zum Namenstag des Erzengels Michael am 8. November so ausarteten, daß »man sich zu dem Glauben verleitet fühlte, es sei von oben her eine Weisung an alle ergangen, sich an diesem Tag mit Schnaps abzufüllen«. In Jenissejsk traf Steller am 20. Januar 1739 auf Gmelin und Müller, die sich gerade von ihrer Kamtschatka-Verpflichtung entbinden lassen wollten. Das Leben in der Wildnis war einfach nicht ihre Sache. Sie erwarteten einen ihrem Professorenstatus entsprechenden Lebensstandard und entfernten sich selten von ihrem Versorgungstroß mit seinen Köchen, Dienstboten und Kutschern. Steller war aus anderem Holz geschnitzt. »Er war mit keinen Kleidern beschwert«, schrieb Gmelin später, er führte nur das Allernötigste mit sich:

Sein Trinkgefäß zum Bier war eins mit dem Trinkgefäß zum Met oder Branntwein. ... Er hatte nur eine Schüssel, daraus er speiste und in welcher er alle seine Speisen anrichtete. Zu diesen gebrauchte er keinen Koch. Er kochte alles selber, und dieses auch wieder mit so wenigen Umständen, daß Suppe, Gemüse und Fleisch in einem Topfe zugleich angesetzt und gekocht wurden. Er konnte den Qualm davon in der Stube, da er arbeitete, gar leicht ertragen. Er brauchte keine Perücke und keinen Puder, ein jeder Schuh und ein jeder Stiefel war ihm recht. ... [Er war] in allen seinen Unternehmungen unermüdet. ... Es war ihm nicht schwer, einen ganzen Tag zu hungern und zu dursten, wenn er etwas den Wissenschaften Ersprießliches ins Werk richten konnte.

Steller erbot sich, alleine nach Kamtschatka weiterzureisen; seine beiden Landsleute schilderten ihm zwar pflichtgemäß die damit verbundenen Risiken und die zu erwartenden Entbehrungen, doch das schien Stellers Tatendrang nur zu beflügeln.

Einige Zeit zuvor war in Jenissejsk ein Brief von de la Croyère eingetroffen mit der Bitte, ihm jemanden zu schicken, der seine Pendeluhren reparieren könne, die auf der Fahrt zur Lena-Mündung im Sommer 1738 beschädigt worden seien. Es sei eine schwierige Expedition gewesen, in deren Verlauf seine Mannschaft durch Skorbut, Erfrierungen und Selbstmord zusammengeschrumpft sei. Gmelin und Müller hielten Ausschau nach dem fähigsten Mann vor Ort; ihre Wahl fiel auf einen wegen sexueller Vergehen nach Sibirien verbannten Russen »mit etlicher Erfahrung im Uhrmacherhandwerk und in anderen mechanischen Künsten«. Er wurde an die Seite Stellers nach Irkutsk geschickt.

Nach seiner Ankunft dort am 23. März 1739 saß Steller für fast ein Jahr fest. Den Sommer über durchstreifte er das alpine Bargusin-Gebirge an der Ostflanke des Baikalsees, entdeckte und beschrieb mehrere unbekannte Pflanzenarten und entwickelte ein neues Verfahren zur Konservierung von Kleinstlebewesen: Er schloß sie zwischen zwei dünne Plättchen aus Marienglas (Glimmer) ein. Als 75 Jahre später die von Steller gesammelten Parasiten erstmals von einem anderen Wissenschaftler untersucht wurden, »ließen sie sich [noch immer] zeichnen und beschreiben, als seien sie lebensfrisch«.

Den ganzen Sommer über gönnte Steller sich so gut wie keine Ruhepause. Er sammelte Pflanzen, verfaßte ausführliche, exakte Beschreibungen dazu und notierte seine Eindrücke von der Landschaft und von einigen einheimischen Stämmen. Um neues Papier zu bekommen, reiste er im Winter bis zur chinesischen Grenze.

Unterdessen hatte seine Frau in einem Brief um mehr Geld gebeten, ein Ansinnen, das »ihn beinahe zur Raserei getrieben hätte«. Doch schließlich überwies er ihr (wie auch später), was er erübrigen konnte. Als der Zeitpunkt seiner Weiterreise nach Osten näherrückte, packte er seine Sammlungen und Manuskripte ein und adressierte sie an die Akademie. Am 6. März 1740 machte er sich auf den 2600 Kilometer langen Weg nach Jakutsk. Die Winterroute führte über die Berge im Südwesten des Baikalsees, dann weiter nach Kirensk; hier galt es zu warten, bis das Eis der Lena taute. In Kirensk erfuhr Steller von Spangbergs bevorstehender zweiter Japanreise.

Fünf Jahre hatte es nach dem Aufbruch des Marinekontingents aus St. Petersburg gedauert, bis die ersten Schiffe der Pazifik-Expeditionen in See gestochen waren.

Gegen Ende Juni 1738 hatten die *Erzengel Michael* unter Martin Spangberg, die *Hoffnung* unter dem englischen Leutnant William Walton und die alte *Gabriel* unter Leutnant Alexej Schelting den Hafen von Ochotsk mit Ziel Bolscheretsk verlassen; am 15. Juli hatten sie von dort aus Kurs auf die Kurilen genommen. Sie kartierten die Inselkette, benannten mehrere bis dahin nicht verzeichnete Inseln und gelangten bis Iturup; dann kehrten sie zurück.

Im darauffolgenden Frühjahr baute Spangberg eine für achtzehn Ruderer angelegte Schaluppe, die *Bolscheretsk*, versetzte Walton auf die *Gabriel*, vertraute Schelting die *Hoffnung* an und lief am 21. Mai 1739 an der Spitze dieses Geschwaders aus – fest entschlossen, den Seeweg nach Japan zu finden. Nach Passieren der Meerenge zwischen den Inseln Shumshu und Paramushir kreuzten sie auf Kursen zwischen Südost und Südwest weit in den Pazifik hinaus, stets in der Erwartung, auf Juan-da-Gama-Land zu stoßen. Als sie das Phantomland nicht fanden, wendeten sie auf Höhe des 42. Breitengrades nach Südwesten. Am 14. Juni kam die nordöstliche Küste Honshus in Sicht, der größten der japanischen Inseln; sie folgten ihr südwärts. In einer Nebelbank verloren Spangberg und Walton einander aus den Augen, am 22. Juni ging Spangberg in einer Bucht an der Ostküste Honshus vor Anker und nahm vorsichtigen, aber freundschaftlichen Kontakt mit den japanischen Bewohnern auf.

Zwei mit Tabak und Lebensmitteln beladene Dschunken gingen längsseits, ein lebhafter Handel begann. Als japanische Behördenvertreter auftauchten, führte Spangberg sie zu einer Seekarte und einem Globus, um sich seine Position bestätigen zu lassen, und sie zeigten ihm bereitwillig, wo er sich befand. Am nächsten Tag segelte Spangberg nordwärts die Küste entlang; auf dem Heimweg entdeckte er drei weitere Kurilen-Inseln. Zu diesem Zeitpunkt wütete jedoch unter seiner Besatzung bereits der Skorbut, und als er am 14. August im Heimathafen anlegte, waren auf seinem eigenen Schiff 13 und auf der *Hoffnung* elf Besatzungsmitglieder der Mangelkrankheit erlegen.

Dennoch strahlte Spangberg höchste Zufriedenheit aus, glaubte er doch, seinen Auftrag vollständig erfüllt zu haben. Er hatte den Seeweg nach Japan gefunden, hatte den Nachweis erbracht, daß das Staaten- und das Kompagnieland nichts anderes sein konnten als zwei der Kurilen-Inseln, hatte die Lage der Ostküste mindestens zweier japanischer Inseln erkundet und gezeigt, daß das Juan-da-

Gama-Land nicht existierte. Als überzeugter Patriot machte er darauf aufmerksam, daß die Kurilen bislang von keiner Macht kontrolliert würden und für das russische Reich somit eine denkbar gute Chance bestehe, sie seinem Herrschaftsbereich einzuverleiben. Unterdessen war der von Spangberg gering geschätzte Walton nach Bolscheretsk zurückgekehrt und hatte berichtet, er habe ebenfalls die Küste Honshus besucht, und ein Mitglied seiner Besatzung sei in ein japanisches Haus eingeladen und mit Wein, Reis, Obst und diversen Delikatessen fürstlich bewirtet worden. Die Berichte der Entdeckungsreisenden trafen am 6. Januar 1740 per Sonderkurier in der Hauptstadt ein, doch die anfängliche Aufregung machte bald Verwirrung und Zweifeln Platz. Da war einmal die Tatsache, daß die geographischen Befunde der beiden Kapitäne allen anerkannten Karten zuwiderliefen, ferner hatten Spangberg und Walton sich im Wettlauf um Entdeckerruhm gegenseitig fehlerhafte Logbucheintragungen vorgeworfen.

Unabhängig davon entdeckte Bering bei der Prüfung der Aufzeichnungen eine Reihe von Ungereimtheiten auf beiden Seiten; die Bemühungen der Admiralität, ihre Berechnungen nachzuvollziehen und so zu korrigieren, daß vereinbare Ergebnisse herauskamen, führten zu nichts. Zu allem Überfluß hatte sich auch noch Pisarew eingemischt, der Spangberg nicht leiden konnte. Er hatte in einem Schreiben an den Senat die Vermutung geäußert, die angelaufene Küste sei nicht die japanische, sondern die koreanische gewesen. Zum Beweis dieser These verwies Pisarew auf eine japanische Karte, die angeblich in Ochotsk aufgetaucht war. Er wußte, daß seinem Urteil ein gewisses Gewicht zukommen würde. Die Admiralität war ratlos. Sie befahl, daß Spangberg seine Japan-Reise wiederholen müsse. Spangberg, schon auf dem Weg nach Westen, machte kehrt. Er wollte noch rechtzeitig vor der Abreise Berings nach Kamtschatka wieder in Ochotsk sein. Doch als er dort am 12. August 1740 eintraf, hatte Bering bereits alle seetüchtigen Schiffe und die noch vorhandenen Vorräte für seine eigene Expedition requiriert und mit der Verschiffung der Ausrüstung über das Ochotskische Meer begonnen. Spangberg wurde mitgeteilt, er müsse unter diesen Umständen zurückstehen, sich ein eigenes neues Schiff bauen und für die Lieferung des benötigten Nachschubs aus Jakutsk sorgen. Das hätte einen Aufschub von mindestens zwei Jahren bedeutet. Der unglückliche, verunsicherte Spangberg hatte nur eine Genugtuung: Pisarew war im April 1739 von einem neuen Hafenkommandanten abgelöst worden, von Anton Devier, der wesentlich mehr

Bereitschaft zur Zusammenarbeit mit den Expeditionsmannschaften zeigte. Bald fand sich weiteres Personal ein, darunter Steller und de la Croyère. Steller hatte sich zunächst gewünscht, mit Spangberg nach Japan zu segeln, besann sich dann jedoch und fragte, wie er Bering dazu bringen könne, ihn auf die Amerikareise mitzunehmen. Bering zeigte sich nach der ersten Begegnung beeindruckt von den Fähigkeiten des jungen Deutschen und versprach, dessen Ansinnen in Betracht zu ziehen. Bis es jedoch soweit war, beschäftigte Steller sich mit der Naturmedizin der Eingeborenen. Er untersuchte eine Lehmart, die, in Rentiermilch gekocht, als Heilmittel gegen Durchfall wirkte. De la Croyère übte die Bestimmung von Längen- und Breitengraden, er hoffte, durch Fleiß sein Fach in letzter Minute doch noch richtig erlernen zu können. Indizien deuten jedoch darauf hin, daß er nicht mehr mit dem Herzen bei der Sache war. Ungeachtet des großzügigen Spesenkontos, das die Regierung ihm anfänglich eingeräumt hatte, steckte er mittlerweile »so tief in Schulden, daß er nicht mehr weiter wußte«: die Eskapaden seiner Frau hatten ihn »körperlich krank gemacht und moralisch und gesellschaftlich erledigt«.

Schon einige Monate früher hatte Bering die *Gabriel* wieder hergerichtet und sie mit einer Vorausmannschaft losgeschickt, die an der Ostküste der Kamtschatka einen geeigneten Hafen als Stützpunkt für die Amerika-Expedition suchen und ausbauen sollte. Die Wahl war auf die Awatscha-Bucht gefallen, ein wunderbar geschütztes natürliches Hafenbecken, umgeben von hohen, grünen Bergen. An einer Stelle der Innenküste hatte die Vorhut eine kleine Stadt erbaut, die Bering nach seinen beiden Schiffen benannte – St. Peter- und St. Pauls-Hafen oder Petropawlowsk. Die beiden im Juni 1740 fertiggestellten Schiffe waren in der Art der Paketboote gebaut, die damals in der Ostsee verkehrten. Sie waren 26 Meter lang, sieben Meter breit und hatten drei Meter Tiefgang. Beladen werden konnten diese Zweimaster mit 220 Tonnen Fracht, in ihren Seitenluken steckten 14 kleine Kanonen. Bering bestimmte die *St. Peter* zu seinem Flaggschiff; Tschirikow erhielt das Kommando über die *St. Paul*.

Berings Erster Maat, Sofron Chitrow, lief am 1. September mit der *Hoffnung* von Ochotsk aus, beladen mit Fracht für die Awatscha-Bucht; doch schon nach kurzer Zeit setzte er das Schiff auf eine Sandbank, ein beträchtlicher Teil der Expeditionsausrüstung ging verloren, darunter der gesamte Vorrat an Schiffszwieback.

Da Bering sich keine weiteren Verzögerungen mehr leisten konnte, brach er dennoch wenige Tage später in Richtung Kamtschatka auf. In Bolscheretsk ließ er die Fracht auf Hundeschlitten verladen und ordnete an, sie auf dem Landweg zur Awatscha-Bucht zu transportieren. Dann machte er sich mit seinen beiden Paketbooten auf den Weg um das Kap Lopatka nach Petropawlowsk. Die Überland-Expedition bereitete ebenso große Schwierigkeiten wie die Route von Jakutsk nach Ochotsk. Die Russen trieben wieder einmal Eingeborene aus der Umgebung zusammen und zwangen sie, sich mit ihren Schlitten und Hunden zur Verfügung zu stellen. Sie gingen so brutal zu Werke, daß viele Eingeborene glaubten, sie würden zum Zwecke eines großen Massakers zusammengetrieben. Daraufhin leisteten sie Widerstand. Doch die Russen identifizierten sehr schnell die Rädelsführer, überraschten sie in ihrer unterirdischen Höhle und brachten sie um, indem sie Granaten durch die Rauchabzugslöcher ins Innere warfen.

Steller hatte inzwischen Krascheninnikow abgelöst, der ihn über seine Forschungsergebnisse ins Bild setzte. Er war zur Südspitze der Halbinsel gereist, hatte die Nebenflüsse des Bolschaja-Flusses erkundet, war über den Gebirgszug ins Kamtschatka-Tal vorgestoßen und dem Fluß bis an seine Mündung gefolgt. Er hatte gnadenlose Winterstürme ebenso überstanden wie brütende Sommer in tiefliegenden Sumpfgebieten, hatte furchterregende Erdbeben erlebt und mit ehrfürchtigem Staunen die feurigen Ausbrüche einiger Vulkane beobachtet, darunter Anfang 1739 einen, bei dem ringsum soviel Asche niedergegangen war, daß die Schlitten sich nicht mehr über den Schnee ziehen ließen.

Im Januar 1741 hatte Steller die Gegend zwischen Bolscheretsk und dem Kap Lopatka erkundet, doch kurz nach seiner Rückkehr erhielt er einen Brief, in dem Bering ihn dringend aufforderte, nach Petropawlowsk zu kommen. In Begleitung von Thomas Lepechin, einem Kosaken, den er kurz zuvor zu seinem Adjutanten gemacht hatte, begab er sich mit Hundeschlitten auf den Weg quer über die Halbinsel, am 20. März 1741 meldete er sich im Hauptquartier des Kapitän-Kommandeurs.

Steller erfuhr, daß Berings Wundarzt aus Krankheitsgründen plötzlich von der Amerikareise zurückgetreten war und daß auch der evangelische Geistliche wegen »Melancholie« einen abrupten Rückzieher gemacht hatte. Da Bering wußte, daß Steller Theologie studiert hatte und auch ärztliche Fähigkeiten besaß, bat er ihn, in die Bresche zu springen. Auch als Mineraloge war er willkommen, da es zu den Aufgaben der Expedition gehörte, die Bodenschätze aller neu entdeckten Länder zu bestimmen.

Steller war überglücklich, doch bei den anderen war die Begeisterung für das Unternehmen abgeklungen. Zum einen waren die Kräfte durch die Vorarbeiten verschlissen, zum anderen erschien ihnen die Seereise hinaus in die unbekannten Gewässer des Nordpazifik höchst gefährlich. Auch Bering selbst war ziemlich niedergeschlagen und ausgebrannt, seine einst so imposanten Körperkräfte waren weitgehend geschwunden. Die Strapazen von acht Expeditionsjahren hatten einen schrecklichen Tribut gefordert, wie Steller schrieb: »In der morastigen Umgebung von Ochotsk und Kamtschatka stützten sie sich, während er alle in den Sumpf Gesunkenen heraus- und hochzuziehen versuchte, so schwer auf ihn, daß er selbst versinken mußte.«

Bering hatte tatsächlich schon weitaus mehr geschafft, als er selbst ahnen konnte: Die Eismeer-Expeditionen, auf deren Vorbereitung er so viel Zeit und Kraft verwendet hatte, zeigten erste Erfolge. Die Küste der Karasee und die Westküste der Jamal-Halbinsel waren gründlich erforscht, es lagen genaue Karten der Nordmeerküste zwischen Ob und Jenissej vor. Auch die Kartierung der Taimyr-Halbinsel war endlich gelungen, der nördlichste Punkt des eurasischen Festlands, Kap Tscheljuskin, war von Osten her umfahren worden. Viele traurige und zugleich heldenhafte Episoden spielten sich im Verlauf dieser Unternehmungen ab; die vielleicht rührendste ist die Geschichte des Wasili Prontschischtschew, der 1737 bei einer Taimyr-Expedition den Tod fand. »Sein trauriges Schicksal«, kommentierte ein späterer Entdeckungsreisender, »ist von einem in der Geschichte der arktischen Entdeckerfahrten einzigartigen Interesse. Er war frisch verheiratet, als er aufbrach. Seine Braut begleitete ihn auf der Reise, teilte die Gefahren und Entbehrungen mit ihm, überlebte ihn nur um zwei Tage und ruht jetzt an seiner Seite in einem Grab an der trostlosen Küste des Polarmeers.«

Am 4. Mai 1741 berief Bering eine Schiffssitzung ein, auf der er mit seinen Offizieren und Louis de la Croyère darüber beriet, welcher Kurs eingeschlagen werden sollte. Als Leitfaden hatte Joseph Nicolas Delisle eine Karte des Nordpazifiks und der angrenzenden Inseln angefertigt und drei mögliche Reiserouten skizziert: 1. zur Spitze der Tschuktschen-Halbinsel und von da aus ostwärts; 2. von Kamtschatka aus direkt ostwärts; 3. von Kamtschatka aus südostwärts in Richtung Juan-da-Gama-Land.

Nach Angaben des Leutnants Sven Waxell, eines Schweden, der in der Hierarchie der *St. Peter* der zweite Mann war, herrschte zunächst Unschlüssigkeit über die Wahl der Route; den Ausschlag gab schließlich der Umstand, daß auf der Karte von Delisle das Juan-da-Gama-Land (von dem man annahm, es sei bereits ein Teil Amerikas) südöstlich der Awatscha-Bucht eingezeichnet war, auf 46 Grad nördlicher Breite. Die Offiziere beschlossen, dieses Land anzusteuern; für den Fall jedoch, daß sie an der bezeichneten Stelle nicht auf Land stießen, wollten sie auf Nordostkurs drehen und nach Erreichen der amerikanischen Küste gegen Ende des Sommers in Höhe des 65. Breitengrades zur Tschuktschen-Halbinsel zurückzukehren. Es war ein Unglück, daß dieses Konzept an die Stelle eines früheren Plans trat, der ihnen viele Probleme erspart hätte. »Es war nicht der Wunsch der Admiralität gewesen«, heißt es in der Analyse eines Autors,

daß Bering einfach ostwärts segeln sollte, um an irgendeiner Stelle auf die amerikanische Küste zu stoßen. Er war laut seinen Instruktionen gehalten, zunächst der sibirischen Küste aufwärts bis zum Ostkap zu folgen, von dort nach Alaska zu queren und sich dann entlang der amerikanischen Küste südwärts zu bewegen; die Lage der beiden Kontinente zueinander sollte auf diese Weise endlich einigermaßen vollständig erfaßt werden. Bering fürchtete jedoch, auf Eisbarrieren zu stoßen, wenn er das Ostkap zu früh in der Saison erreichte, und entschloß sich daher zum umgekehrten Weg: zuerst direkt Amerika anzupeilen und dann an dessen Küste entlang nordwärts zu segeln, so daß die nördlichen Gewässer möglichst zum Zeitpunkt ihrer geringsten Vereisung erreicht würden. Er hatte ursprünglich geplant, an einem klimatisch gemäßigten, d. h. nicht zu weit nördlichen Abschnitt der amerikanischen Küste einen Platz zum Überwintern zu finden, seine Entdeckungsfahrt im Nordpazifik also über zwei Saisons zu strecken, doch dann hatte die unzureichende Verproviantierung seiner Schiffe ihn gezwungen, von diesem Vorhaben Abstand zu nehmen. Sicher wäre es das klügste gewesen, die Reise noch einmal um ein Jahr zu verschieben, um die Schiffe in den bestmöglichen Ausrüstungs- und Versorgungszustand bringen zu können, doch das kam angesichts der bereits verlorenen Jahre und der enormen aufgelaufenen Kosten nicht in Frage.

Statt eine Überwinterung irgendwo an der unbekannten amerikanischen Küste einzuplanen, kürzte Bering die Reise auf einen Zeitraum von drei bis vier Monaten; das bedeutete, daß die Schiffe versuchen mußten, auf dem denkbar kürzesten Weg zur amerikanischen Küste zu gelangen, wenn sie in der zur Verfügung stehenden Zeit auch nur einen Teil der ihnen aufgetragenen Aufgaben erledigen wollten.

Bering bestimmte, daß Steller auf der *St. Peter,* de la Croyère auf der *St. Paul* mitfahren solle, er teilte jedem Schiff eine Besatzung von 76 Mann zu. Am 29. Mai wurden die Schiffe aus dem Hafen auf die Reede geschleppt, am 4. Juni – einem verheißungsvoll sonnigen, strahlenden Sommertag mit kräftigen, freundlichen Winden – setzten sie ihre Segel. Einen Kurs zwischen Ost und Südost haltend, erreichten sie bald die Koordinaten des Juan-da-Gama-Landes, fanden dort aber nichts vor als offenes Meer.»Es wurde ganz deutlich«, schrieb Tschirikow,»daß [dieses Land] nicht existierte, denn wir waren über das Gebiet, wo es sich befinden sollte, hinweggesegelt.«

Bering und Tschirikow änderten ihren Kurs auf Ost-Nordost, doch am Morgen des 20. Juni trennte ein Sturm die beiden Schiffe. Bering suchte mehrere Tage lang nach der *St. Paul,* ohne sie zu finden, segelte noch einmal südwärts bis zum 45. Breitengrad (noch immer auf der Suche nach dem Juan-da-Gama-Land), rang sich dann aber am 25. Juni wieder zu einem Kurswechsel nach Ost-Nordost durch. Er tat dies gegen den Rat Stellers, der im Wasser Seegräser einer Art treiben sah, die nur »auf Felsen und in seichtem Wasser« vorkam; da auch Möwen und Seehunde zu sehen waren, nahm Steller an, daß das Schiff sich parallel zu einem Festlandsockel bewegte.

Steller geriet hierüber in eine Auseinandersetzung mit den Offizieren, die sich jedoch über ihn lustig machten. Die Feindseligkeit, die sich hieraus entwickelte, blieb bis ans Ende der Reise bestehen. Steller wurde kaum um seine Meinung gefragt, obwohl sich später herausstellte, daß er in allen wichtigen Punkten richtig gelegen hatte.

Der Preis, den diese Verzögerungen kosteten, machte sich bald bemerkbar: Die Essensrationen mußten gekürzt werden, am 14. Juli war die Hälfte der Wasservorräte verbraucht, das restliche Wasser würde höchstens bis Anfang September reichen. Bering und seine Offiziere gingen jedoch davon aus, daß jeden Augenblick amerikanisches Land in Sicht kommen müsse.

Tagelang lag dichter Nebel über dem Meer. Voller Erwartungen verging der 15.

Juli, am nächsten Morgen hielt es keinen Mann mehr unter Deck. Kurz nach der Mittagsstunde riß der Nebel plötzlich auf, und vor ihnen stand, wie aus dem Meer aufgetaucht, der schneebedeckte Mount St. Elias in seiner ganzen Pracht. Sie hatten Alaska gefunden! Der Jubel, geschürt von der Erwartung künftiger Belohnungen, war riesengroß. In dieser Minute waren alle Mühen der Vergangenheit vergessen. Doch als die Männer sich um Bering drängten, um ihn zu beglückwünschen, reagierte der »Kapitän-Kommandeur, dem der Ruhm der Entdeckung am meisten zukam«, merkwürdig. Er »zuckte, nach dem Lande sehend, die Schultern«, wie Steller berichtete. Sein Auftrag war erfüllt, zu welchen Kosten auch immer. Jetzt wollte er die ganze Sache so schnell wie möglich zu Ende bringen und wohlbehalten nach Hause zurückkehren.

In den nächsten Tagen segelten sie vor der Küste und sichteten die Kayak-Insel, die »wie eine steinerne Säule in die See hinausragte«, und etwas weiter östlich das Kap St. Elias. Als Steller im Wasser eine starke Süßwasserströmung bemerkte, zog er daraus den Schluß, daß eine Flußmündung in der Nähe sein müsse. Er schlug vor, dort zu ankern. Doch er wurde für diesen Vorschlag wieder einmal ausgelacht. Von Stunde zu Stunde steigerte sich nun die Erbitterung Stellers. Niemand schien an die Erkundung des Landes zu denken. Als einziges Motiv für einen Landgang wurde das Besorgen frischen Trinkwassers genannt. Steller konnte sich die Bemerkung nicht verkneifen, man sei wohl nur hergekommen, um amerikanisches Wasser nach Asien zu bringen. Am Morgen des 18. Juli ging Chitrow an Bord eines der Boote, um einen sicheren Ankerplatz zwischen den Inseln ausfindig zu machen. Als Stellers Bitte, mitfahren zu dürfen, abgelehnt wurde, stellte er Bering vor versammelter Mannschaft zur Rede und drohte mit einer Beschwerde bei der Admiralität. Der Kapitän-Kommandeur lenkte ein und erlaubte ihm, mit den Wasserholern an Land zu gehen. Steller war sich der Bedeutung des Augenblicks bewußt. Als das Boot am Strand aufsetzte, sprang er heraus und setzte »als erster weißer Mann den Fuß auf Alaska«! Steller hatte keine Zeit zu verlieren. Während die Wasserholer ans Werk gingen, machten er und Lepechin sich auf den Weg und stießen bald auf Spuren von Bewohnern, die, wie es schien, eilends in den Wald geflohen waren. Zurückgelassen hatten sie eine Feuerstelle mit noch rotglühenden Steinen darin, Überreste einer Mahlzeit, darunter Knochen, an denen noch Fleischstücke hingen, Trokkenfisch, Jakobsmuscheln und blaue Muscheln, die offenbar roh verzehrt worden waren. In der Nähe fand er einen Stab zum Feuermachen, sonnengetrocknetes Moos und Baumstämme, die mit Steinäxten gefällt worden waren. Ohne Angst – Lepechin hatte ein geladenes Gewehr dabei, Steller nur einen jakutischen Dolch – folgte er einem Pfad, der in den Wald hineinführte, und stieß bald auf eine mit Gras und Steinen zugedeckte Erdgrube, in der sich etliche aus Baumrinde gefertigte Gefäße mit Nahrungsvorräten sowie Netze, Bast, aus Seetang geflochtene Riemen und Pfeile befanden.

Nachdem er ein detailliertes Verzeichnis seiner Funde angelegt hatte, packte er von jedem etwas in einen Beutel und deckte anschließend die Grube wieder zu. Er schickte Lepechin zum Strand zurück mit der Warnung, die Landgänger sollten sich nicht zu sicher fühlen; außerdem ließ er Bering bitten, ihm noch einige Helfer zu schicken. Dann machte er sich allein weiter auf den Weg durch den Wald, bis er auf einen steilen Felsen stieß, der ihm den weiteren Weg entlang der Küste versperrte. Er bestieg ihn und spähte von der Spitze aus »nach dem festen Lande, um wenigstens die Gegend in guten Augenschein zu nehmen, auf welche meine Bemühungen fruchtbarer anzuwenden [mir] nicht vergönnt war«. Dabei sah er von einem Hügel Rauch aufsteigen. Schweren Herzens kehrte er mit dem, was er gesammelt hatte, zum Landungsplatz zurück, machte sich einen Tee und fertigte Beschreibungen der Pflanzen an, die er gefunden hatte.

Eine Stunde später kam ein Boot vom Schiff zurück. Bering hatte einige Dinge mitgeschickt, die er den Eingeborenen zur Entschädigung für das von Steller Mitgenommene zurücklassen wollte, darunter einen eisernen Kessel, ein Pfund Tabak, eine chinesische Pfeife und ein Stück chinesische Seide. Steller meinte zwar, daß einige Messer und Beile den Eingeborenen besser gefallen hätten, doch dagegen wurde eingewandt, »sie könnten dies als ein feindliches Zeichen und eine Kriegserklärung ansehen«. Steller entgegnete, wenn die Eingeborenen den Tabak zu essen versuchten, würden sie glauben, die Russen wollten sie vergiften. Doch er habe »keine Zeit, hierüber zu moralisieren«. Er schickte seinen Kosaken aus, um einige Vögel zu schießen, und machte selbst einen Erkundungsgang in eine andere Richtung, um rasch noch Pflanzenproben zu sammeln. Bei Sonnenuntergang trafen sie sich am Landungsplatz wieder.

Unter den Vögeln, die Lepechin erlegt hatte, entdeckte Steller einen, dessen Abbildung er schon in einem Buch in St. Petersburg gesehen hatte; es war ein

Buch über die Tierwelt von Carolina gewesen. Der Vogel, den er jetzt in der Hand hielt, war der alaskische Vetter dieses Blauhähers. Für Steller war dies ein Beweis, daß er wirklich die Küste Amerikas erreicht hatte. Die Nachwelt würdigte den zehnstündigen Aufenthalt Stellers an Land als eine wissenschaftliche Spitzenleistung; seine Reisegefährten an Bord der *St. Peter* aber sahen in den Gesteinsproben, Vogelkadavern und Pflanzen nichts Bemerkenswertes. Bering aber hatte wohl doch einen breiteren Horizont. Steller wurde in der Kapitänskajüte nicht mit einem Verweis, sondern mit heißer Schokolade empfangen.

Eine Stunde später kehrte auch Chitrow zurück und berichtete, er habe einen sicheren Ankerplatz gefunden und – nicht weit davon entfernt – eine menschliche Behausung,»eine kleine, aus Holz erbaute Hütte, deren Wände so glatt waren, als wären sie mit schneidenden Werkzeugen gehobelt worden«. Chitrow hatte in dieser Hütte verschiedene Dinge gefunden und mitgebracht:»ein Holzgeschirr, wie es in Rußland aus Lindenrinde verfertigt und als Kasten gebraucht wird, einen Stein, der vielleicht als Wetzstein gedient hat und auf dem Kupferstreifen zu sehen waren«, ein Handruder, den Schwanz eines schwarzgrauen Fuchses und»eine hohle Kugel aus hartgebranntem Lehm, in der ein Klappersteinchen eingeschlossen war«– wahrscheinlich ein Kinderspielzeug. Steller legte ein Verzeichnis aller dieser Mitbringsel an und beschrieb sie für die Nachwelt.

Sieben Wochen war die *St. Peter* nach Amerika unterwegs gewesen Bering rechnete aus, daß die Heimreise mindestens ebenso lange dauern würde. Bisher hatten Ostwinde überwogen, doch beim Herannahen des Herbstes sei ein Umschlag des Windes auf Südwest zu befürchten. Für die weitere Erkundung der amerikanischen Küste blieben also höchstens drei Wochen Zeit.

Bering widmete sich dieser Aufgabe keineswegs mit großer Tatkraft. Er blieb die meiste Zeit in seiner Kajüte unter Deck, während das Boot den ganzen Tag über mit leeren Wasserfässern an Land fuhr und mit vollen zurückkehrte. Doch am Morgen des 21. Juli, zwei Stunden vor Tagesanbruch, erschien Bering überraschend an Deck und erteilte Befehl zum Ankerlichten. Er hatte das Gefühl, ein Sturm werde aufziehen und das so nahe an der Küste liegende Schiff in Gefahr bringen.

Zwei Wochen lang schipperte die *St. Peter* im Zickzackkurs die Küste entlang – in gehörigem Abstand wegen der Sandbänke und des dichten Nebels. Die Kodiak-Insel entging der Besatzung, eine kleine Insel östlich von Afognak hielt sie irrtümlich für einen Ausläufer des Festlandes und gab ihr den Namen Schwarzer Punkt. Das Schiff ging auf Südkurs und sichtete am 4. August eine Inselgruppe, in deren Gewässern sich zahlreiche Seehunde, Seelöwen, Tümmler und Seeottern tummelten. Skorbut begann nun unter der Besatzung zu wüten und setzte bis zum 18. August 21 Männer außer Gefecht. Mißmutig berief Bering eine Beratung ein, auf der man sich einstimmig darauf verständigte, angesichts der zu erwartenden Herbststürme und der Ausfälle durch Krankheiten die Erkundung der Küste abzubrechen und direkten Kurs auf die Awatscha-Bucht zu nehmen. Die *St. Peter* war in diesem Augenblick über 2500 Kilometer von Petropawlowsk entfernt.

Als das Schiff das offene Meer gewann und das Wetter ruhig blieb, erinnerten sich die Seeleute an ihre Erlebnisse. Sie schmückten ihre Eindrücke aus und spannen fröhlich Seemannsgarn: Da war zum Beispiel der berühmte »Meeraffe«, der dem Schiff am Abend des 10. August seine Aufwartung machte, bestrahlt vom fahlen Licht des Mondes und der Sterne. Wenn er seinen hundeähnlichen Kopf aus dem Wasser streckte, sah man, daß er spitze, aufgerichtete Ohren und große Augen hatte. Sein Körper war dicht behaart (wie bei einem Affen), und aus seiner Unter- und seiner Oberlippe wuchs ein Schnauzbart. Das Tier schien weder Gliedmaßen noch Flossen zu haben, abgesehen von einer gespaltenen Schwanzflosse, die Steller an einen Hahnenschweif erinnerte:

Über zwei Stunden lang schwamm dieses Seetier um unser Schiff und sah bald den einen, bald den anderen von uns gleichsam mit Bewunderung an. Zuweilen näherte es sich dem Schiff derart, daß man es oft mit einer Stange hätte erreichen können. Sobald sich aber jemand nur rührte, entfernte es sich wieder. Es konnte sich auf ein Drittel seiner Länge über dem Wasser so gerade wie ein Mensch aufrichten, und zuweilen blieb es einige Minuten lang in dieser Stellung. Nachdem es uns etwa eine halbe Stunde lang betrachtet hatte, schoß es wie ein Pfeil unter unserem Schiff hindurch und kam auf der anderen Seite wieder hervor. Bald darauf tauchte es abermals und zeigte sich an der alten Stelle, und so ging es wohl dreißigmal.

Die Beschreibung dieses Tiers gab Generationen von Naturforschern Rätsel auf, doch schließlich wurde das verspielte Geschöpf als »ein ausgewachsener Pelzrobben-Junggeselle« identifiziert.

Die ruhige Fahrt dauerte nicht lange. Gegen starken Westwind, der oft Sturmstärke erreichte, kam die *St. Peter* so langsam voran, daß sie am 27. August noch nicht viel mehr als 100 Kilometer von der Spitze der Alaska-Halbinsel entfernt war. Bei diesem Tempo mußte die Besatzung mit zweieinhalb Monaten für die Heimreise rechnen. Da Bering und seine Männer nur noch 25 Faß Trinkwasser an Bord hatten, mußten sie bald einen Ankerplatz finden und ihre Vorräte auffüllen. Zu ihrer Überraschung kam im Norden immer wieder Land in Sicht – die Inseln der Alëuten-Kette.

Am 30. August erspähten sie auf einer der Inseln ein Feuer; tags darauf schickte Bering das große Boot mit zehn leeren Fässern zu einer benachbarten Insel. Steller fuhr mit und fand mehrere gute Frischwasserquellen, doch als er zum Strand zurückkehrte, stellte er fest, daß die Männer die Fässer mit Wasser aus einem stehenden Tümpel füllten. Er wies sie darauf hin, daß es sich um brackiges Wasser handeln müsse, da der Wasserstand in dem Tümpel sich mit Ebbe und Flut veränderte. »Allein ohngeachtet man hierinnen mir als einem Arzt hätte Gehör geben müssen, wurde doch dieser zur Erhaltung meiner Nebenmenschen und meines eigenen Lebens, welches nunmehr unter fremde Gewalt geraten war, redlichst getane Vorschlag, aus alter stolzer Gewohnheit zu widersprechen, verworfen.«

Später sollten die Männer ihre Dummheit bereuen. Der Arzneikasten der *St. Peter* war zudem falsch bestückt: er enthielt keine Medikamente gegen Skorbut, Asthma und andere bei langen Seereisen auftretende Krankheiten, sondern ein Sortiment von Pflastern und Salben für die Versorgung von Verwundeten auf einem Kriegsschiff. Steller bat um einige Männer, die ihm helfen sollten, »antiskorbutische Kräuter« zu sammeln. Als er mit seiner kostbaren Beute von roten Heidelbeeren, schwarzen Moosbeeren und Löffelkraut zum Strand zurückkehrte, war jedoch einer der am Vortag an Land gebrachten Kranken bereits gestorben.

Der verärgerte Steller nahm sich vor, künftig »allein [an] die Errettung meiner eigenen Person« zu denken; tatsächlich aber hörte er nie auf, sich auch um die anderen zu kümmern. Bering selbst (dessen wachsende Apathie ein frühes Symptom der Krankheit war) sprach auf Stellers Kräutermedizin sehr schnell an, so daß er »binnen acht Tagen wieder aus dem Bett auf das Deck kommen konnte und sich so frisch wie zu Anfang der Reise fühlte«.

Unterdessen war Chitrow mit fünf bewaffneten Männern und einem Dolmetscher vom Stamm der Tschuktschen auf der Nachbarinsel gelandet und hatte die Asche des am Vorabend beobachteten Feuers gefunden. Ein Sturm verhinderte ihre Rückkehr zum Schiff, und als Chitrow das Boot wieder auf den Strand setzte, wurde es beschädigt, so daß sie festsaßen und erst am 2. September geborgen werden konnten. Diese Verzögerung hatte zur Folge, daß sie die freundliche Witterung, die nun aufkam, nicht für die Weiterfahrt nutzen konnten. »Jedermann klagte«, schrieb Steller, »daß alles, was dieser Mann [Chitrow] nur angriff, von Ochotsk an bis auf die Rückreise, widrig und unglücklich abliefe.«

In den eineinhalb Monaten seit der Ankunft der Russen in Alaska war es zu keiner einzigen Begegnung zwischen ihnen und einem Eingeborenen gekommen; das wurde ihnen allmählich unheimlich, änderte sich aber schlagartig am 4. September 1741 gegen halb fünf Uhr nachmittags. Kurz nachdem die *St. Peter* vor einer der Alëuten-Inseln Anker geworfen hatte, erscholl von dem »vor uns im Süden liegenden Felsen« ein

lautes Geschrei ..., welches man anfangs, keine Menschen an diesen elenden und auf zwanzig Meilen vom festen Lande entlegenen Eilanden vermutend, für das Brüllen eines Seelöwen hielt. Aber kurz nachher sah man zwei kleine Kähne vom Lande auf unser Fahrzeug zurudern. Wir erwarteten selbige insgesamt mit größter Begierde und voll Verwunderung. Als selbige noch etwa eine halbe Werst von uns entfernt waren, fingen beide Männer in ihren Kähnen zugleich an, mit heller Stimme, unter beständigem Rudern, eine ununterbrochene lange Rede gegen uns zu halten, ohne daß jemand von unseren Dolmetschern ein Wort davon verstehen konnte. Wir legten es uns also entweder als eine Gebets- oder Beschwörungsformel oder als eine Zeremonie aus, uns als Freunde zu bewillkommnen.

Die Russen winkten den beiden, näherzukommen, doch »die Amerikaner« wiesen zum Ufer. Sie wollten die Seefahrer offensichtlich einladen, sich an Land bewirten zu lassen. Als ein korjakischer Dolmetscher sie in seiner Muttersprache anrief, deuteten sie auf ihre Ohren. Plötzlich jedoch paddelte einer der beiden mit überraschender Tapferkeit nahe an das Schiff heran, schmierte sich mit farbigem Lehm, den er aus seinem Hemd zog, rasch eine Bemalung ins Gesicht, stopfte sich Gras in die Nasenlöcher, befestigte an seinem Stock zwei Falkenflügel und warf dieses Gebilde »dann mit Lachen gegen unser Schiff hin ins Wasser«.

Die Russen interpretierten dies als Geschenk und revanchierten sich, indem sie zwei Tabakspfeifen, Ketten von Glas- und Eisenperlen und zwei kupferne Glöckchen auf ein Brett banden und ihm dieses zuwarfen. Er nahm es an sich, musterte es und brachte es zu seinem Gefährten hinüber. Dann kehrte er zurück, und die Russen boten ihm ein Stück chinesische Seide an. Daraufhin »band [er] einen ausgeweideten ganzen Falken an einen Stock und reichte diesen unserem korjakischen Dolmetscher. ... Er hatte aber ganz und gar nicht gemeint, daß wir uns den Vogel nehmen sollten, sondern daß wir diesem das Seidenzeug zwischen die Klauen legen möchten, damit es nicht naß würde.«

Nachdem die »Amerikaner« davongepaddelt waren, ließen die Russen ihr großes Boot zu Wasser, Leutnant Waxell unternahm mit einer zehnköpfigen Gruppe einen Landungsversuch. Die Küste war jedoch so felsig, Wind und Wellengang waren so stark, daß das Boot beinahe in Stücke ging. Waxell erlaubte dem Dolmetscher und zwei anderen, ans Ufer zu waten. Die Insulaner empfingen die drei Besucher »freundlich und führten sie ehrerbietig an den Platz, wo sie vorher gesessen hatten, und beschenkten sie dort mit einem Stück Walfischspeck«. Einer der Eingeborenen hatte sich unterdessen in seinem Kajak dem Boot genähert, man reichte ihm eine Schale mit Wodka. Er probierte davon, spuckte ihn aber gleich wieder aus und zeigte alle Anzeichen von Verstimmung. Als die Russen ihn dann auch noch dazu brachten, einen Zug aus einer Tabakspfeife zu nehmen, paddelte er »mißvergnügt davon«.

Die Mißverständnisse häuften sich. Als die an Land gegangenen Dolmetscher Anstalten machten, sich zurückzuziehen, versuchten einige der Eingeborenen, sie daran zu hindern; andere versuchten, das Boot ans Ufer zu ziehen. Die Russen feuerten einige Schüsse in die Luft, die Eingeborenen warfen sich, »wie vom Donner gerührt«, zu Boden. Waxell gab den Befehl, das Halteseil zu kappen und zum Schiff zu rudern. Die Eingeborenen schienen empört und begannen zu schimpfen, »daß wir ihren guten Willen so übel belohnet, und [winkten] mit den Händen, daß wir schnell fort sollten«.

In der Nacht entzündeten die Eingeborenen am Strand ein großes Feuer; am nächsten Tag, als die *St. Peter* wegen stürmischer Winde kreuzen mußte, näherte sich ein aus sieben Kajaks bestehender Konvoi dem Schiff. Zwei der Boote gingen längsseits. Um Versöhnung zu demonstrieren, reichten die Russen den Männern einen eisernen Kessel und einige Nähnadeln. Sie erhielten dafür zwei aus Baumrinde gefertigte Schirmmützen, die mit geschnitzten Knochenfigürchen geschmückt waren. Die Eingeborenen berieten untereinander über diesen Tauschhandel, kehrten ans Ufer zurück, entzündeten wiederum ein großes Feuer und »schrien eine Zeitlang sehr laut«.

Am Morgen des 6. September umsegelte die *St. Peter* den nördlichen Teil der Insel und nahm Kurs aufs offene Meer. Von einem Sturm westwärts getrieben, sichteten sie eine Reihe weiterer Inseln, darunter Atka, von der sie glaubten, sie sei womöglich ein Ausläufer des amerikanischen Festlands. Der Wind wurde immer heftiger und blies »wie aus einem Druckrohr«. Am Morgen des 30. setzte ein Orkan ein, größer und stärker, als die Besatzung ihn je erlebt hatte:

Wir warteten alle Augenblicke auf das Zerbrechen unseres Fahrzeugs, niemand konnte liegen, sitzen oder stehen. Keiner vermochte mehr auf seinem Posten zu bleiben, sondern wir trieben unter Gottes Gewalt, wohin der so erzürnte Himmel mit uns wollte. Die Hälfte von unseren Leuten lag krank und schwach; die andere Hälfte war aus Not gesund, aber von der entsetzlichen Bewegung der See und des Fahrzeuges ganz verrückt und sinnenlos. Es wurde zwar viel gebetet, allein die binnen zehn Jahren in Sibirien angesammelten Flüche wollten keine Erhörung gewähren. Über das Fahrzeug konnte man nicht einen Faden hinaus in die See sehen, weil man beständig zwischen den grausamen Wellen begraben lag. Zudem kam noch, daß man weder kochen konnte, noch etwas Kaltes zu genießen hatte, außer halbverbranntem Zwieback, der auch schon auf die Neige ging. Unter diesen Umständen war weder Mut noch Rat bei jemandem mehr zu finden. Man fing an, allzu spät zu bereuen, daß man die Sache nicht recht angegriffen und dieses und jenes versehen hatte. Niemand bilde sich ein, daß diese unsere Umstände hier zu gefährlich vorgestellt sind, sondern glaube vielmehr, daß auch die beredteste Feder unser Elend zu beschreiben sich zu schwach würde gefunden haben.

Am nächsten Tag konnten die Seeleute das Phänomen des Elms- oder Mohrfeuers beobachten, am Himmel schossen die Wolken »mit unglaublicher Geschwindigkeit« dahin wie Pfeile. Steller sah mit höchstem Erstaunen, daß Wolken »oft aus entgegengesetzten Richtungen mit gleicher Schnelligkeit einander begegneten und kreuzten«. Haie umkreisten nun das Schiff, der Skorbut griff weiter um sich. Auf Mattigkeit und Niedergeschlagenheit folgten Entzündungen und Gelenkversteifungen, Verfärbungen der Haut ins Gelbliche, Zahnbluten und Zahnausfall. Am 18. Oktober standen 29 Männer auf der Krankenliste, darunter auch Bering (nachdem Stellers Kräuter zur Neige gegangen waren). Es begann zu schneien und zu hageln. Steller versorgte die Kranken nach besten Kräften, aber als das Schiff die westlichen Inseln der Aleuten-Kette erreichte, nahmen »die Not und das Sterben auf unserem Fahrzeug mit einmal dergestalt überhand, daß nicht nur die Kranken dahinstarben, sondern auch ihrem eigenen Vorgeben nach gesunde Leute, vor Mattigkeit auf dem Posten abgelöst, tot niederfielen«. Am 30. Oktober sichtete die Besatzung zwei östlich von Attu gelegene Inseln und glaubte irrtümlich, die Kurilen erreicht zu haben. Die Offiziere beschlossen, auf nördlichen Kurs zu gehen – eine verhängnisvolle Entscheidung. Steller notierte in sein Tagebuch:

Es war soweit gekommen, daß die Matrosen, die gewöhnlich das Ruder bedienten, dorthin von zwei anderen Kranken geleitet werden mußten, die noch ein wenig zu gehen in der Lage waren. Wenn der eine nicht mehr sitzen und steuern konnte, mußte ein anderer, der sich in keiner besseren Verfassung befand, seine Stelle einnehmen. Sie wagten es nicht mehr, viele Segel zu setzen, weil es an Leuten fehlte, die sie im Notfall schnell hätten einholen können. Ein paar Tage lang trieb das Fahrzeug ganz führungslos. Wie ein Baumstamm lag es auf dem Wasser, ein Spielball von Winden und Wellen. Nichts hätte mit Härte gegen die verzweifelte Mannschaft ausgerichtet werden können. Es war viel wirksamer, daß der kommandierende Leutnant [Waxell, Bering war krank] die Männer freundlich ansprach und ihnen sagte, sie sollten nicht ganz und gar an Gottes Beistand zweifeln, sondern lieber ihre letzten Kräfte für die Errettung aller aufbieten, die vielleicht näher sei, als sie glaubten. Auf diese Weise wurden manche bewogen, so lange an Deck zu bleiben, wie es ihnen möglich war weiterzuarbeiten.

Obwohl sich viele Peilungen und Berechnungen als fehlerhaft erwiesen hatten, machte sich am Morgen des 4. November bei vielen die rauschhafte Hoffnung bereit, das Schiff befinde sich in unmittelbarer Nähe Kamtschatkas. Da Nebel aufgezogen war, erging sogar der Befehl, die Seele zu raffen, damit das Schiff nicht auf Grund lief. Die wenigen, die noch kräftig genug waren, an Deck zu kommen, spähten aufmerksam umher. Dann, gegen 9 Uhr, tauchte unmittelbar vor dem Bug des Schiffes eine hohe, abweisende Felsenküste auf.

»Wie groß und ausnehmend die Freude bei allen über diesen Anblick gewesen«, berichtete Steller, »ist nicht zu beschreiben. Die Halbtoten krochen hervor, um solches zu sehen, und jedermann dankte Gott herzlich für diese große Gnade. Der Kapitän-Kommandeur richtete sich nicht wenig auf, und ein jeglicher sprach davon, auf welche Art man seine Gesundheit nach so schrecklichem ausgestandenen Ungemach pflegen und ausruhen wollte. Es fand sich ein noch hier und da verstecktes Schälchen Branntwein ein, um die Freude zu erhalten.«

Es ist fraglich, ob die *St. Peter* auch nur einen einzigen weiteren Tag auf See noch überstanden hätte. Die Besatzung war in jammervoller Verfassung, die Vorräte waren verbraucht und das Schiff war fast völlig demoliert. Die Wanten rissen, das Tauwerk war lose, die Segel waren zerschlissen.

Bering rief am 4. November alle zusammen, die sich noch zu seiner Kajüte schleppen konnten. In der Annahme, man habe die Kamtschatka-Küste erreicht, wurde der Beschluß gefaßt, an dieser Stelle zu überwintern. Als am Mittag zum erstenmal nach zehn Tagen wieder die Sonne hervorkam und eine astronomische Ortsbestimmung ermöglichte, stellte Bering zu seiner Bestürzung fest, daß er sich auf 54 Grad 30 Minuten nördlicher Breite befand. Obwohl die Kamtschatka-Küste von diesem Breitengrad längst erforscht und kartiert war, fanden sie keine vertrauten Merkmale. Dennoch konnten sich viele nicht von der Vorstellung lösen, sie hätten irgendeine Stelle des Festlandes erreicht; es galt als ausgemacht, daß Bering auf seiner ersten Expedition systematisch in diesen Breiten vor der Küste gekreuzt und bis 50 Meilen seewärts keine Inseln gesichtet hatte.

So kam nun die Frage auf, ob es besser sei, an Ort und Stelle zu überwintern, oder ob man mit letzter Kraftanstrengung noch die kurze Strecke zur Awatscha-Bucht zurücklegen sollte. Bering sprach sich für Weiterfahrt aus, beugte sich aber – so demokratisch ging es auf seinem Schiff zu – der gegensätzlichen Meinung seiner Offiziere und Matrosen. Nachdem jeder einzelne nach seiner Meinung gefragt worden war, sollte als letzter auch Steller Stellung nehmen. Er erklärte:

»Man hat mich in keiner Sache von Anfang an zu Rate gezogen, wird auch meinen Rat, wo er nicht so ist, wie man ihn haben will, nicht annehmen; überdem sagen die Herren selbst, daß ich kein Seemann bin; also will ich lieber nichts sprechen.« Darauf verlangte man von mir, ob ich nicht wenigstens als eine glaubwürdige Person (wofür ich nun erst zum ersten Male gehalten wurde) ein Attestat schriftlich beilegen wollte, was die Krankheiten und den elenden Zustand der Leute beträfe – welches ich denn nach meinem Gewissen zu leisten auf mich nahm.

In der Nacht zum 5. November verschlechterte sich die Lage weiter. Heftige Winde tobten, zwei weitere Tote mußten dem Meer übergeben wurden. Die Offiziere erklärten dem Kapitän, es seien nicht mehr genug einsatzfähige Männer da, um das Schiff zu manövrieren. Die Wahrheit war, daß die Leute nach der Entscheidung zur Überwinterung alle Disziplin fahren ließen und sich schlafen legten.

Stunde um Stunde verging, ohne daß sich ein einziger Offizier an Deck gezeigt hätte. Endlich wurde in Sichtweite einer friedlichen Bucht mit Sandstrand – so schien es jedenfalls im Dämmerlicht des Morgengrauens – der Anker geworfen. Alles war still, weder Wind noch Wellen regten sich. Dann, als die Flut abnahm, zogen rasch Wolken auf, die Brandung begann zu rollen, heftiger Wellengang erfaßte das Schiff und warf es auf ein Riff. Überstürzt wurde ein zweiter Anker geworfen, doch auch dessen Tau riß. Das Schiff war in Gefahr, an den Felsen zu zerschellen. Die aufgeregt über das Deck irrenden Männer suchten, abergläubisch wie sie waren, die Schuld für das plötzliche Unheil bei den noch an Bord befindlichen Leichen zweier gerade verstorbener Besatzungsmitglieder. Sie unternahmen den verzweifelten Versuch, die Leichen an Deck zu schaffen und über Bord zu werfen. Als alles verloren schien, rollte eine riesige Woge an und hob das Fahrzeug über das Riff hinweg in das ruhige, lagunenartige Gewässer am Strand. Die in Panik geratenen Seeleute fanden sich auf einmal »wie in einem stillen See, ruhig und von aller Furcht befreit zu stranden«. Sie ließen den letzten noch verbliebenen Anker in das flache Wasser hinab, und die Mannschaft, völlig ausgepumpt, sank in einen bleiernen Schlaf.

Am nächsten Vormittag wurde eine nüchterne Bestandsaufnahme gemacht: 49 Männer standen auf der Krankenliste, 12 waren gestorben. Die wenigen, die noch einsatzfähig waren, reichten gerade aus, um das große Boot klarzumachen und zum Trinkwasserholen an Land zu setzen. Das Schiff blieb auf seinem Ankerplatz den Gefahren einer unberechenbaren See ausgeliefert. Kurz nach der Mittagsstunde ruderten Waxell, Steller und einige andere an Land. Es kamen ihnen viele Seeotter entgegengeschwommen, die sie aus der Ferne zunächst für Bären oder Vielfraße gehalten hatten. Kaum an Land, wurden sie von zahlreichen blauen Polarfüchsen umringt, die sie mit Tritten und Hieben auf Distanz halten mußten. Die Tiere waren jedoch so aufdringlich, daß die Männer allein an diesem ersten Tag sechzig von ihnen mit Äxten und Messern umbringen mußten.

Nicht weit von ihrer Landungsstelle fanden sie einen klaren Bergbach, doch weit und breit gab es, abgesehen von einigen Zwergweiden, keine Bäume. Die Landschaft schien aus verwitterten vulkanischen Gesteinen zu bestehen. An manchen Stellen waren Löcher und Tunnel in den Sand gegraben – ein Werk der Füchse. Die Männer beschlossen, diese zu Wohngruben auszubauen und mit Segeltuch abzudecken. Gegend Abend kochte Steller für sich und Waxell Tee und seufzte: »Gott weiß, ob dies Kamtschatka ist!« Waxell antwortete: »Was sollte es sonst sein?« Steller hatte aus der Furchtlosigkeit der Ottern und Füchse für sich den Schluß gezogen, daß sie auf einer unbewohnten Insel gelandet waren.

Auch die restliche Schiffsbesatzung wollte nun an Land gehen. Manche ahnten nicht, wie krank sie wirklich waren. »Sie standen auf, waren frohgemut, zogen sich an und glaubten an ihre baldige Gesundung. Allein, kaum waren sie aus dem Bauch des Schiffes, wo die Luft dumpf und verseucht war, nach oben an das frische Klima auf dem Deck gekommen, da ging es mit ihnen zu Ende.« Die Männer gaben sich viel Mühe, Bering dieses Schicksal zu ersparen. Sie wickelten ihn in Decken, verfrachteten ihn auf einer Trage ans Ufer und legten ihn in ein Zelt. Einige Tage später hoben sie für ihn eine eigene überdachte Sandhöhle aus. Berings Zustand war hoffnungslos, und doch strahlte er, wie Steller schrieb, »Gelassenheit und eine sonderbare Zufriedenheit« aus.

Die arbeitsfähigen Matrosen brauchten bis zum 22. November, ehe alle Kranken an Land waren; in teilweise erbarmungswürdigem Zustand lagen die vom Skorbut Gezeichneten am Strand. Manche schrien vor Kälte, andere vor Hunger und Durst – sie konnten nichts mehr zu sich nehmen, weil ihr »Zahnfleisch wie ein Schwamm aufgeschwollen, braunschwarz über die Zähne emporgewachsen war und selbige bedeckte«. Angelockt von ihren Schreien, fielen Steinfüchse in immer größerer Zahl in das Lager ein. Sie holten sich alles, was nicht niet- und nagelfest war, sogar Kleidungsstücke und Gegenstände aus Eisen. Auch über die Toten machten die Füchse sich her. Während Gräber für sie ausgehoben wurden, bissen sie ihnen Nasen, Finger und Zehen ab. Einige Russen sahen darin eine Strafe Gottes für das maßlose Wüten der Pelztierjäger in der Vergangenheit. Doch diese moralische Überlegung wich bald einem blutigen Rachebedürfnis. Die Männer gingen dazu über, die Tiere nicht nur reihenweise zu erschlagen, sondern sie auch »auf das grausamste [zu martern]«, sie »ohne Augen, Ohren, Schwanz, halbgebraten usw. laufen« zu lassen.

Auch Waxell, der als einer der letzten vom Schiff geholt wurde, schien in einem hoffnungslosen Zustand zu sein. Dennoch setzten Steller und die anderen alles daran, ihn durch gute Ernährung und Medikamente wieder zu Kräften zu bringen, da im Fall seines Todes die Befehlsgewalt auf Chitrow übergegangen wäre, der für viele der Männer ein rotes Tuch war. Von Disziplin konnte zu diesem Zeitpunkt allerdings keine Rede mehr sein. Status und Dienstgrad hatten jede Bedeutung verloren, die Offiziere, die Meutereien befürchteten, hatten es längst aufgegeben, Befehle zu erteilen, und redeten ihre Untergebenen höflich mit den Familiennamen an.

Auch Steller mußte mit seinem Kosaken Lepechin diplomatisch umgehen, der ihm wütende Vorhaltungen machte, weil er ihm diese Reise eingebrockt hatte. Die meisten Männer glaubten noch immer, sie seien irgendwo an der Küste der Kamtschatka-Halbinsel gestrandet. Sie schickten Kundschafter aus, um festzustellen, wo genau man sich befand. Die richtige Antwort hätte gelautet: auf einer Insel rund 650 Kilometer östlich von Kamtschatka. Vergeblich wurden Versuche unternommen, das Schiff auf den Strand zu ziehen und zu sichern. In der Nacht zum 29. November hob dann eine mächtige Welle das Schiff aus dem Wasser und warf es an den Strand, wo es sich auf die Seite legte. Auch wenn es dabei weiter beschädigt wurde: von der Ladung blieb genug erhalten, das Überleben bis zum nächsten Frühjahr schien gesichert.

Mit der Gesundheit Berings ging es jedoch weiterhin bergab. Nicht so sehr der Skorbut setzte ihm zu, sondern ein Fäulnisbrand, der von Geschwülsten an den Beinen herrührte und ihm schließlich den Unterleib zerfraß. Obwohl Bering selbst zu der Überzeugung gelangt war, sie befänden sich auf einer unbewohnten Insel, vertraute er dies nur wenigen an. In seinen letzten Lebenstagen gestand er jedoch offen ein, daß die Expedition über seine Kräfte gegangen war und einem jüngeren Mann hätte anvertraut werden sollen. Halb in dem Sand begraben, der von den Wänden seiner Liegegrube auf ihn herabgerieselt war, verstarb Vitus Bering am Morgen des 8. Dezember 1741. Er war sechzig Jahre alt und bis zum Schluß »in vollem Besitz seiner Vernunft und Sprache«.

Nach Bering starben noch zwei Männer, der letzte am 8. Januar 1742. Die anderen richteten sich auf die Überwinterung ein. Fleisch verstauten sie in fest verschlossenen Fässern, um es vor den Füchsen zu schützen, Kleider und Werkzeuge wurden an hohe Holzgerüste gehängt. Zwischen den einzelnen Wohnhöhlen entwickelte sich eine Arbeitsteilung: Die einen kümmerten sich um das Essen, andere gingen jagen, wieder andere Treibholz sammeln. Das war besonders mühselig, denn Bäume gab es auf der Insel nicht, Treibholz mußte aus meterhohem Schnee ausgebuddelt werden. In der näheren Umgebung des Lagerplatzes fand sich schon im Dezember kein Stückchen Holz mehr. Doch da nun jedermann wußte, was er zu tun hatte, besserte sich die Moral. Die Skorbut-Symptome bildeten sich unter dem Einfluß frischer Nahrung (Seehund- oder Seelöwenfleisch) zurück, und bis Weihnachten kamen die meisten Kranken wieder einigermaßen auf die Beine.

Auch wenn das ihnen verbliebene Mehl bis zu drei Jahre alt und mit Schießpulver versetzt war, brieten die Männer Weihnachtskekse in Seehundfett, dazu gab es Tee.

Mit den Lebenskräften kehrten freilich auch die Laster zurück. Die Männer verlegten sich mit Leidenschaft auf Glücksspiele und töteten Seeotter, um ihre Pelze als Einsätze zu benutzen. Bald hatten sie durch die Hemmungslosigkeit beim Jagen die Tiere so scheu gemacht, daß es zunehmend schwieriger wurde, Frischfleisch zu erbeuten. Als das Frühjahr kam, wagten sie sich über die Berge auf die andere Seite der Insel – ein mühseliger Marsch von 20 Kilometern über Stock und Stein. Am 1. April 1742 machten sich Steller und vier andere, darunter der Matrose Iwan Sind, zur Jagd auf. Am Abend kam ein heftiger Nordweststurm mit Schneefall auf. Die Männer verloren einander aus den Augen. Steller fand als erster den Weg zurück zum Lager, drei tauchten bei Tagesanbruch aus dem Gestöber auf – »ohne Verstand und Sprache und so steif wie Maschinen«. Der Matrose Sind, der in der Nacht in einen Bach gefallen war, wurde steifgefroren am Strand gefunden. Doch auch er überlebte.

Vier Tage später brachen Steller, Lepechin und zwei andere wieder zur Jagd auf. Sie schlugen sich bis zur anderen Seite der Insel durch und erlegten so viele Seeotter, wie sie tragen konnten. In der Nacht richteten sie sich ein Biwak am

Fuß einer Felsklippe her. Wieder kam ein Schneesturm auf, der so heftig war, daß Lepechin bald völlig unter dem Schnee begraben war. Die anderen liefen die ganze Nacht hin und her, um sich wach und warm zu halten. Steller rauchte unentwegt, um die ihn bedrängenden Todesphantasien zu verscheuchen. Bei Tagesanbruch fanden sie eine trockene Felsenhöhle; den bereits völlig apathisch gewordenen Lepechin mußten sie freilich »mit Gewalt aus dem Schnee herausgraben«.

Als das Frühlings-Tauwetter einsetzte, traten die Bäche über die Ufer und überschwemmten die Wohnhöhlen. Die Flut hatte aber auch ihr Gutes; sie schwemmte große Mengen Treibholz an, aus denen die Männer sich neue überirdische Jurten zimmern konnten.

Während die meisten Männer ihre arbeitsfreie Zeit mit Kartenspielen verbrachten, führte Steller sein unschätzbares Reisetagebuch fort; außerdem schrieb er eine Reihe von Abhandlungen, darunter ein klassisches Werk über die Fischund Vogelwelt der Kamtschatka, für das er seine früheren Aufzeichnungen verwertete. Als erster Mensch sezierte Steller einen Seelöwen, und in einer Pionierarbeit der Verhaltensforschung beobachtete er sechs Tage lang eine Pelzrobbenkolonie und fertigte detaillierte Aufzeichnungen über ihre Lebensweise an. Er überlieferte der Nachwelt ein lebendiges, auf Beobachtung und anatomischer Untersuchung beruhendes Porträt der nordischen Seekuh, die nach ihm kein Naturforscher mehr lebend zu sehen bekam. Weitläufig mit dem Elefanten verwandt, war die Stellersche Seekuh *(Rhytina stelleri)* ein pflanzenfressender Meeressäuger, bis zu 9 Meter lang und über 3 Tonnen schwer. Auch wenn sie eine dicke Haut hatten, die Steller an die Rinde alter Eichen erinnerte, schienen sie ihm eine höchst gefährdete Existenz zu führen. »Gemeiniglich sind ganze Familien von ihnen nicht weit voneinander«, heißt es in Stellers Beschreibung,

ein Männlein mit dem Weibe, einem erwachsenen und noch anderen kleinen Jungen. Jeder Mann scheint nicht mehr als ein Weib zu haben; sie gebären zu jeder Jahreszeit; am meisten aber im Herbst, wie ich an Jungen, die nur erst geboren waren, um diese Zeit [erkennen] konnte. Überdies habe ich niemals mehr als ein Kalb um seine Mutter beobachtet. Diese unersättlichen Tiere fressen ohne Unterlaß und haben vor allzu vieler Freßbegierde den Kopf beständig unter dem Wasser; [so] daß sie sich wenig um ihr Leben und [ihre] Sicherheit bekümmern und man auch mit einem Kahn oder gar nackt mitten unter ihnen schwimmen kann. Im Frühling begatten sie sich wie Menschen, und vornehmlich gegen Abend, bei stillem Meer. Ehe sie aber zusammengehen, machen sie einander viel geile Liebkosungen. Denn das Weiblein schwimmt ganz sachte hin und her am Meer, das Männlein folgt alle Zeit nach; [dabei] macht das Weiblein so viele Umzüge in lauter krummen Kreisen, bis sie selbst nicht länger warten kann; [worauf] sie sich dann gleichsam ... müde, und als wenn sie es noch so ungerne täte, auf den Rücken legt. Wenn dies geschieht, so kommt das Männlein fast rasend auf sie und begattet sich mit ihr, wobei sich beide wechselweise umarmen.

Als sich immer weniger jagdbares Wild in der Nähe des Lagers sehen ließ, richteten sich die hungrigen Blicke der Männer auf die unweit des Ufers grasenden Seekühe. Sie harpunierten sie vom Boot aus mit einem schweren, an einer Stange befestigten Eisenhaken. Es war Schwerstarbeit, die sich mit aller Kraft wehrenden Tiere auf den Strand zu ziehen. Dabei kam es manchmal vor, daß Artgenossen aus derselben Herde einem harpunierten Tiere zu Hilfe kamen und

mit ihren Rücken den Kahn umzustoßen [versuchten]. Andere legen sich auf den Strick und trachten denselben zu zerreißen, oder sie schlagen mit den Schwänzen, damit der Haken aus dem Rücken des verwundeten [Tiers] reißen soll, welches ihnen auch etliche Mal gelungen ist. Ein ganz besonderer Beweis ihrer gleichsam ehelichen Liebe erscheint darinnen, daß ein Männlein dem Weiblein, als dieses mit einem krummen Haken gefangen und ans Land gezogen worden war, nachdem er mit aller Macht ihr helfen wollte, welches aber umsonst gewesen, und aller Schläge ungeachtet, die er von uns darüber bekommen hatte, nichtsdestoweniger bis an das Ufer nachsetzte und etliche Male [unerwartet] ihr nacheilte, da sie schon tot war. Des anderen Tages, als wir sehr früh morgens hinzu kamen, das Tier zu zerschneiden und die Stücke mitzunehmen, fanden wir noch das Männlein bei seinem Weiblein stehen. Aber auch noch den dritten Tag, da ich bloß zu genauer Durchsuchung der Eingeweide dahin ging, war es noch gegenwärtig.

Am 12. Juli 1742 begann Steller mit der anatomischen Sektion eines großen Weibchens, das die Männer harpuniert und an Land gezogen hatten. Unterstützt von einigen höchst widerwilligen Besatzungsmitgliedern, schaffte er es trotz Regens und Kälte, trotz Ebbe und Flut und trotz der räuberischen Seevögel eine nahezu vollständige anatomische Analyse durchzuführen, die in der Zoologie bis heute als beispielhaft gilt. Im Verlauf des Winters hatten die Männer eingesehen, daß die *St. Peter* nicht mehr zu reparieren war. Sie wollten ein kleineres Schiff bauen. Als am 6. April 1742 ein zurückkehrender Kundschaftertrupp bestätigte, daß sie sich auf einer Insel befanden, wurde mit dem Bau begonnen. Die drei Schiffszimmerleute der *St. Peter* waren an Skorbut gestorben; das einzige Besatzungsmitglied mit handwerklichen Schiffbaukenntnissen war jetzt ein sibirischer Kosake, der unter Spangberg in der Ochotsker Werft gearbeitet hatte. Dennoch war schon im Juni die *St. Peter* ausgeschlachtet und das neue Schiff auf Kiel gelegt. Es war 12 Meter lang, vier Meter breit und hatte nicht ganz zwei Meter Tiefgang. Im Juli wurden Fugen und Ritzen abgedichtet und der Schiffsrumpf außen bis über die Wasserlinie mit Teer gestrichen. Wasserfässer wurden repariert, Fleisch eingepökelt, Brot auf Vorrat gebacken. 600 Seeotter-, Pelzrobben- und Fuchspelze wurden sorgfältig im Schiffsbauch verstaut. Am 8. August war das neue Schiff, ebenfalls auf den Namen *St. Peter* getauft, fertig zum Stapellauf.

Steller durfte nur 360 Pfund Gepäck an Bord nehmen, obwohl er eine beachtliche Sammlung von Pflanzen, Tierskeletten und präparierten Tierkörpern zusammengetragen hatte, darunter eine mit Heu ausgestopfte junge Seekuh. Er entschied sich für seine Manuskripte, die getrockneten Samen von 211 Pflanzensorten und zwei Gaumenplatten, die den Seekühen als Kauwerkzeug dienen. Am 11. August gingen die 46 Überlebenden an Bord. Zuvor hatten sie am Grab Berings ein einfaches Kreuz aufgestellt – zum Gedenken an ihren Kapitän und zum Zeichen dafür, daß die Insel Eigentum der russischen Krone war: Die Insel trägt heute den Namen Berings; sie gehört zur Gruppe der Kommandeur-Inseln, die nach dem Dienstgrad Berings benannt wurde.

Als das kleine Schiff zwei Tage später dem offenen Meer zustrebte, beobachteten die Männer von Deck aus, wie die Steinfüchse sich »mit größter Freude« über ihre Hütten hermachten. Die nächsten vier Tage wehte ein frischer, günstiger Wind, und am Morgen des 17. August kam einer der schneebedeckten Kamtschatka-Vulkane in Sicht; nach Tagen ungünstigen Wetters wurden die Männer ungeduldig, sie griffen zu den Rudern und pullten am 26. August das Schiff in die Awatscha-Bucht.

Ihre Landung löste Überraschung aus: seit Monaten hatte man die Besatzung für tot gehalten und ihre Habseligkeiten verkauft; nun erst hörten die Matrosen, was ihrem Schwesterschiff, der *St. Paul*, widerfahren war.

Nachdem die beiden Schiffe einander verloren hatten, hatte die *St. Paul* nur kurze Zeit an Ort und Stelle gekreuzt und war dann auf Nordostkurs gegangen. Drei Wochen später, um ein Uhr am Nachmittag des 15. Juli 1741, entdeckte Tschirikow Alaska (einen Tag früher als Bering), und zwar nördlich des 56. Breitengrads, im südlichen Teil des Alexander-Archipels. Auf der Suche nach einem sicheren Ankerplatz passierte er die Prince-of-Wales-Insel und kam am Mittag des 17. vor die Einfahrt zur Lisjanski-Straße. Am folgenden Tag schickte er seinen ersten Maat Avraam Dementjew mit einem korjakischen Dolmetscher und zehn Bewaffneten mit einem Boot los, um die Bucht zu erkunden, und, wenn möglich, irgendwo an Land zu gehen. Die Männer hatten allerlei Geschenk- und Tauschartikel dabei (dasselbe billige Sortiment wie Bering) und sollten herausfinden, wie das Land und seine Bewohner hießen, wovon sie lebten und was es zu holen gab – dabei sollten sie besonders auf wertvolle Erze achten.

Das Boot fuhr in die Bucht ein, Tschirikow wartete volle fünf Tage auf die Rückkehr. Doch die Männer blieben spurlos verschwunden. Am 23. Juli war am Ufer ein Feuer zu sehen. Tschirikow ließ Gewehrschüsse abfeuern – keine Antwort. In der Annahme, das Boot sei leckgeschlagen, befahl Tschirikow dem Bootsmann und drei Matrosen, in einer Jolle an Land zu fahren. Die Stunden vergingen, niemand kam zurück. Am Mittag des nächsten Tages näherten sich zwei Eingeborene in Kajaks. In sicherer Entfernung vom Schiff riefen sie den Matrosen etwas zu und paddelten dann an Land zurück.

Die Männer auf dem Schiff befürchteten, daß ihre Gefährten entweder ermordet oder als Geiseln genommen worden waren. Was tun? – Ohne Boote konnten sie nicht an Land gehen, ihre Trinkwasservorräte auffrischen und auf Erkundung ziehen. Sie entschlossen sich, ihre verschollenen Kameraden ihrem Schicksal zu überlassen.

Bis heute weiß niemand, wo Tschirikows Leute geblieben sind. Einige vermuten, die beiden Boote seien in heftiger Brandung vollgeschlagen und gesunken, da es an der Einfahrt zur Lisjanski-Straße bei steigender Flut zu »mächtigen Turbulenzen« kommt. Andere erinnern an eine Geschichte, die später von einheimischen

Indianern erzählt wurde: Vor langer Zeit seien fremde weiße Männer von einem
Häuptling an Land gelockt worden, der sich ein Bärenfell übergezogen habe und
am Strand herumgetollt sei. Die Fremden seien auf diese Pantomime hereinge-
fallen, hätten den »Bären« verfolgt und seien im Wald dann von eingeborenen
Kriegern überfallen und niedergemacht worden.

Ständiger Gegenwind bremste in den folgenden sechs Wochen Tschirikows
Rückfahrt. Er streifte die Kenai-Halbinsel, tastete sich entlang der Alëuten-Kette
westwärts, am Morgen des 9. September kamen im Westen die schneebedeckten
Gipfel der Insel Adak in Sicht. Als sie sich der Küste näherten, sahen sie
»Menschen in nord-südlicher Richtung über die grasbewachsenen Hügel laufen«. Sie riefen ihnen auf tschuktschisch und russisch etwas zu; wenig später
hörten sie undeutliche Antwortrufe. Dann näherten sich sieben Kajaks dem
Schiff, die jedoch in etwa 100 Metern Entfernung haltmachten. Die Insassen
standen auf und erhoben ein Geschrei, »wobei sie sich erst auf die eine und dann
auf die andere Seite drehten, nicht so als wollten sie etwas mitteilen, sondern in
der Art, wie jakutische und tungusische Schamanen sich bei ihren rituellen
Gesängen gebärden«. Die Russen winkten ihnen, näherzukommen, aber die
Eingeborenen imitierten das Spannen eines Bogens, als wollten sie zu verstehen
geben, sie fürchteten einen Hinterhalt.
Doch dann überwanden sie ihre Angst und kamen längsseits, um zu handeln.
Sie offerierten vier Pfeile, ein in Seetang gewickeltes Erzstück und eine Mütze
aus Birkenrinde. Die Russen gaben ihnen dafür eine Axt und einen Kupferkessel.
Am Nachmittag kamen vierzehn weitere Boote mit Tauschwilligen. Für einige
Nadeln zeigten sie sich »wenig dankbar«; sie ließen sie ins Wasser fallen. Als
ihnen ein Messer offeriert wurde, »waren sie vor Freude aus dem Häuschen und
zwackten einander und bettelten um mehr«. In der richtigen Vermutung, daß
das Schiff Trinkwasser gebrauchen konnte, schafften sie eine Tierblase voll vom
Land herbei, trennten sich davon aber erst, als die Russen ihnen zwei Messer
dafür gaben.
Tschirikow drängte auf Eile. Er hätte tausend Blasen voll Wasser gebraucht, denn
schon jetzt mußten die Trinkwasservorräte des Schiffs mit grob destilliertem
Meerwasser und mit Regenwasser gestreckt werden, das aus den Segeln
gewrungen wurde. Von Anfang August an mußten die Männer von rationierter
Buchweizengrütze und Zwieback leben, vom 14. September an gab es nur noch

kalte Kost. Skorbut stellte sich zwangsläufig ein, Ende September lag der größte Teil der Besatzung flach. Tschirikow selbst war vom 21. September an so krank, daß er das Schiff nicht mehr befehligen konnte. Er übergab das Kommando Iwan Jelagin, der, obwohl selbst schwer angeschlagen, fast ununterbrochen an Deck blieb. Am 8. Oktober sichteten sie die Kamtschatka-Küste. Als die *St. Paul* zwei Tage später in die Awatscha-Bucht einfuhr und Anker warf, hatte sie acht Mann verloren, und das einzige Wasser, das sich noch an Bord befand, war kondensierter Dampf von gekochter Salzlake.

Louis de la Croyère war seit dem 27. September bettlägerig gewesen und hatte, um seine Leiden zu vergessen, »jeden Tag große Mengen Branntwein« getrunken. Als das Schiff vor Anker ging, stand er auf, kleidete sich an und bereitete sich frohgemut auf den Landgang vor. Er öffnete eine Flasche – und starb. »Er hatte das beste Herz von der Welt«, schrieb Gmelin später über ihn, »und das größte Verlangen, etwas Wichtiges und Wertvolles für die Wissenschaft zu tun ... Hätte er nur den Längengrad der angelaufenen Orte mittels gewisser und unanzweifelbarer astronomischer Beobachtungen bestimmt, so wäre das wahrhaftig eine wichtige geographische Leistung gewesen, die seinen Namen unsterblich gemacht hätte.«

Im Dezember unterbreitete Tschirikow (obwohl noch von den Spuren des Skorbut gezeichnet) den Plan für eine Anschluß-Expedition, die sowohl der Suche nach Bering als auch der Fortsetzung der Erkundungsmission dienen sollte. Der Winter verging, ohne daß irgendeine Nachricht von Bering oder seinem Schiff eintraf. So ging Tschirikow am 25. Mai 1742 mit kleiner Besatzung wieder an Bord und segelte von der Awatscha-Bucht aus ostwärts. Es war schieres Pech, daß er die Bering-Insel knapp verfehlte. Nachdem er die Gewässer in der Region ergebnislos abgesucht hatte (sieht man von einer Erkundungsexpedition auf der Insel Attu ab), kehrte er Ende Juni zurück. Überzeugt, daß jede weitere Suche nach Bering sinnlos sei, segelte er nach Ochotsk weiter – nur wenige Tage bevor die Überlebenden der *St. Peter* in den Hafen ruderten.

Spangberg hatte in dieser Zeit daran gearbeitet, die Ausrüstung für seine Japanreise zusammenzutragen und Schiffe zu bauen. Trotz aller Frustration und Verdrossenheit »über diese nutz- und sinnlose Wiederholung seiner vollbrachten Tat« hatte er die *St. Johannes* fertiggestellt, die *Erzengel Michael*, die *Hoffnung* und die *Bolscheretsk* in Schuß gebracht und Versorgungsgüter und Proviant über die Jablonowyj-Berge nach Ochotsk verfrachtet. Am 23. Mai 1742 lief er in Richtung Japan aus. Er machte auf Shumshu Station, der ersten Insel der Kurilenkette, und nahm einen Dolmetscher an Bord. Am 4. Juni verlor er im Nebel die *Erzengel Michael* und die *Hoffnung.* Acht Tage später, vor Kunashir, ging auch der Sichtkontakt mit der *Bolscheretsk* verloren. Als am Rumpf seines eigenen Schiffes, der *St. Johannes,* ein Leck auftrat, machte er kehrt und lief wieder Shumshu an, wo sich bereits die versprengten Schiffe gesammelt hatten. Der Konvoi segelte nach Bolscheretsk zurück. Es war eine völlig nutzlose Reise gewesen.

Der unermüdliche Steller machte nach seiner Rückkehr nach Kamtschatka mit der Erforschung der Halbinsel dort weiter, wo er zwei Jahre zuvor aufgehört hatte. Er sah sich in ihrem südlichsten Teil um, wobei er auch die drei nördlichsten Kurilen-Inseln besuchte, und durchquerte anschließend die nördliche Kamtschatka bis nach Anadyr. Den Plan, über die Berge ins Kolyma-Becken und weiter bis an die Nordmeerküste vorzustoßen, mußte er aufgeben. Anfang 1744 machte er sich entlang der Ostküste auf den Rückweg nach Süden. Da er ein unverbesserlicher Abenteurer war, konnte er der Versuchung nicht widerstehen, über das Eis der Beringsee im Alleingang eine 25 Kilometer vor der Küste gelegene Insel zu erreichen. Als er einen Teil der Strecke zurückgelegt hatte, brach das Eis unter ihm, die Hunde und der Schlitten rutschten ins Wasser. Von Eisscholle zu Eisscholle springend, kam Steller ans Land zurück.

Wieder in Bolscheretsk, ließ er sich in die kamtschatkische Politik verwickeln. An der Spitze der örtlichen Verwaltung hatten sich in jüngster Zeit eine Reihe kleiner Despoten abgelöst; gegen einen von ihnen, der die Kamtschadalen besonders schlimm quälte, strengte Steller ein Beschwerdeverfahren an. Der Betroffene konterte und beschuldigte Steller, er stachle die Eingeborenen zur Rebellion auf. Angesichts der Nervosität, mit der die Regierung alles aufnahm, was mit der öffentlichen Sicherheit in den Grenzgebieten zu tun hatte, war das ein schwerwiegender Vorwurf – der Steller indirekt das Leben kosten sollte.

Es spricht einiges dafür, daß der junge Deutsche begonnen hatte, sehr heftig dem Alkohol zuzusprechen. Im Verlauf seiner sibirischen Jahre hatte er sporadisch mit seiner Frau korrespondiert; die Erinnerung an seine Gefühle für sie hatte bei ihm Illusionen geweckt. Aus Bolscheretsk schrieb er, er habe »keinen größeren Wunsch«, als sie wiederzusehen. Als die Große Nordische Expedition offiziell für abgeschlossen erklärt wurde, erging an Steller die Aufforderung, sich nach St. Petersburg zu begeben. Im August 1744 schiffte er sich mit sechzehn Kisten voller Proben und Aufzeichnungen nach Ochotsk ein. Im Oktober erreichte er Jakutsk, im darauffolgenden Frühjahr Irkutsk. Dort wurde er mit den gegen ihn erhobenen Anklagen konfrontiert. Doch als er die Hintergründe erklärte, sprach man ihn von allen Vorwürfen frei. Daraufhin beeilte er sich, von Irkutsk aus über die Winterroute den kürzesten Weg nach Westen zu nehmen. Er erreichte Ende Januar 1746 Tomsk und im März Tobolsk, wo er sich auf einen fatalen Streit mit dem Gouverneur einließ, der die Weiterleitung seines Freispruchs nach St. Petersburg vorsätzlich verzögerte.

Das hatte Folgen. Nach Passieren der Zoll- und Grenzkontrollstelle Werchoturje traf Steller im April in Solikamsk, unweit der Kama, ein und fand Aufnahme im Haus Grigori Demidows, der das von seiner Familie aufgebaute Wirtschaftsimperium geerbt hatte und Amateur-Botaniker war. Steller erforschte die Pflanzenwelt der Region und setzte in Demidows Garten rund achtzig aus Sibirien mitgebrachte Samen von Sträuchern und Kräutern ein. Doch am 16. August 1746 tauchte unversehens ein Kurier des Senats auf, der den Auftrag hatte, ihn zum Verhör nach Irkutsk zu bringen. Alle Proteste, er sei bereits verhört und für unschuldig befunden worden, nützten nichts. So vertraute er seine Papiere, Notizen und Sammlungen Kollegen und Freunden an und machte sich am 18. August 1746 auf den Rückweg nach Sibirien. Als er und sein Begleiter in Tara eintrafen, wurde ihm gesagt, die Vorwürfe hätten sich erledigt. Steller durfte wieder kehrtmachen. In Tobolsk blieb er drei Wochen und feierte mit den Einheimischen. An einem frostigen Tag Anfang November kroch er in seinen geschlossenen Schlitten und machte sich auf den Weg ins 270 Kilometer entfernte Tjumen.

Alles Weitere ist nur vom Hörensagen überliefert: Stellers Eskorte soll an einem Abend in einen Gasthof eingekehrt sein und den betrunkenen Steller schlafend in seinem Schlitten zurückgelassen haben. Als sie wiederkamen, hatte er schon hohes Fieber, bei der Ankunft in Tjumen war er halb tot. Obwohl zwei Marineärzte sich um ihn bemühten, starb er noch am selben Tag. Er war 37 Jahre alt.

Da es in Tjumen keinen evangelischen Friedhof gab, wurde Steller auf einer steilen Anhöhe über dem rechten Ufer der Tura, knapp außerhalb der Stadt, beigesetzt. Der schneebedeckte Boden war hart gefroren, so daß nur ein flaches Grab ausgehoben werden konnte. Nach wenigen Tagen gruben Grabräuber den

Leichnam aus und ließen ihn im Schnee liegen. Freunde Stellers vergruben den Toten wieder und deckten eine Felsplatte über das Grab. Mit der Zeit unterspülten jedoch die Fluten der Tura die Anhöhe, auf der sich das Grab befand, und schwemmten es weg, so daß sich die Gebeine Stellers, wie einer seiner bedeutenden Nachfolger, Peter Simon Pallas, schrieb, »mit den Mammutknochen an den weiter flußabwärts gelegenen Ufern vermengten«.

Die bahnbrechenden Arbeiten Stellers bereiteten den Boden für die Leistungen späterer Naturforscher, denen größerer und dauerhafterer Ruhm beschieden war. Doch auf der Bering-Insel und in Alaska sind Berggipfel nach ihm benannt, Pflanzen und Tiere tragen die lateinischen Namen, die er ihnen gegeben hat. Unglücklicherweise ist kein Bild von Georg Wilhelm Steller erhalten geblieben.

Die Persönlichkeit Stellers sollte nicht den Blick dafür verstellen, was seine beiden Kollegen Müller und Gmelin zustande gebracht hatten. Während die äußeren Umstände und ihre eigenen Neigungen sie daran hinderten, die wildesten Teile des russischen Ostens selbst zu erkunden, lernten sie im Zuge ihrer Expeditionen doch die meisten größeren Flüsse Sibiriens und viele entlegene Gegenden kennen. Zwischen 1733 und 1743 legten die beiden in der sibirischen Wildnis an die 40 000 Kilometer zurück. Dies versetzte sie in die Lage, in ihrer jeweiligen Spezialdisziplin wissenschaftliche Beiträge zu erbringen, mit denen sie sich bleibenden Ruhm schufen. Gmelin kehrte später als Professor für Botanik und Chemie nach Tübingen zurück; in seinem vierbändigen Werk *Flora sibirica* (gedruckt 1747 in St. Petersburg) beschrieb und klassifizierte er 1178 sibirische Pflanzenarten, was den großen Linné zu der Bemerkung veranlaßte, Gmelin habe »mehr neue Pflanzen entdeckt als alle anderen Botaniker zusammen«. Noch größeren Ruhm erntete Müller. Seine Sammlung amtlicher und inoffizieller Berichte erwies sich als nahezu erschöpfend. Neben akribischen Aufzeichnungen, die auf seinen Erkenntnissen über die Sprache und Kultur der verschiedenen sibirischen Stämme fußten, brachte er mehr als dreißig eng beschriebene Konvolute mit Abschriften der gesichteten Originaldokumente nach St. Petersburg. Er war der erste, der die Frühgeschichte der Erkundung und Besiedlung Sibiriens nachzeichnete; er entdeckte auch die Berichte über die Entdeckungsfahrt des Semjon Deschnew in den Archiven von Jakutsk. Noch zu seinen Lebzeiten wurde Müller zum »Geschichtsschreiber des Russischen Reiches« gekürt; die Nachwelt ehrte ihn als den »Vater der Geschichte Sibiriens«.

Nach Abschluß der Großen Nordischen Expedition fürchtete die russische Regierung, daß Informationen über das Unternehmen und seine Resultate durchsickern könnten. Am 27. Januar 1746 forderte der Senat daher die Akademie der Wissenschaften auf, sämtliche Dokumente der Japan-Expeditionen abzuliefern; am 7. März untersagte er die öffentliche Bekanntmachung der aus den Pazifikfahrten gewonnenen Erkenntnisse. Einen weiteren Monat später, am Abend des 7. April, wurde den Professoren mitgeteilt, sie möchten sämtliche, eine Verbindung mit der Expedition erstellten Kartenwerke und Tabellen, sämtliche »Rohentwürfe und Reinschriften, ebenso alle Blaupausen, alles in schriftlicher oder gedruckter Form Vorliegende, ohne etwas wegzulassen, und ebenso die der Akademie kürzlich zugegangenen Berichte und Beschreibungen des Adjunkten Steller von selbiger Expedition, welcher Art sie auch sein mögen, am nächsten Morgen zum Kabinett Seiner Kaiserlichen Majestät bringen«. Die Professoren beeilten sich, dem Befehl nachzukommen, Müller überwachte persönlich die Zusammenstellung des abzuliefernden Materials.

Joseph Delisle war unterdessen in das Visier der russischen Sicherheitsorgane geraten, weil er ohne Genehmigung Karten und Dokumente nach Frankreich geschickt hatte. Nach Delisles Rückkehr nach Paris im Jahr 1747 wurde den Mitgliedern der russischen Akademie jede Korrespondenz mit ihm untersagt. Dennoch veröffentlichte Delisle 1750 einen Bericht über die Expedition, in dem er alle Leistungen für sich reklamierte. Müller verfaßte auf Geheiß der russischen Akademie eine vernichtende Erwiderung, die 1753 in französischer und deutscher Sprache erschien.

Von den an der Expedition beteiligten Seeoffizieren wurde Tschirikow 1745 und Waxell 1758 zum Kapitän-Kommandeur befördert. Der von Steller verachtete Chitrow stieg 1753 sogar zum Konteradmiral auf.

Zu Beginn des 18. Jahrhunderts hatten noch unklare Vorstellungen über Topographie und Geographie Sibiriens geherrscht. Nach Abschluß der Großen Nordischen Expedition hatten die russischen Behörden nicht nur ein klareres Bild von den Umrissen Sibiriens, sondern auch Informationen über die dort lebenden Stämme, über Klima, Vegetation und Bodenschätze. Es waren außerdem einige allgemeine und vorläufige Schlüsse im Hinblick auf die vordringlichen Bedürfnisse des Landes gezogen worden. Ein großer Fortschritt war es auch, daß die Russen Phantome wie das Juan-da-Gama- oder das Kompagnie-Land von den Karten gestrichen und statt dessen die Umrisse Hokkaidos und einige Glieder

der Kurilen-Inselkette eingetragen hatten, daß die längste Eismeerküste der Erde endlich kartographisch erfaßt und der östliche Seeweg nach Amerika gefunden worden war.

Hatte die erste Kamtschatka-Expedition noch den unterentwickelten Zustand der ochotskischen Küste und der Kamtschatka offenbart, so entstanden im Verlauf der Nordischen Expedition die Grundlagen für eine Infrastruktur, die diesen Namen verdiente – Unterkünfte, Lagerhallen, Hafenanlagen, Eisengießereien, Salzsiedereien, ein Verwaltungsapparat. Ochotsk verwandelte sich in eine Hafenstadt, Petropawlowsk wurde gegründet und bildete den Kern für weitere russische Ansiedlungen. Es wurde der Grundstein für neue Städte wie Tigilsk und Gischiga gelegt, Ochotsk und andere russische Stützpunkte auf Kamtschatka wuchsen auf doppelte oder dreifache Größe. Bauern machten erste Versuche in Ackerbau und Viehzucht, Handwerker ließen sich nieder und boten ihre Dienste an. Die Einwanderung in das neue Erschließungsgebiet war zwar zahlenmäßig nicht beeindruckend, reichte aber aus, um es auf eine höhere Entwicklungsstufe zu heben: Wo noch unberührte Wildnis gewesen war, fanden jetzt Kaufleute, Soldaten, Kosaken, Verbannte, Geistliche und viele andere eine neue Heimat.

11

RUSSISCH-AMERIKA

In den zwei Jahren nach Berings letzter Expedition verbreiteten sich, wie ein Historiker schrieb,»die Berichte über das üppige Vorkommen von Blaufüchsen, Pelzrobben und Seeottern auf den Inseln östlich von Kamtschatka wie ein Lauffeuer über das östliche Sibirien. So wie der Zobel die Pelzjäger über das Uralgebirge durch die endlosen Weiten Sibiriens bis an den Pazifik gelockt hatte, war es jetzt der Seeotter, dessen Witterung die Russen aufnahmen und dem sie immer weiter hinaus folgten auf die in Nebel gehüllten Inseln, die zwischen Asien und Nordamerika lagen.«

Die Jagd auf Pelze führte die Russen zunächst zu den Kommandeur-Inseln, von da zu den Alëuten und schließlich nach Alaska. Zwischen 1743 und 1764 fanden von Kamtschatka aus 42 Jagd- oder Handelsexpeditionen allein zu den Alëuten-Inseln statt, organisiert zumeist von kleinen Händlersyndikaten, durchgeführt mit provisorischen Schiffen, deren Mannschaft überwiegend aus disziplinlosen Kerlen bestand, die nicht bis drei zählen konnten.

Bering, Tschirikow und Spangberg hatten mit ihren Entdeckungsfahrten den Weg gewiesen, aber das jetzt entbrennende Gerangel um die besten Jagdgründe im Nordpazifik war das Werk von Abenteurern. Das von der Eroberung Sibiriens her vertraute Muster wiederholte sich: rücksichtslose Ausbeutung der Eingeborenen, gedankenloses Abschlachten der Tiere. In räuberischer Gier wurden unbekannte Gewässer erkundet und Inseln für die russische Krone in Besitz genommen. Die Gründung der Kolonie Russisch-Amerika war eine direkte

Fortsetzung der Eroberung Sibiriens und eine natürliche Folge des russischen Ausgreifens nach Osten – »der Sonne entgegen«.

Die Aleüten, die sich wie Glieder einer Uhrkette in einem 1800 Kilometer langen Bogen von der Insel Attu bis zur Spitze der Alaska-Halbinsel erstreckten, waren die Gipfel einer halb versunkenen Vulkankette; sie bestanden aus steil aus dem Wasser aufragenden Felsspitzen; ihre nackten, von einer schweren Brandung glattgeschliffenen Küsten waren von Riffen umsäumt. Auf den meisten dieser zerklüfteten Inseln wuchs nur niedriges, geducktes Gestrüpp; erst kurz vor Erreichen des alaskischen Festlandes fanden die Russen eine Aleüten-Insel mit Baumbewuchs. Auf einigen der Inseln gab es aktive Vulkane, auf anderen, zum Beispiel auf Atka, kochend heiße Schwefelquellen. Bei aller Unwirtlichkeit hatten diese Inseln jedoch einen großen Reichtum an Pelzen und Fellen zu bieten.

Auf den Kommandeur- und auf den nahen Aleüten-Inseln (d. h. den der Kamtschatka nächstgelegenen) lebten als einzige Landtiere Polarfüchse, die ursprünglich wohl auf Treibeisschollen vom Festland herübergekommen waren und sich von allem ernährten, was die Flut an Land spülte.

Auf anderen Inseln fanden sich neben Füchsen auch Bären, Wölfe, Fischotter, Biber und Marder, dazu in Küstennähe große Mengen von Seeottern und im angrenzenden offenen Meer Seehunde, Seelöwen, Delphine und Wale. Mit der Zeit wurden die Inseln in mehrere Untergruppen eingeteilt: Kommandeur-, Nahe-, Ratten-, Andreanow- und Fuchs-Inseln. Nicht weit von den Aleüten befanden sich die Pribilof- oder Seehund-Inseln (St. Paul und St. Georg sowie die wesentlich kleineren Inseln Otter Island und Walrus Rock).

Bewohnt wurden die meisten dieser 70 Inseln vom Volk der Aleüten, das mit den Eskimos verwandt war und kaum über organisierte Stammesstrukturen verfügte. Die Aleüten waren von mittlerer Körpergröße, hatten langes schwarzes Haar, ein plattes Gesicht, eine dunkle Hautfarbe und kohlschwarze Augen. Im allgemeinen waren sie stark tätowiert, vor allem im Gesicht, und schmückten ihre Nase und ihre Unterlippe mit Perlen und Knochen. Ihr Lippenschmuck war oft sehr auffällig, und so wurden sie von den Tschuktschen *Zubati* genannt, »Menschen mit großen Zähnen«.

Wie die paläosibirischen Stämme (Tschuktschen, Korjaken, Jukagiren und Kamtschadalen) standen die Aleüten auf einer steinzeitlichen Entwicklungsstufe und hatten nur Werkzeuge aus Knochen oder Stein. Trotzdem waren ihre technischen Errungenschaften bemerkenswert. Ihre Ein-Mann-*Bajdarka*, im Grunde geschlossene Kanus, war leicht genug, um sich mit einer Hand tragen zu lassen; es war »praktisch unsinkbar«. Nach strengen Symmetrieregeln gebaut (wie ein Marinehistoriker befand), bestanden diese Kanus aus einem leichten Holzrahmen und einer straff darübergespannten Haut aus Seehund- oder Walroßfell. Nahe am Heck hatte die Oberhaut eine runde Öffnung, in die der Kanufahrer schlüpfte. Für Dichtigkeit sorgte eine den Rand der Öffnung säumende Manschette aus Darmgewebe, die sich eng um den Rumpf des Fahrers legte und zusätzlich zugebunden wurde, so daß kein Wasser in den Bootskörper gelangen konnte. Mensch und Boot wurden praktisch zu einer Einheit. Zur Grundausstattung dieser Kanus gehörten zwei aufblasbare Pelzrobben-Blasen, die im Notfall als Schlauchboote dienen konnten, und eine dritte, die mit Trinkwasser gefüllt war und mit einem hohlen Stengel angezapft werden konnte. Die Aleuten konnten in diesen Wasserfahrzeugen selbst in aufgewühlter See gefahrlos umherpaddeln.

Die Aleuten lebten vom Meer und jagten zu unterschiedlichen Jahreszeiten Seehunde, Seeotter, Tümmler, Seelöwen und Wale. Ihr Hauptbekleidungsstück war ein aus der Haut von Seevögeln geschneiderter Parka, als Überzieher trugen sie Capes aus Wal- oder Seelöwendärmen. Aus Seehundfellen machten sie sich Hosen, aus den Speiseröhren von Seelöwen kniehohe Stiefel. Ihre typische Kopfbedeckung ähnelte einer Schirmmütze, wobei der aus Holz geschnitzte und bemalte Schirm »wie ein Entenschnabel« über die Augen ragte. Schmuckquasten aus den Barthaaren von Seelöwen, verziert mit Perlen und Knochenfigürchen, komplettierten die Mütze.

Die Frauen trugen aufwendig bestickte Kopfbedeckungen; als Garn für ihre Handarbeit verwendeten sie Haare oder Fischdärme, ihre Nadeln schnitzten sie aus den Oberschenkelknochen von Möwen. Es waren Nadeln ohne Öhr, aber mit einer sehr feinen Rille, in die der Faden so geschickt eingelegt wurde, daß er fest an der Nadel haftete und durch Stoff gezogen werden konnte. Festeres Garn fertigten sie aus Fuchssehnen an, Seile flochten sie aus den Sehnen von Seelöwen, Tümmlern und Walen.

Ähnlich wie die Kamtschadalen bewohnten auch die Aleuten halb unterirdische Erdhütten, deren Gerüst sie aus Treibholz zusammenbauten; die Dächer deckten sie mit Büscheln langen, trockenen Grases. Bei Gemeinschaftsbauten waren die einzelnen Wohnzellen, abgeteilt durch nur halbhohe Zwischenwände, um eine Grube herum angeordnet, die als Latrine diente. Licht spendeten primitive Lampen, die normalerweise aus einem ausgehöhlten Stein bestanden, in den

Tranöl gefüllt und ein Docht aus gezwirbeltem Moos eingezogen wurde. Auf dem Speiseplan standen roher Fisch, Fleisch, Beeren und Wurzeln.

Die Männer lebten polygam und waren, wie es hieß, im allgemeinen nicht eifersüchtig, solange ihre Frauen nur diskrete Seitensprünge machten. Ein wohlhabender Alëute konnte bis zu sechs Frauen haben; wenn ein Mann eine Witwe heiratete, die eine Tochter hatte, schlief er mit beiden. Die Alëuten-Frauen standen in dem Ruf, im allgemeinen keuscher zu sein als die Kamtschadalinnen, deren »zwanghafte Wollust« den Russen, so behaupteten sie, unangenehm war.

In den Reihen der Alëuten fanden sich übrigens etliche »weibische Männer«, die sich wie Frauen kleideten, Frauenarbeit machten und manchmal sogar »als Objekte einer unnatürlichen Zuneigung« die Männer auf größeren Jagdexpeditionen begleiteten, bewaffnet mit »Nadel und Garn«.

In der Mythologie der Alëuten fanden sich vage Anklänge an die evolutionäre Theorie von der Abstammung des Menschen, angereichert mit biblischen Motiven. So war zum Beispiel davon die Rede, daß am Anfang ein Hund gewesen sei, der »zwei menschenähnliche Geschöpfe mit stark behaartem Rücken zur Welt gebracht« habe. Von Generation zu Generation seien diese dann menschenähnlicher und weniger haarig geworden, doch als ihre Zahl zunahm, hätten sie begonnen, einander zu bekriegen; schließlich hätten sie sich auf verschiedene Inseln zurückgezogen und angefangen, sich zu unterscheiden.

Daß die Alëuten kein einfaches Leben hatten, äußerte sich unter anderem darin, daß sie sich selbst als die »im Kampf Steckenden« oder die »aus Angst von ihrer Insel Geflohenen« bezeichneten. Innerhalb ihrer Gemeinschaft ließen sie jeden an den Früchten ihrer Arbeit teilhaben, nie blieben Alte, Kranke und Waisen ohne Fürsorge.

Bei den ersten Amerikanern, die Bering auf seiner zweiten Expedition zu sehen bekam, hatte es sich natürlich um zwei Alëuten in *Bajdarkas* gehandelt; zu jenem Zeitpunkt lebten insgesamt vermutlich rund 25 000 Alëuten auf der Inselkette. 65 Jahre später waren es nur noch 2500, darunter aber viele mit einem mehr oder weniger starken russischen Blutanteil.

Der erste Händler, der der Bering-Expedition folgte, war Jemeljan Basow, ein Feldwebel vom Milizposten Nischnekamtschatsk. Mit seinem Boot *Kapitan* segelte Basow 1743 direkt zur Bering-Insel, überwinterte dort und kehrte mit einer Ladung Fuchs-, Robben- und Seeotterpelzen zurück. 1745 unternahm er, mit

Rückendeckung eines Moskauer Kaufmanns, eine zweite Expedition zur Kupfer-Insel (einer der Kommandeur-Inseln) und meldete wieder reiche Beute: 2000 Blaufüchse, 2000 Pelzrobben und 1600 Seeotter. Die Nachricht von Basows Erfolg verbreitete sich rasch. Der Kommandeur des Forts Bolscheretsk, der gerade die launische Witwe de la Croyère geheiratet hatte, rüstete daraufhin eine Expedition aus, die der Suche nach neuen Inseln gewidmet sein sollte. Geleitet wurde sie von Michail Newodschikow, der im Reparieren der Uhren de la Croyères versagt hatte. Newodschikow begann seine Reise an der Mündung des Kamtschatka-Flusses und erreichte nach kurzer Fahrt die Nahen Inseln Attu und Agattu, auf denen Aleuten lebten. Er versuchte zuerst auf Agattu zu landen, überlegte es sich aber anders, als ein ganzer Schwarm von Eingeborenen in Kanus auf seine Schiffe zugepaddelt kam.

Auf Attu wurde den Russen ein ruhigerer Empfang zuteil; sie nutzten die Gastfreundschaft unbarmherzig und vergewaltigten die Frauen reihenweise. Die Männer, die ihren Frauen zu Hilfe eilen wollten, wurden abgeschlachtet. Der Ort ist bis heute als »Massaker-Bucht« bekannt. Nach seiner Rückkehr auf die Kamtschatka wurde Newodschikow ermächtigt, von den Bewohnern der von ihm entdeckten Inseln Tribut zu erheben. Ohne vorausschauende Zukunftsvision und in völliger Mißachtung der Ziele Peter des Großen grasten die russischen Abenteurer eine Insel nach der anderen ab und rotteten nach und nach die Pelztiere aus. Zwischen 1750 und 1775 liefen jährlich bis zu einem Dutzend Schiffe zu Raubzügen aus. Die Schiffe waren oft in aller Eile aus frisch geschlagenem Holz zusammengezimmert, mit Holzpflöcken verdübelt oder mit Lederriemen, Zweigen oder Wurzeln zusammengeknotet.

Auch die Berichte über den Pelzreichtum der Kurilen hatten zu einem Ansturm auf die Inselkette geführt; deren Ausbeutung aber blieb für den russischen Pelzhandel in der Folgezeit zweitrangig.

Bei der Kühnheit einzelner russischer Seefahrer waren unter ihnen nur wenige, deren Taten zum Anstimmen von Heldenliedern taugen. Zwar lebten sie manchmal auf freundschaftlichem Fuß mit den Eingeborenen, aber früher oder später gewann immer wieder Raubgier die Oberhand, was wiederum die Rache der Eingeborenen herausforderte. Anders als viele sibirische Stämme hatten die Aleuten nie Tribut entrichtet. Als ihnen der Druck der Russen unerträglich wurde, griffen sie daher im Winter 1762 auf Umnak und Unalaska drei russische Schiffe an, setzten sie in Brand und ermordeten die Besatzungen. Im nächsten

Frühjahr tauchten neue Abenteurer auf, die Vergeltung üben wollten und ganze Alëutendörfer ausradierten. Ein Iwan Solowjew machte sich einen Spaß daraus, ein Dutzend Alëuten hintereinander aufzustellen und zu fesseln und dann zu erproben, wie viele Körper eine einzelne Musketenkugel durchschlagen konnte. »Das Experiment zeigte«, schrieb einer seiner Gefährten, »daß die Kugel durch neun hindurchging und im zehnten steckenblieb.«

Die Berichte über riesige erzielbare Gewinne lockten bald Kaufleute aus dem ganzen Reich nach Kamtschatka. Die Regierung machte zu Anfang gar nicht erst den Versuch, in den Handel einzugreifen. Der Gouverneur saß in Tobolsk, für das östliche Sibirien war ein Vizegouverneur zuständig, der seinen Sitz in Irkutsk hatte, die Verwaltung Nordostsibiriens jedoch seinen Untergebenen in Jakutsk überließ. Die wiederum überließen die Küstenregion und die Kamtschatka der Obhut der Beamten in Ochotsk, die dort nach Despotenart schalteten und walteten. Da die meisten Beamten eine Versetzung nach Ostsibirien oder gar nach Kamtschatka als gleichbedeutend mit einer Verbannungsstrafe betrachteten, versuchten sie, ihr Unglück durch Geschäfte außerhalb der Legalität wettzumachen.

Auf Dauer konnte dem Staat jedoch nicht gleichgültig sein, was im Fernen Osten passierte. Die ersten Berichte über die Reisen Basows waren ebenso nach St. Petersburg übermittelt worden wie die von Newodschikow angefertigten Karten der Nahen Inseln.

Erzproben von der Kupfer-Insel wurden von Fachleuten der Akademie der Wissenschaften untersucht und für hochgradig rein befunden. Ein paar Jahre später wurde ein beamteter Mineraloge auf die Insel entsandt. Er entdeckte unter Kalk- und Schiefergeröll Kupferbrocken von der Größe eines Eis.

Doch die Regierung unter Zarin Elisabeth, der Tochter Peter des Großen, hatte den Eindruck, die hohen Investitionen im fernen Nordosten hätten sich nicht gelohnt – eine verständliche Sicht der Dinge: Die Nordmeer-Expeditionen hatten trotz ihres erfolgreichen Verlaufs gezeigt, daß an eine wirtschaftliche Nutzung der Nordost-Passage nicht zu denken war; an den neuen Ufern auf der amerikanischen Seite hatten sich weder die erhofften Gold- und Silbervorkommen gezeigt noch irgendwelche Eingeborenenvölker, die bereit gewesen wären, sich für die russische Krone vereinnahmen zu lassen. Allenfalls die Pelze, die Berings Mannschaft mitgebracht hatte, deuteten eine Zukunftsperspektive an.

Außerdem erhoben sich immer wieder die Eingeborenen des sibirischen Nord-

ostens gegen die russischen Herrscher. Während die Kamtschadalen den Mut zu
weiterem Widerstand verloren hatten, verübten die Korjaken zwischen 1745 und
1755 eine Reihe erfolgreicher Überfälle auf russische Vorposten und brannten
das Fort Atlansk nieder. Noch widerspenstiger waren die Tschuktschen. Sie
verweigerten den *Jasak*, überstanden zahlreiche Strafaktionen russischer Truppen (unter Führung von Major Dmitri Pawlutskij) und rotteten die Jukagiren
nahezu aus, die sie als Lakaien der Russen verachteten.

Am Abend des 12. März 1747 sammelten sich unter dem Befehl Pawlutskijs 97
Kosaken und 35 Korjaken zu einem Vergeltungsschlag; in der Morgendämmerung des 14. März sichteten sie an einer Bergflanke ein Lager, in dem 600
Tschuktschen kampierten. Ohne auf Verstärkung zu warten, griffen sie an. Doch
Pawlutskij blühte ein ähnliches Schicksal wie ein Jahrhundert später dem amerikanischen Kavalleriegeneral Custer bei seiner letzten Schlacht gegen die Indianer: Er wurde eingekreist und saß bald in der Falle. Am Abend war er tot,
gefallen wie die meisten seiner Kampfgefährten. Die Tschuktschen hatten sämtliche Waffen ihrer Verfolger erbeutet, einschließlich einer Kanone, des Kompa-
niewimpels und der Signaltrommel.

Als die Nachricht in St. Petersburg eintraf, entsandte die Sibirien-Abteilung 500
Dragoner zum Anadyr, die den Tschuktschen so zusetzten, daß diese schließlich
einlenkten. 1756 traf in Anadyr eine Tschuktschen-Delegation ein und ersuchte
um Frieden; sie bot die Entrichtung eines symbolischen *Jasak* in Höhe von einem
Fuchspelz pro Kopf an. Die Regierung willigte ein, denn die Übereinkunft lieferte
ihr die Rechtfertigung für die Aufgabe des Forts Anadyr, dessen Unterhalt
unverhältnismäßig teuer gewesen war. Es hatte dem russischen Staat zwischen
1710 und 1764 ganze 20 152 Rubel Einnahmen beschert, eine Summe, der Aus-
gaben in Höhe von 1 381 000 Rubel gegenüberstanden.

1762 starb die Zarin Elisabeth, ihr Neffe bestieg als Peter III. den Thron. Schon
kurz danach wurde Peter von Gefolgsleuten seiner Gemahlin, Sophie von An-
halt-Zerbst, ermordet. Sophie wurde als Katharina II. zur Zarin gekrönt, in die
Geschichte ist sie als Katharina die Große eingegangen.

Sie hielt es für notwendig, die neuen Gebiete endgültig unter russische Hoheit
zu bringen, die Ressourcen zu erkunden, den Pelzhandel zu ordnen und die
Landkarten zu berichtigen. Im Mai 1765 brach Leutnant Iwan Sind, ein Veteran
der zweiten Bering-Expedition, auf, um die Gewässer östlich von Kamtschatka
zu kartieren; ihm folgten mit größerem Erfolg Michail Lewaschew und Pjotr

Krenitsyn. Sie trugen genügend Daten zusammen, um eine glaubwürdige Karte des Nordpazifiks erstellen zu können.

Bei ihren Reisen leisteten sie auch einen Beitrag zur Beantwortung der Frage, was es mit der Küste auf sich hatte, die Bering und Tschirikow 1741 entdeckt hatten. Tschirikow hatte ja nicht mit letzter Sicherheit gewußt, daß er Alaska entdeckt hatte, sondern lediglich angenommen, auf irgendeinen Abschnitt der amerikanischen Küste gestoßen zu sein.

Erst später, bei ihren Jagdzügen auf die Aleuten, hörten die Russen erstmals vom »bewaldeten Alakschak«, wie die Eingeborenen das Land nannten; ein gefangengenommener Eskimo, den Stepan Glotow 1759/60 auf der Insel Umnak in seinem Gewahrsam hielt, zeichnete eine Karte in den Sand und markierte mit Steinen die Lage und die Größe etlicher Inseln. Die Russen fertigten eine Kopie dieser Karte unter Verwendung von »Holzkohle und verschiedenfarbigem Lehm« an und faßten Alakschak als eine sehr große Insel auf.

Es war Michail Lomonossow, Rußlands großer Universalgelehrter des 18. Jahrhunderts, der vier Jahre später die zutreffende Hypothese aufstellte, Alakschak sei »in Wirklichkeit das ›Kap‹ Nordamerikas«.

Krenitsyn und Lewaschew sollten nun feststellen, ob das so war. Sie bejahten diese Frage: Das »große Land« gegenüber der Tschuktschen-Halbinsel, von dem die Russen schon vor langer Zeit gehört hatten, und das »bewaldete Alakschak« waren miteinander identisch.

Krenitsyn und Lewaschew trugen außerdem Informationen über die Gebräuche und Lebensbedingungen der Aleuten zusammen, zeigten jedoch wenig Verständnis für deren Lebensweise. Sie empfanden das Verhalten der Aleuten als

äußerst widerwärtig. Sie essen das Ungeziefer, das ihrem Körper überall anhaftet, und schlucken den Schleim aus ihrer Nase. Wenn sie sich gewaschen haben, wie es hier Brauch ist – zuerst mit Urin, dann mit Wasser –, lecken sie ihre Hände trocken. Wenn sie krank sind, liegen sie drei oder vier Tage darnieder, ohne etwas zu essen; wenn ein Aderlaß notwendig ist, öffnen sie sich mit einer scharfen Klinge aus Feuerstein eine Vene und saugen das Blut heraus. Ihre Hauptnahrung ist das Fett von Fischen und Walen, das sie normalerweise roh essen. Sie ernähren sich auch von Seetang und Wurzeln, … geraten häufig in blutige Streitigkeiten und töten völlig bedenkenlos … Die Bewohner Umnaks sind bei allen anderen gefürchtet; sie überfallen häufig die anderen Inseln und entführen Frauen, ihr wichtigstes Eroberungsziel. Einig sind sie alle sich im Haß auf die Russen, in denen sie ... Invasoren sehen und die sie daher bei jeder sich bietenden Gelegenheit töten.

Der Bericht sollte wohl die russischen Repressalien rechtfertigen, doch die Autoren wiesen an anderer Stelle auch ohne Beschönigung auf die russischen Greueltaten hin. Sie unterstützten damit indirekt die Anstrengungen der Regierung, die schlimmsten kolonialistischen Auswüchse einzudämmen.

Die meisten nordpazifischen Handelsgesellschaften der ersten Stunde bestanden nur kurze Zeit; mehrere Investoren gründeten ein Konsortium, rüsteten ein Schiff aus und vereinbarten, den Erlös der Reise aufzuteilen. Die Mannschaften bestanden normalerweise zur einen Hälfte aus Russen und zur anderen Hälfte aus Kamtschadalen, die zum Dienst auf See gepreßt wurden und nur einen Hungerlohn erhielten. Die Schiffe legten im Spätsommer oder Frühherbst von Ochotsk oder Kamtschatka ab, überwinterten auf der Kupfer- oder der Bering-Insel, verproviantierten sich mit getrocknetem Seekuh- und Seelöwenfleisch und machten sich im darauffolgenden Frühjahr auf den Weg zu den östlichen Inseln. Nach Ankunft am Zielort ging die Mannschaft, in Gruppen aufgeteilt, an Land, um Tiere zu jagen und Fallen aufzustellen oder einheimische Aleuten für die Seeotterjagd zu rekrutieren; eine Restmannschaft blieb zur Bewachung des Schiffes und der Vorräte zurück. Eine solche Reise dauerte manchmal vier Jahre, in der Regel aber mindestens so lange, bis eine Pelzausbeute beisammen war, die mindestens doppelt soviel wert war wie das ganze Unternehmen gekostet hatte. Für die Gesundheit und Sicherheit der Mannschaft wurde kaum etwas getan; die Verpflegung war mehr schlecht als recht, es galt als normal, daß ein Viertel der Mannschaft nicht lebend zurückkehrte. Von den billig gebauten Schiffen ging ein Viertel verloren; sie zerschellten an felsigen Küsten oder kenterten in stürmischer See.

Der Seeotter war die Basis des Pelzhandels. Die Aleuten beherrschten die Jagd auf See weitaus besser als die Russen und wurden daher rücksichtsloser ausgebeutet als jedes andere sibirische Eingeborenenvolk. Man zwang sie nicht nur zur Sklavenarbeit; sie mußten auch noch Tribut zahlen, als dies 1788 offiziell untersagt wurde.

Obwohl auch in Sibirien nach wie vor Pelze in einer jährlichen Größenordnung von 350 000 Stück erbeutet wurden, machte das neue Geschäft mit Seeotterpelzen rund 85 Prozent des für Rußland so wichtigen Handels mit China aus. Diese Pelze wurden in China besonders geschätzt, die Handelsspannen waren riesig: Für ein Otterfell, das auf Kamtschatka 10 bis 15 Rubel wert war, bezahlten die Chinesen im transbaikalischen Kjachta 60 bis 80 Rubel. Die Russen kauften im Gegenzug Seide, Edelsteine, Gold und Silber, Elfenbein, Porzellan und Tee; in den achtziger Jahren des 18. Jahrhunderts wuchs das Volumen der Importgüter aus China, die von Kjachta nach Irkutsk gingen, auf jährlich 10 000 Karrenladungen.

Die mit der Großen Nordischen Expedition begonnene Siedlungstätigkeit entlang der Küste und auf Kamtschatka gewann immer mehr an Dynamik. Auf den Straßen wimmelte es von Seeleuten, Soldaten, Eingeborenen, Tagelöhnern und Verbannten; reich gewordene Kaufleute bemühten sich, auf diesen äußersten Vorposten der Zivilisation europäisches Gesellschaftsleben zu entwickeln. Die Zahl der Russen, die auf Kamtschatka lebten, stieg von rund 500 im Jahr 1725 auf über 5000 an. In den Küstenorten pulsierte ein fieberhaftes Leben – anstrengende Arbeit tagsüber, Trinkgelage, Glücksspiele und Schlägereien am Abend.

Von den in Fernost lebenden Russen waren rund 25 Prozent Verbannte; einer von ihnen war ein gewisser Moritz August Benjowski, ein draufgängerischer, großmäuliger Abenteurer und Hochstapler. In Ungarn geboren, war Benjowski zunächst nach Polen ausgewandert und hatte sich dort einer gegen die russischen Besatzer kämpfenden Guerillatruppe angeschlossen. Er geriet zweimal in Gefangenschaft, gab sich bei seiner zweiten Vernehmung als polnischer Graf aus und wurde nach Jakutsk verbannt. Unterwegs fälschte er die seinen Bewachern mitgegebenen Befehle und setzte als Verbannungsort Kamtschatka ein. Von dort wollte er übers Meer entkommen. In Bolscheretsk tat er sich mit anderen Verbannten zusammen und konnte einige von ihnen für seine Pläne gewinnen. Gleichzeitig gelang es ihm, sich beim örtlichen Kommandeur, einem Alkoholiker mit dem Namen Grigori Nilow, unentbehrlich zu machen. Nilow vertraute ihm prompt die Erziehung seines Sohnes an.

Am 24. April 1771 schlug Benjowski mit rund 70 Kumpanen los: Sie überwältigten ihre Bewacher, die »zu betrunken waren, um Widerstand zu leisten«, ermordeten Nilow und plünderten die Schatzkammer der Kommandantur. Sie verfaßten ein bombastisches Manifest, in dem sie die russische Besetzung Polens ebenso verurteilten wie die hohen Steuern, die Korruption der Amtsträger, das staatliche Salz- und Weinmonopol und vieles andere; dann bemächtigten sie sich eines staatseigenen Schiffes, brachten einen Pelzschatz und mehrere Frauen und Mädchen an Bord und stachen in See.

Sie nahmen Kurs auf die Kurilen und segelten weiter Richtung Süden, bis sie schließlich Macao erreichten. Dort erwischte Benjowski eine französische Fregatte, auf der er nach Mauritius im Indischen Ozean segelte. Von dort aus gelangte er nach Frankreich, trat in den französischen Staatsdienst ein und wurde nach Madagaskar entsandt, wo er 1774 eine Kolonie gründete. 1777 lernte er in Paris den polnischen General Kasimir Pulaski kennen und versuchte ihn für seinen Plan zu interessieren, Madagaskar zu einem amerikanischen Stützpunkt gegen die britische Seemacht zu machen.

Benjamin Franklin fand dieses Projekt bestechend und stattete Benjowski mit einem Empfehlungsschreiben für George Washington aus. 1782 kam es zu einem Treffen zwischen Washington und Benjowski, der sich als Agent des französischen Außenministeriums ausgab und die Aufstellung einer 3000 Mann starken Fremdenlegion zur Unterstützung des amerikanischen Befreiungskrieges anbot. Washington leitete das Angebot an den Kontinentalkongreß weiter, der es nach nüchterner Prüfung verwarf. Daraufhin wandte Benjowski sich dem Sklavenhandel zu. In Baltimore überredete er einige Schweizer Kaufleute, ihm eine Expedition nach Madagaskar zu finanzieren. Er rekrutierte eine Mannschaft von Freibeutern, landete 1784 auf der Insel und versuchte sich dort als König zu etablieren. Das Ende kam für ihn zwei Jahre später, als ein französisches Expeditionsheer seine Urwaldfestung erstürmte.

Katharina die Große fand die Geschichte gar nicht lustig. Sie kam zu der Erkenntnis, daß die Abschiebung politisch mißliebiger Personen ins nordostsibirische Exil die Stellung Rußlands in diesem nicht stärkte, sondern schwächte.

Der Nordpazifik war in dieser Zeit eine Region, nach der viele Hände griffen. Die Russen arbeiteten sich von Westen her an Alaska heran, die Spanier kamen vom Süden her und die Engländer, über Kanada, vom Osten. Spanien berief sich auf einen Papsterlaß aus dem Jahr 1493, der die noch der Entdeckung harrende Welt zwischen Spanien und Portugal aufgeteilt hatte. Es beanspruchte die Hoheit über ganz Amerika und schickte einen Botschafter nach St. Petersburg, der herausfinden sollte, wie weit die Russen den Nordpazifik bereits in Besitz genommen hatten.

Katharina hatte beschlossen, nicht nur die Inselketten der Kurilen und Aleüten, sondern auch die amerikanische Festlandsküste selbst bis hinunter zum 55. nördlichen Breitengrad für die russische Krone in Besitz zu nehmen. Mit der von ihren Vorgängern übernommenen Politik der »verdeckten Expansion« (die durch private Händler und Unternehmer stellvertretend für den Staat vollzogen wurde) konnte sie jedoch nur so lange Erfolg haben, wie sie nicht anderen Mächten in die Quere kam. Die Berichte über russische Vorstöße hatten die spanischen Jesuiten in Kalifornien bereits veranlaßt, die Kette ihrer Missionsstationen entlang der Küsten nach Norden zu verlängern. Schon 1770 unterhielten die Spanier Garnisonen bei San Diego und Monterey. Offensichtlich befürchteten die Russen sogar einen spanischen Präventivangriff; im September 1770 begannen sie im Hafen von Petropawlowsk Schußwaffen, Munition und Proviant zu stapeln und in Ochotsk die Befestigungsanlagen auszubauen. Benjowski kannte das Ausmaß der russischen Schutzvorkehrungen und wollte seine Geheiminformationen in Europa verkaufen. Katharina unterstellte daher 1772 die Aleüten offiziell der Hoheit des Kommandeurs von Bolscheretsk – und deklarierte sie damit zu einem Ausläufer Sibiriens.

Die Verkündung von Hoheitsansprüchen war jedoch kein Ersatz für das Flaggezeigen; diese Erkenntnis kam den Russen, als die Briten auf den Plan traten. Auf der letzten Reise seiner großen Seemannslaufbahn hatte sich Kapitän James Cook 1776 an Bord der *Resolution* von England aus in den Nordpazifik begeben, um von dort aus die langgesuchte Nordwestpassage zu finden; ein zweites Schiff mit dem Namen *Discovery* komplettierte die Flottille. Nachdem Cook die Sandwich-Inseln (den hawaiianischen Archipel) entdeckt hatte, setzte er seine Fahrt entlang der amerikanischen Westküste fort. Er erreichte Alaska, umschiffte die Halbinsel Kenai und erkundete den langgezogenen Cook-Inlet, der jedoch nicht zu der erträumten Passage führte. Nachdem er an der Kodiak-Insel vorbeigefahren war, traf Cook unweit der Insel Shumagin auf Eingeborene, die ihm zu seiner Überraschung ein Dokument in russischer Sprache zeigten. Cook umschiffte das (von ihm so benannte) Kap Prince of Wales, überquerte die Beringstraße, erreichte das Nordostkap Asiens und erlebte dort, was Bering nicht vergönnt gewesen war:

»Als das Wetter aufklarte, bot sich uns die Gelegenheit, zur gleichen Zeit die bemerkenswerte Gipfelsilhouette der Küste Amerikas am Kap Prince of Wales und das Ostkap Asiens zu sehen, mit den beiden verbindenden Diomeden-Inseln dazwischen«, schrieb er. Auf die alaskische Seite zurückgekehrt, erkundete und benannte er den Norton-Sund, vertraute den Russen auf Unalaska Berichte und Briefe an, die über Kamtschatka nach Großbritannien expediert werden sollten, und segelte dann nach Hawaii zurück, wo er bis zur Fortsetzung seiner Expedition im Frühjahr zu überwintern gedachte.

Am 14. Februar 1777 kam es jedoch zu einer blutigen Konfrontation zwischen Cook und eingeborenen Hawaiianern. Als Cook einem Eingeborenen den Rükken kehrte, wurde er von diesem mit einem Knüppel niedergeschlagen und durch einen Dolchstich in den Hals getötet. Als die Männer an Bord der *Resolution* begriffen, daß Englands bedeutendster Kapitän tot war, »kehrte auf dem Schiff ein allgemeines Schweigen ein, das eine halbe Stunde dauerte«. »Was geschehen war«, erinnerte sich ein Schiffsmaat später, »erschien uns irgendwie wie ein Traum, mit dem wir uns einige Zeitlang nicht abfinden konnten. Trauer war sichtbar auf allen Gesichtern …, denn alle unsere Hoffnungen hatten sich auf ihn gerichtet. Unser Verlust wurde unwiederbringlich, und das Bewußtsein davon prägte sich unseren Gemütern so tief ein, daß ein Vergessen unmöglich war.«

Vizekommandant Charles Clerke führte die Reise im Sinne des Toten weiter. Im Frühjahr 1779 kehrte er in den Nordpazifik zurück und steuerte im Verlauf der Vermessung von Küstengewässern auch den Hafen Petropawlowsk an. Die Russen vermuteten in den Engländern zunächst Piraten; da die britischen Schiffe wesentlich größer waren als ihre eigenen, wurden sie unruhig. Als sie freundlich aufgefordert wurden, eine Abordnung an Bord zu schicken, verlangten die russischen Offiziellen erst zwei englische Matrosen als Geiseln. Am Ende erklärten die Russen sich jedoch bereit, die englischen Schiffe mit Proviant zu versorgen und Duplikate von Cooks Seetagebuch auf dem Landweg nach St. Petersburg und von dort per Schiff nach England zu bringen. Clerke segelte anschließend von Petropawlowsk aus nördlich durch die Beringstraße, mußte aber wegen Packeis bald umkehren. Selbst schwer erkrankt, starb er, als sein Schiff wieder in den russischen Hafen einlief.

Seine Offiziere übernahmen das Kommando über die beiden Schiffe; sie segelten südwärts, an Japan vorbei, und ankerten vor Macao, einer portugiesischen Kolonie an der chinesischen Küste. Dort erfuhren sie, daß die Erhebung der amerikanischen Kolonien zu Feindseligkeiten zwischen England und Frankreich geführt hatte; sie mußten damit rechnen, auf der Heimreise sowohl von französischen als auch von amerikanischen Schiffen angegriffen zu werden. Die dramatische Nachricht von der Erhebung wurde jedoch rasch überschattet von der Entdeckung, daß chinesische Kaufleute unerhörte Preise für Seeotterpelze zahlten, die den Engländern an der Küste Alaskas fast nachgeworfen worden waren. Die Mannschaften drohten mit Meuterei, sie wollten einen nochmaligen Abstecher nach Alaska zur Pelzbeschaffung erzwingen.

So kam es, daß spätestens 1783, im Gefolge von Cooks letzter Entdeckungsreise, die Welt erfuhr, welche Reichtümer sich im Pelzhandel verdienen ließen. Es dauerte nicht lange, bis sich zahlreiche britische Händler von Macao und anderen ostindischen Häfen aus auf den Weg in den Nordpazifik machten. Die meisten Seeotterpelze, die sie mitbrachten, wurden in der chinesischen Hafenstadt Kanton verkauft oder getauscht, so daß die Russen, die diesen Handel bis dahin exklusiv betrieben hatten, sich plötzlich einer gefährlichen Konkurrenz gegenübersahen.

Cook selbst hatte registriert, wieviel den Russen an diesem Handel gelegen war und 1778 in sein Seetagebuch geschrieben: »Niemals wurde dem Gedenken einer ausgezeichneten Persönlichkeit größerer Respekt gezollt, als diese Männer ihn für Bering bezeigten, dessen Unglück zur Quelle großer privater Vorteile für Einzelne und öffentlichen Nutzens für die russische Nation geworden ist.« Die Nachrichten vom Aufkreuzen Cooks auf den Aleuten, seinen Aufenthalten in Alaska und auf Kamtschatka und von seinen und Clerkes Erkundungsfahrten in den Küstengewässern nördlich und südlich der Beringstraße führten zu einem Kurswechsel in der russischen Politik. »Die Kaiserin«, meldete der britische Botschafter in St. Petersburg, »hat ihren *sehr* ernsten Wunsch zum Ausdruck gebracht, Kopien von Karten zu erhalten, die geeignet sein könnten, Lage und Grenzen ... ihres Reichs genauer zu bestimmen.« Zunächst wurden Artillerieausrüstungen über Land von Irkutsk nach Petropawlowsk geschafft, dann, 1786, entstand der Plan, fünf Dreimaster zu bauen, die von der Ostsee aus um die halbe Weltkugel segeln und das gesamte nordpazifische Territorium von den Kurilen-Inseln bis Alaska offiziell für Rußland in Besitz nehmen sollten.

An zahlreichen Punkten entlang der nordamerikanischen Küste sollten 1700 Eisen- und Kupferplatten heimlich eingegraben werden, jede mit einer um das aktuelle Datum ergänzten Inschrift in lateinischer und russischer Sprache, die besagte: »Dieses Territorium gehört zum russischen Reich.« Wappen oder Hoheitszeichen anderer Mächte sollten zerstört werden.

Die im Westen heraufziehende Kriegsgefahr zwang die Petersburger Regierung jedoch, diese Mission abzublasen; unterdessen hatten die Franzosen eine eigene Nordpazifik-Expedition auf den Weg gebracht, die 1786 bis 1788 unter dem Kommando von Graf Jean-François de la Pérouse das Terrain erkundete. Die Franzosen entdeckten die Perouse-Straße zwischen der japanischen Insel Hokkaido und der Insel Sachalin und nahmen 600 Seeotterpelze für den Handelsplatz Kanton an Bord.

Fast in ihrem Kielwasser folgte der Bostoner Kapitän Robert Gray, der entlang der Küste von Oregon nordwärts segelte. Gray entdeckte die Mündung des Columbia River (den er nach seiner gleichnamigen Schaluppe benannte), verfrachtete ebenfalls eine Schiffsladung voller Pelze nach Kanton und segelte von dort aus westwärts zurück nach Boston – der erste amerikanische Seemann, der die Erdkugel umschiffte.

Die erste Begegnung zwischen einem Russen und einem Amerikaner im Pazifik hatte schon am 8. Oktober 1778 stattgefunden; damals hatte Kapitän Cook vor Unalaska gelegen und einen seiner Offiziere, den Amerikaner John Ledyard, an Land geschickt. Was Ledyard dort sah und hörte, überzeugte ihn von den im Handel mit Seeotterpelzen liegenden Möglichkeiten. In der Hoffnung, damit sein Glück machen zu können, bemühte Ledyard sich später um die Unterstützung Thomas Jeffersons für ein höchst eigenwilliges Solounternehmen: Er wollte vom europäischen Rußland aus Sibirien bis nach Kamtschatka durchqueren, dort ein russisches Schiff nach Alaska besteigen und von da aus mit »zwei großen Jagdhunden, einer indianischen Friedenspfeife und einem Beil zum Brennholzmachen« bis zum Mississippi marschieren. Jefferson hielt Ledyard für verrückt. Aber die Aussicht auf die »neuen, interessanten und nützlichen Informationen«, die eine solche Reise erbringen mochte, reizte ihn doch so sehr, daß er an Katharina die Große schrieb und einen Paß für Ledyard beantragte. Katharina lehnte ab, aber Ledyard ließ sich nicht beirren. Er schaffte es auf eigene Faust bis Irkutsk, wo er im Februar 1788 (nachdem er sich bei einigen russischen Händlern etwas zu eingehend nach ihren Pelztier-Expeditionen im Nordpazifik erkundigt hatte) verhaftet und als Spion aus Rußland ausgewiesen wurde.

Die Spanier hatten unterdessen durch eine Reihe von Expeditionsfahrten entlang der kalifornischen Küste ihre Gebietsansprüche untermauert: Ihre Kapitäne hatten, getreu ihrem Auftrag, Besitz von jenen Landstrichen genommen, die sie als erste entdeckt zu haben glaubten.

Die Russen gingen systematischer vor. Die Zeit der seefahrenden Pioniere war bei ihnen vorbei, da es zu viel Geld kostete, die Schiffsverbände auszurüsten, die man für Handelsexpeditionen zu den entfernteren Inseln benötigte. Die Großen der Pelzbranche bildeten mächtige Konsortien: die Lebedew-Lastotschkin-Kompanie, die dem Jakutsker Kaufmann Pavel Lebedew-Lastotschkin gehörte; die Irkutsker Kompanie Nikolai Mylnikows und die Schelichow-Golikow-Kompanie von Grigorij Schelichow.

Der um 1730 in Rylsk in der Ukraine geborene Schelichow hatte sich früh vorgenommen, sein Glück in Sibirien zu machen. Nachdem er zunächst als Zollbeamter in Kjachta gearbeitet hatte, wo er als Investor Expeditionen zu den Kurilen-Inseln mitfinanzierte, tat er sich 1778 geschäftlich mit seinem ukrainischen Landsmann Iwan Golikow zusammen, der wegen Unterschlagung von Staatsgeldern nach Sibirien verbannt worden war. Die Hochzeit Schelichows mit der Nichte Golikows festigte ihre Verbindung. Natalja Alexejewna war die Tochter eines wohlhabenden Kaufmanns aus Irkutsk und selbst eine äußerst fähige Geschäftsfrau. Durch den Zuwachs an Mitteln gestärkt, weitete Schelichow seinen Aktionsradius von den Kurilen auf die Aleuten aus. Während die meisten anderen, die sich im nordpazifischen Pelzhandel versuchten, mit wechselhaftem Erfolg operierten oder irgendwann untergingen, erwies Schelichow sich als ein Mann mit goldener Hand. Er war der erste, der eine dauerhafte Firma für die Finanzierung größerer Handelsreisen gründete – wobei »das Anfangskapital in gleich große Anteile zerlegt wurde und jeder Investor eine seinem Investitionsbeitrag entsprechende Zahl von Anteilen erhielt«. 1783 segelte er in Begleitung seiner unternehmungslustigen Frau – sie war die erste weiße Frau, die den Boden Alaskas betrat – zur Kodiak-Insel, um sich ein persönliches Bild von den Gegebenheiten zu machen. An der Nordostküste der Insel legte er für seine expandierende Kompanie den Dreiheiligenhafen an und erkundete Küste und benachbarte Inseln. Ende 1786 betrieb er Handelsstationen auf der Insel Afognak, am Cook-Inlet und am Kap St. Elias. Die regelmäßigen Handelsreisen führten mit der Zeit zur Entstehung dauerhafter Siedlungen auf den Inseln. Mit allem Nötigen versorgt wurden diese Stützpunkte von denselben Schiffen, die am Ende der Jagdsaison die Fellausbeute abtransportierten. Auf diese Weise konnten Schelichows Jäger an Ort und Stelle bleiben und fast das ganze Jahr über arbeiten.

Während andere Händler sich auf der Jagd nach schnellem Gewinn verausgabten, wollte Schelichow die Bedingungen für »stabile, langfristige Einkünfte« schaffen. Er war der erste, der auf eine Regulierung der Jagd drängte; doch das war nicht durchsetzbar, solange die vielen kleinen Konkurrenten nur den maximalen Profit vor Augen hatten.

Der wachsende Umfang seiner Geschäfte machte Schelichow kreditwürdig; er konnte sich bald namhafte Anleihen von den Demidows sichern, einer im Uralgebiet tätigen Industriellendynastie. Schelichow erlangte im Nordpazifikhandel bald eine so beherrschende Stellung, daß er ein Ersuchen an die Kaiserin stellen konnte, seiner Kompanie ein Handelsmonopol für diese Region zu gewähren. Schelichow wies auf das Beispiel der britischen Ostindien-Company hin, die im Prinzip unter der Kontrolle der Regierung stand, aber in ihrem Einflußbereich auch hoheitliche Funktionen wahrnahm.

Zu diesem Zeitpunkt hatte die Lebedew-Lastotschkin-Kompanie ihre Hand auf einen Teil des Cook-Inlets gelegt; sie betrachtete auch die Seehundbänke der Pribilof-Inseln als ihr Revier, während andere Wettbewerber auf den Aleuten operierten. Da die Tierbestände auf den Inseln dahinschwanden, entbrannte ein heftiger Wettlauf um neue Jagdgründe.

Im Umkreis der meisten Aleuten-Inseln waren schon 1789 kaum mehr Seeotter anzutreffen; sie hatten sich an die amerikanische Pazifikküste zurückgezogen. Die als Fleischlieferantin geschätzte Seekuh war ausgerottet. Da immer mehr fremde Interessenten im Nordpazifik auftauchten, war es nach Ansicht Schelichows notwendig, den gesamten Handel in dieser Region unter zentrale Kontrolle zu bringen.

Katharina die Große gewährte Schelichow eine Audienz, lehnte sein Ersuchen nach einem Handelsmonopol jedoch ab. Katharina hatte sich den wirtschaftlichen Prinzipien Adam Smiths verschrieben.

Schelichow arbeitete hinter den Kulissen weiter für sein Ziel. Er sicherte sich die Unterstützung zweier nacheinander amtierender ostsibirischer Gouverneure und nutzte seine Beziehung zu Plato Sobuw, einem Verwandten seiner Frau, der sich gerade der besonderen Gunst der Kaiserin erfreute. Schelichow pflegte ferner seine Freundschaft mit Nikolai Resanow, über dessen Schreibtisch alle Petitionen wanderten, bevor sie der Kaiserin vorgelegt wurden. Schelichow verlobte, wie das Leben so spielt, seine sechzehnjährige Tochter Anna mit Resanow und versprach ihr als Mitgift »ein hübsches Bündel Anteile« an seiner Firma.

In einer zweiten Unterredung mit der Zarin brachte Schelichow seine früheren Argumente erneut vor:»Das Hauptziel meines Unternehmens ist, neuentdeckte Gewässer, Gebiete und Inseln unserem Reich einzuverleiben, ehe andere Mächte sie besetzen und beanspruchen, und neue Wagnisse einzugehen zur Mehrung des Ruhmes unserer Kaiserin und zur Mehrung des Wohlstands sowohl der Krone als auch unserer Landsleute.« Katharina erwiderte, sie sei nach wie vor grundsätzlich gegen »Monopole und exklusive Handelsprivilegien«, tat dann aber nichts, um Schelichow von einer Ausweitung seiner Aktivitäten an der amerikanischen Küste abzubringen. Er errichtete Forts auf den Inseln Afognak und Atka sowie am Cook-Inlet und gründete 1792 St. Paul's Harbor auf der Kodiak-Insel. Mitten in den Vorbereitungen für die Anlage weiterer Siedlungen starb er im Juli 1795.

Schelichows Vision eines russischen Kolonialreichs lebte jedoch weiter. Natalja, seine talentierte Frau, führte die Geschäfte in seinem Sinn fort. Sie wehrte zunächst mit Erfolg einen Übernahmeversuch ab und schloß 1797 ihre Firma mit einem Konkurrenten, der Irkutsker Kompanie, zur Vereinigten Amerika-Kompanie zusammen. Nikolai Resanow, Nataljas Schwiegersohn, wurde Mehrheitsaktionär und Vorstandsvorsitzender der neuen Firma und bemühte sich in St. Petersburg um kaiserliche Rückendeckung. Obwohl auch die Lebedew-Lastotschkin-Kompanie inzwischen ständige Niederlassungen auf der Alaska-Halbinsel eingerichtet hatte, erkannte Zar Paul I., der Nachfolger Katharinas, 1799 den überragenden Beitrag der Schelichow-Firma an und gewährte der Russisch-Amerikanischen-Kompanie, wie das Unternehmen jetzt hieß, für die Dauer von zwanzig Jahren das begehrte Handelsmonopol. Bald darauf beteiligte sich die Regierung mit einem Drittelanteil an der Kompanie, die nach dem Vorbild der großen britischen Handelsfirmen zur Aktiengesellschaft umgegliedert worden war. Die Zentrale der Firma wurde von Irkutsk nach St. Petersburg verlegt.

Da Resanow in der Hauptstadt unabkömmlich war, fiel die Aufgabe, die russische Präsenz auf amerikanischem Boden zu sichern, einem gewissen Alexander Baranow zu. 1747 geboren, hatte Baranow als junger Mann zunächst für einen Moskauer Händler gearbeitet und war mit 33 Jahren nach Sibirien gekommen. Er ließ sich in Irkutsk nieder, leitete Glasbläsereien und Wodkabrennereien und versuchte sich auch im Pelzhandel, anfangs mit gutem Erfolg. 1788 erlitt er einige finanzielle Rückschläge und akzeptierte schließlich ein Angebot Schelichows, als dessen Statthalter nach Alaska zu gehen. Nach einer nervenzehrenden Reise durch stürmische Gewässer zerschellte sein Schiff an der Küste von Unalaska, er mußte auf der Insel überwintern und sich mit seinen 52 Gefährten von Wurzeln, Krabben und dem Fleisch eines toten Wals ernähren. Im Frühjahr 1791 brach Baranow, 10 Mann zur Bewachung der geborgenen Teile der Ladung zurücklassend, zur 1023 Kilometer entfernten Kodiak-Insel auf. Mit rund vierzig Mann in drei offenen Booten schafften sie es tatsächlich, ihren Stützpunkt an der Dreiheiligenbucht auf Kodiak zu erreichen. Baranow übernahm dort sogleich das Kommando und legte den Grundstein für das 1799 gewährte Monopol.

Nach einer Bestandsaufnahme vor Ort beschloß Baranow 1792, sein Hauptquartier an die Nordseite der Insel zu verlegen; hier fand er einen geeigneteren Hafen und einen Baumbestand vor, der Holz für Wohngebäude, Befestigungen und Schiffe liefern konnte. Von diesem Stützpunkt aus, dem heutigen Kodiak (damals St. Pauls-Hafen genannt), begann er Ordnung in den Pelzhandel zu bringen. Er rekrutierte aus den einheimischen Aleüten größere, jeweils von russischen Vertrauensleuten geleitete Jägergruppen; an die Stelle des *Jasak*, der Naturalsteuer, deren Erhebung auf den Inseln seit 1788 verboten war, setzte er Zwangsarbeit: alle männlichen Aleüten zwischen 18 und 50 Jahren mußten für die Kompanie jagen; sie hatten sich »im Frühling mit ihren *Bajdarkas* und Harpunen an einem vorbestimmten Ort einzufinden. ... Die Ausbeute der Kolonie wurde gehortet und einmal jährlich nach Ochotsk verschifft und von dort aus nach St. Petersburg oder Kjachta weitergeleitet.« Der begehrteste Pelz war der des Seeotters; an Land wurden außerdem Biber, Fuchs, Bär, Luchs, Zobel, Bisamratte, Nerz, Wolf, Vielfraß und Murmeltier gejagt. Die Pribilof-Inseln und die Küsten des Beringmeers dienten als Walroß-Jagdgründe. Das Walroß hatte eine zu dicke Haut, es konnte keine brauchbaren Pelze liefern, hatte aber Stoßzähne, »die bis zu einem halben Meter lang und fünfzehn Pfund schwer waren« und sich gut in die Türkei und nach Persien verkaufen ließen.

Pelze, Walroßzähne und Walknochen erwarb die Kompanie auch durch Tauschhandel mit den Eingeborenen. In der Chugach-Bucht des Prince-William-Sunds gründete Baranow eine Werft; weil Teer und Pech fehlten, braute er aus dem gekochten Harz von Nadelbäumen eine brauchbare Dichtungsmasse. Bald lief der Dreimaster *Phoenix* vom Stapel, das erste in Russisch-Amerika von Russen erbaute Schiff!

Im Herbst trafen aus Ochotsk zwei Frachter ein, die Proviant, Gerätschaften und Vieh geladen hatten und außerdem rund 200 Jäger und Siedler sowie acht Priester aus einem finnischen Kloster mitbrachten. Baranow heiratete die achtzehnjährige Tochter eines Alëutenhäuptlings und erhielt im Jahr 1799 die Hoheitsgewalt über sämtliche Alëuten-Inseln, die Pribilof-Inseln und Alaska. Der Geschäftsführer der Handels-Kompanie wurde damit praktisch zum Gouverneur von Russisch-Amerika!

Um die Schätze der Nordwestküste Amerikas war inzwischen ein heftiger Wettlauf entbrannt. Zwar waren die Spanier mit dem am 28. Oktober 1790 geschlossenen Abkommen von Nootka Sound praktisch ausgeschieden, doch Russen, Briten und Amerikaner lieferten sich eine erbitterte Konkurrenz. Die Amerikaner, Yankee-Kaufleute aus dem Osten, die sogenannten Boston-Männer, gewannen im internen Machtkampf bald die Oberhand. Ihr Hunger nach Fellen überstieg sogar noch den der Russen. Einer der ersten vor der Nordwestküste operierenden Boston-Männer brachte die Gier seiner Landsleute auf den Punkt:»Gleich nach einer schönen jungen Frau ist ein erstklassiges Seeotterfell, zwei auf fünf Fuß groß, mit seinem kurzhaarigen, samtigen, pechschwarzen Pelz das schönste Naturereignis auf der Welt.«

Die amerikanischen Glücksritter, die mit ihren Schiffen die Buchten und Fjorde der zerklüfteten Nordwestküste unsicher machten, waren stets»auf der Suche nach einem schnelles Geld versprechenden Fischzug«. Sie tauschten, wie ein Zeitgenosse berichtete, für Pelze alles Erdenkliche ein, auch Gewehre, Munition und Rum. Von einem Kapitän hieß es, er bezahle Seeotterpelze mit Schießpulver, ein Fäßchen pro Stück; ein anderer soll für dreizehn Otterpelze eine Vierpfünder-Kanone geboten haben.

1803 griffen bei Nootka Sound Indianer das Yankee-Schiff *Boston* an; sie setzten es in Brand und massakrierten die Besatzung. Wann immer aber Baranow den Amerikanern ihre Exzesse vorhielt, bekam er die Antwort:»Wir sind Händler, uns interessiert der Profit, und kein Gesetz verbietet uns das.«

In ihrem Bestreben, gegen die Russen Boden zu gewinnen, war den Amerikanern kaum eine Strategie zu schäbig. Ihre verwerflichste Idee: Sie fädelten einen profitablen Sklavenhandel zwischen den entlang der Nordwestküste lebenden Indianerstämmen ein.

»Während man sich in Europa bemüht, den Sklavenhandel abzuschaffen«, berichtete ein empörter russischer Kapitän, verwenden Bürger der Vereinigten Staaten von Amerika ihre ganze Tatkraft darauf, ihn anzukurbeln. Zum Erwerb von Sklaven fahren amerikanische Schiffe in die Gegend des 45. nördlichen Breitengrads, wo die Nordwestküste dicht bevölkert ist. Die Eingeborenen dort, die aus der Erfahrung gelernt haben, daß man ihnen für Menschen weitaus mehr bezahlt als für Pelzwaren, haben sich auf diese schreckliche Jagd verlegt.

Da amerikanische Händler sie alle mit Feuerwaffen versorgt haben, ist es ein leichtes, die unglücklichen Stämme im Landesinneren zu überwältigen; sie liefern ihre Gefangenen dann bei Schiffseignern ab, im Austausch gegen diverse Kleidungsstücke. Nicht selten geben diese heimgesuchten Stämme bewegende Beispiele der Liebe zwischen Eltern und Kindern, doch ihre unmenschlichen Verfolger schlagen sogar daraus Kapital, vor lauter Habgier. Wenn zum Beispiel ein Sohn von der Gefangennahme seines Vaters erfährt, läuft er zu den Menschenräubern und bietet sich selbst zum Austausch an. Und die Barbaren nehmen dieses großzügige Angebot nur zu gern an, weil ein junger Mann für sie mehr wert ist als ein alter. Wenn dann eine Schiffsladung Sklaven beisammen ist, geht es nach Norden auf die Höhe des 55. Breitengrads, wo die Küstenindianer die Unglücklichen als ihre Arbeitssklaven in Empfang nehmen und sie mit Seeotterfellen bezahlen. Diese wiederum verkaufen die [Amerikaner] mit gutem Gewinn in China und erfreuen sich ihrer so schändlich erzielten Profite.

Baranow verhielt sich klüger. Nachdem er sich etabliert hatte, versuchte er, den Respekt der ihm zunächst keineswegs wohlgesinnten Eingeborenen und auch der Händler, einschließlich der Yankees, zu gewinnen. Der Schriftsteller Washington Irving stellte ihn sich als einen »rauhbeinigen, knorrigen, gastfreundlichen, trinkfesten alten Russen [vor] – ein bißchen Soldat, ein bißchen Händler, vor allem aber ein Zechkumpan von alter Grölschule, dazu ein kräftiges Stück Bär«. Das Porträt sollte Sympathie erwecken, stimmte aber nicht. Baranow trank kaum, verabscheute Glücksspiele, seine Umgangsformen verrieten höfische Vornehmheit. Er war klein, dick und hatte eine sanfte, gemessene Art zu sprechen; er wirkte oft etwas mürrisch und verdrießlich, doch aus seinen Augen »strahlte ein lebhafter und durchdringender Blick«. Um seine Kahlköpfigkeit zu verbergen, trug er eine Perücke. Mit Geduld und weiser Voraussicht konnte

Baranow die russische Einflußsphäre stetig ausdehnen, sein Ansehen wuchs von Jahr zu Jahr. »Sogar Leute, die weit entfernt leben, kommen manchmal aus keinem anderen Grund, als um ihn zu sehen«, berichtete ein Besucher, »und sie wundern sich, daß so große Dinge von einem so kleinen Mann vollbracht worden sind.«

Wahrzeichen aller von Baranow gegründeten Siedlungen war ein Palisadenwall mit Baracken und einem Lazarett dahinter; dazu kamen ein paar Häuser und eine Kirche außerhalb der Umfriedung. Die Häuser waren von der Bauweise her Blockhütten, mit Moos abgedichtet und mit Riedgras gedeckt. Hier und da fand sich ein Fenster mit Scheiben aus Kristall, doch im allgemeinen dienten Seehunddärme als Scheibenersatz.

Im Gegensatz zu den Aleuten ließen sich die stolzen und extrem widerspenstigen Ureinwohner des pazifischen Nordwestens Amerikas nicht einschüchtern. Mit ihren ledernen Lendentüchern und ihren aus Rindenbast gewebten Schürzen ähnelten sie sehr stark dem Prototyp des Indianers, wie er in den Mythen des amerikanischen Westens vorkommt. Die Russen kamen in Berührung mit den Chugachen am Prince William Sound, den Koniags auf der Kodiak-Insel, den Kenais auf der Halbinsel Kenai und den wilden Tlinkits, von den Russen *Kolosch* genannt, was eigentlich ein Gattungsbegriff war und gleichbedeutend mit Indianer.

Die Tlinkits bewohnten das Gebiet zwischen der Yakutat-Bucht und dem Stikine-Fluß sowie einige der Küste vorgelagerte Inseln. Es war ein mächtiger Stamm, der in zwei Sippen zerfiel, die sich »Rabe« und »Wolf« nannten und mutterrechtlich organisiert waren. Sie trugen Tuniken aus Rohleder mit aufgemalten Sippensymbolen, schützten sich mit einem hölzernen Panzer, den sie mit Waldärmen fest um ihren Rumpf schnürten, und mit hölzernen Helmen. Sie trugen Masken, die den Gesichtern furchterregender Tiere nachempfunden waren. Sie kämpften mit Dolch, Speer, Knüppel, Pfeil und Bogen. Die Köpfe getöteter Feinde behielten sie als Trophäen, deren Frauen und Kinder mußten als Sklaven arbeiten. Die Tlinkits waren im allgemeinen seßhaft und lebten in großen Siedlungen. Ihre Häuser bauten sie aus grob zugehauenen, zusammengedübelten Brettern, die flachen Giebeldächer ruhten auf Pfosten. Mit ihren plattformartig nach oben versetzten Schlafböden hatten diese Häuser ein raffinierteres Design als die der russischen Pioniere. Geschnitzte und bemalte Verzierungen an den Pfosten und auf der Fassade erzählten Geschichten; diese Behausungen wirkten

eleganter und stattlicher als alles, was die Russen bis dahin in Eingeborenensiedlungen gesehen hatten.

Die Kunstwerke der Tlinkits wiesen eine abstrakte Formensprache auf: Zeichen
mit verschlüsselter Bedeutung waren ebenso zu finden wie geometrische Muster, in denen sich Tierkörperformen verbargen. Ihre Hilfsmittel für Jagd und
Fang – Schlingen, Fallgruben, Reusen – standen denen der sibirischen Stämme
in nichts nach. Gebräuchlich waren bei den Tlinkits auch transportable Zelte aus
Zedernringe, die sie in ihren seetüchtigen Kanus verstauen konnten. Die Tlinkits
huldigten dem Schamanismus. Auffällig an ihren Schamanen waren »lange,
verfilzte Locken, ihre hageren Gesichter und ausgemergelten Körper, ausgelaugt
vom häufigen Dursten und Fasten«. Wenn ein Häuptling starb, wurde seine
Leiche vor der Einäscherung mehrere Tage lang aufgebahrt.

Bei aller Vorsicht, die Baranow walten ließ, kam es doch hin und wieder vor, daß
Indianer Gruppen von Russen oder Aleüten, die ungeschützt unterwegs waren,
umbrachten oder entführten und einsame Außenposten überfielen. Sie befanden
sich ständig auf dem Kriegspfad und ließen sich zu keiner Zeit zähmen.

Auch interne Probleme gefährdeten den Erfolg der Baranowschen Operationen.
Als einmal eine große Jagdgesellschaft an die Küste zurückkehrte, aßen zahlreiche Aleüten verdorbenen Schellfisch, den das Meer an Land gespült hatte. Die
russischen Aufseher erkannten die Gefahr. Sie zwangen die Aleüten, Schießpulver und mit zerstoßener Seife vermengten Tabak zu schlucken; dies sollte ihnen
helfen, den giftigen Fisch zu erbrechen. Doch über hundert von ihnen starben im
Verlauf von zwei Stunden unter schrecklichen Krämpfen.

Während einer Spanne von drei oder vier Jahren brachte Baranow eine Ausbeute
von bis zu einer Million Pelzen zusammen; doch konnte es vorkommen, daß
Zehntausende von Fellen liegenblieben und verdarben. Das kam dem Unternehmen teurer zu stehen als der Rückgang der Marktpreise für Pelze in Kjachta, der
auf den Aufstieg Kantons zum konkurrenzfähigen Handelsplatz zurückzufüh-
ren war.

Vor allem aber: Russisch-Amerika war weit, viel zu weit vom Mutterland
entfernt. Die Beringstraße war zwar an ihrer schmalsten Stelle nur 90 Kilometer
breit, aber die Praxis der Seefahrer sah anders aus: Zwischen St. Pauls-Hafen und
Petropawlowsk, dem Versorgungshafen für Russisch-Amerika, lagen rund 4500
Kilometer sturmgepeitschter See. Petropawlowsk stützte seine Versorgung auf
Ochotsk; Ochotsk mußte den Nachschub auf dem Landwege über Jakutsk von

dem noch einmal rund 4500 Kilometer entfernten Irkutsk holen. Fast jedes zweite Schiff der Kompanie ging auf dem Weg von Ochotsk nach Alaska verloren.

Typisch war das Schicksal eines Schiffes, das, unterwegs nach Petropawlowsk, unweit der Mündung des Flusses Ui, fast in Sichtweite eines schützenden Hafens, vom Sturm auf die Felsenküste geworfen wurde; nur drei Mann der Besatzung konnten sich auf eine Klippe retten. Als Suchmannschaften eintrafen, fanden sie »auf einer Strecke von drei Werst entlang der Küste die gliederlosen und verrenkten Leichen ihrer Kameraden, bedeckt mit Sand und Seetang; manche hingen sogar auf Bäumen, aber den schrecklichsten Anblick von allen boten diejenigen, die von den Wogen gegen die Klippen geschleudert worden und mit einem Arm oder Bein hängengeblieben waren, so daß der übrige Körper in der Luft hing ... Verstreute und zermalmte Teile der Ladung verunzierten die Meeresküste und das Flußufer.«

Die Kolonisten in Russisch-Amerika konnten sich nicht in ausreichendem Maß selbst ernähren; sie versuchten es mit Ackerbau auf der Kodiak-Insel und an der Yakutat-Bay, doch ähnlich wie in Teilen Ostsibiriens vereitelte auch hier ein ungünstiges Klima lohnende Ergebnisse. So sahen sich die Kolonisten selbst in den größeren Siedlungen immer wieder gezwungen, sich von Adlern, Krähen, Tintenfischen und ähnlichem zu ernähren. Viele litten unter Skorbut, häufig kam es zu Vergiftungen durch den Verzehr angeschwemmter toter Tiere. Die einzigen verfügbaren Hilfsmittel, um den vom Skorbut Befallenen ein wenig Linderung zu verschaffen, waren ein Brei aus Hirse und Molasse und ein aus Tannenzapfen gebrautes Bier.

Nach und nach gerieten die russischen Siedler in eine immer stärkere Abhängigkeit von den Eingeborenen, die in der Lage waren, ihnen wichtige Lebensmittel zu liefern (zum Beispiel das Fleisch wilder Ziegen oder anderer frisch erlegter Tiere), ihnen aber nicht immer wohlgesonnen waren. Beim Tauschhandel mit fremden Schiffen sah Baranow sich häufig gezwungen, ganze »Pakete« zu kaufen; er konnte nicht nur nützliche Dinge erwerben, er mußte auch Sachen nehmen, für die er keine Verwendung hatte.

Um diese Zeit legte Kapitän Adam Johann von Krusenstern, ein aus dem Baltikum stammender Offizier in Diensten der Kompanie, den Plan vor, die russischen Stützpunkte in Amerika »vom europäischen Rußland aus übers Meer zu versorgen, vom Hafen Kronstadt am Finnischen Meerbusen aus ... entweder um das Kap der Guten Hoffnung oder um Kap Hoorn«. Krusenstern vertrat

außerdem die Ansicht, der russische Chinahandel lasse sich erheblich gewinn-
bringender gestalten, wenn Pelze und andere Produkte aus Alaska und von den
Inseln direkt zu diesem Handelsplatz verschifft würden, statt den umständli-
chen, teuren und zeitraubenden Weg über Ochotsk nach Kjachta zu gehen. Auf
der Rückfahrt nach Kronstadt könnten die russischen Schiffe an verschiedenen
Pazifikhäfen anlegen und weitere für den russischen Außenhandel interessante
Güter an Bord nehmen. Auf diese Weise könnten, so Krusenstern, mehrere
Fliegen mit einer Klappe geschlagen werden: effektivere und preisgünstigere
Versorgung der Kolonien, Ausweitung des Handels mit China, Verbilligung des
Imports orientalischer Waren.

Diese Ideen Krusensterns brachten »die Phantasie der Wirtschafts- und Staatsführer auf Trab«. So wurden im Sommer 1803 zwei Schiffe startklar gemacht, die
Hoffnung unter Krusenstern und die *Newa* unter Kapitän Juri Lisjanski.

Zar Alexander I. (der zwei Jahre zuvor zum Nachfolger Pauls I. gekrönt worden
war) wollte mit der Expedition auch erkunden, ob die russischen Amerika-Ko-
lonien und Ostsibirien über den Handel mit Japan versorgt werden könnten. Er
ernannte Resanow für diese erste russische Weltumsegelung zum Handels-Sondergesandten und zum kaiserlichen Kämmerer.

Resanow, der nach dem Tod seiner Frau, der Tochter Schelichows, in tiefe Trauer
versunken war, richtete sich an dieser schwierigen Mission wieder auf. Der Brief,
den der Zar an den Shogun richtete, war mit Goldlettern auf Papyrus geschrieben; Übersetzungen in die Mandschu- und in die japanische Sprache waren
beigelegt. Die drei Dokumente waren sorgfältig in einen Goldbrokat-Einband
gebunden; sie lagen in einem mit Schnitzwerk verzierten Kästchen aus Rotholz.
Zur Ladung Resanows gehörten ferner Gemälde, Spiegel, Schiffsmodelle, tausend Bücher, zahlreiche Kleidungsstücke, Musikinstrumente und andere Dinge,
die geeignet waren, die Kultur der russischen Kolonien in Alaska zu heben.
Am 4. August 1803 lichteten die *Newa* und die *Hoffnung* (mit Resanow an Bord)
die Anker und begaben sich auf die Westroute über Kap Hoorn und Hawaii.
Beide Schiffe sollten dort Proviant aufnehmen. Die *Hoffnung* sollte dann über
Petropawlowsk nach Japan weiterreisen, die *Newa* hatte Order, die Kolonien auf
amerikanischem Boden anzulaufen.

Als die Russen im Sommer 1804 vor Honolulu Anker warfen, mußten sie
feststellen, daß sich auf der Inselgruppe seit ihrer Entdeckung durch Kapitän
Cook ein Vierteljahrhundert zuvor gründliche Veränderungen vollzogen hatten.

Durch Seefahrer waren die Eingeborenen mit westlicher Technik und westlicher Lebensart vertraut geworden und hatten sich an Luxusgüter gewöhnt. Ihr Herrscher Kamehameha hatte eine europäische Leibwache, besaß mehrere mit drehbaren Kanonen ausgerüstete Schoner und hatte sich zu einem gewieften Außenpolitiker und Diplomaten entwickelt. Oberste Leitlinie seiner Politik war, auf gute Beziehungen zu den Kapitänen ausländischer Schiffe zu achten und bewaffnete Konflikte zu vermeiden. Für die Sicherung seiner Herrschaft über die Inselgruppe deckte er sich freilich mit Waffen ein.

Die Eingeborenen boten dennoch einen traurigen Anblick. Mit ihrem Irokesen-Haarschnitt wirkten sie zwar kriegerisch, doch waren sie nackt und schmächtig und über und über mit Wundschorf bedeckt. Vielen fehlten die Vorderzähne, die Syphilis und andere Infektionskrankheiten hatten zu häßlichen Ausschlägen geführt. Die Mädchen und Frauen waren der Prostitution verfallen. Sobald ein fremdes Schiff in den Hafen einfuhr, schwammen sie hinaus und ließen sich kaum abweisen. Doch den Seeleuten erschienen nach langer Reise mit karger Verpflegung frische Lebensmittel begehrenswerter: Als ein nacktes Mädchen »unvergleichlicher Lebhaftigkeit« an Deck der *Newa* kletterte, registrierte die Besatzung enttäuscht, daß sie nichts Eßbares bei sich hatte. Just in diesem Augenblick näherte sich ein Schiff, auf dem »einige Männer ein Ferkel entdeckten, und dieses Ferkel hätte in diesem Augenblick keiner gegen eine noch so schöne Frau eintauschen mögen, erst recht nicht gegen ein Eingeborenenmädchen. Alle stießen mit sehnsuchtsvollster Stimme das Wort ›Ferkel‹ hervor.«

Die *Hoffnung* und die *Newa* trennten sich am 10. Juni 1804. Vor der Abreise nach Kodiak besuchte Lisjanski jedoch den Strand, auf dem Cook den Tod gefunden hatte; er fand mehrere abgeplattete Gewehrkugeln, die noch in den Baumrinden steckten. Unterwegs machte er auf der Insel Kauai Station und hatte eine Unterredung mit dem dortigen Häuptling Kaumauli, dem größten Widersacher König Kamehamehas in den innerhawaiianischen Machtkämpfen.

Kaumauli suchte den militärischen Beistand der Russen, hinterließ aber, auch wenn er sein Ersuchen mit äußerst verlockenden Angeboten untermauerte, einen höchst unangenehmen Eindruck. Er brachte an Bord einen Diener mit, der ihm einen kleinen hölzernen Spucknapf nachtrug (beschlagen mit Menschenzähnen, die angeblich Erinnerungsstücke an verstorbene Freunde waren), doch während der gesamten Dauer der Unterredung mit Lisjanski vergaß er den Diener und

»spuckte fast beständig aufs Deck«. Der Häuptling bot den Russen an, als Gegenleistung für Waffenlieferungen seine Insel unter russisches Protektorat zu stellen. Lisjanski hatte zwar nicht die Vollmacht, ein solches Angebot anzunehmen, glaubte aber, es nicht ablehnen zu dürfen. Er konnte sich mit eigenen Augen davon überzeugen, daß auf Kauai und den Nachbarinseln Zuckerrohr, Wassermelonen, Kokosnüsse, Taro und andere Dinge im Überfluß wuchsen und daß Schweine und Rinder prächtig gediehen. Die meisten dieser Produkte würden hier billiger zu erwerben sein als anderswo. Einen Augenblick keimte die kühne Hoffnung auf, die Kompanie könne, wenn sie dieses Inselreich in den Griff bekäme, nicht nur ihre eigenen Versorgungsprobleme lösen, sondern die ganz Ostsibiriens.

Bei seiner Ankunft auf Kodiak fand Lisjanski die Kolonie in einem kritischen Zustand vor. In einer Nacht im Juni 1802, als die Wachposten des Forts St. Michael nicht aufgepaßt hatten, war eine Horde Tlinkits über die Palisade geklettert, hatte die Besatzung niedergemetzelt, das Fort in Brand gesetzt, kistenweise Musketen erbeutet, eine in der Nähe dümpelnde Flotte von *Bajdarkas* angezündet und Frauen und Kinder als Sklaven entführt. Baranow, der nicht mehr über genügend Waffen verfügte, um das Fort zurückzuerobern, hatte daraufhin ein Abkommen mit dem amerikanischen Kapitän Joseph O'Cain geschlossen: Er stellte ihm für die Seeotterjagd vor der kalifornischen Küste Aleuten und Kajaks zur Verfügung und erhielt dafür Waffen und einen Anteil an der Beute. O'Cain hielt sich an die Vereinbarung und kehrte im Sommer 1804 zurück, kurz vor dem Eintreffen Lisjanskis.

Baranow hatte unterdessen 120 Russen auf 4 kleineren Schiffen und 800 Aleuten in *Bajdarkas* mobilisiert und wollte versuchen, das Fort wieder in Besitz zu nehmen. Lisjanskis kriegstaugliches Schiff war für ihn eine beachtliche Verstärkung. Doch auch die Tlinkits waren nicht untätig gewesen: Sie hatten auf den Grundfesten des alten ein stark bewehrtes neues Fort errichtet und ein System miteinander verbundener Gräben und Unterstände ausgehoben.

Die *Newa* näherte sich dem Ufer, ging vor Anker und eröffnete das Feuer, doch ihre Geschütze reichten nicht weit genug. Die Russen waren gezwungen, mit ihren aleutischen Hilfstruppen eine Landung und einen Sturmangriff zu versuchen. Die Tlinkits feuerten zurück und zwangen die Angreifer zum Rückzug. Baranow wurde verwundet. Mit großem seemännischem Geschick wurde die *Newa* daraufhin näher an die Küste bugsiert, bis sie das Fort beschießen konnte.

Nach einiger Zeit signalisierten die Indianer Verhandlungsbereitschaft, nach einem Austausch von Geiseln verschwanden sie in den Wäldern. Prompt brannten die Russen ihr Fort nieder und bauten auf einer Klippe eine neue Zitadelle. Prunkstück war eine Geschützbatterie, die die Einfahrt in die Bucht beschießen konnte. Während der Bauarbeiten wohnte Baranow in einem zerfetzten Zelt und einem fensterlosen Badehaus mit schadhaftem Dach. Als er dann jedoch in sein auf dem Felsvorsprung thronendes neues Domizil einzog, genoß er einen atemberaubenden Blick auf die Bucht und die umliegenden Inseln sowie auf die hohen schneebedeckten Berge, die landeinwärts lagen. Neu-Archangelsk, wie der Stützpunkt nun genannt wurde (später setzte sich der Name Sitka durch), war der am günstigsten gelegene und am besten befestigte Außenposten der Russisch-amerikanischen Kompanie und wurde 1808 zur Hauptstadt von Russisch-Amerika erklärt.

Während die *Newa* so an der Wiederherstellung der russischen Herrschaft in Alaska mitwirkte, hatte die *Hoffnung* unter Krusenstern in Petropawlowsk ihre Ladung gelöscht und mit Resanow an Bord Kurs auf Japan genommen. Die selbstgewählte Isolation der Japaner war für die westlichen Seemächte seit langem ein Ärgernis. Im Jahr 1543, lange bevor Peter der Große den Findling Dembei kennenlernte und lange bevor Spangberg und Walton die Küsten Honshus umschifften, hatte ein Taifun eine chinesische Dschunke mit drei portugiesischen Seeleuten an Bord über das Ostchinesische Meer nach Japan verschlagen. Ihnen waren in Wellen immer neue Pioniere gefolgt, Priester und Händler, die Feuerwaffen, Tabak, die christliche Botschaft und Geschlechtskrankheiten mitgebracht hatten. Eine Zeitlang waren sie willkommen gewesen, Briten und Holländer ebenso wie Spanier und Portugiesen. Katholische Missionare hatten mit Erlaubnis der Shogune sogar Hunderttausende bekehrt. Doch für den japanischen Staat, der erst kurz zuvor seine feudale Vergangenheit abgeschüttelt hatte, wurde die Kirche zu einer Bedrohung. 1638 wurden sämtliche Ausländer aus Japan ausgewiesen, nachdem zuvor schon Hunderte von Missionaren hingerichtet und Tausende ihrer Schäfchen umgebracht worden waren. Um die Isolierung ihres Inselreichs perfekt zu machen, erklärten die Shogune es zu einem schweren Verbrechen, ins Ausland zu reisen oder auch nur hochseetüchtige Schiffe zu bauen. Nur auf der 1641 vor Nagasaki aufgeschütteten künstlichen Insel Deshima war ein minimaler Kontakt zum Westen gestattet. Die Abschottung hielt 150 Jahre.

Als Resanow und sein Gefolge im Oktober 1804 vor Nagasaki ankerten, wurden sie feindselig empfangen und mußten mehrere Monate in einem eingezäumten und bewachten Lager verbringen. Trotz seiner pompösen Titel, seiner bestechenden Mitbringsel und seines goldgeprägten Empfehlungsschreibens vom Zaren scheiterten alle Versuche Resanows, als gutwilliger Handelsbotschafter anerkannt zu werden. Im darauffolgenden Frühjahr durfte er die Heimreise antreten, war jedoch wild entschlossen, eines Tages Rache zu nehmen. Er ahnte, wie nützlich der Handel mit Japan für die Kolonie sein konnte.

Von Petropawlowsk setzte Resanow auf einem Schiff der Kompanie nach Neu-Archangelsk über; er erhielt schockierende Einblicke in den Alltag des Kompanie-Personals. Die Verhältnisse auf dem Schiff waren so beengt, daß über fünfzig Mann in ihrer Montur auf Deck schlafen mußten; die meisten Besatzungsmitglieder trugen trotz der Junihitze fettige Pelzkleidung. Fähige Steuerleute waren selten, viele der in sibirischen Städten rekrutierten»Matrosen« hatten vor dieser Reise noch nie das Meer gesehen. Die meisten waren Abenteurer, Trunkenbolde, bankrotte Händler oder gebrandmarkte Verbrecher auf der Suche nach neuen Jagdgründen. Auch in Neu-Archangelsk im Jahr 1805 traf Resanow vorwiegend Menschen an, die so»verkommen, betrunken, gewalttätig und verdorben [waren], daß es für jede Gesellschaft eine große Erleichterung sein müßte, sie loszuwerden«.

Resanow erfuhr, daß die Indianer kurz zuvor bei Yakutat einen weiteren russischen Stützpunkt verwüstet hatten. In der Kolonie gab es keine Ärzte, die die Kranken hätten pflegen können; die Lebensmittel waren rationiert, fast jedermann war in Lumpen gekleidet, es gab keinen einzigen Missionar, der die Sprache der Tlinkits gelernt hatte, und nur einen, der sich bemühte, mit der Aleuten vertraut zu werden. Baranow selbst hatte bei dem Versuch, eine unbezwingbare Festung zu errichten, seine Kräfte verausgabt, er litt an Arthritis und wohnte – die Zitadelle war noch im Bau – nach wie vor»in einem Bretterschuppen, der so feucht war, daß jeden Tag der Schimmel abgewischt werden mußte«. Seine Tatkraft stempelte ihn in den Augen Resanows zum Helden. »Was für ein Mann!« schwärmte er in einem Brief an die Direktion der Kompanie. »Er sorgt sich nur um das Wohlergehen der anderen und vernachlässigt sein eigenes so sehr, daß ich eines Tages feststellte, daß sein Bett triefnaß war, und

als ich ihn fragte, ob sich aus der Wetterschutzwand neben seinem Bett ein Brett gelöst habe, antwortete er ruhig: ›Nein, es ist nur die Feuchtigkeit, die vom Platz hereindringt‹ und wandte sich wieder seiner Arbeit zu.«
Um die Kolonie über den nächsten Winter zu bringen, kaufte Resanow das amerikanische Schiff *Juno* mitsamt seiner Proviantladung; im folgenden Frühjahr (1806) segelte er damit nach San Francisco. Dort umgarnte er den spanischen Gouverneur, machte der fünfzehnjährigen Tochter des Ortskommandanten den Hof und konnte für die ausgemergelte Kolonie eine Schiffsladung voll Getreide, Mehl, Trockenfleisch, Hafer, Erbsen, Schmalz und Salz loseisen. Beim Einlaufen in den spanischen Hafen hatten die Russen sich einfach mit dem Ruf »Russki« zu erkennen gegeben. Und obwohl der spanische Staat seinen Missionen in Amerika jeglichen Handel untersagt hatte, waren die Mönche in San Francisco mit Freuden zu jeglicher Art von Tauschgeschäft bereit.
Resanows Angebetete, Maria Arguello de la Concepción, galt als das schönste Mädchen von ganz Nordkalifornien. Ihr Vater willigte in ihre Heirat ein, aber da die Liebenden unterschiedlichen Religionen angehörten, mußte zunächst Dispens eingeholt werden aus Rom und aus St. Petersburg. Resanow verabschiedete sich mit dem Versprechen, in spätestens zwei Jahren zurückzukehren, doch Maria sah ihn nie wieder. Vermutlich hatte er vor, sein Versprechen zu halten, aber er starb im März 1806 in Krasnojarsk an einer Lungenentzündung. Von Maria heißt es, sie habe noch jahrelang auf ihn gewartet und sei schließlich in das Kloster Santa Katharina eingetreten – als Kaliforniens erste Nonne.
Vor seiner Abreise aus Alaska hatte Resanow mit Baranow darüber gesprochen, wie der Fortbestand der Kolonie gesichert werden könne; ihm schwebte unter anderem die Anlage russischer Siedlungen im Oregon-Gebiet (wie die gesamte Region zwischen Alaska und Kalifornien genannt wurde), in Kalifornien und auf den Hawaii-Inseln vor. Er dachte an eine gewaltsame Öffnung Japans für den Handel und schrieb an die Leitung der Kompanie, die Anlage eines Stützpunkts nördlich von San Francisco könne den Grundstein für einen eventuellen späteren Erwerb Nordkaliforniens von Spanien bilden. Resanow war ein glühender Imperialist. Er träumte von einer beherrschenden Rolle Rußlands im Nordpazifik – obwohl die russische Kolonialmacht in diesem Raum sich im Jahr 1804 auf nicht mehr als 500 um ihr Überleben kämpfende Russen stützen konnte.
Die Hoffnung auf Handelsbeziehungen zu Japan machte Resanow selbst zunichte. Unter dem Eindruck seiner Gefangenschaft hatte er im Juli 1805 von Neu-

Archangelsk aus dem Zaren geschrieben, nur die Drohung mit einem Angriff werde die Japaner dazu bringen, Handel zu treiben; er empfahl Strafexpeditionen gegen ihre Siedlungen auf den Inseln Sachalin und Matsumae; die Gefangenen sollten als Zwangsarbeiter für die Kompanie eingesetzt werden. Für ihre Unterbringung suchte er sich eine kleine Insel im Sitka-Sund aus, die bis heute Japaner-Insel bzw. Japanese Island heißt.

Ohne auf Genehmigung aus St. Petersburg zu warten, weihte Resanow zwei junge Marineoffiziere, Nikolai Chwostow und Gabwil Davydow in sein Vorhaben ein. Im Sommer 1807 landeten die Russen mit zwei Schiffen, der *Juno* und der *Avos*, an der Aniwa-Bucht auf Sachalin. Sie nahmen Geiseln, plünderten und verbrannten Lagerhäuser, zerstörten entlang der Küste Fischerboote und Netze und hängten, bevor sie wieder abzogen, an der Wand eines Tempels eine Kupferplakette auf, deren Inschrift die wirtschaftliche Enthaltsamkeit Japans verurteilte und mit der Verwüstung der nördlichen japanischen Inseln drohte. Im folgenden Sommer überfielen sie im Verlauf von vierzig Tagen eine Reihe japanischer Vorposten auf den Kurilen-Inseln. Bei ihrer Rückkehr nach Ochotsk wurden Chwostow und Davydow wegen ihres eigenmächtigen Vorgehens festgenommen; das Verfahren endete schließlich mit Freispruch und Rehabilitierung durch einen vom Außenminister geleiteten Sonder-Untersuchungsausschuß.

Das aber war noch nicht das Ende der Geschichte. Im Sommer 1811 war der russische Segelkreuzer *Diana* unter Kapitänleutnant Wassili Golownin auf einer Erkundungsreise im Gebiet der südlichen Kurilen; vor Etorofu beobachtete Golownin zu seiner großen Überraschung japanische Soldaten, die am Strand in großer Eile Kampfausrüstungen in Stellung brachten. Als die Russen sich anschickten, die Meerenge zwischen Etorofu und Hokkaido zu vermessen, drang plötzlich Kanonendonner durch den Nebel, zwei Kugeln schlugen in der Nähe der *Diana* ein.

Golownin landete daraufhin mit einigen Offizieren und Matrosen in Kunashiri, um die Lage zu klären, wurde aber sofort von den Japanern gefangengenommen. Nach kurzem Verhör versuchten die Russen zu entkommen, wurden aber überwältigt. Man band sie so kunstvoll zusammen, »daß durch Ziehen an einem langen, von einem Bewacher gehaltenen Seil alle stranguliert worden wären«, brachte sie per Schiff nach Hakodate und sperrte sie in käfigartige Zellen, die sich in einem dunklen Verlies mit dicken Mauern befanden. Später mußten sie nach Matsumae marschieren, wo sie in Käfige gesperrt wurden, deren Öffnungen so niedrig waren, daß sie auf dem Bauch hinein- und herauskriechen mußten. Schließlich verlegte man sie in ein Haus innerhalb der Festungsanlage. Die *Diana*, kommandiert von Golownins Stellvertreter Pavel Rikord, kehrte nach kurzem Feuerwechsel mit der Festung Kunashiri nach Ochotsk zurück.

Die russische Regierung war über den Zwischenfall verstimmt, verzichtete aber auf ein Befreiungsunternehmen. Sie hatte andere Sorgen: Napoleon hatte den Njemen überschritten, im September brannte Moskau. An einen zweiten Kriegsschauplatz am anderen Ende des Reichs war nicht zu denken.

Doch nach dem Sieg über Napoleon im Oktober 1813 kehrte die *Diana* nach Hakodate zurück; der Kapitän hatte eine schriftliche Entschuldigung für die früheren Überfälle im Gepäck, an Bord waren mehrere Japaner, die Rikord gegen seine eingekerkerten Kameraden austauschen sollte. Unter den japanischen Geiseln befand sich übrigens eine Frau, die sich an Bord mit der Ehefrau des Schiffsarztes anfreundete. Die beiden Damen – die ersten Angehörigen ihres Geschlechts und ihres Volks, die einander je begegneten – verwarfen die Staatsräson. Sie unterhielten sich »über das Schminken, tauschten probeweise ihre Garderobe und liebkosten einander«.

Bei ihren Verhandlungen mit Rikord machten die Japaner deutlich, sie würden ihre Geiseln nur freigeben, wenn die Russen in einem formellen Schriftstück anerkennen, daß die Überfälle auf höheren Befehl erfolgt seien. Als dieses Dokument schließlich vorlag, wurden Golownin und seine Gefährten auf freien Fuß gesetzt.

Japan mußten die Russen zunächst abschreiben, aber den von Resanow nach Kalifornien gesponnenen Faden hatte Baranow schon im September 1808 wieder aufgenommen. Er entsandte Expeditionen mit dem Auftrag, am Columbia River und an der Küste Nordkaliforniens Stützpunkte zu errichten. Das erste Unternehmen scheiterte, als die *St. Nikolai* unter Nikolai Bulygin nördlich der James-Insel von ungünstigen Winden und Strömungen erfaßt und an die Festlandküste geworfen wurde. Das Schiff ging zu Bruch, die Besatzungsmitglieder wurden entweder von Indianern umgebracht oder starben an Hunger oder Unterkühlung.

Mehr Erfolg hatte Iwan Kuskow mit seinem Schiff *Kodiak*. Er traf, als er an der Bodega-Bay an Land ging, auf freundliche Indianer. Nachdem er und seine Gefährten acht Monate lang gejagt und gehandelt und entlang der Küste Kupferplaketten mit der Aufschrift »Land des Russischen Reiches« vergraben hatten, gingen sie daran, nördlich von San Francisco, auf einem ins Meer ragenden hohen Felsvorsprung, ein mit zehn Geschützen bestücktes Fort zu errichten. Am 30. August 1812 wurde über dessen Zinnen die kaiserliche Flagge gehißt und die Anlage auf den Namen Fort Russ getauft – später in Fort Ross abgewandelt. Die Russen bauten eine Bootswerft an der Bodega-Bay und besetzten die Farallonen, eine 50 Kilometer vom Golden Gate entfernte Inselgruppe. Von diesem Stützpunkt in Kalifornien aus betrieb die Kompanie einen regelmäßigen, wenn auch diskret abgewickelten Handel mit den spanischen Missionen und entwickelte eine bescheidene Landwirtschaft.

Das Oregon-Gebiet widerstand dem Zugriff Baranows. Am Columbia River waren amerikanische Soldaten bereits dabei, militärische Unterkünfte zu errichten und an die einheimischen Indianer Medaillen mit dem Porträt George Washingtons zu verteilen. 1810 erreichten britische Kundschafter, die den Columbia River flußabwärts befuhren, seine Mündung; die Pacific Fur Company des John Jacob Astor hatte bereits mit dem Bau des Stützpunkts Astoria am Ufer des Flusses begonnen.

Während der trostlosen Wintermonate in Neu-Archangelsk dachte Baranow immer wieder an die Südsee. Er hatte seit dem Besuch Lisjanskis auf Hawaii die Hoffnung nicht aufgegeben, mit Kamehameha, dem König des Inselreichs, ein Handelsabkommen schließen zu können. Beide hatten den Wunsch, ihre Unabhängigkeit gegenüber den zunehmend aggressiver auftretenden Yankee-Händlern zu bewahren. Der König hatte zudem schon 1806 durch einen Sendboten das Angebot gemacht, im Austausch gegen Felle Lebensmittel für die Stützpunkte Baranows zu liefern. Als im Jahr darauf ein kleines Schiff der Kompanie einen Abstecher zu den Inseln machte, wiederholte der König sein Angebot und gab den Russen zum Zeichen seines guten Willens Geschenke für Baranow mit: einen königlichen Helm und einen mit herrlichen Federn besetzten Umhang.

Mitte November 1808 lief die *Newa*, nunmehr kommandiert von Leutnant Leontij Hagemeister, mit Nachschub in Russisch-Amerika ein. Nachdem die Ladung gelöscht war, schickte Baranow sie mit dem Auftrag nach Hawaii, Salz zu besorgen. Anfang Januar 1809 ankerte Hagemeister vor Oahu; offenbar wollte er den Grundstein für eine russische Kolonie legen. Ein Besatzungsmitglied berichtete später: »An Bord des Schiffes befand sich das Holzgerippe eines Hauses, und man gab die Parole aus, es würden Freiwillige gesucht.« Es meldete sich jedoch keiner.

Da diese Reise zeitlich zusammenfiel mit den Erkundungsexpeditionen zum Columbia River und zur Küste Nordkaliforniens, liegt die Vermutung nahe, daß alle Aktionen das Ziel hatten, Russisch-Amerika aus seiner extremen logistischen Abhängigkeit zu befreien.

Bevor die *Newa*, mit Salz und Lebensmitteln voll beladen, wieder in See stach, erneuerte Kaumauli, der Kamehameha nach wie vor die Herrschaft über einige Inseln streitig machte, seine Bitte um russische Unterstützung. Hagemeister mußte ihm (mit ebenso großem Bedauern wie vor ihm Lisjanski) eine unverbindliche Antwort geben, der König sei »bereit, uns [Molokai] oder eine andere Insel zu verkaufen«. Molokai allein genüge schon, um die Versorgung der russischen Stützpunkte an den pazifischen Küsten zu sichern. Nach Einschätzung Hagemeisters brauchte man nicht mehr als vierzig Soldaten, zwei Kanonen und zwei Schiffe, um die Insel für die russische Krone zu annektieren.

Die internen Machtkämpfe auf Hawaii und der Krieg von 1812 zwischen Großbritannien und den Vereinigten Staaten vereitelten diese Pläne.

Baranow verstand es dennoch, aus diesen Auseinandersetzungen Kapital zu schlagen. Mehrere Yankee-Kapitäne, die fürchteten, von britischen Kriegsschiffen oder Freibeutern aufgebracht zu werden, verkauften ihm ihre Schiffe oder segelten unter der Flagge seiner Kompanie. Baranow verfügte im März 1814 plötzlich über sieben hochseetüchtige Fahrzeuge. Der Jahresgewinn des Unternehmens stieg 1814 auf eine Million Rubel, es wurde eine Sonderausschüttung gewährt.

Schon 1813 hatte die Firmenleitung ein vielversprechendes Abkommen mit John Jacob Astor geschlossen; es sah vor, daß Astors Company die russischen Stützpunkte mit allem Nötigen versorgen und dafür das Recht haben sollte, als alleiniger Agent der Russen in Kanton die Pelze auf Provisionsbasis zu vertreiben.

Das Abkommen wurde allerdings nie wirklich umgesetzt; nachdem auch Fort Ross die Erwartungen auf verläßlichen Proviantnachschub nicht erfüllte, konzentrierten sich die Hoffnungen rasch wieder auf die hawaiianischen Inseln.

Baranow bestimmte zu seinem »Mann in Hawaii« den Apotheker Georg Anton Schaffer, einen Scharlatan, der im russischen Mutterland 1812 an dem fehlgeschlagenen Projekt mitgewirkt hatte, Heißluftballons »im Kampf gegen das

Invasionsheer Napoleons« einzusetzen. Als Schaffer 1814 an Bord der *Suworow* (deren Kapitän Michail Lasarew später der russischen Expedition angehörte, die die Antarktis entdeckte) in Neu-Archangelsk eintraf, machte Baranow ihn zu seinem Vertrauten, da alle seine engen Mitarbeiter zu diesem Zeitpunkt unterwegs waren. Schaffer hatte den Auftrag, die Ladung der *Bering* zu bergen, die vor der Küste von Kauai in einem Sturm gekentert war, und langfristige Handelsbeziehungen zu installieren. Zwei weitere Schiffe, die *Entdeckung* und die *Kodiak*, beide bewaffnet, sollten später nachkommen und den russischen Ansprüchen Nachdruck verleihen.

Auf der unter amerikanischer Flagge fahrenden *Isabella* traf Schaffer Anfang November 1815 in Honolulu ein. Er gab sich, um seinen Auftrag geheimhalten zu können, als Naturforscher aus und schaffte es in bemerkenswert kurzer Zeit, sich beim König unentbehrlich zu machen; er versprach der Königin, sie von ihrer Fettleibigkeit zu befreien. Schaffer avancierte zum königlich-hawaiianischen Leibarzt und durfte, nachdem er russische Militärhilfe zugesagt hatte, in Honolulu ein Haus erwerben; dazu erhielt er Fischereirechte vor der Küste, ein Stück Land am Perlenfluß, Schaf- und Ziegenherden, eine Tabakplantage und einen Hain von Brotfruchtbäumen.

Schaffer schaute sich dann auf Kauai um und fand in Kaumauli einen noch entgegenkommenderen Gastgeber. Am 21. Mai 1816 erklärte der Häuptling sich bereit, nicht nur die von ihm inzwischen geborgene Ladung der *Bering* zurückzugeben; er wollte sein Herrschaftsgebiet unter die unbeschränkte Verfügungsgewalt der Kompanie stellen, einen Handelsvertrag abschließen, Eingeborene zur Arbeit abstellen und einen Treueschwur auf Zar Alexander I. ablegen. Dafür versprach Schaffer ihm den militärischen Schutz der Russen und ein voll ausgerüstetes Schiff; außerdem verlieh er Kaumauli eine silberne Medaille und ernannte ihn zum Offizier der russischen Marine.

Damit ging Schaffer weit über seine Vollmachten hinaus. Doch am 1. Juli 1816 tat er einen noch weiteren Schritt: Er schloß mit Kaumauli ein geheimes Abkommen, in dem der Häuptling sich verpflichtete, 500 Krieger zu rekrutieren, die unter dem Befehl Schaffers und mit Unterstützung russischer Schiffe einen Feldzug gegen Kamehameha unternehmen sollten; als Belohnung für ihre Hilfe sollten die Russen die Hälfte der Insel Oahu sowie Besitzungen auf allen anderen Inseln des Archipels erhalten. Im Vorgefühl des Sieges begann Schaffer, auf einem hohen Felsvorsprung ein Bollwerk mit einer aus Lavablöcken gemauerten Geschützstellung zu errichten. Auf dem Turm hißte er die russische Flagge.

Die britischen und amerikanischen Händler zogen hieraus den Schluß, daß die Russen nun ernsthaft vorhatten, sich die Inselgruppe unter den Nagel zu reißen. Kamehameha, dessen Politik es war, die Unabhängigkeit Hawaiis zu bewahren, war außer sich. Die russische Handelsniederlassung in Honolulu wurde von Eingeborenen und »amerikanischen Hitzköpfen« niedergebrannt. Als Ende November 1816 die mit russischen Waffen bestückte *Rurik* unter Leutnant Otto von Kotzebue einlief, überhäufte ein wütender Kamehameha den Kapitän mit Beschwerden. Kotzebue distanzierte sich prompt und versicherte, die russische Regierung habe nichts von dem abgesegnet, was Schaffer unternommen habe. Als Schaffer in Oahu seine Chancen verspielt hatte, wollte er wenigstens auf Kauai die Stellung halten. Aber Kaumauli erkannte, daß sich die Kräfteverhältnisse zu seinen Ungunsten verändert hatten. Er schlüpfte in die Rolle des Getäuschten. Am 8. Mai 1817 setzte er Schaffer in ein löcheriges Boot und zwang ihn, zu den kurz zuvor vor Anker gegangenen *Kodiak* zu paddeln. Schaffer wurde auf ein amerikanisches Schiff gesetzt und nach Macao abgeschoben.

Die Regierung in St. Petersburg distanzierte sich nachdrücklich von Schaffers Staatsaktionen, die für Rußland die Gefahr eines Konflikts mit den anderen im Pazifik operierenden Mächten heraufbeschworen hatten. Auch für Baranow endete die Affäre mit einem Fiasko: Schaffer hatte durch seinen kolonialistischen Übereifer den ursprünglich wohlwollenden Kamehameha verprellt, am Ende erhielt die Kompanie nicht einmal die Ladung aus ihrem gestrandeten Schiff zurück. Die Russen mußten sich gedemütigt aus Hawaii zurückziehen.

Schaffer hatte Glück. Er ging nach Brasilien und stapelte dort so hoch, daß der Kaiser Dom Pedro I. und seine junge habsburgische Frau ihm ein Landgut schenkten. 1821 hatte er »als Graf von Frankenthal den Aufstieg in die Emporkömmlings-Aristokratie der brasilianischen Hauptstadt geschafft«; als er 1836 starb, wurde er als angesehener Großgrundbesitzer und Staatsrat zur letzten Ruhe gelegt.

Baranow hatte die Demütigungen, die ihm nun widerfuhren, ganz und gar nicht verdient. Gestützt auf die »Mittel eines Bettlers«, hatte er gegen jede Wahrscheinlichkeit ein Handelsimperium aufgebaut, das genug abwarf, um Niederlassungen in Moskau, Irkutsk, Kjachta, Jakutsk und Ochotsk unterhalten zu können, dazu sechzehn Außenposten in allen Teilen des Kolonialgebiets. Die Russen hatten südlich der Mündung des Yukon große Teile der Küste und der vorgelagerten Inseln besetzt, die Kette ihrer Jagd- und Handelsstationen reichte vom Beringmeer bis nach Kalifornien. Viele Eingeborenenstämme (allerdings nicht die Tlinkits) hatten sich ihnen unterworfen und waren nominell zum russischorthodoxen Glauben übergetreten.

Kritiker wandten dagegen ein, Baranow habe in seinem eifrigen Bestreben, möglichst schnell den Küstenstreifen zu besetzen und zu besiedeln, die Gelegenheit verpaßt, Stützpunkte auch im Hinterland anzulegen, wo erst eine umfassende wirtschaftliche Betätigung möglich gewesen wäre. Es waren die Briten, die in diese Lücke stießen. Die Hudson Bay Company drang auf dem Landweg von Osten her ins Yukon-Gebiet und in andere alaskische Flußtäler vor und nagelte die Russen so praktisch auf ihrem Küstenstreifen fest.

Doch die Kritik an Baranow erscheint ungerecht. Als er anfing, ging es um den Seeotter, nicht um eine umfassende Wirtschaftstätigkeit. Es war also vernünftig, sich zunächst auf den Küstenstreifen zu beschränken. Außerdem hatte Baranow zu keiner Zeit mehr als 500 Russen zur Sicherung seiner Gebietserwerbungen zur Verfügung. Unter seiner Leitung verdoppelte sich trotz vieler Katastrophen das Vermögen der Kompanie; die Ausfuhrliste der Jahre 1797 bis 1821 liest sich beeindruckend:

Seeotter – männlich, weiblich und Jungtiere	72 894
Biber	34 546
Biberschwänze	59 530
Fischotter	14 969
Pelzrobben	1 232 374
Schwarz- und Silberfüchse	13 702
Blaufüchse	21 890
Rotfüchse	30 950
Zobel	17 298
Vielfraße	1151
Luchse	1389
Nerze	4802
Blaue Polarfüchse	36 362
Weiße Polarfüchse	4234
Wölfe	121

Bären	1602
Seelöwen	27
Walroß-Stoßzähne	1616 Pud 20 Pfund
Walknochen	1173 Pud
Castoreum	21,5 Pfund

Zum Zeitpunkt der Gründung von Fort Ross war Baranow 67 Jahre alt und hatte bereits 23 Jahre in den Kolonien verbracht. Er wartete, wie sein Biograph schrieb, mit seiner gewohnten stoischen Geduld »Tag für Tag darauf, daß ein Nachfolger kommen und ihn ablösen und ihm die Last der Verantwortung abnehmen würde«. Seine Appelle verhallten nicht ungehört, doch die beiden ersten Männer, die losgeschickt wurden, um ihn abzulösen, starben unterwegs – der erste 1811, als er sich gerade nach Petropawlowsk einschiffen wollte, der zweite 1813, als sein Schiff im Norfolk-Sund unterging.

Im November 1817 traf schließlich an Bord der *Kutusow* Kapitän Leontij Hagemeister ein, um den Chefsessel zu übernehmen. Hagemeister führte eine sorgfältige Inventur durch und übergab die Verwaltung der Kolonie dem Marineleutnant Semjon Janowskij, der kurz zuvor Baranows Mischlingstochter Irina geheiratet hatte. Auf Hagemeisters Schiff fuhr Baranow heimwärts. Wenige Monate später, kurz vor seinem 72. Geburtstag, starb er, als sein Schiff gerade die Sundastraße durchfuhr. Es war der 12. April 1819, das Wasser des Indischen Ozeans »schloß sich für immer über seiner sterblichen Hülle«.

Die Gouverneure, die auf Baranow folgten, gehörten der kaiserlichen Marine und dem Dienstadel an. Manche von ihnen hatte eine ausgezeichnete naturwissenschaftliche Ausbildung durchlaufen, führten exakte nautische Vermessungen durch und erkundeten das Landesinnere, vor allem die Täler des Yukon und des Kuskokwim. Eine der bemerkenswertesten Expeditionen dieser Periode leitete Otto von Kotzebue, der Entdecker des nach ihm benannten Meerbusens nördlich der Seward-Halbinsel. Sein Schiff, die *Rurik*, stammte »aus einer schwedischen« Werft, war für Erkundungsfahrten im Nordmeer gebaut und mit neuesten, in Großbritannien gefertigten technischen Instrumenten ausgestattet«. Zu den auf dieser Seereise erstmals erprobten Neuerungen gehörten Suppen-, Gemüse und Fleisch in Konservendosen.

1821 verlängerte die russische Regierung die Konzession der Kompanie um weitere 20 Jahre. Um zusätzliches Kapital zu sammeln, wurde die Firma in

Richtung Aktiengesellschaft umorganisiert. Die Angestellten erhielten Gehälter anstelle von Gewinnanteilen. In dem Bemühen, den Besiedlungsprozeß in Gang zu halten, wurden Missionare, Ärzte und Lehrer angeworben. Innerhalb der russischen Kirche gehörte Alaska zur Diözese Ostsibirien, zusammen mit den Kurilen und Kamtschatka. Ihr *spiritus rector* war viele Jahre lang Pater Iwan Wenjaminow, der »Apostel Alaskas«.

Nachdem er einige Jahre lang als Gemeindepope gewirkt hatte, meldete sich Wenjaminow 1823 freiwillig für den Missionsdienst auf den Alëuten-Inseln. Er erteilte den Eingeborenen Nachhilfe in Zimmerei, Tischlerei und anderen Handwerken, studierte ihre Kultur, lernte ihre Sprache und kreierte eine Schrift für sie. Er übersetzte das Matthäus-Evangelium ins Alëutische; auf der anderen Seite organisierte er einen regelmäßigen Russisch-Unterricht für die Eingeborenen, so daß ungefähr jeder Sechste von ihnen lesen und schreiben lernte. Das von Wenjaminow verfaßte Buch *Der Weg zum Königreich des Himmels* stand nach einiger Zeit in vielen Hütten und Häusern der Inselbewohner. 1833 wurde Pater Wenjaminow nach Neu-Archangelsk versetzt, wo er seine Energie nun auf die Tlinkits konzentrierte. Er sammelte alles Wissenswerte über ihre Sitten und Gebräuche und ihre Mythologie, erzielte aber kaum Bekehrungserfolge. Gleichwohl wurde er 1840 unter dem Namen Innozenz zum ersten Bischof von Alaska und Kamtschatka geweiht. 1867 folgte dann seine Berufung zum Metropoliten von Moskau, also in das zweithöchste Amt, das die russische Kirche zu vergeben hatte.

Die planmäßige Besiedlung Russisch-Amerikas forderte nun im Ausland Widerstand heraus. Um seiner Kolonie Freiraum für die weitere Entfaltung zu sichern, erließ Zar Alexander I. im September 1821 ein Verbot: Das gesamte Seegebiet nördlich des 51. Breitengrades, zwischen Kamtschatka und Vancouver-Insel, wurde, bei Androhung der Beschlagnahme, zum Sperrgebiet für ausländische Schiffe erklärt.

Da aber auch England und die USA Ansprüche auf Gebiete nördlich dieser Linie erhoben, verkündete im Dezember 1823 der amerikanische Präsident Monroe seine Doktrin, daß »die amerikanischen Erdteile kraft der Freiheit und Unabhängigkeit, die sie errungen und bewahrt haben, von jetzt an nicht mehr als Terrain für die Kolonisierung durch irgendeine europäische Macht gelten sollen«. Ein kriegerischer Zusammenprall der Mächte konnte jedoch durch Diplomatie abgewendet werden. Ende 1825 unterzeichnete die russische Regierung Protokolle mit Großbritannien und mit den Vereinigten Staaten, in denen die Freiheit des Handels entlang der nordpazifischen Küsten von allen beteiligten Staaten anerkannt und die südliche Grenze des russischen Siedlungsgebiets in Amerika auf 54 Grad 40 Minuten nördlicher Breite festgelegt wurde. Henry Wood Elliott, ein bedeutender amerikanischer Naturkundler des 19. Jahrhunderts, schrieb einmal, die Russen hätten in Russisch-Amerika »nicht als Volk gelebt, sondern nur als eine Interessengemeinschaft von Pelzhändlern, mit keinem anderen Ziel vor Augen als der Erbeutung von Fellen«. Die Siedlungsdichte war in der Tat erstaunlich gering: Russisch-Amerika zählte auf dem Höhepunkt seiner Entwicklung weniger als tausend russische Bewohner, der Stützpunkt Fort Ross bestand noch 1832 lediglich aus einer bescheidenen Bastion in Holzbauweise mit 17 kleinkalibrigen Kanonen. Ein Jahrzehnt später bestand die Gesamtbevölkerung aller von der Kompanie verwalteten Gebiete (wozu die Kurilen nicht gehörten) aus 633 Russen, 1425 Indianern, 483 Mischlingen und 4287 Alëuten. Jeder Russe hatte eine kleine Parzelle für den Anbau von Kartoffeln, Rüben, Karotten, Rettichen und anderen Gemüsen; das kaltfeuchte Klima (das dem in der Gegend von Ochotsk ähnelte) ließ keinen lohnenden Ackerbau zu. »Ein Bewohner von Neu-Archangelsk«, schrieb ein Besucher, »läßt sich mit einer Amphibie vergleichen. Sein Körper ist nicht nur in ein Meer von Luft getaucht, wie der der meisten Menschen, sondern auch in ein kaltes Dampfbad.« Dennoch erschien Neu-Archangelsk wie eine Oase der Zivilisation inmitten der Wildnis. Es gab eine Bibliothek mit mehr als 1200 Büchern in mehreren europäischen Sprachen, einen Ausstellungsraum mit Gemälden, Zeichnungen und Landkarten. Das Museum von Neu-Archangelsk barg eine Reihe wissenschaftlich-technischer Instrumente, darunter Uhren, Theodoliten, Fernrohre, ein Mikroskop, natürliche und künstliche Magneten, Barometer und Thermometer sowie ein Stromerzeugungsgerät. Dem Museum angeschlossen war eine naturgeschichtliche Ausstellung.

Die 1841 auf der Japaner-Insel errichtete meteorologische Beobachtungsstation gehörte zu einem Netz solcher Einrichtungen, das das gesamte russische Reich umspannte. Im Hauptquartier der Kompanie fanden hin und wieder Amateur-Theateraufführungen, Konzerte und Maskenbälle statt. Die Stadt zählte drei orthodoxe Kirchen, ein lutherisches Gotteshaus, zwei Spitäler und drei Schulen. Nach und nach verfielen jedoch Kultur und Wirtschaft der Kolonie. Nur wenige freiwillige Siedler fanden den Weg in das abgelegene und unwirtliche Russisch-

Amerika. Nach 1821 verlängerte die Kompanie die Mindestverpflichtungszeit von sieben auf vierzehn Jahre, von 1844 an galt für alle, die bei der Kompanie Schulden hatten, daß sie so lange vor Ort bleiben mußten, bis sie alles zurückbezahlt hatten. Sie gerieten damit praktisch in den Status von Leibeigenen. Andererseits aber siedelte die Kompanie Leute, die aus ihren Diensten ausschieden, als freie Bürger in der Kolonie an und gewährte ihnen Versorgungsleistungen.

Damit wurde Russisch-Amerika nach Mutmaßung eines Besuchers »der wahrscheinlich einzige Ort auf der Welt, an dem es keinen einzigen Bettler gibt«. Verbreitet aber waren Trunksucht und Prostitution. Die Russen machten sich die Sanftmut und Naivität der Mischlings- und Aleuten-Frauen zunutze und lehrten sie, wie ein Zeitgenosse schrieb, daß sie »einen Mann nicht abweisen oder verärgern dürfen, wo es doch so leicht ist, seine Wünsche zu erfüllen«. Die extreme Abgeschiedenheit führte immer wieder dazu, daß Leute durchdrehten. Den polnischen Direktor der meteorologischen Beobachtungsstation verwirrte die sexuelle Freizügigkeit so sehr, daß er seine Frau nie aus den Augen ließ und ihr sogar im Haus von Zimmer zu Zimmer folgte. Er spähte unter Sofas, Tische und Sessel, um sicherzugehen, daß sich nirgendwo ein Freier versteckt hielt. Er verriegelte die Läden und zog die Vorhänge dicht, die Schlafzimmertür verknotete er mit Draht und verhängte sie zusätzlich mit einem Bettuch, damit niemand durch die Ritzen spähen konnte. Ein halbes Jahr lang erlaubte er seiner Frau nicht, auszugehen oder mit ihrer Tochter lauter als im Flüsterton zu sprechen. Eines Tages aber »beschloß [der Mann] zum erstenmal in seinem Leben, nach dem Mittagessen ein Schläfchen zu halten. Kaum war er eingeschlummert, da nahm die Frau das Kind und ein kleines Bündel, das sie insgeheim gepackt hatte, schlüpfte aus dem Haus und rannte davon, so schnell sie konnte.«

Für die Eingeborenen ging die Welt mehr und mehr aus den Fugen. Während sie sich von den Russen noch vom Nutzen der Impfung gegen Windpocken überzeugen ließen, blieb die Syphilis allgegenwärtig, besonders in den Reihen der Tlinkits. Entlang der Küste reihten sich die Bordelle; auch wenn die Indianer immer wieder das eine oder andere überfielen, fanden sie sich nach und nach mit der Krankheit als einem »unvermeidlichen Übel« ab.

Neu-Archangelsk verfiel immer mehr. In ihrer Blütezeit hatte die Stadt rund 1000 Einwohner (darunter mehr als 50 Prozent Tlinkits und Aleuten), sie umfaßte 76 Gebäude. Im Lauf der Jahrzehnte hatten die Gouverneure das zweistöckige gelbe Gebäude, in dem sie wohnten und arbeiteten, durch immer neue Anbauten in ein grotesk verschachteltes Bauwerk verwandelt. Am Fuß des Felsvorsprungs befanden sich die Hafenanlagen, die beachtliche Ausmaße hatten. Die Stadt selbst hatte jedoch nur eine einzige schmale Straße, die nicht gepflastert und die meiste Zeit vom Regen aufgeweicht war. Auf der dem Fort gegenüberliegenden Seite befanden sich, hangaufwärts gelegen, einige Lagerhäuser und Werkstätten, abgeschlossen von einer Palisade, die den russischen Teil der Stadt vom Wohnviertel der Tlinkits trennte. Neu-Archangelsk befand sich, wie ein Zeitgenosse schrieb, ständig »im Zustand der Belagerung«. Noch 1860 beherrschten die Tlinkits das Gebiet außerhalb der Stadt. Wer sich hinauswagte, mußte damit rechnen, daß hinter dem nächsten Busch oder Baum ein Indianer mit gezücktem Messer auf ihn wartete. Manchmal rotteten sie sich in voller Kriegsbemalung zusammen und schwenkten ihre Waffen. Kein Russe wagte es, sich unbewaffnet auch nur fünfzig Schritte vom Fort zu entfernen. Die russischen Festungskanonen waren rund um die Uhr feuerbereit und auf die Wohnviertel der Tlinkits gerichtet.

»Ihre Herzen sind voller Rachsucht«, schrieb ein Beamter über die Tlinkits. »Sie glühen vor offener Feindseligkeit und warten nur auf eine Gelegenheit zum Zuschlagen.« Manche von ihnen hantierten außer mit Messern auch mit Revolvern und Musketen und trugen eiserne Brustpanzer; sogar einige kleinere Kanonen hatten sie sich beschafft.

Die Aleüten dagegen waren kleinwüchsig, begriffsstutzig; sie hatten einen übermäßig entwickelten Oberkörper und kurze, krumme Beine (eine ihrer lebenslangen Zwangsarbeit auf See geschuldete Verkümmerung); bei ihnen war keine Spur eines kriegerischen Temperaments übriggeblieben. Ein Beamter schrieb über ihren kläglichen Zustand: »Aleüten sind sehr empfindsam; strenge oder böse Worte verletzen sie zutiefst, und körperliche Bestrafung ist für sie so entwürdigend, daß man einen Aleüten, den man züchtigt, damit im Grunde zum Selbstmord zwingt.« Vor dem Auftauchen der Russen hatte es rund 25 000 Aleüten gegeben. Die ersten Eroberer hatten schlimme Verheerungen angerichtet; als die Russisch-Amerikanische Kompanie die rücksichtslose Ausrottung der Aleüten stoppte, war es für die meisten von ihnen bereits zu spät. 1806 zählte man gerade noch 5234 Aleüten beiderlei Geschlechts.

So ehrenwert die Christianisierungs-Bemühungen des Paters Wenjaminow auch waren – Bedeutung hatten sie kaum. »Würde man den Aleüten morgen sagen, sie müßten Mohammedaner werden«, schrieb Golownin,»dann würden sie, ohne lange nachzudenken, in eine Moschee gehen und das Namas beten, genauso wie sie heute in die Kirche gehen und vor der Ikone Kerzen anzünden.« Die Tlinkits besuchten selten den Gottesdienst – es sei denn aus Neugier. Sie lachten laut auf, wenn der Priester einen »ungewohnten oder fehlerhaften Ausdruck« benutzte, oder sie standen einfach auf und gingen. Die Russen bauten ihnen eine eigene Kirche, doch bei ihrem Aufstandsversuch 1855 benutzten sie diese als Bastion.

In den zwanziger Jahren des 19. Jahrhunderts, als die Hudson Bay Company in den Handel entlang der amerikanischen Pazifikküste eingriff, büßte die Russisch-Amerikanische Kompanie ihre Vorherrschaft in diesem Raum rasch ein. 1839 verpachteten die Russen die Alaska-Halbinsel an die Briten, die als Gegenleistung regelmäßige Proviantlieferungen garantierten. 1841 verkaufte die Kompanie auch ihre kalifornischen Besitzungen für 30 000 Dollar.

In der Folge engagierten sich die Russen in bescheidenem Ausmaß in der Fisch- und Holzwirtschaft und zogen einen Eishandel mit San Francisco auf. Der Bau von Fertighäusern war seit je eine Spezialität der Russen gewesen; als in Kalifornien der Goldrausch ausbrach, entstand in diesem Bereich ein großer neuer Absatzmarkt. Dasselbe galt für den Handel mit Eis, denn die »Ice Boats«, die dieses Gebrauchsgut bisher aus Boston herangeschafft hatten, konnten die rapide wachsende Nachfrage nicht mehr befriedigen. Das Eis, das die Russen lieferten, stammte überwiegend aus den Seen der Kodiak-Insel; zu seiner Gewinnung hatten sie ein Verfahren entwickelt, das sie, einem zeitgenössischen Bericht zufolge,

mit wunderbarer Leichtigkeit und Geschwindigkeit handhaben. Ein Pferd wird vor ein eisernes Schneidegestell gespannt, das aus einer glatten Laufkufe und einer gezahnten Sägekufe besteht. Das Pferd bewegt sich mit gleichmäßigem Schritt vorwärts, und die Sägekufe fräst einen rund 5 Zentimeter tiefen Schlitz in das Eis. Dann wird gewendet und der Schlitten so aufgesetzt, daß die glatte Kufe in den gerade geschnittenen Schlitz einrastet und die Säge einen neuen schneidet. Auf diese Art und Weise zeichnen sie absolut parallele Linien in das Eis, erst in eine Richtung und dann senkrecht dazu. Eine große Eisfläche wird so in vollkommen gleiche Quadrate, wie ein Schachbrett, gegliedert. Am Ende fahren sie mit einer pflugartigen Säge die Schlitze entlang und schneiden das Eis in Platten, die rund 20 Zentimeter dick sind.

Ein kräftiger Stoß genügte, um die Blöcke endgültig loszubrechen. Jeder Block wurde auf die Eisfläche gezogen und mit Zugseilen zum Hafen geschleppt. Den Großteil der körperlichen Arbeit verrichteten Indianer. Sie erwiesen sich als erstaunlich unempfindlich gegen die Kälte, obwohl sie, nur mit einem Umhang bekleidet, von morgens bis abends bei frostigem Wetter auf dem Eis arbeiten mußten.

In Neu-Archangelsk, dem einzigen eisfreien Hafen im gesamten russischen Reich, standen mehrere Werften und Werkstätten, in denen Schiffe gebaut und instandgesetzt werden konnten. Außerdem gab es Versuche, in Zusammenarbeit mit einer finnischen Firma in den Walfang einzusteigen und auf der Halbinsel Kinai Kohle abzubauen.

Aus der Kohleförderung wurde nichts, im Walfanggeschäft wurden die Russen abgehängt. Die amerikanischen Walfänger gebärdeten sich fast so aggressiv wie Piraten und wilderten nach Belieben an den russischen Küsten. Sie fällten Bäume und benutzten die Strände zum Ausschlachten der Wale. »Sie verschmutzten das Meer mit Tran und die Strände mit Skelettresten und Kadavern verendeter Wale.« Hin und wieder plünderten sie einsame Vorposten der Kompanie oder die Holz- und Trockenfischvorräte der Aleuten. Die Flotte der amerikanischen Walfangfirma New Bedford wagte sich sogar in den nördlichen Teil des Ochotskischen Meers vor.

Der Fortbestand Russisch-Amerikas stand nun auf der Kippe. Das Schicksal der Kolonie sollte sich allerdings nicht in Neu-Archangelsk entscheiden, das seine Zukunft eindeutig hinter sich hatte, sondern im Südosten Sibiriens, im Tal des Amur. Der Schwarze Drachenfluß der Chinesen sollte, so die verheißungsvolle Botschaft, für Rußland zum »Mississippi des Ostens« werden.

Nach der Weigerung der Japaner, Handelsbeziehungen mit Rußland aufzunehmen, hatte das russische Interesse am Fernen Osten erheblich nachgelassen. Die Kurilen, einst als Wegmarken nach Japan angesehen, spielten eine Rolle für den Pelzhandel, ein eigener strategischer Wert wurde ihnen jedoch nicht zugemessen. Sachalin hielt man für eine Halbinsel, die den Zugang zur Amurmündung versperrte; und von dieser Mündung glaubte man, sie sei durch Sandbänke blockiert. Außerdem war der Amur im Besitz der Chinesen; »ohne einen schiffbaren Zugang zum Meer« erschien, wie ein Historiker schrieb,»die Entwicklung des Fernen Osten aussichtslos«.

Dann enthüllte jedoch der Opiumkrieg zwischen Großbritannien und China (1839 bis 1842), daß sich das Mandschu-Reich in steilem Niedergang befand. Im Frieden von Nanking sicherten sich die Briten, die ärgsten Feinde Rußlands, die Insel Hongkong, auch andere Staaten zwangen den Chinesen »ungleiche Verträge« auf. Rußland überprüfte seine Ostpolitik.

Unter den Dokumenten, die dem Zaren in dieser Situation vorgelegt wurden, befand sich der Bericht eines jungen Zoologen, in dem es hieß, die Eingeborenen am Unterlauf des Amur seien »gefühlsmäßig und tatsächlich vollkommen unabhängig von China«; außerdem markierten die Chinesen ihre Grenze zu Rußland »wesentlich weiter östlich und südlich«, als die Russen glaubten.

Der Vertrag von Nertschinsk enthielt tatsächlich viele Unklarheiten; bei der Interpretation nahm sich die russische Seite nun sehr weitgehende Freiheiten heraus. Eigentlich hatten die Russen den Verlust des Amurtals nie akzeptiert. Schon Berings Große Nordische Expedition war mit dem Hintergedanken eines Angriffs auf China von See her gestartet worden. 1752 hatte einer der rührigsten Gouverneure Sibiriens, Konteradmiral Wasili Mjatlew, die Wiederbesetzung des Amurgebiets und den Bau einer Schiffswerft an der Amurmündung empfohlen, da er keine andere Möglichkeit sah, die Versorgungsprobleme Ostsibiriens zu lösen. Katharina die Große soll erklärt haben:»Wenn der Amur nur dazu taugen würde, Kamtschatka und die ochotskische Küste zu versorgen, wäre sein Besitz für uns wichtig.«

Die überragende Bedeutung des Chinahandels für die russische Wirtschaft hatte die Verwirklichung dieser Vorhaben verhindert, aber die Ruhe an der mandschurischen Grenze war trügerisch. Die Russen hielten sich bedeckt, die Chinesen offenbarten einen erstaunlichen Mangel an geopolitischer Weitsicht. Sie versäumten es, in den Jahrzehnten nach dem Vertrag von Nertschinsk das ihnen zugesprochene Amurgebiet zu kolonisieren.

Die Russen unternahmen erste Schritte. Am 17. Mai 1846 lief eine kleine Brigg unter der Flagge der Russisch-Amerikanischen Kompanie aus Ochotsk aus mit dem offiziellen Auftrag, Berichte wandernder Tungusen zu überprüfen, an der Mündung des Amur hätten sich entlaufene Russen angesiedelt. In Wahrheit ging es darum, die Schiffbarkeit der Amurmündung auszuloten. Der Expeditionskommandant suchte einige Zeit vergeblich nach einer brauchbaren Einfahrt und kam zu dem Schluß, es gebe keine, zumindest nicht für Segelschiffe. In der Regierung kam es daraufhin zum Streit darüber, ob die Sache weiterverfolgt werden solle. Graf Karl Robert von Nesselrode, der Außenminister, war aus Sorge um die russisch-chinesischen Beziehungen dagegen. Doch nach der Ernennung Nikolai Murawjews zum Generalgouverneur von Ostsibirien im Jahr 1847 gewann rasch die aggressivere Chinapolitik die Oberhand.

Der am 11. August 1809 geborene Murawjew war für besondere Tapferkeit im Russisch-Türkischen Krieg von 1828 bis 1829, bei der Niederschlagung des polnischen Aufstandes von 1831 und in mehreren Expeditionen gegen Widerstandsnester im Kaukasus mehrfach ausgezeichnet worden. Nach seiner Entlassung aus dem Militär im Rang eines Generalmajors – er war erst 36 Jahre alt, aber bei schlechter Gesundheit – wurde er 1844 zum Gouverneur der Provinz Tula ernannt. Hier erwarb er sich den Ruf eines liberalen, von hohen Idealen geleiteten und ungewöhnlich fairen Administrators. Er gehörte zu den ersten hohen russischen Amtsträgern, die sich für die Abschaffung der Leibeigenschaft aussprachen. Seine leidenschaftliche Bewunderung für die Vereinigten Staaten verriet, wie sehr er demokratischen Anschauungen zuneigte. Gleichwohl sollte er als einer der großen Imperialisten des 19. Jahrhunderts in die Geschichte eingehen. Als Murawjew sein Amt antrat, stellte er mit Verwunderung fest, wie unzulänglich die ihm zu Gebote stehenden militärischen Kräfte waren. In den Weiten Ostsibiriens fanden sich ganze vier Bataillone regulärer Truppen, die über keinerlei Feldartillerie verfügten; da es keine freien Bürger gab, konnte er nicht einmal die Abgänge ausgleichen. Mit Billigung des Zaren erlöste er daher mehrere tausend transbaikalische Bauern vom Joch der Zwangsarbeit in den Bergwerken von Nertschinsk und begann neue Kosakenbataillone aufzustellen. 1849 machte sich, von Murawjew unterstützt, Kapitän Gennadij Newelskoj zur Nordküste Sachalins auf, um festzustellen, ob es eine Insel war oder nicht und wie weit man an der Pazifikküste in Richtung Amurmündung gelangen konnte. Zu seiner Überraschung fand er eine schmale, aber schiffbare Meerenge zwischen Sachalin und dem Festland und stellte fest, daß hochseetüchtige Schiffe in den Amur einfahren konnten. Das bedeutete, daß der Amur das östliche Sibirien sowohl mit dem Pazifik als auch mit dem Japanischen Meer verband. Sachalin gewann damit neue strategische Bedeutung, Newelskoj drängte auf eine unverzügliche Besetzung des Amur-Unterlaufs.

Unter dem Vorwand, eine Handelsstation für die Russisch-Amerikanische Kompanie errichten zu wollen, kehrte Newelskoj im Sommer 1850 zurück, steckte ein Gelände für das Fort Nikolajewsk ab, stellte eine heilige Ikone am Ufer auf, sprach einige Gebete, hißte die russische Fahne und erklärte das Mündungsgebiet zum Eigentum des russischen Zaren.

»Ein langer Donnerschlag«, erinnerte er sich später, »erscholl unmittelbar nach unseren Hochrufen; bei strahlendem Sonnenschein klatschten große Regentropfen auf den Boden unter uns, und unwillkürlich riefen wir aus: ›Gott ist mit uns, und niemand wird uns aufhalten.‹« Plötzlich tauchte eine Schar aufgeschreckter Giljaken auf. Zu ihrer Überraschung wurden sie zu Tee und Haferbrei eingeladen. Nachdem sie aufgeregt die Köpfe zusammengesteckt hatten, »begannen sie aus dem Inneren ihrer Kleider schwere Steinbrocken hervorzukramen«. Jeder erhielt ein Tabakblatt und ein Stück Kattunstoff, das sie sofort in Fetzen rissen, um daraus Bänder für ihr Haar zu machen.

Das ungestüme Vorgehen Newelkojs verärgerte Graf Nesselrode, doch Zar Nikolaus I. tat den denkwürdigen Ausspruch: »Wo einmal die russische Fahne geweht hat, wird sie nicht wieder eingeholt.« Bis 1853 dehnten die Russen ihr »Besatzungsgebiet« etliche Kilometer flußaufwärts aus und drangen an der Küste südwärts bis zur De-Kastri-Bucht vor. Im Oktober schließlich nahm die Russisch-Amerikanische Kompanie, »unter der Maske privater Geschäftsinteressen operierend, um staatliche Zielsetzungen zu tarnen«, von der Insel Sachalin Besitz.

Wiederum war es Newelskoj, der mit einem aus Prospektoren, Pelztierjägern und anderen Spezialisten bestehenden Troß die Insel und ihre Ressourcen erkundete. Was er fand, enttäuschte ihn nicht. Zwei Jahre zuvor hatte er bei einer Begegnung mit Eingeborenen von der Insel bemerkt, daß ein Knopf, den einer von ihnen trug, aus einem Stückchen Steinkohle bestand. Schon Ende September stand am Südende von Sachalin, an der Aniwar-Bucht (wo fast fünfzig Jahre zuvor Chwostow und Davydow gelandet waren), ein mit Kanonen bestücktes russisches Fort.

Murawjew machte sich unterdessen für ein energischeres Vorgehen an der Amurfront stark. In einer Denkschrift an den Großherzog Konstantin stellte er den Amur als wichtig für die regionale Sicherheit dar und zeigte die überragende Bedeutung Sibiriens für das Reich auf. Falls das »augenblicklich in seiner Rückständigkeit hilflose« China von den Engländern oder den Franzosen instrumentalisiert würde, könne das, so warnte er, die Zugehörigkeit Sibiriens zu Rußland in Frage stellen. In Sibirien gebe es aber »außer Gold auch Raum, der lebenswichtig für uns ist und ausreicht, um die überschüssige Landbevölkerung des europäischen Rußlands ein ganzes Jahrhundert lang aufzunehmen. Der Verlust dieses Raums ließe sich durch keinerlei Siege und Eroberungen in Europa wettmachen.« Die Herrschaft über den Amur erschien plötzlich als unerläßliche Voraussetzung für den Weiterbesitz Sibiriens und als Gewähr für einen starken, wenn nicht beherrschenden Einfluß auf China.

Die politische Entwicklung stärkte die Position Murawjews. Schon 1852 hatten die Vereinigten Staaten eine Kanonenboot-Flottille unter Commodore Matthew Perry nach Japan entsandt mit dem Auftrag, die wirtschaftliche Öffnung dieses Landes zu erzwingen. Die Russen schalteten schnell. Am 21. August 1853 traf vor Nagasaki ein von Vizeadmiral Evfimy Putjatin kommandierter Schiffsverband mit ähnlichem Auftrag ein. Zwei Monate später brach der Krimkrieg aus. Die russischen Besitzungen im Fernen Osten, obwohl weit entfernt vom Hauptkriegsschauplatz, waren nun unmittelbar von einer Streitmacht bedroht.

Der russische Vorposten auf Sachalin wurde, da er dem Angriff feindlicher Kriegsschiffe schutzlos ausgeliefert gewesen wäre, aufgegeben. Es sollte versucht werden, mit allen Mitteln die Küsten Sibiriens zu verteidigen. Im April 1854 billigte der Zar nach einigem Zögern einen Plan Murawjews, der eine militärische Expedition den Amur hinab vorsah mit dem Ziel, die Bastionen an dessen Unterlauf und Mündung wirksam zu verstärken, einen Verlust der Herrschaft über den Fluß zu verhindern und die Verbindung zu Petropawlowsk aufrechtzuerhalten. In großer Eile stellte Murawjew einen Konvoi aus 75 Kähnen und Flößen zusammen; es sollte eine Kavallerieschwadron Kosaken, ein Infanteriebataillon, eine Artillerieeinheit und dazu Vieh und Proviant flußabwärts befördern. An der Spitze des Konvois fuhr Murawjew auf der *Argun*, dem ersten in Ostsibirien gebauten Dampfschiff.

Als erstmals nach 165 Jahren wieder russische Schiffe den oberen Amur befuhren, spielte eine Militärkapelle »Gott erhalte den Zaren«. Die Soldaten bekreuzigten sich und jubelten. Murawjew füllte einen Becher mit Amurwasser und trank es auf den Erfolg der Mission. Eine Ikone der Gesegneten Jungfrau, angeblich 1686 aus dem Fort Albasinsk gerettet, wanderte an Deck von Hand zu Hand; als die Flottille den Standort des untergegangenen Forts erreichte, standen die Soldaten schweigend stramm, während die Kapelle Kirchenlieder spielte.

Murawjew ging von Bord, um die Ruinen zu besichtigen. Wenig später, beim Erreichen der schönen Ufer-Steilflanke am Zusammenfluß von Amur und Ussuri, rief Murawjew aus:»Hier soll eine Stadt sein.« 1858 wurde an dieser Stelle Chabarowsk gegründet.

Murawjew hatte zwar nach Peking die Mitteilung geschickt, daß er Truppen den Amur hinabzuführen gedenke, aber keine »Startfreigabe« abgewartet. Seine Botschaft kam in der chinesischen Hauptstadt erst an, nachdem seine Flottille Aigun passiert hatte. Das nächste, was der Kaiser erfuhr, war, daß die Expedition Marinsk erreicht habe, einen neuen Stützpunkt der Russen gegenüber der De-Kastri-Bucht.

400 fuhren in Richtung Petropawlowsk. Sie kamen keinen Augenblick zu früh. Ende August griff ein englisch-französisches Geschwader, aus sechs Schiffen bestehend und von den Hawaii-Inseln aus operierend, Petropawlowsk an. Die Russen schlugen den Landungsversuch in blutigem Kampf zurück und verloren dabei 300 Mann. Dieser unerwartete Sieg, der in grellem Kontrast stand zu den demütigenden Niederlagen, die Rußland auf der Krim einstecken mußte, wurde direkt den von Murawjew über den Amur herangeführten Verstärkungen gutgeschrieben. Murawjew sah neue Angriffe voraus und ordnete daher den Abzug der Garnison aus Petropawlowsk und die Konzentration aller Kräfte auf den Schutz der Amurmündung an.

Im April 1855 schiffte die Garnison sich ein, entzog sich im dichten Nebel der Verfolgung durch englische Kreuzer und fuhr in den Tatarischen Sund ein. Der englische Kommandeur, der nichts von dem von Newelskoj entdeckten Durchfahrtsweg zwischen Sachalin und dem Festland wußte, glaubte den russischen Konvoi in der Falle zu haben. Er war völlig perplex, als dieser den Amur hinauf entschwand.

Unterdessen hatte Murawjew den Bau von 130 neuen Kähnen angeordnet; das waren genug, um 7000 Tonnen Versorgungsgüter, 3000 Soldaten, Festungsartillerie und 5000 Siedler ins Gebiet des unteren Amur zu bringen. Am 8. Juni 1855 erfuhr der Mandschu-Kaiser zu seinem Schrecken, daß die Russen seine militärischen Kontrollpunkte überrollt hatten. Im Verlauf des folgenden Winters trafen weitere russische Verstärkungen ein, die teilweise den schwierigen Landweg entlang dem linken Flußufer benutzten. Am Ende des Jahres saßen die Russen im Mündungsgebiet des Amur so fest im Sattel, daß ihre Vertreibung nicht mehr in der Macht der Chinesen lag.

Auf Nikolaus I. folgte 1855 Alexander II., Nesselrode trat als Außenminister zurück. Zu seinem Nachfolger wurde Fürst Alexander Gortschakow ernannt, dem Alexander II., der seine Kraft hauptsächlich inneren Reformen widmete, bald die Leitung der Außenpolitik anvertraute. Eine dritte russische Expeditionstruppe machte sich im Sommer 1856 auf den Weg amurabwärts. Während des ganzen restlichen Jahres kamen und gingen die Russen nach Belieben. Die Mandschu-Behörden vor Ort konnten nur noch die Stärke der ihre Kontrollposten passierenden russischen Truppen schätzen und nach Peking melden. Murawjew hielt in Irkutsk Einzug durch einen eigens zu seinem Ruhm errichteten Triumphbogen.

Die Russen hatten zwar den Krimkrieg verloren, von einem gedemütigten und am Boden zerstörten Rußland aber merkten weder die Chinesen noch die Japaner etwas. Von einer Position der Stärke aus schloß Vizeadmiral Putjatin am 7. Februar 1855 den Vertrag von Shimoda ab, der mehrere japanische Häfen für russische Schiffe öffnete und die Aufteilung der Kurilen regelte – Uruppu und die Inseln nördlich davon an Rußland, Etorofu und Kunashiri an Japan. Sachalin wurde zum »gemeinsamen Besitz« beider Staaten erklärt, über die endgültigenB esitzverhältnisse sollte zu einem späteren Zeitpunkt entschieden werden. Bald darauf, im Februar 1857, wurde Putjatin als russischer Generalbevollmächtigter nach China geschickt. Er sollte ein Handelsabkommen aushandeln und die formelle Anerkennung der von Murawjew geschaffenen Fakten erzwingen.

Im Mai 1857 machten sich Putjatin und Murawjew mit starker militärischer Eskorte auf den Weg. Während Putjatin nach China weiterreiste, blieb Murawjew am unteren Amur, um weitere militärische Stützpunkte zu errichten; er schraubte die russische Truppenstärke entlang der Grenze zur Mandschurei auf 22 000. In diesem Winter wurden Überlandwege zwischen Nikolajewsk und anderen Schlüsselstellungen angelegt.

Großbritannien und Frankreich, bis vor kurzem noch erbitterte Feinde, bemühten sich nun um die Unterstützung Rußlands und der Vereinigten Staaten für ihren Versuch, China zur wirtschaftlichen Öffnung zu überreden. Die Chinesen mußten ihren Widerstand aufgeben. Sie gewährten den westlichen Mächten in separaten Verträgen viele Konzessionen. Keine Macht aber schnitt dabei so gut ab wie Rußland. Die Chinesen waren bereit, sofort über eine neue Festlegung der Amurgrenze zu verhandeln.

Am 11. Mai 1858, am Morgen nach seiner Ankunft in Aigun, eröffnete Murawjew die Verhandlungen mit einem geschichtlichen Überblick und einer Rechtfertigung seines Vorgehens; er forderte freie Fahrt für russische Schiffe auf dem Amur, die Übereignung sämtlicher links, d. h. nördlich des Flusses gelegenen Gebiete an Rußland und eine neue Grenzziehung; sie sollte dem Amur bis zum Zusammenfluß mit dem Ussuri folgen und dann dem Ussuri in Richtung Süden bis zum Meer.

Für den Nachmittag lud er seine chinesischen Verhandlungspartner an Bord seines Schiffes zu einem Konzert des Irkutsker Kavallerie-Musikkorps ein; am folgenden Tag, dem 12. Mai, legte der Chefadjutant den Mandschus einen Vertragsentwurf vor. Am Abend des 13. Mai kam ein chinesischer Unterhändler, in Tränen aufgelöst, zu Murawjew. Er flehte ihn an, den Anspruch auf das Gebiet östlich des Ussuri aufzugeben. Andernfalls werde er sich auf der Stelle ertränken. Murawjew ließ sich davon nicht beeindrucken. Am nächsten Tag ging er an Land, verkündete seine Forderungen nochmals in ultimativer Form und setzte den Mandschus eine Zustimmungsfrist bis zum Morgen. Die Mandschus gaben nach, am 16. Mai wurde der Vertrag von Aigun unterzeichnet.

Beflügelt von seinem in China errungenen Triumph, segelte Murawjew nach Sachalin, wo er am 10. August unter Trommel- und Hörnerklang mit militärischer Eskorte an Land ging. Da die Insel »mit dem Fluß Amur eine Einheit« bilde, verkündete er, müsse sie, anders als unlängst im russisch-japanischen Abkommen vereinbart, zu Rußland gehören. Murawjew hielt nichts von einer gemeinsamen Verwaltung der Insel. Im August 1859 reiste er nach Japan, um das Abkommen zu revidieren. Die bereits auf Sachalin ansässigen japanischen Fischer sollten auf der Insel bleiben dürfen.

Die Japaner waren von so viel Großzügigkeit nicht beeindruckt. Sie bestanden auf der gemeinsamen Verwaltung oder wollten die Teilung der Insel. Die Verhandlungen endeten ergebnislos. Die Russen förderten daraufhin die Ansiedlungen, um die Japaner nach und nach von der Insel zu drängen.

Da die Japaner keinen Krieg riskieren wollten, erklärten sie sich im Mai 1875 schließlich bereit, das südliche Sachalin im Tausch für die russische Hälfte der Kurilenkette aufzugeben. Nicht alle russischen Zeitgenossen sahen hierin einen günstigen Tausch: Die Kurilen schlossen das Ochotskische Meer ein; wären sie alle in russischer Hand gewesen, wäre aus diesem Meer ein »russischer See« geworden. Sachalin hatte zudem keine brauchbaren Häfen, der karge Boden verhieß kaum landwirtschaftliche Überschüsse. Andererseits aber gab es dort Kohle und andere Bodenschätze; die Insel eignete sich zur Sträflingskolonie, sie konnte die Herrschaft über die Meerenge sichern. Die Japaner kamen nach dem Tausch wieder in den Besitz von einer Inselgruppe, die sie ohnehin als ihr Eigentum betrachteten; sie konnten eine gefährliche Auseinandersetzung mit einer stärkeren Macht vorläufig abwenden und Zeit gewinnen für eine neue Orientierung.

Die russische Diplomatie erzielte weitere Erfolge: Nikolai Ignatjew, ein in diplomatischer Mission in Peking weilender Russe, schlug 1860 aus einer kurzfristigen Belagerung Pekings durch englische und französische Truppen Kapital für seine Heimat. Er handelte einen Waffenstillstand aus, der den Abzug der Belagerer beinhaltete. Die zu Dank verpflichteten Chinesen bestätigten daraufhin den Russen nicht nur die von Murawjew in Aigun ausgehandelten Konditionen; den Vertrag von Peking besiegelte die Abtretung des gesamten Gebietes zwischen dem Ussuri und dem Pazifischen Ozean an Rußland, einschließlich eines bis an die koreanische Grenze reichenden Küstenstreifens. Im selben Jahr wurde an der Küste der Petersbucht die Hafenstadt Wladiwostok gegründet.

Zusammengenommen hatten die beiden Abkommen Rußland einen Gebietszuwachs von über einer Million Quadratkilometer gebracht. Das verhältnismäßig milde Klima und der fruchtbare Boden des Ussuri-Gebiets lockten sogleich Kosaken und Bauern als Siedler an, Ende 1860 waren bereits 40 000 Kolonisten dort. An zahlreichen Stellen entlang der Grenzflüsse wurden militärische Stützpunkte, in den Häfen entlang der Küste Werften errichtet. Der Traum von einer russischen Pazifikflotte wurde Wirklichkeit; im März 1861 besetzte ein russisches Kriegsschiff die strategisch gelegene Insel Tsushima in der Meerenge zwischen Korea und Japan.

Ignatjew war noch eine lange Karriere im Staatsdienst beschieden; Murawjew, den der Zar in Anerkennung seiner Leistungen geadelt hatte, zog sich zu einem geruhsamen Lebensabend nach Paris zurück, wo er sich mit dem Titel »Graf vom Amur« und mit dem Familiennamen Murawjew-Amurski schmückte.

In Rußland begann nun eine Neubesinnung: Welchen Stellenwert hatten noch die russischen Kolonien auf amerikanischem Boden? Eine Reihe von Pionierexpeditionen russischer Seefahrer, die um die halbe Welt gesegelt waren, um sowohl Russisch-Amerika als auch das östliche Sibirien auf dem Seeweg mit

Nachschub zu versorgen, hatte keine durchgreifende Verbesserung der Situation gebracht.

Fort Ross war unter Zähneknirschen aufgegeben worden, in Alaska waren die Engländer dabei, das Yukon-Gebiet in die Zange zu nehmen und auch von See her die russischen Stützpunkte zu bedrohen. Die Nachfolger Baranows hatten zwar versucht, durch Reformen und wirtschaftliche Konsolidierung die Kompanie am Leben zu erhalten und die Tlinkits zu zähmen. Doch um 1860 wuchs die Erkenntnis, daß die Tage Russisch-Amerikas gezählt waren. Die Kosten stiegen ins Unermeßliche, das Land war zu entlegen und zu dünn besiedelt und konnte nicht verteidigt werden. Der Krimkrieg hatte zudem gezeigt, wie verwundbar die maritimen Flanken Rußlands durch die britische Seemacht waren. Die Festung von Neu-Archangelsk zum Beispiel genügte zwar als Bollwerk gegen die Indianer vollauf, aber ein Kriegsschiff hätte sie, so die Experten, ohne weiteres pulverisieren können. Die Regierung war daher zu dem zutreffenden Schluß gelangt, Rußlands pazifische Zukunft liege in den schiffbaren Flüssen und fruchtbaren Tälern des Amurbeckens.

Von ebenso großer, wenn nicht gar größerer Bedeutung war die Tatsache, daß der russischen Kolonie in Amerika mit den Vereinigten Staaten ein übermächtiger Nachbar erwachsen war. Die Amerikaner hatten sich durch die Rocky Mountains vorgearbeitet; alle Indianerstämme, die vor kurzem noch östlich des Mississippi gelebt hatten, waren zwangsweise in die westlichen Steppengebiete der Great Plains umgesiedelt worden. 1855 hatten die USA Texas annektiert, 1846 hatten London und Washington einvernehmlich den 49. Breitengrad als Grenze zwischen ihren Einflußsphären festgelegt, 1848 die USA Kalifornien und andere Staaten des Südwestens gewaltsam von Mexiko annektiert. Wenige Tage nach dem Ende dieses Krieges hatte ein gewisser James Marshall »im Mühlkanal eines Sägewerks, das er am American River in Kalifornien baute, ein Stückchen Gold schimmern gesehen« – es begann der kalifornische Goldrausch. 1856 wurde auch im Tal des Fraser River Gold entdeckt, nun gab es kein Halten mehr: Von Minnesota bis Louisiana wurden die Indianergebiete von den Planwagenkonvois der in den Westen strebenden Goldsucher überrollt. 1860 wurden Kalifornien und Oregon, wie zuvor schon Texas, zu Bundesstaaten der Union, in fast allen übrigen Gebieten westlich des Mississippi–Missouri war der Zusammenschluß zu neuen Bundesstaaten wie Utah, Washington, Kansas, Nebraska und New Mexico in vollem Gang.

Der siedlerfreundliche Homestead Act von 1862 beschleunigte die Kolonisierung; nach dem Bürgerkrieg brachten die neuen transkontinentalen Eisenbahnen
Massen von Zuwanderern in die neu erschlossenen Gebiete. Die Völkerwanderung von Küste zu Küste war unaufhaltsam. John Sherman, Senator von Ohio
und jüngerer Bruder von William Tecumseh, erklärte seinen Amtskollegen 1863:
»Wenn die gesamten Streitkräfte der Vereinigten Staaten im Wege stünden,
würde die Welle derer über sie hinwegschwappen, die sich auf den Weg gemacht
haben zu dem Tal, in dem sie Gold zu finden [hoffen].« Falls auch in Alaska Gold
entdeckt worden wäre – Rußland hätte keine Chance gehabt.

Wie schwach die russische Position in Alaska war, zeigt die Tatsache, daß schon
das bloße Gerücht, eine Gruppe militanter Mormonen werde versuchen, sich
dort niederzulassen, im Jahre 1858 »in St. Petersburg eine momentane Angst-
reaktion auslöste«. Murawjew erkannte klar, daß die russische Position unhalt-
bar geworden war. Schon im März 1853 hatte er in einer Denkschrift für den
Zaren die Situation analysiert:

Vor 25 Jahren regte die Russisch-Amerikanische Kompanie die Besetzung
Kaliforniens an, das zu dieser Zeit noch von niemandem kontrolliert
wurde, aus Sorge, daß bald die Vereinigten Staaten danach greifen würden. In St. Petersburg hieß es darauf, das werde frühestens in 100 Jahren
passieren. Die Kompanie gab zu bedenken, daß es binnen 25 Jahren
geschehen könne, und heute ist Kalifornien bereits seit über einem Jahr
einer der nordamerikanischen Bundesstaaten. Es führt kein Weg an der
Voraussage vorbei, daß diese Staaten, sobald sie sich im Pazifischen Ozean
etabliert haben, dort binnen kurzem allen anderen Seemächten den Rang
ablaufen und die gesamte nordwestliche Küste beanspruchen. Die Vorherrschaft der Nordamerikanischen Staaten über ganz Nordamerika ist so
selbstverständlich, daß wir im Grunde unser Versäumnis, in Kalifornien
unsere eigene Stellung zu festigen, nicht nachträglich bedauern sollten,
denn früher oder später hätten wir es auf jeden Fall hergeben müssen,
wobei wir freilich vielleicht größere Vorteile hätten erhandeln können.
Jetzt, nach der Erfindung und dem Ausbau der Eisenbahnen, liegt es auf
der Hand, daß wir früher oder später den Rückzug antreten müssen.

In der Regierung widersprach niemand dieser Analyse. Nach dem Krimkrieg und den Gebietsgewinnen im Fernen Osten kam die Idee auf, die Kolonien zu verkaufen. Admiral Ferdinand Wrangel, ein ehemaliger Gouverneur von Russisch-Amerika, schlug der Regierung 1857 sogar vor, bei einem in »vorausschauender Vorsicht« getätigten Verkauf zur Not auch einen rechnerischen Verlust in Kauf zu nehmen. Er stimmte mit Großherzog Konstantin überein, der darauf gedrängt hatte, diese »Frage freundschaftlich und auf eine für uns profitable Weise [zu klären], die andernfalls vielleicht durch Eroberung zu unseren Ungunsten entschieden würde«. 1866 hatten die Kosten, die die Kompanie der Regierung für die Wahrnehmung administrativer Aufgaben berechnete, einen Betrag von jährlich 200 000 Rubel erreicht, und zwar unter voller Berücksichtigung der von der Kompanie erzielten Einnahmen. Die Schuldenlast, die schon bei einer dreiviertel Million Rubel stand, vergrößerte sich dadurch von Jahr zu Jahr. Jetzt sprach man offen von der Hoffnung, der Verkauf Alaskas könne Rußland von diesen Schulden befreien. Schon 1860/61 war eine gemischte Kommission aus Vertretern des Finanz- und des Marineministeriums in die Kolonien gereist, um deren Wert zu bestimmen.

Es wäre erstaunlich gewesen, wenn Rußland und Amerika nicht zu einer Übereinkunft gekommen wären. Beide Mächte vereinte die Feindschaft zu Großbritannien. Rußland hatte im Unabhängigkeitskrieg die amerikanischen Kolonien unterstützt, während des Krimkriegs hatten amerikanische Ärzte in Sewastopol, britischem Kanonenbeschuß trotzend, russische Verwundete gepflegt. Im Bürgerkrieg hatte Rußland die Nordstaaten unterstützt und Marinegeschwader nach New York und San Francisco entsandt, die Einmischungen von außen verhindern sollten. Beide Staaten hatten fast zur gleichen Zeit Millionen unfreier Untertanen (Leibeigene bzw. Sklaven) befreit. Und was immer an Konflikten zwischen ihnen aufbrach, wurde ohne Blutvergießen mit gütlicher Einigung beendet.

1866 konnte der Zar guten Gewissens erklären: »Das russische und das amerikanische Volk haben einander nichts zugefügt, was sie vergessen oder woran sie sich erinnern müßten.«

Die russische Regierung hoffte, ein amerikanisches Alaska könne als Puffer zwischen dem russischen Sibirien und dem britischen Nordwesten Amerikas dienen. Am 18. März 1867 wurden Alaska und die Aleuten-Inseln für 7,2 Millionen Dollar – das waren 5 Cents pro Hektar – an die USA verkauft.

Edouard de Stoeckl, der russische Gesandte in Washington, hatte die dafür erforderliche Genehmigung aus St. Petersburg einen Tag zuvor erhalten und war damit direkt zum Hause des amerikanischen Außenministers William Seward gegangen. Die beiden arbeiteten die ganze Nacht an der Formulierung des Vertrages und unterzeichneten ihn kurz vor Sonnenaufgang in Sewards Büro im State Department. Auf den Hektar umgerechnet war die Neuerwerbung sogar noch billiger als das 1803 von den Franzosen erworbene Louisiana-Territorium, mit dem die Vereinigten Staaten (für 7,5 Cents pro Hektar) auf einen Schlag ihre Fläche verdoppelt hatten.

Sieben Monate später, am 18. Oktober 1867, stellten sich vor dem Haus des Gouverneurs in Neu-Archangelsk 100 russische und 250 amerikanische Soldaten auf, um die Übergabe der Macht zu vollziehen. Eine Salutsalve, abgefeuert von einem im Hafen liegenden amerikanischen Schiff, beantworteten die Russen mit Böllerschüssen aus dem Fort. Dann wurde die Verkaufsurkunde verlesen. Die Russen wollten die Fahne der Kompanie einholen, doch da es zu regnen begonnen hatte und Frost herrschte, war die Fahne am Mast festgefroren. Ein russischer Matrose mußte erst hinaufklettern und sie lockern. Fünf Minuten später flatterte das Sternenbanner über der Felsklippe.

Die Russen reisten in großer Zahl ab. Ihre eingeborenen Frauen, die mit ihren kleinen Kindern dableiben mußten, und die Mischlinge hatten das Nachsehen. Viele verfielen dem Alkohol wie ein gewisser Wassili Schischkin, ein Diakon, der »betrunken im Hafen [umherirrte] und in einer amerikanischen Bar verprügelt wurde«. Andere nahmen sich das Leben.

Ohne rechtliche Grundlage ließ der Befehlshaber der amerikanischen Truppen etliche der zurückgebliebenen Russen aus ihren Häusern weisen, für den Aufbau einer zivilen Verwaltung wurde nichts getan. Alaska war für siebzehn Jahre eine militärisch regierte Kolonie. Neu-Archangelsk blieb, auf den Namen Sitka umgetauft, bis 1900 die Hauptstadt Alaskas; sechs Gebäude aus dieser Zeit stehen bis heute und sind als Denkmäler geschützt.

Der Einfluß der Russen auf das Amerika der Pionierzeit war nicht gering. Die ersten Eroberer hatten sich schon auf den Inseln vor der Küste Alaskas niedergelassen, als die amerikanischen Kolonien noch um ihre Unabhängigkeit kämpften. Russische Pioniere errichteten in Kalifornien landwirtschaftliche Siedlungen und Jagdstationen, bevor der erste weiße Mann auf das Westufer des Mississippi übersetzte. Zum Zeitpunkt des ersten inoffiziellen russischen Vorstoßes nach Hawaii »leckten die Vereinigten Staaten sich noch die Wunden des Krieges von 1812«. Russen ritten 1846 unter Kit Carson und John Frémont als Mitglieder des kalifornischen Bataillons der Gebirgsfreiwilligen ein und machten den Goldrausch von 1849 mit. Einer der indianischen Flußführer, die Lewis und Clark auf ihrer berühmten Expedition anheuerten, war ein halbblütiger Häuptling mit dem Namen Tetoharski, ein Sioux-Häuptling führte als Talisman das Porträt eines russischen Generals mit, der in den Napoleonischen Kriegen gekämpft hatte.

Alexander Baranow gehört zu den großen Pioniergestalten der Eroberungsgeschichte Nordamerikas und wurde schon von seinen Zeitgenossen in eine Reihe mit Männern wie Peter Stuyvesant, Daniel Boone und John Smith gestellt. Eine Rolle spielten die Russen sogar bei der traurigen Auslöschung der Kultur der Great Plains: Als die Büffeljagd zum populären Sport wurde (nicht zuletzt unter dem Einfluß der Eisenbahn-Interessenten), reiste Großherzog Alexis, Sohn des Zaren Alexander II., nach Kansas, um seine Schießkunst zu beweisen.

Die einzige Überseekolonie, die das russische Reich sich zulegte, hatte kein langes Leben. Die Geographie und die geopolitische Realität sprachen ebenso gegen Russisch-Amerika wie der Gang der Geschichte. »Es ist ziemlich schwierig, der wirklichen Zeit auf den Grund zu kommen«, schrieb ein Besucher der Kolonie 1817, »wenn man östliche und westliche Zeitmessung, Greenwich-Zeit und die bordeigene Zeit im Auge behält und dazu die Sonnen- und die Sternenzeit, den astronomischen Tag usw.« Alle Europäer im pazifischen Raum rechneten ihre Zeit vom Westen nach Osten, mit Kanton als Bezugspunkt. Die Russen rechneten von Osten nach Westen und waren so gleichsam sich selbst einen Tag voraus.

TEIL DREI

Vorhergehende Seite: Ansicht von Neu-Archangelsk (Sitka) im frühen 19. Jahrhundert. Die Villa hinten links war der Sitz des Gouverneurs. Der auf ihren First plazierte achteckige Leuchtturm sandte einen Lichtstrahl weit übers Meer.

12

»DAS HINTERE ENDE DES SACKES«

Im selben Jahr, in dem Russisch-Amerika an die Vereinigten Staaten verkauft wurde, hob Großbritannien die Verbannungsstrafe auf, mit der es die Kolonisierung Australiens gefördert hatte. Sibirien war schon lange vor Gründung der ersten australischen Sträflingskolonie ein Ort der Verbannung gewesen; es blieb bis in die jüngste Zeit Endstation für Geächtete und Gestrauchelte. Sibirien ist das Land der subarktischen Einöden und Urwälder und des tödlichen Frosts – und es ist das Land der Ketten. Diese Bilder haben sich tief in die Phantasie der Menschen eingegraben. Die schiere Größe und die Unwirtlichkeit des Landes hatten die Regierung seit je gehemmt, Sibirien planmäßig zu erschließen; dem Zaren erschienen die mehr als 8000 Kilometer von der Hauptstadt entfernten östlichsten Gestade so weit weg wie der britischen Krone die australischen Besitzungen.

George Kennan, ein amerikanischer Journalist, besuchte in den achtziger Jahren des 19. Jahrhunderts zahlreiche sibirische Gefängnisse und Verbannungsorte; mit bewegenden Worten beschrieb er die traurigen Szenen, die sich abspielten, wenn Sträflinge oder Verbannte an der Grenze zwischen Europa und Asien über ihr Los nachdachten:

Kein Grenzstein in der Welt ist Zeuge von so viel menschlichem Elend gewesen; an keinem sind so zahllose Wesen mit gebrochenem Herzen vorbeigeschritten. Seit 1878 sind 170 000 Verbannte diese Straße gezogen, seit Beginn dieses Jahrhunderts über eine halbe Million. Früher, als die Verbannten noch zu Fuß von der Stätte ihrer Verurteilung zu ihrem Verbannungsort marschieren mußten, erreichten sie den Grenzübergang nach Sibirien erst nach monatelangem mühseligem Marsch über schlammige oder staubige Landstraßen, bewaldete Berge, durch Wolkenbrüche oder Schneestürme oder in bitterer Kälte. Manche überlassen sich rückhaltlos ihrem Schmerz, andere finden Trost in ihren Tränen; einige knien nieder und pressen ihr Antlitz gegen den geliebten Boden des Vaterlandes. Beim Kommando »Vorwärts, marsch!« machen Verbannte und Verbrecher eilig das Zeichen des Kreuzes, und unter dem Geklirr der Ketten setzt sich der Zug langsam in Bewegung über die Grenze Sibiriens.

Die erste Verbannungsstrafe nach Sibirien wurde seltsamerweise weder gegen einen Kriminellen noch gegen einen Staatsfeind verhängt. Erstes Opfer war – die Stadtglocke von Uglitsch. Verbannt wurde sie, weil sie 1581 nach der Ermordung des Zarewitsch Dmitri Alarm geläutet hatte. Die Teilnehmer des Aufstands wurden ausgepeitscht, man schnitt ihnen die Zunge heraus. Die Glocke wurde aus der Verankerung gerissen und über den Ural nach Tobolsk geschleift; sie durfte nie wieder geläutet werden.

Der Glocke folgten bald zahllose Verbannte und Kolonisten zur Besiedlung der neuen Gebiete. Die offizielle Aufnahme der Verbannungsstrafe in das russische Strafgesetzbuch im Jahr 1649 war jedoch vor allem von dem Wunsch bestimmt, der Gesellschaft den Anblick derer zu ersparen, die von den Spuren der höchst barbarischen russischen Strafjustiz gezeichnet waren. Im Rußland jener Zeit wurden, wie bei Kennan nachzulesen ist,

Menschen hunderteweise für Vergehen, die heute in keinem zivilisierten Land der Welt als Kapitalverbrechen gelten würden, auf spitze Pfähle geworfen, gehängt oder enthauptet. Wer sich geringerer Vergehen schuldig machte, wurde mit der Knute ausgepeitscht, mit glühenden Eisen gebrannt, durch Abhacken einer oder mehrerer Gliedmaßen oder Herausschneiden der Zunge verstümmelt oder an zwei in den Brustkorb gestoßenen Haken aufgehängt, bis er eines qualvollen und langsamen Todes starb. Auf diese Weise konnte sich die Gesellschaft Verurteilte, die von der Knute oder vom Brandeisen gezeichnet oder durch Amputation verstümmelt waren, durch Verbannung ins sibirische Exil schnell und leicht vom Halse schaffen.

Ursprünglich nur als Ergänzung der körperlichen Strafen gedacht, wurde die Verbannung nach Sibirien bald zu einem bewußt eingesetzten Mittel der Siedlungspolitik. Verbannung zur Zwangsarbeit trat an die Stelle langjähriger Gefängnisstrafen, die Liste der Delikte, für die Verbannung verhängt werden konnte, wurde immer weiter aufgestockt und umfaßte schließlich auch so harmlose Vergehen wie Landstreicherei, Tabakschnupfen oder Preisboxerei. Zu den Verbannten der ersten Stunde gehörten auch zahlreiche Kriegsgefangene; von ihren Fähigkeiten vor allem profitierte die neue Kolonie. Nach dem gewaltsamen Anschluß der Ukraine an Rußland im Jahr 1675 wurde beispielsweise fast das gesamte ukrainische Offizierskorps nach Sibirien deportiert. Am Ende des 17. Jahrhunderts dürfte etwa jeder zehnte russische Bewohner Sibiriens ein Deportierter gewesen sein.

Zu Beginn des 18. Jahrhunderts gesellten sich zu ihnen religiöse Dissidenten, Strelitzen, polnische Aufständische, 9000 der von Peter dem Großen im Nordischen Krieg gefangengenommenen Schweden; ganze Dorfgemeinschaften Litauer und Weißrussen und schließlich auch revolutionär gesinnte Intellektuelle aller Schattierungen wurden nach Sibirien geschickt. Die zahlreichen Intrigen am Zarenhof führten zur Verbannung von Politikern, Höflingen, hohen Beamten, Generälen, Fürsten und Grafen in alle Winkel des fernen Landes. Allein während der Regierungszeit der Zarin Anna mußten um die 20 000 Menschen dieses Los erdulden, eine weitere Welle folgte unter Zarin Elisabeth. Manche kamen nach Sibirien in Ketten, andere in Amt und Würden; sie waren zur Strafe auf einen entlegenen Außenposten versetzt worden. Unter Kaiserin Elisabeth erreichte das Verbannungssystem seinen Höhepunkt, vor allem nach den Erlassen von 1753 und 1754, die die Todesstrafe aufhoben und Verbannung und Zwangsarbeit an ihre Stelle setzten.

Vermischt mit Mördern, Vergewaltigern, Schmugglern und Dieben wurden auch Zehntausende Leibeigene in die Amtsbezirke Tobolsk und Jenissejsk abgeschoben; Verbannungsstrafen wurden eingeführt für Wucherei, Wahrsagerei, Schuldenmachen, Lüsternheit, Trunksucht, Brutalität gegenüber der Ehefrau, Fällen von Bäumen ohne Genehmigung, fahrlässige Brandstiftung oder Betteln ohne zwingende Not.

Von den Verbannten wurden in Sibirien ein Drittel »freigelassen« mit der Auflage, sich als Siedler niederzulassen; etwa jeder Siebente mußte Zwangsarbeit leisten; die übrigen kamen entweder in Straflager oder mußten für kürzere oder längere Zeit an einem Verbannungsort bleiben. Gegen ein knappes Fünftel der Verbannten lag gar keine konkrete Anklage vor. Ihnen wurde einfach vorgeworfen, sie hätten in ihrer Heimatgemeinde einen schädlichen Einfluß ausgeübt. Wenn solche Leute von der Dorfgemeinschaft oder Dorfversammlung den Behörden als »Verbannungskandidaten« übergeben wurden, galten sie im allgemeinen als überführt, weder Einsprüche noch Appelle nützten etwas.

Im Jahr 1790 schickte Katharina die Große den ersten »literarischen Revolutionär« in der Geschichte Rußlands, Alexander Radischtschew (der in seiner *Reise von Petersburg nach Moskau* Kritik an Leibeigenschaft und Autokratie geübt hatte), zur Verbannung in das primitive sibirische Festungsstädtchen Ilimsk. Zu Beginn des 19. Jahrhunderts lag die Zahl der jährlich zu Verbannungsstrafen Verurteilten bei rund 2000; bis zum Ende des Jahrhunderts kletterte sie auf 19 000; das entsprach einer Gesamtzahl von über einer halben Million Verbannten im Verlauf von achtzig Jahren. Zehn bis fünfzehn Prozent dieser Unglücklichen blieben schon unterwegs auf der Strecke. In Turuchansk, Irkutsk, Selenginsk, Akmolinsk, Semipalatinsk, Jakutsk, Omsk, Nertschinsk und anderswo entstanden Gefängnisse und Straflager, in denen sadistische Bewacher, verdorbenes Essen, Ungeziefer und Züchtigungen mit der Lederpeitsche oder der Knute die Insassen entweder umbrachten oder in den Stumpfsinn trieben. Viele versuchten zu fliehen, aber Jäger, die sich Kopfprämien verdienen wollten, und die extrem unwirtliche Landschaft Sibiriens mit dunklen Wäldern, breiten Strömen, Wasserfällen, Sümpfen, weglosen Einöden und tödlicher Kälte ließen ihnen kaum eine Überlebenschance. Auch wenn wohlwollende sibirische Bauern häufig Brot, Milch oder Suppe auf die Fensterbänke legten, kam es nach den Erfahrungen eines Sibirienbesuchers aus dem 19. Jahrhundert Jahr für Jahr vor, daß »während des Frühjahrs-Tauwetters, wenn der Schnee zu schmelzen beginnt, eine große Zahl von Leichnamen ›unbekannter Personen‹ in den Wäldern gefunden wird … Das ist so alltäglich, daß die Leute sie ›Schneeblumen‹ nennen.«

Die Verbannten wurden in vier Kategorien eingeteilt: zu schwerer Zwangsarbeit Verurteilte; Insassen von Straflagern; in Ehren Verbannte, die sich am Verbannungsort frei bewegen, ihn aber nicht verlassen durften; schließlich Personen, die sich einem Verbannten freiwillig anschlossen, beispielsweise Ehefrauen und

Kinder. Bei den beiden ersten Kategorien galt die Verbannung lebenslang und war mit der Aberkennung aller bürgerlichen Rechte verbunden. Die Verbannten wurden auf unterschiedliche Weise gebrandmarkt oder tätowiert, an der rechten Kopfseite kahlgeschoren (während links ein kurzer Bürstenschnitt stehenblieb) und in Ketten gelegt. Die Fußeisen wogen fünf bis vierzehn Pfund, wurden von einem Schmied auf einem Amboß an einen eisernen Ring geschmiedet und mit Schellen an die Fußknöchel angeschlossen. Eine Zeitlang wurden die Verbannten mit rotglühendem Eisen auf Wange oder Stirn gebrandmarkt: entweder mit den Buchstaben »K« oder »KAT« für *Katorschnik* (Zwangsarbeiter) oder mit »B« für *Brodjaga* (Landstreicher). Später wurde das Brandmarken durch Tätowierungen ersetzt.

Veränderungen des gesetzlichen Strafkatalogs führten im Lauf der Zeit zum Verschwinden einiger der barbarischsten Formen körperlicher Bestrafung (wie beispielsweise der Verunstaltung des Gesichts), doch die Prügel- und Züchtigungsstrafen blieben bestehen, wurden allerdings bei adligen Delinquenten nicht angewendet. Die Knute wurde 1845 durch eine Lederpeitsche mit drei Riemen ersetzt. Höchststrafe waren seit 1871 100 Peitschenhiebe. Der Delinquent wurde normalerweise bäuchlings auf ein dickes Brett gebunden, das leicht nach vorne geneigt und mit Öffnungen für Kopf und Hände versehen war. Der Exekutor führte die Peitschenhiebe nacheinander aus unterschiedlichen Richtungen, so daß »die Wunde die Form eines Sterns« annahm. Fjodor Dostojewski, der im Gefängnis von Omsk ausgepeitscht wurde, weil er sich über einen Dreckklumpen in seiner Suppe beschwert hatte, schrieb, sein Rücken habe »wie Feuer gebrannt, so, als würde man rücklings in glühendem Feuer geröstet«.

Überall versuchten Sträflinge, den Exekutor zu bestechen, damit er nicht seine ganze Kraft in die Hiebe legte; mit der Zeit bürgerte sich ein regelrechtes System gestaffelter Bestechungssummen ein. Dostojewski hat in seinem Roman *Aufzeichnungen aus einem Totenhaus* die Erinnerungen an sein vierjähriges Martyrium als Zwangsarbeiter in Omsk zu einem beeindruckenden Porträt dieser Institution gestaltet.

Noch gnadenlosere Verbannungsorte waren die Gold- und Silberbergwerke in den trostlosen Einöden der Bezirke Kara und Nertschinsk sowie die Kohlenbergwerke auf der Insel Sachalin, die als Endstation für besonders rebellische Naturen dienten. Diejenigen, die trotz der Unbilden des Wetters und der körperlichen Strapazen überlebten, mußten mit permanenten Entwürdigungen ebenso fertig werden wie mit Infektions- und Mangelerkrankungen wie Lungenentzündung, Diphtherie, Ruhr, Scharlach, Windpocken, Syphilis, Typhus oder Skorbut. Manche Lageraufseher machten sich bei den Insassen so verhaßt, daß, wie ein Historiker berichtet,»entflohene Sträflinge ... manchmal die Särge unlängst verstorbener Funktionäre ausgruben und den Toten Pfähle ins Herz stießen«.

Manche Verbannten durften sich an einem Ort ihrer Wahl niederlassen, andere, denen eine Gefängnisstrafe erspart blieb, wurden in der Landwirtschaft oder beim Bau als Fronarbeiter eingesetzt. Avvakum, der verbannte Gottesmann, mußte beispielsweise mithelfen, den Priestermangel in Tobolsk zu beheben. Es fehlte der Kolonie so sehr an beruflich qualifizierten Kräften, daß man alle, die kamen, gebrauchen konnte. Avvakum wurde nach einigen Jahren als Priester in Tobolsk nach Jenissejsk versetzt und mußte ein 500 Mann starkes Regiment als Militärseelsorger auf eine Expedition ins Tal des Amur begleiten. Der Kommandeur, Afanasy Paschkow, war ein besonders brutaler Menschenschinder. Er schlug Avvakum mehrmals zusammen, versetzte ihm Hiebe mit seiner Kommandeursaxt, ließ ihn mit der Knute fast zu Tode peitschen und jagte ihn einmal durch reißende, mit scharfkantigen Felsbrocken gespickte Stromschnellen. Als das Regiment am 10. Oktober 1656 in Bratsk eintraf, hatte Avvakums aufgerissener Rücken zu faulen begonnen. Ohne Rücksicht wurde er in einen kalten Turm geworfen, wo er, wie er später schrieb,»auf dem Stroh lag wie ein Hund; an manchen Tagen gaben sie mir zu essen, an anderen nicht, und es waren sehr viele Mäuse da«. Später legte man ihn in Ketten und sperrte ihn in eine Hütte, in der auch eingeborene Burjaten als Geiseln gehalten wurden. Im Frühjahr 1657 fand Avvakum sich als Mitglied einer Arbeitsbrigade im Tal der Ingoda wieder, die Bäume für den Bau von Häusern und Festungen fällen und flußabwärts flößen mußte. Viele seiner Leidensgenossen (Verbannte und andere) verhungerten oder starben unter den Augen mitleidloser Bewacher an Erschöpfung oder Unterkühlung. Nach fast elfjährigem Martyrium durfte Avvakum schließlich über Tobolsk ins europäische Rußland zurückkehren.

Tolstoi hat in seinem Roman *Die Auferstehung* den Aufbruch eines Sträflingszuges aus St. Petersburg beschrieben:

Die Torflügel flogen donnernd auf, das Kettengeklirr wurde hörbarer, auf die Straße marschierten Begleitsoldaten in weißen Kitteln unterm Gewehr und stellten sich – augenscheinlich ein bekanntes und gewohntes Manöver – im weiten regelmäßigen Bogen vor dem Torweg auf. Als sie sich aufgestellt hatten, ertönte ein neues Kommando, und mit pfannkuchenförmigen Mützen auf den rasierten Köpfen, mit Säcken auf dem Rücken, die in Ketten gelegten Füße schwer nachschleppend und die eine freie Hand schwenkend, während die andere den Sack auf dem Rücken hielt – begannen die Gefangenen in Paaren herauszukommen. Zuvorderst schritten die männlichen Zwangsarbeiter, alle in gleichen grauen Hosen und langen Röcken mit einem gelben Karo-As auf dem Rücken. Sie alle – Junge, Alte, Magere, Dicke, Blasse, Rote, Schwarze, Schnurrbärtige, Vollbärtige, Bartlose, Russen, Tataren, Ebräer – kamen kettenrasselnd heraus und schwenkten kühn den Arm, als schickten sie sich an, irgendwohin weit fortzugehen. Nachdem sie aber zehn Schritte vorwärts gegangen waren, blieben sie stehen und stellten sich gehorsam in Viererreihen hintereinander auf. Hinter ihnen strömten unaufhaltsam ebenso rasierte Leute ohne Fußfesseln, aber die Hände mit Handfesseln zusammengeschmiedet, in ebensolcher Kleidung aus dem Torweg hervor. Das waren Verbannte. Sie schritten ebenso kühn heraus, machten halt und stellten sich auch in Viererreihen auf. Dann kamen die Gemeindeverbannten. Dann die Frauen, auch in bestimmter Ordnung: erst die Zwangsarbeiterinnen in grauen Gefängnisröcken und Kopftüchern, dann Deportierte und freiwillig folgende Frauen in ihrer städtischen oder ländlichen Kleidung. Einige von ihnen trugen einen Säugling vorn in ihren Rockfalten.

Mit den Frauen kamen auf eigenen Füßen Kinder: Knaben und Mädchen. Diese Kinder drängten sich wie Füllen in der Herde zwischen den Gefangenen durch. Unter den Weibern erhob sich ein Geheul, und die von Soldaten in weißen Kitteln umringte Abteilung bewegte sich vorwärts und wirbelte mit den kettengefesselten Füßen Staub auf. Dann kamen mit Reissäcken und Schwachen beladene Lastwagen, auf deren einem hoch oben ein verhülltes Weib saß, das unaufhörlich winselte und schluchzte.

Es war eine lange Reise: über weite Strecken zu Fuß, auf Sträflingsbooten die Flüsse hinab und hinauf, streckenweise auf Pferdekarren, später auch mit der Eisenbahn, über bewaldete Bergzüge, durch Wind und Regen, in sengender

Hitze und bitterer Kälte. Von St. Petersburg bis zum Grenzübergang nach
Sibirien waren es rund 2500 Kilometer. Und das war nur die erste Etappe. Von
Jekaterinenburg wand sich die »Sträflingsstraße« von einem Gefängnis zum
nächsten nach Osten; jeder Kilometer barg unsagbare Qualen in sich. Auf dem
Weg ins knapp 200 Kilometer östlich des Urals gelegene Tjumen passierten die
Sträflingskolonnen den aus Ziegelsteinen gemauerten hohen quadratischen Pfei-
ler, der die Grenze zwischen Europa und Asien markierte und in dessen Putz
zahlreiche Namen geritzt waren. Auf ihrem Marsch sangen die Verbannten
manchmal das »Bettlerlied«, eine klagende Moritat, zu der sie im Takt mit ihren
Ketten rasselten:

O unsere Väter, habt Mitleid mit uns,
Vergeßt nicht die Reisenden wider Willen,
Vergeßt nicht die langjährig Eingesperrten.
Gebt uns zu essen, o ihr Väter – helft uns!
Gebt Nahrung und helft den Armen und Bedürftigen!

Bis zum Ende des 18. Jahrhunderts war das Verbannungssystem kaum organisiert. Es gab keine langfristige Planung, selbst die Überwachung und Betreuung
der Sträflingskolonnen auf ihrem Weg nach Sibirien war äußerst mangelhaft.
Wie Herdenvieh von Stadt zu Stadt getrieben, mußten die Gefangenen um Essen
betteln, weil sich niemand für Verpflegung zuständig fühlte. Manche waren in
der Lage, bei den Bauern das Nötigste zu kaufen, die meisten aber hatten nur die
wenigen Kopeken in der Tasche, die der Staat ihnen als Taschengeld gewährte.
Nur selten begleitete ein Arzt eine Sträflingskolonne, an der 1600 Kilometer
langen Strecke zwischen Tomsk und Irkutsk gab es nur vier Gefängnislazarette.
Die Beamten in Sibirien hatten oft keine Informationen, woher ein Sträflings-
transport kam, wer wegen welcher Vergehen verurteilt oder für welchen Bestim-
mungsort vorgesehen war. So kam es vor, daß Mörder, die zu lebenslanger
Zwangsarbeit in den Bergwerken verurteilt worden waren, als Siedler auf freien
Fuß gesetzt wurden, während andere, die wegen eines kleinen Vergehens ver-
bannt worden waren, durch die Hölle der Bergwerke gehen mußten.
Um Ordnung in das Chaos zu bringen, begannen die Behörden 1811 mit der
Ausgabe von Dokumenten an alle Verbannten, in denen die Vergehen, das
Strafmaß und der Verbannungsort aufgezeichnet waren. Von 1817 an wurden

an den wichtigsten Transportrouten Etappen- oder Schubgefängnisse eingerichtet. 1823 wurde in Tobolsk ein Amt für Verbanntenangelegenheiten eingerichtet, das später nach Tjumen verlegt wurde. Es hatte die Aufgabe, die eintreffenden Verbannten zu sortieren und auf die sibirischen Gefängnisse, Strafkolonien und Verbannungsorte zu verteilen.

Von Tjumen aus wurde ein Teil der Verbannten ins westliche Sibirien geschickt, die anderen wurden auf Booten nach Tomsk weiterverfrachtet. Für diesen Zweck gab es Sträflingsboote mit Käfigen aus dickem Eisendraht an Deck. Auf den schmalen Gängen zwischen den Käfigen und der Bordwand patrouillierten bewaffnete Wachposten. Manchmal kamen Ostjaken in ihren Kanus längsseits und boten Fisch zum Kauf an.

In Tomsk begann für die für Ostsibirien bestimmten Sträflinge dann ein langer Marsch, den sie in Kolonnen von drei- bis fünfhundert Personen antreten mußten, viele in Ketten und in einer Uniform, zu der ein grauer Mantel mit am Rücken aufgenähten gelben Karos gehörte. Bis Irkutsk waren sie rund drei Monate unterwegs, bis zum Oberlauf des Amur ein ganzes Jahr. Dabei marschierten sie zwischen Mai und Oktober Tag für Tag von sechs Uhr morgens bis sieben Uhr abends, erwartet wurde eine Wegstrecke von 500 Kilometern im Monat. Alle drei Tage wurde eine vierundzwanzigstündige Rast eingelegt; bis 1883 war es üblich, alle Verbannten gemeinsam marschieren zu lassen, ohne Ansehen von Strafart, Alter oder Geschlecht.

In den Gefängnissen und Lagern wurden die Gefangenen von der »Artel« regiert, einer Art Gewerkschaft mit gewählten Führern, einem eigenen Verhaltens- und Strafkodex und einem Fundus, der durch zwangsweise erhobene Beiträge gefüllt wurde. Mit diesem Geld wurden Wachposten bestochen, damit sie die Knute nur mit halber Kraft schwangen; es wurden Karren für den Transport der Kranken und Schwachen gemietet, Tabak, Schnaps und Spielkarten organisiert und Fluchtaktionen vorbereitet. Die Artel sorgte auch für die Einhaltung von Abmachungen, auf die sich manche Verbannten im betrunkenen Zustand einließen, wenn sie etwa ihr ganzes Geld verspielt hatten. Sie mußten sich bereit erklären, für eine Flasche Schnaps ihre Identität mit einem zu schwerer Zwangsarbeit verurteilten Mithäftling zu tauschen. Die Folge dieser Praxis war, daß zahlreiche hartgesottene Verbrecher in Sibirien nach kurzer Zeit freikamen und untertauchen konnten, während ihre Ersatzleute jahrzehntelang in den Bergwerken verschwanden. Die Macht, die die Artel über die Sträflinge ausübte, war absolut; jeder, der sich ihr widersetzte oder ihre Geheimnisse verriet, war dem Tode geweiht. »In den Karteien russischer Gefangenenlager«, schreibt Kennan, »wimmelt es von Fällen, in denen ein von der Artel verhängtes Todesurteil Jahre später vollstreckt wurde an einem weit vom Schauplatz des auslösenden Geschehens entfernten Ort.«

Die größten Zwangsarbeiter-Kolonien fanden sich im Umkreis der Gefängniskomplexe von Nertschinsk und Kara, wo im Durchschnitt jeweils rund 2500 Häftlinge, darunter 40 bis 50 politische, interniert waren. In Kara wurde, ausschließlich über Tage, nach Gold geschürft – 13 Stunden am Tag in zehn Monaten des Jahres. Nach dem Erwerb des Amurgebiets wurde ein Teil der Sträflinge, die bis dahin in den staatlichen Bergwerken Transbaikaliens geschuftet hatten, zu den dortigen Goldwaschanlagen versetzt. Der Übergang einstmals staatlicher Unternehmen in private Hände änderte nichts am System der Zwangsarbeit.

Die Zwangsarbeitslager von Kara lagen verstreut in der rauhen Gebirgslandschaft zwischen dem Amur-Oberlauf und der mongolischen Grenze. Über 1800 zu schwerer Zwangsarbeit Verurteilte arbeiteten dort seit 1885 an den im Freien aufgestellten Goldwaschtrögen. Sie lebten entweder in Baracken oder mit ihren Angehörigen in windschiefen kleinen Katen – »bloßen Hundehütten aus Treibholz und Brettern« – außerhalb der Gefängnismauern. Diese Sträflinge gehörten, auch wenn sie das Arbeitslager nicht verlassen durften, zum sogenannten freien Arbeitskommando. Früher oder später zwang man sie, sich als Siedler irgendwo im östlichen Sibirien niederzulassen.

Noch gefürchteter als Kara war Akatui, »ein einsamer, freudloser, gottverlassener Ort in einem abgeschiedenen, schneereichen Tal« im Bezirk Nertschinsk. Akatui war eines von sieben Gefängnissen des Nertschinsker Silberbergbaus. Drei- bis viertausend Sträflinge arbeiteten hier. Von der Luft in diesem Gebiet hieß es, sie sei so dick, daß »im Umkreis von 250 Kilometern kein Vogel leben konnte«.

Obwohl die Zwangsarbeit in den Bergwerken gefürchtet war – die Strapazen waren meistens auszuhalten. In den Goldfeldern von Kara arbeiteten die Sträflinge im späten 19. Jahrhundert sogar Seite an Seite mit freien Tagelöhnern. Kennan fand, als er 1885 ein Bergwerk im Gebiet von Nertschinsk besuchte (wo um diese Zeit rund 1000 Zwangsarbeiter stationiert waren), nur 35 Sträflinge vor, die wirklich arbeiteten. Offenkundig schockierte ihn die völlig veraltete Ausrüstung, mit der sie zu Werke gingen, mehr als die körperliche Anstrengung der Leute:

»Die meisten von ihnen schienen damit beschäftigt, in kleinen Weidenkörben das Erz zum Förderschacht zu tragen, es in viereckige Holzbehälter zu kippen, die in etwa einen Scheffel [36 Liter] faßten, und diese dann, einen nach dem anderen, mittels einer umständlichen alten hölzernen Winde nach oben zu hieven. Ich vermute, daß nicht einmal die Ureinwohner, die vor drei Jahrhunderten diese Silberadern ausbeuteten, mit primitiveren Mitteln gearbeitet haben.«

Dostojewski, der viele Aspekte des Sträflingsdaseins schwer erträglich fand, räumte ein, die Arbeit selbst sei ihm

durchaus nicht so schwer [erschienen], durchaus nicht so »sibirisch«, und erst nach ziemlich langer Zeit erriet ich, daß das »Sibirische« dieser Arbeit nicht so sehr in ihrer Schwere und ununterbrochener Dauer bestand, als vielmehr darin, daß sie »Zwangsarbeit«, befohlene Arbeit, eisernes Muß unter dem drohenden Stock war. Ein Bauer arbeitet zu Hause auf dem Feld oder sonstwo unvergleichlich mehr, im Sommer zuweilen sogar noch in der Nacht; aber er arbeitet für sich, er arbeitet für einen vernünftigen Zweck, die schwere Arbeit fällt ihm unvergleichlich leichter als dem Zwangsarbeiter die viel geringere, doch erzwungene und für ihn völlig nutzlose Arbeit.

Weibliche Sträflinge wurden oft geschont. »Ihre anstrengendste Arbeit«, schreibt ein Historiker, »bestand selbst im als besonders unmenschlich verschrienen Nertschinsker Bezirk darin, in einer Hütte Silbererzbrocken zu zerkleinern und zu sortieren. Andere arbeiteten in Küchen, Wäschereien und den primitiven Lazarette der Gefängnisse und Arbeitslager.« Ein günstiges Los erwartete diejenigen, die in das 80 Kilometer von Irkutsk entfernte Alexandrowsk verbannt wurden. Dort hatten die Behörden 1874 eine riesige Schnapsbrennerei zum größten Gefängnis im östlichen Sibirien umgebaut. Dieses Gefängnis war, so meint der schon zitierte Historiker, der Kurort unter den sibirischen Verbannungsstätten, zumindest in späterer Zeit:

Das große viereckige Gebäude wirkte recht abschreckend im Kontrast zu den hübschen Kuppeln und Spitzen der nahegelegenen, von Sträflingen erbauten roten Ziegelsteinkirche, doch im Innern fand man saubere Schlafräume und einigermaßen gut zubereitete Mahlzeiten vor. Die über

1200 Insassen, von denen keiner angekettet war, wurden als Schuhmacher, Schneider, Zimmerleute sowie, welche Ironie, als Schlosser beschäftigt. Außer einem Laden, in dem die Häftlinge von ihrem geringen Gefängnislohn Weißbrot, Käse, Wurst, Sardinen und Zigaretten kaufen konnten, gab es einen Raum, der als Bibliothek und Erwachsenenschule zugleich diente – anklagende bildliche Darstellungen der üblen Folgen der Trunksucht schmückten seine Wände –, dazu einen provisorischen Theatersaal für die Aufführung von Konzerten und Sketchen durch die Insassen selbst. Bei guter Führung konnten Straftäter, bei denen Frau und Kinder mitgekommen waren, darauf hoffen, mit ihren Angehörigen in außerhalb des Gefängnisses gelegene Blockhütten ziehen zu können. Sie mußten sich dann einmal täglich im Gefängnis melden. Die Kleinen besuchten eine von einer Aufseherin geleitete, fröhliche, saubere Schule.

In dieser Gemeinschaft durften die Häftlinge sogar Zigaretten für den Eigengebrauch fabrizieren, jedem stand zweimal wöchentlich ein Bad und saubere Bettwäsche zu.

Auch wenn Alexandrowsk sicherlich eine Ausnahme war – die Schrecken der sibirischen Verbannungslager wurden in manchen Berichten stark übertrieben, um Empörung zu entfachen. Ein Beispiel:»Sie bekommen nie das Tageslicht zu sehen«, hieß es in einem anonymen Bericht über Bergbau-Sträflinge,»sondern arbeiten und schlafen das ganze Jahr über in der Tiefe der Erde, wo sie unter den Augen strenger Zuchtmeister, die Befehl haben, keinen zu schonen, Silber oder Quecksilber schürfen. Von Posten bewachte Eisentore schließen die Stollen oder Straßen am Grunde des Schachts ab, und die Bergleute arbeiten in voneinander abgeschrankten Gruppen zu zwanzig Mann. Sie schlafen in Löchern, die in die Steinwände gemeißelt wurden – regelrechten Hundehütten, in die sie auf allen vieren hineinkriechen müssen.«

Für den Bau der Schubgefängnisse an der Straße der Verbannten war so viel Geld bewilligt worden, daß, wie Kennan schrieb, dafür ein Strang aus Silber von Tomsk bis Irkutsk hätte gelegt werden können. Doch ein großer Teil davon war für Schmiergelder abgezweigt worden. Dementsprechend sahen die Gefängnisse aus: baufällige Baracken mit roten Dächern, in denen es von Läusen, Wanzen und anderem Ungeziefer wimmelte. Die Gefangenen wetteten, wie viele Flöhe in einer bestimmten Zeit auf einen am Boden ausgebreiteten schmutzigen alten

Mantel springen würden. Möbliert waren diese nie gelüfteten Absteigen lediglich mit einem einzigen Ofen, mehreren Reihen hölzerner Schlafpritschen und einem Trog für die Exkremente. Unter den Gefangenen spielten sich, wie ein Beamter klagte, Szenen »von unbeschreiblicher Obszönität ab. Jeder Rest von Schamgefühl und Gewissen, den ein Verbrecher noch besitzen mag, geht hier vollends verloren. Zu Bruch gehen hier auch die Familien der Delinquenten, gleich welchen Alters oder Geschlechts.«

Diese Etappengefängnisse boten nur einen Vorgeschmack auf den Zustand der Sammellager in Tjumen, Tomsk, Krasnojarsk und anderswo. Die rohen Bretterböden der Stuben waren schwarz von festgetretenem Schmutz, die Wände rotgefärbt von den Überresten erschlagener Wanzen und Stechmücken. »Dutzende«, schrieb Kennan, »schliefen jede Nacht auf den stinkenden, verdreckten Fußböden, unter den Pritschen und in den Gängen zwischen ihnen und den Wänden.« Die tägliche Essensration bestand aus zweieinhalb Pfund Schwarzbrot, einem halben Pfund gekochten Fleischs und einem Viertelpfund Buchweizen mit Tee. Hin und wieder wurde einer dieser Gänge durch eine Schale Kohlsuppe ersetzt. Für die Gesundheit der Häftlinge wurde so gut wie nichts getan – von infektiösen oder ansteckenden Krankheiten befallene Insassen wurden nur selten von den anderen getrennt. In den Gefängnislazaretten fehlte es nicht nur an Krankenschwestern, sondern auch an Betten. Unter diesen Bedingungen lag der durchschnittliche Krankenstand Ende der achtziger Jahre des 19. Jahrhunderts nach Schätzung Kennans bei 13 bis 23, die jährliche Sterberate bei 15 oder mehr Prozent. Über ein Drittel ging an Typhus zugrunde. Das war eine höhere Todesrate als bei den berüchtigten Kettensträflingen im Süden der USA in derselben Periode.

Zu den katastrophalen Verhältnissen in den Gefängnissen kam die dem System innewohnende Willkür. Von 2144 Häftlingen, die 1879 in Kara gezählt wurden, waren 677 als »Landstreicher« klassifiziert, 86 als »Disziplinverletzer und Störer der öffentlichen Ordnung«, 73 als »Sonstige«. Das bedeutete, daß fast 40 Prozent aller Insassen sich keines konkreten Vergehens schuldig gemacht hatten. Sibirien ist als Land der Verbannten gelegentlich mit Australien verglichen worden; bei näherem Hinsehen zeigen sich jedoch einige deutliche Unterschiede. Australien wurde als Sträflingskolonie gegründet; seine ersten europäischen Bewohner waren fast ausschließlich Kriminelle; in Sibirien stellten die Sträflinge zu keiner Zeit die Mehrheit, auch wenn es hier, in absoluten Zahlen, weitaus mehr Verbannte gab als in Australien. Australien war nur 80 Jahre lang Sträflingskolonie, von 1788 bis 1868. In dieser Zeit wurden dort insgesamt 155 000 Sträflinge abgeladen. Sibirien hingegen diente etwas mehr als drei Jahrhunderte lang als Verbannungsort und nahm in dieser Zeit die siebenfache Menge von Verurteilten auf. In Australien leisteten die Verbannten außerdem einen deutlich erkennbaren positiven Beitrag zur frühen Entwicklung des Landes. Charles Darwin, keineswegs ein Befürworter der Sträflings-Zwangsarbeit, meinte, die Verbannung mache »aus dem in einem Weltteil völlig nutzlosen Herumtreiber den aktiven Bürger eines anderen«.

Das Verbannungssystem hemmte nicht nur die Entwicklung Sibiriens, es übte auch eine demoralisierende Wirkung auf die Mentalität der Bevölkerung aus. Ende der achtziger Jahre des 19. Jahrhunderts wanderten alljährlich 10 000 bis 13 000 Menschen in die sibirische Verbannung; ein Drittel war für die Gefängnisse bestimmt, die übrigen zur Verbannung an bestimmten Orten oder zur zwangsweisen Ansiedlung auf dem Land. Zu den Entflohenen aus den Lagern gesellten sich Tausende von Landstreichern, Dieben, Betrügern, Straßenräubern und Mördern, die nach Verbüßung ihrer Strafe in Freiheit kamen. Mehr als zwei Drittel aller um 1870 in Sibirien begangenen Verbrechen gingen auf das Konto von Personen, die hierher verbannt worden waren. Von allen im östlichen Sibirien zwangsangesiedelten Kolonisten waren 1886 nicht weniger als 48 000 (oder 42 Prozent) spurlos verschwunden, von den Verbannten im westlichen Sibirien befanden sich nur 33 Prozent an dem ihnen zugewiesenen Platz. Man kann davon ausgehen, daß ein großer Teil der Entflohenen in der Wildnis umkam, doch viele Tausende zogen durch die Gegend und schreckten in der Not vor keinem Verbrechen zurück. In der sibirischen Umgangssprache bürgerte sich für einen freigelassenen oder entlaufenen Kolonisten oder Sträfling das Wort *Varnak* ein, das soviel wie Landstreicher bedeutet. Vielleicht wären nur wenige in Sibirien geblieben, wenn sie eine andere Wahl gehabt hätten. Wie Kennan konstatierte, befand sich zu jedem beliebigen Zeitpunkt »ein großes Heer von *Brodjags* [Vagabunden] auf dem Marsch nach Westen in Richtung Ural«, doch die wenigsten kamen dort an. Und weil Sibirien faktisch selbst ein großes Gefängnis war, dessen Wälder, Flüsse, Sümpfe und unwegsame Einöden fast so unüberwindlich waren wie hohe Gefängnismauern, lief ein Entflohener, wenn er nicht ohnehin auf der Strecke blieb, hohe Gefahr, früher oder später aufgegriffen oder von Frost und Hunger zum Aufgeben gezwungen zu werden.

»Die Viehweide des Zaren ist groß«, schrieb ein Beamter der Sträflingsverwaltung, »aber keiner findet den Weg aus ihr heraus. Wir finden am Ende jeden, sofern er nicht tot ist.« Transbaikalien war so etwas wie eine Sackgasse: begrenzt von ausgedehnten Urwäldern im Norden, von den Wüsten der Mongolei im Süden, vom 650 Kilometer langen Baikalsee im Westen. Dazwischen hausten burjatische Kopfjäger, die durchaus gewillt waren, für ein paar Pfund Mehl jeden Entlaufenen zu jagen »wie Ungeziefer«. Die Giljaken am unteren Amur brachten Entlaufene für eine Kopfprämie von drei Rubel zur Strecke. »Wenn du ein Eichhörnchen schießt, bekommst du nur sein Fell«, erklärte einer von ihnen einem Reisenden. »Aber wenn du einen *Varnak* schießt, bekommst du seine Haut und dazu noch seine Kleider.«

Unter solchen Bedingungen waren die Überlebenschancen für flüchtende Kriminelle wesentlich größer als für politische Verbannte, die an ein Leben in der Wildnis nicht gewöhnt waren.

Fluchtversuche im Winter waren relativ selten, die große Versuchung kam, wenn die Verbannten »im Frühjahr den Balzruf des Kuckucks hörten«. Kennan beobachtete:

Wenn das Wetter warm genug wird, um das Leben im Freien erträglich zu machen, setzt aus dem freien Kommando ein Abfluß in die Wälder ein; und für die Dauer von zwei oder drei Monaten windet sich ein schmaler, aber fast kontinuierlicher Strom von Sträflingen von den Strafkolonien um Kara in die Richtung des Baikalsees. Das Signal zu dieser alljährlichen Wanderung ist der Kuckuck, dessen Gesang, wenn er im Tal der Kara erstmals zu hören ist, den Beginn der warmen Jahreszeit ankündigt. Der Ruf dieses Vogels gilt als Zeichen dafür, daß ein entlaufender Sträfling jetzt in den Wäldern wieder eine Überlebenschance hat; die Flucht ergreifen heißt denn auch in der Sprache der Sträflinge: ›zum General Kukuschka [Kuckuck] gehen‹.

Die Zahl der Verbannten und Sträflinge, die dem Lockruf des Kuckucks folgten, wuchs oft über 30 000, was bedeutete, daß durchschnittlich jedem siebenten die Flucht gelang. Hin und wieder kam es zu spektakulären Massenfluchten. »Alle Tricks, die man aus Berichten über berühmte Fluchtversuche kennt, kamen zur Anwendung«, berichtete ein Historiker:

Tunnel, Nachschlüssel, gefälschte Papiere, durchgefeilte Gitterstäbe, bestochene Aufseher, Puppen in den Betten, zusammengeknotete Bettücher.

Ein altgedienter *Brodjaga* und Amateurartist namens Tumanow zog einmal in der Festung Tobolsk einen tollkühnen Verschwindetrick ab, indem er von der Spitze einer von Mithäftlingen gebildeten menschlichen Pyramide aus über die hölzerne Palisade des Gefängnishofs ins Freie sprang. Das Ganze trug sich im Verlauf einer Vorführung von akrobatischen Kunststücken und Taschenspielereien zu, bei der als Zuschauer der Gouverneur und von ihm geladene Gäste zugegen waren. Ein Suchkommando kehrte zurück, ohne Tumanow gefunden zu haben. Es entdeckte jedoch an der Stelle, wo er gelandet war, einen an die Außenwand der Palisade genagelten großen falschen Bart aus Flachs, den er bei einem seiner Auftritte getragen hatte. Gekrönt wird die ganze Geschichte von der Anekdote, der Gouverneur habe sich über den Vorfall so geärgert, daß er dem Gefängniskommandanten befohlen habe, den falschen Bart »bis zu seinem letzten Stündlein« zu tragen, zum Zeichen seiner Leichtgläubigkeit und Schande.

Das volkstümliche Lied »Heiliger Baikal« besingt die Hoffnungen und die Tollkühnheit der Flüchtenden:

Heiliger Baikal – ruhmreiches Meer,
Ein altes Fischfaß – mein ruhmreiches Schiff.
He Nordwind, treib die Wogen zu mir her,
Um dieses wackren Burschen Reise zu verkürzen.

Schwere Ketten schleppte ich an vielen Tagen,
Die Hügel von Akatui hab ich hinter mir.
Ein alter Freund half mir zu entfliehen,
Und ich kehrte ins Leben zurück mit dem Duft der Freiheit.

Schilka, Nertschinsk, bin überall gewesen,
Die Gebirgsmiliz fing mich nicht ein.
Die gefräßigen Raubtiere des Waldes blieben in ihrem Bau.
Keine Kugel eines Jägers konnte mich kratzen ...

Selbst wenn ein Ausreißer am Ende gefangen wurde oder sich ergeben mußte, hätte er, wie Kennan schrieb, wenigstens monatelang die frische, freie Luft der Wälder, Berge und Steppen geatmet und etwas Aufregendes erlebt. »Für viele Sträflinge wurde die Sehnsucht nach dem Durchstreifen der unwegsamen Wälder und der weiten Ebenen Ostsibiriens zu einer fixen Idee.« Es handelte sich dabei freilich nicht immer um unschuldiges Abenteurertum. Die Bewohner Sibiriens hatten allen Grund, entlaufenen Sträflingen mit gründlichem Mißtrauen zu begegnen. Einerseits fühlten sie sich mit ihnen solidarisch, weil auch sie unter der zaristischen Tyrannei litten und in den Verbannten eigentlich ihre Brüder sahen. Andererseits waren unter diesen Entlaufenen hartgesottene Kriminelle, die zu brutalen Verbrechen fähig waren. Reisende waren eine leichte Beute; die einsamen Landstraßen Sibiriens waren oft gesäumt von ihren Leichen. Manchmal belagerten Banditen auch verkehrsreiche Hauptstraßen und sogar Städte. Als besonders gefährlich galt die Landstraße zwischen Tomsk und Atschinsk, die auf einigen Teilstrecken von Patrouillen der Gebirgsmiliz bewacht werden mußte.

Im Februar 1886 wurde Tomsk »von einer Bande von Kriminellen terrorisiert, die sich einen Zeitvertreib daraus machte, bei Nacht mit Schlitten durch die Stadt zu preschen und späte Spaziergänger mit spitzen Enterhaken einzufangen«. Im östlichen Sibirien wurden streunende Banditen zu einer solchen Landplage, daß der Staat für jeden tot oder lebendig Abgelieferten eine Prämie von drei Rubeln aussetzte. Bauern fragten, wenn ihnen ein Gesetzloser in die Hände fiel, nicht lange nach der Schwere seiner Vergehen. Die Bluttaten häuften sich so, daß es in einem regierungsamtlichen Bericht hieß: »Wären sie im europäischen Rußland geschehen, so hätten sie einen nationalen Aufschrei ausgelöst und wären sehr lange das Tagesgespräch des lesenden Publikums geblieben. In Sibirien jedoch gehen sie unter in einer Flut gleichartiger ›Ereignisse‹.«

Beim Herannahen des Winters stellten sich viele Entflohene – trotz der vierzig Hiebe mit der Lederpeitsche, die normalerweise auf sie warteten. In vielen Fällen waren sie anschließend besser dran als zuvor. Wer beim Verhör vorgab, das Gedächtnis verloren zu haben, wurde unter Umständen als nicht identifizierbarer Vagabund eingestuft und zu fünf Jahren Zwangsarbeit verurteilt – für einen, der einer zwanzigjährigen Strafe entflohen war, ein guter Tausch.

Einige wenige von denen, die sich in der Wildnis einrichteten und überlebten, avancierten zu berühmten Banditen, zu den »Robin Hoods, Ned Kellys oder

Rinaldo Rinaldinis der sibirischen Taiga«. Sogar Wälder, Dörfer, Bäche oder Flüsse wurden nach ihnen benannt. »Sibirische Kinder«, schreibt ein Historiker, »spielten nicht Räuber und Gendarm oder Cowboy und Indianer, sondern *Brodjagi* und Soldaten: Bauernmädchen ließen sich oft von der Vision einer aufregenden ›Karriere‹ als Braut eines sibirischen Banditen in der Taiga dazu verleiten, ihr Dorf zu verlassen.«

Im Verlauf des 19. Jahrhunderts wanderten knapp eine halbe Million Menschen in die sibirische Verbannung; dazu kamen 150 000 bis 200 000 Begleitpersonen, zumeist Frauen und Kinder. Die Zahl der Familien in den Straflagern und Verbanntenkolonien war dennoch verhältnismäßig klein. Der Anteil der Frauen unter den Verbannten lag bei durchschnittlich 16 Prozent, und da sich nur wenige alleinstehende Frauen nach Sibirien aufmachten, herrschte dort ein chronischer Frauenmangel. Die bäuerliche Familie, traditionell das wichtigste Instrument zur Besiedlung des Landes, war daher eher die Ausnahme als die Regel.

Die Kriminellen stiegen in Sibirien bald zur stärksten Bevölkerungsgruppe auf, den freien Bewohnern war es kaum möglich, deren Einfluß zu neutralisieren. Das Gesetz sah zwar vor, daß der Anteil ehemaliger Sträflinge an der Einwohnerschaft eines Dorfs oder einer Stadt nicht höher als bei 20 Prozent liegen sollte, doch in manchen Bezirken war dieser Anteil wesentlich größer. In der Provinz Jakutsk zum Beispiel stellten 1889 die Verbannten rund zwei Drittel der Einwohnerschaft.

Im Bewußtsein der Öffentlichkeit setzte sich so ein sehr verengtes Bild von Sibirien fest. Ein Schriftsteller der viktorianischen Epoche nannte die Kolonie »die Jauchegrube des Zaren«. Das war eine sehr derbe Charakterisierung, sie brachte jedoch die vorherrschende Auffassung treffend auf den Punkt. Graf Nesselrode formulierte etwas weniger vulgär, Sibirien sei »das hintere Ende des Sackes«. Der Generalgouverneur von Ostsibirien beklagte sich 1882 in einem Bericht an Alexander III. über dieses seinem Land anhaftende Odium. Er bezeichnete das Verbannungssystem als »ein Geschwür am Leib des Reiches« und kam zu dem Schluß:

Sibirien ist wahrhaftig ein schönes Land. Seine Menschen zeichnen sich durch hohe geistige Befähigung aus und sind ehrlich, fleißig und tatkräftig. Sowohl das Land als auch seine Bewohner verdienen die großzügigste Beachtung. Es ist an der Zeit, daß die Regierung diesem Land besondere Aufmerksamkeit schenkt, um es aus der Stellung emporzuheben, in die es wegen seiner Entferntheit vom Zentrum des Reichs, wegen seiner Zweckentfremdung zur Verbannungs- und Sträflingskolonie und wegen der lange anhaltenden Vernachlässigung seiner Bedürfnisse und Forderungen geraten ist.

Der Zar zeigte sich von diesem Appell beeindruckt und kritzelte eigenhändig an den Rand: »Ich bin mehr als bestürzt. Es wäre unverzeihlich, ja verbrecherisch, ein Fortbestehen dieser Zustände in Sibirien zuzulassen.«

Dem neu erwachenden Interesse an der Insel Sachalin war es zu verdanken, daß erste Schritte zur Beseitigung der sibirischen Mißstände unternommen wurden. Nachdem Rußland 1875 die Hoheit über die Insel übernommen hatte, beschloß die Regierung, aus ihr eine Sträflingskolonie zu machen und das übrige Sibirien von den Lasten der Verbannungslager zu befreien. Die Regierung schätzte das wirtschaftliche Potential Sachalins so hoch ein, daß sie überzeugt war, die Insel könne zur »Perle unter den östlichen Besitzungen Rußlands [werden], so reich mit Kohle gesegnet wie Wales, mit Fisch wie Neufundland, mit Erdöl wie Baku«. Von 1881 an machte die Regierung ernst mit der Umsetzung ihrer Pläne. Bis 1884 wurde auf Sachalin eine von einem Militärgouverneur geleitete Gefängnisverwaltung aufgebaut, von da an erlebte die Insel einen kontinuierlichen Zustrom von Sträflingen und Verbannten, insgesamt rund tausend pro Jahr. Manche kamen vom Amur und wurden von Nikolajewsk aus per Fähre auf die Insel verfrachtet. Die meisten jedoch trafen, von Odessa am Schwarzen Meer kommend, nach einer zweimonatigen Seereise durch den Suez-Kanal, den Indischen Ozean und das Ostchinesische Meer auf Sachalin ein. Aufgrund seiner Insellage gab Sachalin ein noch perfekteres natürliches Gefängnis ab als Sibirien selbst. Für die dorthin Verbannten bestand kaum Aussicht auf eine erfolgreiche Flucht, so landeten die meisten zu schwerer Zwangsarbeit Verurteilten und die meisten rückfälligen Verbrecher auf Sachalin. Schon 1888 war die Insel zum größten aller sibirischen Gefängnisbezirke avanciert.

So wie Sibirien das russische Australien gewesen war, wurde Sachalin nun zur russischen Norfolk-Insel. Ein Schriftsteller hat die schlimmen Zustände auf der Insel so geschildert:

Auf Sachalin waren die Bewacher krimineller als die Sträflinge, und die freien Siedler hatten mehr zu leiden als die Gefangenen. Auf Sachalin verkauften freie Frauen ihre Kinder, um eine Karikatur von Familie aufrechtzuerhalten, während weibliche Sträflinge, die rationiert waren wie knappe Kostbarkeiten, nichts dabei fanden, ihren Verlobten zu ermorden, wenn sie danach eine bessere Partie zu machen hofften. Auf Sachalin durften die Eingeborenen das ganze Jahr über nach Herzenslust Jagd auf Entflohene machen und für jeden Erlegten eine Prämie kassieren. Wenn auf Sachalin Männer und Frauen in die Wälder gingen, dann nicht, um Beeren zu suchen oder ihre Wollust zu stillen, sondern um den hochgiftigen blauen Eisenhut zu pflücken, mit dem sie ihrem qualvollen Leben ein rasches Ende bereiten konnten. Auf Sachalin sprachen die Bauern wehmütig von demselben Sibirien, vor dem die Moskauer zitterten. Auf Sachalin aßen die Kohlebergleute Talgkerzen und verrottetes Holz, während es in den Flüssen von Lachsen wimmelte. Sachalin infizierte seine unglücklichen Bewohner mit einer besonderen Krankheit. Tschechow nannte sie »Febris sachalinensis« und zählte als ihre Symptome auf: Klammheit, Fröstelanfälle, heftiges Kopfweh, rheumatische Schmerzen – und das bleierne Gefühl, von dieser Insel nie mehr wegkommen zu können. Er setzte hinzu: »Wenn nur diejenigen, die Sachalin mögen, dort leben würden, wäre die Insel unbewohnt.«

Um die Zeit der Jahrhundertwende war Sachalin der einzige Ort im russischen Reich, wo die Todesstrafe noch praktiziert wurde, wo man Sträflinge noch an Schubkarren kettete und die Prügelstrafe routinemäßig anwendete. Der Militärgouverneur der Insel erklärte 1890 mit bemerkenswerter Offenheit: »Alle wollen weg von hier – die Sträflinge, die Siedler und die Beamten.« Und Tschechow tat den Ausspruch: »Ich habe Ceylon gesehen, das Paradies, und Sachalin, die Hölle.«

Ein besonders trauriges Kapitel bildet die Geschichte der Frauen auf Sachalin. Da sie weniger als zehn Prozent der Bevölkerung stellten, wurden manche von ihnen gleich nach ihrer Ankunft zu Konkubinen leitender Beamten auserwählt und zugleich als Aufwärterinnen oder Hausmädchen in den Dienst der Gefängnisverwaltung genommen. Andere wurden »als Prostituierte für die Wärter und die kleinen Beamten vorbehalten«. Die meisten aber wurden mit angesiedelten

Verbannten verheiratet. Alle weiblichen Neuankömmlinge sahen sich, wie Tschechow schrieb, von einer Meute gieriger Männer gejagt – wie ein Fischschwarm von Walen, Seehunden oder Delphinen verfolgt wird, »die hoffen, sich am fetten, mit Rogen gefüllten Hering laben zu können«. Der Genuß hielt oft nicht lange an. Die meisten Frauen waren wegen Mordes verurteilt worden, allzu große Aufdringlichkeit ihrer neuen Gefährten endete oft in neuem Mord.

Angesiedelte Verbannte erhielten hin und wieder ein Häuschen, Saatgut, Werkzeuge, Bekleidung und einen bescheidenen Zuschuß für jedes Kinder unter achtzehn Jahren. Nach sechs Jahren konnten sie einen Antrag auf Umwandlung in freie Bauern stellen und, wenn sie es wollten, nach Rußland zurückkehren. Fast alle, die es sich leisten konnten, taten dies. Um eine raschere Entwicklung des Landes zu fördern, gewährte die Regierung Steuerbefreiungen für Einwanderer. Doch die meisten Bemühungen blieben fruchtlos. Das einzige, was gelang, war die profitable Ausbeutung der Kohlevorkommen um Due an der Westküste mit Hilfe chinesischer Kulis.

Eine besondere Rolle spielte Sibirien von Anfang an bei der Unterdrückung der politischen Opposition. Vor der Entstehung der revolutionären demokratischen und kommunistischen Bewegungen wurden vor allem die Dekabristen verfolgt, die im Dezember 1825 in St. Petersburg einen »Staatsstreich für die Freiheit« unternommen hatten.

Bei den Dekabristen handelte es sich zum großen Teil um Adlige mit liberalen Anschauungen, die bitter enttäuscht waren, weil Zar Alexander I. seine Versprechungen nicht erfüllt hatte. Alexander hatte sich nach seiner Thronbesteigung im Jahre 1801 mit einer Gruppe tatkräftiger junger Reformer umgeben, der Zar korrespondierte mit Thomas Jefferson und ließ sich das Wesen der politischen Institutionen der Vereinigten Staaten erläutern. Mit Zustimmung Alexanders wurde eine Verfassung ausgearbeitet, die Meinungsfreiheit und Bürgerrechte garantieren und als Fundament für einen neuen russischen Rechtsstaat dienen sollte. Wir wissen nicht genau, wie weit der Zar mit seinen Reformen gehen wollte; die Napoleonischen Kriege und die Belagerung Moskaus dämpften seinen Eifer jedenfalls sehr schnell und gaben den Kräften der Reaktion Auftrieb. Die russische Regierung stemmte sich gegen den »jakobinischen Geist« der Westler, schon bald wurde jede Kritik als Aufwiegelung verfolgt. Nach 1816 entstanden die ersten Geheimbünde, in denen sich Intellektuelle von verwandter Geisteshaltung zusammentaten, Leute, die durch Lektüre und Reisen mit den französischen Enzyklopädisten und mit den revolutionären Bewegungen in Frankreich und den USA vertraut waren. Aus den Napoleonischen Kriegen zurückkehrende russische Offiziere verglichen die Verhältnisse im Ausland mit den Zuständen, die »ihnen zu Hause auf Schritt und Tritt begegneten: Versklavung der Mehrheit der Russen, brutale Behandlung von Untergebenen durch Vorgesetzte, staatliches Fehlverhalten jeder Art, allgemeine Tyrannei«.

»Die Massen, denen man gesagt hatte, sie seien ausersehen, gegen den ›napoleonischen Despotismus‹ zu kämpfen, fanden bei ihrer Rückkehr ein Regime vor, das despotischer war als das gestürzte napoleonische«, schrieb einer von ihnen. Die erste Organisation wurde im Februar 1816 in St. Petersburg von jungen Adligen gegründet, die durchweg Gardeoffiziere waren; aus ihr gingen zwei weitere Bünde hervor. Der nördliche Zweig hatte seinen Sitz in St. Petersburg und strebte eine konstitutionelle Monarchie an. Der im ukrainischen Tultschin ansässige Zweig war republikanisch-radikal. In St. Petersburg war der tonangebende Mann Nikita Murawjow, ein junger Offizier, der als einer der ersten nach dem Sieg über Napoleon in Paris einmarschiert war. Der Kopf der Tultschiner Gruppe war Paul Pestel, ein Regimentsoberst, der bei Borodino gekämpft und die europäischen Feldzüge mitgemacht hatte.

Murawjow arbeitete eine Verfassung aus; sie sah eine aus zwei Kammern bestehende Nationalversammlung vor, gewählte regionale Parlamente, unabhängige Geschworenengerichte, die Befreiung der Leibeigenen und einen administrativen Umbau des Landes in eine Föderation aus dreizehn Regionen. Pestels Programm war radikaler; es forderte den Sturz des Zaren, wenn nötig durch Mord, und die Abschaffung der Monarchie. Um in der Aufbauphase der Republik einen geordneten Übergang sicherzustellen, sollte eine »zeitweilige Diktatur« errichtet werden. Puschkin, der ursprünglich zu den Bewunderern Pestels gehört hatte, bezeichnete ihn später als einen Mann »mit dem Profil Napoleons, aber mit der Seele des Teufels«. Fast alle Verschwörer, ob vom nördlichen oder südlichen Zweig, waren naive junge Idealisten, die meist noch nicht einmal das 30. Lebensjahr erreicht hatten. Sie stammten aus alten Adelsgeschlechtern. Ihre gleichsam eingepflanzte Loyalität zur Monarchie hinderte oft ihre Entschlossenheit, dem Regime in aller Konsequenz den Kampf anzusagen.

Adam Mickiewicz, polnischer Dichter und revolutionärer Geist, wohnte an einem Oktoberabend des Jahres 1825 einem Treffen in der Wohnung eines der Verschwörer bei und schrieb später:

Ein alter Diener öffnete die Tür. »Sie sind alle da drinnen«, flüsterte er und deutete auf ein Zimmer am Ende eines sehr langen Korridors.

Es müssen über ein Dutzend Personen in dem Raum gewesen sein, doch konnte ich anfänglich wegen des dichten blauen Qualms von Pfeifen und Zigarren nichts erkennen. Sie saßen lässig auf Sofas und auf den niedrigen Fensterbänken; zwei saßen nach türkischer Art, mit gekreuzten Beinen, auf dem mit einem Perserteppich bedeckten Boden. Die Offiziere hatten ihre Röcke und steifen Krägen aufgeknöpft, die Zivilisten trugen voluminöse Krawatten à la Byron, manche waren wie Empire-Dandys gekleidet. Durch die weit geöffneten Fenster drangen große weiße Schwaden des St. Petersburger Nebels herein.

Ein leidenschaftlicher junger Mann von blassem Antlitz und mit vorgewölbter Stirn – ein Gesicht wie das von Shelley – erhebt ein Glas: »Tod dem Zaren.« Der Trinkspruch wird bewegt aufgenommen. Alle trinken, außer mir, dem Polen und Besucher. Sie singen:

»Ein Messer, zwei Messer,
Eins, zwei, drei,
Lang und scharf ...«

Der rhythmische Gesang dringt durch das offene Fenster nach draußen, für alle Ohren. Der Schein einer Laterne vom Gehweg erleuchtet plötzlich das Zimmer. Der Gesang erstirbt abrupt, die Furcht ernüchtert die Runde. Ich kann fast den finsteren Schrei eines Raben hören, eines um den Galgen kreisenden Raben.

Noch vernichtender äußerte sich Puschkin:

's war alles doch nur eitle Sprücheklopferei
Begossen mit Chateau Lafitte und Veuve Cliquot.

Der Augenblick der Wahrheit kam am 19. November 1825, als Alexander I. überraschend im südrussischen Taganrog starb. In dem sich anschließenden Interregnum – zwei jüngere Brüder Alexanders, Nikolaus und Konstantin, schworen einander einen Treueid, doch keiner nahm Besitz vom Thron – hätten die Verschwörer eine Chance gehabt. Doch sie waren nicht darauf vorbereitet.

Zum einen waren sie unsicher, mit welcher Parole sie zum Kampf aufrufen sollten und gegen wen; zum zweiten hatten die Verschwörer nur eine vage Vorstellung davon, auf wessen Unterstützung sie zählen konnten. Ihr in aller Eile improvisierter Putsch war vom ersten Augenblick an von Ängsten und Zweifeln gelähmt.

Am 14. Dezember ließen die Verschwörer ihre Anhänger (etwa zweitausend) auf dem St. Petersburger Senatsplatz aufmarschieren in der Hoffnung, die Inthronisation von Nikolaus I. verhindern zu können, nachdem Konstantin schon auf den Thron verzichtet hatte. Der neue Zar war jedoch vorher im geheimen vereidigt worden, die schlecht organisierten Rebellen konnten von loyalen Truppen in die Flucht geschlagen werden. Ein Aufstandsversuch im Süden wurde ebenfalls vereitelt. Es folgten Hochverratsprozesse, in denen 121 Personen als Verschwörer angeklagt wurden. 31 wurden zu Freiheitsstrafen und fünf, darunter Pestel, zum Tode durch Erhängen verurteilt. Viele wurden in Ketten nach Sibirien verbannt, manche an so ferne Orte wie Turuchansk, Bereschow, Pelym und Narym. Die meisten landeten als Zwangsarbeiter in den Silberbergwerken Transbaikaliens im Nertschinsker Bezirk.

Die Geschichte hätte den Dekabristen vielleicht keinen großen Ruhm zugesprochen; ihr Umsturzversuch war kläglich gescheitert. Aber so unschlüssig und nervenschwach sie sich am Senatsplatz gezeigt hatten, so wacker schlugen sie sich in der Verbannung. Die meisten blieben in der Niederlage ihren Überzeugungen treu und wiesen den Gedanken von sich, ihr Sträflingslos »gegen ein vergoldetes Joch einzutauschen«, wie einer von ihnen es ausdrückte. Das Urteil der Geschichte wäre wohl dennoch nicht so positiv ausgefallen, wären da nicht jene elf Ehefrauen und Bräute gewesen, die ihren verurteilten Männern in die Verbannung gefolgt waren. Dieser Akt heroischer Liebe trug mehr als alles andere zur Romantisierung der Aufständischen bei. Die zaristischen Beamten bemühten sich mit allen Mitteln, die Frauen von ihrer Absicht abzubringen: durch Entzug aller Titel, Privilegien und Bürgerrechte, durch die angedrohte Verwehrung jeder Rückkehrmöglichkeit, durch das Verbot, Kinder mitzunehmen. Doch die Frauen ließen sich nicht beirren. Sechs von ihnen gaben insgesamt dreizehn Kinder in die Obhut von Verwandten, sieben sollten in der Verbannung ein Kind oder gar mehrere verlieren. Selbst Nikolaus I. zeigte sich bewegt und gestand: »Ihre Hingabe verdient Respekt.«

Eine dieser Frauen war Katharina Trubezkaja, eine Grafentochter. Sie war in

Samt und Seide aufgewachsen und hatte mit ihrem Mann, Sergej Trubezkoj, in St. Petersburg ein Haus bewohnt, dessen Bodenplatten aus dem Forum Neros in Rom stammten. In Tschita angekommen, mietete sie ein Zimmer in der windschiefen Hütte eines einheimischen Kosaken mit Fensterscheiben aus Fischhäuten und einem Fußboden aus gestampftem Lehm. Eine bemerkenswerte Frau war auch Maria Wolkonskaja, deren Vater ein Held der Napoleonischen Kriege gewesen war. Eine junge Schönheit mit einer zierlichen Figur und prächtigen schwarzen Locken, hatte sie viele Verehrer auf sich gezogen (darunter Puschkin), dann aber als Achtzehnjährige den Fürsten Sergej Wolkonskij geheiratet, einen Offizier, der seinen Stammbaum bis zu Rurik zurückverfolgen konnte und der doppelt so alt war wie sie. In ihrem ersten Ehejahr hatte Maria ihren Mann nur selten zu Gesicht bekommen und auch nichts von der Verschwörung gewußt, in die er verwickelt war. Doch nur wenige Tage, nachdem sie ihr erstes Kind geboren hatte, war Sergej verhaftet und anschließend in die sibirische Verbannung geschickt worden. Ohne zu zögern, hatte sie ihre Habseligkeiten auf einen Schlitten gepackt und war ihm nachgereist, ihr neugeborenes Kind zurücklassend. Am Morgen nach ihrer Ankunft im Bergwerksbezirk von Nertschinsk machte sie sich auf den Weg zu der Zeche, in der ihr Mann arbeitete, begleitet vom Gefängniskommandanten und zwei Wachleuten. »Ich stieg hinunter in eine totale Finsternis«, erinnerte sie sich später.

Allmählich begann ich, die Hände ausstreckend, zu ertasten, daß ich mich in einer winzigen Zelle, einer Art Hundehütte, befand und daß jemand sich langsam auf mich zubewegte. Ich hörte das Klirren von Eisen auf dem Steinboden. Mein Mann stand vor mir, und ich sah, daß seine Beine mit schweren Ketten verbunden waren. Keine Worte können beschreiben, was ich empfand, als ich die Unermeßlichkeit seines Leidens erkannte. Erst jetzt wurde mir ganz klar, welche Opfer man im Kampf um die Freiheit in unserem Land bringen muß. Ein erhebendes Gefühl und ein großer Stolz überkamen mich. Unter den erstaunten Blicken der Wachleute kniete ich mich auf den schmutzigen Boden und küßte die Ketten.

Der Zar wünschte indes keine Märtyrer; nach und nach wurde das Leben der Verbannten erleichtert. Auch der Gefängnisdirektor, General Stanislaw Leparskij, der für die Sträflinge eine gewisse Sympathie hegte, zeigte sich menschlich.

Er ließ es zu, daß die Frauen ihre Männer zweimal wöchentlich besuchten. Die von den Männern zu verrichtende Fron – sie arbeiteten in zwei Schichten zu je fünf Stunden täglich – war auch in Marias Augen »nicht übermäßig schwer und sogar gut für sie, da sie dabei ihre Körperkräfte trainieren konnten«.

In Tschita, wo die meisten Dekabristen saßen, konnten sie sich psychisch und geistig stützen. Sie arbeiteten in der städtischen Mühle, pflegten den Gefängnisgarten, kümmerten sich um Hygiene und Gesundheit, reparierten Gebäude oder hoben Straßen- und Entwässerungsgräben aus. Einer beschrieb ihren Alltag so:

> An allen Tagen außer Sonn- und Feiertagen betrat der diensthabende Wachmann am frühen Morgen das Gefängnis und rief:»Meine Herren, an die Arbeit.«Meistens brannten wir darauf, hinauszukommen, und machten uns mit einem Lied auf den Lippen und mit Tatkraft im Herzen auf den Weg. Nie wurde Zwang gegen uns angewandt. Unsere Kolonne marschierte dann gemächlich zum Teufelsgrab. Von der Gefängnisleitung angeworbene Bauern trugen unsere Hacken und Schaufeln und schoben die Schubkarren, während wir unsere Ketten an unseren Gürteln festbanden und unsere Fußfesseln im Rhythmus irgendeines revolutionären Liedes klirren ließen.

Aus diesen relativ lockeren Arbeitseinsätzen wurden vollends gesellige Veranstaltungen, wenn die Frauen sich der Kolonne anschlossen. »Unsere Bewacher«, heißt es dazu in dem Bericht, »schleppten dann Klappstühle für die Damen, Teppiche, Samoware, Picknickkörbe, Zeitungen, Schachbretter und Lesestoff mit. Man suchte sich einen schattigen Platz am Waldrand, unweit des großen Grabens, aus. Die Damen richteten es sich unter den Bäumen bequem ein, strickten oder lasen, während die Häftlinge ein paar Stunden gruben und dann zum gemeinsamen Mittagessen und Ausruhen kamen. Manche spielten Schach, andere zeichneten. Von den Soldaten spielten einige Karten, andere stapelten ihre Musketen und gingen schlafen.«

Ein so idyllisches Miteinander von Sträflingen und Bewachern war aber wohl ziemlich einmalig. Keinem fehlte es hier an Kleidung, Nahrung und Büchern, obwohl der Staat jedem Häftling nur ein Taschengeld von 114 Rubeln und 23 Kopeken pro Jahr zugestand. »Unser Leben in Tschita ist wirklich ziemlich erträglich geworden«, schrieb Maria Wolkonskaja an eine Verwandte. »Wir machen Ausflüge in die herrliche Umgebung. Es ist uns sogar gelungen, aus den Reihen der Einheimischen Diener anzuheuern, die uns, so ungehobelt und ungebildet sie sind, doch einen Teil der häuslichen Lasten abnehmen. Ich führe ein tätiges und ausgefülltes Leben.« Die in Tschita einsitzenden Dekabristen gründeten bald eine Akademie, jeder von ihnen hielt Vorträge über Themen aus seinem besonderen Wissensgebiet. Einer lehrte Wehrkunde, ein anderer Physik, Chemie und Anatomie, ein dritter russische Geschichte, ein vierter Literatur, ein fünfter Fremdsprachen usw. Mit Genehmigung Leparskijs bestellten sie im Ausland französische, deutsche und italienische Bücher, Zeitschriften und Zeitungen und bauten eine beachtliche Bibliothek auf. Sie richteten eine Schreinerei und eine Schmiede ein, gründeten das erste Streichquartett Sibiriens und organisierten Konzerte, bei denen Maria gelegentlich als Gastpianistin einsprang. Zu den von der Akademie veranstalteten Vorträgen kamen manchmal auch Außenstehende. So leisteten die Gefangenen nebenbei auch Beiträge zur Weiterbildung der Bevölkerung.

Nikolai Bestuchew, ein begabter Maler, erstellte ein burjatisch-russisches Wörterbuch und sammelte Volkssagen der Eingeborenen. Andere experimentierten mit Zuchtpflanzen und Anbaumethoden, weihten die Einheimischen in die Geheimnisse von Frühbeeten und Gewächshäusern ein und waren die ersten, die in Transbaikalien Gerste, Spargel, Gurken, Melonen und Blumenkohl anbauten. Auch die Dekabristen, die auf entlegene Außenposten verteilt waren, setzten Zeichen. Einer betätigte sich in Kjachta als Verleger einer Lokalzeitung, ein anderer erarbeitete eine hervorragende Landkarte des sibirischen Nordostens, ein dritter sammelte Material über die Sitten und Gebräuche der Eingeborenen. Die Gebrüder Pjotr und Andrej Borisow »entwickelten ein entomologisches Klassifizierungssystem, das später von der Französischen Akademie der Wissenschaften übernommen wurde«.

Während vor den Dekabristen fast alle nach Sibirien verbannten Intellektuellen ihren Aufenthalt als nur vorübergehend betrachtet hatten, wußten die gescheiterten Rebellen, daß es für sie keinen Weg zurück gab. So richteten sie sich in Sibirien ein und widmeten ihr Leben der Entwicklung des Landes. Diese Männer, die zweifellos zu den fortschrittlichsten Köpfen Rußlands zählten, verkörperten die erste in Sibirien heimische Intelligenzschicht. »Man kann eindeutig feststellen«, schrieb Nikolai Basargin bescheiden, »daß unsere lange Anwesenheit in diversen Teilen Sibiriens von gewissem Nutzen war.«

Nach zwei Jahren durften die Häftlinge ihre Fußfesseln abstreifen. Paulina Annenkowa, die ihrem Geliebten nach Sibirien gefolgt war und ihn im Gefängnis geheiratet hatte, behielt die Fesseln ihres Mannes als Andenken und arbeitete sie in Armbänder um. Im August 1830 wurde das Dekabristen-Kontingent von Tschita nach Petrowskij Sawod bei Nertschinsk verlegt. Ganz offenkundig wußten die meisten schon vorher, daß dort nicht die schwere Zwangsarbeit im Bergwerk auf sie wartete. Der Marsch zu dem neuen Verbannungsort – man begnügte sich mit Tagesstrecken von durchschnittlich 16 Kilometern – ließ sich fast mit einer gemütlichen Wanderung von Naturfreunden vergleichen.

»Der Konvoi setzte sich«, wie wir der Biographie Maria Wolkonskajas entnehmen können, »in der Regel um drei Uhr morgens in Bewegung, so daß die kühlsten Stunden des Tages ausgenützt werden konnten. Ungefähr um neun Uhr vormittags wurde das Lager aufgeschlagen, auf das Mittagessen folgte eine kurze Ruhepause. Jeden Tag mußte einer der Verbannten mit den Dienern und einigen der Bewacher vorausreiten, um das Nachtlager herzurichten, vorzugsweise an einer malerischen Stelle, um rechtzeitig zur Ankunft des Haupttrosses das Abendessen zuzubereiten. An heißen Tagen durften die Gefangenen in den am Weg liegenden Flüssen oder Seen baden.«

In Petrowskij Sawod wohnten die Gefangenen in dunklen, aber recht wohnlichen Zellen, die sie mit ihren eigenen Teppichen, Bildern und Sitzmöbeln einrichten konnten. Ehepaare durften in einem besonderen Flügel des Gefängnisses zusammenleben. Maria Wolkonskaja ließ sich in der Nähe des Gefängnisses ein Häuschen zimmern, in dem sie mit Koch und Zofe wohnte. Als Sergej im Februar 1835 seine Gefängnisstrafe verbüßt hatte, zogen die Wolkonskijs nach Urik, einem kleinen Dorf bei Irkutsk. Sie erbauten sich dort, auf einer reizvollen Anhöhe über der Angara, ein zweigeschossiges Landhaus mit Glasfenstern, Dienstbotentrakt und Veranda. 1844 kauften sie darüber hinaus ein kleines Stadthaus in Irkutsk. Das Landhaus in Urik behielten sie als Sommersitz.

In Irkutsk half Maria bei der Finanzierung von Schulen und Krankenhäusern und betätigte sich als Kunstmäzenin. Dank ihres Engagements kam die Stadt zu einem neuen Theater und einer Konzerthalle, ihr in der Verbannung geborener Sohn Michail brachte es zu Amt und Würden im Mitarbeiterstab von Murawjew-Amurskij. Sogar ihr aristokratischer Rang, den man ihr als Ehefrau eines Dekabristen aberkannt hatte, wurde ihr von der dankbaren Irkutsker Bevölkerung wieder angetragen – man nannte sie »die Fürstin von Sibirien«.

Im August 1856, dreißig Jahre nach ihrem Aufstandsversuch, wurden die Dekabristen durch eine kaiserliche Amnestie aus der Verbannung erlöst.

Der relative Komfort, der vielen Dekabristen zugestanden wurde, kontrastierte so auffällig mit dem, was die politischen Gefangenen in Stalins Lagern erdulden mußten, daß in den letzten Jahrzehnten der Ruhm der Verschwörer mehr und mehr verblich. In Solschenizyns Roman *Der erste Kreis der Hölle* ruft ein Gefangener:»Die Frauen der Dekabristen – glaubt ihr, die hätten irgend etwas Heldenhaftes getan?« Von einigen Ausnahmen abgesehen, waren die Bedingungen der Verbannung tatsächlich nicht sonderlich hart. Der Dekabristen wurden bemerkenswert großzügig behandelt, wohl aus Respekt vor ihrer Herkunft und ihrem früheren Rang. Doch läßt sich nicht in Abrede stellen, daß sie sich im Namen demokratischer Ideale erhoben hatten, und daß sie ihre Strafe auf sich nahmen, ohne Abbitte zu leisten. Zusätzlich geadelt wurden ihre Entbehrungen durch die freiwilligen Opfer, die ihre Frauen und Geliebten für sie brachten.

In den Augen der Mit- und Nachwelt wurden die Dekabristen bald zu Märtyrern, wie einer von ihnen, Dmitri Sawalischin, es schon früh vorausgesehen hatte.»Ich bin sicher, daß wir zugrunde gehen werden«, hatte er vor dem Aufstand erklärt, »aber daß unser Beispiel Bestand haben wird.« Und auch Puschkin blickte über ihren verpatzten Putschversuch hinaus in eine Zukunft:

Tief in Sibiriens Schächten sollt
Ihr stolz das schwere Schicksal tragen,
Denn nicht vergeht, was ihr gewollt,
Nicht eures Geistes hohes Wagen.

Die Fesseln fallen Stück für Stück,
Die Mauern brechen. Freies Leben
Begrüßt euch freudig, und es geben
Die Brüder euch das Schwert zurück.

Im selben Jahr, in dem Nikolaus I. starb, gründete Alexander Herzen seine revolutionäre Zeitschrift *Polarstern*, die auf ihrem ersten Titelblatt die Porträts der fünf hingerichteten Dekabristen abbildete und den Anspruch erhob, das Vermächtnis dieser Männer fortzuführen.

Der Staat tat weiterhin alles, um den Anbruch einer neuen Zeit zu verhindern. Die Zahl der in die Verbannung geschickten Oppositionellen wuchs von Jahr zu Jahr. 1833 wurde auf schwere politische Vergehen, die von Verbannten begangen wurden, die Todesstrafe gesetzt. Das Strafgesetzbuch von 1845 weitete die Verbannungsstrafe auf ein breites Spektrum politischer Tatbestände aus. Der russische Staat hatte in literarischen Gesellschaften und in Zusammenkünften, bei denen es zu einem freien Meinungsaustausch kam, seit je etwas Subversives gesehen. 1836 wurde ein Schriftsteller für verrückt erklärt, weil er dem offiziellen Dogma widersprochen hatte, »die Vergangenheit Rußlands [sei] bewundernswert, seine Gegenwart mehr als großartig, und für ihre Zukunft gilt, daß sie alles übertreffen wird, was die kühnste Phantasie sich nur vorstellen kann«. Der Dekabrist Alexander Bestuschew bemerkte dazu: »Denken ist wie Schießpulver: unter Druck gefährlich.«

Die Unterdrückung jeder politischen Diskussion führte zur Gründung neuer politischer Geheimgesellschaften. Fjodor Dostojewski gehörte zum Beispiel dem kleinen Petraschewskij-Zirkel an, in dem die Ideen des utopischen Sozialismus debattiert wurden. Von dieser Gruppe drohte dem Zaren zwar keine direkte Gefahr, doch in der Nacht zum 24. April 1849 wurden bei einer Razzia mehrere Mitglieder festgenommen und nach einiger Zeit wegen Verbrechen gegen den Staat angeklagt. Gegen fünfzehn erging ein Todesurteil, unter anderem auch gegen Dostojewski. Er stand eines Morgens auf dem Semjonowskij-Exerzierplatz, mit einer Haube über dem Kopf. Das Erschießungskommando legte an. In einem grausam inszenierten Spiel wurde sein Todesurteil (wie auch das der anderen) im letzten Augenblick in Verbannung bei schwerer Zwangsarbeit umgewandelt. Einige landeten in den Bergwerken von Nertschinsk, andere in den entlegenen sibirischen Städten. Dostojewski selbst verbüßte im Gefängnis von Omsk vier Jahre bei schwerer Zwangsarbeit und mußte anschließend eine Zeitlang als Gefreiter in der Grenzschutzgarde von Semipalatinsk dienen.

Dennoch fanden utopische Sozialisten wie Fourier und Saint-Simon in Rußland eine wachsende Anhängerschaft. Die Niederlage des Zarenreichs im Krimkrieg hatte die Rückständigkeit des Landes allzu deutlich offenbart und zur Diskreditierung der Herrschaft von Nikolaus beigetragen. Als 1855 Alexander II. den Thron bestieg, verbanden damit viele die Hoffnung auf einen grundlegenden Wandel. Tatsächlich setzte der neue Zar eine ganze Reihe von Reform- und Modernisierungsprozessen in Gang: Er verkündete eine Amnestie für politische

Häftlinge, ließ eine (wenn auch nach wie vor nicht völlig freie) Presseberichterstattung über kontroverse Themen zu und erklärte am 19. Februar 1861 die Leibeigenschaft für aufgehoben. Befreit wurden damit nicht nur rund 23 Millionen Leibeigene, sondern mit einiger Verzögerung auch die rund acht Millionen Bauern, die auf Grund und Boden des Staates oder der Krone saßen. Alexander stellte Mißstände in Justiz und Strafvollzug ab, erleichterte Reisen ins Ausland und lockerte die Militärverwaltung in Polen. So fortschrittlich dies einerseits war – die an Bedingungen geknüpfte Art der Abschaffung der Leibeigenschaft verbitterte die Bevölkerung, die allgemeine Unzufriedenheit brachte zunehmend radikalere oppositionelle Strömungen hervor. Als deren Wortführer 1863 den Aufstand der Polen unterstützten, reagierte der Zar mit aller Härte: Er verhängte das Kriegsrecht und ermächtigte die Polizei, jede Versammlung in einem Privathaus, an der mehr als sieben Personen teilnahmen, aufzulösen. Mehr als 18 500 Polen wurden in die sibirische Verbannung geschickt.

Von diesen polnischen Patrioten weigerten sich einige, ihr Schicksal einfach hinzunehmen. 700 von ihnen beteiligten sich im Juni 1866 an einer Erhebung in Transbaikalien. Sie taten dies in der Hoffnung, die anderen politischen Gefangenen, die in den Bergwerken der Region arbeiteten, würden sich ihnen anschließen und sich dann über China ans Meer durchschlagen. Sie besetzten mehrere Dörfer am Baikalsee sowie eine Reihe von Garnisonen bis nach Mysowaja, brachten Karren, Pferde, Waffen, Geld und Proviant in ihren Besitz und zerstörten einige Brücken und Telegrafenleitungen. Doch die zaristischen Truppen holten sie ein, besiegten sie in einem heftigen Gefecht und brachten schließlich auch diejenigen zur Strecke, denen zunächst noch die Flucht in die Wälder gelungen war.

Nach einem Attentat auf Alexander II. im Jahr 1866 kam es zu einer neuen Verhaftungswelle; kurz darauf, zu Beginn der siebziger Jahre, trat eine neue Generation von Regimekritikern auf den Plan. Ihr Idol war Nikolai Tschernyschewskij, der 1863 während seiner Haftzeit in der Peter-und-Pauls-Festung bei Leningrad sein berühmtes Buch *Was tun?* geschrieben hatte: eine Werbung für den Sozialismus in Romanform: Für viele Angehörigen der unruhigen russischen Jugend wurde das Buch zur Bibel.

Nach Sibirien verbannt, leistete Tschernyschewskij zunächst Zwangsarbeit in den Salzbergwerken von Usolje bei Irkutsk, dann in den Silberbergwerken von Nertschinsk. Nach Verbüßung seiner Zwangsarbeitsstrafe wurde er als Verbannter nach Wiljuisk verlegt, einer entlegenen Siedlung im Norden, bewohnt von 400 Jakuten und »jakutisierten Kosaken« und umschlossen von Sümpfen.

Der Versuch des Staates, die neuen fortschrittlichen Ideen zu unterdrücken, mißlang. Im Frühjahr 1874 verabschiedeten sich Tausende revolutionär gesinnter junger Idealisten aus ihren Debattierzirkeln, Studiengruppen, Arbeitsstellen, Schulen und Städten, um »ins Volk zu gehen«, wie sie es nannten. Sie wollten die einfachen Menschen über die Notwendigkeit politischer und wirtschaftlicher Veränderungen aufklären. Der Polizeistaat schritt sofort ein: Tausende wurden verhaftet; in der Hauptstadt wurden zwei Massenprozesse inszeniert, die für viele Angeklagte mit Gefängnis- und Verbannungsstrafen endeten.

Vier Jahre später, am 23. Januar 1878, schoß Vera Sassulitsch auf den Militärgouverneur von St. Petersburg, General Fjodor Trepow, und verwundete ihn tödlich. Das war der Startschuß für eine Ära des revolutionären Terrors. Im August des folgenden Jahres spaltete sich die wichtigste revolutionäre Gruppierung »Land und Freiheit« in zwei Fraktionen, die Mehrheit schloß sich unter dem Namen Narodnaja Wolja (Volkswille) zu einer Organisation zusammen, die sich an den irischen Nationalrevolutionären orientierte, vor allem an deren Taktik, die Unabhängigkeit von Großbritannien herbeizubomben. Der »Volkswille« brachte ein Manifest unter die Leute, das den Zaren zum Tode verurteilte – »wegen des vielen Blutes, das er vergossen hat, und wegen all der von ihm verursachten Qualen«.

Der Staat verschärfte die Sicherheitsmaßnahmen, um den Zaren zu schützen: Die Fahrpläne seines gepanzerten Sonderzugs wurden regelmäßig geändert, Ausfahrten machte er nur noch in den aus Frankreich importierten Kutschen (aus dem Nachlaß Napoleons III.), die wegen ihrer mehrschichtigen Panzerung so schwer waren, daß die Zugpferde daran zugrunde gingen. Nach mehreren fehlgeschlagenen Versuchen, den Zaren zu erschießen, seinen Zug zum Entgleisen zu bringen und den Winterpalast in St. Petersburg in die Luft zu jagen, gelang am 31. März 1881 das lange geplante Attentat.

Nachdem der Zar aus seiner Kutsche gestiegen war, um den Schaden zu begutachten, den eine Bombe angerichtet hatte, die ihn verfehlt hatte und statt dessen inmitten seiner Kosaken-Eskorte gelandet war, wurde er zur leichten Beute eines zweiten Attentäters. Ein polnischer Student namens Grinevitski brach aus der sich ansammelnden Menschenmenge hervor und warf eine Bombe zwischen sich und den Zaren. Grinevitski war auf der Stelle tot, während Alexander, dem es die Beine fast ganz vom Rumpf abgetrennt und den Magen aufgerissen hatte, gerade noch die Kraft hatte, zu murmeln:»Tragt mich in den Palast – zum Sterben.« Sein letzter Wunsch wurde erfüllt in Anwesenheit seines Sohnes, des neuen Zaren Alexander III., und seines dreizehnjährigen Enkels, des späteren Nikolaus II. Was seine Untertanen nicht wußten, war, daß der ermordete Zar am Vormittag des Attentats in seiner letzten Amtshandlung der Einberufung einer repräsentativen nationalen Körperschaft, die an der Gesetzgebung mitwirken sollte, zugestimmt hatte. Das Projekt wurde mit ihm zu Grabe getragen.

Sechs Jahre später arbeitete die Gruppe»Volkswille« einen Attentatsplan gegen Alexander III. aus; sie präparierte Bomben, die mit Strychnin gefüllte Bleikügelchen enthielten. Zu den Planern gehörte der Zoologiestudent Alexander Uljanow, der ältere Bruder Lenins. Eingeweiht waren auch Bronislaw und Josef Pilsudski, der sehr viel später Präsident des wiedererstandenen polnischen Nationalstaates wurde. Um Geld für den Kauf des Dynamits aufzubringen, verpfändete Uljanow eine Goldmedaille, die er kurz zuvor für seine Forschungen über den Süßwasserwurm *Annelida,* einen Verwandten des Regenwurms, gewonnen hatte. Die Verschwörung flog auf, die Beteiligten wurden vor Gericht gestellt. Als Uljanow in den Zeugenstand trat, versuchte er die ganze Verantwortung für das Komplott auf sich zu nehmen und verblüffte, wie es heißt,»seine Mutter und das Gericht mit seiner Wortgewandtheit«. Doch er konnte mit seiner Aussage keinem seiner Genossen einen Dienst erweisen: Bronislaw Pilsudski wurde zu 15 Jahren Zwangsarbeit auf Sachalin verurteilt, Josef zur Verbannung nach Ostsibirien; das Urteil für Uljanow und vier weitere lautete auf Tod durch den Strang.

Die russischen Dissidenten waren in ihrer Mehrheit keine Terroristen; unter den insgesamt nach Sibirien Verbannten stellten die»Politischen« nur rund ein Prozent. Doch ihr Schicksal erregte besondere Aufmerksamkeit, weil viele der gebildeten Schicht angehört und nur wegen ihrer politischen Ansichten verurteilt worden waren. Die menschenunwürdigen Bedingungen, unter denen sie leben mußten, erregten weithin Empörung.

Den gründlichsten Bericht über ihre Situation erstellte George F. Kennan, der erstmals von 1865 bis 1868 Sibirien bereist hatte, damals als Mitglied eines Erkundungsteams, das die Machbarkeit eines von der Firma Western Union vorgeschlagenen weltumspannenden Telegrafensystems prüfen sollte. 1885 fuhr Kennan im Auftrag des *Century Magazine* erneut nach Sibirien, um Material für eine Artikelserie über das Verbannungssystem zu sammeln. Kennan hatte die teilweise schockierenden Informationen über die politische Unterdrückung in Rußland mit Skepsis aufgenommen und in einer Rede vor der American Geographical Society ein Plädoyer für das Verbannungssystem gehalten. Er kam somit als »freundlicher Beobachter« ins Land und erhielt von den russischen Behörden jede erdenkliche Unterstützung.

Im Verlauf seiner Reisen gelangte Kennan jedoch zu der Überzeugung, daß die sibirischen Behörden offenbar in der geistigen Betätigung »eine größere Gefahr für den Staat sahen als in der moralischen Verkommenheit«; er erfuhr, daß alle in Sibirien erscheinenden Zeitungen schon verboten oder am Erscheinen gehindert worden waren und daß fast jeder ausländische Besucher mit Verhaftung rechnen mußte: einen englischen Geistlichen hatten die Behörden wegen des Verteilens revolutionärer Schriften in Haft genommen, obwohl das mehrsprachige Material, das er mit sich führte, ausschließlich aus Bibeltexten und religiösen Traktaten bestand.

Auch naturwissenschaftliche Forschungsreisende erregten den Argwohn der sibirischen Behörden. Als der deutsche Naturforscher Alexander von Humboldt 1829 die Landschaft um Ischim in Augenschein nahm, schrieb der örtliche Polizeichef an den Generalgouverneur:

> Vor ein paar Tagen kam hier ein Deutscher von kleiner Statur und unscheinbarem Äußeren an, aufgeregt und mit einem Empfehlungsbrief von Eurer Exzellenz an mich. Dementsprechend empfing ich ihn höflich. Aber ich konnte ihn von Anfang an nicht leiden. Er redet zu viel und verachtet meine Gastfreundschaft. Er läßt die führenden Beamten der Stadt links liegen und treibt sich mit Polen und anderen Verbrechern herum. Ich nehme mir die Freiheit, Eurer Exzellenz mitzuteilen, daß dieser Verkehr mit politischen Verbrechern meiner Wachsamkeit nicht entgeht. Einmal stieg er mit ihnen einen Berg hinauf, von dem aus man die Stadt überschauen kann. Sie hatten einen Kasten dabei, aus dem sie eine lange Röhre

herausnahmen, die wir alle für eine Kanone hielten. Nachdem sie sie auf
drei Beine gestellt hatten, richteten sie sie auf die Stadt, und einer nach dem
anderen überprüfte, ob sie richtig eingestellt war. Das schien mir offenkundig sehr gefährlich für die Stadt zu sein, die ganz aus Holz erbaut ist.
Daher schickte ich eine Abordnung Soldaten mit geladenen Gewehren, die
im Auge behalten sollten, was der Deutsche auf dem Berg machte. Wenn
die heimtückischen Machenschaften dieses Mannes meinen Verdacht bestätigen, werden wir bereitstehen, unser Leben für den Zaren und für das
Heilige Rußland hinzugeben. Ich sende Eurer Exzellenz diese Nachricht
per Sonderkurier.

Kennan kommentierte kopfschüttelnd:»Ein für das geistige Format eines kleinen
russischen Polizeioffiziers typischerer Brief ist nie geschrieben worden. Der
zivilisierten Welt ist Glück dafür zu wünschen, daß die glänzende Laufbahn des
großen Humboldt nicht von einer Kosakenkugel oder einem Polizeisäbel vorzeitig beendet wurde, als er mit seinem Theodoliten in dieser kleinen sibirischen
Stadt Messungen machte.«
Kennan konnte mit einem amtlichen Passierschein zahlreiche sonst für Besucher
gesperrte Gebiete und Orte besuchen. Er traf mit rund 500 politisch Verbannten
zusammen, darunter auch mit einigen»Nihilisten«, die unter polizeilicher Aufsicht in Verbannungsorten wohnten oder in Straflagern schufteten. Er machte
bald die Erfahrung, daß die Bezeichnung »Nihilist« (die durch Turgenjews
Roman *Väter und Söhne* Allgemeingut geworden war) von den Behörden auf fast
alle Dissidenten angewandt wurde. Mit dieser Situation konfrontiert, verfiel
Kennan in ein anderes Extrem: er ließ sich zu einer naiven Bewunderung für die
meisten politischen Verbannten hinreißen. Ihn erschütterte der Anblick»wohler-
zogener Menschen«, die gezwungen waren, niedrige körperliche Arbeit zu
verrichten. Kennan legte ein umfassendes, statistisch untermauertes, provokati-
ves und höchst wirkungsvolles Porträt des Verbannungssystems vor. Seine Reise
wurde zu einem Katz-und-Maus-Spiel mit der Polizei. Auch er selbst nahm in
bemerkenswerter Weise zu, weil er die wichtigen Dokumente, die er gesammelt
hatte, in einer Lederschärpe verstaute, die er sich um den Leib trug. Andere
Papiere versteckte er in Bucheinbänden oder in doppelten Böden von Kisten und
Koffern.
Fünf Jahre nach seiner Rückkehr in die Vereinigten Staaten veröffentlichte

Kennan 1891 in zwei Bänden sein monumentales Werk *Siberia and the Exile System,* in dem sich auf klassische Weise sachliche Analyse mit bohrender Anklage verband.

Kennan teilte die politischen Verbannten in drei Hauptgruppen ein: Liberale (»Vertreter gemäßigter Anschauungen, die an die schrittweise Verwirklichung der Grundsätze der Selbstverwaltung glauben«); Revolutionäre (die den Sturz der Autokratie durch Verschwörung und bewaffneten Aufstand anstreben) und Terroristen oder »haßerfüllte Revolutionäre«. Während die staatliche Propaganda versuchte, die Terroristen von 1879 bis 1881 als »eine drittklassige Bande entlassener Telegrafenbediensteter, halbgebildeter Schuljungen, schäbiger kleiner Juden und wohlfeiler Frauen« zu verleumden, lernte Kennan die meisten von ihnen als außerordentlich fähige Menschen kennen, die unter dem Einfluß der staatlichen Willkür allmählich zu Radikalen geworden waren.

Zu schwerer Zwangsarbeit verurteilte Regimegegner kamen nach 1879 in größerer Zahl in die Kara-Region; das Anwachsen der revolutionären Bewegung hatte zur Überfüllung der Gefängnisse im europäischen Rußland geführt. In Kara wurden die Politischen in Gefängnistrakten untergebracht, die ursprünglich für Kriminelle gebaut worden waren. Von 1880 an verschlechterte sich ihre Lage rapide, weil die bis dahin geltenden Privilegien nach und nach gestrichen wurden. Ihre Schädel wurden einseitig kahlgeschoren, sie mußten in Ketten leben. In den Sondertrakten für weibliche politische Sträflinge in Ust-Kara herrschten etwas menschenwürdigere Zustände; jede Gefangene hatte eine eigene Zelle, die Türen blieben tagsüber unverriegelt.

Wie schon bei den Dekabristen stand die Regierung vor dem Problem, wie sie die Verbreitung subversiver Ideen in den Verbannungsorten verhindern konnte. In den Gefängnissen wurden die Politischen von den gewöhnlichen Kriminellen isoliert. Um die Fluchtchancen zu mindern, verlegte man sie in kleinen Gruppen in entlegene Städte und Dörfer. Diese Strategie hatte freilich die unerwünschte Nebenwirkung, daß, wie der Generalgouverneur von Ostsibirien schrieb, »anarchistische Ideen« auch dort Fuß faßten, wo sie vorher völlig unbekannt gewesen waren.

Die Verbannung war in Rußland kein Akt der Justiz, sondern eine Verwaltungsmaßnahme. Der staatlichen Willkür war damit Tür und Tor geöffnet. Jede untergeordnete lokale Behörde konnte eine Person, die »die öffentliche Ordnung störte«, einen »unzuverlässigen Eindruck« machte oder etwas tat, das

»nicht mit der öffentlichen Ruhe vereinbar« war, jederzeit von der Straße weg oder in der Wohnung ohne Vorliegen konkreter Verdachtsmomente verhaften.

Der fadenscheinige Vorwurf, jemand habe »Anstalten gemacht, sich in eine ungesetzliche Lage zu begeben«, genügte, um einen Menschen zwei Jahre lang festhalten und dann für bis zu zehn Jahre in die Verbannung schicken zu können. Jeder, der für Änderungen eintrat, mußte mit lebenslanger Verbannung rechnen. Dasselbe Schicksal drohte allen, die von solchen Bestrebungen anderer wußten und nicht sofort die Polizei informierten.

Hunderte von Menschen aus »allen Klassen und Gruppen der Gesellschaft« wurden, so Kennan, »vom Schleppnetz der Polizei in die Gefängnisse gespült«. Ende 1889 gab es »im westlichen Sibirien kaum mehr eine Stadt oder ein Dorf ohne Verbannte«. Wie sie behandelt wurden, hing weitgehend von den jeweiligen lokalen Umständen und Personen ab. Generell galt, daß nach der Ermordung Alexanders II. der Strafvollzug strenger wurde. Im März 1882 traten neue, schärfere Richtlinien für die polizeiliche Überwachung und für die Behandlung der Verbannten in Kraft.

Eine der Neuerungen war das Verbot jeglicher Erwerbstätigkeit. Es war einem Verbannten von nun an, so Kennan,

unter Androhung des Gefängnisses verboten, als Lehrer, Arzt, Chemiker, Fotograf, Lithograph, Bibliothekar, Schreiber, Redakteur, Setzer, Reporter, Dozent, Schauspieler, Anwalt, Buchhändler oder Bürokraft zu arbeiten. Er darf keinerlei Stellung im Dienst des Staates oder der Gesellschaft bekleiden. Er darf nicht als Angestellter oder Teilhaber in ein wirtschaftliches Unternehmen eintreten; er darf keiner wissenschaftlichen Einrichtung angehören; er darf keine Tätigkeit ausüben, die ihn in Kontakt bringt mit Medikamenten, Drogen, fotografischem oder lithographischem Material, Büchern, Waffen oder Zeitungen. Er muß sich schließlich »jeder öffentlichen Tätigkeit enthalten«.

»Was«, fragte Kennan, »bleibt da für einen gebildeten Menschen zu tun übrig?« Der Verbannte war an seinen Verbannungsort gebunden und mußte sich regelmäßig bei der Polizei melden. Seine Wohnung konnte jederzeit durchsucht werden. Die Zensur behandelte alle Briefe mit einer Eisenchlorat-Lösung, um etwaige Eintragungen mit Geheimtinte sichtbar zu machen. Auch das normale

Leben im weiten, unwirtlichen Sibirien war hart. In Surgut, einer kleinen Siedlung am Ob knapp südlich des Polarkreises, in Bereschow an der Ob-Mündung,
in Turuchansk, Werchojansk und Srednekolymsk (das von 1888 an der bevor-
zugte Verbannungsort für »alle verdächtigen Juden« war) fristeten Verbannte
ein kümmerliches Dasein unter Eingeborenen. Im Umkreis von Hunderten von
Kilometern gab es oft keinen einzigen Menschen, mit dem sie sich hätten unterhalten können. Nikolai Tschernyschewskij, der nach Wiljuisk verbannte radikal-
sozialistische Theoretiker und Schriftsteller, schrieb an seine Frau:»So sehr sind
die Menschen hier an unermeßliche Reiseentfernungen gewöhnt, daß das 700
Werste [ein Werst entspricht ungefähr einem Kilometer] entfernte Jakutsk ihnen
zum Greifen nahe erscheint.« In Ermangelung eines anderen Zeitvertreibs beschäftigte Tschernyschewskij sich damit,»Pilze zu sammeln und sie nach einem
Verfahren zu trocknen, das ich mittels Experimentierens und gründlichen Phi-
losophierens entwickelt habe«.
Ein anderer Verbannter beklagte sich bei einem Freund darüber, daß ein argwöh-
nischer Jakute ihm auf Schritt und Tritt folge –»aus Angst, daß, falls ich entflöhe,
die russischen Behörden ihn dafür zur Verantwortung ziehen würden«. In dem
Gemeinschaftszelt, in dem er zu wohnen gezwungen war, kauerte zu jedem
Zeitpunkt mindestens ein

nackt ausgezogener Jakute, der in seinen Kleidern auf Läusejagd ging. Die
Exkremente der Haustiere und Kinder, die unvorstellbare Schlampigkeit
und Verdrecktheit, die Lumpen und das verfaulende Stroh, die von Un-
geziefer wimmelnden Betten, der Gestank und Muff, das Fehlen jeder
Gelegenheit, ein Wort russisch zu sprechen – all das zusammengenommen
genügt vollauf, um einen in den Wahnsinn zu treiben. Das Essen, das die
Jakuten zu sich nehmen, ist fast ungenießbar. Es ist lieblos zubereitet, ohne
Salz, enthält oft verdorbene Bestandteile, und der nicht daran gewöhnte
Magen reagiert darauf mit Übelkeit. Ich habe weder eigenes Geschirr noch
eigene Kleider. Es gibt keine Badegelegenheit, und den ganzen Winter
über – acht Monate lang – bin ich so schmutzig wie sie. Ich kann nirgendwo
hingehen, ich habe nichts zu lesen – weder Bücher noch Zeitungen – und
habe keine Ahnung, was auf der Welt vor sich geht.

Der Dekabrist Murawjow-Apostol verbrachte ein Jahr seiner Verbannungsstrafe (1828) in Wiljuisk, das zu jener Zeit aus einer kleinen, als Kirche dienenden Hütte, vier festen Häusern und einigen Dutzend Jurten bestand. Die Kirche war in der Regierungszeit von Katharina der Großen gebaut worden, doch hatten sich die Priester die meiste Zeit mit Pelzhandel befaßt und nur wenige Jakuten zum Christentum bekehrt. Die Umgebung war ödes Land, aufgelockert lediglich von wenigen Nadelbäumen. Apostol scheiterte bei dem Versuch, Kartoffeln anzubauen. Mehr Glück hatte er zunächst mit Hirse, die gut gedieh, dann aber von einem Frost kalt erwischt wurde, bevor sie zur Reife kam. Nach einem langen und bitterkalten Winter brachte ein kurzer Sommer Hitze und Schwärme riesiger Stechmücken, die in den Sümpfen ideale Brutgebiete hatten. Apostol verglich diese Blutsauger

mit den ägyptischen Plagen in der Zeit der Pharaonen. Ich durfte nicht einmal die Nase aus meiner Jurte stecken. Ganze Wolken von Schnaken enormer Größe setzen sich grausam auf einem fest. Die Jakuten tragen zum Schutz vor ihnen Masken, die sie aus den Haaren von Pferdemähnen weben. Innerhalb der Jurte schützen sie sich durch den Rauch eines Dungfeuers. Da steht ein großer Topf voll Kohlen, und in den werfen sie stückweise getrockneten Dung. Dieselbe Paste benutzen sie im Herbst auch, um die Jurte von außen einzuschmieren. Dieses keineswegs wohlriechende Geräuchere wurde rund um die Uhr fortgesetzt.

Unter diesen Umständen galt der Winter mit Temperaturen von minus 40 Grad als »rettender Frost«.

Unter den Frauen, die in die Verbannung geschickt wurden, war eine der berühmtesten Katharina Breschkowskaja, die 1874 »ins Volk gegangen« war und zur Strafe dafür (im Anschluß an eine fast vierjährige Untersuchungshaft) zunächst nach Ust-Kara und dann in ein Straflager an der Ostküste des Baikalsees abgeschoben wurde. »Ich fühlte mich wie ein wilder Falke in einem kleinen Käfig«, erinnerte sie sich. »Ich wurde fast verrückt vor Einsamkeit, und um den Verstand nicht zu verlieren, marschierte ich in den Schnee hinaus und hielt dabei leidenschaftliche laute Reden oder sang, die Primadonna spielend, der kahlen Landschaft große Opernarien vor – ohne je Applaus zu bekommen.« Einmal gelang ihr eine spektakuläre Flucht, als sie sich mit zwei Leidensgefährtinnen auf den Weg über die zerklüfteten Berge in Richtung Pazifikküste machte. Die drei wurden jedoch wieder eingefangen. Nach mehreren Jahren wurde die Breschkowskaja als Kolonistin in Selenginsk angesiedelt, einem zur Hälfte von Burjaten bewohnten, aus Holzhütten bestehenden Dorf im trostlosen Tal der Selenga. Sieben Jahre später wurde sie in die »freie Verbannung« entlassen. 1896 kam sie endgültig auf freien Fuß.

Als Kennan die Breschkowskaja 1885 in Selenginsk kennenlernte, war er von ihrer Charakterstärke höchst beeindruckt, sagte jedoch voraus, daß sie in der Verbannung sterben und daß von ihr nur ein schmuckloses Holzkreuz auf einem trostlosen Friedhof in Transbaikalien übrigbleiben würde. Doch die willensstarke Frau überlebte und kehrte nach ihrer Freilassung ins europäische Rußland zurück. »Die zu allem entschlossene Revolutionärin« wirkte mit an der Planung des Attentats auf Innenminister Graf Wjatscheslaw Plewe 1904 und auf den Großfürsten Sergej 1905.

Die Behörden stuften die meisten Verbannten in die Kategorie der *Neblagonadjeschnij* ein – was wörtlich soviel bedeutet wie »diejenigen, von denen nichts Gutes zu erwarten ist«. Doch wann immer diese Menschen Gelegenheit erhielten, Fleiß und Begabung zu zeigen, widerlegten sie die Einschätzung der Behörden. Von Anfang an leisteten sibirische Verbannte bedeutsame Beiträge zur Entwicklung und Kultur des Reiches.

Im 17. Jahrhundert war der verbannte kroatische Priester Juri Krisanic ein begehrter und nützlicher Berater russischer Handelsgesandter in China. Johann Tabbert von Stralenberg, ein in russische Kriegsgefangenschaft geratener Schwede, zeichnete für seine Epoche einige der besten Landkarten Sibiriens und »stellte mehrsprachige Vokabularien sibirischer Eingeborenensprachen zusammen«. Mehrere verbannte Polen machten sich mit wissenschaftlichen Leistungen einen bleibenden Namen. Zwei Gebirgszüge im nördlichen Sibirien sind nach polnischen Geologen benannt. Andere Verbannte wie Waldemar Bogaras, Waldemar Jochelson oder Dmitri Klementz erforschten die sibirischen Kulturen. Ihr Landsmann Alexander Tschekanowski fertigte aus einer zerbrochenen Karaffe ein Vergrößerungsglas für sich an und bildete sich zu einem der führenden Entomologen seiner Zeit aus. Er machte mit selbstgefertigten Instrumenten wichtige meteorologische Beobachtungen. Der in Sibirien geborene Grigori Potanin, der zu den Begründern der sibirischen Autonomiebewegung gehörte, wurde bemerkenswerterweise *aus* Sibirien in den Norden des europäischen

Rußlands verbannt, kehrte jedoch 1876 als Führer für naturkundliche Expeditionen nach Tibet, in die Mongolei und aufs zentralasiatische Hochplateau zurück. Bronislaw Pilsudski trug Erkenntnisse über die Ainu, Giljaken und Oroken auf Sachalin zusammen.

Unter den Verbannten, die Kennan in Tomsk kennenlernte, war Fürst Alexander Kropotkin (ein Bruder des bekannten Sozialisten), der seine erste Verhaftung als Student dem Besitz eines Exemplars von Emersons Abhandlung über das Selbstbewußtsein zu verdanken hatte. Nach seiner erneuten Verhaftung 1877 wurde er nach Minusinsk am Oberlauf des Jenissej verbannt, wo er in Zusammenarbeit mit einem engagierten einheimischen Naturkundler ein bemerkenswertes, der Geologie, Flora, Fauna und Archäologie der Region gewidmetes Museum gründete.

Josef Kowalewski, ein polnischer Gelehrter, der 1822 einer von dem Dichter Adam Mickiewicz gegründeten patriotischen Geheimgesellschaft beigetreten war, war nach Zerschlagung der Organisation nach Kasan verbannt worden, wo er sechs Jahre lang orientalische Sprachen studierte. 1828 wurde er nach Ostsibirien verlegt. Von dort aus durfte er nach Peking reisen. Er kehrte mit vielen mandschurischen, mongolischen, tibetischen und chinesischen Büchern zurück und leistete bei der Erforschung dieser Sprachen so glänzende Arbeit, daß er zum führenden Orientalisten seiner Zeit wurde. Nachdem die russische Regierung ihm schließlich die Heimkehr nach Warschau erlaubt hatte, wollte es der Zufall, daß aus dem Haus, in dem er wohnte, am 19. September 1863 eine Bombe auf den russischen Gouverneur geworfen wurde. Zur Vergeltung verbrannten die Behörden alles, was sich in dem Haus befand, darunter ein Flügel, der einmal Chopin gehört hatte, und die unersetzlichen Manuskripte und Bücher Kowalewskis.

Die Glocke aus Uglitsch wurde erst 300 Jahre nach ihrer Verbannung, am 20. Mai 1892, in Namen des Zaren begnadigt. Als sie, neu geweiht und instandgesetzt, an ihren Heimatort zurückkehrte, standen die Menschen, so lesen wir, »in Reihen entlang der Piers und Uferpromenaden, um dem Dampfer, der die Glocke nach Hause brachte, einen rauschenden Empfang zu bereiten. Die Glocke wurde auf ein eigens angefertigtes Tragegestell gehievt und unter dem lauten Jubel der Menge in die Stadt getragen. Die städtischen Würdenträger versammelten sich zur Ehrenwache um die Glocke und leisteten ihr Gesellschaft, bis sie am nächsten

Morgen in Anwesenheit von fünftausend Mitbürgern vom Küster geläutet wurde.«
Sieben Jahre später, am 6. Mai 1899, wurde das Verbannungssystem für aufgehoben erklärt. Nach einer amtlichen Verlautbarung befreite dieser Akt »Sibirien von dem ihm anhaftenden schändlichen Makel, ein Ort der Verbannung zu sein«, und stellte es »auf gleichen Fuß mit anderen Regionen des Reichs«. Einige Monate später erklärte der russische Delegierte auf dem Internationalen Strafvollzugskongreß in Brüssel mit großem Pathos: »Das Mittelalter hinterließ Rußland drei Erbteile: Die Folter, die Knute und die Verbannung. Das 18. Jahrhundert sah die Abschaffung der Folter, das 19. die der Knute, und der erste Tag des 20. Jahrhunderts wird der letzte Tag eines auf der Verbannung beruhenden Strafvollzugs sein.«

Die hehren Worte entsprachen nicht der Wirklichkeit. Zwar trat das Gefängnis an die Stelle der Verbannung, für politische Vergehen aber blieb das Zarenreich bei der Verbannung nach Sibirien; auch Sachalin wurde durch Verbannte weiterhin kolonisiert. Und die Gemeindebehörden konnten mißliebige Personen nach wie vor zur Deportation »empfehlen«. Allerdings mußten sie jetzt diejenigen zurücknehmen, die ihre Strafe verbüßt hatten.

Im Jahr 1900 zählte man in Sibirien noch 287 000 Verbannte, die zu schwerer Zwangsarbeit Verurteilten nicht mitgerechnet. In den Jahren danach wurden die Reihen der alteingesessenen »Vagabunden und Herumtreiber« immer wieder durch revolutionäre Intellektuelle aufgefüllt, die in regelmäßigen Wellen nach Sibirien verfrachtet wurden.

13

DIE NEUE GRENZE

Trotz der Verbannungen und Zwangsansiedlungen: die augenfälligsten Eigenschaften Sibiriens blieben sein unausgeschöpftes Potential und die weiten, menschenleeren Räume. Zu Beginn des 18. Jahrhunderts hatten in Sibirien rund 300 000 Russen gelebt, zu Beginn des 19. waren es eine Million oder mehr gewesen. Die Kolonie lieferte inzwischen Millionen Zentner Getreide und Kartoffeln und große Mengen von Rohprodukten ins europäische Rußland: Häute und Felle, Talg, Borsten, Federn, Flachs, Hanf. Heimarbeiter produzierten Teppiche und Brücken, Fischnetze, Leintücher, Fässer, Schlitten, Lederartikel, Strümpfe, Fäustlinge, Gürtel und Halstücher. Imkereien wurden im 18. Jahrhundert von Altgläubigen im Gebiet von Ustkamenogorsk gegründet. Die Zucht von Maral-Hirschen begann Anfang des 19. Jahrhunderts im südlichen Altai und breitete sich nach Transbaikalien aus. Das Gehörn dieser Tiere, zu Pulver gemahlen, erfreute sich großer Beliebtheit bei chinesischen Apothekern, die daraus Heilmittel aller Art zubereiteten. Das Fett der Tiere half angeblich gegen Magengeschwüre, das Knochenmark diente als Schmiermittel für Gewehre.

Der Handel mit China war in Gang gekommen, nachdem Katharina die Große 1762 das Monopol der Krone für den Pelzhandel und für den Karawanenverkehr nach Peking abgeschafft hatte. In Kjachta trafen jährlich rund eine Million Kisten Tee ein. Die Teeblätter wurden hier sorgfältig verpackt und zum Weitertransport nach Westen in Beutel aus ungegerbtem Leder eingenäht. Aus China importiert wurden darüber hinaus Seide und der als Anti-Skorbut-Mittel geschätzte Rhabarber, ferner Puderzucker, Papier und große Mengen sogenannter Teebriketts – gepreßt aus Stielen und unausgelesenen Teeblättern; als Bindemittel wurde Ochsenblut beigemengt.

Im Gegenzug brachten die russischen Karawanen Woll- und Leinenstoffe, Leder- und Zinnwaren und natürlich Pelze mit.

150 Jahre lang hat der Pelzhandel die sibirische Wirtschaft bestimmt. Mitte des 19. Jahrhunderts wurden Jahr für Jahr zehn bis fünfzehn Millionen Eichhörnchen erlegt, Zehntausende von Hermelinen, Kaninchen, Mardern, Füchsen, Zobeln, Luchsen und Vielfraßen. An den Küsten des Nordmeers und des Pazifiks wurden Walrösser, Seehunde, Eisbären und andere Meeresbewohner gejagt. Auch der Elfenbeinhandel nahm zu. Tiefgefrorene Kadaver behaarter Mammute – nach den afrikanischen Elefanten die zweitgrößten von Menschen gejagten Landtiere – lagen Zehntausende von Jahren perfekt konserviert in den Felsklüften und an den Flußufern der sibirischen Polarzone.

Schon lange vor der Ankunft der Russen hatten geborgene Überreste dieser Tiere »die Verwunderung und Neugier der Menschen erregt und sie veranlaßt, ihren Spuren zu folgen und mit ihren Knochen zu handeln«. Die ersten russischen Siedler, die den Mammut als den laut Bibel in der Sintflut untergegangenen Behemoth identifizierten, nannten sein Elfenbein »Noahs Holz«. Die Chinesen der Neuzeit, die gemahlenes Elfenbein als Grundstoff für Medikamente aller Art schätzten, hielten den Mammut für eine arktische Riesenratte, deren unterirdisches Gescharre die Ursache für Erdbeben war. Diese Vorstellung pflanzte sich nach Europa fort, wo sie sich mindestens bis gegen Ende des 17. Jahrhunderts hielt. Ein gelehrter Bürgermeister von Amsterdam referierte über diese Theorie in seinem zu dieser Zeit veröffentlichten Werk über das nördliche Asien. Und die Tatsache, daß Mammutkadaver immer in halb eingegrabenem Zustand gefunden wurden, erklärte man sich damit, daß die Tiere beim Einatmen frischer Luft eingegangen seien. Katharina die Große äußerte in einem Brief an Voltaire die Hoffnung, daß eines Tages ein lebendes Mammut gefunden würde.

Das Ausbuddeln von Mammuten entwickelte sich unter russischer Regie zu einem regelrechten Industriezweig: zwischen 1650 und 1900 wurden nach Schätzungen die Stoßzähne von 40 750 Tieren (sie konnten zwischen 60 und 90 Kilogramm wiegen) aus Sibirien ausgeführt. Zwischen 1825 und 1831 lag die jährliche Ausbeute bei 25 Tonnen und mehr, da die bei jedem Frühjahrstauwetter wegbrechenden Uferbänke entlang der Nordmeerküste große Mengen fossilen Elfenbeins freigaben. Als besonders ergiebig erwiesen sich zwei der Neusibirischen Inseln, die deswegen auch »Knocheninseln« genannt wurden. Auf dem internationalen Markt konkurrierte das russische Elfenbein, wie es genannt wurde, erfolgreich mit dem echten Elfenbein aus Afrika, Indien und Ceylon. Eine schnelle Entwicklung nahm auch der sibirische Bergbau. Im frühen 18. Jahrhundert hatte die Ausbeutung von Bodenschätzen im Altai, in Transbaikalien und an der östlichen Flanke des Urals immer mehr an Bedeutung gewonnen. 1726 waren im Gebiet von Tomsk und Kusnezk Kupferminen erschlossen worden. Die im Altai entdeckten Erzvorkommen führten zum Ausbau der Bergwerke von Smeinogorsk und der Hüttenwerke in Kalynwansk und Barnaul. Um das Jahr 1745 entdeckten Prospektoren aus Tscheljabinsk unweit der heutigen Stadt Magnitogorsk hochwertiges Eisenerz, dessen Abbau zwei Jahre später unter Einsatz von Leibeigenen begann. Gearbeitet wurde hier das ganze Jahr: im Winter wurde das Erz auf Schlitten zu einem Hüttenwerk transportiert, in dem es mit Holzkohle in kleinen Tiegel-Hochöfen eingeschmolzen wurde. In der Mitte des 18. Jahrhunderts wurden Zeche und Hüttenwerk an ein Unternehmen verkauft, dessen Aktionäre in Belgien und Frankreich saßen.

Etwas später wurden im Ural Goldvorkommen entdeckt und in den Sajan-Bergen Bergwerke angelegt. Die Glimmer-Vorkommen am Fluß Witim lieferten die Fensterscheiben für Sibirien.

Schon 1740 war Sibirien dank seiner Bodenschätze zum wichtigsten Lieferanten edler Metalle in Europa und zum weltweit führenden Kupferproduzenten geworden. Am Ende des Jahrhunderts lieferte die Altai-Region Jahr für Jahr schon bis zu 18 Tonnen Silber und 600 Kilo Gold. 1832 begann die industrielle Goldwäscherei am Tschulym-Fluß. Um dieselbe Zeit wurden auch an der oberen Seja Goldvorkommen entdeckt. 1863 erreichten russische Prospektoren den Witim (einen Nebenfluß der Lena) und die Olekma und legten den Grundstein für die Ausbeutung der berühmten Goldfelder des Lena-Beckens.

Die Goldförderung in Sibirien wuchs in so rasantem Tempo, daß sie am Ende des Jahrhunderts bereits bei 40 Tonnen im Jahr lag; der Anteil an der gesamten Goldproduktion des russischen Reichs betrug 75 Prozent.

Dieses Wachstum beschleunigte den Bau von Fahrwegen und Poststationen sowie die Schiffbarmachung der Flüsse: Auf dem Jenissej, der Lena, dem Witim und der Schilka fuhren bald erste Dampfschiffe. Kupferhütten, Eisengießereien und Stahlwerke entstanden, neue Industrien siedelten sich am Oberlauf von Ob und Irtysch und im Gebiet von Barnaul und Semipalatinsk an. Die Facharbeiter und Handwerker trugen zum Wachstum der Städte bei. Jenissejsk entwickelte sich zu einem blühenden Zentrum der Silberschmiedekunst.

Die rasche Industrialisierung erhöhte die Nachfrage nach landwirtschaftlichen Erzeugnissen; auch sie konnte befriedigt werden. Zwar waren weite Gebiete Sibiriens von Wäldern, Sümpfen und Tundra bedeckt, doch das Land verfügte auch über rund 1,5 Millionen Quadratkilometer potentiellen Ackerlands, davon mehr als ein Drittel im westlichen Sibirien. Die Anbaufläche war kaum kleiner als die in den zwölf nördlich-zentralen Staaten der USA.

In Westsibirien wurde überwiegend Weizen angebaut, in Ostsibirien Roggen, im Norden hatte die Gerste Vorrang. Die wichtigsten Nutzpflanzen – sie dienten zumeist dem örtlichen Bedarf – waren Flachs und Hanf. Das Gebiet um Jenissejsk lieferte beträchtliche Mengen Tabak, im südwestlichen Sibirien, vor allem im Gebiet von Krasnojarsk, fuhren die Bauern alljährlich Millionen Tonnen Getreide ein. In ihren Gemüsegärten zogen sie Gurken, Karotten, Zwiebeln, Rettiche, Rüben, rote Bete, Kohl, Kohlrüben und Kartoffeln (von 1840 an), sie ernteten Äpfel, Kirschen, Birnen und – im Gebiet von Minusinsk – sogar Melonen.

Die Burjaten in den Bergbaugebieten Transbaikaliens erlernten schnell die Kunst des Ackerbaus, am Ende des 18. Jahrhunderts umfaßte die Palette ihrer Produkte Roggen, Weizen, Hanf und Hafer. Bis Mitte des 19. Jahrhunderts schlossen sich auch viele Jakuten zu landwirtschaftlichen Großgemeinden zusammen und züchteten, wie die Burjaten, Rinder, Schafe und Ziegen.

Der größte Teil des Bodens in Sibirien (96 Prozent) gehörte formell der Krone. Die Bauern, die hier zuerst Land bestellten, taten dies auf »dem Herrscherzehnten unterworfenen umgepflügten Boden«. Sie entrichteten eine Naturalpacht an den Staat, die allmählich durch Pachtzahlungen ersetzt wurde. In den dreißiger Jahren des 18. Jahrhunderts bebaute etwa die Hälfte der sibirischen Bauern ihr Land auf dieser Grundlage. Da sie keine Leibeigenen waren, stand es ihnen weitgehend frei, Parzellen zu kaufen, zu verkaufen, zu verpachten oder zu verpfänden. Die meisten sibirischen Siedler nahmen einfach soviel Land unter den Pflug, wie sie bearbeiten konnten.

Im europäischen Rußland diente die Leibeigenschaft der Existenzsicherung des Landadels, auf dessen Dienste die Regierung angewiesen war. In Sibirien bestand jedoch kein Bedarf an einer solchen Adelsklasse. Es war recht schnell zu einer Befriedung der Kirgisen gekommen, mit China gab es keine ernsthaften Reibereien mehr, nachdem der Grenzverlauf verbindlich festgelegt worden war. Sibirien brauchte Kosaken als Siedler und kleine Heereseinheiten, um die eroberten Gebiete zu kontrollieren und die Grenze zu bewachen. Statt adliger Rittergüter, die von Leibeigenen bewirtschaftet wurden, gab es von freien Pächtern bewirtschaftete Kosakengüter.

Die Kolonisierung des südlichen Sibiriens nach diesem System hatte unter Peter dem Großen eingesetzt. 1716 war mit dem Bau von Festungswerken entlang der Südwestgrenze zum Schutz vor Nomadenüberfällen begonnen worden. Im Jahr 1800 wurden schon 124 Festungen, Bastionen und Vorposten gezählt, die mit einigen Tausend Kosaken besetzt waren. 1808 kamen zehn Kavallerieregimenter und zwei Batterien Artillerie hinzu. In den zwanziger Jahren wies der Staat allen Angehörigen dieser Truppe Grund und Boden von beträchtlichem Umfang im grenznahen Gebiet zu. Landschenkungen und Privilegien führten dazu, daß bis zur Jahrhundertmitte die Grenztruppen auf über 12 000 Mann einschließlich Reservisten anwuchsen. Die militärisch geschützten Gebiete hinter der Festungslinie zogen dann weitere Bauern an.

Nach Abschluß der Verträge von Aigun und Peking errichteten die Russen auch links des Amur und rechts des Ussuri, also an der Grenze zur Mandschurei, Wehrdörfer. In diesen Gebieten wurden die Kosaken zu einer privilegierten Kaste. Sie erhielten die fruchtbarsten Böden und mit durchschnittlich 200 Hektar wesentlich größere Parzellen als die normalen Siedler, die sich mit acht bis 16 Hektar zufriedengeben mußten.

Die sibirischen Bauern waren, sieht man von Ausnahmen ab, die wohlhabendsten im ganzen Reich. Die meisten Siedler, die den Sprung nach Sibirien wagten, hatten dort am Ende mehr Land zur Verfügung als sie in Europa zurückgelassen hatten. Ihre Zahl war immer höher als die der zwangsweise nach Sibirien Umgesiedelten und Verbannten. Dieses Verhältnis verschob sich weiter zugunsten der Freien, als Zar Alexander I. 1822 allen Staats- und Kronbauern (im Gegensatz zu den privaten Leibeigenen) die Auswanderung nach Sibirien gestattete.

Mit der detaillierten Vermessung der für den Ackerbau geeigneten Gebiete wurde 1837 begonnen; Neusiedler konnten mit rund 16 Hektar Land (pro männlichem Erwachsenen) rechnen, von 1843 an gab es für jede Siedlerfamilie bis zu 38 Hektar, dazu finanzielle Hilfen und die Befreiung von allen Verpflichtungen einschließlich des Militärdienstes. Rund 350 000 Bauern machten in den folgenden 20 Jahren von diesen Anreizen Gebrauch. Die Einwandererwelle schwoll an, als 1861 die Leibeigenschaft abgeschafft wurde. »Die Auswanderung«, schreibt ein Historiker,

wurde zum Naturereignis. Die Regierung gab Erlasse und Vorschriften heraus – wirkungslos, weil sozusagen *post factum*. Zu spät versuchte sie eine gewisse Ordnung in die »Menschenflut« zu bringen und, wenn möglich, deren Auswirkungen auf das Landproblem, die Lebensbedingungen und die politische Entwicklung abzuschätzen. Sie bemühte sich, eine Flut, die sie nicht mehr eindämmen konnte, wenigstens zu steuern, indem sie die Ansiedlung in den fernöstlichen Gebieten besonders förderte: am Amur, im Altai und im Kirgisengebiet … Weil Menschen aller Nationalitäten und Rassen aus dem europäischen Rußland herbeiströmten und weil sie in Sibirien auf viele andere trafen, wurde Sibirien zum Schmelztiegel Rußlands.

Solange Sibirien nur eine Pelzkolonie gewesen war, war es politisch als Einheit verwaltet worden. 1719 wurde es in fünf Regionen unterteilt. In der Regierungszeit von Katharina der Großen wurde eine neue Vorstellung entwickelt: Sibirien sollte keine vom Mutterland abhängige Kolonie mehr sein, sondern ein Landesteil, der in der Lage war, »sich selbst zu versorgen und darüber hinaus Tribut zu leisten« – etwas Ähnliches also wie Indien für England. Verwaltungstechnisch wurde Sibirien zunächst in die beiden Gouvernements West- und Ostsibirien geteilt mit den Hauptstädten Tobolsk und Irkutsk. 1802 setzte Alexander I. dann einen Generalgouverneur für ganz Sibirien ein.

Dennoch war lange Zeit keine durchdachte Sibirienpolitik zu erkennen. Kein russischer Zar, nicht einmal ein Thronfolger hatte sich je die Mühe gemacht, das Riesenland hinter dem Ural selbst zu besuchen. Sibirien blieb ein Anhängsel des russischen Staates, in dem mächtige Beamte nach Gutdünken schalten und walten konnten.

Als Anton Devier 1740 Skornjakow-Pisarew als Kommandant von Ochotsk ablöste, fand er in der Kasse gerade noch 12 Rubel und 22 Kopeken und im Magazin 108 Pfund Proviant vor. Iwan Kotsch, der von 1789 bis 1794 als Kommandant von Ochotsk amtierte, übte eine noch anmaßendere Willkürherrschaft aus als Pisarew. Das alte Sprichwort »Gott ist hoch droben und der Zar ist weit« wurde für Sibirien abgewandelt: »Gott ist im Himmel und Kotsch in Ochotsk«.

Der erste Gouverneur von Sibirien, Fürst Matwej Gagarin, wollte für sich ein selbständiges Königreich jenseits des Urals aufbauen. Nach einiger Zeit kam jedoch heraus, daß er einen erheblichen Teil der Gewinne aus dem Chinahandel in seine eigene Schatulle geleitet hatte. Nachdem er ein Jahrzehnt lang ungestraft ein ihm nicht zustehendes Vermögen angehäuft hatte (darunter eine diamantenbesetzte Ikone der Jungfrau im Wert von 130 000 Rubeln, die über seinem Bett hing), wurde er festgenommen. Er legte ein Geständnis ab und flehte um Gnade. Doch Peter der Große beschloß, ein Exempel zu statuieren: Er ließ ihn im März 1721 hinrichten. Gagarins Nachfolger ließen sich davon ebensowenig abschrekken wie die nachgeordneten Beamten.

Die Ernennung eines Generalgouverneurs für Sibirien im Jahr 1802 war ein erstes Anzeichen dafür, daß die Regierung etwas gegen die Vernachlässigung der Kolonie tun wollte. Allerdings war der Mann, dem dieses Amt als erstem anvertraut wurde, nicht die glücklichste Wahl. Iwan Pestel zwang zusammen mit dem ihm treu ergebenen Nikolai Treskin der Bevölkerung ohne Rücksicht auf Recht und Gesetz seinen Willen auf. Um die Entwicklung der sibirischen Landwirtschaft zu fördern, sicherte er den Bauern durch staatliche Getreidekäufe höhere Einkünfte zu, ließ neue Gebiete kolonisieren und brachte die Burjaten durch Landzuteilung, Kredite und andere Anreize dazu, sich in Ackerbau und Viehzucht zu versuchen. Und um den russischen und burjatischen Siedlern ein Beispiel für Betriebsamkeit zu geben, verwies er auf das erfolgreiche Wirtschaften der Altgläubigen, die mit ihren blühenden Farmen das Herz und die Seele der Bezirke Werchne-Udinsk und Nertschinsk waren. Gleichzeitig ließ er, um Vorräte gegen Hungersnöte zu schaffen, ein dichtes Netz staatlicher Kornkammern anlegen. Pestel hob Binnenzölle und andere Gebühren auf, verweigerte die Anerkennung der Privilegien, die bestimmte einheimische Großkaufleute seit langem genossen hatten, und liberalisierte den Getreidehandel mit China durch Beseitigung einiger hemmender Exportvorschriften. Darüber hinaus ließ er neue Straßen anlegen, die Schiffbarkeit der Flüsse verbessern und ganze Stadtviertel abreißen und neu aufbauen.

So fortschrittlich auch die Ziele waren, die Pestel und Treskin verfolgten, ihre Mittel waren despotisch. Kaufleute, die sich ihren Plänen widersetzten, wurden mit Geldbußen, Klageverfahren oder gar mit Verbannung in entlegene Gebiete bestraft. Die Zwangsmaßnahmen erreichten ein solches Ausmaß, daß Zar Alexander I. sich schließlich gezwungen sah, seine beiden Statthalter zurückzupfeifen.

Pestel hatte die Arbeit vor Ort fast ganz Treskin überlassen; er selbst verbrachte den größten Teil seiner Amtszeit in den Palästen von St. Petersburg. Er glich, wie ein Autor bemerkte, jenen altrömischen Prokonsuln, die die Langeweile der von ihnen zu regierenden Provinzen nur allzu gerne gegen die Vergnügungen der Reichshauptstadt eintauschten. Pestel war jedoch jederzeit gut informiert; er unterhielt ein ausgedehntes Spionagenetz. Eines Abends saß er in Gesellschaft des Zaren beim Abendessen, als dieser aus dem Fenster deutete und fragte: »Schaut, was ist das für ein schwarzer Fleck auf dem Turm der Kathedrale?« – »Ich kann es nicht erkennen, Eure Majestät«, antwortete einer der Gäste, »aber Ihr könntet Pestel fragen. Er hat erstaunliche Augen und kann von hier aus bis nach Sibirien sehen.«

Die erste gründliche Bestandsaufnahme der Verhältnisse in Sibirien wurde Anfang des 19. Jahrhunderts vorgenommen. Zum Mann der Stunde wurde Michail Speranskij, ein Beamter mit einem weiten geistigen Horizont. Der Sohn eines Priesters – für die niedere Geistlichkeit galt in Rußland kein Heiratsverbot – war mit den philosophischen und naturwissenschaftlichen Schriften der Aufklärer vertraut und hatte Mathematik, Rhetorik und Philosophie gelehrt, bevor er sich 1796 der Politik zugewandt hatte. Fleißig und wortgewandt hatte er schnell Karriere gemacht: vom Sekretär des Generalprokurators des Senats über hohe Ämter im Justiz- und Innenministerium bis zum persönlichen Adjutanten des Zaren, den er 1808 zu seiner entscheidenden Unterredung mit Napoleon begleitete. Napoleon bezeichnete Speranskij danach als »den einzigen klaren Kopf Rußlands«.

Im Januar 1810 wurde Speranskij zum Sekretär des neu ins Leben gerufenen Staatsrats bestellt. Er gab den Anstoß zu einer Reihe von Reformen, die dazu bestimmt schienen, die Verwaltung und das politische Leben Rußlands zu revolutionieren. Doch nach dem Ausbruch der Napoleonischen Kriege fiel Speranskij in Ungnade. Im März 1812 wurde er seines Amtes enthoben und fand, als er um Mitternacht nach Hause kam, vor der Tür eine wartende Polizeikutsche vor. Eine vierjährige Verbannung (allerdings in Orte westlich des Urals) endete mit seiner Berufung zum Gouverneur der Provinz Penza im Jahr 1816, wo seine administrativen Fähigkeiten erneut das Wohlwollen des Monarchen erregten.

Drei Jahre später stieg Speranskij zum Generalgouverneur von Sibirien auf. Nach einer ausgedehnten Rundreise durch die Kolonie kehrte er 1821 in die Hauptstadt zurück und arbeitete Pläne und Vorschläge für eine Reihe weitreichender Reformen aus.

Speranskij hatte in Sibirien Orte besucht, die keiner seiner Vorgänger je gesehen hatte. Er war, wie sein Biograph schreibt, mit der Klischeevorstellung nach Sibirien gekommen, daß es ein »rückständiges, kaltes, wüstes, perspektivloses Land sei, geeignet bestenfalls als Strafkolonie, aber ohne jeden wirklichen wirtschaftlichen und zivilisatorischen Wert für Rußland«. Was er vorfand, war »ein hart arbeitendes, geduldiges und tatkräftiges Volk«, waren ungenutzte Bodenschätze und fruchtbare Böden. Um sicherzugehen, daß seine Pläne nicht sabotiert wurden, zog er korrupte Beamte aus dem Verkehr – 681 wurden wegen diverser Pflichtverletzungen angeklagt. Er richtete sogenannte Lancaster-Schulen ein, in denen die besseren Schüler unter Aufsicht eines Erwachsenen ihre Mitschüler unterrichteten; er bemühte sich um menschlichere Arbeitsbedingungen in den Bergwerken, gab den Anstoß zur Vermessung der Provinz Jakutsk (eines Territoriums von der Größe Indiens) und machte sich mit den Sitten und Gebräuchen der Eingeborenen vertraut. Speranskij rief neue Märkte und Messen ins Leben und befreite die Kosaken von vielen ihrer militärischen Verpflichtungen und die Bauern von der Einberufung zu Frondiensten.

Speranskij erkannte, daß die kleineren Stämme, die auf primitiver Stufe lebten und immer wieder unter Hungersnöten litten, zu »Stiefkindern des Reichs« geworden und vom Aussterben bedroht waren; bei den Burjaten und Jakuten, die besser zurechtkamen, brachen die alten Sippenstrukturen zusammen, es gab Arme und Reiche. Diesen Veränderungen Rechnung zu tragen, teilte Speranskij die Eingeborenenstämme in drei Gruppen: Seßhafte, Nomaden und Vagabundierende. Er empfahl, die Seßhaften verwaltungsmäßig den russischen Bauern gleichzustellen; die beiden anderen Gruppen dagegen sollten nach ihren eigenen Gesetzen behandelt werden. Jedes aus mindestens fünfzehn Familien bestehende Lager sollte einen Sippenrat, mehrere Lager sollten einen Stammesrat erhalten. Die Stämme konnten ihre Vertreter in eine Steppenduma oder ein Nomadenforum entsenden. Diese Einrichtungen waren zwar der Aufsicht der russischen Verwaltung unterstellt, erlaubten den Eingeborenen aber einen beachtlichen Grad an Selbstverwaltung.

Auf Empfehlung Speranskijs wurde in der Hauptstadt ein Komitee für Sibirische

Angelegenheiten eingerichtet und für das westliche und das östliche Sibirien das Amt eines Generalgouverneurs geschaffen. 1838 trat an die Stelle des Komitees für Sibirische Angelegenheiten ein mit höheren Kompetenzen ausgestattetes Sibirien-Amt. 1879 wurde Westsibirien in vier (Tobolsk, Tomsk, Semipalatinsk und Akmolinsk), Ostsibirien in sechs Gouvernements (Irkutsk, Jakutsk, Jenissejsk, Transbaikalien, Amur und Pazifikküste) aufgeteilt. Am Ende der Amtszeit Murawjew-Amurskis waren auch die großen geopolitischen Zuordnungen festgelegt: Westsibirien erstreckte sich vom Uralgebirge zum Jenissej, Ostsibirien vom Jenissej zum Kamm des Jablonowyi- und des Stanowoi-Gebirges in Transbaikalien. Russisch-Fernost umfaßte die Gebiete Sibiriens, deren Flüsse in den Pazifik mündeten, also Transbaikalien, Amur und Pazifikküste. 1882 wurde das Amt des Generalgouverneurs für Westsibirien abgeschafft. Die Gouvernements Tomsk und Tobolsk wurden unmittelbar dem Innenministerium unterstellt, aus Teilen Westsibiriens und Turkestans ein neues Generalgouvernement »Steppe« zusammengezimmert. 1884 erhielt das Gouvernement Amur auch die Zuständigkeit für den gesamten russischen Fernen Osten sowie für die Insel Sachalin.

Drei Jahre nachdem Speranskij seine Reformideen für Sibirien vorgelegt hatte, wurde er als Richter an das Sondertribunal berufen, das den Prozeß gegen die Dekabristen führen sollte. Auf Geheiß des Zaren setzte Speranskij eigenhändig die Verfahrensregeln auf, eine sehr schmerzliche Aufgabe für ihn, weil er mit einigen Angeklagten gut befreundet war. Einer der Angeklagten berichtete, Speranskij habe ihn traurig angeblickt,»wobei ihm eine Träne die Wange hinabrollte«. Später wurde bekannt, daß die Dekabristen Speranskij zum Übergangs-Staatsoberhaupt machen wollten.

Speranskij war indes nie ein Gegner der Monarchie gewesen. Sein Interesse galt weniger der Umwälzung staatlicher Strukturen als ihrer praktischen Verbesserung. Seine Leidenschaft aber war der Aufbau eines Rechtsstaates; in seinen letzten Lebensjahren wurde er zur treibenden Kraft bei der Kodifizierung des russischen Rechtswesens. Er krönte sein Lebenswerk 1830 mit der Herausgabe der ersten »*Vollständigen Sammlung der Gesetze des Russischen Reichs*«.

Nachdem das Amurgebiet wieder zum Hoffnungsträger des russischen Fernen Ostens geworden war, verloren die Küsten des Ochotskischen Meeres und der Kamtschatka an Bedeutung. In St. Petersburg und im übrigen europäischen

Rußland wurde der Name Petropawlowsk nur noch mit gehässigem Unterton genannt. Die heroische Rolle, die die Hafenfestung in der Zeit des Krimkrieges gespielt hatte, die Denkmäler für Bering und La Pérouse, die an die Rolle des Hafens in der Geschichte der Entdeckungsfahrten erinnerten, all dies konnte nicht verhindern, daß die Stadt verkümmerte, 1866 bestand sie aus einigen mit Baumrinde gedeckten Blockhütten, einer Kirche mit grün gestrichener Kuppel, einer baufälligen Schiffsanlegestelle und Trampelpfaden zwischen verstreut liegenden Häusern und dösenden Kühen.

Das Denkmal für La Pérouse war nicht gerade eine Touristenattraktion. Es lag an einem steilen Hang zwischen Hafen und Bucht und bestand aus einer schwarz lackierten, auf einem Holzrahmen befestigten Platte aus Eisenblech. Es sah, schrieb Kennan, aus »wie die Grabplatte auf dem Grab eines Verbrechers«. Auf dem Kamm der Hügelkette, die den inneren Hafen von der äußeren Bucht trennte und die westlichen Zugänge zur Stadt beherrschte, waren noch Reste der Befestigungen zu erkennen, die einst dem Sturm der Gegner standgehalten hatten. Die Geschützstände waren längst mit Gras und Blumen überwachsen. 125 Jahre nach seiner Gründung bestand Petropawlowsk, einst Rußlands wichtigster Hafen am Pazifik, aus Hütten, einigen hundert Eingeborenen, russischen Bauern und Händlern.

Die Amerikaner hatten durch die Jagd auf Wale und Walrösser in den angrenzenden Meeren die wirtschaftliche Lebensgrundlage der Küstenbevölkerung zerstört; die dürftige russische Besiedlung dieser Gebiete lockte nun an die asiatische Küste. Nach dem Verkauf der Aleuten-Inseln an die Vereinigten Staaten bauten die Händler die Inselhäfen aus; das führte sie ebenso unweigerlich an die Kamtschatka-Küste wie ein Jahrhundert zuvor die Russen nach Alaska. Stützpunkte wie Tigil und Geschiga erhielten alljährlich Besuch von amerikanischen Kapitänen, die in großen Mengen Mehl, Tee, Zucker, Kleidung, Kupferkessel, Tabak, Wodka und anderes anlandeten.

Nach 1849 kreuzten amerikanische Walfänger auch vor der Tschuktschen-Halbinsel auf. Sie fanden heraus, daß sie für eine Gallone Rum (die sie im Einkauf 40 Cents kostete) Stoßzähne oder Pelze im Wert von 100 Dollar eintauschen konnten. Diese Händler klapperten auch die alaskische Seite der Beringstraße ab. Nachdem der US-Kongreß ihre Geschäftstätigkeit gesetzlich beschnitten hatte, verkauften sie ihren Fusel an der sibirischen Küste. Es entsprach ihrer Glücksritter-Mentalität, daß sie den Eingeborenen verwässerten Whiskey, verschnittenen

Tabak oder defekte Gebrauchsartikel andrehten. Das wurde ihnen manchmal mit gleicher Münze heimgezahlt.

»Es kam verhältnismäßig oft vor«, berichtet ein Schriftsteller, »daß die Eingeborenen Fuchsschwänze an Kaninchenfell annähten oder beschädigte Fuchspelze geschickt mit Kaninchen flickten; gebrochene Walroß-Stoßzähne wurden mittels Bleidraht zusammengefügt, die Bruchstellen durch Überschmieren mit Rentierfett unkenntlich gemacht; in die Markkanäle von Walroß-Stoßzähnen wurden Steine gefüllt, um ihr Gewicht zu erhöhen.« Einige Eingeborene verlegten sich sogar aufs Schwarzbrennen und verkauften ihren Schnaps an einlaufende Schiffe. Ein amerikanischer Seemann behauptete später steif und fest, er habe »das tollste Zeug«, das er je gekostet habe, von einem sibirischen Eskimo bekommen. »Worüber«, fügte er hinzu, »eine Zeitlang auf dem Vorderdeck eitel Freude herrschte.« Später entdeckte die Besatzung dieses Schiffes an der Küste eine kleine, genial eingerichtete Schnapsbrennerei:

Als Destillierkolben diente eine alte blecherne Ölkanne, als Dampfrohr ein spiralförmig gebogener Gewehrlauf, als Kühlbad ein kleines Pulverfaß. Die Maische bestand, wie wir erfuhren, aus einer vergorenen Mixtur aus Mehl und Melasse, erworben im Tauschhandel mit Walfangschiffen. Sie wurde in der Blechkanne erhitzt, wobei ein Docht aus gedrehtem Moos, der in einer mit Tranöl gefüllten Pfanne brannte, die nötige Wärme lieferte. Der aus der kochenden Maische aufsteigende Dampf wanderte durch das Rohr in den Kolben und kondensierte darin, abgekühlt durch eiskaltes Wasser, das beständig von Hand in das Pulverfaß nachgefüllt wurde. Der Schnaps tröpfelte aus dem unteren Rohrende in eine verbeulte alte Tomatendose.

Einige der hier anlegenden amerikanischen Handelsschiffe waren »schwimmende Kaufläden«. Auf ihnen konnte man Gewehre, Munition, Tuchwaren, Nähmaschinen, Fingerhüte, Garn, Tabak, Mehl, Kaugummi, Trockenäpfel und Trockenpflaumen, Zucker, Tee, Uhren, Scheren, Spiegel, Mundharmonikas, Messer, Hämmer, Sägen, Dosenmilch, Kompasse und Ferngläser kaufen. Um 1880 waren für das wirtschaftliche Geschehen in dieser Region San Francisco und Seattle wichtiger als Bolscheretsk und Ochotsk. Die amerikanischen Waren waren qualitativ hochwertiger und billiger als das, was russische Lieferanten zu bieten hatten. Außerdem gab es bei den Amerikanern etliche Dinge zu kaufen, von denen selbst russische Händler noch nie etwas gehört hatten.

Das führte dazu, daß die Eingeborenen der sibirischen Küstenregionen fast alle Fertigwaren von den Amerikanern bezogen. Ein Russe berichtete nach einem Aufenthalt in Uelen, es gebe dort »nichts Russisches mehr, nicht einmal die Sprache«. Alle in dem einzigen Ladengeschäft am Ort vorrätigen Waren, vom Grammophon bis zum Zimmerschmuck, seien amerikanischer Herkunft. Der Besucher hatte einen Eingeborenen entdeckt, der in seinem Zelt mit einer amerikanischen Nähmaschine Overalls nähte; in einem anderen Zelt sah er einen nicht so praktisch veranlagten Stammesgenossen, den eine Schreibmaschine so faszinierte, daß er »begeistert Buchstaben tippte«, deren Bedeutung er nicht kannte.

Die russische Regierung sah bald ihre Souveränität in dieser Region bedroht; in dem Bemühen, die wirtschaftliche Versorgung wieder in die eigenen Hände zu bekommen, wurden neue Versorgungsdampfer an die russische Pazifikküste geschickt.

Den Eingeborenen in den übrigen Regionen Sibiriens war es unterschiedlich ergangen. Manchen war die russische Herrschaft nicht schlecht bekommen, andere jedoch, vor allem kleinere, als Nomaden lebende Stammesgruppen waren durch Epidemien (Masern, Windpocken und andere) dezimiert und geschwächt worden. In einem Bericht aus dem Jahr 1876 hieß es zum Beispiel, es gebe nur noch 1600 Jukagiren, die das Gebiet zwischen den Flüssen Jana und Kolyma durchstreiften – jämmerlicher Überrest eines einst stolzen und mächtigen Stammes. An vielen Stellen waren noch ihre alten Hügelgräber zu sehen, in denen sich außer den Gebeinen der Toten Bogen, Pfeile, Speere und Schamanen-Tambourine fanden. Die Nachfahren der stolzen Jukagirenkrieger waren so tief gesunken, daß sie keinen höheren Genuß mehr kannten als das Rauchen eines groben, mit Dung gestreckten ukrainischen Tabaks. Sobald ihre Kinder krabbeln konnten, brachten sie ihnen das Rauchen bei in dem Glauben, es sei gut für Kehle und Lunge.

Daß die Eingeborenen auch heftig dem Alkohol zusprachen, nimmt unter diesen Umständen nicht wunder. Ein Kapitän, der eine kleine Tschuktschen-Siedlung an der asiatischen Pazifikküste besuchte, traf die Bewohner, bis zum Kleinkind, in einem so volltrunkenen Zustand an, daß er den Eindruck hatte, er habe es mit Geisteskranken zu tun.

Die Jukagiren, die Kamtschadalen und andere Eingeborene des sibirischen Nordostens hatten inzwischen auch die Qualitäten des Fliegenpilzes entdeckt, dessen Verzehr die Menschen »sorgloser, lebhafter und fröhlicher, wagemutiger und tollkühner« machte. In zu großen Mengen genossen, löste es jedoch Würgekrämpfe aus, begleitet von Fieber und Delirium. »Tausend Trugbilder, frohe oder bedrückende, bemächtigen sich ihrer Phantasie«, schrieb ein Beobachter. »Ein kleines Loch wird für sie zu einer großen Tür, ein Löffel voll Wasser zu einem Meer.«

In puncto Hygiene konnten die Russen von den Eingeborenen nicht viel lernen. Bei den Jukagiren galt es als Zeichen guter Gesundheit, Läuse zu haben; die Kamtschadalen kämmten sich mit methodischer Sorgfalt die Läuse aus dem Haar und aßen sie. Bei den Tungusen gehörte es zum alljährlichen Großputz, Ameisennester auszugraben und in die Wohnhütten zu bringen. Die Ameisen machten allem anderen Ungeziefer den Garaus, setzten sich aber in den Hütten fest, bis der erste Frost sie unschädlich machte. Mit weniger zwiespältigen Folgen dressierten die Giljaken Hermeline für die Jagd auf Ratten und Mäuse. Später lieferten ihnen die Mandschus für teures Geld Katzen, die sie zuvor unfruchtbar gemacht hatten, um sich das Liefermonopol nicht aus den Händen nehmen zu lassen.

Die halbwegs russifizierten Eingeborenen kamen in der Regel besser zurecht. Die Frauen und Mädchen der Kamtschadalen fingen an, sich russisch zu kleiden, mit Miederjäckchen, Röcken, Blusen, Hauben und Bändern. Um ihren Männern noch besser zu gefallen, schminkten sie sich mit selbstgemachten Kosmetika. Als Rouge verwendeten sie den mit Seehundöl vermischten Extrakt einer Meerespflanze, als Puder pulverisiertes wurmstichiges Holz. Sie lebten wie die Russen in Blockhäusern und zelebrierten in den Dorfkirchen (deren grüne, von himmelblauen zwiebelförmigen Kuppeln gekrönte Blechdächer sie magisch anzogen) die Rituale des Christentums.

Auch die Begeisterung der orthodoxen Christen für Ikonen übertrug sich. Die halbwegs für das Christentum gewonnenen Eingeborenen beteten Götzenbilder jeder Art an. Kennan entdeckte zum Beispiel in einer Hütte bei Andyr ein aus der US-Zeitschrift *Harper's Weekly* ausgeschnittenes Porträt, das als Bild eines russischen Heiligen galt und entsprechend verehrt wurde. »Eine goldene Kerze brannte vor seinem eingeräucherten Gesicht«, schrieb Kennan, »und morgens und abends richteten ein Dutzend Eingeborene ihre Gebete an einen

Generalmajor des Heeres der Vereinigten Staaten.« In einer anderen Hütte fand er die Wände in ähnlicher Weise mit einer ganzen Ikonengalerie beklebt. In diesem Fall handelte es sich um ausgeschnittene Bilder aus den *Illustrated London News*. Die Einheimischen lernten auch erste Lektionen in Sachen Wirtschaft. Weil es im sibirischen Nordosten häufig zu Hungersnöten kam, richtete der Staat eine Art Fisch-Sparkasse ein. In ihr wurden als Grundkapital hunderttausend Stück Trockenfisch deponiert. Um diesen Kapitalstock zu erhalten und zu vermehren, mußte jeder männliche Einwohner sich verpflichten, ein Zehntel seines Jahresfangs in dieser Sparkasse abzuliefern. Er erwarb sich dadurch das Anrecht auf einen »Fischkredit« in Notzeiten. 1867 verfügte diese Bank über eine Fischreserve von drei Millionen Stück.

Im Gegensatz zu den seßhaften, treuen Küstenkorjaken waren die Wanderkorjaken wilde und unabhängige Naturen. In einsamen Gruppen zogen sie mit ihren Rentierherden über die weiten, öden Steppen nach Norden. Sie anerkannten zwar die Souveränität des »Großen Weißen Häuptlings«, wie sie den Zaren manchmal nannten, erstarrten aber keineswegs in Ehrfurcht vor jedem weltlichen Amtsträger, wie ein amerikanischer Major feststellen mußte. Dieser Offizier beorderte einen korjakischen Stammesältesten, um ihm vor Augen zu führen, was für ein bedeutender Mann er war, in sein Zelt.

Er ließ ihm durch einen Dolmetscher mitteilen, wie reich er sei, was für Hilfsquellen in Gestalt von Belohnungen und Strafen ihm zu Gebote ständen, welch hohen Rang er einnehme, welch mächtige Stellung er in Rußland habe, und wie es selbstverständlich sei, daß eine so hervorragende Persönlichkeit von armen, herumziehenden Heiden mit kindlicher Ehrfurcht und Hochachtung behandelt werde. Der alte, auf dem Boden kauernde Korjake hörte der Aufzählung all der bewundernswerten Eigenschaften ruhig zu, ohne einen Muskel zu verziehen. Als der Dolmetscher zu Ende gekommen, erhob er sich langsam, schritt mit unerschütterlichem Ernst und der gnädigsten, herablassendsten Gönnermiene auf den Major zu und tätschelte ihm den Kopf.

Vielen Eingeborenen hatte die Unbewohnbarkeit ihrer Heimat einen allzu engen Kontakt mit den Weißen erspart. Die Welt der Nomaden blieb bis zum Ende des

19. Jahrhunderts im wesentlichen unangetastet. Noch konnten Forscher korjakische Rentierhirten beobachten und beschreiben:

> Allein und fast obdachlos in diesem ungeheuren Schneemeere, kauert jeder in seinem zerbrechlichen Bienenkorb von Hütte. Geduldig erträgt er die Kälte, die das Quecksilber zu festen Klumpen gefrieren macht, und Stürme, die sein Obdach wie Spreu in einer Schneewolke hinwegfegen. Nichts entmutigt ihn, nichts erschreckt ihn so, daß er je den Schutz der Zelte aufsuchte. Ich habe ihn des Nachts mit erfrorenen Wangen und von Frost gedrückter Nase, so daß sie ganz unempfindlich und schwarz geworden waren, auf der Wache gesehen, und an manchem kalten Wintermorgen unter einem Busche kauernd, sein Gesicht vom Pelzrock bedeckt, als ob er tot wäre.

Noch unabhängigere Geister waren die Tschuktschen. Sie hatten sich erst 1789 bereit erklärt, russische Untertanen zu werden, sich aber hartnäckig jeglicher Russifizierung verweigert. Das einzige Russische an ihnen, das ein bekannter Völkerkundler entdecken konnte, waren einige Sprichwörter, die sie aus dem slawischen Kulturkreis übernommen hatten, und die russischen Kamine in ihren Hütten. Sie hatten sich zwar an den Gebrauch von Eisenwaren und Gewehren gewöhnt, an farbige Perlen und Tand, aber noch in den sechziger Jahren des 19. Jahrhunderts traten sie den Russen am liebsten mit gezücktem Speer gegenüber. Wie unter diesen Bedingungen der Handel ablief, beschrieb Kennan so:

> Sie pflegten ein Bündel Pelze oder einen schönen Walroßstoßzahn an die Klinge einer langen Tschuktschenlanze zu hängen, und wenn ein russischer Händler dies wegnahm und als Ersatz eine entsprechende Menge Tabak daran hing, dann war alles gut und schön. Wenn nicht, dann gab es keinen Handel. Dies Verfahren bot absolute Sicherheit gegen Betrug, denn in ganz Sibirien war kein Russe, der einen dieser grimmigen Wilden zu übervorteilen wagte, wenn dessen Lanzenspitze zehn Zoll von seiner Brust entfernt war.

Noch unter russischer Herrschaft gab es zum Beispiel einige Ostjaken, die das Kunststück beherrschten, einen mit Holzkohle in der Mitte markierten Pfeil, den einer ihrer Stammesgenossen abschoß, im Flug mit einem anderen Pfeil zu treffen. Unter den seßhaften sibirischen Stämmen waren es die Burjaten, die am stärksten an ihren Traditionen und Wurzeln festhielten. Nachdem russische Missionare sich an ihnen die Zähne ausgebissen hatten, beschloß 1814 die Missionarische Gesellschaft London, eigene Missionare zu den Burjaten zu entsenden. Insgeheim hegten diese Männer die Hoffnung, ihren Aktionsradius bis in die Äußere Mongolei ausweiten und schließlich auch nach China vordringen zu können.

Die meisten Burjaten bekannten sich zum Lamaismus, einer in Tibet beheimateten Spielart des Buddhismus. Während der größte Teil der nichtmoslemischen Bevölkerung Sibiriens mindestens der Form nach zum Christentum übergetreten war, vollzog sich bei den Burjaten im Verlauf des 18. Jahrhunderts eine durch Wandermönche aus Tibet und der Mongolei bewirkte Renaissance des Buddhismus.

In den Ordenstempeln der Lamas (Priester) wurde der heilige weiße Elefant angebetet – ähnlich wie in Siam um die gleiche Zeit. Im frühen 19. Jahrhundert war der am Gans-See gelegene große Tempel mit seiner chinesisch-tibetischen Architektur, seinem Lama-Orchester und seinen Bildern eine Touristenattraktion. In der Nähe von Selenginsk gelegen, einer 1666 gegründeten Garnisonsstadt am Ende des Baikalsees, verfügte er über eine eindrucksvolle Bibliothek heiliger Schriften und war die Residenz des Großlamas von Ostsibirien. Als Kennan 1885 Selenginsk besuchte, stattete er dem Großlama einen Besuch ab, mußte aber zu seiner Verwunderung feststellen, daß der Mann entweder ein Schelm war oder nicht sehr weise – so beharrte er beispielsweise unbeirrt darauf, daß die Erde flach sei, und behauptete, von den Vereinigten Staaten noch nie gehört zu haben.

Sibirien war ein Schmelztiegel. Vom späten 17. Jahrhundert an waren immer wieder Angehörige der unterschiedlichsten Bevölkerungsgruppen des Russischen Reiches in die weithin menschenleeren sibirischen Räume geflohen oder deportiert worden und in das dort bereits bestehende Völkergemisch eingetaucht; sie alle haben ihre Spuren in der neuen Welt im Osten hinterlassen.

Da gab es zum Beispiel etliche religiöse Gemeinwesen, in denen Altgläubige mit den Mitgliedern verschiedener Sekten friedlich zusammenlebten. Einige dieser Sekten führten nicht nur ein frommes, sondern auch ein tätiges Leben. Sie lehnten Genüsse jeder Art ab, auch Tabak, Kaffee und Tee, sie bewährten sich als Landwirte und Handwerker. Mit ihrer Tatkraft und ihrem Fleiß waren diese

Menschen, deren Verbannungsorte sich in der Provinz Jakutsk konzentrierten, besonders wertvolle Entwicklungshelfer. Eine ihrer Siedlungen unweit von Turuchansk galt als »vorbildliches Dorf ohne Kriminalität«. Die Bewohner indes kamen einem Besucher höchst bemerkenswert vor: Sie waren alle von fahler Gesichtsfarbe. Die Männer hatten keinen Bartwuchs und sprachen mit fipsiger Stimme, kein Bewohner war jünger als vierzig.

Zu den zahllosen Sekten in Sibirien zählten die Priesterlosen, die Geisteskrieger (auch die Quäker Sibiriens genannt), die Milchtrinker, die Vegetarier, die Prügler und eine Gruppe, die in entlegenen Gebirgseinsiedeleien Zuflucht suchte, um sich vom Rest der sündigen Welt abzuschotten.

Die Sekte der Priesterlosen war der Überzeugung, die Priesterschaft sei unrettbar verdorben und der Weltuntergang stehe kurz bevor. Ähnlich wie einige radikale protestantische Sekten im Westen, propagierten sie die Unmittelbarkeit aller Gläubigen zu Gott. Sie verabreichten einander die Sakramente, und manchmal demonstrierten sie ihren direkten Kontakt zu den allerhöchsten Mächten, indem sie sich »am Wegesrand oder auf dem Markt stundenlang hinknieten, den Mund weit geöffnet und nach oben gewandt, in Erwartung des göttlichen Segens, der ihrer Überzeugung nach in Gestalt stärkender Tropfen vom Himmel fällt«.

So sektiererisch diese religiösen Gruppen auch sein mochten, alle waren in der Hoffnung nach Sibirien gekommen, hier ihren Glauben ungehindert praktizieren zu können – ähnlich wie die verfolgten religiösen Minderheiten Mittel- und Westeuropas, die in Amerika Zuflucht suchten. In ihren gut organisierten Gemeinwesen verband sich im allgemeinen ein wirtschaftliches Autarkiebestreben mit einer brüderlichen Bereitschaft zu gegenseitiger Unterstützung. Diese Siedlungen fanden sich in den unzugänglichen Sumpf- und Waldgebieten des mittleren Ob ebenso wie in den Bergen an der mongolischen Grenze, im fruchtbaren Steppenland um Tobolsk, Tomsk und Barnaul ebenso wie in den nördlichen Übergangszonen zur Tundra.

Die weitaus stärkste Sekte war die der Altgläubigen. Rund 30 000 ihrer Anhänger hatten sich allein während der Regierungszeit Katharinas der Großen in Transbaikalien niedergelassen. In den siebziger Jahren stellten sie ein Zehntel der Einwohnerschaft des Amurgebiets. Ihre Farmen gehörten zu den reichsten, auch der Dampfbootverkehr auf dem Fluß befand sich größtenteils in ihren Händen. Die Russisch-Orthodoxe Kirche duldete andere Konfessionen neben sich. Und so fanden sich in allen größeren Städten Sibiriens neben russischen Kirchen und islamischen Moscheen auch evangelische und römisch-katholische Gotteshäuser. In manchen Gegenden erfuhren die Juden und sogar die Gemäßigten unter den *Raskolniks*, den Glaubensabweichlern, eine gewisse rechtliche Anerkennung.

In Sretensk stellten die Juden ein Drittel der Einwohnerschaft, in Werchne-Udinsk gab es eine Synagoge, Kansk in der Baraba-Steppe war in den achtziger Jahren so stark vom Judentum geprägt, daß die Stadt »das Jerusalem Sibiriens« genannt wurde. Wer in Sibirien von Stadt zu Stadt reiste, sah sich oft in eine andere Welt versetzt.

Die westlichste Pforte nach Sibirien war das 1720 von Peter dem Großen gegründete und nach seiner Gattin Katharina genannte Jekaterinburg. Es hatte sich bis 1730 zu einem Bergbauzentrum entwickelt und ähnelte allmählich einer modernen europäischen Stadt mit breiten, regelmäßig angelegten Straßen und Häusern, die »fast durchweg nach deutscher Art gebaut« waren. Schon um 1880 wurden hier Straßenbahnen und elektrische Beleuchtung eingeführt, es gab Künstlerateliers, in denen Nonnen Ikonen malten, und Kerzenmanufakturen. Omsk und Semipalatinsk, die beide im Grenzgebiet zu den Steppen Mittelasiens lagen, waren eindeutig moslemisch geprägt. Ihre Einwohnerschaft bestand zu mehr als der Hälfte aus Kirgisen und Tataren. Die Juden wurden (zumindest in Omsk) diskriminiert, den christlichen Kirchen stand eine Übermacht von Moscheen gegenüber. Omsk, eine Stadt mit blühenden Geschäftsvierteln und Teegärten, war zentrale Garnisonsstadt und Hauptquartier des Generalstabs der sibirischen Festungslinie. Jeden Tag ertönten die »klagenden Rufe der Muezzine von den Minaretten«, außerhalb der Stadt konnte man verwegene Kirgisenjungen sehen, die zum Schutz gegen die brennende Sonne riesige Brillen aus Roßhaargewebe trugen, Zigarren rauchten und auf Ponys »wild zwischen ihren Viehherden umhersprengten«. Im Winter konnte man lange Konvois von Kamelen beobachten, die kirgisische Schlitten durch den Schnee zogen; die Hufe der Kamele waren zum Schutz vor Kälte in Wolle und Lumpen gehüllt. Die meisten Häuser waren in Grün-, Rot- und Blautönen gestrichen, um die eintönige Landschaft farblich zu beleben. Bäume gediehen hier nicht. In den Außenbezirken der Stadt lebten Kirgisen in transportablen, bienenkorbartig geformten Jurten, die aus einem Holzgestell und aus mit Tierhäuten und Filz bespannten Flechtwerkteilen bestanden. Hier arbeiteten Kirgisenfrauen, verschleiert und mit einem Kopfputz aus Leinenstoff angetan.

Das weiter südlich gelegene Semipalatinsk war noch stärker islamisch geprägt und wurde wegen seines heißen Klimas und seiner wüstenhaften Umgebung auch die »Sandkiste des Teufels« genannt. Ein wenig bunter war Ulbinsk, wo es neben einer Handvoll tatarischer Moscheen auch orthodoxe Kirchen mit farbig bemalten Blechkuppeln und ein hoch aufragendes Fort mit quadratischem Grundriß gab.

Ein Reisender des 18. Jahrhunderts berichtete, daß Besucher der nicht weit von der russisch-chinesischen Grenze entfernten Stadt Tomsk stets »nach gutem chinesischem Brauch empfangen« und mit »vielen Arten von Tee ohne Milch sowie mit chinesischen Süßigkeiten bewirtet [wurden], die aus haltbar gemachten oder kandierten Früchten bestanden«. Chinesische Seidenhemden waren hier sehr in Mode, weil sie den Schweiß so aufsaugten, daß die Haut trocken blieb. In den meisten russischen Häusern fanden sich hier wie auch im übrigen Transbaikalien orientalische Truhen und Teppiche, chinesisches Porzellan und andere Utensilien fernöstlicher Machart. In Sretensk an der Schilka war jeder zweite Einwohner ein Mandschu-Chinese mit Pferdeschwanz; in vielen Straßen und Gassen gab es Opiumhöhlen. Auch in Irkutsk waren chinesische Einflüsse sichtbar, zum Beispiel Sommerhäuser mit Balkonen chinesischer Art. Der hier amtierende Gouverneur hielt sich eine chinesische Dohle, die Besucher mit russischem und chinesischem Gekrächze begrüßte.

Ausgerechnet das unmittelbar an der Grenze gelegene Kjachta wirkte wie eine typisch russische Festungsstadt mit viereckigem Grundriß und einem Palisadenwall mit Wassergraben. Im Zentrum der Stadt befanden sich eine Holzkirche, der Amtssitz des Kommandanten, ein Lagerschuppen für Rhabarber, Kasernen, ein großer Basar, eine Schnapsbrennerei und einige geräumige Häuser, in denen wohlhabende Kaufleute lebten. Unmittelbar südlich, nicht viel mehr als 200 Meter entfernt, lag das ganz und gar chinesische Dorf Maimatschin, ein Name, der auf den chinesischen Ausdruck für »kaufen und verkaufen« zurückging.

Die Straßen dieses Dorfes verliefen geradlinig von Tor zu Tor, waren sehr sauber und mit Bambushäusern gesäumt, die Fußböden aus gestampftem Lehm hatten und deren Wände mit farbenfrohen Drucken tapeziert waren. Die Häuser hatten zumeist große Fenster mit Scheiben aus bemaltem Papier und mit Gitterkonstruktionen aus schlanken Holzstäben.

Zwischen der russischen Stadt und dem chinesischem Dorf stand eine Grenztafel mit einer Inschrift in zwei Sprachen: Die russische lautete: »Hier endet das Russische Reich«, die mongolische: »Hier beginnt der Herrschaftsbereich Chinas«. Zwischen den Orten wurde fröhlich gehandelt, doch bei Einbruch der Dunkelheit ertönte jeden Tag die Glocke, Chinesen und Russen zogen sich in ihren Bereich zurück.

Von allen Städten Sibiriens war Irkutsk die kosmopolitischste. Um die Mitte des 18. Jahrhunderts, als sie noch kaum über ihre Ursprünge als Festungsanlage hinausgewachsen war, hatte sie an Attraktionen nicht viel mehr zu bieten als einen Basar, einen Fleischmarkt, mehrere Bars und ein Badehaus für durchreisende Kaufleute. Doch dann mauserte Irkutsk sich bis zum Beginn des 19. Jahrhunderts zu einer hübschen Kleinstadt, in der rund 15 000 Menschen lebten und in der es eine Kathedrale, ein Dutzend Kirchen, mehrere Villen und zahlreiche stattliche Privathäuser gab. Ein russischer Völkerkundler, der Irkutsk um 1870 besuchte, war begeistert von der Eleganz des Ortes:»In keiner anderen sibirischen Stadt kann man Geschäfte von so exquisitem Geschmack und mit so luxuriösen Waren finden, so prächtige Kutschen, so aufregende Gesellschaft. Eben noch befindet man sich in einem akademischen Kreis, gleich darauf in einer Diskussionsrunde, in der wirtschaftliche Probleme gelöst werden, bald in der Versammlung eines Wohltätigkeitskomitees, bald auf einer literarischen Soiree.«

Im Juli 1879 geriet durch Unachtsamkeit ein Heuschober in Brand; das Feuer verbreitete sich rasch und zerstörte die Stadt zu drei Vierteln. Die Feuerwehr versagte kläglich, weil, wie ein Augenzeuge berichtete, viele ihrer Angehörigen betrunken waren. Beim Wiederaufbau der Innenstadt entstanden nun zahlreiche neue Gebäude aus Ziegel und Stein, aber das Ergebnis war eine seltsame Mixtur aus schmutziger Armseligkeit und prächtiger Eleganz. Die Straßen waren nach wie vor ungepflastert, die Bürgersteige provisorische Holzstege über offenen Abwassergräben.

Irkutsk litt unter seinen Gegensätzen. Viele Siedler, die hier ankamen, hatten kaum mehr als die Kleider auf ihrem Leib. Andere zogen in Erobererpose ein, gefolgt von einem Troß mit Überseekoffern voller Kostbarkeiten wie Bettwäsche, Eßgeschirr, silberne Samoware und geschliffene Gläser. Jedes bessere Haus verfügte über einen Flügel, in den Besuchersalons standen Regale mit Büchern und ausländische Zeitschriften. In manchen Häusern gab es hohe Porzellan-Kachelöfen und doppelte Glasfenster, einen Hinterhof mit Pferdeställen und Reithalle, einen Dienstbotentrakt und einen Wintergarten oder eine verglaste Veranda.

Am Ufer der Angara stand ein Palais, das 1804 unter der Regie des italienischen Architekten Jacomo Queringgi für den Goldhändler und Schiffsmagnaten Alexander Sibirjakow erbaut worden war. Dieses »Weiße Haus« diente später als Sitz des Generalgouverneurs von Ostsibirien. Als Ersatz für den alten Basar war eine aus Stein gemauerte Markthalle entstanden mit Ladengeschäften, in denen es Waren aus Europa und China zu kaufen gab. Etliche der öffentlichen Gebäude von Irkutsk hätten auch in London, Paris oder Rom stehen können. Die Stadt erhielt den Ehrennamen »Paris von Sibirien«; ihre Bewohner hielten sich auf dem letzten Stand des europäischen Fortschritts. Schon kurz nach der Premiere von Webers Oper *Der Freischütz* konnte die Irkutsker Militärkapelle Stücke daraus spielen.

Irkutsk war zudem eine Stadt mit vielen fröhlichen Seiten – ein bißchen zu vergnügungssüchtig, wie einige der aus viktorianischen Gefilden kommenden Besucher meinten. Ein Durchreisender empfand die Damen der besseren Irkutsker Gesellschaft als »faule, träge Geschöpfe mit nichts anderem im Kopf als unmoralischen Intrigen«. Sie lägen den ganzen Tag zigarettenrauchend herum und blieben bis zum Morgengrauen auf. Sie gäben viel Geld für Kleider aus, läsen »gelb eingebundene französische Romane« und richteten sich ihre Boudoirs mit luxuriösen Diwanen, türkischen Stickereien und persischen Teppichen zu »parfümierten kleinen Nestern« her.

Andererseits konnte es wenige Gehminuten vom »Weißen Haus« entfernt einem einsamen Fußgänger passieren, daß er »mit einem kurzen Stab und einer Schlinge aus Zwirn« erdrosselt oder in einem Schneesturm von einem vorbeifahrenden Schlitten mit einem Lasso eingefangen und ausgeraubt wurde. In manchen Straßen »suhlten sich Schweine in Drecktümpeln«, im Restaurant des Alten Metropol-Hotels wurden die Gäste zeitweise von einer Tanz- und Gesangstruppe aus Warschau unterhalten, die schlüpfrige Lieder zum besten gab und deren Mädchen anschließend »herauskamen und mit den Zuschauern Champagner tranken«.

Die schnelle Entwicklung Sibiriens hatte auch in anderen Orten zu grellen Kontrasten geführt. Tomsk war durch seine zentrale Lage eine der wichtigsten Import-Export-Drehscheiben Sibiriens. Die Stadt hatte aus dem Großbrand in Irkutsk gelernt und mehrere Feuerwachen errichtet, jede mit einem hohen Turm, von dem aus Wachmänner mit Ferngläsern Tag und Nacht die Stadt beobachteten. Es gab elektrische Straßenbeleuchtung, doch die Straßen waren nach wie vor unbefestigt. Jede Pferdedroschke wirbelte riesige Staubwolken auf oder mußte sich durch Schlammlöcher und Pfützen quälen. Im Winter kam es oft vor, daß Milch in gefrorenen Blöcken ausgeliefert wurde, im Sommer gab es manchmal Orangen und Zitronen aus Sizilien zu kaufen.

Tomsk war der Wohnsitz von einigen der reichsten sibirischen Kaufleute und hatte als Universitätsstandort ein reges Geistes- und Kulturleben, aber seine bürgerliche Elite war und blieb sehr bäurisch. Wie ein ganztägiges Fest in einem der ersten Häuser der Stadt ablief, schilderte einer der geladenen Gäste so:

Man sitzt herum und versucht sich an einem Kartenspiel oder übernimmt einen Platz in einer Würfelrunde. Zehn Minuten vergehen, der Gastgeber macht die Runde, klopft jedem seiner Gäste auf die Schulter und stemmt sich dabei den Ringfinger gegen den Hals. Das ist die sibirische Einladung zu einem Umtrunk. Die Menge sammelt sich um den Tisch, jeder ergreift ein mit Wodka [sic] gefülltes Glas (das statt dessen auch irgendeine andere der vielen geheimnisvollen Mixturen enthalten kann, die in Sibirien als Spirituosen verabreicht werden), kippt es hinunter, schneidet eine Grimasse (manche machen dazu das Kreuzzeichen), schlingt ein Stück Sardinenbrot hinunter und schlendert an den Kartentisch zurück. Nach weiteren zehn Minuten wird ein riesiger, dampfend heißer Stör auf einer Platte hereingetragen. Wieder macht der Gastgeber seine Runde, klopft allen auf die Schultern, mahlt dieses Mal aber unaufhörlich mit den Kiefern, so als kaue er auf etwas herum. Worauf sich schon wieder alle erheben, um gemeinsam den Stör zu attackieren, mit Fingern oder Gabel. Hinuntergespült werden die leckeren Bissen einmal mehr mit Wodka. Hinsetzen zum Kartenspielen, dann wieder aufstehen zum Essen oder Trinken – so vergeht der Tag.

1876, als ein rundes Zehntel des weltweit geförderten Goldes aus Sibirien kam, diente Tomsk als Zwischenlager für alles, was im westlichen Sibirien aus dem Boden geholt wurde. In Tomsk ruhten die Schätze in tiefen, mittelalterlich wirkenden Verliesen, »beschützt von schwerbewaffneten Soldaten, mächtigen Toren und Türen, ellenlangen Schlüsseln, rostigen Scharnieren und Riegeln«. In den bestbewachten Bereichen befanden sich riesige, in die Wände eingelassene eiserne Tresore, deren Schlösser mit Wachs versiegelt waren, in der Schmelzerei befand sich eine kleine Waage, die so genau wog, »daß man auf ihr ein Stück Papier gegen soundso viele Haare aufwiegen konnte«.

Das Tomsker Gefängnis, Durchgangsstation aller für das mittlere und östliche Sibirien bestimmten Verbannten und Sträflinge, wirkte bis zum Ende des Jahrhunderts »wie ein kleines Präriedorf im amerikanischen Westen, das zum Schutz vor feindlichen Indianern von einer hohen Palisade aus oben zugespitzten Pfählen umgeben« war. In den kleinen Flußdörfern nicht weit von Tomsk kam die Post in einer verkorkten Glasflasche an, die von Bord eines vorbeifahrenden Dampfers ins Wasser vor der Kaimauer geworfen wurde.

An Kuriositäten mangelte es nicht: Ein Reisender traf auf dem Ussuri einen Schiffskapitän vom Mississippi, ein anderer in Irkutsk einen farbigen Sänger aus Süd-Carolina. Kennan fand im südlichen Transbaikalien alle möglichen amerikanischen Luxusartikel, die aus Kalifornien stammten. In Minusinsk, einer Ortschaft mit nur 5000 Einwohnern, 250 Kilometer vor der mongolischen Grenze, stand das größte und bedeutendste archäologische und naturgeschichtliche Museum Sibiriens. Zu seinen weltberühmten Schätzen gehörten 200 prähistorische Schädel und sehr alte Totenmasken aus Gips, aus vorgeschichtlichen Grabhügeln geborgene Messer und Helme. In der völkerkundlichen Abteilung des Museums waren lebensgroße Nachbildungen von Angehörigen diverser sibirischer Stämme in ihren angestammten Trachten zu bestaunen.

Das noch kleinere Nertschinsk – es hatte 1885 gerade 4000 Einwohner – wurde beherrscht von der Residenz eines wohlhabenden Bergbauunternehmers, der die über 40 Zimmer mit Parkettböden, Seidenvorhängen, Farbmosaikfenstern, Kristallüstern, dicken Orientteppichen und satinbezogenen Polstermöbeln in Weiß und Gold ausgestattet hatte. Marmorstatuen schmückten die Korridore, alte flämische Meister die Wände. In einem angebauten großen Glashaus wuchsen »Palmen, Zitronenbäume und seltene tropische Orchideen«, in einem als Museum dienenden Raum waren die wichtigsten in Sibirien geförderten Mineralien und Erze ausgestellt. Damit nicht genug: Auf einer großen Galerie über dem Ballsaal stand ein Orchestrion, groß wie eine Kirchenorgel, das bei den Festen des Gastgebers für die Musik sorgte. An der Wand des Ballsaals hing der angeblich größte Spiegel der Welt. Er war auf der Pariser Weltausstellung von 1878 gekauft, auf dem Seeweg um die halbe Welt verfrachtet und schließlich auf einem speziell konstruierten Kahn den Amur hinaufgeschleppt worden.

Krasnojarsk, auf demselben Längengrad wie Kalkutta liegend, war die Stadt mit den schönsten öffentlichen Gärten in Sibirien. Nachdem das Opernhaus einem Großbrand zum Opfer gefallen war, mußten die Aufführungen in einen Kuhstall verlegt werden –»Tschaikowski und Puschkin mit Stallgeruch«, wie ein Kritiker schrieb. Bei Duellszenen auf der Bühne benutzten die Darsteller echte, geladene Pistolen, achteten jedoch darauf, daß sie nur in die Decke schossen. Das berühmte Wahrzeichen der Stadt war ein Glockenturm, der zugleich als Stadttor diente.

Das von Verbannten und Sträflingen geprägte Lebensgefühl Sibiriens trieb seltsame Blüten: So galt es an manchen Orten als ganz und gar unfein, keine kriminelle Vergangenheit zu haben. Ein in Krasnojarsk ansässiger, in Sibirien geborener Händler, dessen Geschäft schlecht lief, machte sich eigens auf den Weg nach St. Petersburg, um dort ein Ding zu drehen; er kehrte in Ketten nach Sibirien zurück, saß im Gefängnis von Alexandrowsk bei Irkutsk seine Strafe ab und eröffnete dann sein Geschäft in Krasnojarsk neu – dank seiner jetzt erworbenen Referenzen mit Erfolg.

Viele Dörfer an der großen sibirischen Poststraße standen in dem Ruf, Horte der Unterwelt zu sein. Tara am Irtysch hatte sich auf die Schwarzbrennerei spezialisiert, die meisten Bewohner betrieben kleine illegale Destillen. Mysowaja war Zufluchtsstätte für Gesetzlose, zwischen Tomsk und Krasnojarsk gab es zahlreiche kleine Dörfer, deren ganze Einwohnerschaft aus Sträflingen und Verbannten bestand. Wohin man auch ging, überall traf man auf Leute, deren Vergangenheit dunkel war – selbst in höchsten Kreisen.

In Irkutsk lebte um 1870 eine feine Dame, die fünf Jahre Zwangsarbeit im Bergwerk hinter sich hatte, weil sie ihre Nichte, eine reiche Erbin, vergiftet hatte. Andere verdienten ihr Geld zwar auf legitime Art, konnten aber ihren Hang zu kriminellem Tun nicht ablegen. Als der Militärgouverneur von Tschita ein Bankett gab, verabschiedete sich am Abend der Bürgermeister (ein Ex-Sträfling) unter Verweis auf wichtige Amtsgeschäfte »und machte sich schnurstracks auf, die durchkommende nächtliche Postkutsche zu überfallen«. Mit seinen Freunden ritt er der Kutsche hinterher, brachte den Kutscher um, verwundete den Begleitoffizier schwer und klaute den Sack mit den Einschreibesendungen und Geldanweisungen. Ein Direktor des Gefängnisses von Akatui beschäftigte als Haushälterin eine Frau, die ihrem Mann den Schädel gespalten hatte. Als ein Besucher sich wunderte, winkte der Direktor ab: »Ach was, ich nehme mir immer Mörder. Sie sind für den Hausdienst wesentlich geeigneter als Diebe. Mein Kutscher ist auch ein Mörder.«

Die wohl am stärksten mit Ex-Sträflingen durchsetzte Berufsgruppe war die der Kutscher, die Bruderschaft der Jamschtschiki. Ihre Karren und Schlitten fuhren im Sommer und im Winter, sie wurden von Rentieren, Pferden oder Kamelen gezogen und waren mit Pelzen, Seide, Gewürzen und Tee aus Sibirien oder aus China beladen. Sie transportierten die Reisenden über kürzere oder längere Etappen und machten nebenbei ihre dunklen Geschäfte. Eine amerikanische Reisegruppe heuerte für die Durchquerung Sibiriens im Jahr 1876 sechs Kutscher an und fand unterwegs heraus, daß alle wegen Mordes verurteilt waren. Ihr Dolmetscher war sogar zweimal wegen Mordes bestraft worden, seine Frau, die als Köchin diente, hatte ihren ersten Mann mit einer Axt ins Jenseits befördert. Bis ins späte 19. Jahrhundert hinein gab es in Sibirien außer kleinen Missionsschulen kaum Ausbildungsstätten. 1724 war auf Anweisung Peter des Großen in Irkutsk eine Schule für orientalische Sprachen eröffnet worden, die Erkundungsexpeditionen an der Nordmeerküste und am Nordpazifik hatten zur Gründung einer Nautik-Fachschule für angehende Seeleute geführt. 1826 gab es in Sibirien erst 31 Schulen mit zusammen 1588 Schülern. Einige englische Missionare erteilten Unterricht für Eingeborenenkinder, in Selenginsk hatten Engländer ein Institut »für die Unterweisung einer ausgewählten Zahl von Kindern der heidnischen Stämme Sibiriens« ins Leben gerufen, doch nichts war von Dauer. Bald nach der Schließung der Missionsstation im Jahr 1840 wurden die englischen Missionare in der Erinnerung der abergläubischen Burjaten zu »Gespenstern« erklärt.

Die erste sibirische Universität nahm 1888 in Tomsk ihren Betrieb auf. Anfänglich im wesentlichen durch Geldspenden der Demidows (der Industriemagnaten aus dem Ural) und Alexander Sirjakows finanziert, firmierte die Universität großspurig als »das geistige Zentrum Asiens«. Sie hatte mit rund 97 000 Bänden bald eine reich bestückte Bibliothek vorzuweisen, deren Aufbau vor allem Pjotr Makuschin zu verdanken war, einem Kaufmann, der 1873 die erste Buchhandlung Sibiriens eröffnet hatte. Im Kostbarkeitenschrank der Bibliothek befanden sich etliche Raritäten, darunter die einzige vollständige Sammlung des *Moniteur Universale*, eines in den Jahren der Französischen Revolution erschienenen Nachrichtenblattes, ein Psalmenbuch aus dem 16. Jahrhundert und ein Album mit ägyptischen Ansichten, das einmal Napoleon gehört hatte. Das »Haus der Wissenschaften« im heutigen Tomsk ist nach Makuschin benannt; das Denkmal für ihn, das aus einer Schiene (als Symbol für den Weg zum Wissen) und einer

darüber schwebenden, Tag und Nacht leuchtenden Elektronenröhre (als Symbol
für die Suche nach Wissen) besteht, ist von einer für Sibirien nicht ganz untypi-
schen Häßlichkeit.

Das östliche Sibirien mußte bis zur Gründung der Universität Irkutsk im Jahr
1918 ohne jede höhere Bildungseinrichtung auskommen. In der Zwischenzeit
waren in den meisten größeren Städten Sibiriens allerdings Büchereien und
Museen sowie auch einige herausragende private Sammlungen entstanden. Die
vielleicht berühmteste war die des Krasnojarsker Gold- und Wodkamagnaten
Gennadi Judin, die rund 80 000 Bände umfaßte und später von der Kongreßbi-
bliothek der Vereinigten Staaten aufgekauft wurde, wo sie den Kernbestand der
Slawischen Sammlung bildet.

Ein Gesundheitswesen, das diesen Namen verdient hätte, gab es praktisch
überhaupt nicht. Impfungen gegen Windpocken waren in Sibirien zwar von 1771
an üblich, doch wurde die erste ärztliche Vereinigung des Landes erst 1858 in
Irkutsk gegründet. In Großstädten wie Omsk und Krasnojarsk gab es eine
organisierte medizinische Versorgung erst von Mitte der 1880er Jahre an. 1830
kam in Sibirien ein Wundarzt auf 40 000 Einwohner; Operationen und Autopsien
waren manchmal so primitiv wie in der Steinzeit. Nach dem Tod des Dekabristen
Michail Lunin im Dezember 1845 in Akatui öffnete der mit der Untersuchung
der Todesursache betraute Arzt den Schädel eines Toten mit einer Axt.
Sogar in einer so bedeutenden Siedlung wie Selenginsk lag die medizinische
Betreuung in den Händen eines einzigen Militärarztes; er behandelte jedoch nur
Angehörige der Garnison. Russen wie Eingeborene mußten oft bei Schamanen
und Medizinmännern Hilfe suchen, wenn Hausmittel nicht mehr genügten. Sie
taten dies jedoch nicht immer zum Schaden ihrer Gesundheit. Besonders die
Lama-Ärzte der Burjaten standen in der Tradition der tibetischen Medizin, deren
Erfahrungen das Wissen vieler russischer Ärzte in den Schatten stellte. Sie
beherrschten die Akupunktur und konnten aus dem Pulsschlag Diagnosen
ableiten. Gelegentlich griffen sie allerdings auch auf dubiose Heilmittel zurück,
auf Zauberformeln und Opferrituale.

Die Zahl der russischen Bewohner Sibiriens wuchs langsam, aber stetig: von 750
000 im Jahr 1700 über eine Million 1812 auf drei Millionen 1854. Zwischen 1815
und 1854 verdreifachte sich die Zahl der in Sibirien ansässigen Kaufleute, der
Wert der zu Lande und zu Wasser durch Sibirien verfrachteten Güter vervierfachte sich.

Obwohl die sibirischen Ströme auf insgesamt 44 000 Kilometern schiffbar waren und schon um 1840 die ersten Schaufelraddampfer aufkamen, litt die sibirische Binnenschiffahrt darunter, daß bis auf den Amur alle Ströme nach Norden in das eisbedeckte Polarmeer flossen.

Das größte Hindernis für das Wirtschaftsleben Sibiriens aber waren die riesigen Entfernungen zwischen seinen Bergwerken und Minenfeldern und den europäischen Märkten, auf denen die Produkte verkauft werden konnten. In den Vereinigten Staaten bildeten bis zum Anfang des 19. Jahrhunderts die Appalachen einen Sperriegel, in Rußland war es der Ural. Wären die mächtigen sibirischen Ströme in Ost-West-Richtung geflossen statt »ihre Wasser nutzlos in ein arktisches Meer zu ergießen«, das Problem der großen Entfernungen wäre vielleicht zu lösen gewesen; so aber wartete das ganze Land, wie ein Historiker in bewußter Analogie zur Entwicklung in den USA schrieb, ungeduldig auf die Ankunft zunächst der Dampfkraft und dann der Eisenbahn.

Wir müssen uns vergegenwärtigen, daß trotz aller Transportmöglichkeiten, die die Großen Seen boten, Chicago 1830 noch ein Dorf war; zwanzig Jahre später galt es noch als zweifelhaft, daß eine wirtschaftlich lohnende Besiedlung Minnesotas möglich sei; noch weitere zwanzig Jahre später stritt man darüber, ob Dakota und das Einzugsgebiet des nördlichen Red River dauerhafte Anreize für eine landwirtschaftliche Erschließung böten. Ist es da ein Wunder, daß das westliche und mittlere Sibirien bis zum Anbruch des Industriezeitalters am Beginn des 20. Jahrhunderts praktisch unbesiedelt blieben?

Der Wirtschaftsaustausch in Sibirien vollzog sich im großen und ganzen als lokaler Naturalhandel, als Tausch Ware gegen Ware; überörtlichen Handel gab es fast nur an den Binnenschiffahrtsrouten. Die Pläne der Regierung für Kanalbauten wurden nie verwirklicht. Der Ob war eine verhältnismäßig gut ausgebaute Handelsachse, der Jenissej und die Lena konnten nur in ihrem Mittellauf befahren werden. So konzentrierten sich Handel und Wirtschaft auf Krasnojarsk, Jenissejsk, Minusinsk und Irkutsk.

Adolf Nordenskjöld hatte bei seiner berühmten Expedition von 1878 die Nordostpassage zur Beringstraße nur unter so großen Schwierigkeiten bezwungen, daß an eine regelmäßige Schiffahrt auf dieser Route nicht zu denken war. Die Kosten für den Transport schwerer Ausrüstungsgüter in den sibirischen Osten waren unerschwinglich hoch, in den sibirischen Bergwerken wurde weiterhin mit hoffnungslos veralteter Technik gearbeitet. Da half kaum, daß die der Krone gehörenden Werke unbeschränkten Zugriff auf billige Sträflingsarbeit hatten.

Das Römische Reich hatte zur Zeit Hadrians über gepflasterte Straßen in einer Gesamtlänge von 53 000 Meilen verfügt. Im flächenmäßig größeren Sibirien gab es gegen Ende des 19. Jahrhunderts nur Staub- beziehungsweise Schlammstraßen und Trampelpfade. Zwar verknüpfte ein Netz von Post- und Verkehrswegen viele Dörfer und Städte miteinander, doch die Bevölkerungsdichte lag selbst in der Taiga westlich von Irkutsk Ende des 19. Jahrhunderts bei weniger als 0,5 Einwohner pro Quadratkilometer. Eine Postsendung brauchte mehr als dreieinhalb Monate vom Ural bis nach Ochotsk und ein halbes Jahr von Moskau bis nach Kamtschatka. In der flachen Landschaft Westsibiriens war die Anlage von Wegen und Straßen noch verhältnismäßig einfach, das östliche Sibirien aber war bergig und zerklüftet, mittendrin lag auch noch die riesige, 650 Kilometer lange Sichel des Baikalsees. Der *Veliki Trakt*, die große sibirische Poststraße, mußte einen so weiten Bogen um den Südzipfel des Sees machen, daß Güter aus oder für Kjachta, den Umschlagplatz des Chinahandels, manchmal unterwegs verrotteten.

Von Tjumen aus führten drei Routen nach Osten: eine nördliche Schiffahrtsroute über Ob und Irtysch nach Tomsk; die mittlere, auch Winterroute genannt, nach Omsk – sie deckte sich mit dem entsprechenden Abschnitt der großen sibirischen Poststraße; der Landweg über die südliche Steppe nach Omsk und weiter über Semipalatinsk nach Barnaul.

In Omsk liefen die von Orenburg, Semipalatinsk und Zentralasien kommenden Routen zusammen. Die wichtigste Verbindung nach Osten verlief von hier nach Irkutsk am Baikalsee und gabelte sich: ein Weg führte nordöstlich nach Jakutsk, der andere wand sich um den Südzipfel des Baikalsees nach Werchne-Urdinsk. Hier verzweigte er sich noch einmal nach Kjachta beziehungsweise Sretensk.

Werststeine erinnerten den Reisenden auf dem Weg vom Ural nach Wladiwostok in manchmal aufreizender Weise daran, wie weit er von St. Petersburg entfernt war – 2543 Werst in Tjumen, 4053 in Tomsk, 5611 in Irkutsk und schließlich 9877 Werst (etwa 9940 Kilometer) in Wladiwostok.

Die Weitläufigkeit Sibiriens macht eine oft erzählte Geschichte deutlich: Sechs jungfräuliche Kamtschadalinnen machten sich unter dem Schutz einer kaiserlichen Eskorte in die über 10 000 Kilometer entfernte Reichshauptstadt auf. Noch ehe sie Irkutsk erreichten, hatte jede von ihnen ein Kind auf die Welt gebracht, gezeugt von ihrem militärischen Begleiter. Als sie in St. Petersburg eintrafen, wiegten sie alle einen zweiten Säugling in den Armen …

Von Mitte des 19. Jahrhunderts an war es eine Zeitlang möglich, von Kamtschatka aus auf einer ostwärts um die Erde führenden Route schneller nach St. Petersburg zu gelangen als auf dem Weg durch Sibirien: mit dem Schiff über den Pazifik nach Kalifornien, von dort per Eisenbahn an die amerikanische Ostküste, über den Atlantik mit dem Schiff nach Europa und von dort zu Pferd oder per Bahn nach St. Petersburg.

Die große sibirische Poststraße bildete zwar eine zuverlässige Überlandverbindung, war jedoch streckenweise kaum mehr als »eine vom Karawanenverkehr gebahnte Schneise«. Die weder mit Sitzen noch mit Federung ausgestatteten Karren, auf denen die Reisenden große Teile des Weges zurücklegen mußten, waren so berüchtigt, daß sogar der unerschütterliche Kennan das Reisen manchmal als unerträglich empfand.

»Auf einer schlechten, holprigen Straße«, schrieb er, »wird einem in weniger als 24 Stunden regelrecht die Seele aus dem Leib geschüttelt. Ehe wir sechzig Meilen zurückgelegt hatten, war ich so kaputt, daß ich mich kaum mehr aufrecht halten konnte. Der Kopf und das Rückgrat schmerzten gewaltig und waren so empfindlich gegen Erschütterungen geworden, daß jeder Stoß wehtat wie ein Keulenhieb.«

Im Frühjahr verschlammten die Fahrbahnen, der Wechsel von Frost in der Nacht zum Tauwetter am Tag machte sie noch unebener, als sie ohnehin waren. Am schlimmsten war die Wegstrecke von Jakutsk nach Ochotsk, die zwar um 1850 von Sträflingen neu angelegt, dadurch aber nicht besser geworden war. Einige der schlimmsten Schlammlöcher waren zu Beginn des 19. Jahrhunderts mit Knüppeldämmen oder Planken überbaut worden, aber diese wurden im Winter oder bei feuchtem Wetter zur tückischen Rutschfalle für die Pferde. Und da die verrotteten und verwitterten Stellen nicht ausgebessert wurden, war nach kurzer Zeit nur noch jeder hundertste Damm intakt. Ein Reisender berichtete von über 200 Pferdeskeletten, die er allein zwischen Ochotsk und dem Judoma-Kreuz gezählt hatte.

Reisen auf der Poststraße bedeutete in jedem Fall, daß man immer wieder umsteigen mußte; und das hieß, daß das gesamte Gepäck umgeladen werden mußte, im Verlauf der Reise oft einige hundert Mal. Von Schachteln und Kisten mit harten Kanten mußte man sich trennen und seine Sachen in flache Lederbeutel umpacken. Diese dienten, mit Heu gepolstert, während der Fahrt als Bettunterlage. Der hintere Teil des Karrens mußte mit Kissen ausgelegt werden, im Vorderteil, unter dem Kutschbock, fanden all jene Siebensachen Platz, die man für eine mehrwöchige Reise brauchte: Proviant, Teekessel, Besteck und so weiter. Das Umladen zu allen erdenklichen Tages- und Nachtzeiten im tiefsten sibirischen Winter war nicht gerade ein Vergnügen. Wer es sich leisten konnte, mietete sich für die gesamte Strecke eine eigene Kutsche und schlief auch in ihr statt in einem der elenden Gasthöfe an der Straße.

Der Mythos Sibiriens lockte Naturschwärmer, Missionare, Wissenschaftler, Völkerkundler, Geologen, Journalisten, Weltreisende und Leichtfüße an. Sibirische Reisebeschreibungen kamen gegen Ende des 19. Jahrhunderts ganz groß in Mode.

Ein britischer Marineoffizier, John Dundas Cochrane, verkündete seinen Plan, zu Fuß via Sibirien die Erdkugel zu umrunden, »so weit es auf dem Landweg möglich ist«. Er startete in London, ließ sich über den Ärmelkanal nach Dieppe übersetzen, wanderte nach Moskau und von da aus weiter durch ganz Nordasien bis an die Küste des Ochotskischen Meers. Noch immer nicht erschöpft, fuhr er nach Kamtschatka, wo er sich bald nach seiner Ankunft in eine junge Kamtschadalin verliebte. Mit ihr kehrte er auf demselben Weg, den er gekommen war, nach Hause zurück. Unter den Sibirien-Reisenden waren anglikanische Geistliche, die am liebsten alle Eingeborenen auf einen Schlag zivilisiert hätten, Journalisten, Naturwissenschaftler, ein preußischer Physiker, der 1828 an der Lena Messungen vornahm und darüber eine Arbeit verfaßte, die ihm eine Goldmedaille der Royal Geographical Society einbrachte.

Vor Beginn ihrer Reise wurden Sibirien-Besucher in einem Handbuch vorsorglich darauf hingewiesen, daß sie gut daran täten, sich mit »einem Revolver, dicker Wollunterwäsche, gut gefütterten Gummistiefeln, warmer Pelzkleidung, einem Moskitonetz, einem Kopfkissen oder Aufblaskissen, Bettwäsche, einer Wolldecke, Handtüchern, Seife, einer aufblasbaren Gummibadewanne sowie mit ›Mitteln gegen menschenfeindlich veranlagte Insekten‹ einzudecken. Um nicht bei der Polizei als Verbreiter subversiver Propaganda in Verdacht zu geraten, sollte man zum Verpacken zerbrechlicher Utensilien in Reise- und Handtaschen immer nur unbedrucktes Papier benutzen.«
Die Gasthöfe in Sibirien waren zumeist Blockhütten ohne jede Annehmlichkeit.

Als Wirte fungierten aus unerfindlichen Gründen oft Invaliden, in allen Häusern wimmelte es von großen rot-schwarzen und kleinen weißen Kakerlaken, die beim Abendessen, von aufsteigendem Rauch betäubt, in Schüssel und Teller fielen. In einem Hotel erlebte eine amerikanische Reisegruppe, daß es zu den Mahlzeiten nicht einmal Bestecke gab. »Wir schnitten unser Brot mit dem Taschenmesser ab«, schrieb einer von ihnen, »und aßen die Eier nicht mit dem Löffel, sondern indem wir uns alles, was sich herauslöste, in den Mund schütteten, dann das restliche Ei zerbrachen und das, was noch an der Schale haftete, ablutschten.« Ein Oberkellner in einem anderen Hotel bat um Entschuldigung für die umhertanzenden Mäuse und sagte: »Wir haben zwölf Katzen, aber die scheinen selbst vor den Mäusen Angst zu haben.« Noch 1897 gab es in vielen Hotelzimmern von Omsk nicht einmal eine Waschschüssel.

Überall sahen Reisende sich den Sommer über von Schnaken, Bremsen und anderen Blutsaugern bedrängt, die in so dichten Schwärmen auftraten, daß sie manchmal wie Nebelschwaden den Boden bedeckten. Jedermann stülpte sich engmaschige Roßhaarnetze über den Kopf und trug hohe Schaftstiefel und lange Lederhandschuhe; selbst das Vieh verkroch sich tagsüber im Stall und traute sich nur bei Nacht auf die Weide. »Und als Mensch«, klagte ein schwergeprüfter Reisender, »kann man nicht vorsichtig genug sein, wenn man den dringenden Bedürfnissen des Lebens Tribut zollen muß. Ich selbst wurde so schlimm gestochen, daß ich drei Tage lang vor Schmerz nicht wußte, wie ich mich drehen und wenden sollte, und ich hatte die größte Mühe, das Einsetzen eines Wundbrands an dieser vom Stich entzündeten, empfindlichen Stelle meines Intimlebens zu verhindern.«

Wiedergutmachung für die Widrigkeiten des Lebens in Sibirien übte die Natur. Katharina die Große hatte 1764 die Anpflanzung weißer Birken entlang der Landstraße von Jekaterinburg nach Tjumen angeordnet; die Bäume wurden in so kurzen Abständen gesetzt, daß ihre Äste ineinander wuchsen und ein elegant gewölbtes Laubdach bildeten. Wer auf seinem Weg nach Sibirien diese noble Baumarkade passiert hatte, der ahnte wohl, daß in diesem Land außergewöhnliche Naturschönheiten auf ihn warteten. Und diese Erwartung wurde nicht enttäuscht: Die Berge, die den Baikalsee einrahmten, erinnerten an die schottischen Highlands, das Gebiet um Minusinsk am Jenissej konnte sich an Schönheit mit Gegenden in der Schweiz oder an den oberitalienischen Seen messen. In den höheren Lagen des schneebedeckten Altai fanden sich alpine Wiesenhänge voller Blumenpracht, unten fruchtbare Täler mit dichtem Espen-, Lärchen- und Fichtenbewuchs.

Aber auch diejenigen, die nach herberen Anblicken suchten, wurden nicht enttäuscht: Auf Kamtschatka waren wildzerklüftete Felsschluchten und machtvolle Sturzbäche zu sehen, die »um schroffe schwarze Felsen schäumten und in herrlichen Kaskaden über Lavagesimse stürzten«. Der vulkanische Gebirgskamm, der die Halbinsel durchzog, erinnerte in seiner wilden Schroffheit an die Sierra Nevada; am Fuß der Vulkankegel teilten Felssporne die Landschaft in tiefe, einsame Schluchten von malerischer Schönheit. Bei gelegentlichen Vulkanausbrüchen stiegen aus den Kratern Rauch- und Feuersäulen auf, rotglühende Lava floß in breiten Bändern die schneebedeckten Bergflanken hinunter. Kamtschatka konnte aber auch ein sehr idyllisches Gesicht zeigen, wie Kennan es 1866 erlebte, als er, von der amerikanischen Westküste aus per Schiff anreisend, zunächst einmal ihre äußere, östliche Küste erblickte:

[Der Nebel fing an] zu weichen, und einen Augenblick später hob er sich langsam, wie ein riesiger, grauer Vorhang, enthüllte das Meer und den tiefblauen Himmel. Eine Flut rosigen Lichtes ergoß sich von der untergehenden Sonne, und vor uns entrollte sich ein Bild von wunderbarer Schönheit. Hundert und fünfzig Meilen nach Norden und Süden dehnte sich die großartige Küstenlinie von Kamtschatka. In purpurnem Duft entstiegen die schroffen Vorgebirge dem blau schimmernden Meere. Hier und da huschten weiße Wölkchen und flockige Nebelstreifen darüber hin und verschwanden in dem blendend weißen Schnee der höheren Spitzen. Zwei tätige Vulkane, zehn- und sechzehntausend Fuß hoch, überragten das Gewirr der gezackten, niederen Bergreihen, ihre mit ewigem Schnee bedeckten Gipfel hoben sich scharf vom tiefen Azur des Himmels ab, während ihr Fuß sich bereits in dunkle Abendschatten hüllte.

Bei der Einfahrt in die Bucht von Petropawlowsk erblickte Kennan zu seiner Überraschung grüne, grasbewachsene Täler, die sich von der felsigen Küste landeinwärts zogen, dazwischen sanft gerundete, mit Gruppen gelb blühender Birken bestandene Felsklippen und auf den »warmen, geschützten Flanken der Berge« dichte bunte Blumenteppiche. Schwarz- und Braunbären zogen in Horden über die Ebenen und durch die Täler, wilde Schafe grasten überall in den

Bergen, Schwärme von Enten, Gänsen und Schwänen sammelten sich in der Nähe der Moore und Seen.

Das Sajan-Gebirge weit im Südwesten, dessen hohe Gipfel sich »in viele steile Gesteins- und Felsmassen von unterschiedlicher Form und Größe gliederten«, erinnerten einen Reisenden an zerschossene Zitadellen aus spätmittelalterlichen Heldenepen. Beim Durchqueren der fruchtbaren Baraba-Steppe beobachtete er, wie sich an Seeufern »eine riesige Zahl von Schwänen, Kranichen, Pelikanen, Enten und Wildgänsen« tummelte, während die Wälder und Sümpfe reich an Rohrdommeln, Schnepfen, Moorhühnern, Auerhähnen und anderen Vogelarten waren. Als er nach Krasnojarsk kam, empfand er die Stadt als »einen Ort, wo sich alles findet, was die Schönheit der Natur zum Entzücken und Nutzen des Menschen hervorbringt«.

Tschechow pflichtete diesem Urteil ein Jahrhundert später bei. Auf der Reise durch das westliche Sibirien hatte er wenig Rühmenswertes gesehen, als er aber den Jenissej erreichte, erklärte er ihn zum wunderbarsten Fluß, den er je gesehen hatte: »Ein mächtiger wirbelnder Riese, der nicht weiß, wohin mit seiner enormen Kraft und seiner Jugend.« Krasnojarsk bezeichnete er als »die beste und schönste unter allen sibirischen Städten. Ich stand da und dachte: Welches volle, intelligente und tapfere Leben wird eines Tages dieses Ufer erleuchten!«

Der Weg von Krasnojarsk nach Irkutsk führte durch fruchtbare Täler und dunkle Wälder: »Überall tat sich vor meinen Augen ein schöner Anblick nach dem anderen auf«, schrieb ein Reisender. Weiter nördlich, entlang der Angara, erlebte die hingerissene Maria Wolkonskaja ein beeindruckendes Naturschauspiel:

> Im Verlauf des Monats Mai verschwindet die Nacht vollends, und wenn das Dämmerlicht aufzieht, tauchen in großen Schwärmen Schwäne, Gänse und Enten auf, und die Luft schwirrt vom Schlagen ihrer Flügel. Ihre Zahl übersteigt jedes Vorstellungsvermögen. Man muß sie sehen, um es glauben zu können. Jede Vogelart summt ihren eigenen charakteristischen Ton, und ich fühlte mich an einen Choral erinnert, eine wunderbar feierliche Hymne, angestimmt von so vielen Millionen Geschöpfen in Tonarten, die der Schöpfer selbst sie gelehrt hatte. Um mich herum, so weit das Auge reichte, zogen zahllose Formationen von Enten, Gänsen und anmutigen sibirischen Kranichen am Himmel dahin, ohne jede Unterbrechung, wie Flüsse alle in dieselbe nördliche Richtung strömend. Es gab keinen einzi-

gen freien Fleck am Himmel, und auch alle Wasserflächen am Boden, der Fluß und die Inseln, waren vollständig von ihnen bedeckt, so dicht wie in einer klaren Nacht die Sterne das Firmament bedecken.

Die Schönheit eines sibirischen Sommerabends wurde vielleicht nur noch übertroffen vom Schauspiel einer *aurora borealis* in einer arktischen Winternacht. »Keine andere Naturerscheinung«, schrieb Kennan in der Schilderung seiner Reise in den Nordosten Sibiriens, »ist so großartig, so geheimnisvoll, so schrecklich schön in ihrer himmlischen Pracht wie diese; der Schleier, welcher dem sterblichen Auge die Strahlenkrone des Ewigen verhüllt, scheint gelüftet, und der von banger Ehrfurcht erfüllte Beschauer, der Atmosphäre des täglichen Lebens entrückt, wähnt vor Gottes Thron zu stehen.« Einmal wachte er nachts auf:

Das ganze Weltall schien in Flammen aufzulodern. Gleich einem gigantischen Regenbogen spannte sich am Himmelsgewölbe von Osten nach Westen ein breiter glänzender Streifen in allen Farben des Prismas, von dessen Rand sich eine lange Franse roter und gelber Lichtströme bis zum Zenit erstreckte. Parallel zu diesem Bogen tauchten plötzlich am nördlichen Horizont breite Lichtwellen auf, die in ruhiger Erhabenheit sich über den ganzen Himmel ergossen wie lange Wogen phosphoreszierenden Lichtes, die aus einem schrankenlosen Lichtmeer hervorquollen. Für die Dauer eines Augenblicks wallte und zitterte der majestätische Bogen, wechselte die Farbe, und die glänzenden Lichtströme an seinem Rande wogten in großen Kurven hin und her. Dann bewegte sich der herrliche Nordlicht-Regenbogen mit seinen zuckenden Lichtströmen langsam zum Zenit, ein zweiter Bogen von gleicher Pracht bildete sich unter demselben, aus dem eine lange, dichtgedrängte Reihe bunter Lanzen zum Polarstern aufschossen als ob himmlische Heerscharen die Waffen präsentierten.

Den traurigen Ruf, den Sibirien in der Welt genoß, widerlegte das Land auf Schritt und Tritt. Fast alle Reisenden zeigten sich überrascht von der »brütenden Hitze« sonniger sibirischer Sommertage und noch mehr von der »außerordentlichen Schönheit und Fülle der sibirischen Blumen«. Im arktischen Norden Sibiriens kam der Sommer urplötzlich:»Es gibt hier keinen langen, feuchten, verweilenden Frühling«, schrieb einer, der sich in das Land verliebt hatte,»kein allmähliches Sichentfalten von Knospen und Blättern. Die Vegetation, die acht Monate lang in den Fesseln des Eises gelegen hat, sprengt einfach ihre Ketten und erobert mit einem großen, unwiderstehlichen Schwung die Welt im Sturm.«

Mit den Jahren konnte das Wissen über Sibirien vervollständigt werden, die letzten weißen Flecken auf der Landkarte verschwanden. Die Neusibirischen Inseln, ein aus vier größeren und vielen kleinen Eilanden bestehender Archipel, waren 1761 entdeckt worden, 1770 folgten die vier Ljachow-Inseln. Ihre Entdecker waren auf sie gestoßen, als sie einer Rentierherde nordwärts über das Eis der Ostsibirischen See gefolgt waren.

1819 hatte Alexander I. den Auftrag zu einer Expedition an der Nordostküste Sibiriens erteilt, von der Kolyma-Mündung in Richtung Ostkap. Ein junger Marineoffizier, Leutnant Ferdinand Wrangel (der es später zum Gouverneur von Russisch-Amerika brachte), stellte sich dieser Herausforderung. Er entschied sich für den Landweg und brach 1820 von der Kolyma aus zum Kap Schelagskoj auf, das er umwanderte, wenn auch unter höchsten»Beschwerden und Gefahren«. Er und seine Begleiter waren, wie er berichtete,

oft genötigt, steile, 90 Fuß hohe Eisberge zu erklimmen und uns von dieser Höhe zuweilen beinahe senkrecht herabzulassen, wobei wir Gefahr liefen, unsere Schlittensohlen zu zerbrechen. Dann mußten wir wieder große Strecken in tiefem, bis über den Gürtel reichendem, lockerem, angewehtem Schnee durchwaten, und wenn sich zuweilen zwischen den Eistürmen auch eine nicht gerade mit Schnee bedeckte kleine Eisfläche fand, so war sie mit scharf kristallisiertem Seesalz bedeckt, welches die Eissohlen der [Schlitten wegschliff] und den Hunden das Ziehen so erschwerte, daß wir uns selbst vorspannen und mit der größten Anstrengung die Schlitten fortziehen mußten, um nur nicht völlig stecken zu bleiben. Nachdem wir mit der größten Anstrengung ungefähr neun Werst zurückgelegt hatten, zwang uns unsere und unserer Hunde gänzliche Ermattung, Halt zu machen. Wir hatten nur noch Vorräte für drei Tage. Und so war es zweifelhaft, ob ich es wagen dürfte, weiter vorzudringen. Ich mußte mich daher zur Rückkehr entschließen und mich für dieses Mal damit begnügen, wenigstens soviel mit Bestimmtheit ermittelt zu haben, daß auf einer

Strecke von 40 Meilen östlich von dem Kap Schelagskoj die Küste immer in südöstlicher Richtung fortläuft.

Drei Jahre später schaffte Wrangel es, über das Kap Schelagskoj hinaus bis ans Ostkap vorzustoßen. Er legte fast 2500 Kilometer in 78 Tagen zurück und widerlegte die letzten Theorien über eine Landbrücke zwischen Asien und Amerika, die ein englischer Admiral noch 1817 vertreten hatte.

Auch wenn die Nordmeerküste Sibiriens nunmehr vollständig erkundet und kartiert war, verhinderten die Eismassen der Karasee und die nur kurze Zeit offene Jenissej-Mündung jede Schiffahrt zwischen dem mittleren Sibirien und den Hafenstädten Europas. Noch 1840 gelangte die russische Admiralität zu dem Schluß, ein kommerziell sinnvoller Schiffsverkehr durch die Karasee sei »ganz und gar unmöglich«. In den siebziger Jahren unternahmen dann Kapitän Joseph Wiggins, ein Engländer, und Baron Adolf Nordenskjöld, ein Schwede, mehrere Versuche, eine schiffbare Route zu finden. Wiggins gelang es 1874, von Westen her die Ob-Mündung zu erreichen; Nordenskjöld erreichte im Jahr darauf die Mündung des Jenissej. Zwei Jahre später fuhr Wiggins den Jenissej 1600 Kilometer stromaufwärts bis nach Krasnojarsk; Nordenskjöld schaffte es 1878/79, die Nordostpassage auf der »Wega« zu durchfahren und das asiatische Nordkap zu umrunden.

Unter dem Eindruck dieser Reise taten sich englische Kaufleute zu einem Sibirien-Syndikat zusammen; sie erhielten von der russischen Regierung das Recht, Waren zollfrei ins Herz Sibiriens transportieren zu dürfen.

Genau zu dieser Zeit begann eine Entdeckungsreise, die der Welt vor Augen führen sollte, was für ein tückisches Schiffsrevier das russische Polarmeer ist; unternommen wurde sie von George Washington De Long, einem Leutnant der US-Marine.

Von San Francisco aus durchfuhr De Long die Beringstraße und tastete sich in Sichtweite der Wrangel-Insel nach Norden vor. Am 5. September schloß Packeis das Schiff ein. Die »Jeannette« wurde 21 Monate lang manövrierunfähig durch das Nordmeer geschoben. Am 12. Juni 1881, als das Schiff sich noch immer 1200 Kilometer südlich des Nordpols und fast 1000 Kilometer nördlich der sibirischen Küste befand, verstärkte sich der Druck des Packeises so sehr, »daß das Deck sich durchbog und Werg und Pech aus den Ritzen gepreßt wurden«. Am nächsten Tag sank das zerdrückte Schiff, die Besatzung mußte in drei offenen

Booten versuchen, durch ein Labyrinth aus engen Wasserrinnen und bedrohlichen Eisblöcken einen Weg zurück zu finden. Nach neunwöchigem Kampf erblickten sie Faddeja, eine der drei großen Neusibirischen Inseln, und hatten schließlich offenes Meer vor sich. Mit verzweifelter Kraft ruderten sie nach Südwesten in Richtung Lena-Delta. Doch ein Sturm zertrümmerte eines der drei Boote und trennte die beiden anderen. Eines der beiden Boote, befehligt von De Longs Obermaat, erreichte wohlbehalten die Lena-Mündung und fuhr auf der Suche nach Rettung stromaufwärts. Doch De Long erreichte auf dem anderen Boot die Küste, überlebte aber nicht. Die Leichen der Bootsbesatzung wurden erst im folgenden Frühjahr gefunden, nachdem am 23. März 1882 ein Russe zufällig den aus dem Schnee ragenden Arm De Longs entdeckt hatte.

Das schaurige Ende dieser Entdeckungsfahrt trug erheblich dazu bei, in der öffentlichen Meinung Amerikas jenes verzerrte Bild von Sibirien zu verankern, das sich zäh bis heute behauptet.

Viele der Eroberer Sibiriens glaubten an das riesige Potential dieses »jungfräulichen Gebietes«, das sich nur mit dem »gelobten Land« Amerikas vergleichen ließ. Sie sahen ein Land der unbegrenzten Möglichkeiten, dem Despotismus des zaristischen Systems ebenso weit entrückt wie der Leibeigenschaft, ein Land, in dem jedermann die Chance hatte, kämpfend neue Ufer zu erreichen.

Dostojewski schrieb einmal, alle diejenigen, die das Zeug hätten, mit den Problemen des Lebens fertig zu werden, entschieden sich für Sibirien, um dort Wurzeln zu schlagen; die anderen kehrten ins Mutterland zurück und verteufelten Sibirien als wildes, barbarisches Land. Er war davon überzeugt, daß in Sibirien jeder sein höchstes Glück finden könne. »Die jungen Damen blühen wie Rosen«, schrieb er in den *Aufzeichnungen aus einem Totenhaus,* »das Wild jagt durch die Straßen und begegnet dem selbstgewählten Jäger. Außerordentlich große Mengen Champagner werden getrunken. Der Kaviar ist wunderbar. Mancherorts liefern die Böden einen fünfzehnfachen Ertrag.«

Die relative Freiheit, in der die Sibirer leben konnten, führte auch dazu, daß sie eine hohe Wertschätzung für Menschenwürde und Menschenrechte entwickelten, nicht selten stellten Reisende mit Überraschung fest, daß die Sibirer »in ihren Umgangsformen, Sitten und Gebräuchen, ja selbst in ihrer Lebensweise« ein wenig an Amerikaner erinnerten.

Das Gefühl, daß Sibirien und seine Bewohner eine eigene Welt verkörperten, förderte bei vielen das Streben nach regionaler Autonomie, nach Eigenstaatlichkeit. Die Anhänger eines eigenständigen Sibiriens bekannten sich zu Demokratie und Freiheit und verbündeten sich mit den Eingeborenen gegen Kolonialherrschaft. Zu den Minimalforderungen der 1864 gegründeten Geheimgesellschaft für die Autonomie Sibiriens gehörten lokale Selbstverwaltung durch gewählte Vertreter und ein Ende der Abschiebung krimineller Elemente nach Sibirien; andere forderten eine unabhängige »sibirische Nation«, die in voller Freiheit ihren eigenen Weg gehen sollte.

Offene und heimliche Sympathisanten für diese Bewegungen gab es bis hinauf in die höchsten Ränge der Regierung; selbst Murawjew-Amurski hat sich wohl von solchen sibirischen Visionen anstecken lassen. »Wie alle Männer der Tat aus der Schule des Staates«, schreibt Peter Kropotkin in seinem Buch *Memoirs of a Revolutionist* (1885), war Murawjew im tiefsten Grunde seines Herzens ein Despot, aber er hegte fortschrittliche Auffassungen. Er hatte eine Anzahl junger Beamten um sich geschart, die zumeist von ähnlichen Absichten beseelt waren wie er. »In seinem Studierzimmer debattierten die jungen Leute über die Möglichkeit, die Vereinigten Staaten von Sibirien ins Leben zu rufen und sie vielleicht in eine transpazifische Föderation mit den Vereinigten Staaten von Amerika einzubringen.« Murawjews Villa in Irkutsk mit ihrem Säulenvorbau wurde manchmal das »Weiße Haus« genannt. Eine von russischen Populisten in Genf publizierte Zeitschrift sagte 1878 voraus, Ostsibirien werde sich aufgrund seiner wirtschaftlichen Interessen zwangsläufig stärker nach Washington als nach St. Petersburg orientieren; ein Oppositioneller, der ein Attentat auf Alexander II. plante, hegte gar die kühne Vorstellung, nach vollbrachter Tat werde Sibirien sich sofort vom Russischen Reich lossagen und sich den Vereinigten Staaten anschließen.

Um solchen Vorstellungen entgegenzuwirken, begann die Kaiserlich-Russische Geographische Gesellschaft mit einer großen Propagandaaktion. Sie verbreitete große Mengen völker- und erdkundlicher Informationen; die Gesellschaft hoffte, das Konzept einer allübergreifenden Völkergemeinschaft unter der Krone des Zaren populär machen und das Bewußtsein der gebildeten Russen für die Größe und Mannigfaltigkeit des Reichs schärfen zu können. Vom Ende des 19. Jahrhunderts an wurden auch die eingeborenen Sibirer zunehmend mehr als »Staatsbürger« mit gleichen Rechten vor dem Gesetz anerkannt. Das Problem, Rußland und Sibirien zu einem Staatskörper zusammenzuschweißen, konnte dennoch nicht gelöst werden.

14

AUF EISERNEN SCHIENEN IN DEN KRIEG

Von Sibirien als einem Land der unbegrenzten Möglichkeiten hat nicht nur Murawjew-Amurskij geträumt, sondern auch manch anderer russischer Staatsmann. Doch es dauerte bis zur Wende zum 20. Jahrhundert, ehe die Entwicklung Sibiriens wirklich zu einem ernsthaften Anliegen der russischen Regierung wurde. Und das wichtigste Mittel zur Erreichung dieses Ziels war der Bau der Transsibirischen Eisenbahn zwischen 1891 und 1905.

Nach der Abschaffung der Leibeigenschaft zwischen 1861 und 1863 hatte die Einwanderung nach Sibirien enorm zugenommen. Der einzige große Verkehrsweg nach und durch Sibirien, die Große Sibirische Poststraße, war eine holprige Strecke aus der Frühzeit der Erschließung des Landes; trotz ihrer Einbindung in die Flußschiffahrt war sie kaum in der Lage, den anschwellenden Menschenstrom und die grundlegenden wirtschaftlichen Bedürfnisse Sibiriens zu bewältigen. Auch für die militärische Verteidigung des Landes war die Infrastruktur unzureichend, zumal in einem Augenblick, in dem das erwachende Japan seine Hände nach der Mandschurei und nach Korea auszustrecken begann.

Die Amerikaner hatten 1869 die erste transkontinentale Eisenbahn der Welt in Betrieb genommen. Die Kanadier taten es ihnen 1885 mit der Canadian Pacific nach. Die Anbindung Britisch-Kolumbiens an das östliche Kanada durch diese Eisenbahn zeigte deutlich, was Rußland brauchte, um Sibirien endlich zu einem festen Bestandteil des Mutterlandes machen zu können.

Die Idee war nicht neu. Schon Murawjew-Amurskij hatte den Vorschlag gemacht, eine Eisenbahnverbindung zum Amurtal und zur Pazifikküste zu schaffen. Und der amerikanische Millionär und Weltreisende Perry M. Collins schlug 1857 die Errichtung einer relativ kurzen Bahnverbindung zwischen Irkutsk und Tschita vor, um den Amur an den Jenissej anzuschließen.»Eingedenk der riesigen Ausdehnung des Landes, seiner mächtigen Flüsse, des Umfangs seiner natürlichen Reichtümer und seines potentiellen Werts für die Weltwirtschaft« erschien ihm der Amur als ein Zugangsweg, über den»das amerikanische Unternehmertum die unerschlossene Tiefe des nordasiatischen Raums durchdringen und dem Handel und der Zivilisation eine neue Dimension eröffnen sollte«.

Im US-Finanzministerium stieß Collins auf wohlwollendes Gehör. Er hatte sein Glück in gemeinschaftlichen Bankgeschäften mit dem Bruder von Ulysses S. Grant gemacht und wurde prompt zum»Wirtschaftsrepräsentanten der Vereinigten Staaten am Amur-Fluß«ernannt. 1856 reiste er nach St. Petersburg, sprach mit Amurskij (der ihn ermunterte) und betrat nach einer winterlichen Reise über 5500 Kilometer (in deren Verlauf er zweihundertmal die Pferde wechseln mußte) die Stadt Irkutsk. Von hier fuhr er weiter nach Tschita, ließ sich die Silberbergwerke von Nertschinsk und die Goldfelder am Onon-Fluß zeigen und bestieg anschließend ein Dampfschiff, das ihn amurabwärts nach Nikolajewsk brachte. Auf der Fahrt durch das Amurtal registrierte er voller Bewunderung die»majestätischen Felswände mit ihren Eisenadern, die Ufer mit ihrem dichten Nadelholzbewuchs und, etwas weiter flußabwärts, die Wiesen mit ihrem schulterhohen Grasteppich«. Überall erblickte er Wildtiere in großer Fülle.

Auch wenn es sich *de jure* um russisches Staatsgebiet handelte, kam ihm die unberührte Gegend wie Niemandsland vor. Allerdings schienen die Chinesen noch irgendwelche Hoheitsrechte zu beanspruchen. Von Zeit zu Zeit kam nämlich ein Mandschu-Beamter,»zu erkennen an einer Mütze mit einer Pfauenfeder, zwei schwarzen Eichhörnchenschwänzen und einer weißen Kugel als Zierde«, an das Schiff herangerudert und gab mit der flachen Hand vor der Kehle zu verstehen, daß es besser wäre umzukehren. Doch am 10. Juli 1857 traf der Amerikaner wohlbehalten in Nikolajewsk ein. Er nahm eine Opiumpille als Schlafmittel und machte am nächsten Morgen dem ranghöchsten Staatsbeamten der Region, einem russischen Konteradmiral, seine Aufwartung. Amurskij hatte unterdessen das schriftliche Exposé von Collins für eine»Amur-Eisenbahn-Gesellschaft«erhalten und es, zusammen mit einer befürwortenden Stellungnahme, an den Verkehrsminister weitergeleitet. In der Folge befaßte sich jedoch die Sibirien-Kommission mit dem Projekt und hielt es für »unausgereift«.

Die Amerikaner hatten bei ihren Kostenschätzungen jede Diskussion der logistischen oder technischen Probleme ausgeklammert. Enttäuscht trat Collins die Heimreise nach Amerika an, kehrte jedoch wenige Jahre später mit Plänen für ein weiteres Großprojekt in der Tasche zurück. Mit Rückendeckung der US-Firma Western Union propagierte er nun den Plan einer weltumspannenden Telegrafenleitung.

Die Debatte über eine sibirische Eisenbahn ging in der russischen Regierung einige Jahre ohne konkrete Ergebnisse weiter. 1875 wurde schließlich Einvernehmen darüber erzielt, daß wenigstens eine durchgehende Bahnverbindung von Moskau nach Irkutsk erstrebenswert sei. Ein erstes Teilstück von Perm an der Wolga über Jekaterinburg nach Tjumen wurde 1885 eingeweiht, 1886 begannen die Arbeiten an einem Schienenweg von Samara über Slatoust nach Tscheljabinsk. Dann wurde der Plan verabschiedet, den Bau einer Bahnlinie in Angriff zu nehmen, die die wichtigsten, an den großen Strömen gelegenen Städte des südlichen Sibiriens miteinander verbinden sollte.

Zar Alexander III. erklärte anläßlich des 300. Jahrestags der Eroberung Sibiriens durch Jermak, das »weite und reiche Sibirien« werde bald zu einer »unteilbaren Einheit« mit Rußland verschmelzen und »dieselben staatlichen und gesellschaftlichen Institutionen, die Segnungen der Aufklärung, einen Aufschwung der wirtschaftlichen Betätigung zum allgemeinen Wohl und zum Ruhm unseres geliebten Vaterlands« erleben. Vier Jahre später, 1866, schrieb er aufgebracht an den Rand eines Berichts seines Generalgouverneurs in Ostsibirien: »Mit Kummer und Scham muß ich eingestehen, daß bis zum heutigen Tag die Regierung so gut wie nichts getan hat, um den Bedürfnissen dieses reichen, aber vernachlässigten Landes Genüge zu tun. Es ist Zeit, es ist höchste Zeit!«

Tatsächlich war es bereits zu spät. Die Ereignisse sollten von nun in einem Tempo abrollen, dem kein noch so starker kaiserlicher Wille Widerstand zu bieten vermochte.

In aller Eile wurden alle möglichen Trassenvarianten untersucht. Um die Baukosten niedrig zu halten (Alexander III. war ein besonders sparsamer Monarch), beschloß man, die technischen Anforderungen weit unter das in Rußland und im Westen geltende Niveau zu senken. Man begnügte sich mit einem eingleisigen Ausbau und ging bei der Qualität des verwendeten Materials – auch der Schienen, Schwellen und des Schotterbetts – an die unterste Grenze des gerade noch Vertretbaren. Statt Stahl- oder Steinbrücken wurden oft hölzerne gebaut, man nahm steile Anstiege und enge Kurven in Kauf, wenn man dadurch Tunnel und Durchbrüche vermeiden konnte.

Nach der ersten Planung sollte die Strecke wie folgt verlaufen: von Tscheljabinsk am Ural ostwärts in fast schnurgerader Linie durch das Herz des südlichen Sibirien unter Berührung all jener Städte, die entlang der alten Poststraße zwischen Ural und Irkutsk herangewachsen waren; dann in einem Bogen südlich um den Baikalsee herum, die südliche Flanke der Stanowoi-Berge hinab nach Sretensk und an Amur und Ussuri entlang nach Wladiwostok.

Das Unlogische an diesem Konzept war, daß die Trassenführung ausgerechnet die zu jener Zeit am schnellsten wachsende Stadt Tomsk links liegen ließ. Doch dies geschah nicht ohne Hintergedanken. Tomsk war eine Hochburg separatistischer Bestrebungen, die Stadt sollte von der Entwicklung des Landes abgekoppelt werden.

Am 12. Mai 1891 verlas der Zarewitsch und Thronfolger, Großherzog Nikolaus, in Wladiwostok einen kaiserlichen Ukas, der den Bau der Transsibirischen Eisenbahn verfügte. Am 19. Mai schob Nikolaus eigenhändig eine Schubkarre über eine Planke und kippte Erde auf einen Damm: Der Bau der Eisenbahn hatte begonnen.

Vor Nikolaus hatte noch nie ein Zar oder Zarewitsch sibirischen Boden betreten; so schien schon die bloße Anwesenheit des Thronfolgers das Ende der stiefmütterlichen Behandlung Sibiriens anzukündigen. »Jede Stadt, durch die er kam, errichtete zum Gedenken an das Ereignis einen Triumphbogen«, heißt es in einem Bericht; auf den Klippen des Amur-Ufers drängten sich Kosaken, »die ihn beim Vorbeifahren mit Hurra begrüßten«. Wo immer er eine Amtshandlung vollzog, zum Essen Rast machte oder übernachtete, wurden später Bronzeplaketten zur Erinnerung angebracht, und »auf einem Hügel unweit von Tschita meißelte man in eine Säule die Inschrift: ›Hier geruhte unser Herr Brot und Salz entgegenzunehmen.‹« Für den Zarewitsch muß dies recht angenehm gewesen sein; seine noch nicht lange zurückliegende Reise nach Griechenland, Ägypten, Indien, Indochina und Japan hatte ihn nämlich fast das Leben gekostet. In Tokio wollte ihn ein säbelschwingender Fanatiker niederstechen.

Um mit dem Bau schneller voranzukommen, unterteilte man die Strecke in sechs Abschnitte, die parallel in Angriff genommen wurden. Diese Sektionen waren, von West nach Ost: die westsibirische von Tscheljabinsk bis zum Ob (1415 km), die zentralsibirische vom Ob nach Irkutsk (1870 km), die Baikalsee-Sektion von Irkutsk nach Mysowsk (312 km), die Transbaikal-Sektion von Mysowsk nach Sretensk (1076 km), die Amur-Sektion von Sretensk nach Chabarowsk (2133 km) und die Ussuri-Sektion von Chabarowsk nach Wladiwostok (777 km). Das ergab eine Gesamtstrecke von 7583 Kilometern. Die beiden schwierigsten Teilstrecken, Baikal und Amur, sparte man sich bis zuletzt auf.

Im Gegensatz zu den meisten anderen Beratern des Zaren, die von den Eisenbahnplänen wegen der Kosten nur wenig hielten, kämpfte der neue russische Finanzminister Sergej Witte für das Projekt. Er setzte sich schließlich gegen alle Widerstände durch und blieb der Schutzengel der Transsibirischen Eisenbahn.

Mit Abstand der fähigste Mann in den Reihen der Reichsregierung, zeichnete Witte sich durch außerordentliche Selbstdisziplin und spartanische Lebensführung aus. Sein ganzes Leben über behielt er einen sechzehnstündigen Arbeitstag bei. Äußerlich eine aus dem Rahmen fallende Gestalt - er hatten einen »klobigen Kopf, einen langen und stämmigen Rumpf und dünne, erstaunlich kurze Beine« -, zeichnete er sich durch Präsenz, einen analytischen Intellekt und politische Weitsicht aus.

Witte, Sohn russisch-holländischer Eheleute und 1849 im georgischen Tiflis geboren, durchlebte eine Kindheit, die tiefe Narben in seiner Psyche hinterließ. Er habe es seiner Mutter nie verziehen, so hieß es, »daß sie ihn nicht selbst stillte«. Seine frühesten Erinnerungen waren die an die 84 Bediensteten seiner Familie und an »häßliche Szenen zwischen seiner Amme, seinem Kindermädchen und deren betrunkenem Ehemann«; seine Hauslehrer waren »ein pensionierter kaukasischer Kriegsveteran, der Alkoholiker war, ein pensionierter französischer Marineoffizier, der nach einer skandalösen Liebesaffäre des Landes verwiesen wurde, ein Schweizer, der sich in die Gouvernante des Hauses verliebte«. Die chaotischen Zustände weckten eine wütende Sehnsucht nach Ordnung. Er wollte sich der reinen Mathematik widmen und Professor in diesem Fach werden. Doch als es mit den wirtschaftlichen Verhältnissen seiner Familie bergab ging, entschied er sich für eine Beamtenlaufbahn in der russischen Eisenbahnverwaltung. Nach kurzer Zeit beherrschte er bis ins technische Detail sämtliche Fragen, die mit einer effizienten Organisation des Güterverkehrs zu tun haben.

Bei Ausbruch des Russisch-Türkischen Kriegs (1877/78) bekleidete Witte zufällig eine Stellung, die ihm die Gesamtverantwortung für alle Bahntransporte auf der Odessa-Linie an die Front auferlegte. Das außerordentliche Geschick Wittes lenkte das Augenmerk höchster Regierungskreise auf ihn, auch das des Zaren, dem besonders imponierte, daß Witte ein Tarifsystem eingeführt hatte, das trotz niedrigerer Frachtpreise für die Kunden zu höheren Einnahmen für die Bahn führte. Im Februar 1892 wurde Witte zum Verkehrsminister ernannt, sechs Monate später übernahm er das Finanzministerium.

Um das Vertrauen zu dem ins Trudeln geratenen Rubel wiederherzustellen, führte Witte den Goldstandard ein. Er lockte mit Investitionsanreizen große ausländische Kapitalgeber ins Land, griff der einheimischen Industrie mit staatlichen Subventionen unter die Arme, führte ein staatliches Spirituosenmonopol ein, besteuerte Tabak, Zucker und Petroleum und belebte den russischen Außenhandel durch eine ausgeklügelte Zollpolitik. Die Transsibirische Eisenbahn war das sichtbarste seiner Großprojekte.

Mit einer Gesamtstrecke von 8850 Kilometern war die Transsibirische Eisenbahn, die von Tscheljabinsk im Ural bis nach Wladiwostok am Japanischen Meer sieben Zeitzonen durchquerte, die bei weitem längste der Welt. Sie sollte nicht nur der Besiedlung Ostsibiriens dienen, sondern auch seiner Verteidigung. Von ihr erhoffte man sich einen Wachstumsschub für die russische Schwer- und Bauindustrie, eine Verbesserung der Binnenschiffahrtswege, ein Wachstum der metallurgischen Industrie, eine Modernisierung von Bergbau und Landwirtschaft durch neu ins Land kommende Unternehmen, eine Zunahme des Handels mit China und nicht zuletzt auch eine Vervielfachung der Lieferungen von »Getreide, Holz, Häuten, Butter und Mineralien ins russische Mutterland, um dessen Wirtschaft und Außenhandel zu kräftigen«. Witte hielt es sogar für möglich, daß die Transsibirische Eisenbahn den Impuls für eine neue Weltordnung geben könnte, indem sie »nicht nur dem russischen Staat, sondern auch dem Welthandel neue Horizonte eröffnet, in deren Gefolge sich die bestehenden wirtschaftlichen Beziehungen zwischen den Staaten grundlegend umgestalten könnten«. Witte dachte vor allem an die Wirtschaftsbeziehungen Rußlands zu den Vereinigten Staaten.

Auf kurze Sicht noch wichtiger aber war der Gedanke, daß die Transsibirische Eisenbahn die Rolle eines »Sicherheitsventils« übernehmen könnte. Im übervölkerten europäischen Rußland kam es immer wieder zu Hungersnöten, die

Unzufriedenheit wuchs. Die Massen sehnten sich nach Freiheit; und diese Freiheit verhieß Sibirien. Aber den Weg dorthin auf Kähnen und Karren zurückzulegen, war ein so mühseliges und risikoreiches Unternehmen, daß viele davor zurückschreckten. In den Reihen derer, die sich trotzdem nach Osten aufmachten, forderten Krankheiten einen schrecklichen Tribut. Es galt als normal, daß rund zehn Prozent der von den Auswanderern mit auf die Reise genommenen Kinder unterwegs starben. Die Mehrzahl ließ sich daher im südwestlichen Sibirien nieder. Ob der Ferne Osten außer dem Fischfang am Pazifik noch genügend andere wirtschaftliche Ressourcen zu bieten hatte, um den Bau der Eisenbahn über Omsk hinaus zu rechtfertigen, war ungewiß. So waren es strategische und politische Gesichtspunkte, die den letzten Ausschlag für die Vollendung des Schienenwegs bis zur Pazifikküste gaben.

Auf Drängen Wittes setzte die Regierung einen Transsib-Sonderausschuß ein, der aus den wichtigsten Ministern des kaiserlichen Kabinetts bestand und vom Zarewitsch geleitet wurde. Die Befugnisse dieses Ausschusses wurden ständig erweitert, so daß er schließlich Entscheidungskompetenz in allen wichtigen Fragen besaß; er hatte das Recht,»Mittel zu bewilligen, Kostenbudgets festzusetzen, Grund und Boden, Holz und Gebäude zu beschlagnahmen, Sträflinge und Soldaten zum Arbeitsdienst heranzuziehen, eine Eisenbahnpolizei aufzubauen, über Streckenführungen zu entscheiden und zu bestimmen, wo und wann mit dem Bau von Teilstrecken begonnen werden sollte«.

Einen Monat nach dem»ersten Spatenstich«in Wladiwostok begann der Bau der Transsibirischen Eisenbahn mit einer durch keine Rücksichten gebremsten atemberaubenden Geschwindigkeit. Auf den Baustellen waren bis zu hunderttausend Taglöhner sowie tausende Ingenieure, Techniker und Handwerker beschäftigt.

Den Bau der westsibirischen Strecke von Tscheljabinsk zum Ob leitete Konstantin Michailowski, der die große Alexanderbrücke über die Wolga errichtet hatte und als Rußlands führender Ingenieur galt. Obwohl in diesem Teilabschnitt die Trasse durch flaches Terrain führte, waren die Schwierigkeiten immens. Michailowski mußte mit einem völlig unzureichenden Bestand an Waggons, Pferden, Kähnen und Baumaterialien auskommen und Arbeitskräfte aus so entfernten Ländern wie der Türkei und Persien holen. Stahl mußte aus dem Ural bezogen werden, Zement aus St. Petersburg. Die Trasse führte durch Sümpfe, Torfmoore und Brennnesselmeere. Um einen tragfähigen Unterbau zu schaffen, mußte Michailowski Deiche aufschütten, Kanäle graben und morastiges Gelände durch aufwendige Pfahlgründungen überwinden. Da die an Ort und Stelle wachsenden Bäume sich weder für Schwellen noch für den Brückenbau eigneten, mußte Hartholz in großen Mengen von weit her beschafft werden. Jede einzelne Schwelle wurde von Hand zugesägt. Michailowski mußte Brennöfen bauen lassen, um Ziegelsteine für seine Brücken herstellen zu können. Für die Wasserversorgung mußten Brunnen gebohrt werden. Und da niemand daran gedacht hatte, Unterkünfte für die Eisenbahnarbeiter zu errichten, kampierten diese unter freiem Himmel, bis die ersten Nachtfröste kamen. Dann richteten sie sich in provisorischen Blockhütten oder in Güterwaggons ein. Trotz dieser Schwierigkeiten konnte Michailowski schon im März 1896 die Fertigstellung einer großen, auf Steinpfeilern aufliegenden Stahlbrücke über den Irtysch (die noch heute steht) und die Verlegung eines durchgehenden Gleises zwischen Tscheljabinsk und dem Ob melden.

Der Abschnitt zwischen Ob und Irkutsk stand unter der Leitung von Nikolai Mescheninow, eines »korpulenten Eisenbahnveteranen mit kleinem grauem Spitzbart, buschigen Augenbrauen und schütterem Haar«. Die Trasse führte hier auf weiten Strecken durch bergige Taiga, in der es von Wölfen und Bären wimmelte, menschliche Bewohner hingegen dünn gesät waren. Die Schienen für diesen Streckenabschnitt kamen aus England und mußten auf dem Seeweg über die Karasee und anschließend den Jenissej hinauf bis Krasnojarsk transportiert werden. Zwischen Dezember und Juli war der Boden bis in zwei Meter Tiefe gefroren, anschließend verwandelte er sich in eine Schlammwüste. Da es an Ort und Stelle keine Arbeitskräfte gab, wurden Sträflinge aus dem Alexandrowsker Gefängnis angefordert: ein achtmonatiger Einsatz beim Eisenbahnbau wurde gegen ein Jahr Zwangsarbeit aufgewogen oder mit einer Verkürzung der Verbannungszeit belohnt. Für den Bau größerer Brücken (von denen es allein auf diesem Streckenabschnitt über hundert gab) verpflichtete man italienische Steinmetze aus Mailand. Der Brückenbau erwies sich im Winter als lebensgefährlich. Zahlreiche Arbeiter stürzten auf den eisglatten Stahlträgern und starben.

Um die Transportmöglichkeiten für den Nachschub zu verbessern, wurden auf verschiedenen Schiffahrtswegen die Fahrrinnen verbreitert, vertieft oder begradigt. Die Bahntrasse jedoch wurde, da man sich teure Tunnelbauwerke nicht leisten konnte, sehr kurvenreich. Bei der Fertigstellung des Schlußabschnitts einer Teilstrecke über das Gebirge nach Irkutsk ging Mescheninow erhebliche

Risiken ein; er nahm unzureichend befestigte Dämme und haarsträubend steile Steigungen in Kauf, konnte jedoch – wie Michailowski – vorzeitig die Fertigstellung melden. So verfügte Rußland im August 1898 bereits über eine durchgehende Sibirische Eisenbahn bis nach Irkutsk.

Die Fertigstellung des transbaikalischen Streckenabschnitts von Mysowsk am Ostufer des Baikalsees nach Sretensk wurde mehrfach durch Überschwemmungen und andere Rückschläge verzögert; hinzu kam, daß der hartgefrorene Boden oft nur durch Dynamit aufgebrochen werden konnte. Die Trassenführung an der Oberen Angara erforderte den Bau von mehr als fünfzig Brücken über Schluchten und Bäche; der Bogen um die Südwestspitze des Baikalsees erwies sich wegen der felsigen Steilküste als eine der größten Herausforderungen in der Geschichte des Eisenbahnbaus. Trotz alledem gingen die Arbeiten zügig voran. Im Juli 1897 aber führten

außerordentlich schwere Regenfälle zur Überflutung des gesamten Flußsystems zwischen dem Baikalsee-Ostufer und Sretensk. Sturzbäche schwemmten Dämme fort, unterspülten Stützmauern, warfen Lokomotiven und Waggons um. Ganze Siedlungen wurden fortgerissen, unzählige Menschen starben. Auf fast 400 Kilometern Länge im Tal der Ingoda und der Schilka wurde der Gleiskörper beschädigt. Bei Sretensk unterspülte die Schilka eine ganze Bergflanke, der Bergrutsch begrub eine frisch gelegte Gleisstrecke unter tonnenschwerem Geröll. Von fünfzehn Brücken blieb buchstäblich nichts übrig, zwei weitere wurden so schwer beschädigt, daß sie nicht mehr instandgesetzt werden konnten. Westlich von Werchne-Udinsk riß die über die Ufer getretene Selenga mehrere große Stöße des an ihrem Ufer gelagerten Bauholzes mit, das für den Unterbau einer geplanten Stahlbrücke bestimmt war.

Die Beseitigung der Folgen dieser Katastrophe kostete drei Jahre. Weiter im Osten waren die Problem kaum geringer. An der Ussuri-Strecke von Chabarowsk nach Wladiwostok machten subarktische Kälte im Winter und anhaltende Wolkenbrüche zu Frühjahrsbeginn den Ingenieuren das Leben extrem schwer: Pferde krepierten an Milzbrand, Männer an Fieber und Infektionen. Auch mandschurische Räuberbanden machten den Bautrupps zu schaffen. Dennoch: Unter der Leitung von Chefingenieur Orest Wjasemskij schaffte es die Bauarbeiterarmee – darunter Soldaten, 3000 Sträflinge aus Sachalin und 15 000 auf dem Seeweg aus Nordchina herbeigeschaffte Kulis –»durch die dichten, mit Unterholz und Schlingpflanzen verstrickten Urwälder eine Schneise zu schlagen, Zufahrtsstraßen zu bauen, ausgedehnte Sümpfe zu entwässern« und Einschnitte in Basaltfelsen zu sprengen. Im November 1897 war die östlichste Teilstrecke der großen Transsib fertiggestellt.

Durch den Eisenbahnbau hatte sich Chabarowsk von einem unbedeutenden Vorposten zu einer wichtigen Garnisonsstadt entwickelt; das 1858 gegründete Blagoweschtschensk (»Verkündigung«) konnte sich einer Einwohnerzahl von 20 000 rühmen, dazu innerstädtischer Alleen und repräsentativer Gebäude mit weißgetünchter Ziegelfassade; Wladiwostok erwies sich seines Namens –»Herr des Ostens« – würdig. Noch 1885 war es ein windschiefes Grenzstädtchen mit rund 13 000 russischen, chinesischen und koreanischen Einwohnern gewesen. 1897, als die Ussuri-Strecke in Betrieb genommen wurde, war daraus eine Stadt mit 30 000 Einwohnern,»furchteinflößenden Festungswällen, riesigen Kasernen und geschäftigen Lagerhäusern« geworden.»Vom Morgengrauen bis zum Sonnenuntergang«, schrieb ein Besucher Wladiwostoks,»wimmelt es auf den sanften grünen Hügeln um den Hafen von weißgekleideten Soldaten, die an den Festungsbauwerken arbeiten. Schlanke Torpedoboote gleiten geräuschlos wie Schlangen in alle Richtungen, und böse dreinblickende Kanonen modernen und tödlichen Typs zeigen sich an den unwahrscheinlichsten Stellen; mit so rastloser Unablässigkeit wird die Errichtung der Verteidigungsanlagen vorangetrieben, daß Wladiwostok am Ende unweigerlich zur Königin aller Festungen im Fernen Osten gekrönt werden wird.« Wenige Jahre später konnte die Stadt, 9877 Werst von St. Petersburg entfernt, breite gepflasterte Boulevards, elektrische Straßenbeleuchtung, Telegrafenleitungen und Gleisanschlüsse bis hinunter zu den Kaianlagen vorweisen.

Unvollendet waren jetzt nur noch der Streckenabschnitt am Amur und ein Teil der Baikalsee-Umgehung. Doch die Zeit drängte. Seit Mitte der neunziger Jahre machten sich etliche Kolonialmächte Gedanken darüber, wie China sich nach afrikanischem Muster in Einflußsphären aufteilen lasse. Im pazifischen Raum hatte bereits eine große Parzellierung der Interessengebiete stattgefunden. Australien und Neuseeland gehörten den Briten, die sich außerdem, im Verein mit Deutschen und Franzosen, verschiedene Inselgruppen zwischen Neuguinea und Pitcairn unter den Nagel gerissen hatten. Sachalin war in russischem, die Kurilen waren in japanischem Besitz. Die Amerikaner hatten sich auf den Inseln Wake und Midway, auf Honolulu und Hawaii festgesetzt und waren 1898 im Begriff, den Spaniern die Philippinen zu entreißen. China jedoch war die verlockendste Beute.

Die Japaner hatten schon im Sommer 1894 einen Streit mit den Chinesen um Korea zum Anlaß für einen militärischen Angriff auf China genommen und die Chinesen im Vertrag von Shimonoseki (1895) zur Zahlung einer hohen Kriegsentschädigung sowie zur Abtretung der Insel Formosa (Taiwan) und der Liaotung-Halbinsel mit dem eisfreien Hafen Port Arthur gezwungen. Daraufhin taten sich Deutschland, Frankreich und Rußland zusammen, um Japan zu zwingen, die gerade errungenen Gebietsgewinne wieder preis- und sich mit einer erhöhten Kriegsentschädigung zufriedenzugeben. »Wie Geier«, schrieb ein Historiker, »rissen sich die europäischen Mächte jetzt um die besten Stücke des Kadavers.« Rußland stand mit in der ersten Reihe. Zwischen 1892 und 1895 wurden Jahr für Jahr über 600 Kilometer der neuen Eisenbahnlinie fertiggestellt; nach dem japanischen Überfall auf China verschärften die Russen das Bautempo und schafften 1895 nicht weniger als 1345 Streckenkilometer. Da sich der Bau der schwierigen Baikalsee-Umgehung verzögerte, bestellte die russische Regierung bei britischen Werften große Eisbrecher, die in der Lage sein sollten, ganze Reise- und Güterzüge über den Baikalsee zu transportieren. Das erste Schiff dieser Reihe, auf den Namen »*Baikal*« getauft, war 88,5 Meter lang, 16,5 Meter breit und hatte eine Wasserverdrängung von 4200 Tonnen.

Der Rumpf, gepanzert mit zentimeterdicken Stahlplatten und innen mit einer 60 Zentimeter starken Holzschicht ausgefüttert, war darauf ausgelegt, Eis bis zu einem Meter Dicke durchzuschneiden. Er konnte die Waggons eines ganzen Schnellzuges tragen oder auch 25 bis 28 vollbeladene Güterwaggons. Über dem Gleisdeck erhob sich ein hoher Aufbau, in dem sich ein Luxusrestaurant und ein Büffet, Kabinen für 150 Passagiere erster und zweiter Klasse, eine Luxussuite für prominente Passagiere, eine Kapelle, die Quartiere der Besatzung sowie ein Zwischendeck für 650 Passagiere der dritten Klasse befanden.

Die »*Baikal*« wurde bald durch ein kleineres Schwesterschiff, die »*Angara*«, unterstützt. Unterdessen war die Entscheidung gefallen, statt der Amur-Strecke als Verbindung zwischen dem Transbaikal- und dem Ussuri-Abschnitt eine kürzere Linie quer durch die Mandschurei nach Wladiwostok zu bauen, die sogenannte Chinesische Ostbahn. Das Amurtal war nach wie vor weitgehend unbewohnt. Tschechow, der es im Juni 1890 bereiste, empfand es als »die schiere Wildnis«.

Die südlich gelegene Mandschurei (die nördlichste Provinz des chinesischen Reichs) hingegen erschien als »reiche wirtschaftliche und strategische Beute«. Sie verfügte über die eisfreien Häfen Port Arthur und Talienwan, deren Übernahme durch die Japaner gerade noch verhindert worden war; sie besaß darüber hinaus aber auch Gold, Eisen, Kohle, endloses Weideland mit hohem Viehbestand und einen fruchtbaren Boden. Der Bau der Chinesischen Ostbahn war denn auch der erste Schritt zu einer russischen Machtübernahme in der Mandschurei.

Nachdem die Russen gemeinsam mit Deutschland und Frankreich zunächst als Beschützer der Unabhängigkeit Chinas aufgetreten waren, boten sie nunmehr Peking einen Kredit zur Finanzierung seiner Entschädigungszahlungen an, die das verarmte China ohne fremde Hilfe nicht aufbringen konnte. Als Gegenleistung verlangten die Russen die Konzession für eine 1500 Kilometer lange Eisenbahnlinie durch die nördliche Mandschurei nach Wladiwostok. Die Konzession schloß auch das Recht ein, die Bahnstrecke durch bewaffnete Kräfte zu sichern und zu verteidigen. Sie wurde freilich nicht der russischen Regierung direkt erteilt, sondern einer Russisch-Chinesischen Bank, die sich Finanzminister Witte ausgedacht hatte und hinter der als Finanziers vor allem französische Banken standen. Dieses Konsortium übertrug die Konzession an die Betreibergesellschaft der Chinesischen Ostbahn, hinter der die russische Regierung stand, als deren Vorstandsvorsitzender aber ein chinesischer Diplomat fungierte.

Der Vertrag sicherte dem Konzessionär das Recht zu, die Eisenbahn achtzig Jahre lang zu betreiben. Danach sollte sie entschädigungslos in den Besitz des chinesischen Staates übergehen, dem allerdings die Option eingeräumt wurde, die Konzession nach nur 36 Jahren käuflich zu erwerben. Diese Klausel war jedoch nach dem Zeugnis Wittes so ausgestaltet, daß »es höchst unwahrscheinlich war, daß die chinesische Regierung je versuchen würde, den Rückkauf zu bewerkstelligen«. Der Konzessionsvertrag wurde als Geheimabkommen zwischen den Regierungen Rußlands und Chinas (ergänzt um einen Passus, der eine Verteidigungsallianz gegen Japan konstituierte) im Frühjahr 1896 von dem berüchtigten chinesischen Kanzler Li Hung-chang bei den Feierlichkeiten zur Krönung von Nikolaus II. in St. Petersburg unterzeichnet.

Nicht der russische Außenminister Fürst Lobanow-Rostowkij, der »von unserer Fernostpolitik keinerlei Ahnung hatte«, empfing den chinesischen Staatsmann, sondern der Finanzminister. Als Belohnung für seine Unterschrift soll Li Zuwendungen von drei Millionen Rubel erhalten haben.

Der Bau der Chinesischen Ostbahn war in einer Zeit des Eisenbahn-Imperialismus ein außerordentlich kühner Coup. Er war zudem typisch für die Art und Weise, in der die europäischen Mächte systematisch das chinesische Reich unter sich aufzuteilen versuchten: Von diversen Brückenköpfen aus bauten sie sogleich Eisenbahnen ins Land hinein.

Noch vor der Jahrhundertwende hatten belgische Finanziers Pläne für eine Strecke von Peking nach Hankau geschmiedet; die Deutschen tummelten sich in der Provinz Shantung, die Briten nahmen eine Linie von Shanghai nach Nanking in Angriff, die Franzosen steckten in den drei südchinesischen Provinzen Kuangtun, Kuangsi und Yünnan ihre Strecken ab. Die Russisch-Chinesische Bank finanzierte eine französische Zweiglinie der belgischen Peking-Hankau-Eisenbahn. Ein amerikanisches Syndikat hatte – ganz abseits stehen wollten die Amerikaner nicht – die Konzession für eine 1600 Kilometer lange Bahnverbindung zwischen Hankau, dem chinesischen Chicago, und Kanton, der wichtigsten Hafenstadt Südchinas, erworben.

Noch bevor die Russen mit dem Bau der Chinesischen Ostbahn beginnen konnten, setzte sich Deutschland im Sommer 1897 in Tsingtau fest. Die Russen antworteten mit der Besetzung Talinwans und Port Arthurs, um China vor weiterer »deutscher Umarmung zu bewahren«. Britische Truppen landeten in Weihaiwei, französische in Kuangchouwan im äußersten Süden. Alles deutete auf die Zerstückelung Chinas hin. Die Doppelrolle, die bis dahin Wladiwostok als Kriegs- und Handelshafen gespielt hatte, übertrugen die Russen nun auf Port Arthur, das sie zu einer mächtigen Festung ausbauten, und auf Talienwan, das sie in Dalny umbenannten und in ein Handelszentrum verwandelten. Über beide Häfen hatten sie Pachtverträge mit China geschlossen.

Im Sommer 1898 marschierten Tausende von Streckenarbeitern, begleitet von rund 3000 bewaffneten »Matilda-Garden«, benannt nach der Frau Wittes, in das verschlafene Dörfchen Harbin ein, das in der nördlichen Mandschurei am Ufer des Sungari lag; hier entstand die Bau- und Betriebszentrale für die Chinesische Ostbahn. Unter Leitung des Chefingenieurs Alexander Jugowitsch entstand zunächst eine Behelfsstrecke, die selbst nach Transsib-Maßstäben primitiv war und nur dem Transport von Material und Arbeitskräften diente. Zur Beschleunigung wurde der Bau von beiden Endpunkten aus vorangetrieben. Die Streckenführung machte den Bau von acht Tunneln und einer größeren Zahl von Brücken erforderlich, unter anderem einen über drei Kilometer langen Tunnel durch einen Kamm des windumtosten, menschenleeren Großen Chingan-Gebirges. Von Harbin aus wurde gleichzeitig mit dem Bau einer südmandschurischen Linie nach Port Arthur und Dalny begonnen.

Die Arbeiten wurden immer wieder durch Winterfröste, sommerliche Überschwemmungen und granitharten Untergrund erschwert. Mechanische Werkzeuge fehlten weitgehend. Wenn der hartgefrorene Grund aufgesprengt oder aufgetaut war, schaufelten die Streckenarbeiter den Boden in Handarbeit weg und füllten ihn in Körbe, die von Trägern fortgeschleppt wurden. Die mandschurischen Räuber, im Volksmund Rotbärte genannt, waren in ihrer Heimat noch angriffslustiger als an der Ussuri-Strecke und erpreßten von Kaufleuten und Händlern Schutzgelder. Schiffskonvois und Lagerplätze der Eisenbahnbauer gehörten zu den bevorzugten Angriffszielen der Räuber. Ein südwestlicher Vorort von Harbin wurde einmal von 700 Rotbärten vollständig geplündert. Die »Matilda-Garden« mußten durch Kosaken-Regimenter verstärkt werden.

Im Sommer 1899 brach in Yingkou, einer unweit von Dalny gelegenen Stadt, die Beulenpest aus. Um die Ausbreitung einzudämmen, riegelten russische Truppen alle über Land führenden Zugangswege nach Dalny ab und verhängten eine Quarantäne über den Hafen und die in ihm liegenden Dampfer und Dschunken. Bis diese Maßnahmen griffen, waren in den umliegenden Arbeiterlagern mindestens 1400 Menschen gestorben.

Trotzdem sah es im Frühjahr 1900 so aus, als könne nichts mehr die Fertigstellung der Bahn gefährden. Schon waren einige der provisorischen Holzbrücken durch Konstruktionen aus Stahl oder Stein ersetzt und von den 2534 Kilometern Gleisen der Chinesischen Ostbahn mehr als die Hälfte verlegt. Harbin war auf dem Weg zu einer Großstadt, der Ausbau von Port Arthur zu einer Flottenbasis ging voran, die in die Entwicklung Dalnys gesetzten Erwartungen schienen sich zu erfüllen. Doch nur wenige Monate später begannen die russischen Hoffnungen zu welken.

Im September 1899 verkündeten die Vereinigten Staaten, die der Aufteilung Chinas nicht tatenlos zusehen wollten, eine »Politik der Offenen Tür«. Im Juli des folgenden Jahres verpflichteten sie sich, die territoriale Integrität Chinas zu verteidigen.

Das war kein Trost für Japan, das nach seinem militärischen Triumph über China hatte zusehen müssen, daß seine vertraglichen Rechte für null und nichtig erklärt wurden. Das war auch keine Hoffnung für China, das am liebsten alle fremden Mächte vom Hals haben wollte. Die Russen waren weder verhaßter noch beliebter als die anderen. Aber die Tatsache, daß sie sich durch Pachtverträge die Hoheit über Port Arthur und Dalny gesichert hatten, erregte, wie ein Historiker es formuliert hat, »den Zorn der chinesischen Nationalisten – ganz zu schweigen von der bevorstehenden Inbetriebnahme einer 1000 Kilometer langen [russisch beherrschten] Eisenbahn, die durch das reichste und am dichtesten besiedelte Tal der Mandschurei führte«.

Li Hung-chang wurde nach Südchina verbannt, die leitenden Männer der chinesischen Delegation, die der Verpachtung der Häfen zugestimmt hatten, wurden zum Tod verurteilt. In der Gegend um Peking konstituierte sich ein Geheimbund fanatischer Patrioten, der dann unter dem Namen »Boxer« in unheilvoller Bedeutung bekannt wurde.

Seine Mitglieder praktizierten den Kampfsport zur Vervollkommnung ihrer körperlichen und geistigen Disziplin. Die Boxer gewannen rasch Anhänger und setzten sich, von der Kaiserwitwe stillschweigend gefördert, an die Spitze der nationalistischen Bewegung. Überall in China waren Ausländer in Lebensgefahr, es kam zu zahlreichen Massakern.

Im Sommer 1900 brachten die Boxer Züge zum Entgleisen, setzten Brücken in Brand, zerstörten Telegrafenleitungen und Gleisanlagen. In der Folge versuchten sie den Amur und die Bahntransporte nach Port Arthur zu blockieren. Sie bedrohten Harbin, doch ein diszipliniertes Aufgebot von Wittes paramilitärischer Bahnpolizei konnte die chinesischen Angreifer so lange in Schach halten, bis ein reguläres russisches Truppenkontingent eintraf. Als Kriegsminister Alexej Kuropatkin die Nachricht vom Boxer-Aufstand erhielt, soll er gesagt haben: »Sehr erfreut. Das wird uns einen Vorwand für die Besetzung der Mandschurei liefern.«

Die Russen fanden einen noch triftigeren Vorwand. Plötzlich war die Rede von chinesischen Geheimplänen für einen Angriff auf Blagoweschtschensk, eine russische Stadt am linken Amur-Ufer. Gerüchte besagten, im nahegelegenen Aigun sammle sich schon eine große chinesische Streitmacht.

Als von Aigun aus Schüsse auf einen vorüberfahrenden russischen Dampfer abgegeben wurden, verbreitete sich Panik in den Reihen der Russen. Mandschurische Rebellen hätten sich nach Blagoweschtschensk eingeschlichen, hieß es, jeder mit einem Strick in der Tasche, um je einen Russen im Schlaf zu erdrosseln. Der russische Kommandant ordnete daraufhin die sofortige Vertreibung aller 8000 chinesischen Einwohner der Stadt an (das war über die Hälfte der Bevölkerung); ihre Viertel wurden gestürmt und Haus für Haus durchgekämmt, die Bewohner am 14. Juli mit gezogenem Bajonett in den Fluß gehetzt. Wer sich wehrte, wurde auf der Stelle niedergemacht. Die meisten ertranken. [Schon fünf Tage vor diesem kaltblütig geplanten Massaker hatte Kuropatkin insgeheim die militärische Besetzung der Mandschurei angeordnet. Eiligst wurden 200 000 Soldaten mobilisiert, dann überschritten sechs Armeekorps die Grenze und nahmen die gesamte Provinz in Besitz. 68 chinesische Dörfer wurden niedergebrannt.»Niemand und nichts blieb verschont.« Im September schlossen russische Bataillone Mukden und andere von Aufständischen gehaltene mandschurische Städte ein und drängten den Gegner zurück.

Unterdessen hatten alle anderen Mächte, die in China Interessen geltend machten, Truppen zur Niederwerfung des Boxer-Aufstands und zur Rettung des Personals ihrer Botschaften geschickt. Im August 1900 wurde Peking besetzt und der kaiserliche Palast geplündert. Die Truppen, die sich zu einer internationalen Streitmacht zusammengeschlossen hatten, zogen sich erst im Dezember zurück. Die Russen blieben jedoch in der Mandschurei als Besatzungsarmee. Sie gaben vor, die Chinesische und die Südmandschurische Eisenbahn so lange schützen zu müssen, bis die angerichteten Schäden behoben waren. Zwei Drittel der Schienenwege, darunter die Kreuzungsbahnhöfe in Mukden und Liaoyang, waren im Verlauf des Aufstands ganz oder teilweise zerstört worden, die Massenflucht der chinesischen Arbeiter hatte die Zahl der verfügbaren Arbeitskräfte nahezu halbiert. Um die Lücke zu schließen, wurden für den Wiederaufbau russische Arbeitskräfte rekrutiert. Trotz einer Cholera-Epidemie, die fast alle Arbeiterlager erfaßte, konnte am 1. Juli 1903 die Chinesische Ostbahn – mit steinernen Brücken von»römischer Massivität« und auch sonst das wahrscheinlich am solidesten gebaute Teilstück der gesamten Transsib – eröffnet werden; auch die Zweiglinie nach Dalny und Port Arthur war fertig. Die Baukosten waren weit über die ursprünglichen Schätzungen hinaus geklettert, doch die von Witte erstellten Bilanzen verschleierten die Defizite. Es heißt, die unglücklichen Wirtschaftsprüfer in der britischen Botschaft in St. Petersburg hätten bei dem Versuch, Wittes Zahlenwerk zu entschlüsseln, Tränen der Verzweiflung geweint.

Auch in anderer Hinsicht hatte dieses Eisenbahnprojekt einen hohen Preis: Rußland war zu einer pazifischen Macht aufgestiegen und hatte die strategischen Kräfteverhältnisse in Ostasien verändert. Dies rief erneut die Briten auf den Plan, die nun, um jeder weiteren russischen Expansion vorzubeugen, die Zusammenarbeit mit Japan suchten.

Wenn es eine Macht gab, die die Russen fürchteten, dann war es Großbritannien. Während Rußland im Westen seine Vorherrschaft über Polen und Finnland gefestigt, im Osten seinen Einfluß bis zum Pazifik vorgeschoben und im Süden den Kaukasus und Zentralasien an sich gebunden hatte, hatten die Briten sich in Indien und Burma, in Malaya, im Norden Borneos und in Hongkong eingerichtet. Außerdem standen sie vor den Grenzen Afghanistans, Persiens, Nepals und Tibets Gewehr bei Fuß und beherrschten den chinesischen Exporthandel, soweit er über See abgewickelt wurde, zu zwei Dritteln. »Die russische und die britische Expansion«, schrieb ein Historiker, »hatten zu einer Situation geführt, in der die Einflußsphären der beiden Imperien einander so nahegerückt waren, daß sie, sobald eines der beiden sich rührte, kollidieren mußten.« Zahlenmäßig waren die Briten im Fernen Osten nicht allzu stark vertreten, doch der französische Außenminister hatte schon 1901 den prophetischen Ausspruch getan, England werde wahrscheinlich Japan zu seinem Soldaten in dieser Region machen. Nur ein Jahr später kam ein Bündnis zwischen Japan und England zustande; noch schlimmer für Rußland aber war, daß man in St. Petersburg nicht erkannt hatte, daß Japan inzwischen selbst zu einer erstrangigen Macht geworden war.

Das einst völlig abgeschottete Inselreich hatte einen erstaunlichen Modernisierungsprozeß nach westlichem Muster durchgemacht. Früher äußerst fremdenfeindlich, hieß das Land nun in seinen Häfen Ausländer willkommen, schickte seine Offiziersanwärter zur Ausbildung auf deutsche Militärakademien und seine zukünftigen Admiräle nach Großbritannien, wo es auch die Kriegsschiffe für seine Marine bauen ließ. Der Ehrgeiz der Japaner, sich als regionale Macht zu etablieren, führte zwangsläufig zu dem Versuch, auch auf dem Festland Fuß zu fassen; in dem Bestreben, die sich anbahnende russische Hegemonie in

Ostasien zu konterkarieren, hatten sie 1894 China angegriffen. Internationaler Druck zwang die Japaner, sich von Port Arthur und ihren anderen Erwerbungen wieder zu trennen. Sie mußten zusehen, wie sich Rußland per Geheimabkommen mit Peking einige dieser Pfänder aneignete.

Doch damit nicht genug: Am russischen Hof begann eine Gruppe von Abenteurern, Stimmung für den Erwerb von Holzeinschlag-Konzessionen am Flusse Yalu zu machen und damit indirekt Korea auf die russische Wunschliste zu setzen. Für Japan war das Grund genug, durch die Entsendung Tausender Siedler seine eigenen koreanischen Interessengebiete auszuweiten und in Geheimverhandlungen auf einer Abgrenzung der Einflußsphären zu bestehen, die für den Fall, daß die Mandschurei an Rußland fallen sollte, Japan den Zugriff auf Korea sichern würde.

Diese Verhandlungen zogen sich lange ohne Ergebnis hin, es kam Krisenstimmung auf, da sich keine Seite ein Nachgeben leisten wollte: Die Russen glaubten, Japan werde sich nie und nimmer auf einen Krieg einlassen. Japan war ein Emporkömmling unter den Staaten, Rußland besaß die mächtigste Militärmacht auf Erden. Ein russischer Admiral verglich die Seeleute auf einem japanischen Schlachtschiff allen Ernstes mit Kindern, deren Spielzeug eine Nummer zu groß für sie sei; der russische Militärattaché in Tokio, der als Japan-Experte galt, äußerte die Überzeugung, die Japaner würden »rund hundert Jahre brauchen, um moderne Streitkräfte aufzubauen, vergleichbar denen der schwächsten europäischen Militärmächte«.

Die Russen waren nicht immer so verblendet gewesen. Zwar hatte Admiral Krusenstern 1805 gemeint, zwei russische Kutter »mit sechzehn Geschützen und sechzig Mann wären in jeder Hinsicht völlig ausreichend, um die gesamte japanische Flotte zu versenken«.

Doch viele andere hatten mehr Klarsicht bewiesen. Golownin zum Beispiel war 1814 trotz der Demütigungen während seiner Gefangenschaft in Japan mit einem gesunden Respekt vor dem militärischen Potential seiner Gastgeber zurückgekehrt. »Würden die japanischen Seeleute auf europäisches Niveau gebracht«, prophezeite er, so könnte dieses Volk, wenn es aus seiner selbstgewählten Isolation heausträte, »in kurzer Frist eine Flotte aufbieten, die es mit den besten europäischen aufnehmen könnte. Man darf die Japaner nicht provozieren, eine intelligente, geduldige, lernbegierige und bevölkerungsreiche Nation. Denn falls diese Nation je einen Monarchen wie unseren Peter den Großen bekäme, würde es nicht viele Jahre dauern, bis Japan sich zum Herrn über den gesamten Pazifischen Ozean aufschwänge.«

Die Japaner hatten die Öffnung lange hinausgezögert, doch nur vierzehn Jahre nach der Kanonenboot-Diplomatie Commodore Perrys setzte die Verwandlung Japans ein. Aus einer nahezu mittelalterlichen, feudalen Gesellschaft wurde im Eiltempo ein wirtschaftlich und militärisch starker, moderner Staat.

Die Metamorphose begann mit der Übernahme europäischer Gepflogenheiten: öffentliche Toiletten, westliche Kleidung, Tafelglas, Bauten aus Ziegelstein. 1871 wurde der erste japanische Post- und Telegrafendienst in Betrieb genommen, 1872 die erste Eisenbahn zwischen Tokio und Yokohama »mit einem importierten Engländer als Lokomotivführer«. 1873 übernahm Japan den westlichen Kalender, im selben Jahr führte es die allgemeine Wehrpflicht ein. 1877 erhielten die japanischen Streitkräfte einen Generalstab nach preußischem Vorbild, ihre Soldaten wurden von deutschen, britischen und französischen Ausbildern gedrillt. 1903 verfügte Japan bereits über 13 Divisionen, sechs Schlachtschiffe erster Klasse und sechs in britischen Werften gebaute Panzerkreuzer. Zwar hatten die den Chinesen abgepreßten Kriegsentschädigungen zur Finanzierung beigetragen, doch der militärische Aufbau stand durchaus in einem gesunden Verhältnis zur wachsenden japanischen Wirtschaftskraft. Innerhalb eines Jahrzehnts, zwischen 1893 und 1903, verdreifachte sich der Wert der japanischen Einfuhren; die Gesamttonnage der Handelsflotte vervierfachte sich, die Summe aller bei japanischen Banken deponierten Guthaben versechsfachte sich. Die neue Verfassung Japans erklärte das Kaisertum zu einer heiligen Institution, sah aber die Wahl eines nationalen Parlaments vor, das dem Deutschen Reichstag nachempfunden war.

Die Russen verkannten die Tragweite dieses Prozesses. Als 1896 in Nischnij-Nowgorod eine Handelsmesse stattfand, wiesen sie den Japanern lediglich einen Raum im chinesischen Pavillon zu. 1903 war in Rußland kein einziges informatives Buch über Japan auf dem Markt. »Für die meisten Russen«, stellte ein Schriftsteller fest, »war Japan so etwas wie ein fernes Märchenland, bevölkert von faszinierenden kleinen Menschen, die in Häusern aus Papier lebten, sich mit Geishas vergnügten und ihre Zeit mit Teezeremonien und dem Arrangieren von Blumen vergeudeten.«

Die russischen Streitkräfte hatten Anfang Februar 1904 1 100 000 Mann unter Waffen, die Japaner 180 000. Rußland verfügte über eine einsatzbereite Reservearmee von 2 400 000 Mann, Japan hatte nach russischer Ansicht nicht mehr als 150 000 Reservisten. In Wirklichkeit konnten die Japaner bis zu 850 000 Mann mobilisieren – sechsmal soviel, wie die Russen annahmen. Und sie waren dem potentiellen Kriegsschauplatz sehr viel näher als ihre russischen Gegenspieler. Am Hofe von Nikolaus II. galt es als ausgemacht, daß »ein russischer Soldat drei japanische aufwiegt«.

Zahlenmäßig schien Rußland angesichts seiner Truppenreserven eine überwältigende Überlegenheit zu besitzen; die geheime Stärke der Japaner lag indes in einer äußerst disziplinierten Infanterie. »Nachdem das 19. Jahrhundert die Erfindung und Einführung von Hinterlader-Gewehren und Metallpatronen gebracht hatte«, erklärte ein Historiker, »waren Musketen und Vorderlader obsolet geworden; die Russen schienen aber den Nutzen der neuen Waffen nicht erkannt zu haben. Bei der Ausbildung ihrer Infanteristen wurde ein Großteil der Munitionsrationen für ungezieltes Linienfeuer verbraucht. Die Japaner dagegen trainierten auf dem Schießstand. Die russischen Soldaten waren schlechte, die japanischen ausgezeichnete Schützen. Die Russen feuerten auf Kommando. Die Japaner lernten, genau zu zielen und tödlich zu treffen.«

Bei der Marine waren die Japaner bei den Schlachtschiffen zahlenmäßig unterlegen, bei den schnelleren Kreuzern aber überlegen. Ihre Kriegsschiffe waren zudem mit den neu entwickelten Whitehead-Torpedos ausgerüstet, bei denen der Vorschub durch einen druckluftgetriebenen Propeller erfolgt. Von den in Port Arthur stationierten russischen Kriegsschiffen waren einige bereits relativ alt und nicht voll einsatzfähig.

In dieser Situation waren die Japaner, gestärkt durch das Bündnis mit Großbritannien, der festen Überzeugung, in einem begrenzten Krieg schnell die Oberhand behalten zu können. Die Russen verfügten im Fernen Osten erst über eine unbedeutende Zahl von Bodentruppen, die eingleisige Transsibirische Eisenbahn war noch nicht in der Lage, in kurzer Zeit größere Mengen schweren Kriegsgeräts herbeizuschaffen. Der russische Generalstab rechnete trotzdem damit, daß die Transsib und die Chinesische Ostbahn sechs bis acht Truppentransportzüge täglich in die Mandschurei bringen könnten – und damit etwa genauso viele Soldaten, wie die Japaner bei einer amphibischen Landung an der koreanischen Küste absetzen konnten. Die sechs bereits in der Mandschurei stationierten russischen Divisionen waren nach Ansicht der russischen Generalität für einen Krieg gegen Japan günstig plaziert. Dennoch behauptete der russische Kriegsminister Kuropatkin später, er sei immer schon der Meinung gewesen, daß ein Schlagabtausch mit Japan »eine nationale Katastrophe« sein würde, er habe alles in seiner Macht Stehende getan, um einen solchen zu verhindern.

1903 verstärkten die Russen ihre Truppenpräsenz in Fernost, stellten im Mutterland neue Einheiten auf und verlegten im Januar 1904 drei Bataillone des Ostsibirischen Schützenregiments in die Nähe des Yalu-Flusses. Auch vier zuvor im europäischen Rußland und im westlichen Sibirien stationierte Artilleriebrigaden wurden Richtung Mandschurei in Marsch gesetzt. Im März machten sich ein Schlachtschiff, sieben Kreuzer und vier Torpedoboote von der Ostsee aus auf den Weg nach Port Arthur, eine Seereise von sechs- bis siebenwöchiger Dauer. Die Japaner ließen Infanterieregimenter bei Frosttemperaturen im Hakkoda-Bergmassiv im Norden Japans üben – Vorbereitung auf einen sibirischen Feldzug.

Nach Fertigstellung der Chinesischen Ostbahn fehlte an der durchgehenden Eisenbahnverbindung zur Pazifikküste immer noch das technisch schwierige Teilstück um die Südwestspitze des Baikalsees. Tausende von Streckenarbeitern aus Zentralasien, Persien, der Türkei und Italien stießen zu den russischen Bautrupps; doch die Probleme türmten sich. Als Zugangswege zu den Baustellen standen oft nur Trampelpfade zur Verfügung, die sich in Serpentinen die steilen Felsen hinaufschlängelten; der überhängende Fels mußte oft erst mit Hölzern gesichert werden, um zu verhindern, daß Steinschläge die an der Trasse arbeitenden Männer gefährdeten. Am Südufer des Sees fielen die Felswände senkrecht ins Wasser ab, die Trasse mußte durch einen langen Tunnel geführt werden, um den Anschluß an den nächsten Bauabschnitt zu gewinnen. Hier schwenkte die Trasse vom Baikalsee weg und wand sich in einem großen, mit Tunneln gespickten Halbkreis durch das Gebirge nach Werchne-Udinsk. Die am Horizont heraufziehende Kriegsgefahr setzte die russischen Ingenieure unter enormen Zeitdruck. Sie

arbeiteten mit verzweifelter Eile den ganzen Sommer und Herbst über daran, ihre Tunnel durch die Berge zu sprengen, doch als der Winter in seiner eisigen Wut hereinbrach, waren sie noch weit von ihrem Ziel entfernt. Der Baikalsee war nach wie vor das fehlende Glied in der Kette. Ende Dezember begann der See zuzufrieren. Ende Januar waren die »Baikal«, die bis dahin fünf Truppentransportzüge pro Tag über den See gebracht hatte, und die »*Angara*«, eine kleine Fähre, die nicht für den Transport von Zügen ausgelegt war, nicht mehr in der Lage, das Eis zu brechen. Das bedeutete für die nach dem Fernen Osten in Marsch gesetzten russischen Truppen, daß sie über die Eisfläche marschieren mußten: Ungefähr alle sechs Kilometer kamen sie zu einer beheizten Unterkunft, in der sie Rast machen und sich von der Kälte erholen konnten. Da es auf dem Baikalsee häufig stürmte und das Eis ebenso oft aufriß und breite Spalten bekam, passierte es nicht selten, daß unachtsame Soldaten ins Wasser fielen. Mit einer Ungeduld, die in dem Maß zunahm, wie der drohende Krieg seinen Schatten über die ohnehin düsteren Wintertage warf, mobilisierten die Russen 3000 Pferde, die militärische Nachschubgüter auf Schlitten über den See ziehen sollten. Da dabei oft Berge von Vorräten verlorengingen, experimentierten die Ingenieure mit einem über das Eis verlegten Schienenstrang. Während das Eis dem Gewicht einer Lokomotive nicht standhielt, stellte sich heraus, daß Pferde vollbeladene Güterwaggons zu ziehen vermochten. Allerdings erreichten während der ersten beiden Wochen, in denen das neue Verfahren praktiziert wurde, nur zwanzig Waggons das Südufer.

Witte war durch seine führende Rolle beim Bau der Transsibirischen Eisenbahn tief in die russische Fernostpolitik verwickelt; er fungierte eine Zeitlang als Chefarchitekt der russischen Politik in dieser Sphäre. Die Regierung hatte ihm die Verhandlungen über die Chinesische Ostbahn anvertraut; er war sich bewußt, daß ein allzu forsches Vorgehen zu einer militärischen Konfrontation mit Japan führen mußte. Er hatte sich aus diesem Grund der offenen militärischen Besetzung der Mandschurei widersetzt und auch gegen den Erwerb Port Arthurs und Dalnys Einspruch erhoben; er setzte auf eine langsame wirtschaftliche Durchdringung. Mit Erstaunen registrierte er 1898 den Ausspruch des russischen Außenministers, zur Sicherung Port Arthurs und der Halbinsel Liaotung brauche man nichts weiter als »eine Fahne und einen Wachturm. Das Prestige Rußlands wird das übrige tun.« Witte sah einen Krieg kommen und schrieb im November 1901 an Graf Lambsdorff:

Eine bewaffnete Auseinandersetzung mit Japan in naher Zukunft wäre für uns eine große Katastrophe. Ich zweifle nicht daran, daß Rußland als

Sieger aus einem solchen Kampf hervorgehen wird, aber der Sieg wird uns zu viel kosten und das Land wirtschaftlich schwer in Mitleidenschaft ziehen – in den Augen des russischen Volkes ist ein Streit mit Japan um die Inbesitznahme des fernen Korea keinen Krieg wert. Durch die latente Unzufriedenheit könnten die beunruhigenden Erscheinungen unseres politischen Innenlebens, die sich schon in Friedenszeiten bemerkbar machen, an Heftigkeit zunehmen. Wenn ich die Wahl zwischen zwei Übeln hätte, einem bewaffneten Konflikt mit Japan und dem völligen Verzicht auf Korea, würde ich mich ohne Zögern für das zweite entscheiden.

Lambsdorff pflichtete ihm bei. Doch die Kriegspartei am Zaren-Hof hatte schon Oberwasser und setzte damit alles aufs Spiel, was Witte gewonnen hatte. Unter internationalen Druck gesetzt, erklärte sich die russische Regierung am 8. April 1902 förmlich bereit, ihre Truppen in drei Phasen und innerhalb von achtzehn Monaten aus der Mandschurei zurückzuziehen –»unter der Voraussetzung, daß keine störenden Entwicklungen eintreten und daß wir nicht durch Schritte anderer Mächte daran gehindert werden«. Diese Formulierung sollte Zeit gewinnen: als »störende Umstände« konnte man auch das in der Mandschurei grassierende Bandenunwesen bezeichnen. Tatsächlich rührten die Russen keinen Finger, um den versprochenen Rückzug durchzuführen. Witte ahnte, was kommen würde. Im Sommer 1902 besuchte er den Fernen Osten, um die Lage zu studieren. Nach seiner Rückkehr riet er dem Zaren dringend, die Mandschurei zu räumen und sich künftig beim Bemühen um die Ausweitung des russischen Einflusses in dieser Region auf friedliche Mittel zu beschränken. Wittes Offenheit wurde nicht belohnt, er verlor an Einfluß. Charakteristisch für das Klima am Hofe war, daß das Argument, er sei mit einer Jüdin verheiratet, plötzlich gegen ihn ins Feld geführt wurde; schließlich wußte man in St. Petersburg, daß der besondere Haß des Zaren »den Engländern, den Juden und den Japanern« galt. Zu den engsten Beratern des Zaren gehörte in dieser Zeit Wjatscheslaw Plewe, ein ehemaliger finnischer Außenminister, der 1902 russischer Innenminister wurde, nachdem sein Amtsvorgänger einem Attentat zum Opfer gefallen war. Plewe war Antisemit; er war davon überzeugt, daß revolutionäre und sozialistische Ideen durchweg »jüdischen Ursprungs« seien. Um seinen Pflichteifer bei der Verfolgung oppositioneller Strömungen unter Beweis zu stellen, ließ er seine Pflegeeltern unter dem Verdacht des Hochverrats verhaften und nach Sibirien deportieren. Auch in seinen außenpolitischen Ansichten legte Plewe wenig Feinfühligkeit an den Tag. Im Gespräch mit Kuropatkin sagte er 1903:»Was dieses Land braucht, ist ein kleiner siegreicher Krieg, der die Flut der Revolution eindämmen wird.«

Am 28. August 1903 wurde Finanzminister Witte entlassen. Der Zar hatte schon seit langem das Gefühl gehabt, im Schatten des Ministers zu stehen. Vielleicht ahnte er auch, wie Witte später formulierte, daß»er nicht geschaffen war für die bedeutsame geschichtliche Rolle, die das Schicksal für ihn bereithielt«. Doch offenbar glaubte Nikolaus, die staatsmännischen Fähigkeiten des Geschaßten würden auf ihn übergehen. In sein Tagebuch schrieb er die pathetischen Worte:»Jetzt regiere ich.«

Er tat es nicht. Der Konflikt mit Japan war am Ende unausweichlich, weil die russische Regierung eine Außenpolitik des Alles oder Nichts betrieben hatte und bei der Formulierung dieser Politik auch noch mit fahrlässiger Ignoranz zu Werke gegangen war.»Die Stagnation im Außenministerium ist unbeschreiblich«, schrieb ein Beamter.»Alle schlafen.«Und der deutsche Botschafter berichtete:»In meinem ganzen Leben habe ich noch nicht so viel Faulheit erlebt wie in den hiesigen Ministerien. Alle Beamten kommen um elf oder zwölf Uhr ins Büro und verschwinden um vier Uhr auf Nimmerwiedersehen. Während der Bürostunden tun sie nichts weiter als zu rauchen und auf den Fluren spazierenzugehen.«Nikolaus selbst begab sich häufig auf längere Ferienreisen. Der britische Botschafter Charles Scott hielt ihn ohnehin für»unfähig, aus eigenem Ermessen heraus eine entschlossene Initiative zu ergreifen«.

Unter diesen Umständen konzentrierte sich die Entscheidungsgewalt über die russische Fernostpolitik in den Händen des Vizekönigs Jewgenij Alexejew und eines Sonderausschusses, an dessen Spitze Alexander Besobrassow stand. Besobrassow war ein Abenteurer, er hatte die Holzeinschlag-Konzession am Yalu-Fluß eingefädelt. Von Alexejew hieß es, er habe seine ersten Beförderungen nur der Tatsache zu verdanken, daß er einst in Marseille die Verantwortung für eine Schlägerei auf sich genommen hatte, die von einem Mitglied der kaiserlichen Familie ausgelöst worden war.

Das Amt des Vizekönigs mit Residenz in Port Arthur war 1903 offiziell eingerichtet worden, um die Verwaltung und den militärischen Schutz aller russischen Territorien östlich des Baikalsees zu vereinheitlichen. Japan indes interpretierte die Schaffung des neuen Amtes als einen Schritt der Kriegsvorbereitung.

Die Gunst der öffentlichen Meinung nutzend, starteten die Japaner am 8. Februar 1904 ohne Kriegserklärung einen Überraschungsangriff auf die in Port Arthur ankernde russische Fernostflotte. Sie belagerten und eroberten die Hafenstadt, die Russen wurden trotz erbitterten Widerstands allmählich von der Liaotung-Halbinsel gedrängt und weit in die nördliche Mandschurei zurückgeworfen. Der Landkrieg erwies sich als enorm kostspielig; allein die beiden größten Schlachten – die um Port Arthur und die um Mukden – forderten mehr als 100 000 Tote auf beiden Seiten.

Die Japaner hatten im Februar bewußt losgeschlagen, bevor die Erbauer der Transsibirischen Eisenbahn das Nadelöhr am Baikalsee beseitigen konnten. Gleise und Züge hatten sich nämlich als ungeeignet erwiesen für den Transport schwerer Artillerie und modernen Kriegsgeräts. Nur jede vierte Brücke war aus Stahl, die hölzernen sackten unter schwerer Belastung zusammen, die Schienen, die aus minderwertigem Stahl gewalzt waren, bogen sich unter dem Gewicht der Züge durch. Wegen der extremen Steigungen und der engen Kurven konnten die Lokomotiven nur wenige Waggons im Schneckentempo ziehen. An manchen Stellen rutschte der Gleiskörper seitwärts ab; anderswo krümmten sich bei extremem Frost die Schienen. Ein Ingenieur, der die Strecke besichtigte, erklärte: »Nach einem Frühjahrsregen springen die Züge aus den Schienen wie Eichhörnchen.« Es gab außerdem nicht genug Ausweichstellen, Wasserdepots und Rangierbahnhöfe, so daß die russischen Soldaten manchmal erst nach sechs Wochen die Mandschurei erreichten. Im Frühjahr und Sommer 1904 stauten sich am Baikalsee zahlreiche Regimenter und warteten darauf, von der »Baikal« oder der »Angara« an Bord genommen zu werden.

Nach Ausbruch des Krieges duldete St. Petersburg keine weiteren Verzögerungen. Die Ingenieure sprengten einen Weg durch die felsigen Bergkämme, die den See an seinem südwestlichen Ende umschlossen, und führten die Trasse schließlich durch 39 Tunnel von Baikal nach Kultuk. Am 25. September, fast sieben Monate nach Kriegsbeginn, war der Bogen um den Baikalsee geschlossen.

Zur gleichen Zeit war ein Heer von Streckenarbeitern damit beschäftigt, überall tragfähigere Gleisfundamente und Schienen zu legen, Kurven und Steigungen zu entschärfen, 200 Ausweichstellen zu bauen und einzelne Streckenabschnitte neu zu trassieren. Aus allen Teilen des Reichs wurde überzähliges Material herbeigeschafft, die Lokomotivfabriken stellten Produktionsrekorde auf. Im März 1905 hatte die Transsib bereits 300 000 Mann an die Front transportiert, weitere 400 000 waren im Anmarsch. Das Kräfteverhältnis bei den Bodentruppen begann sich zugunsten Rußlands zu verschieben. Als der Krieg in sein zweites Jahr ging, konnten die Russen ihren größten Vorteil ausspielen: ihr fast unerschöpfliches Reservoir an Menschen.

Die Japaner hatten seit Beginn des Krieges die Seeherrschaft und zeigten in der südlichen Mandschurei, daß sie auch zu Lande kämpfen und siegen konnten. Als im Mai die aus der Ostsee herangeführte russische Flotte eintraf, wurde sie in der Tsuschima-Straße von den Japanern unter Admiral Heihachiro Togo vernichtet.

Einen längeren Zermürbungskrieg aber wollten die Japaner unter allen Umständen vermeiden. Auf ihre Bitte hin arrangierte der amerikanische Präsident Theodore Roosevelt eine Friedenskonferenz zwischen den kriegführenden Mächten, die dann in Portsmouth (New Hampshire) stattfand. Um ihre Verhandlungsposition vor Konferenzbeginn zu stärken, besetzten die Japaner im Juli Sachalin und vertrieben die meisten dort lebenden russischen Siedler und die eilig improvisierte kleine Streitmacht aus Sträflingen und Verbannten. Der Zar sah sich gezwungen, Witte zu reaktivieren und ihn zum Chef der russischen Verhandlungsdelegation zu ernennen. Er hätte kaum eine bessere Wahl treffen können.

In dem am 5. September 1905 unterzeichneten Friedensvertrag erkannte Rußland die Zugehörigkeit Koreas zur japanischen Einflußsphäre an und trat seine Pachtrechte an der Liaotung-Halbinsel sowie die südliche Hälfte Sachalins an Japan ab. Rußlands Vorherrschaft im Norden der Mandschurei blieb jedoch unangetastet. Witte hatte die Chinesische Ostbahn für Rußland gerettet und die Japaner von ihren Entschädigungsforderungen abgebracht. Die »New York Times« schrieb:»Eine Nation, die in jeder Schlacht des Krieges hoffnungslos unterlegen war, die zusehen mußte, wie eine ihrer Armeen in Gefangenschaft geriet und eine andere in alle Winde zerstreut wurde, und deren Flotte sang- und klanglos unterging, diktierte den Siegern ihre Bedingungen.«

Nach Ende des Russisch-Japanischen Krieges versöhnten sich die beiden Mächte; sie lehnten die amerikanische Politik der Offenen Tür ab und grenzten in einer Serie von Geheimabkommen (1907, 1910 und 1912) in dem nördlich der Großen Mauer gelegenen Teil Chinas ihre Interessen gegeneinander ab. Die russische Einflußsphäre umfaßte die nördliche Mandschurei, die Äußere Mongolei und Sinkiang, die japanische die südliche Mandschurei und die Innere Mongolei. Die

Russen sahen ungerührt zu, als Japan 1910 mit der Annexion Koreas seine Kriegsbeute kassierte.

Beide Mächte nutzten die folgenden Jahre zur weiteren Entwicklung Sachalins, das reich war an Fischen, Wäldern, Kohle und Erdöl. Die Japaner gingen in ihrem Teil tatkräftiger und effektiver zu Werke. Die Russen sahen sich im Nordteil der Insel vor eine schwierige Wiederaufbau-Aufgabe gestellt, weil die Bevölkerungszahl im Kriege von 40 000 auf 7000 geschrumpft war. Die Sträflingskolonie auf Sachalin wurde im April 1906 aufgelöst, 47 Jahre nach ihrer Gründung. Ihr schlechter Ruf lastete jedoch noch viele Jahre auf der Insel; erst als bei Ausbruch des Ersten Weltkriegs die Regierung allen Bewohnern Sachalins die Befreiung von der Wehrpflicht zusicherte, strömten mehr als 15 000 Siedlungswillige auf die Insel. Der Untergang der Mandschu-Dynastie im Jahre 1912 erleichterte den Russen die Sicherung ihrer Vorherrschaft über die Äußere Mongolei, deren Bewohner mit den Burjaten verwandt waren und die von China durch die Wüste Gobi getrennt war. Auf Drängen der Russen entließ China die Äußere Mongolei in die Autonomie; dies ebnete den Weg für ihre spätere Entwicklung zu einem Anhängsel des Sowjetstaats.

Die Zusammenarbeit zwischen rivalisierenden Mächten führt sehr selten zu wirklichem Vertrauen. Die Russen blieben auf der Hut vor den Japanern, deren weitere Absichten und Ziele sie nie recht durchschauen konnten. Da die Chinesische Ostbahn wegen der unmittelbaren Nachbarschaft zum japanisch kontrollierten Territorium ihren militärischen Nutzen verloren hatte, holte die Regierung in St. Petersburg ihre alten Pläne für eine Bahnlinie am Amur wieder aus der Schublade, entschied sich dann allerdings für eine weiter nördlich verlaufende Trasse.

Die Chinesische Ostbahn hatte nicht nur zum Ausbruch eines für Rußland verhängnisvollen Krieges beigetragen, sondern, wie von Kritikern prophezeit, die Erschließung eines Gebiets vorangetrieben, über das Rußland nicht die volle Verfügungsgewalt hatte. Der Bau hatte darüber hinaus negative Wirkungen auf das Amur-Gebiet gehabt. Die Chinesische Ostbahn zog einen Teil des Verkehrs auf dem Amur an sich; das Gros der siedlungswilligen Zuwanderer zog in die nördliche Mandschurei, nicht ins Amur-Gebiet. Wladiwostok verlor als Seehafen stark an Bedeutung, nachdem es seine militärische und wirtschaftliche Funktionen an Port Arthur und Dalny abgetreten hatte. Ein Reisender berichtete nach einer Tour durch das untere Amur-Gebiet, eine Ortschaft bestehe dort aus »einer

Ansammlung baufälliger Blockhütten, einem oder zwei anständigen Häusern, in denen Beamte wohnen, einer Handvoll schmutzig wirkender Eingeborenen in Lederbekleidung, ein paar krätzigen Hunden und einigen mageren Schweinen, die sich im Schlamm suhlen«. Kurz: Die Regierung hatte das wirtschaftliche Wohlergehen einer russischen Provinz für das einer chinesischen geopfert. Der Bau der Amur-Eisenbahn sollte jetzt die Voraussetzung für neue Investitionen im fernen Osten Rußlands schaffen.

Die neue Eisenbahn spielte auch eine Rolle in der neu formulierten Strategie für die Region; diese Politik sah die schrittweise Kultivierung des noch weitgehend urwüchsigen Landes durch russische Siedler vor, den Ausbau der Pazifikflotte, die Anlage neuer Stützpunkte für Heer und Marine und den Ausbau der Häfen Wladiwostok und Nikolajewsk.

Der Bau der Bahn begann im Frühjahr 1908. Von einem Kreuzungspunkt zwischen Nertschinsk und Sretensk verlief die Trasse nach Chabarowsk fast parallel zu dem Bogen des Amur. Die Strecke führte durch eine unwirtliche, unbesiedelte Wildnis, durch dicht bewaldetes Gebirgsland und durch sumpfige Tiefebenen. Die von den Eisenbahnarbeitern gebauten Versorgungs- und Zufahrtsstraßen waren die ersten Verkehrswege, die es in dieser Region überhaupt gab; die von ihnen trockengelegten Sümpfe wurden zu seinen ersten Anbauflächen.

Im Zuge des Eisenbahnbaus wurden artesische Brunnen in den Permafrost-Boden gebohrt und Waldflächen gerodet. Es entstanden Reis- und Getreidemühlen, Sägewerke, Gerbereien, Seifensiedereien, Ziegeleien, Zementwerke, Kerzen- und Streichholzfabriken, dazu Eisenbahnwerkstätten und Güterumschlagplätze. Einwanderer wurden auf großen Flößen amurabwärts gefördert – ein ebenso taugliches Transportmittel wie das Dampfschiff, aber billiger. Die aus roh zugehauenen Baumstämmen gefertigten Flöße waren an beiden Enden mit einem hüttenartigen Aufbau versehen, in dem Menschen und Pferde unterkamen. Familien nahmen ihren gesamten Hausrat und ihre Haustiere mit an Bord. Am Zielort angekommen, zerlegten sie das Floß und benutzten die Stämme zum Hausbau. In Chabarowsk wurde eine über zwei Kilometer lange Brücke über den Amur gebaut – die bis dahin längste Brücke im gesamten russischen Reich. Beim Bau der Transsib hatten sich die Russen in hohem Maß auf den Einsatz billiger chinesischer und koreanischer Arbeitskräfte gestützt; jetzt verzichtete man bewußt auf Asiaten, auch wenn die Heranführung russischer Arbeiter wesentlich mehr kostete. Die Regierung hoffte, auf diese Weise die Russifizierung des Gebiets beschleunigen zu können. Für Ruhe und Ordnung in den Arbeitercamps sollten 14 Kompanien regulärer Truppen sorgen, die den Bautrupps zugeteilt wurden und die bahneigenen Polizeieinheiten verstärkten. Wladiwostok machte seinem Namen bald wieder Ehre. Es erhielt gemauerte Bollwerke, die mit neuen schweren Geschützen bestückt wurden, die Garnison wurde auf 80 000 Mann vergrößert. Aus dem kleinen Kosakendorf Sretensk wurde ein wirtschaftlich blühender Eisenbahnendpunkt mit 10 000 Einwohnern. Tschita war längst mehr als Rast- und Umsteigeort für Soldaten auf dem Weg in die Mandschurei. An der Ussuri-Linie, dem letzten Teilstück der neuen Eisenbahn, schossen Dörfer »wie Pilze aus dem Boden« und entwickelten sich rasch zu Städten von beachtlicher Größe. Parallel zu den Neubau- liefen auch Modernisierungsprogramme. Teile der Transsib wurden zweigleisig ausgebaut, von Omsk aus entstand eine Stichlinie nach Tjumen; neue Lagerhäuser und Silos wurden aus dem Boden gestampft, Holzbrücken nach und nach durch Konstruktionen aus Stein und Stahl ersetzt.

Die Regierung war auf das Ergebnis dieser Anstrengungen so stolz, daß sie beschloß, Touristen aus aller Welt für Fahrten mit der Transsibirischen Eisenbahn zu gewinnen; sie ließ komfortabel ausgestattete Sonderzüge anfertigen: moderne Lokomotiven, Salon- und Restaurantwaggons, in denen es Konzertflügel, Liegestühle, Schreibtische und eine Bibliothek gab, Schlafwagen mit Plüschteppichen, ein Fitneßwaggon mit Hanteln und Fahrradtrainern, elektrische Leselampen in allen Abteilen, gekachelte Badezimmer und sogar ein Kirchenwaggon, auch »Dom auf Rädern« genannt.

Ein Miniaturmodell eines solchen Zuges – nicht länger als 30 Zentimeter – entstand im Jahr 1900 in der Werkstatt von Peter Carl Fabergé. Die winzige Lok, die die Waggons zog, war aus Gold und Platin, aus ihrer Stirnleuchte funkelte ein Rubin, aufgezogen wurde sie mit einem goldenen Schlüssel. Auf der Pariser Weltausstellung von 1900 war im Pavillon von Russisch-Asien ein »Staatsexpreß« zu bewundern, eine Zugattrappe. Die Besucher konnten im Nachbau eines Speisewagens dinieren und immer wieder einmal einen Blick auf sibirische Steppen, Berge, Urwälder, Goldwaschanlagen, Kirchen und Städte werfen, die vor den Fenstern vorbeizogen. Kulissenmaler der französischen Staatsoper hatten die entsprechenden Bilder auf eine endlos umrollende Leinwand gemalt.

Diese transsibirische Traumreise führte merkwürdigerweise bis nach Peking;

hier trat ein chinesischer Schaffner auf den Plan und verkündete unvermittelt das Ende der Reise.

In der Praxis boten die Züge nie den versprochenen Luxus, sie zogen auch nicht das erhoffte hochkarätige Publikum an. Dennoch entwickelte sich eine Fangemeinde für den Transsibirien-Expreß; Annette Meakin, die im Jahre 1900 als erste Engländerin auf Schienen das nördliche Asien durchquerte (mit Endstation Japan), empfand ihr Privatabteil als komfortabel, sie freute sich, daß während eines Abendessens ein Tenor und ein Pianist für sie musizierten. Ein anderer Passagier berichtete enttäuscht, zumindest in seinem Zug habe das Klavier »hauptsächlich als Ablage für schmutziges Geschirr« herhalten müssen; die einzige Badewanne des Zuges habe er im Gepäckwagen gefunden, wo sie als Kühlbehälter für Eis, Gemüse und Fleisch diente.

1891 hatte Zar Alexander III. verkündet, eines mit der dem Bau der Eisenbahn verfolgten Ziele sei es, »die Besiedlung und wirtschaftliche Entwicklung Sibiriens zu fördern und dem Osten Frieden und Aufklärung zu bringen«. Das offizielle Handbuch für Transsib-Reisende nahm diesen Gedanken auf: die Eisenbahn sei Bestandteil der »zivilisatorischen Mission des russischen Staates« und Vorhut des Christentums in Asien.

Nun konnte man zwar die Frage stellen, welche zivilisatorische Mission sich ein Land anmaßte, das eine Analphabetenrate von 80 Prozent hatte, den niedrigsten Lebensstandard aller europäischen Länder, die höchste Säuglingssterblichkeit und mehr Fälle von Syphilis, Alkoholismus, Seuchen und Hungersnöten als alle anderen. Das ändert jedoch nichts daran, daß die Transsibirische Eisenbahn damals wirklich wie ein »West mit Ost verbindender Regenbogen« erschien und in die Liste der Weltwunder aufgenommen wurde. »Niemand konnte, wenn er die Sache unter politischen, strategischen oder wirtschaftlichen Gesichtspunkten betrachtete, bestreiten, daß die Transsibirische Eisenbahn eine gewisse Großartigkeit hatte«, schrieb ein Historiker, »daß sie ein Entwurf von gewisser exotischer Vornehmheit war und fast einen Hauch von Jules Verne besaß.«

Nach der Aufhebung der Leibeigenschaft 1861 hatten sich zahlreiche Bauernfamilien aus den übervölkerten, von Hungersnöten geplagten Provinzen Zentralrußlands nach Sibirien aufgemacht, um dort größere eigene Parzellen zu bewirtschaften. Vor dem Bau der Eisenbahn mußten sie eine unendlich lange und beschwerliche Reise in Kauf nehmen, in vielen Fällen einen Fußmarsch neben einem mit Habseligkeiten der Familien beladenen Pferde- oder Ochsenkarren. Für diejenigen, die es bis nach Sibirien schafften, gab es Land in Hülle und Fülle, das sich auch unschwer in Besitz nehmen ließ. Adligen oder kirchlichen Grundbesitz gab es in Sibirien kaum, der größte Teil des Bodens gehörte der Krone. Darüber hinaus aber blieben die Zuwanderer weitgehend auf sich selbst gestellt.

Zwischen zehn und dreißig Prozent der Zuwanderer blieben bei dem Versuch, sich eine neue Existenz aufzubauen, auf der Strecke; etliche verloren nach einiger Zeit den Mut und kehrten nach Hause zurück. Mitte der achtziger Jahre des vorigen Jahrhunderts entschloß sich die Regierung zum Handeln. Um die Besiedlung Sibiriens zu beschleunigen, legte sie für die Standardparzelle einer bäuerlichen Einwandererfamilie als neue Richtgröße 55 Hektar fest und schuf Anreize durch Steuervergünstigungen, Befreiung vom Wehrdienst und langfristige zinslose Darlehen.

Doch das war nicht genug. Noch gehörten die Zuwanderer zu den Verdammten dieser Erde; auf dem Weg nach Sibirien mußten sie unter Bedingungen leben, die der Ausbreitung von Typhus und anderen Epidemien Vorschub leisteten. An jeder Etappenstation stand zwar ein Samowar auf dem Feuer, um die Reisenden mit heißem Wasser für Tee zu versorgen, doch im übrigen war ihre Verpflegung ihre eigene Sache. »Der Dreck, die Lumpen, der ganze unappetitliche Anblick des russischen Auswanderers«, schrieb ein amerikanischer Reisender, »ist etwas, das jeder Beschreibung spottet.« Mit Fertigstellung der Transsib vervielfachte sich die Zahl der Auswanderer. Der Staat mußte nun regulierend eingreifen, weil Tausende unterwegs strandeten oder erkrankten.

1893 setzte die Regierung ein Notprogramm in Kraft, das die Infrastruktur entlang zur Strecke verbessern und den Auswanderern die Reise erleichtern sollte. An den wichtigsten Etappenbahnhöfen entstanden Lazarette, Suppenküchen, beheizte Baracken, Waschküchen, Badehäuser und andere Einrichtungen, deren Benutzung in den meisten Fällen kostenlos war. Auf diese Weise konnte die Sterblichkeitsrate unter den Zuwanderern in allen Altersgruppen bis 1898 erheblich verringert werden, von 20 Prozent in früherer Zeit auf etwa 1 Prozent. Die Fahrpreise waren für Zuwanderer so niedrig (anfangs rund 0,2 Pfennig pro Kilometer, später noch weniger), daß eine Familie für fünf oder zehn Rubel bis weit nach Sibirien fahren konnte. In den Jahren 1896 und 1897 fuhren rund 275 000 Auswanderer über den Ural in Richtung Osten, die meisten mit Fahrkarten 5. Klasse, die Anspruch auf einen Platz in einem Güterwagen ohne Sitzgelegenheit boten. Über der Einstiegstür stand:»Für 12 Pferde oder 43 Personen.« Trotz aller in den neunziger Jahren eingeführten Verbesserungen war eine Reise nach Sibirien als Passagier 5. Klasse nach wie vor ein Höllenritt.

Ein zeitgenössischer Beobachter schilderte seine Eindrücke so:

> Es gab Waggons für Familien und solche für alleinstehende Männer. Die ersteren waren nichts weiter als Ställe auf Rädern. Darin drei Menschengenerationen – Großeltern, Mann und Frau in der Blüte ihrer Jahre, die Kinder – und das lebende Inventar ihres kleinen Bauernhofs im fernen Rußland. Drei Kühe und ein halbes Dutzend Schafe liegen in Stroh und knietiefem Mist und kauen Heu und Grünzeug. Heu- und Strohballen sind bis unters Dach gestapelt, Domizil der Hühner und Truthähne und Enten. Zwei große magere Hunde lungern in einer Ecke. Hier und dort sind Habseligkeiten und Utensilien deponiert, um einen primitiven Tisch stehen Stühle, eine Lampe und sogar zwei fromme Bilder hängen an der Wand. In den Junggesellenwagen tummelt sich eine furchterregende Bande von Grobianen, kahlköpfigen, barfüßigen, zottelbärtigen Geschöpfen mit platten Tiergesichtern und wilden, blutunterlaufenen Augen, wie man sich eine Gruppe von Schiffbrüchigen nach zehn Jahren auf einer öden Insel vorstellt.

In der Barabinsker Steppe zwischen Omsk und Nowonikolajewsk, die »im Sommer ein in Wolken von Stechmücken getauchter Schilf- und Riedgrasdschungel mit stehenden Tümpeln und Teichen« war, ließ die Regierung rund 1,4 Millionen Hektar trockenlegen und urbar machen; in trockeneren Zonen baute sie Bewässerungskanäle. Rund zwei Drittel von denen, die 1894 nach Sibirien auswanderten, ließen sich in der Provinz Tomsk nieder, die meisten anderen in den Steppenregionen von Akmolinsk und Semipalatinsk. Einige tausend fanden den Weg nach Irkutsk im Osten oder schifften sich im Schwarzmeerhafen Odessa ein, um auf dem Seeweg das Ussuri-Gebiet zu erreichen. 1896 entdeckten viele Neusiedler das Jenissej-Tal für sich und ließen sich in der Umgebung von Minusinsk und Kansk nieder; im Jahre 1900 wagten bereits viele die Überlandfahrt in den Fernen Osten Sibiriens – in früheren Zeiten eine zwei- bis vierjährige Reise über Stock und Stein, mit der Bahn jetzt nur noch eine Sache von wenigen Wochen. Um in dieses Gebiet noch mehr Siedler zu locken, teilte die Regierung den Grund und Boden in 32-Hektar-Parzellen auf. In Ausnahmefällen erhielten Neusiedler am Ussuri sogar bis zu 65 Hektar zugewiesen – so viel, wie der großzügige Homestead Act den Siedlern im amerikanischen Mittelwesten zugestand. Bis 1914 ließen sich knapp zwei Millionen Russen im Fernost nieder, die meisten in Transbaikalien, über 300 000 im Amur-Becken. Insgesamt wanderten zwischen 1823 und 1914 bis zu sieben Millionen Bauern nach Sibirien, allein 1908 waren es 750 000. Dies war, wie ein Historiker schrieb, »eine der größten Wanderbewegungen in der Geschichte, übertroffen nur von der Völkerwanderung, die innerhalb eines Jahrhunderts 35 Millionen Menschen aus Europa über den Atlantik in die Vereinigten Staaten brachte«.

Die Eisenbahn hat nicht nur zur Besiedlung Sibiriens geführt, sie veränderte auch die ethnischen Verhältnisse. Der Anteil der Russen an der Bevölkerung stieg auf 85 Prozent. Der Zugang zu entfernten Märkten stimulierte die Land- und vor allem die Milchwirtschaft; an der Pazifikküste entstand ein florierendes Fischfanggewerbe, Handwerk und Industrie siedelte sich an. Die Einfuhr von Maschinen und Ausrüstungsteilen war nicht mehr mit untragbaren Transportkosten verbunden, es konnten neue Unternehmen zur Ausbeutung der reichen sibirischen Bodenschätze – insbesondere Eisen und Kohle – gegründet werden. Tausende Tonnen Getreide und Butter aus sibirischen Ernteüberschüssen gingen in den Export. Einwanderer aus Dänemark, die im westlichen Sibirien angesiedelt worden waren, hatten neue Molkereien eingeführt; für den Transport wurden bald Kühlwaggons gebaut und zu Butterzügen gekoppelt. Um die Jahrhundertwende arbeiteten in Sibirien mehr als 1000 Molkereien, 1913 waren es schon über 4000. In der Buttererzeugung überflügelte Sibirien bis 1913 Australien und die Niederlande und zog nahezu mit Dänemark gleich.

Die Transsibirische Eisenbahn bewirkte auch eine drastische Umgestaltung der von ihr berührten Gebiete und schuf die Voraussetzung für landwirtschaftliches und industrielles Wachstum. Sibirien trat damit endgültig aus seiner Statistenrolle als russische Kolonie heraus, zwischen St. Petersburg und Wladiwostok lagen jetzt nicht mehr Welten, sondern nur noch zehn Reisetage. Der Zustrom von Neusiedlern führte in zehn Jahren zu einer Verdopplung der Einwohnerzahl Sibiriens auf zehn Millionen; nach 1907 ergoß sich ein Fünftel dieses Stroms in den Fernen Osten. Im Gebiet von Tomsk wuchs die Bevölkerung in diesem Jahrzehnt um das Neunfache. Sibirien lieferte Fleisch, Molkereiprodukte und

Getreide sowie Holz, Mineralien, Häute und Felle und trug in erheblichem Maß zur Ausweitung des russischen Exports bei. Nahrungsmittel aus Sibirien fanden sich in Moskau und St. Petersburg auf jedem Teller wieder.

Sibirien war zwar nach wie vor ein durch Landwirtschaft geprägtes Land; nur zwölf Prozent der Bewohner lebten in Städten. Die Industrie war noch vergleichsweise unbedeutend; der Anteil Sibiriens an den industriellen Arbeitsplätzen im russischen Reich lag 1908 bei 3,5 Prozent. Aber ausländische Investoren halfen mit, den Rückstand allmählich abzubauen. Einige große Firmen, die in Sibirien Gold schürften, waren mit ausländischem Kapital finanziert, britischem hauptsächlich, aber auch deutschem, belgischem oder französischem –. Die industrielle Entwicklung zog später auch amerikanisches Geld an, das in den Eisenbahnbau und in die Fabrikation von Förderwagen, Brücken, Trockendocks und Schiffen investiert wurde. Die International Harvester Company lieferte landwirtschaftliche Ausrüstung aller Art nach Sibirien; die Westinghouse Company fertigte in einer Fabrik, die sie in Petrograd eröffnet hatte, Luftdruckbremsen für russische Eisenbahnwaggons; die Nähmaschinenfabrik Singer ließ sich in Krasnojarsk und anderen Städten entlang der Transsibirischen Eisenbahn nieder. Auch der Grammophonhersteller Victor investierte in Sibirien.

Nikolaus II. war 1905 der letzte Monarch in Europa, der seine Macht nicht in irgendeiner Form mit einem Parlament oder einer anderen Versammlung teilen mußte. Der Artikel 1 der Verfassung erklärte ihn zum absoluten, unumschränkten Herrscher; Nikolaus klammerte sich, von seiner Frau Alexandra unterstützt, an das Konzept autokratischer Macht. Er lebte in einer mittelalterlichen Vorstellungswelt, obwohl schon sein Großvater, Alexander II., zaghafte Reformen »von oben« durchgeführt hatte – die Aufhebung der Leibeigenschaft 1861 und die Einführung gewählter Provinz- und Kreisparlamente 1862.

Die Aufhebung der Leibeigenschaft hatte die Bauern freilich nicht aus ihrer trostlosen Armut befreit; mit dem Bau von Eisenbahnen und Fabriken trat eine neue Klasse auf den Plan: die städtischen Arbeiter. Sie waren wie die Bauern arm und rechtlos, wählen durften nur Adlige und Beamte. Die in die Reformideen Alexanders gesetzten Hoffnungen erwiesen sich als trügerisch, Alexander wandte bald frustriert sein Interesse der Außenpolitik zu. Er merkte nicht, daß revolutionäre Organisationen in Rußland einen fruchtbaren Boden vorfanden. Nach seiner Ermordung war das Zarentum unter Alexander III. wieder in seine reaktionärsten Formen zurückgefallen: Nationalismus, Absolutismus und Orthodoxie waren die Schlagworte. Die nationalen und religiösen Minderheiten im Reich bekamen die volle Wucht des zaristischen Jochs zu spüren. Nikolaus tat nichts, um die Spannungen abzubauen. Geblendet von der autokratischen Aura, machte er gleich zu Beginn seiner Amtszeit deutlich, daß die Hoffnungen auf politische Mitbestimmung des Volkes in seinen Augen »sinnlose Träume« waren. In diesem Punkt stimmte er mit Witte überein. »Ich bin – und war seit meiner Jugend – ein prinzipieller Gegner jeder Art von Konstitutionalismus, Parlamentarismus oder einer sonstigen Abtretung irgendwelcher politischen Rechte an das Volk«, hatte Witte einmal erklärt.

In den neunziger Jahren wurden die ersten russischen Marxisten nach Sibirien verbannt. Lenin verbrachte drei Jahre von 1897 bis 1900 im östlichen Sibirien, in Krasnojarsk und in dem Dorf Sluschenskoje, das ein Autor als »ein typisches sibirisches Kuhdorf« charakterisierte: »500 Werst von der Eisenbahn entfernt, mit einer winzigen Volksschule und sechs Schankbuden«. Stalin wurde Ende 1903 in den burjatischen Weiler Nowaja Uda verbannt.

Der Krieg gegen Japan war bei der russischen Bevölkerung unpopulär, jede neue Niederlage steigerte die Wut der Menschen. Antikriegsdemonstrationen in St. Petersburg fanden überall im Land Resonanz. »Die Verhältnisse in Rußland überschatten den Krieg«, schrieb die »*New York Times*« am 6. Juni 1905. »Die Angst vor einer Revolution geht um.«

In Sibirien war die Unzufriedenheit vielleicht noch größer als anderswo. Das Land bekam den für Rußland so teuren Konflikt unmittelbar zu spüren. In Zentralsibirien hungerten die Menschen, weil Lebensmittellieferungen für die Front Vorrang hatten. Der Krieg steigerte das politische Informationsbedürfnis der Menschen auf dem Land, die Nachfrage nach Zeitungen stieg auch in den Dörfern. In revolutionären Flugschriften fanden die Kriegsmüden häufig zutreffende Beschreibungen ihrer Misere.

Genau drei Wochen nach dem Fall von Port Arthur, am 9. Januar 1905, versammelten sich in St. Petersburg Arbeiter mit ihren Angehörigen, um dem Zaren eine Petition zu überbringen. Angeführt von einem Popen, mit Plakaten, Ikonen und Fahnen bewaffnet, marschierten sie in geordneten Kolonnen vor den Winterpalast. Gardetruppen verstellten ihnen den Weg, sie wurden aufgefordert, den Demonstrationszug aufzulösen. Als die Arbeiter ablehnten, feuerten die Gardisten in die Menge. Der Petersburger »Blutsonntag« forderte Hunderte von Toten und Verwundeten, er markierte den Beginn der Revolution von 1905.

In den Wochen darauf brachen überall im Reich Unruhen, Tumulte und Streiks aus, unter anderem die berühmte Meuterei auf der »*Potemkin*«, dem Flaggschiff der Schwarzmeerflotte. Attentäter aus den Reihen der Sozialrevolutionäre ermordeten den Großfürsten Sergej und den Militärgouverneur von Moskau. Die Niederlage gegen Japan verschärfte die Krise. Es kam zu Meutereien bei den aus Sibirien heimkehrenden Truppen, die Eisenbahnwerkstätten an der Transsib entwickelten sich zu Keimzellen der Unruhe. Der diplomatische Triumph, den Witte auf der Friedenskonferenz von Portsmouth errungen hatte, blieb fast unbemerkt. Ende Oktober lähmte ein Generalstreik alle russischen Großstädte. Streiks und Demonstrationen erschütterten Tomsk, Omsk, Krasnojarsk, Irkutsk, Tschita und andere Städte. Zahlreiche Demonstranten starben im Kugelhagel der Sicherheitskräfte. In Teilen Südsibiriens probten auch die Bauern den Aufstand. Im Dezember brachen in Moskau offene Kämpfe aus.

Wenige Jahre zuvor waren in mehreren Städten Sibiriens marxistische Organisationen gegründet worden. Zwar gab es auch hier ideologische Auseinandersetzungen, doch die sibirischen Marxisten verurteilten die Spaltung der russischen Sozialdemokratie in Bolschewisten und Menschewisten – ihre isolierte Lage in Sibirien bewahrte sie vor dem Virus der Spaltung. Die sibirischen Marxisten hatten Delegierte sowohl zum dritten Parteitag der Bolschewisten nach London als auch zur Konkurrenzveranstaltung der Menschewisten nach Genf geschickt. Sie forderten die Bewahrung der Einheit, um gemeinsam den Sturz des zaristischen Regimes vorbereiten zu können.

Nikolaus reagierte auf die Ereignisse in seinem Reich unschlüssig. Im März 1905 legte er in einem Manifest ein Bekenntnis zur Autokratie ab, löste damit aber so großen Widerspruch aus, daß er im August die Einführung eines Parlaments in Aussicht stellte – allerdings nicht auf der Grundlage eines allgemeinen Wahlrechts.

Im Oktober hatten sich, ausgehend von St. Petersburg, in zahlreichen russischen Städten und Dörfern Sowjets (Arbeiterräte) gebildet, auch in Krasnojarsk und Tschita. Am 17. Oktober kündigte der Zar, um Zeit zu gewinnen, in einer Proklamation die Gewährung weitgehender demokratischer Rechte und die Einrichtung eines repräsentativen Gesetzgebungsorgans, einer Duma, nach dem Vorbild konstitutioneller Monarchien an. Mit diesem Schachzug, den Witte sich ausgedacht hatte, errang der Zar die Sympathie des Kleinadels und des Bürgertums; die Sowjets standen plötzlich ohne Unterstützung für ihre radikaleren

Forderungen da. Ihr Aufruf zum Generalstreik drang nicht durch, viele ihrer Führer wurden verhaftet. Einige Monate später, im Januar 1906, fühlte Nikolaus sich bereits wieder sicher genug, von seinen Zusagen abzurücken. Er behielt sich das Recht vor, die Duma jederzeit ohne Begründung auflösen zu können. Nachdem die Erste Duma sich konstituiert hatte, ließ die Auflösung nicht lange auf sich warten; der Zweiten Duma erging es ebenso. Willkürliche Verhaftungen, Geheimprozesse und Verbannungen nach Sibirien und Sachalin standen wieder auf der Tagesordnung.

1906 berief der Zar Pjotr Stolypin zum Innenminister und bald darauf zum Premierminister; Stolypin blieb in diesem Amt, bis er 1911 in der Oper ermordet wurde. In seinem Bemühen, den revolutionären Kräften den Wind aus den Segeln zu nehmen, versuchte er eine Landwirtschaftsreform, deren Ziel die Förderung des individuellen bäuerlichen Betriebs auf Kosten der traditionellen Dorfgemeinschaft war. Er wollte »jeden Bauern zum Eigentümer machen und ihm die Chance geben, auf seinem eigenen Grund und Boden ungestört für sich selbst zu arbeiten«. Um den Bauern den Erwerb genügend großer Landflächen zu erleichtern, wurde eine staatliche Bauernbank gegründet. Noch stärker förderte Stolypin die Auswanderung nach Sibirien. »Im ganzen Reich«, schrieb ein Historiker, »setzte die Verdrängung der bäuerlichen Landwirtschaft durch den selbständig wirtschaftenden Farmbetrieb ein, eine wirtschaftliche Umwälzung, die auch soziale Folgen hatte. Ein Tauwetter bemächtigte sich des festgefrorenen Systems der Dorfgemeinschaft mit Gemeinschaftseigentum und extensiver Bebauung, ein Tauwetter, unter dessen Einfluß auch das Leben im russischen Dorf offensichtlich aus seiner geistigen Versteinerung zu erwachen begann. Sibirien war hier wegweisend.«

Stolypin hoffte darauf, daß diejenigen Bauern, die den Schritt zum landwirtschaftlichen Unternehmer nicht schafften, von der sich entwickelnden Industrie aufgefangen würden. In den Städten suchte die Regierung die Arbeiterbewegung auszumanövrieren, indem sie die Gründung legaler Gewerkschaften betrieb, die von Vertretern des Staates kontrolliert und von Agenten der Geheimpolizei beobachtet wurden. Eine Zeitlang erfüllten diese Pseudo-Gewerkschaften ihren Zweck: sie weckten Hoffnungen bei den Arbeitern und dämpften ihre revolutionären Neigungen. Die Veranstaltungen dieser Gewerkschaften dienten auch dazu, revolutionäre Agitatoren zu identifizieren, die dann auf behördliche Anordnung nach Sibirien oder in andere entlegene Provinzen des Reichs verbannt werden konnten, unter ihnen viele Bolschewisten, die später berühmt wurden. Trotzki bezeichnete die Revolution von 1905 als eine »Generalprobe für 1917«. Das darf aber nicht darüber hinwegtäuschen, daß sich in diesen zwölf Jahren epochale politische Veränderungen vollzogen.

Die revolutionäre Unruhe in Rußland schwoll an und ab, wechselnd wie Ebbe und Flut. Am 28. November 1910 nahm sich im Männergefängnis von Gorni Serentui Igor Sasonow, der Plewe-Attentäter, aus Protest gegen die Haftbedingungen das Leben. Als sein Selbstmord bekannt wurde, fanden in fast allen russischen Städten Massendemonstrationen statt. In Moskau marschierten 30 000 Studenten durch die Straßen. Im Januar 1912 legten die Arbeiter in den Goldfeldern an der Lena aus Protest gegen ihre Lebens- und Arbeitsbedingungen die Arbeit nieder. Die Regierung schickte Truppen, die am 4. April 1912 die Forderungen der Streikenden mit Gewehrsalven beantworteten. 270 Goldarbeiter starben, 250 wurden verwundet. Dieses Massaker löste eine Flut von Solidaritätsstreiks aus. Es kam wieder zu Bauernaufständen in vielen Teilen Südsibiriens, auch sie wurden durch Militär unterdrückt. Auf einem Parteitag 1912 in Prag spaltete die Sozialdemokratische Partei Rußlands sich endgültig in einen bolschewistischen und einen menschewistischen Flügel. Zwei Jahre später gingen »in Europa die Lichter aus«.

Im Ersten Weltkrieg rückte die Nation vorübergehend zusammen; der Krieg erschien den Russen als gerecht. Doch schon Ende 1916 war die Begeisterung verflogen, verscheucht von der blutigen Realität des Krieges. Die Russen beklagten fünf Millionen Tote.

Die im Fernen Osten stationierten regulären Truppen waren an die europäische Front verlegt worden, die meisten sibirischen Kosaken hatten ihre Höfe im Stich lassen müssen. Auch Bauern und Industriearbeiter wurden einberufen. Die Äcker lagen brach, Fabriken wurden stillgelegt. Dennoch lehnte Nikolaus es ab, mit der neuen Duma zusammenzuarbeiten. Er übernahm gegen den Widerspruch seines Kabinetts persönlich den Oberbefehl über die russischen Streitkräfte, die zivilen Regierungsgeschäfte gingen in die Hände seiner Frau Alexandra über, die unter dem unheilvollen Einfluß eines sibirischen Bauern stand. Er hieß Grigori Rasputin, er war ein Heiliger von eigenen Gnaden und verdankte die Macht, die er über die Zarin hatte, seiner Fähigkeit, die Bluterkrankheit des Zarewitschs zu lindern. Höchste staatliche und kirchliche Würdenträger wurden nach den Launen dieses Scharlatans berufen oder entlassen; er beherrschte die russische Innenpolitik, auch in militärische Entscheidungen flossen mitunter seine Eingebungen ein – sie waren nicht in jedem Fall verkehrter als die des Zaren. Kein Skandal und keine öffentliche Kritik konnte Alexandras Vertrauen in Rasputin erschüttern. Ende 1916 wurde Rasputin bei einem Bankett ermordet, wenige Wochen später der Zar von der Revolution gestürzt.

TEIL VIER

Vorhergehende Seite: Ainu-Mann

15

DIE ROTEN UND DIE WEISSEN

Die überall im Land verbreitete Kriegsmüdigkeit, der Unmut über die Korruption am kaiserlichen Hof, die Lebensmittelknappheit und der Hunger schürten die Unzufriedenheit und führten schließlich zur Eskalation der Gewalt. Der Aufstand begann am 23. Februar 1917 mit Demonstrationen gegen die Brotknappheit in Petrograd; drei Tage später brach in der Vierten Kompanie des Pawlowskij-Regiments der kaiserlichen Garde eine Meuterei aus. Binnen 24 Stunden gingen 30 000 Soldaten auf die Seite der Aufständischen über, es kam zu Zusammenstößen mit berittener Polizei. Am 2. März dankte Nikolaus ab, am 8. März wurde er in seinem Hauptquartier bei Mogilew verhaftet.

Unverzüglich wurde eine provisorische Regierung unter Fürst Georgi Lwow eingesetzt, in der als Justizminister Alexander Kerenski, ein Sozialist, fungierte. Sie kündigte die Wahl einer Verfassunggebenden Versammlung auf demokratischer Grundlage und Reformen an, betonte aber, daß sie den Krieg fortsetzen werde. Die Mehrheit der Russen war zu diesem Zeitpunkt tatsächlich dagegen, einseitig aus der Kriegskoalition auszuscheiden. Sogar der Petrograder Arbeiter- und Soldatensowjet, eine revolutionäre Körperschaft mit breitem Rückhalt im Volk, war in diesem Punkt zur Zusammenarbeit mit dem neuen Regime bereit.

Die sibirischen Marxisten traten für revolutionäre Toleranz ein, für die Duldung eines breiten Meinungsspektrums; sie waren offen für die traditionellen Vorstellungen von Vaterlandsverteidigung und hofften, »alle für das Land lebenswichtigen Kräfte« – einschließlich des Bürgertums – vereinigen zu können. In Sibirien wurde die Grundlage geschaffen für eine revolutionäre Koalition aus Menschewisten und Sozialisten, die dann 1917 den Petrograder Sowjet beherrschte. Sie hätte die spätere Entwicklung der Sowjetunion in eine völlig andere Richtung lenken können.

Die provisorische Regierung in St. Petersburg versagte jedoch: Es gelang ihr nicht, Ruhe und Ordnung aufrechtzuerhalten und die russischen Truppen zum Sieg über Deutschland zu führen. Die Wirtschaft verfiel weiter, Transport und Verkehr brachen zusammen, die Transsibirische Eisenbahn war in einem so katastrophalen Zustand, daß nach Expertenmeinung 300 Schiffsladungen voll Ersatzausrüstung benötigt würden, um sie auf der ganzen Strecke wieder instandzusetzen.

Im April 1917 schleuste die deutsche Oberste Heeresleitung Lenin und seine Mitstreiter in einem versiegelten Zug aus der Schweiz durch Deutschland nach Rußland. Sie tat dies, so Winston Churchill, in der Hoffnung, in Rußland einen »Virus« aussetzen und die Kriegsbereitschaft der Russen lähmen zu können.

Lenin stellte bei seiner Ankunft erbittert fest, daß die neuen Arbeitersowjets in ihrer Mehrheit noch hinter der provisorischen Regierung standen; mit einfachen Parolen wie »Alle Macht den Sowjets« und »Brot, Land und Frieden« versuchte er das Bündnis zwischen Regierung und Sowjets zu sprengen.

Als die russischen Verluste an der Front weiter stiegen, begann die Kampfmoral der Truppen zu sinken. Die Industrieproduktion ging weiter zurück, das Getreide blieb auf den Feldern stehen. Das Regierungskabinett wurde daraufhin umgebildet, Kerenski rückte zum Premierminister auf, mußte jedoch schon im Juli einen ersten bolschewistischen Umsturzversuch abwehren. Lenin, dem man vorwarf, ein deutscher Spion zu sein, mußte nach Finnland fliehen, kehrte jedoch bald inkognito wieder zurück und heizte die revolutionäre Stimmung weiter an. Am 25. Oktober besetzten seine Anhänger überall in der Hauptstadt die wichtigen strategischen Punkte: Bahnstationen, Brücken, Telegrafenämter. Sie stürmten den Winterpalast und verhafteten die dort tagenden Mitglieder der provisorischen Regierung. Lenin war Herr der Lage. Die Große Sozialistische Oktoberrevolution, wie sie später genannt wurde, hatte gesiegt.

Kaum an der Macht, verloren die Bolschewisten keine Zeit: Sie verstaatlichten die Banken, übereigneten die Fabriken den Werktätigen, führten Preiskontrollen ein und enteigneten den Großgrundbesitz. So konnten sie ihre Macht rasch, ohne auf größeren Widerstand zu stoßen, über weite Teile des Landes ausdehnen, obwohl sie zum Zeitpunkt der Machtübernahme eine zahlenmäßig sehr kleine Partei waren.

Bei der Wahl zur Verfassunggebenden Versammlung im November errangen die Bolschewiki nur 25 Prozent der Mandate; die beiden größeren Linksparteien, die Sozialrevolutionäre und die Menschewisten, hegten tiefes Mißtrauen gegen Lenins Berufsrevolutionäre – zu Recht, wie sich bald zeigte. Um seine Herrschaft zu sichern und »Konterrevolution und Sabotage zu bekämpfen«, löste Lenin die gerade gewählte Verfassunggebende Versammlung auf und gründete die bolschewistische Geheimpolizei. Die »Diktatur des Proletariats« war aus der Taufe gehoben. Auch auf der internationalen Bühne handelten die Bolschewiki rasch. Sie annullierten die russischen Auslandsschulden und erklärten den Austritt aus der Kriegskoalition. Im März 1918 schloß Lenins Regierung in Brest Litowsk einen Waffenstillstand mit Deutschland; als Preis für den Frieden mußten die neuen Herren Rußlands das Baltikum, Weißrußland, die Krim und die bevölkerungsreiche, hochindustrialisierte Ukraine preisgeben.

Rußland hatte in der Anfangsphase des Krieges einen sehr erheblichen Beitrag zur Sache der Entente geleistet; es zwang Deutschland und seine Verbündeten, beträchtliche Kräfte von der Westfront abzuzweigen, und rettete damit indirekt Paris, verhinderte deutsche Siege bei Verdun und Ypern, wie Hindenburg in seinen Memoiren einräumte. Die Westmächte konnten die deutsche Offensive an der Marne abwehren.

1917 verlief die östliche Front von der Ostsee bis hinunter zur rumänischen Schwarzmeerküste und band zwischen zwei und drei Millionen Soldaten der Mittelmächte. Der Vertrag von Brest Litowsk erlaubte es den Deutschen, 40 Divisionen für ihre geplante Schlußoffensive an die Westfront in Marsch zu setzen; die Furcht vor einer Niederlage der Alliierten zwang jetzt auch die widerstrebenden Amerikaner zu einem entschiedeneren Engagement.

Die sich überschlagenden Ereignisse vor und nach der Oktoberrevolution hatten Sibirien eine Flut neuer Flüchtlinge beschert: auf der einen Seite Bürger auf der Suche nach einer sicheren Zuflucht, auf der anderen Leute mit politischer Vergangenheit und Ambition: Konservative, Rechtsextremisten, Anarchisten, gemäßigte Sozialisten, Kosaken, Konterrevolutionäre jeder Schattierung, aber auch

Armeeoffiziere und Angehörige des Adels und der gebildeten Schichten. Da gab es die Legitimisten, die auf die Restauration der Monarchie hofften, die Monarchisten, die bereit waren, jeden Prätendenten mit angemessenem Stammbaum auf den Schild zu heben; da gab es Konservative, die überzeugt waren, nur eine Militärdiktatur könne Rußland wieder aus dem Sumpf der Anarchie ziehen. In allen größeren Städten wurden militärische Geheimbünde gegründet und Komplotte geschmiedet. Lenin dachte zeitweise daran, die Zentrale seines um die Herrschaft kämpfenden Regimes hinter den Ural zu verlegen. Als die Verhandlungen mit den Deutschen in Brest Litowsk ins Stocken geraten waren, hatte er erklärt:»Von den Grenzen unserer Uralo-Kusnetsker Republik aus werden wir wieder vormarschieren und nach Moskau und St. Petersburg zurückkehren.« Doch Sibirien bot den Roten keinen fruchtbaren Boden. Das Industrieproletariat war noch klein, unter den Bauern gab es nur wenige, die so arm waren, daß sie nichts zu verlieren hatten. Die meisten Bauern – Lenin erlebte sie als»wohlgenährt, solide und erfolgreich«– neigten keiner bestimmten politischen Richtung zu, in den Städten dominierten Anhänger eines demokratischen Sozialismus in enger Verflechtung mit der nach wie vor aktiven sibirischen Autonomiebewegung.

Im August 1917, kurz vor der Oktoberrevolution, hatten sich in Tomsk Menschewisten, Sozialrevolutionäre und Lenin-Gegner zum Ersten Sibirischen Kongreß versammelt und für die Loslösung von Rußland votiert. Für ihre Flagge hatte die Bewegung die Farben Grün und Weiß gewählt, sie sollten die Wälder und Schneewüsten Sibiriens symbolisieren.

Zwei Monate später trat der Kongreß erneut zusammen, um die Grundlagen für die Berufung einer provisorischen Regierung für Sibirien zu schaffen. Bolschewistische Agenten spalteten jedoch den Leitungsausschuß des Kongresses, dessen Mitglieder sich daraufhin zur»Provisorischen Regierung des Autonomen Sibirien«zusammentaten und sich aus Tomsk nach Harbin in der Mandschurei zurückzogen. Bei den Wahlen zur Verfassunggebenden Versammlung hatten die Bolschewisten in Sibirien schlechter abgeschnitten als überall sonst; sie hatten nur einen Stimmenanteil von zehn Prozent (im Ural 20 Prozent) gegenüber 25 Prozent im Rest des Reiches. Ein Komitee von Mitgliedern der Verfassunggebenden Versammlung rief am 8. Juni 1918 in Samara an der Wolga eine antibolschewistische Regierung aus; das tat auch die Provisorische Sibirische Regierung Ende Juni in Omsk. In Samara dominierten die Sozialrevolutionäre, in Omsk die konservativen Kräfte. Im Fernen Osten versuchte General Horvath, Generaldirektor der Chinesischen Ostbahn, eine von der Mandschurei aus operierende konservative Gegenregierung aufzubauen.

Die Regierungen in Samara und Omsk stritten bald um die Hoheitsrechte für das Uralgebiet und fochten einen kleinen Zollkrieg aus. Omsk weigerte sich, Getreidetransporte nach Westen durchzulassen, Samara blockierte die Versendung von Fabrikerzeugnissen nach Osten. Doch die Geschicke der Weißen, wie die antibolschewistischen Kräfte in Sibirien genannt wurden, sollten wesentlich von einem völlig anderen Ereignis bestimmt werden, der Meuterei des tschechoslowakischen Korps Ende Mai 1918. Sie markierte den Beginn des russischen Bürgerkriegs.

Der tschechoslowakische Kampfverband bestand aus rund 45 000 Ex-Kriegsgefangenen, die zum Zeitpunkt der Oktoberrevolution auf der Seite der Entente an der Ostfront gekämpft hatten. Nach dem Frieden von Brest Litowsk vereinbarten die französische Regierung und der tschechoslowakische Nationalrat unter Thomas Masaryk, diese Truppen aus der Ukraine an eine der Fronten in Frankreich zu verlegen. Masaryk hoffte, die Westmächte für die Anerkennung des von ihm angestrebten neuen tschechoslowakischen Staates gewinnen zu können. Da der Überlandtransport der Soldaten nach Frankreich unmöglich war, kam man überein, sie um die halbe Welt zu schicken: mit der Bahn bis Wladiwostok und von dort aus per Schiff durch den Panamakanal nach Frankreich. Die Sowjetregierung sicherte freies Geleit durch Sibirien unter der Voraussetzung zu, daß die Tschechoslowaken ihre Waffen in Pensa, einer Station auf ihrem Weg, ablieferten. Josef Stalin telegrafierte an den tschechoslowakischen Nationalrat in Paris: »Die Tschechoslowaken werden nicht als kämpfende Truppe reisen, sondern als Gruppe freier Bürger, und sie werden eine festgelegte Zahl von Waffen zur Verteidigung gegen konterrevolutionäre Angriffe mitführen.«

Ende März 1918 fuhr der erste von achtzig Transportzügen nach Osten. Acht Wochen später, Mitte Mai, hatten 12 000 Mann Wladiwostok erreicht, doch der größere Teil der Legion befand sich noch, in Gruppen zersplittert, auf der Transsib-Strecke. Ihre Reise verzögerte sich wieder und wieder, in der Truppe machte sich Unmut breit. In Absprache mit dem sowjetischen Kriegskommissar Leo Trotzki beschloß der oberste Kriegsrat der Verbündeten, die am weitesten westlich postierten Einheiten auf kürzerem Weg über Archangelsk auszuschiffen; das bedeutete eine weitere Zersplitterung der Legion. Die Tschechen argwöhnten, es handle sich um eine List, um sie zu schwächen. Sie waren überzeugt, daß die Sowjets Böses im Schilde führten und nach der Entwaffnung die Auslieferung an die deutsche Regierung planten.

Mißtrauen hegten aber auch die Bolschewisten. Sie hatten den Transport der tschechoslowakischen Legion vor allem deshalb verzögert, weil sie fürchteten, die Westmächte wollten die Tschechoslowaken zusammen mit den Weißen für eine Besetzung Sibiriens benutzen. Die Tschechen und Slowaken hatten immerhin ihre soldatische Disziplin gewahrt, während die russischen Truppen auseinanderliefen.

Anfang April 1918 war schon ein kleines japanisches Flottenkontingent im Hafen von Wladiwostok vor Anker gegangen, um die dortige japanische Minderheit zu schützen; in der Mandschurei begannen Truppen der Weißen mit militärischen Operationen. Masaryk hatte zwar von Anfang an erklärt, das Korps dürfe nicht in innerrussische Konflikte verwickelt werden, aber viele der in Pensa eintreffenden Tschechoslowaken zogen es vor, ihre Waffen nicht abzuliefern, sondern zu verstecken.

»Unter diesen Umständen«, schrieb ein Historiker, »konnte ein kleiner Vorfall große Folgen nach sich ziehen.« Am 14. Mai begegneten sich im Bahnhof von Tscheljabinsk am Fuß des Ural zufällig zwei Züge: einer fuhr in westliche Richtung mit österreichischen und ungarischen Kriegsgefangenen, die gemäß den Vereinbarungen von Brest Litowsk in ihre Heimat zurückgeführt wurden; in dem Gegenzug nach Wladiwostok saßen die nervösen Tschechen und Slowaken. Als der Kriegsgefangenenzug sich in Bewegung setzte, warf einer der Ungarn ein Stück Eisen auf einen tschechischen Soldaten und verletzte ihn schwer. Wütend stürmten die Legionäre den ausfahrenden Zug und lynchten den Übeltäter. Als eine bolschewistische Patrouille eintraf, um den Mörder zu verhaften, wurde sie von anderen tschechischen Soldaten entwaffnet, die anschließend den Bahnhof besetzten und 2000 Rotgardisten fast kampflos gefangennahmen. Dabei fiel ihnen auch ein Waffenlager in die Hände, in dem sich 12 000 Gewehre und 30 leichte Geschütze befanden.

Die Sowjets ließen sich zu einer Überreaktion hinreißen. Trotzki wies in einem unverschlüsselten Telegramm die örtlichen Behörden an, die Tschechen zu entwaffnen, aus ihren Zügen zu holen und ihre Verbände aufzulösen. Zu allem Überfluß fügte er den Rat hinzu, jeden bewaffneten Legionär zu erschießen.

Die Tschechen fingen diese Depesche im Telegrafenamt von Tscheljabinsk ab; sie schlossen daraus, ihre einzige Chance, der Gefangennahme zu entgehen, bestehe im Angriff; sie übermittelten ihren Entschluß ihren Landsleuten, wenig später war die Transsibirische Eisenbahn auf ihrer ganzen Länge in der Hand der tschechoslowakischen Legion. Auf ihrem Weg nach Osten überwältigten die Meuterer alle bolschewistischen Garnisonstruppen, die sich ihnen in den Weg stellten; in wenigen Wochen waren mehrere größere westsibirische Städte in ihrer Hand: Nowonikolajewsk am 26. Mai, Pensa am 29., Tomsk am 31., Omsk Anfang Juni, Krasnojarsk am 20. Juni. In dem Krasnojarsker Arsenal fanden sie Gewehre und Pistolen, Handgranaten, leichte Artillerie und sogar einen gepanzerten Zug.

In Wladiwostok wurden die bolschewistischen Machthaber Ende Juni gestürzt; auf Widerstand stießen die Tschechen in Barnaul, zu besonders schweren Kämpfen kam es im Bereich des Baikalsees. Im Zentrum der Auseinandersetzungen standen die 39 Eisenbahntunnel, die für die Transsib in die Felslandschaft an der Südflanke des Sees geschlagen worden waren. Die Bolschewisten schickten einen mit Sprengstoff vollgepackten Zug los, um einen Tunnel unpassierbar zu machen. Die Tschechen durchschauten den Plan und jagten den Zug schon vorher in die Luft.

Auf dem Baikalsee montierten die Meuterer auf Flößen aus mächtigen Holzstämmen Geschütze und verjagten die russischen Dampfschiffe. Mitte Juli tauchten die Tschechen vor Irkutsk auf; sie nahmen die Stadt mit Hilfe des erbeuteten gepanzerten Zuges und eines kleinen, in ein Kanonenboot umgebauten Ausflugdampfers ein. Die sowjetisch dominierte sibirische Regierung zog sich nach Tschita zurück.

Unterdessen hatte sich ein Teil der schon in Wladiwostok sitzenden Tschechen nach Westen in Marsch gesetzt, um die Verbindung mit ihren von Irkutsk aus in Richtung Osten vorstoßenden Kameraden herzustellen. Ihre an der Wolga und in Tscheljabinsk befindlichen Landsleute hatten sich zum gemeinsamen Vormarsch nach Jekaterinburg vereinigt, wo die kaiserliche Familie gefangengehalten wurde.

Der Vormarsch der tschechischen Eroberer war vermutlich ein weiterer Grund für die Bolschewiken, die Zarenfamilie am 11. Juli zu ermorden. Am 25. Juli fiel Jekaterinburg an die Weißen, 14 Tage später half die tschechoslowakische Legion bei der Eroberung von Kasan. Hier fielen den Eroberern die Goldreserven des russischen Reichs in die Hände; ihr Wert wurde auf über 330 Millionen Dollar geschätzt. Dieser Schatz war ursprünglich aus Petrograd nach Samara gebracht worden; als Samara in die Hände der Tschechen zu fallen drohte, wurden die Goldbarren auf Lastkähnen nach Kasan geschafft.

Mitte September befand sich ganz Sibirien in der Hand der Weißen, und die den Roten treu gebliebenen Kräfte waren verjagt und sammelten sich in den Bergen und Wäldern, um Partisanengruppen zu bilden.

Lenin war von Anfang an überzeugt, daß die Ententemächte die Meuterei der tschechoslowakischen Legion stillschweigend gefördert hätten. Trotzki sprach sogar von einem »heimtückischen, genau ausgearbeiteten Plan«. Diese Beschuldigung gewann an Glaubwürdigkeit, als Frankreich am 30. Juni die Unabhängige Tschechoslowakische Republik anerkannte und Großbritannien, die USA und Japan dem französischen Beispiel prompt folgten. Den Sowjets war inzwischen auch bekannt, daß die Alliierten vor Wladiwostok zwar Kriegsschiffe zusammengezogen hatte, aber keine Truppentransporter zur Evakuierung der Tschechen. Die Meuterei der Tschechen konnte von ihnen nun als Teil eines Plans gedeutet werden, Wladiwostok zur Nachschubbasis für einen antisowjetischen Interventionsfeldzug zu machen.

Die Versuchung lag nahe. Die Ententemächte hatten für die Kriegsbedürfnisse ihres russischen Verbündeten zahlreiche Depots angelegt, nicht nur in Wladiwostok, sondern auch in Archangelsk und Murmansk: Munition, Gewehre, gepanzerte Fahrzeuge, LKW-Räder, Stacheldraht, Feldgeschütze, Kautschuk aus Sumatra, Mähdrescher, Drehbänke, Schiffs- und Flugzeugteile, Taue aus den Philippinen, Jute aus Indien und sogar Zucker aus Kuba und Wein aus Frankreich. Zum Schutz der Lager war eine britische Marinekompanie Anfang März in Murmansk gelandet; am 5. April gingen die Japaner in Wladiwostok an Land, andere Mächte folgten ihrem Beispiel. Jetzt war nicht mehr die Sicherung der Depots durch symbolische Truppen das Ziel, jetzt wollte man mehr: die Tschechen retten, die Bolschewisten strafen und den Krieg an der Ostfront wieder eröffnen.

Die Briten, allen voran Kriegsminister Winston Churchill, waren die entschiedensten Interventionsbefürworter; sie brachten sogar die Idee ins Spiel, ein gemeinsames Expeditionsheer von Osten her durch ganz Sibirien marschieren zu lassen und an der ukrainischen Front gegen die Deutschen in den Kampf zu werfen.

US-Präsident Wilson hielt diesen Plan für undurchführbar, was er wohl auch war. Doch die sibirische Frage raubte ihm im Juni 1918 den Schlaf. Er wollte um jeden Preis eine Verwicklung Amerikas in den russischen Bürgerkrieg vermeiden; seinem Adjutanten sagte er:»Ich habe Blut geschwitzt über die Frage, was in Rußland richtig und machbar wäre. Doch es zerrinnt mir zwischen den Fingern wie Quecksilber.« Endlich fand er die ersehnte Formel und brachte sie eigenhändig auf seiner Schreibmaschine zu Papier – das Ergebnis ist unter dem Namen *Aide-Mémoire* in die Geschichtsbücher eingegangen: Wilson verkündete die Absicht der Vereinigten Staaten, gemeinsam mit den Verbündeten militärisch zu intervenieren – aber einzig zu dem Zweck,»die Anstrengungen der Russen zur Selbstregierung und Selbstverteidigung« zu unterstützen,»falls diese selbst es wünschen«. Wilson rief die anderen Mächte auf, sich»jeglicher Verletzung der politischen Souveränität Rußlands ebenso zu enthalten wie jeder Einmischung in seine inneren Angelegenheiten oder jeden Versuchs, jetzt oder später seine territoriale Integrität zu beschneiden«. Obwohl Wilson Tokio nahelegte, nicht mehr als 7000 Soldaten zu schicken, entsandten die Japaner erheblich mehr Truppen; sie hegten genau jene Absichten, denen die Amerikaner gerade abgeschworen hatten.

Japan hatte schon Mitte Mai geheime Vereinbarungen mit China geschlossen, die ihm praktisch freie Hand gaben, die nördliche Mandschurei zu besetzen. Aber auch die nördliche Hälfte von Sachalin, Wladiwostok und andere Küstenabschnitte regten den Appetit der Japaner an. Am 2. August setzten sie in Wladiwostok zwei weitere Divisionen an Land und nahmen Chabarowsk ein. Im Oktober marschierten Zehntausende japanische Soldaten in die Mandschurei, in das Amur- und Ussuri-Becken und nach Transbaikalien. Zur Rechtfertigung dieses weit über das offizielle alliierte Mandat hinausgehenden Aufmarsches bedienten sie sich des Arguments, da das östliche Sibirien an die Mandschurei und die Innere Mongolei angrenze und diese wiederum an Korea, gelte für alle diese Länder, daß sie»in sehr enger und besonderer Beziehung zur nationalen Verteidigung und zum wirtschaftlichen Fortbestand Japans« stünden. Ein 1100 Mann starkes französisches Kolonialbataillon aus Indochina war mittlerweile ebenfalls in Wladiwostok gelandet; es folgten zwei amerikanische Infanterieregimenter, die am 16. August von den Philippinen eintrafen. Bis zum 21. August brachten die Japaner die Chinesische Ostbahn auf ihrer gesamten Länge unter ihre Herrschaft. Ende September standen 44 000 Mann der Verbündeten im Fernen Osten, Ende Oktober waren es bereits über 125 000, davon mindestens 75 000 Japaner. Das amerikanische Kontingent befehligte Generalmajor William S. Graves, der West Point absolviert und danach an der mexikanischen Grenze und auf den Philippinen gedient und in Washington als Sekretär des Generalstabs amtiert hatte. Er war ein gebildeter und äußerst versierter Offizier, wurde aber von seiner Regierung nicht klar über die amerikanischen Ziele informiert. Graves erinnerte sich später, daß er, nachdem er Präsident Wilsons verklausulierte Neutralitätserklärung sorgfältig studiert hatte, »mit dem Gefühl zu Bett ging, die Politik meines Landes verstanden zu haben. Ich konnte aber nicht einschlafen und fragte mich unablässig, welche Absichten die anderen Nationen verfolgten und weshalb ich nichts darüber erfuhr, was in Sibirien vor sich ging.« Auch die mündlichen Weisungen, die er erhielt, trugen wenig zur Klärung bei. Kriegsminister Newton D. Baker hatte ihm auf dem Bahnhof von Kansas City in einer zehnminütigen Einsatzbesprechung einschärft: »Nehmen Sie sich in acht: Sie werden auf mit Dynamit gefüllten rohen Eiern laufen. Gott segne Sie, und gute Fahrt!« Graves konnte sich nur, wie Baker später einräumte, auf das Gebot stützen, »keine Situation heraufzubeschwören, die unerbringliche militärische Leistungen seitens der Verbündeten und namentlich der Vereinigten Staaten erfordern und unser Land in Komplikationen der unheilvollsten Art verwickeln würde«. Der General steuerte einen neutralen Kurs – zum Kummer der Weißen und der anderen alliierten Truppenführer; das US-Außenministerium bemühte sich, nicht zuletzt auf Drängen Churchills, um seine Abberufung.

Wladiwostok war als »Rußlands Hintertür« Ziel der alliierten Truppen. Bis zur Revolution hatten die Russen diesen Hafen stetig ausgebaut und durch Festungsbauwerke und schwere Geschütze gesichert. Unterirdische Gänge verbanden die Geschützstellungen, die Pulver- und Granatenvorräte lagerten in riesigen, in den massiven Fels gesprengten Bunkergewölben.

Unterdessen waren auch an anderen Orten Interventionstruppen auf den Plan getreten: Britische Einheiten waren im Kaukasus und in Transkaukasien gelandet, französische in Odessa am Schwarzen Meer. Nun formierten sich die konterrevolutionären Kräfte und sagten, oft mit ausländischer Unterstützung, dem Sowjetregime den Kampf an: in Südrußland Anton Denikin, der seine Machtbasis im nördlichen Kaukasus und in der Ukraine hatte, im Westen Nikolai Judenitsch, der Estland kontrollierte, im Norden Jewgeni Miller, der Archangelsk hielt. Das bolschewistische Regime schien am Ende. Die Politik des »Kriegskommunismus«, die die Produktion und Distribution in staatliche Hände legte, hatte zu schweren Schäden geführt. Die Wirtschaftskraft des Landes ging rapide zurück, in zwanzig von den Bolschewisten kontrollierten Provinzen kam es zu Erhebungen. Die Angst vor den heranrückenden Interventionstruppen führte zu Massenhinrichtungen, denen zwischen Juni 1918 und dem Ende des Bürgerkriegs durchschnittlich 1000 Menschen pro Monat zum Opfer fielen.

Da die Bolschewisten in den Augen vieler Beobachter verkappte Agenten des Deutschen Reichs waren, wurden die Feldzüge gegen sie als Teil des großen Krieges gegen die Mittelmächte angesehen. Aus dieser Perspektive strahlten die Husarenstreiche der Tschechen »den Zauber eines Rittermärchens« aus. Es gab Zeiten, in denen die tschechischen Meuterer fast 200 Züge in ihrer Gewalt hatten, von denen sie einige zu rollenden Zitadellen umbauten. Sie panzerten einen Teil der Waggons mit Holzverschalungen und Eisenplatten und verwandelten andere in Schießstände für Geschütze und Maschinengewehre. Einen Güterwagen mit einem in einem Betonsockel verankerten Geschütz kuppelten sie bei Fahrten durch unsicheres Terrain vor die Lokomotive, um die Operationen ihrer Brigaden abzuschirmen.

Unter den tschechoslowakischen Legionären befanden sich viele Ärzte, Juristen, Dichter, Ingenieure und Techniker, die Straßen, Gleise und Brücken reparieren, oder Aspirin und andere Arzneien zubereiten konnten. Sie warteten die Züge, richteten eine ambulante Bank und einen Postdienst ein, der die Strecke zwischen Omsk und Wladiwostok bediente. Sie gaben einen militärischen Informationsdienst heraus, richteten Zigaretten- und Seifenfabriken sowie mobile Bäckereien, Wäschereien und Kantinen ein. Um sich bei Laune zu halten, organisierten sie Konzerte und malten ihre Kabinen mit farbenfrohen Bildern aus ihrer Heimat aus. Rund 1600 von ihnen heirateten russische Mädchen, die in allen nachfolgenden Kämpfen an ihrer Seite blieben und später oft auf einem Bauernhof oder in einer Stadt in der Tschechoslowakei landeten.

Drei Monate nach Beginn der Meuterei der Tschechoslowaken trafen sich Vertreter der beiden antibolschewistischen Regierungen von Samara und Omsk in Tscheljabinsk und einigten sich auf eine »Allrussische Konferenz«, die dann Mitte September in Ufa stattfand und eine Koalitionsregierung mit Sitz in Omsk bildete, die sofort die Verfügungsgewalt über die in Kasan sichergestellte Goldreserve des russischen Reichs übernahm. Der Burgfriede währte nur acht Wochen. Am 18. November wurde die Koalitionsregierung gestürzt, Admiral Alexander Koltschak, »ein kleiner, cholerischer, humorloser ehemaliger Oberbefehlshaber der Schwarzmeerflotte«, ernannte sich zum Obersten Regenten von Rußland. Als Vizeadmiral der russischen Marine kannte Koltschak die sibirische Nordmeerküste aus Erkundungsfahrten nach Nowaja Semlja, zur Taimyr-Halbinsel und zu den Neusibirischen Inseln. Im Russisch-Japanischen Krieg und im Ersten Weltkrieg hatte er große Tapferkeit bewiesen. Das Kommando über die Schwarzmeerflotte hatte er von August 1916 bis Juni 1917 inne; weil er nicht gewillt war, die nach der Abdankung des Zaren gebildeten Flottenausschüsse anzuerkennen, hatte er nach einer Vollversammlung an Deck seines Flaggschiffes sein Schwert über Bord geworfen.

Koltschak war anglophil und unterhielt persönliche und offizielle Kontakte zum britischen Militär- und Wirtschaftsestablishment. Zum Zeitpunkt des bolschewistischen Staatsstreichs befand er sich auf einer Sondermission in den Vereinigten Staaten; Präsident Wilson empfing ihn und bat um Ratschläge für den geplanten alliierten Angriff auf die Dardanellen.

Von Amerika aus reiste Koltschak direkt nach Harbin, wo er mit General Horvath, dem Verwalter der mandschurischen Eisenbahnzone, verhandelte. Die beiden begaben sich anschließend gemeinsam zu einer Konferenz in Peking, zu der der dortige russische Botschafter für Ende April auch Vertreter der Ententemächte eingeladen hatte und auf der die Installierung eines antibolschewistischen Regimes vorbereitet werden sollte. Ursprünglich hatten die Alliierten die Absicht, den französischen General Maurice Janin zum Oberbefehlshaber aller in Sibirien operierenden Truppen zu ernennen. Doch dann wurden Zweifel laut, ob Russen bereit sein würden, sich einem ausländischen General zu unterstellen. Japan mußte sich mit einer Beraterrolle und der Kommandogewalt über die Tschechen begnügen. Oberbefehlshaber wurde Koltschak.

Von der Mandschurei aus wurde der Admiral in dem privaten Salonwagen des Chefs der britischen Militärmission, General Alfred Knox, nach Omsk geschleust; nach vierzehntägiger Amtszeit als Kriegsminister der neuen Koalitionsregierung nahm er am 18. November die Zügel der Macht in die eigenen Hände. »Ich sah es als meine Pflicht an«, erklärte er später, »als einer der Vertreter der ehemaligen Regierung meine Verpflichtungen gegenüber den Verbündeten zu erfüllen. Die Verpflichtungen, die Rußland gegenüber den Verbündeten übernommen hatte, galten auch für mich persönlich.« In einem Appell an die Bevölkerung faßte Koltschak sein Programm so zusammen:»Ich setze mir als mein wichtigstes Ziel, eine schlagkräftige Armee aufzustellen, den Bolschewismus zu besiegen und dem Gesetz und der Ordnung zum Sieg zu verhelfen, so daß das Volk ohne Behinderung die Regierungsform wählen kann, die es wünscht, und die großen freiheitlichen Ideen verwirklichen kann, die heute auf der ganzen Welt verkündet werden.« Koltschak erklärte sich – im Gegensatz zu den Bolschewiki – zur Anerkennung der russischen Auslandsschulden bereit. Omsk war eine würdige Hauptstadt für das neue Regime. Es war Zentrum des Ob-Irtysch-Beckens, Schiffahrts- und Eisenbahnknotenpunkt, Sitz großer Eisenbahnwerkstätten und Maschinenfabriken und hatte große Kasernenareale und mehrere gute Militärlazarette. Im Umland aber gab es nichts, was sich mit den industriellen Kapazitäten des nach wie vor von den Sowjets beherrschten Kernlandes hätte vergleichen lassen.»Dauernd ging mir der Gedanke durch den Kopf«, erinnerte sich ein tschechischer Offizier,

wie einsam und öde die Bühne war, auf der Koltschak seinen Reichsgründungsversuch inszenierte. Mitten in einer baumlosen Steppe gelegen, im Winter unter zwei Meter hohem Schnee begraben, windumtost und braun im Sommer, in dem die endlose Monotonie höchstens durch eine am Horizont auftauchende, an wandernde Pferde erinnernde Gruppe türkischer Jurten unterbrochen wird, ist Omsk eine von der Zivilisation abgeschnittene Stadt. Das dünne Schienenband der Transsib unterstreicht dies eher noch. Die Blockhütten auf allen Seiten und die ungepflasterten Straßen, durch die Mongolen auf langmähnigen Pferden reiten, hin und wieder auf eine Kamelkarawane stoßend, all dies verstärkt den Frontstadt-Eindruck.

Die Roten hatten alle Vorteile eines erschlossenen Landes; sie stießen auf eine wachsende Bereitschaft der Bevölkerung zum nationalen Widerstand gegen den von den Alliierten bescherten Eroberer. Der Zusammenbruch Deutschlands im November 1918 (zeitgleich mit dem Staatsstreich von Omsk), der das Ende des Ersten Weltkriegs bedeutete, konnte nun auch nicht mehr die Intervention der Alliierten rechtfertigen. Wohl wissend, daß die Anwesenheit amerikanischer Truppen in Sibirien seiner Zusage widersprach, sich nicht in die inneren Angelegenheiten Rußlands verwickeln zu lassen, bot Präsident Wilson sich als Friedensvermittler an. Franzosen und Briten lehnten ab, landeten weitere Truppen an und verstärkten ihre Unterstützung für die Weißen. Wilson blieb schließlich auf der Seite der Interventionskräfte unter der Bedingung, daß Koltschak für den Fall seines Sieges die Errichtung eines demokratischen Regimes garantierte. Koltschak tat dies in einer Antwortnote, von der es heißt, sie sei von seinen französischen und englischen Beratern in Omsk aufgesetzt worden. Doch hinter der Kraftmeierei der Alliierten stand nur ein schwankender Wille, keiner wußte so recht, welche Ziele die Intervention haben sollte. Der amerikanische Oberst John Wood schrieb:»Die Verbündeten täten gut daran, sich ganz genau zu überlegen, wie sie bei der Diagnose und Verstümmelung dieses großen Volkes vorgehen, sonst werden sie sich vielleicht eines Tages selbst auf dem Operationstisch wiederfinden, und dieser Gigant wird das Skalpell in der Hand haben.« Gleichwohl waren die Verbündeten zunächst optimistisch. Es gelang Koltschak, eine gut ausgerüstete Streitmacht von fast 250 000 Mann auf die Beine zu stellen und mit Waffen und Gerätschaften aus den gut gefüllten alliierten Arsenalen auszurüsten. Im Verlauf der nächsten 12 Monate sollten nach Schätzungen 97 000 Tonnen Material per Schiff eintreffen, darunter 600 000 Gewehre, 346 Millionen Schuß Munition für Handfeuerwaffen, 6831 Maschinengewehre, 192 Feldartillerie-Geschütze, dazu Handgranaten und andere Explosivwaffen, die ursprünglich für den Einsatz an der Westfront gegen die Deutschen gedacht gewesen waren. Die Franzosen sandten Berater nach Omsk, die Italiener ein mehr symbolisches Kontingent nach Krasnojarsk; sibirische Rekruten wurden von britischen Offizieren gedrillt. Polen und Rumänen halfen, um den Anschein einer alliierten Einheitsfront zu erwecken. Die Bewachung der Transsibirischen Eisenbahn zwischen Wladiwostok und dem Baikalsee wurde per alliierten Ratschluß den Amerikanern und Japanern übertragen.

Die amerikanischen Truppen hatten ihre Schwerpunkte im Raum Wladiwostok und am südlichen Ussuri sowie zwischen Werchne-Udinsk (dem heutigen Ulan-Ude) und Mysowsk. In anderen, weiter östlich gelegenen Zonen übernahmen die Japaner die Kontrolle, entweder mit eigenen Truppen oder mit Hilfe der von ihnen finanzierten kosakischen Freischärler. Die Tschechen, die jetzt nicht mehr staatenlos waren – am 28. Oktober war die Neue Tschechoslowakische Republik unter Präsident Masaryk ins Leben getreten –, hatten keine Lust mehr, an vorderster Front zu kämpfen; sie übernahmen die Aufgabe, die Transsib zwischen Omsk und Irkutsk zu bewachen. Erschöpft vom monatelangen Kämpfen und erbost darüber, daß die Alliierten lieber Berater schickten als Truppen, sahen sie keinen Sinn darin, weiterhin Opfer zu bringen, zumal Koltschak sich mit Reaktionären umgeben hatte, denen die Tschechen – in ihrer Mehrheit Sozialisten – sich nicht verbunden fühlten. Die Truppe Koltschaks mochte sich noch so russisch geben: in der Bevölkerung drängte sich mehr und mehr der Eindruck eines Söldnerheers auf. Im Refrain eines populären sibirischen Liedes hieß es: »Uniform britisch, Stiefel französisch, Bajonett japanisch, Herr und Meister Omsk«. Die Briten erinnerten Koltschak immer wieder daran, wem er seine Macht zu verdanken hatte. General Knox: »Jede an der Front abgefeuerte Gewehrkugel ist in Großbritannien fabriziert, auf britischen Schiffen nach Wladiwostok verfrachtet und von britischen Patrouillen nach Omsk geliefert worden.« Im Dezember 1918 konnte der nördliche Flügel der Koltschak-Armee die Rotgardisten überrumpeln und mit dem westlich des Urals gelegenen Perm eine Schlüsselposition erobern. Weiter in der Offensive bleibend, besetzten die Weißen die bedeutsame Bahnstrecke Perm-Wjatka; ihnen fielen 260 Lokomotiven, 4000 Güterwaggons, 50 schwere Geschütze, 10 Panzerwagen und 30 000 Gefangene in die Hände. Mit der Einnahme von Perm war die Chance gegeben, die Verbindung zu den Weißen und zu den Briten in Archangelsk herzustellen und auf Petrograd vorzurücken. Im Frühjahr nahm Koltschak Ufa, marschierte weiter in Richtung Wolga, schnitt Turkestan von Sowjetrußland ab und fügte der Roten Armee schwere Verluste zu. Gleichzeitig drang General Anton Denikin vom Don her in Richtung Zentralrußland vor, General Nikolai Judenitsch näherte sich Petrograd von Nordwesten.

Im Mai stand ein großer Teil Nordrußlands unter der Kontrolle der Weißen, die Kosaken Denikins hatten sich auf breiter Front bis auf 300 Kilometer an Moskau herangekämpft. Für beide Bürgerkriegsparteien ging es nun ums Ganze: Lenin war von der Niederlage der Revolution überzeugt, wenn es nicht gelingen sollte, noch vor dem Winter den Ural zurückzugewinnen. Koltschak erklärte: »In einem oder zwei Jahren wird alles gelaufen sein. Entweder wird dann in Moskau die Verfassunggebende Versammlung zusammengetreten sein, oder ich werde nicht mehr leben.«

Die Chancen für Koltschak standen schlecht. Die Weißen hatten es versäumt, sich eine gemeinsame militärische Strategie zurechtzulegen; ihre vier Fronten – im südlichen Rußland, im westlichen Sibirien, in Nordrußland und im Baltikum – waren so weit voneinander entfernt, daß der Ausspruch umging, kein Ort auf der Welt sei schwerer zugänglich als Koltschaks vorderster Frontabschnitt. Die Roten hingegen, die in der Mitte saßen, konnten ihre Kräfte schnell von einer Front an die andere verlegen und sich ihre Gegner einzeln nacheinander vorknöpfen. Hinzu kam, daß Koltschak zwar seine Streitkräfte und das unter seiner Kontrolle stehende Gebiet vergrößerte, seine Autorität aber nicht mitwuchs. Im östlichen Sibirien beispielsweise gaben weitgehend die Japaner den Ton an, ergänzt durch zwei in ihrem Sold stehende kosakische Henkersknechte: Grigori Semjenow und Iwan Kalmykow.

Der in Transbaikalien als Sproß einer russisch-burjatischen Ehe geborene Semjenow hatte 1916 im Kaukasus gekämpft und für seine Tapferkeit das Georgskreuz erhalten. 1917 hatte ihn die Provisorische Regierung beauftragt, für die Ostfront burjatische Sondereinheiten aufzustellen. Nach der Machtübernahme der Bolschewisten hatte er sich mit seiner Söldnertruppe eine Machtbastion in der Mandschurei errichtet. Vom Januar 1918 an versuchte er sein Glück mit grenzüberschreitenden Raubzügen, hatte damit jedoch wenig Erfolg, bis die Bolschewisten von den Tschechen in die Flucht geschlagen worden waren. Semjenow stand abwechselnd auf der Lohnliste der Briten und der Franzosen, doch als die Japaner ihm bessere Angebote machten, war er bald ihr Mann und wurde zum wichtigsten Werkzeug ihrer Politik im Bürgerkrieg.

Nachdem ihm und seiner Bande Tschita in die Hände gefallen war, dehnte er seine Herrschaft rasch auf große Teile Transbaikaliens aus. Auf den Schienen der Transsib kontrollierte er sein Reich in gepanzerten Waggons, die mit Maschinengewehren und leichter Artillerie bestückt waren. Semjenow, der als Kavallerist Mut und Schneid gezeigt hatte, wurde zu einem Ungeheuer. Ein amerikanischer Offizier beschrieb ihn als Mann »von mittlerer Größe, mit breiten, eckigen Schultern und einem riesigen Kopf, aus dem zwei klare helle Augen leuchten, die eher einem Tier als einem Menschen zu gehören scheinen. Sein ganzes Verhalten verrät zunächst Mißtrauen, eine lauernde Wachheit und die Entschlossenheit, wie ein Tiger jederzeit loszuspringen, zu schlagen und zu zerreißen.« Er erhielt von den Japanern bis zu 152 000 Dollar im Monat und nutzte seine antibolschewistische Mission als Freibrief für Ausschreitungen aller Art; er schuf, wie ein Zeitzeuge schrieb, eine Atmosphäre, in der »Faulheit, Prahlerei, Trunk, einträgliche Requirierungen, schmutziges Geld und die Ermordung Unschuldiger« zum guten Ton gehörten. Semjenows Banditen raubten Banken aus, plünderten Dörfer und Züge. Einmal ließ Semjenow einen seiner Gefolgsleute

Hunderte Gefangene erschießen, um zu beweisen, daß »Erschießungen sonntags ebensogut durchgeführt werden können wie an jedem anderen Tag«. Nach seinen eigenen Angaben konnte er nachts nicht schlafen, wenn er nicht im Lauf des Tages jemanden umgebracht hatte. Das einzig Gute, was sich über ihn sagen ließ, war, daß er keine Judenpogrome anzettelte wie andere weiße Offiziere. Er nahm Rücksicht auf seine jüdische Geliebte.

Seinen Landsmann Iwan Kalmykow kannte Semjenow schon aus gemeinsamen Tagen an der Kaukasusfront und bei der Fernost-Mission für die Provisorische Regierung. Als die Japaner im August 1918 von Wladiwostok aus nach Norden vorgerückt waren, hatte Kalmykow sich ihnen angeschlossen und unter ihrer Schirmherrschaft in Chabarowsk ein eigenes Hauptquartier aufgeschlagen. Bis zum Abzug der Interventionstruppen soll er mindestens 4000 Personen ohne Gerichtsverhandlung erschossen haben. Er posierte gern wie Napoleon.

Semjenow und Kalmykow hielten sich nur an ihre eigenen Gesetze. Semjenow, der seinen Hauptstützpunkt an der Einmündung der Amurbahn in die Chinesische Ostbahn errichtete, konnte, wenn er wollte, Koltschaks Nachschub aus dem Osten jederzeit unterbrechen. Er tat dies auch in regelmäßigen Abständen auf Geheiß der Japaner, die an anarchischen Verhältnissen interessiert waren. »Das letzte, was sie wollten«, schrieb ein Historiker, »war eine starke, stabile russische Ordnungsmacht in Sibirien«; eine solche Macht hätte die japanischen Pläne für die Mandschurei, die Mongolei und den russischen Fernen Osten durchkreuzen können. Die Strategie der Japaner lief darauf hinaus, durch Semjenow und Kalmykow ein solches Chaos anrichten zu lassen, daß sie sich mit ihren Truppen zur Ordnungsmacht ausrufen konnten. Die Rechnung der Japaner ging jedoch nicht auf: sie taten alles, um einen Sieg der Weißen in Sibirien unmöglich zu machen, leisteten damit aber unfreiwillig den Sowjets Vorschub.

Wenn Koltschak ein Mann mit Führungsqualitäten gewesen wäre, hätte er vielleicht trotzdem eine Chance gehabt. Allerdings konnte niemand genau sagen, für welche Sache er eigentlich stand: »Er verfügte«, schrieb Churchill, »weder über die Autorität der zaristischen Autokratie noch über die der Revolution.« Außerdem fehlten ihm Kenntnisse und Erfahrungen für die Führung eines Landkrieges; sein Generalstab war fast ebenso inkompetent wie er selbst. Unter seinen Truppenführern war keiner, der im vorrevolutionären Rußland eine Generaluniform getragen hatte; nur die wenigsten waren für die Kommandoposition, die sie bekleideten, wirklich qualifiziert. Für das Volk, selbst für

seine eigenen Truppen war Koltschak nie mehr als eine Galionsfigur. Es gehörte zu den »Seltsamkeiten der antibolschewistischen Bewegung, daß sie«, wie
ein Historiker anmerkte, »von einem Admiral ohne Flotte geführt wurde, der
in einer 5000 Kilometer vom nächstgelegenen Hafen entfernten Stadt regierte.«

Für Koltschak war es lebenswichtig, funktionsfähige politische Strukturen aufzubauen, um bei der Bevölkerung der von ihm beherrschten Gebiete Rückhalt
zu gewinnen und nicht als Marionette der verbündeten Mächte zu erscheinen.
Doch selbst in den Kreisen wohlhabender Sibirer fand er wenig Anklang und
Unterstützung. Die Spenden flossen, wie ein Minister erklärte, »wie Milch aus
einem Ziegenbock«. Die um sich greifende Korruption brachte viele an vorderster Front stehende weiße Verbände an den Rand der Selbstauflösung. »Die
Soldaten waren sehr schlecht gekleidet«, berichtete ein russischer Marineoffizier,
der mit seinem Kanonenboot im Frühjahr 1919 einen Brückenkopf an der Kama
absicherte, »manche buchstäblich in Lumpen. Nur wenige hatten Stiefel, die
meisten trugen Bastschuhe oder hatten sich Sackleinen um die Füße gewickelt.
Manche von ihnen trugen als Uniform ein Etwas aus zusammengenähten Beu-
teln.« Ihre Munition schleppten viele in Kartoffelsäcken, die sie sich über die
Schulter hängten.

Das Auftreten der Weißen Truppen nach Art marodierender Landsknechte
führte dazu, daß der von den Bolschewisten beherrschten Partisanenbewegung
immer mehr Menschen zuströmten. Im Tal der Selenga hatte es so gut wie keine
Partisanen gegeben – bis Semjenow im Dezember 1919 500 Kosaken und 2000
Mongolen in das Gebiet schickte, die dort eine Orgie der Gewalt zelebrierten und
mit 4000 Schlittenladungen voller Beutegut von dannen zogen. Ein anderer
General der Weißen pflegte, wenn er auf der Suche nach Partisanen in ein Dorf
kam, jeden fünften männlichen Bewohner ohne Rücksicht auf sein Alter erschie-
ßen und alle Häuser niederbrennen zu lassen, wenn ihm nicht sofort eine Liste
der verdächtigen Personen übergeben wurde. Ein amerikanischer Beamter berichtete aus Omsk: »In ganz Sibirien wogt eine Orgie der Verhaftungen ohne
Anklage, der Erschießungen ohne auch nur den Anschein eines Verfahrens, der
Beschlagnahmungen ohne einen amtlichen Titel. Angst, panische Angst hat alle
Menschen ergriffen. Sie mißtrauen einander und leben in der beständigen
Furcht, daß irgendein Spion oder Feind ›Bolschewist‹ ruft und sie damit der
sofortigen Erschießung ausliefert.«

Überdies wimmelte es in der weißen Bewegung von Antisemiten, ihre Armeen zogen eine Spur der Pogrome, Verfolgungen und Greueltaten hinter sich her. In Jekaterinburg wurden im Juli 1919 2000 Juden umgebracht. Die später von Hitler übernommene Propagandaparole vom »jüdischen Bolschewismus« war eine Erfindung der Weißen, die das Schlagwort vom »jüdischen Revolutionär« von Plewe und anderen Mitgliedern der letzten zaristischen Regierung gehört hatten. Auch Koltschak war hiergegen nicht gefeit. Verärgert über die relative Neutralität der Amerikaner, beschuldigte er die unter dem Befehl von Graves stehenden Truppen, sie seien mit »jüdischen Emigranten« durchsetzt und der »Abschaum der amerikanischen Armee«.

Die hinter den Linien der Weißen gegen Koltschak kämpfenden Partisanentruppen vermehrten sich so schnell, daß die Generalstabskarten, auf denen die Schauplätze lokaler Aufstände mit einem roten Punkt gekennzeichnet wurden, im Juli 1919 an eine Haut mit »Fleckfieber im fortgeschrittenen Stadium« erinnerten.

Ein amerikanischer Offizier berichtete, sogar in Wladiwostok hätten »die russischen Offiziere panische Angst, daß ihre eigenen Leute sie umbringen würden«. Nachts in der Stadt auszugehen, war »so gesund, wie sich zum Schlafen in ein Kanonenrohr zu legen. ... Jeden Morgen fiel das Tageslicht auf etliche neue Opfer der zunehmenden Unzufriedenheit, die ermordet in einer Gasse oder im Rinnstein lagen, zur wohlverstandenen Warnung an alle, die vorbeikamen.« Handelte es sich bei dem Opfer um einen russischen Offizier, so war es üblich, daß man ihm durch jeden Stern auf seinen Schulterstücken einen langen Nagel in den Leib getrieben hatte.

Auch an den Fronten herrschten undurchsichtige Verhältnisse. »Man wußte nie, mit wem man es zu tun hatte«, heißt es im Bericht eines Zeitzeugen. »Da konnte es einen Bauern geben, der einem an einem Tag im Lager Kohlköpfe verkaufte und einen Tag später als Anführer einer Bande, die das Lager überfiel, zurückkehrte. Oder eine Bande kam aus den Bergen in die Stadt, und kurz vor der Stadt versteckten sie ihre Gewehre in Strohsäcken, kamen dann herein und lungerten in der Nähe des Lagers herum wie harmlose Bauern. Dann waren sie, ehe man sich's versah, verschwunden, holten ihre Waffen hervor und eröffneten das Feuer.«

Die Armee der Bauernpartisanen, wie sie genannt wurde, war keineswegs gut ausgerüstet. Die Bewaffnung vieler ihrer Kämpfer bestand aus alten Jagdflinten oder unhandlichen Elefantentötern, ihre primitiven Granaten – gefüllt mit Dynamit, Steinen und Eisenstiften – mußten mit dem Streichholz gezündet werden.

Nicht nur die Partisanen-Bewegung wuchs, auch die reguläre Rote Armee hatte an Stärke gewonnen. Nachdem die Bolschewisten sich vom ersten Schock der alliierten Intervention erholt hatten, gaben sie ihr Vorhaben auf, aus Freiwilligen eine Berufsarmee zu rekrutieren. Sie setzten auf Mobilmachung. Ihr erstes Ziel war es, ihre Streitkräfte von 330 000 Mann innerhalb eines Jahres auf eine Kampfstärke von einer Million zu bringen. Doch schon am 4. Oktober 1918 erklärte Lenin:»Wir brauchen jetzt eine Armee von drei Millionen. Wir können sie bekommen, wir werden sie bekommen.«

Die Rote Armee verbesserte auch qualitativ ihre Kampfkraft. Sie ging Anfang Mai 1919 zum Gegenangriff über und verhinderte einen möglichen Schulterschluß zwischen den Truppen Koltschaks und Denikins. Im weiteren Verlauf des Monats drängten die Roten die Weißen weiter nach Osten zurück. Am 9. Juni zogen sie in Ufa und Orenburg ein, am 1. Juli nahmen sie auch Perm. Die Stellungen der Weißen im Ural überrennend, stieß die Rote Armee Mitte Juli nach Slatoust und Jekaterinburg vor. Koltschak löste den Befehlshaber seines nördlichen Flügels, Rudolph Gaida, ab und ersetzte ihn durch Michail Diterichs, der für einen zügigen Rückzug vom Ural eintrat; er wollte die Weißen an einem der sibirischen Flüsse sammeln und eine neue Linie aufbauen.

Koltschaks junger Stabschef Demitri Lebedew machte sich für ein anderes Vorgehen stark: Er wollte in einem komplizierten Manöver die Roten bei Tscheljabinsk einkreisen und vernichten. Die Roten sollten unbehelligt vom Ural aus nach Osten vorrücken und die westsibirische Ebene um Tscheljabinsk in Besitz nehmen. Die Weißen sollten derweil auf den umliegenden Höhenzügen die Einkreisung vorbereiten.

Die Ausführung dieses Plans hätte eine disziplinierte, gut ausgebildete Truppe erfordert, doch Lebedew hatte nur ungeschliffene und lustlose Wehrpflichtige. Die Rote Armee hielt stand, nahm 15 000 Soldaten der Weißen gefangen und entriß ihnen das gesamte Industrierevier des Urals. Mitte August überschritt die Rote Armee den Tobol, näherte sich dem 230 Kilometer weiter östlich fließenden Ischim und wurden dort kurzfristig von kosakischen Reitertruppen zurückgeworfen. Doch am 4. November gingen die roten Truppen wieder zur Offensive in Richtung Omsk über. Zweieinhalb Monate hatte die Rote Armee gebraucht, um vom Tobol zum Ischim vorzurücken; vom Ischim zum Irtysch brauchte sie nicht einmal zwei Wochen.

Wo dreieinhalb Jahrhunderte zuvor Jermak und seine Nachfolger die Tataren verjagt hatten, siegten jetzt die Rotarmisten. In den weißen Einheiten kam es zu Meutereien, die Eisenbahnwaggons waren durch Flüchtlinge blockiert. In Omsk erhöhte sich die Einwohnerzahl durch den Zustrom von Flüchtigen und Versprengten fast über Nacht auf das Fünffache.

»Beglaubigte Berichte berechtigen zu der Feststellung«, kabelte General Graves, der im Juli und August 1919 die Lage in Omsk persönlich überprüfte, an das US-Kriegsministerium, »daß Offiziere die Truppe im Stich lassen und in den Rückraum fliehen, wobei die Stabsoffiziere den Frontoffizieren das Beispiel geben, und daß Soldaten ihre Waffen und Munition fortwerfen und manchmal auch ihre schweren Kleidungsstücke. Ich habe keinerlei Begeisterung für die Koltschak-Regierung zu entdecken vermocht.«

In einem letzten Versuch, das Volk für sich zu gewinnen, versprach Koltschak demokratische Verhältnisse; Diterichs, der etwas von einem religiösen Fanatiker an sich hatte, organisierte zeitgleich kriegerische Ritterbünde und schickte dem Feind ein mit Kreuzen und Bannern bewaffnetes Priesterbataillon entgegen. Anfang November gelangte Diterichs zu der Überzeugung, daß Omsk nicht gehalten werden könne. Koltschak ersetzte ihn durch einen optimistischeren Gefolgsmann; das änderte an der Lage nichts. Am 14. November stürmten zwei Regimenter der Roten über das Eis des Irtysch und überrumpelten die Omsker Garnison. Rund 30 000 demoralisierte weiße Soldaten ergaben sich, die Koltschak-Armee war zusammengebrochen. Die Partisanen setzten mit Überfällen auf Nachschubtransporte, Depots und strategische Knotenpunkte den Weißen weiter zu, am Jahresende beherrschten sie große Teile des Landes auch abseits der Städte.

Die Alliierten konnten den Zerfall der weißen Truppen nicht aufhalten. Sie hatten im Winter 1918/19 keine Soldaten mehr an die Front geschickt; der im Sommer 1919 in Jekaterinburg besprochene Plan, eine englisch-russische Brigade aufzustellen, war nicht verwirklicht worden. Die Hilfe für die Weißen war nur halbherzig, vielleicht fehlte es nach dem gerade beendeten Weltkrieg auch an den Kräften, die für einen Sieg nötig gewesen wären. »Ich würde lieber Rußland dem Bolschewismus ausliefern, als Großbritannien dem Bankrott«, lautete Lloyd Georges bündiger Bescheid, als Churchill Verstärkungen forderte.

Churchill kommentierte den Ausgang des Dramas so:»Die Schneefälle des Winters hatten das rote Rußland zu fünf Sechsteln in Weiß getaucht, aber der Frühling des Friedens, für alle anderen ein Segen, sollte bald wieder alles zum Schmelzen bringen.« Denikins Vorstoß Richtung Moskau verwandelte sich Ende 1919 in einen Rückzug, Judenitsch lief sich vor Petrograd fest. Die Rote Armee konnte nicht nur Sibirien zurückerobern, sondern auch Gebiete besetzen, die die Sowjets gemäß Vertrag von Brest-Litowsk an die Mittelmächte abgegeben hatten – die Ukraine, Weißrußland, Georgien, Armenien und Aserbaidschan.

Koltschak verlor nach und nach seine Selbstbeherrschung. In einer Auseinandersetzung mit einem seiner Generäle»zerbrach er mehrere Bleistifte und ein Tintenfaß« und tobte. General Janin beobachtete an ihm Symptome von Drogenabhängigkeit, empfand ihn als»ausgelaugt, ausgezehrt und abgemagert«:»Er hält mitten im Satz inne, wirft den Kopf jäh zurück und dreht ihn dabei ein Stück weit, schließt dann die Augen und erstarrt. Ich erfahre, daß er am Sonntag bei einem Essen vier Gläser zerbrochen hat.«

Die großen sibirischen Flüsse, einmal zugefroren, wurden jetzt zu Rollbahnen für den Vormarsch der Roten. Eine von den Weißen geplante Abwehrfront am Ob (650 Kilometer östlich von Omsk) erwies sich als nicht haltbar. Nowonikolajewsk fiel am 14. Dezember. Als weiße Offiziere in Tomsk versuchten, am Ostufer des Ob ihre Regimenter neu zu ordnen, mußten sie erleben, wie diese»sich durch massenhafte Fahnenflucht einfach auflösten«. Noch weiter östlich, am Jenissej, befand sich Krasnojarsk in Aufruhr; als Anfang Januar 1920 aufständische Kräfte die Macht in der Stadt übernahmen, war es den weißen Truppen nicht mehr möglich, ihren Rückzug per Eisenbahn fortzusetzen. Am 7. Januar marschierten die Roten in Krasnojarsk ein, ihnen fielen über 100 000 Gefangene in die Hände. Weiter östlich verstopften Massen erschöpfter, hungernder, sterbender und toter Flüchtlinge und Deserteure die Bahnen und die Straßen entlang der Transsib.

Von allen weißen Verbänden bewiesen nur die unter dem Befehl des Generals Wasili Kappel stehenden Disziplin und Zusammenhalt. Ihre nutzlos gewordenen Züge verlassend, schlugen sie sich in einem fünfwöchigen Rückzug – dem »Eismarsch« – durch Partisanengebiete zum Baikalsee durch. Am 26. Januar erlag Kappel seinen Erfrierungen.

Nach dem Einmarsch der Roten Armee in Omsk am 14. November hatte sich die Koltschak-Regierung nach Irkutsk abgesetzt. Koltschak wollte dort zu seinen

Ministern stoßen, doch verzögerte sich seine Abreise, weil er sich in den Kopf gesetzt hatte, die in 36 Güterwaggons verladene Goldreserve des Zarenreichs, darunter sieben Wagen mit Platin, Silber und Edelsteinen, an seinen Zug anzuhängen. Die Auseinandersetzungen um die Benutzung des Schienenwegs waren mörderisch. Da waren die Tschechen, die etliche Züge mit Wertsachen vollgeladen hatten, da waren die Generäle und Truppenführer, die in Omsk, Nowonikolajewsk und anderswo Züge für sich requiriert hatten. Es wurde um Kohle und Lebensmittel gestritten, weil alle panische Angst vor den angreifenden Roten hatten. Die Tschechen, die ihre Disziplin bewahrt hatten, sicherten ihren Zügen die Vorfahrt und verbannten alle anderen auf das Gegengleis. Im allgemeinen Tohuwabohu fielen den Rotarmisten bis zum 18. Dezember 180 Züge in die Hände. Tag für Tag nahmen sie Tausende Gefangene, überall wimmelte es von Deserteuren, der Typhus grassierte. »Jeder Bahnhof war ein Friedhof mit Hunderten, vielerorts sogar Tausenden unbeerdigten Toten.« Als die roten Truppen Mitte Dezember 1919 den Ob überschritten, fanden sie in den Trümmern von Nowonikolajewsk mehr als 30 000 Leichen.

Koltschak kam mit seinen Zügen nur langsam voran. Vor ihm stauten sich andere Transporte, die früher grünes Licht bekommen hatten. In Krasnojarsk, wo er am 17. Dezember ankam, hatte sein Konvoi fast eine Woche Aufenthalt. Koltschak übermittelte Semjenow verschlüsselt den Befehl, den Rückzug der Tschechen um jeden Preis zu unterbinden, notfalls durch Sprengung der Brücken und Tunnel. Doch die Tschechen entschlüsselten die Botschaft und blockierten die Züge Koltschaks westlich von Irkutsk weitere zwei Wochen. Als Koltschak einsah, daß er keinen Rückhalt mehr hatte, dankte er als »Oberster Regent« ab. Er übertrug sein Amt auf General Denikin und ernannte Semjenow zum Oberbefehlshaber aller russischen Streitkräfte in Ostsibirien.

Koltschak bestieg einen mit den Fahnen der verbündeten Mächte geschmückten Waggon zweiter Klasse, stellte sich unter den Schutz der Alliierten und machte sich, bewacht von einer tschechischen Eskorte, auf den Weg nach Irkutsk. Dort traf er am 15. Januar ein. Auf Befehl von General Janin wurden Koltschaks Bewacher abgezogen, der Admiral ahnte sein Schicksal: »Das bedeutet, daß die Verbündeten mich verraten haben.« Er wurde dem »Politischen Zentrum« übergeben, einer Koalition aus Sozialrevolutionären und Menschewisten, die in Irkutsk vorübergehend die Regierungsgewalt übernommen hatte; die Waggons mit den Goldreserven wurden auf ein mit Stacheldraht eingezäuntes Abstellgleis gezogen. Die zu diesem Gleis führende Weiche wurde abmontiert, aus den Rädern der Waggons wurden die Kugellager entfernt.

Einige Tage später übergab das Politische Zentrum die Macht an einen bolschewistischen Ausschuß, obwohl die Rote Armee noch mehrere Tagesmärsche entfernt war. Als sich auf dem Rückzug befindliche weiße Truppen der Stadt näherten, rief der Ausschuß am 2. Februar den Belagerungszustand aus; er ließ das Eis der Angara verminen und Kriegsgerät und Munition in versteckte Depots in der Taiga bringen. Koltschak war inzwischen von den Bolschewisten mehr als zwei Wochen intensiv verhört worden. Am 7. Februar kurz vor Morgengrauen wurde er auf einer Kaimauer am Fluß erschossen, sein Leichnam wurde durch ein Eisloch ins Wasser gestoßen.

Die weißen Truppen umgingen aus Furcht vor den Verteidigern Irkutsk und zogen sich weiter nach Osten zurück. Daraufhin handelten die Tschechen freien Abzug für sich aus – gegen Herausgabe des Goldschatzes. Am 5. März marschierte die Rote Armee in Irkutsk ein und hatte damit wieder die Herrschaft über das gesamte mittlere Sibirien inne.

Die verbündeten Truppen wurden jetzt in aller Eile auf Schiffen aus Wladiwostok evakuiert; die Amerikaner, die im April in See stachen; ließen 200 Tote zurück. Die Japaner, die ihre eigenen langfristigen Ziele verfolgten, verstärkten ihre Truppen auf der anderen Seite der Grenze, in der Mandschurei, auf 200 000 Mann. Sie besetzten den Norden Sachalins und Teile der sibirischen Pazifikküste. Den Vorwand lieferte ein Terrorakt der Bolschewisten: Am 25. März 1920 wurden in Nikolajewsk alle japanischen Zivilisten und Soldaten niedergemetzelt; den Befehl dazu hatten ein lokaler Partisanenführer und seine Stabschefin und Geliebte Nina Lebedewa erteilt, eine 25jährige Kommunistin, die in dunkelroter Lederkluft auf ihrem Hengst durch die Gegend galoppierte. Das Pärchen brannte noch vor dem Eintreffen japanischer Verstärkungen die Stadt bis auf die Grundmauern nieder. Die beiden wurden wenig später von anderen Partisanen hingerichtet. Das hinderte die Japaner jedoch nicht daran, mit dem Hinweis auf diese Vorgänge ihre neue Intervention zu rechtfertigen. Sie hätten, wenn das Massaker nicht passiert wäre, wohl auch einen anderen Vorwand gefunden, wie das folgende Beispiel zeigt: Anfang 1920 hatten die Japaner den Bewohnern von Chabarowsk ausgemalt, wie gefährlich der Aufenthalt in der Stadt nach ihrem Abzug sein werde. Um dies zu beweisen, rüsteten sie heimlich eine 2000köpfige

Bande chinesischer Briganten mit dem Auftrag aus, die Stadt zu plündern, sobald sie abgezogen waren.

Im östlichen Sibirien herrschten monatelang chaotische Zustände. Anfang April 1920 wurden jedoch die Voraussetzungen für die Schaffung einer Pufferzone zwischen den Bolschewisten und den Japanern geschaffen. Die sogenannte Fernöstliche Republik sollte sich schrittweise als Ordnungsmacht in dem Gebiet zwischen Baikalsee und Pazifikküste etablieren. Auch wenn diese Republik auf den ersten Blick wie ein unabhängiger demokratischer Staat aussah, stand er in Wirklichkeit unter dem Einfluß der Fernost-Abteilung des kommunistischen Zentralkomitees. Ihre »Revolutionäre Volksarmee«, befehligt von Major Robert Eiche, der zuvor in der Fünften roten Armee gedient hatte und später Parteisekretär für Sibirien wurde, bestand praktisch aus Rotgardisten. Semjenow unternahm von Tschita aus noch mehrere Raubzüge; als Truppen der Fernöstlichen Republik am 22. Oktober in die Stadt einmarschierten, setzte er sich mit einem Flugzeug in die Mandschurei ab. Bis zur Zerschlagung der auf der Krim kämpfenden weißen Truppen unter General Peter Wrangel im November 1920 brachte die Fernöstliche Republik den weitaus größten Teil Ostsibiriens unter ihre Kontrolle.

Einen letzten Versuch, eine Enklave der Weißen zu errichten, unternahm einer von Semjenows blutrünstigen Unterführern, der baltische Adlige Roman Ungern-Sternberg. Anfang Oktober 1920 fiel er an der Spitze von rund 1000 Kavalleristen in die Äußere Mongolei ein und gab sich als Nachkomme von Dschingis-Khan aus. Er gewann die Mongolen für sich und vertrieb die verhaßten Chinesen. Von seinem Erfolg betört, heiratete er eine obskure Prinzessin aus der chinesischen Kaiserdynastie und erklärte sich zum rechtmäßigen Erben des chinesischen Throns. Die Rote Armee besiegte ihn am 7. Juli 1921; seine mongolischen Gefolgsleute sagten sich von ihm los und setzten ihn in der Wüste aus. Das kam einem Todesurteil gleich. Doch die Roten spürten ihn auf und brachten ihn nach Nikolajewsk, wo er am 15. September erschossen wurde. Anschließend installierten sie eine prosowjetische Regierung in Ulan Bator, das später zur Hauptstadt der Mongolischen Volksrepublik wurde, eines sowjetischen Satellitenstaates. Auch General Diterichs, der nach Wladiwostok entkommen war und dort noch einmal einen konterrevolutionären Brückenkopf zu errichten versuchte, wurde im Februar 1922 besiegt. Die Intervention und die Konterrevolution waren unrühmlich gescheitert.

Im Oktober 1922 zogen die Japaner sich aus dem russischen Fernen Osten zurück; am 25. Oktober besetzten sowjetische Truppen Wladiwostok, am 14. November wurde die Fernöstliche Republik in die Sowjetunion eingegliedert. Das nördliche Kontingent der weißen Konterrevolutionäre im europäischen Rußland erlitt ein ähnliches Schicksal. Auch wenn sie zwischen Murmansk und Archangelsk rund 50 000 Mann auf die Beine gebracht hatten, waren sie den Sowjets nie wirklich gefährlich geworden. Als die verbündeten Mächte ihnen im Oktober 1919 die Unterstützung entzogen, war es um sie geschehen. Im Februar 1920 startete die Rote Armee an der nördlichen Dwina eine Offensive, nahm am 21. Februar Archangelsk, schloß einen Monat später die letzte noch verbliebene Division der Weißen in Murmansk ein und rieb sie auf.

Als das letzte alliierte Bataillon von Archangelsk aus in See stach, schrieb ein amerikanischer Leutnant:»Kein einziger Soldat wußte – nein, nicht einmal ungefähr –, wofür er gekämpft hatte oder wohin jetzt die Reise ging oder weshalb seine Kameraden dort unter den hölzernen Kreuzen zurückgeblieben waren.«

In Sibirien hielten sich hier und dort noch Widerstandsnester. Auf Kamtschatka kam es noch bis 1922 zu Gefechten zwischen Roten und Weißen, auf der Tschuktschen-Halbinsel und im Gebiet von Jakutsk konnte die Sowjetmacht sich erst 1923 endgültig etablieren. In diesem Jahr wurden die Weißen auch aus ihrer letzten Bastion auf den Kommandeur-Inseln vertrieben, wo sie – wie etwa 200 Jahre zuvor Bering – Höhlen in den hartgefrorenen Sand gegraben und darin zu überleben versucht hatten.

Unter den vielen, die den russischen Bürgerkrieg im Fernen Osten mitgemacht hatten, war ein gewisser Sibirtsew; seine Karriere und sein Ende machen ihn für dieses Buch zu einem besonders interessanten Fall der wechselvollen Geschichte Sibiriens. Der Enkel eines Dekabristen und Sohn eines Aktivisten des Volkswillens hatte in St. Petersburg Ökonomie studiert, sich 1913 der Sozialdemokratischen Partei angeschlossen und 1917 an der russischen Westfront gekämpft. Als überzeugter Bolschewist hatte er unter den Soldaten Agitation betrieben und sich im Oktober an der Revolution in Petrograd beteiligt. Einige Monate später war er im Auftrag der Partei nach Wladiwostok gereist, jedoch im Juni von den Tschechen gefangengenommen worden. Nach sechs Monaten floh er, gab eine bolschewistische Untergrundzeitung heraus, kämpfte als Partisan in den Bergen des Fernen Ostens gegen die Weißen und wurde 1919 Kommissar der russischen

Garnison in Wladiwostok. Am 4. April 1920 fiel er den Japanern in die Hände, die ihn in die glühende Brennkammer einer Dampflokomotive warfen. Er war 27 Jahre alt.

»Hat es in allen unseren Jahrhunderten, vom ersten Rurik an«, fragt Alexander Solschenizyn, »jemals eine Zeit solcher Grausamkeiten und so vielen Tötens gegeben wie im Bürgerkrieg des Nach-Oktober?«

Der Bürgerkrieg war der Schmiedehammer, der den neuen Sowjetstaat in seine erste Form preßte.

16

DIE WERKSTATT DES TEUFELS

Nach Beendigung des Bürgerkriegs standen die Bolschewisten vor der Aufgabe, ein Land zu reorganisieren, das sich über ein Sechstel der Landmasse der Erde erstreckte. Der alte Verwaltungsapparat war zerschlagen, die Wirtschaft gelähmt, die Verkehrs-Infrastruktur völlig zusammengebrochen; von den im Lande gebliebenen Akademikern und Fachkräften waren nur wenige für den Sowjetstaat ideologisch akzeptabel. In Sibirien lag die Landwirtschaft brach, die Bergwerke waren verwaist, Straßen und Eisenbahnen schwer beschädigt. 56 000 Bauernhöfe waren zerstört oder aufgegeben worden.

Der von Lenin 1918 ausgerufene »Kriegskommunismus« war nach den Siegen über Koltschak und Denikin Anfang 1920 nochmals verschärft worden, um die gesamte Wirtschaft des Landes in ein staatlich gelenktes Produktions- und Verteilungssystem zwingen zu können. Dieses System hatte die Versorgung der Roten Armee im Bürgerkrieg mit allem Nötigen gewährleistet, doch fast alle anderen Schichten und Gruppen der Bevölkerung in die Opposition getrieben. »Die Eskalation der revolutionären Ereignisse«, erinnerte sich ein Beteiligter später,»veränderte unsere sozialen Verhältnisse in einem solchen Ausmaß, daß wir es als das Beste erachteten, absolut alles zu verstaatlichen, von den größten Fabriken bis hinunter zum letzten Friseurgeschäft, dessen Inhaber nichts als eine Schere und zwei Rasiermesser besaß, oder bis hinunter zur letzten Karotte in einem Gemüseladen. Überall wurden Straßensperren und Kontrollpunkte aufgebaut, damit niemand Lebensmittel schmuggeln konnte. Alle wurden auf staatliche Einheitsration gesetzt.«

Die Beschlagnahme des Getreides machte die Katastrophe perfekt. Die Bauern leisteten Gegenwehr und organisierten Aufstände, wurden aber von den Roten niedergemacht. Die Folge war eine Hungersnot, die Millionen Männern, Frauen und Kindern das Leben kostete. Im westlichen Sibirien brachte eine bunt zusammengewürfelte, 60 000 Mann starke Bauernarmee vorübergehend zwölf Bezirke in ihre Gewalt, sie unterbrach die Verkehrs- und Nachrichtenverbindungen der Sowjetmacht und besetzte eine Reihe von Städten. Überall im neuen Reich brachen Streiks aus, die die Produktion lahmlegten; selbst in Kronstadt, einer ehemaligen Hochburg der Revolution, rebellierten die Matrosen.

Um einen allgemeinen Volksaufstand gegen die Bolschewisten zu vermeiden, beendete Lenin den »Kriegskommunismus« und verkündete im März 1921 die »Neue Ökonomische Politik«, die dem Land eine kleine Dosis Kapitalismus zurückbrachte. An die Stelle der Getreideablieferungspflicht trat eine Naturalabgabe, privat betriebene Läden, Werkstätten und Kleinunternehmen wurden wieder zugelassen, Löhne und Gehälter nach Leistung bezahlt, die Zwangsarbeit und die Arbeitsbrigaden abgeschafft. Das Transportwesen, die Schwerindustrie und die Banken blieben jedoch verstaatlicht. Dieses Experiment einer gemischten Wirtschaft – manche sprachen von Staatskapitalismus – war als Übergangsstadium zum Staatssozialismus gedacht; es half dem Land im Verlauf der nächsten Jahre bei der wirtschaftlichen Gesundung.

Es waren schwere Zeiten. 1922 betrugen die in der Roten Armee üblichen Rationen – es waren die großzügigsten im ganzen Land – zwei bis drei Pfund Brot und ein Pfund Fleisch oder Fisch für jeweils zwei bis drei Tage; dazu gab es pro Monat ein Pfund Schmalz, ein Pfund Zucker und etwas Salz. Der Fisch war nach den Erfahrungen eines Moskauer Zeitgenossen immer mager:

> An einem Tag krabbelten auf den Fischen lauter kleine weiße Würmer herum. Auf dem Weg nach Zedom trug ich den verpackten Fisch in Schulterhöhe auf dem Handteller. Auf halbem Weg über die Moskwa-Brücke riß das aufgeweichte Packpapier auf, der Fisch schaute heraus. Im selben Augenblick tippte mir von hinten ein junger Mann in einem Monteuranzug auf die Schulter und sagte: › Verkaufst du, Genosse?‹ Ich deutete auf die Würmer, aber er zuckte nur die Schultern und sagte: › Macht nichts.‹

Mehr Eiweiß fürs gleiche Geld!‹ Er drückte mir eine Handvoll Rubel in die Hand, steckte das Päckchen in eine Einkaufstasche und ging seiner Wege.

Nach dem Tod Lenins im Januar 1924 entbrannte ein Kampf um die Herrschaft über den Parteiapparat, aus dem Stalin als Sieger hervorging. Nach einer kurzen Phase, in der er noch den Anschein einer kollegialen Zusammenarbeit mit seinen Genossen erweckte, begann er 1928 der Partei und der Nation seinen Willen aufzuzwingen. Da die Kompromißlösungen der Neuen Ökonomischen Politik sich als unzureichend für eine dauerhafte wirtschaftliche Erholung erwiesen hatten, sprachen sich einflußreiche Parteiführer für einen schrittweisen Übergang zum Sozialismus aus. Stalin fegte alle Vorschläge vom Tisch. Er forderte einen raschen Ausbau der Industrie durch gigantische technische Projekte und die Kollektivierung der Landwirtschaft. Eine Wiederkehr der Hungersnöte aus den Jahren des Kriegskommunismus nahm er bewußt in Kauf. Stalin war überzeugt, daß der Bürgerkrieg nur ein Vorspiel für eine weitere Intervention der Westmächte war. Im Februar 1931 erklärte er vor Fabrikleitern:

Das Tempo verlangsamen, das bedeutet zurückbleiben. Und Rückständige werden geschlagen. Wir aber wollen nicht geschlagen werden. Die Geschichte des alten Rußland bestand unter anderem darin, daß es wegen seiner Rückständigkeit ständig geschlagen wurde. Es wurde geschlagen von den mongolischen Khans. Es wurde geschlagen von den türkischen Begs. Es wurde geschlagen von den schwedischen Feudalen. Es wurde geschlagen von den polnisch-litauischen Pans. Es wurde geschlagen von den englisch-französischen Kapitalisten. Es wurde geschlagen von den japanischen Baronen. Es wurde von allen geschlagen wegen seiner Rückständigkeit. Wir sind hinter den fortgeschrittenen Ländern um fünfzig bis hundert Jahre zurückgeblieben. Wir müssen diese Distanz in zehn Jahren durchlaufen. Entweder wir bringen das zustande oder wir werden zermalmt.

Diese Sicht der russischen Geschichte – Rußland war zum Zeitpunkt der Revolution immerhin das größte Land und die viertgrößte Industriemacht der Erde – verhieß nichts Gutes für die Menschen, deren Schicksal nun in der Hand eines Mannes lag, dessen persönliche Komplexe zu einem wichtigen Faktor ihres politischen Lebens werden sollten. Stalin wollte ohne jede Rücksicht in kürzester Frist aus einem Land mit einer agrarisch geprägten Volkswirtschaft einen zur Selbstversorgung fähigen Industriegiganten machen. Das private Unternehmertum wurde abgeschafft, in der Landwirtschaft traten an die Stelle privat bewirtschafteter Höfe große Kollektivwirtschaften, die Kolchosen. Die Wirtschaftsplaner setzten in einem Fünfjahresplan unrealistisch hohe Arbeits- und Produktionsnormen fest: Die Kohle- und Erdölförderung sollte verdoppelt, die Eisenerzeugung verdreifacht und am Dnjepr Europas größtes Wasserkraftwerk gebaut werden. Geplant wurden der Bau einer 1600 Kilometer langen Bahnstrecke von Sibirien nach Turkestan und die Errichtung zahlreicher Staudämme, metallverarbeitender Betriebe und Traktorenwerke. Stalin hatte den Plan zunächst gebilligt, war dann aber zu dem Schluß gekommen, er sei nicht ehrgeizig genug:»Geschwindigkeit ist das Entscheidende.« Er verlangte, die gesetzten Ziele müßten in vier oder gar drei Jahren erreicht sein. Von dem Optimismus der Planer ließen sich viele Künstler anstecken, auch der Dichter Wladimir Majakowski, der sich allerdings wenig später desillusioniert das Leben nahm.

Die Opponenten Stalins in der Partei sprachen sich für eine langsamere Gangart aus und hielten den Aufbau von Leichtindustrien für vorrangig, damit die Konsumbedürfnisse der Bevölkerung erfüllt werden konnten; Stalins Antwort: Er säuberte den Parteiapparat und verhaftete seine Kritiker. Vorrang in Stalins Programm hatte der Wiederaufbau des verwüsteten europäischen Teils des Landes mit seinen bereits bestehenden industriellen Strukturen und seiner qualifizierten Arbeiterschaft. Sibirien, das nicht einmal zwei Prozent zur russischen Industrieproduktion beitrug und 1923 nur noch halb soviel wie vor 1917 erzeugte, war zunächst zweitrangig. Das änderte sich erst mit der Erschließung des Kusnezker Kohlebeckens und mit dem Aufbau bedeutender Industrien entlang der Transsibirischen Eisenbahn.

In Magnitogorsk entstanden riesige Hüttenkomplexe mit Eisengießereien und Stahlwerken, in Tscheljabinsk ein großes Traktorenwerk, in Ulan-Ude eine riesige Lokomotivfabrik, bei Irkutsk mehrere Wasserkraftwerke und in Omsk, Nowossibirsk, Krasnojarsk, Chabarowsk und Irkutsk zahlreiche weitere Produktionsstätten für Glas, Chemikalien, Konserven usw. Unter Minister Kaganowitsch entstand eine Zweigstrecke der Transsibirischen Eisenbahn, die von Semipalatinsk über Alma-Ata nach Turkestan führte; außerdem wurde die Transsib gründlich überholt und mit neuem rollendem Material ausgestattet, durch mehrere Stichstrecken erweitert und auf der ganzen Länge zweigleisig ausgebaut. Hölzerne Brücken wurden durch stählerne ersetzt. »Die Industrialisierung war die neue Religion«, kommentierte ein Beobachter. »Die Fabriken waren ihre Kathedralen, ihre Priester die Musterarbeiter, die die Produktionsnormen um ein Vielfaches übertrafen und den Weg in die Zukunft wiesen.«

In den Plänen für Sibirien stand an erster Stelle die Ausbeutung der reichen Eisenerzvorkommen bei Magnitogorsk im Ural und der Kohlelager des Kusbas (des Kusnezker Beckens) in Zentralsibirien. Durch Verwandlung dieser unerschlossenen Rohstoffquellen in einen riesigen metallurgischen Gesamtkomplex hoffte Stalin eine Eisen- und Stahlindustrie aus dem Boden stampfen zu können, die es mit den USA aufnehmen konnte. Vor vielen Jahrhunderten, so hieß es, hätten die Prospektoren des Dschingis-Khan in diesem Gebiet Schmieden eingerichtet, in denen jene Schwerter, Dolche und Speere gefertigt wurden, die dem Reiterheer den Siegeszug gen Westen ermöglichten. Gmelin hatte am 27. August 1734 in sein Tagebuch geschrieben: »Dieses ganze Viertel zwischen Irtysch und Ob ist so voll der kostbarsten Erze, daß, selbst wenn mit größter Anspannung gearbeitet würde, dennoch mehrere Jahrhunderte vergehen mögen, bis diese Schatzkammer erschöpft ist. Wobei es in diesen Breiten als krönendes Glück gelten muß, daß es nicht nötig ist, mit teuren Maschinen teure Stollen anzulegen. Die Erze liegen alle an der Oberfläche der Erde.« Erst während des Ersten Weltkriegs war die Erschließung des Kusbas in Gang gekommen, 1928 lag die Kohleförderung schon doppelt so hoch wie 1917. 1932 nahmen die Eisen- und Stahlwerke in Stalinsk (dem späteren Nowokusnezk) und Magnitogorsk den Betrieb auf, am Ende des Jahrzehnts ergossen sich aus ihren Hochöfen Jahr für Jahr rund 23 Millionen Tonnen Roheisen – ein Fünftel der gesamtsowjetischen Produktion. Die sibirische Kohleförderung stand 1940 bei 22,5 Millionen Jahrestonnen. An anderen Orten in Sibirien wurde der Abbau von Gold, Zinn, Wolfram, Molybdän sowie von Mineralien wie Glimmer und Flußspat vorangetrieben. Im Fernen Osten investierte die Sowjetmacht in die Ölfelder Nordsachalins, in die Anlage von Häfen, in den Flugzeug- und Schiffsbau sowie in Rüstungs- und Munitionsfabriken. Die argwöhnischen Russen verloren nie die japanische Besatzungsmacht in der benachbarten Mandschurei aus dem Auge. Der Sowjetstaat entwickelte nicht nur eingesessene Industrien weiter, sondern errichtete auch zahlreiche Unternehmen, die es in Rußland nie zuvor gegeben hatte. Von einem Fünfjahresplan zum anderen trieb Stalin den Eilmarsch in das Industriezeitalter an. Nach und nach schossen Baumwollkombinate und Kraftwerke aus dem Boden, die Industrieproduktion Sibiriens wuchs um mehr als 13 Prozent. Die Bevölkerungszahl vieler sibirischer Städte kletterte auf das Zwei- bis Dreifache, die für die Industrie wichtigsten Bodenschätze – Koks, Kohle, Öl, diverse Erze – wurden in immer größeren Mengen zu Tage gefördert. Allein 1940 wurden in Sibirien 3,2 Milliarden Kilowattstunden Strom erzeugt, 1536 Tonnen Gußeisen und zwei Millionen Tonnen Stahl geschmolzen, 39 Millionen Tonnen Kohle gefördert und 51,9 Millionen Raummeter Holz dem Export zugeführt. Die Zeche mußte am Ende die russische Landbevölkerung zahlen. Ursprünglich hatte die sowjetische Agrarpolitik eine schrittweise Kollektivierung – den Zusammenschluß privater Bauern zu großen Kooperativen unter staatlicher Regie – geplant; doch Stalin verlor schnell die Geduld, als die Versorgung der Großstädte, Industrieriere und Fabriken mit Lebensmitteln nicht klappte. Die Bauern leisteten Widerstand gegen die Kollektivierung. Stalin beschuldigte daraufhin die sogenannten Kulaken, die wohlhabenderen Bauern, Getreidevorräte zu horten; er entsandte, wie Lenin es zehn Jahre zuvor getan hatte, Beschlagnahmungstrupps auf die Dörfer, die mit vorgehaltener Waffe alles holten, was zu holen war. Bei Getreide, das sie fanden, handelte es sich teilweise um Saatgut, doch das hinderte sie nicht daran, es mitzunehmen und damit eine neue Hungersnot zu programmieren. Viele verzweifelte Bauern vernichteten lieber ihr Hab und Gut, als es sich wegnehmen zu lassen. Stalin antwortete am 27. Dezember 1929 mit dem Beschluß,»die Kulaken als Klasse zu liquidieren«. Unter den Kulaken gab es sicherlich auch Halsabschneider, die mit Wucherzinsen arbeiteten, und Großbauern, die ihre Tagelöhner ausbeuteten; die meisten aber waren fleißige Mitglieder einer Dorfgemeinschaft, Bauern, die, nach den Worten eines Zeitgenossen,»schwer gearbeitet, Geld gespart und nicht nur etwas Wohlstand, sondern auch diverse Fertigkeiten und Qualifikationen erworben hatten. Etliche hatten es geschafft, ihren Kindern eine gute Schulbildung zuteil werden zu lassen und ihnen den Weg in die ärztliche, juristische oder in andere akademische Berufslaufbahnen zu ebnen, was sie in den Augen des bolschewistischen Staats zu so etwas wie Komplizen der alten Bourgeoisie machte. In der Praxis fiel es jedenfalls schwer, genau zu bestimmen, wer ein Kulake war und wer nicht.

»Jeder, der Lohnabhängige beschäftigte«, hieß es in einem Standardwerk,»galt als Kulake, aber auch jeder, der zwei Pferde, zwei Kühe oder ein schönes Haus sein eigen nannte.«Stalins Parteiaktivisten gingen schnell dazu über, jeden als Kulaken einzustufen, der Widerstand gegen die Kollektivierung leistete. Die lokalen Parteimitglieder mußten Zugtiere und Rinder, Schweine, Geflügel und Schafe beschlagnahmen. 25 000 Funktionäre aus den Städten wurden zusätzlich in die Dörfer geschickt, um dieser Aktion Nachdruck zu verleihen. Am 7. August 1932 erklärte Stalin in einem Erlaß das Kollektiveigentum zu Staatseigentum und seine unbefugte Nutzung zu einem Kapitalverbrechen. Am 11. Januar 1933 folgte eine Resolution des Zentralkomitees, in der die Partei vor »antisowjetischen Elementen« gewarnt wurde, die als Buchhalter, Betriebsleiter, Lagerverwalter und Brigadisten in die Agrargenossenschaften eingedrungen seien; diese Elemente versuchten,»Sabotage zu organisieren, Geräte und Maschinen außer Betrieb zu setzen, schlecht auszusäen, Kolchoseigentum zu verschleudern, die Arbeitsdisziplin zu untergraben, den Diebstahl von Saatgut, das heimliche Horten von Vorräten und die Sabotage der Getreideernte zu organisieren«. Am Jahresende war ein Drittel des leitenden technischen und administrativen Personals der sowjetischen Landwirtschaft in Haft.

In Sibirien wurden im Verlauf der folgenden beiden Jahre 50 bis 60 Prozent aller Bauernhöfe kollektiviert; im gesamten Rußland waren 1934 schon rund 75 Prozent aller bäuerlichen Betriebe in Kolchosen aufgegangen. In Sibirien waren 800 staatliche Maschinen-Traktoren-Stationen für die technische Versorgung der neuen Kolchosen zuständig.

Die von Stalin verfügte »Liquidierung des Kulakentums« traf Sibirien härter als jeden anderen Landesteil. Die relativ wohlhabenden Bauern Sibiriens wurden zur Zielscheibe für Parteiaktivisten, ganze Dörfer wurden als »Kulakennester« gebrandmarkt und entsprechend behandelt. Allein in einem westsibirischen Bezirk wurden 1932 43 000 Familien »umgesiedelt« – die meisten in Konzentrationslager oder in Siedlungen im äußersten Norden Sibiriens; zugleich wurden Hunderttausende Kulaken aus den europäischen Teilen des Sowjetreichs nach Sibirien deportiert.»Ich werde nie vergessen«, schrieb ein Augenzeuge,»was ich im Wartesaal des Bahnhofs erlebte. Es drängten sich darin fast 600 Bauern – Männer, Frauen und Kinder –, die wie Vieh von einem Lager zum anderen getrieben wurden. Die meisten lagen fast nackt auf dem kalten Boden. Andere litten offensichtlich unter Gelbfieber und kämpften mit dem Tod. Hunger, Qualen und Verzweiflung waren in jedes Gesicht geschrieben.«

Sibirien hatte lange gebraucht, um sich zu einem landwirtschaftlich leistungsfähigen Land zu entwickeln. Nach dem Bürgerkrieg hatte es sich bemerkenswert schnell erholt und im ersten Jahrzehnt der Sowjetherrschaft gezeigt, daß es in der Lage war, sich weitgehend selbst mit Nahrungsmitteln zu versorgen. Jetzt wurde diese Struktur ohne Rücksicht auf Verluste brutal zerschlagen. 50 000 Burjaten und Mongolen, die bis dahin produktiv gewirtschaftet hatten, flohen nach Süden in die Innere Mongolei und nach China; die Kosaken von Amur und Ussuri, die an der Grenze die Stellung gehalten hatten, ließen nun ihre Dörfer im Stich und setzten sich in die Mandschurei ab, wo sie auf andere trafen, die schon früher die Flucht angetreten hatten. Ähnlich wie die Bauern in anderen Landesteilen hatten auch viele burjatische, mongolische und jakutische Rinder- und Schafzüchter ihre Tiere geschlachtet; sie wollten ihr Vieh nicht in die Kolchosen einbringen. Die Ernteerträge beim Getreide gingen drastisch zurück. Die Folge: Hunger breitete sich in Sibirien aus, in der Ukraine und am Unterlauf des Don. Nach Schätzungen starben sieben Millionen Menschen an Hunger.

Einige unter Stalins Genossen waren 1934 zu der Überzeugung gelangt, an der Herrschaft dieses Tyrannen werde das Land zugrunde gehen. Der Leningrader Parteichef Sergej Kirow sollte zum Gegenkandidaten aufgebaut werden. Stalin ließ Kirow ermorden, erklärte den Mord zu einem Werk der Reaktion und entfesselte eine neue Terrorkampagne. Es begann mit Schauprozessen gegen prominente Bolschewisten, setzte sich fort mit der Verhaftung, Verbannung oder Hinrichtung zahlloser Kommunisten wegen angeblicher Beteiligung an einer internationalen antikommunistischen Verschwörung.

»Jeden Morgen«, schrieb Robert Conquest, »setzte Stalin seine Initialen unter eine numerierte Namensliste von Opfern«; allein am 12. Dezember 1937 unterzeichnete er 3182 Todesurteile, »während seine Henkersknechte in jedem Bezirk und jeder Stadt willkürlich die nicht geringen Quoten für die Zahl der zu liquidierenden ›Volksfeinde‹ festlegten. Da jede verhaftete Person gezwungen wurde, Dutzende angeblicher Komplizen zu denunzieren, schwoll die Zahl der Todeskandidaten bald zu nicht mehr handhabbaren Größenordnungen an. Sinn der Aktion war es, durch Schüren von Angst nicht nur die vorhandene Opposition auszulöschen, sondern die Denkbarkeit von Opposition an sich.« Im Jahr des großen Terrors (1937–38) wurden über eine Million Sowjetbürger hingerichtet und schätzungsweise sieben Millionen in Straflager gesteckt.

Der Wahnsinn hatte Methode. Stalin hatte seit Beginn seiner Fünfjahrespläne, aufbauend auf das trotzkische Patent der Zwangsarbeit, zielstrebig daran gearbeitet, sich ein riesiges Reservoir an Zwangsarbeitern zu schaffen, das sich »straff kontrollieren, unter widrigsten äußeren Bedingungen einsetzen und, je nach Bedarf, unschwer von einem Ort zum anderen verlegen ließ«, wie ein Autor schrieb. Hunderte von Lagern, die »Besserung durch Arbeit« bewirken sollten, wurden im europäischen Rußland, in Zentralasien und Sibirien eingerichtet; sie waren schließlich in so großer Zahl über das Land verstreut wie früher die Forts der Kosaken. Offiziell sollte die Zwangsarbeit in diesen Lagern eine erzieherische Wirkung auf all jene ausüben, denen es noch an der Bereitschaft zu einer sozialistischen Lebensweise fehlte; tatsächlich aber unterhielt der Gulag (unter dieser Abkürzung firmierte die Hauptverwaltung der Straflager) eine Gruppe von Lagern, die einzig und allein der Erfüllung der »Pläne« und »Normen« dienten. Im Lauf der Jahre verschlangen diese Lager gnadenlos Millionen von Menschen; mit ihrem Blut, ihrem Schweiß und ihren Tränen waren viele von Stalins sozialistischen Errungenschaften erkauft.

Stalin wollte die Industrie unter allen Umständen ohne ausländisches Kapital aufbauen. Auslandskredite aufzunehmen, war für die Sowjetunion so gut wie unmöglich, nachdem das bolschewistische Regime 1917 die Auslandsschulden des russischen Reichs nicht anerkannt und damit seine Kreditfähigkeit verloren hatte. Da es an Kapital für Investitionen fehlte, investierte Stalin Menschen. Das Zwangsarbeiterheer wurde zum »fixen Kapital« in der wirtschaftlichen Gleichung, das Arbeitslager zur wichtigsten wirtschaftlichen Ressource des Staates. Das Verfahren lief auf den Rückfall in die Sklavenarbeit hinaus. Vorbild für die stalinschen Methoden war die unter den Zaren praktizierte administrative Verbannung.

Die meisten politischen Häftlinge wurden nach Artikel 58 des sowjetischen Strafgesetzbuchs von 1927 verurteilt; der Artikel war so weit gefaßt, daß es, wie Solschenizyn schrieb, »wirklich und wahrhaftig keinen Schritt, keinen Gedanken, keine Tat oder Unterlassung zwischen Himmel und Erde gibt, auf die er nicht mit strenger Hand angewendet werden könnte«. Jeder Fehler, jedes Zurückbleiben hinter einem festgelegten Ziel konnte als Verbrechen gegen den Staat gedeutet und bestraft werden – sogar mit dem Tode. Nachdem es im September 1936 in einem Bergwerk bei Kemerowo zu einer Explosion gekommen war, führten die Ermittlungen der Geheimpolizei zur Aufdeckung eines ganzen »Nestes trotzkistischer Verschwörer« in der westsibirischen Industrie;

eine Reihe von Grubenbränden in den benachbarten Kohlebergwerken von
Prokopjewsk sei, so die Ermittler, auf gezielte »Schädlingsarbeit« zurückzufüh-
ren. Beschwerden wurden schnell als »antistaatliche Hetze« ausgelegt, die Beherrschung einer Fremdsprache konnte zu einer Anklage wegen Spionage führen. Ein Sowjetbürger wurde zu 15 Jahren Zwangsarbeit verurteilt, weil er
Esperanto studiert hatte, ein Geologe, weil er Erzvorkommen, die an einer
bestimmten Stelle vermutet worden waren, nicht gefunden hatte. Priester, Schamanen und andere religiöse Würdenträger galten automatisch als Schwerver-
brecher. Sicher war niemand. Treue Parteigänger der Bolschewisten gehörten zu
den ersten, die abgeholt wurden – Männer wie Karlo Stajner, ein Wiener Kom-
munist, der als jugendlicher Aktivist von der Partei nach Moskau geschickt
worden war, um publizistische Aufgaben wahrzunehmen. Als er 1932 den
Boden der Sowjetunion betrat, war er, wie es in seinen Erinnerungen heißt, »der
glücklichste Mensch. Nichts war mir teurer als die Kommunistische Partei.
Endlich war ich im Land meiner Träume.«
Doch dann wurde er, im November 1936, plötzlich verhaftet; zu seiner Überraschung stellte er fest, daß sehr viele Mitgefangene überzeugte Kommunisten
waren wie er. Kaum einer wußte, warum er sich in Haft befand, fast alle waren
überzeugt, daß es sich um einen Irrtum handeln müsse. Nach langer Untersuchungshaft wurde Stajner in einer Gerichtsverhandlung, die nur zwanzig Minuten dauerte und die er ohne Verteidiger bestreiten mußte, zu zehn Jahren
Lagerhaft »unter verschärftem Regime« verurteilt.
»Verhaftungen fraßen sich durch die Straßen und Wohnhäuser wie eine Seuche«,
heißt es bei Solschenizyn. »Ebenso wie Menschen eine ansteckende Krankheit
aufeinander übertragen, ohne zu wissen warum, durch so unschuldige Dinge
wie einen Handschlag, einen Atemzug, die Übergabe eines Gegenstandes, so
infizierten sie auch einander mit dem unentrinnbaren Schicksal der Verhaftung.«
Rußland war bald mit Arbeitslagern übersät »wie mit einem geheimnisvollen
Hautausschlag«.
Nach ihrer Verurteilung wurden die Häftlinge in Kleinlaster gesperrt, die innen
mit winzigen Zellen ausgestattet und außen als Brot- oder Fleischtransporter
getarnt waren, und dann zu einem Eisenbahndepot oder zu einem Verladedock
gefahren. Dort wurden sie in ungeheizte Viehwaggons oder in die Laderäume
von Flußkähnen getrieben. Manche Sträflingszüge waren »Städte auf Rädern«,
die 6000 bis 7000 Insassen transportierten. Auf jedem Wagen thronte in einem

Aufbau ein Maschinengewehrschütze, Scheinwerfer tauchten den Zug nachts in helles Licht.

Stajner wurde mit 4000 Leidensgenossen auf einen für den Holztransport bestimmten Frachter gebracht und auf die Reise nach Dudinka an der Jenissej-Mündung geschickt. »Nicht einmal Vieh würde man so transportieren«, schrieb er. »Es fehlten die primitivsten Dinge, auf die jeder Mensch, auch ein Gefangener, ein Recht hat. Nur Unmenschen konnten sich so etwas für andere ausdenken. Keine Möglichkeit, wenigstens auf den nackten feuchten Brettern zu liegen, keine ausreichende Nahrung.« Wenn das Schiff in stürmischer See schaukelte, schwappten aus den Fässern, die als Toiletten dienten, Exkremente und Urin auf den Boden. Viele Sträflinge verhungerten oder verdursteten schon auf dem Weg ins Lager.

Ein Zeitzeuge beobachtete eines Abends in Tajschet bei eisiger Kälte die Ankunft eines mit Menschen vollgepferchten Güterzuges: »Ein Waggon öffnete sich, und eine ganze Horde von Soldaten mit Maschinengewehren und Hunden ergoß sich heraus in den Schnee. Als sie aber den sechsten Waggon öffneten, sprang niemand heraus. Als wir hineinspähten, bot sich uns ein fürchterliches Bild. Alle da drinnen klebten zusammen, festgefroren in Gruppen von zwei, drei, vier Personen. Sie waren nur noch Eisbrocken.« Während die Sträflinge in regelrechten Folterkammern transportiert wurden, hatten Stalin und seine Getreuen sich einen Luxus-Expreß bauen lassen, mit dem sie sich an ihre Ferienorte bringen ließen:

Die erste Anforderung an diesen Zug war die, daß im Innern der Waggons kein Rollgeräusch zu hören sein dürfe und daß sie ruckfrei fahren sollten. Um dies zu bewerkstelligen, wurde auf den Boden eines jeden Waggons zunächst eine dicke Bleischicht angebracht; über diese kamen eine Lage Filz, eine Lage Kork, eine weitere Lage Filz, ein Parkettboden und wiederum eine Lage Filz. Darauf wurde schließlich ein Linoleumboden verlegt, der dann noch mit dicken Teppichen bedeckt wurde. Man ging auf diesem Boden schließlich wie auf einem Federbett. Die in den Salonwagen ausgelegten Teppiche kosteten in einem der Öffentlichkeit nicht zugänglichen Spezialgeschäft in Moskau 5000 Rubel das Stück. Auf dem freien Markt hätte man einen solchen Teppich nicht einmal für 50 000 Rubel bekommen. Beim Testlauf eines solchen Waggons wurde ein randvoll mit Wasser gefülltes Glas auf den Tisch eines der Abteile gestellt: während der gesamten Fahrt durfte kein Tropfen überlaufen. Die Außenwände der Waggons wurden tiefblau gestrichen, die Dächer himmelblau. Auf die Farbe wurde eine Lackschicht aufgebracht und so lange poliert, bis keine Unregelmäßigkeit und kein Kratzer mehr zu entdecken war.

Jedes Abteil hatte sein eigenes luxuriöses Gepräge. Der Speisewagen zum Beispiel bot

eine breite Auswahl köstlicher Delikatessen, eine große Vielfalt von Früchten und Getränken. Vor jeder Fahrt ging der Zugführer von Abteil zu Abteil, sprühte Kölnisch Wasser hinein und stellte frische Blumen auf die Tische. Während der Fahrt verteilte er Früchte, Süßigkeiten und Zigaretten. Die extravagantesten Wünsche der Generäle, Marschälle, Volkskommissare, Parteisekretäre mußten erfüllt werden. Der Wagen Stalins hatte zwei Schlafzimmer, ein Wohnzimmer, ein Arbeitszimmer, ein Büro für seinen Sekretär, ein Abteil für die ihn begleitenden Personen, ein Badezimmer und eine Küche. Wände und Möbel waren aus Mahagoni. Das NKWD hatte permanent zwei junge Agentinnen im Zug stationiert. Ihre Aufgabe bestand darin, mit den Fahrgästen Bekanntschaft zu schließen, sie in den Speisewagen in Gespräche zu verwickeln und ganz allgemein die Ohren offenzuhalten. Sie waren gutaussehend, immer gut angezogen, wußten sich in Gesellschaft zu benehmen und waren für die wichtigen Passagiere jederzeit zu sprechen. Alles war in diesem Zug in solchem Überfluß vorhanden, daß niemand über die Vorräte Buch führte. Man konnte von einer solchen Reise ganze Kisten Kaviar, Konserven, Wein und Zigaretten mitbringen.

Der Verfolgungswahn Stalins steigerte sich ins Groteske. Überall in der Sowjetunion fällten Gerichte in Eilverfahren willkürliche Urteile, um die Transportzüge zu den Zwangsarbeitslagern füllen zu können. »Eines Tages ging Larissa Fjodorowna aus dem Haus und kehrte nicht mehr zurück«, schrieb Boris Pasternak im Schlußkapitel seines Romans *Doktor Schiwago*. »Vielleicht war sie auf der Straße verhaftet worden, und sie starb oder verschwand irgendwo als eine Namenlose,

eine beliebige Nummer auf einer verlorengegangenen Liste in einem der zahllosen Konzentrationslager des Nordens.«

Das Lagersystem Stalins bestand aus industriellen und landwirtschaftlichen Sträflingskolonien, aus Arbeitslagern in Holzfäller- und Bergbaurevieren
und aus Besserungslagern für Sträflinge, die in anderen Lagern auffällig geworden waren. Entwickelt hatte es sich aus den in den zwanziger Jahren in Nordrußland errichteten Internierungslagern für die in Gefangenschaft geratenen
Weißen Bürgerkriegstruppen. Das Zentrum bildete der Lagerkomplex auf den
Solowez-Inseln, wo im 16. Jahrhundert eine große Klosterfestung entstanden
war und wo einst Iwan der Schreckliche die Gegner seines tyrannischen Regimes
eingesperrt hatte. Auch unter späteren Zaren hatte die Klosteranlage bis 1905
teilweise noch als Gefängnis gedient, nun nutzte sie Stalin.»Es gab in Rußland
kaum eine Völkerschaft, eine Religion, eine Berufsgruppe, eine Klasse oder eine
Denkschule, die auf Solowki [der Hauptinsel der Solowez-Gruppe] nicht vertreten war«, schrieben David Dallin und Boris Nikolayevsky in ihrem Buch über
den Gulag:

Sozialisten, Anarchisten, Konterrevolutionäre, d. h. ehemalige Angehörige der weißen Bewegung und rechte Regimegegner; gewöhnliche Kriminelle und Prostituierte, frühere Geschäftsleute und sowjetische Kaufleute,
die auf die Neue Ökonomische Politik gesetzt hatten; Leute, die wegen
angeblicher Spionagetätigkeit verurteilt waren (wirkliche Spione wurden
ohne Umstände erschossen); Kirchenleute aller Konfessionen, vor allem
aus dem griechisch-orthodoxen Lager; Arbeiter, die es gewagt hatten, zu
streiken, Bauern, denen man vorwarf, Unruhe gestiftet zu haben, Sowjet-
funktionäre, die ihrem Land mit Leib und Seele gedient hatten und plötzlich wegen Schädlingsarbeit angeklagt wurden; in Ungnade gefallene
GPU-Agenten; von den späten zwanziger Jahren an auch Trotzkisten und
Mitglieder anderer Oppositionsgruppen innerhalb der herrschenden Partei – alle waren auf Solowki vertreten. Nur die wenigsten verbüßten eine
von einem regulären Gericht ausgesprochene Strafe. Solowki hatte nicht
so sehr die Aufgabe, Gesetzesbrecher zu bestrafen, es sollte der Bevölkerung so viel Schrecken einjagen, daß sie stillhielt. Von den Solowez-Inseln
aus wucherte das Lagersystem aufs Festland zurück und breitete sich im
Verlauf weniger Jahre weit nach Osten und Süden aus.

Stalins wirtschaftliches Pilotprojekt war der Bau des Ostsee-Weißmeer-Kanals zwischen 1931 und 1933. 250 000 Zwangsarbeiter schufteten zeitweise an einem 270 Kilometer langen Teilstück dieser strategischen Wasserstraße, die unter Nutzung der großen Seen von Sowjetisch-Karelien eine durchgängige Verbindung zwischen dem Weißen Meer und dem Finnischen Meerbusen herstellen sollte. Um die Devisenrerserven des Landes zu schonen, beschloß die Regierung, für den Kanalbau nicht die im Ausland erhältlichen Spezialmaschinen anzuschaffen, sondern menschliche Muskelkraft einzusetzen. Für die Errichtung von Pfahlwänden wurden nicht die üblichen Dampframmen verwendet, sondern Arbeitssklaven, die in gigantischen Tretmühlen die für die Rammstöße erforderliche Kraft erzeugten. Verpflegung wurde nach Leistung zugeteilt, Kälte und Hunger forderten an manchen Tagen bis zu 700 Opfer. Fluchtversuche wurden mit dem Tode bestraft. Als der Kanal im August 1933 eröffnet wurde, hatte er über 60 000 Menschenleben gekostet.

Auf den Solowez-Inseln arbeiteten die Lagerinsassen in Holzfällereien, in der Viehzucht und in der Fischverarbeitung; in anderen Lagern wurden die Sträflinge in Kolchosen, Sägewerken, Gerbereien, im Eisenbahnbau, Hafenbetrieb, im Bergbau, in Steinbrüchen, Ziegeleien und beim Bau von Straßen und Flugplätzen, von Staudämmen und Kombinaten eingesetzt. Sogar Städte entstanden auf diese Weise: Norilsk, Magadan und Komsomolsk am Amur, das, 290 Kilometer nördlich von Chabarowsk gelegen, inmitten eines Sumpfgebiets errichtet wurde. In Workuta wurde Kohle gefördert, auf der Waigatsch-Insel Zink, in der Jugorstraße Fluorit, auf Nowaja Semlja Blei. Es gab Lager und Lagerkomplexe in und um Tobolsk, Nowossibirsk, Narym, Kemerowo, Tomsk, Barnaul, Krasnojarsk, Irkutsk, Jakutsk, Tajschet, Olekminsk, Tschita, Chabarowsk, Nikolajewsk, Wladiwostok, Gischiga sowie in allen Teilen Sachalins, der Kamtschatka und der Tschuktschen-Halbinsel und im Kolyma-Becken. Es gab, wie es damals hieß, im gesamten Sowjetreich keine einzige Provinz, »die nicht ihr eigenes Lager hervorgebracht hätte«. Das Ergebnis war ein Lager-Staat mit bis zu 21 Millionen Einwohnern und 800 000 Bewachern.

»Die Struktur«, erklärte Stajner einmal einem Mithäftling, »ist ganz ähnlich wie die der Regierung: Da gibt es [einen] Gulag für Holzindustrie, einen für Straßenbau, einen für Buntmetalle, einen für Erdölindustrie, einen für Bergbau und so weiter. Der Gulag hat ein Kollegium der Ressortchefs, das ist sozusagen der Ministerrat.« Stalin habe mit dem Gulag-System »die Wirtschaft auf eine ganz

neue, in der Menschheitsgeschichte noch nie dagewesene Grundlage gestellt«.
Es handle sich dabei weder um ein sozialistisches noch um ein privatkapitalistisches System, sondern um eine Sklavenarbeitswirtschaft ganz eigener Art.
Die Kosten für den Lager-Staat waren minimal: Für Verpflegung mußten die
Sträflinge selbst arbeiten, ihre Unterkünfte zimmerten sie selbst.»Wie die Erfahrung aller Zeitalter und Völker zeigt«, hatte Adam Smith einst geschrieben,»ist
die Sklavenarbeit, auch wenn es so scheint, als koste sie nur den zur Erhaltung
der Arbeitskraft nötigen Preis, auf lange Sicht die teuerste von allen. Ein Mensch,
der kein Eigentum erwerben kann, kann kein anderes Interesse haben als soviel
wie möglich zu essen und so wenig wie möglich zu arbeiten.«
Karl Marx stimmte dieser Einschätzung zu und gab zu bedenken, ein auf
Sklavenarbeit gegründetes System sei, weil»der Sklave kein Interesse an einer
Erhöhung der Arbeitsproduktivität« habe, nicht geeignet, eine Volkswirtschaft
auf eine höhere Entwicklungsstufe zu bringen. Die Bolschewisten fanden, wie
Dallin und Nikolayevksy schrieben, einen Ausweg aus diesem Dilemma:

Marx war naiverweise davon ausgegangen, daß ein Sklave das Existenzminimum an Pflege erhält, unterhalb dessen weder Leben noch Arbeiten
möglich ist. Jetzt aber stellte sich heraus, daß man in den Sklavenarbeitslagern die Nahrungsrationen differenzieren und die kleinste Ration, d. h.
die für Faulenzer und Drückeberger und ganz allgemein für die nicht so
Leistungsfähigen, ohne weiteres unter das überlebensnotwendige Minimum senken konnte. Diese vorsätzliche Unterernährung hatte den Vorteil,
daß sie alle Lagerinsassen anspornte, sich mit aller Kraft für die Volkswirtschaft ins Zeug zu legen.

Der Hunger wurde in den Straflagern bewußt als Produktivitätsanreiz genutzt;
die Kranken und Schwachen erhielten immer weniger zu essen, zerfielen körperlich und geistig und gingen schließlich elend zugrunde. Fast alle Lagerinsassen litten an Mangelerkrankungen wie Skorbut, an Unterernährung, an Schwellungen und an einem aufgeblähten Unterleib; in den Lagern des Nordens kamen
Erfrierungen und Wundbrand hinzu.
Damit das System funktionierte, mußten die Ausfälle ersetzt werden. Einem
Opfer erklärte ein Lagerarzt 1949:»Sie sind nicht hierhergebracht worden, um
zu leben, sondern um zu leiden und zu sterben. Wenn Sie leben, kann das nur

heißen, daß Sie eines von zwei Dingen verbrochen haben müssen: entweder weniger gearbeitet, als es Ihre Pflicht gewesen wäre, oder mehr gegessen, als Ihnen zustand.«

Weil Terror und Unterdrückung überall in der Sowjetunion jedes freiwillige Engagement in der Volkswirtschaft erstickten, waren die Lagerkomplexe oft die einzigen Unternehmen, die mit Gewinn arbeiteten. Mit den Profiten der Sträflingskolonien wurden Industriebetriebe und Kolchosen subventioniert und Großprojekte wie die Baikal-Amur-Magistrale, die Südsibirische Eisenbahn von Tscheljabinsk zur mongolischen Grenze, die geplante Nordbahn entlang der Eismeerküste und die großen Wasserkraftwerke finanziert.

Der Stalin-Staat verdiente auch auf andere, räuberische Weise: Jede Verurteilung war automatisch mit dem Einzug der gesamten Habe des Verurteilten verbunden. Der Staat kassierte nicht nur sein Geldvermögen, sondern verdiente weitere Millionen durch den Verkauf seiner Habseligkeiten. War er in einem der Lager gelandet, versuchten die Angehörigen natürlich, ihm Geld oder andere brauchbare Dinge zu schicken. Das meiste davon wurde wiederum automatisch von der Geheimpolizei beschlagnahmt. Ein sowjetischer Autor schrieb, die »arbeitenden Menschen von Sibirien« hätten allein in den Jahren des Zweiten Weltkriegs dem Staat Einnahmen von 13,5 Milliarden Rubel beschert, dazu »riesige Mengen an Gold, Silber, Platin und Millionen kostbarer Wertgegenstände«.

Die »Erfolge« des Lagersystems spiegeln sich in Zahlen wider: 1928 gab es in der Sowjetunion rund 30 000 Lagerinsassen, 1931 bereits knapp zwei Millionen, 1934 rund fünf Millionen; im Jahr des großen Terrors, 1937/38, kamen noch einmal sieben Millionen Verdammte hinzu. Niemand weiß genau, wie viele Millionen in den Folgejahren noch in die Lager wanderten, doch scheint sicher, daß die Zwangsarbeiter nicht nur zur tragenden Säule der sowjetischen Wirtschaft wurden, sondern auch zur zahlenmäßig stärksten Gesellschaftsklasse. Der Lagersklave war der Proletarier der Sowjetunion. »Ich gebe zu, daß es kein Sozialismus ist«, gestand ein Sträfling seinem Zellengenossen, »aber jedenfalls gibt es bei uns kein Privatkapital. Was also ist es?« Der Zellengenosse antwortete: »Nur der Teufel weiß, was es ist.«

Das Grauen des Gulag war – wie das der NS-Vernichtungslager – so schlimm, daß das zaristische Verbannungssystem im Vergleich fast human wirkt. Denn neben allen Ungerechtigkeiten, die das zaristische Regime zuließ, zeigte es manchmal auch eine rührende Barmherzigkeit bei der Anwendung der Gesetze. Noch hatten Massenmorde nicht die moralischen Maßstäbe versetzt. Noch galt die Todesstrafe als etwas Schreckliches, ein Hungerstreik siegte oft über Erbarmungslosigkeit. Solschenizyn und andere Autoren haben vor Augen geführt, welche schrecklichen Fortschritte das Böse in einer Zeit gemacht hat, in der die Idee der diesseitigen Vervollkommnung des Menschen gepredigt wurde.

In dem Lager in Omsk, in dem Dostojewski als Verbannter Zwangsarbeit leistete, waren Sträflinge manchmal zu Tode geprügelt worden, doch das Lagerregime zeigte sich immer wieder auch verhältnismäßig großzügig. Die Insassen durften persönliche Habseligkeiten um sich haben, durften Haustiere halten, hatten an Sonn- und Feiertagen Ruhe. Sie wurden zwar nicht gut, aber ausreichend verpflegt, durften hin und wieder in die Stadt gehen, um Tabak, Tee oder Fleisch zu kaufen. Die Arbeit selbst war nicht mörderisch, sondern so, daß Dostojewski sie als seine »Rettung« empfinden konnte, da sie ihn an die frische Luft brachte, seine nervöse Unruhe milderte und ihn körperlich stärkte. Mit Ausnahme eines runden Dutzends politischer Gefangener hatten zudem alle Lagerinsassen ein wirkliches Verbrechen begangen.

Auf Sachalin lagen die Tagesrationen in zaristischer Zeit für diejenigen Sträflinge, die im Straßenbau oder unter Tage eingesetzt wurden, bei drei Pfund Brot, 400 Gramm Fleisch und 250 Gramm Beilagen, wie Kartoffeln. In Akatui, dem schlimmsten Zwangsarbeits-Gefängnis im zaristischen Rußland, waren es immerhin 1200 Gramm Brot und 200 Gramm Fleisch – das war das Sechs- oder Siebenfache der Gulag-Tagesration. Die nach Nertschinsk verbannten Dekabristen mußten eine tägliche Förder- und Ladequote von 118 Pfund Erz erfüllen, für die Gulag-Sträflinge in Kolyma lag die Norm in der Größenordnung von tausend Pfund. Und wenn die Norm bis zum Abend nicht erfüllt war, mußte die Brigade so lange weitermachen, bis sie es geschafft hatte, notfalls »im Licht von Scheinwerfern«. In Norilsk wurde Sträflingen, die im Steinbruch Schotter für den Straßenbau brachen, selbst bei schwerem Schneesturm nur eine einzige zehnminütige Aufwärmpause im Verlauf einer Zwölfstundenschicht zugestanden.

Der Hungerstreik, die letzte »moralische Waffe« des Sträflings, galt in der Sprachregelung der Bolschewisten als »Fortsetzung der konterrevolutionären Betätigung im Gefängnis«; 1937 distanzierte sich die Gefängnisverwaltung von jeglicher Verantwortung für die Folgen eines Hungerstreiks. Folter und Mißhandlungen bei Verhören wurden jetzt zum Normalfall, jede Person über zwölf konnte als Erwachsener bestraft werden. Unter dem zaristischen Verbannungssystem hatte es stets eine deutliche Trennlinie zwischen Verbrechern und politischen Gefangenen gegeben. »Jeder Beamte, ob hohen oder niederen Rangs«, so Leo Deutsch, ein verurteilter Terrorist, 1903, »weiß ganz genau, daß er bei Politischen eine bestimmte Grenze nicht übertreten traf und daß er sie höflich zu behandeln hat.« Im Gulag war dies ins Gegenteil verkehrt: Kriminelle konnten mit nachsichtigerer Behandlung rechnen. Sie waren oft die Könige der Sträflingswelt und in der Regel als Brigadeführer, Ordner oder Vertrauensleute eingesetzt. Viele politische Sträflinge fühlten sich ihnen gegenüber wie Lämmer, die unter die Wölfe gefallen waren.

Die Todesstrafe war unter den Zaren nur in Ausnahmefällen verhängt worden: zwischen 1876 und 1904, in der Zeit des revolutionären Terrorismus, waren 486 Personen hingerichtet worden (gewöhnliche Kriminelle eingeschlossen); das entsprach einem Jahresdurchschnitt von 17. Zwischen 1905 und 1908 stieg diese Zahl dramatisch an auf 45 Hinrichtungen pro Monat. Aber das war nichts im Vergleich zu dem, was unter Stalin folgen sollte. 1938 richteten Stalins Henker 28 000 Menschen hin; Anfang 1939 befanden sich, wie ein Historiker ausgerechnet hat, Millionen von Sowjetbürgern in Haft: »Rund acht Millionen wurden in Gefängnissen und Lagern gehalten, wo 90 Prozent von ihnen zugrunde gingen. Zwei Millionen Insassen waren schon in den vorausgegangenen beiden Jahren gestorben, nicht gezählt die eine Million, die hingerichtet worden war.« In einem Lagerkomplex wurden im Jahr des großen Terrors 50 000 Sträflinge »mit Draht zusammengebunden wie Rundholz, auf Lastwagen verladen, zu einer vorbestimmten Stelle gefahren und erschossen«. Manchmal wurden Sträflinge erschossen, um Epidemien einzudämmen; andere wurden in Flußkähne verladen und dann im Eismeer versenkt. Einen Nachruf auf sie hat Solschenizyn geschrieben:

Wir dividieren, multiplizieren, bedauern, verfluchen. Und doch sind es Zahlen. Sie frappieren, erschüttern, werden später vergessen. Aber wenn irgendwann einmal die Angehörigen der Erschossenen alle Fotografien ihrer Hingerichteten in einem Verlag zusammentrügen und der Verlag ein Fotoalbum daraus machte, mehrere Bände davon – dann könnten wir, Seite für Seite umblätternd, aus jedem letzten Blick in die verblichenen

Augen sehr vieles für das uns verbliebene Leben gewinnen. Diese Lektüre,
fast ohne Buchstaben, würde ewige Spuren in unsere Herzen graben.

Auch den Siedlern mit Sonderstatus in Landwirtschafts-, Fabrik- und Arbeitsko-
lonien erging es auf lange Sicht nicht viel besser. Im Norden Sibiriens genügte
schon das Klima, um Zentralasiaten, die dorthin versetzt wurden, zugrunde zu
richten:

Aus dem subtropischen Klima ihrer Heimat in die kältesten Zonen der
Erde versetzt, starben sie wie die Fliegen. Alle ihre Lebenskräfte erlahm-
ten, sobald sie in die schreckliche Kälte hinaus mußten. Sie standen reglos
da, die Arme verschränkt, das gebeugte Haupt zwischen den hochgezo-
genen Schultern, und warteten auf das Ende. Auf Befehle und Flüche
reagierten sie nicht. Schläge waren nutzlos – es war so sinnlos, als würde
man einem Zinnsoldaten befehlen, sich zu rühren. Sie hörten einfach auf
zu funktionieren.

Im Gebiet von Kusnezk in Westsibirien lebten die Sträflinge in mit Brettern
zugedeckten Erdlöchern; anderswo dienten als Behausungen Kammern mit
Wänden aus aufgeschichteter Erde und einem von Holzpfählen gestützten, mit
trockenem Lehm und Dung bedeckten Bretterdach. Eine mit einem Russen
verheiratete deutsche Kommunistin wurde im Juni 1938 verhaftet und zu fünf
Jahren Besserungslager im Steppengebiet Südsibiriens verurteilt. »Wir wohnten
in Lehmhütten«, erinnerte sie sich, »mit Tausenden von Läusen, Käfern und
Flöhen, ganz und gar auf dem Niveau kasachischer Nomaden, nur ohne deren
Hammelkotelett. Die kurzen Nachtstunden verbrachten wir auf Holzbrettern
oder auf dem Boden liegend, ohne Strohsäcke, ohne Bettücher, um uns dann bei
Sonnenaufgang zur Arbeit aufzustellen. Wie man die gnadenlose sibirische
Sonne hassen lernt! Wie man jeden Morgen haßt, an dem sie aufgeht.«
In den ersten Jahren des Zweiten Weltkriegs überschwemmten ganze Armeen
deportierter polnischer »Sozialschädlinge«, Angehörige verschiedener Minder-
heiten und Tausende deutscher und japanischer Kriegsgefangenen die Lager.
Letten, Esten, Ukrainer, Krimtataren, Kalmücken und Wolgadeutsche wurden
zwangsweise nach Sibirien umgesiedelt und füllten die Lager und Kolonien auf.
Nach einer Bestandsaufnahme vom Oktober 1946 wurden allein in diesem

Monat 126 423 Siedler mit Sonderstatus im Bezirk Kemerowo angesiedelt, 112 316 im Bezirk Krasnojarsk, 35 381 im Altai, 92 968 im Bezirk Nowossibirsk, 83 276 im Bezirk Tomsk, 56 611 im Bezirk Tjumen und 44 767 im Bezirk Omsk. Auf Sachalin wurden die eingeborenen Oroken, die im Krieg von den japanischen Besatzern gezwungen worden waren, in den japanischen Streitkräften Dienst zu tun, in Lagerhaft genommen.

In einem unentschuldbaren Akt der Treulosigkeit lieferten die Westalliierten nach Kriegsende eine Million Menschen, die aus der Sowjetunion geflohen oder verschleppt worden waren, an das Stalin-Regime aus. Wenn das Zarenreich, wie Lenin geschrieben hatte, ein »Völkergefängnis« gewesen war, dann war das Sowjetreich ein »Völker-KZ«. »So viele Völker verschickt worden sind, so viele Epen werden dereinst geschrieben werden«, sagte Solschenizyn, »über das Heimweh und über das sibirische Verderben. Sache dieser Völker allein ist es, das Durchlittene zu ermessen, nicht unsere, es nachzuerzählen.«

Zwischen 1928 und Stalins Tod 1953 war der Gulag Sibiriens Schicksal; in dieser Phase lebte praktisch eine Mehrheit der sibirischen Bevölkerung in Lager- und Gefängniskomplexen oder zumindest hinter Stacheldraht. In sowjetischen und prosowjetischen Büchern und Artikeln wurden die großen Leistungen beim Aufbau Sibiriens seit der Revolution gerühmt, selbst in westlichen Untersuchungen war hin und wieder bewundernd von »in die Wildnis gesetzten kompletten Städten« oder von einem »explosiven Städtewachstum nach ultra-amerikanischer Art« die Rede. Die triste Wahrheit war, daß jedes Zwangsarbeiterlager mit mehr als 5000 Insassen als eine Stadt galt und daß die am schnellsten wachsenden Städte nicht in den Industrierevieren zu finden waren, sondern im äußersten Norden und Osten Sibiriens. Dort wurden die meisten Arbeitslager errichtet.

1926 lebten in Ostsibirien 891 000 Menschen; 13 Jahre später waren es dreimal soviel. Und selbst in den richtigen Städten stellten »Siedler mit Sonderstatus« oder andere gegen ihren Willen Deportierte die Mehrheit der Bewohner. In Ust-Kem zum Beispiel waren 80 Prozent der Einwohner Verbannte, die Hälfte von ihnen Deutsche aus der Ukraine. Das macht deutlich, was sich hinter den statistischen Feststellungen einer sowjetischen Enzyklopädie von 1968 verbarg: »Die Zahl der arbeitenden Menschen in Sibirien stieg im Lauf des ersten Fünfjahresplans um das Dreieinhalbfache.« Ein noch tieferes Verständnis gewinnt man, wenn man sich genauer mit zwei Städten befaßt, mit Magnitogorsk und Norilsk. Magnitogorsk, 1929 gegründet, wurde, wie ein Autor stolz verkündete,

sogleich zum Symbol der revolutionären Umwälzung der Gesellschaft, die die Oktoberrevolution versprochen hatte. Im Gebiet eines Eisenerzvorkommens, knapp jenseits des südlichsten Ural-Ausläufers – so weit östlich von Moskau, wie Berlin westlich davon liegt – beschloß die sowjetische Regierung, ein Stahlwerk zu errichten, aber nicht irgendeines, sondern ein Konkurrenzmodell zum damals größten und technisch fortschrittlichsten Stahlwerk der Welt, dem der U. S. Steel Company in Gary (Indiana). Nach seiner Fertigstellung sollte dieses ›sowjetische Gary‹ so viele Jahrestonnen Stahl produzieren wie im Jahr vor Beginn des ersten Fünfjahresplans die gesamte Sowjetunion! ... Begeisterte junge Brigadisten aus allen Winkeln der Sowjetunion trafen im Sommer 1930 ein und leisteten die Vorarbeiten wie Eisenbahn- und Dammbauten, die erst die Voraussetzung für die Errichtung des Stahlwerks selbst schufen. ... Der erste Damm über den Ural-Fluß wurde am 6. April 1931 eingeweiht, der Stausee begann sich zu füllen. Zwei Jahre später war er acht Kilometer lang und sicherte der Stadt und dem Werk für die erste Hälfte der geplanten Bauzeit eine ausreichende Wasserversorgung.

Die Reihen der »begeisterten jungen Brigadisten« waren mit Zehntausenden von Zwangsarbeitern und Deportierten aufgefüllt worden, darunter 18 000 Kulaken, tausende baschkirische, tatarische und kirgisische Hirten und 35 000 Verbrecher. Die meisten Kulaken stammten aus Kasan und Umgebung und waren »wie Vieh in verschlossenen Güterwaggons nach Magnitogorsk verfrachtet worden«. Sie hatten auf der Reise nur Schwarzbrot zu essen bekommen und ein in den Waggonboden gesägtes Loch als Latrine benutzt. Nach ihrer Ankunft wurden sie unter Bewachung zum Stadtrand geführt und in Zelten untergebracht, in denen sie den Winter mit Temperaturen bis zu minus 40 Grad überstehen mußten. Im Frühjahr waren fast alle Kinder, die diese Familien mitgebracht hatten, tot; auch ein Teil der Erwachsenen war an Unterkühlung und Unterernährung zugrunde gegangen.

Bis zum nächsten Winter wurden die Zelte durch Baracken ersetzt, die nach kurzer Zeit jedoch überfüllt waren. Die Zentralasiaten unter den Neuankömmlingen lebten in einem »Schanghai« genannten Viertel von Magnitogorsk, das aus einer »Ansammlung provisorischer Lehmhütten bestand, die sich in einer Schlucht oberhalb des Bahnhofgeländes zusammendrängten«. Diese ungelernten Arbeiter mußten Baugruben ausheben, Beton mischen und transportieren, Schlacke schaufeln und alle anderen schweren körperlichen Arbeiten verrichten, die für die Errichtung des größten Stahlkombinats außerhalb der USA inmitten der öden Steppenlandschaft des Urals erforderlich waren. 1932 erzeugte das Werk bereits Roheisen, 1933 dann Stahl. Vier Jahre später hatte es annähernd seine volle Produktionskapazität erreicht. In den Jahren des Zweiten Weltkriegs lieferte es dann die Hälfte des für den sowjetischen Panzerbau benötigten Stahls.

Trotz dieses Triumphs konnte sich niemand sicher fühlen. Der Direktor der »Kommunistischen Universität« von Magnitogorsk war vor allem mit der Jagd auf Abweichler beschäftigt; er wechselte den Inhaber des Lehrstuhls für Dialektischen Materialismus in einem Jahr viermal aus. Zwei der entlassenen Professoren wurden von der Geheimpolizei fortgebracht. In dem Geschichtsseminar der Universität erschien, wie John Scott, ein enttäuschter amerikanischer Idealist, später schrieb, »jede Erfahrung in Schwarz oder Weiß«. Auf jede Frage gab es eine eindeutige Antwort – doch niemand wußte, wie lange diese Antwort gültig bleiben würde. »Die Leitungsfunktionäre in Magnitogorsk«, schrieb ein anderer Zeitzeuge, »verbrachten eine Hälfte ihrer Zeit damit, die von Moskau dekretierten unmöglichen Planvorgaben zu erfüllen, die andere Hälfte brauchten sie, um sich ideologisch korrekte Entschuldigungen für die Nichterfüllung einfallen zu lassen. Arbeiter stürzten von den Hochöfen, weil aus Brennholzmangel die Gerüste geplündert worden waren. Und als Stalins Verfolgungswahn sich in gnadenlosen Säuberungen austobte, wurden die Opfer der politischen Unterdrückung über die Opfer von Kälte und Unterversorgung gebettet.«
In der großen Säuberung des Jahres 1937 wurde ein Drittel aller Fachkräfte (anderen Quellen zufolge die Hälfte) entweder erschossen oder in Lager deportiert; als Scott die Stadt Anfang 1938 noch einmal besuchte, stellte er fest, daß diejenigen, die an ihre Stelle getreten waren, ebenso wie die örtlichen Funktionäre »vor Angst halb wahnsinnig waren«. Die meisten der 220 000 Einwohner von Magnitogorsk wohne nach wie vor in Holzbaracken oder moosgedeckten Hütten, verfüge über keine sanitären Einrichtungen, die diesen Namen verdienten, und sei ständig von den jahreszeitlich wiederkehrenden Typhus-, Malaria-

und anderen Epidemien bedroht. Während das Stahlwerk immer produktiver werde, verkümmere die »Produktivkraft Mensch«, die mit kargen Rationen von Kohl, Kartoffeln und Schwarzbrot abgespeist werde. »Ich würde wetten«, schrieb Scott, »daß die Schlacht der Russen um die Eisenverhüttung mehr Todesopfer gefordert hat als die Marneschlacht.« Ein noch schlimmeres Beispiel für einen Aufbau nach sozialistischer Art bot Norilsk. 1922 hatten Forscher unweit der Mündung des Jenissej eine Erzlagerstätte entdeckt, die eine Kupfer-Nickel-Schwefel-Verbindung enthielt; weitere geologische Untersuchungen offenbarten enorme Vorkommen von Nickel, Kupfer, Kobalt und Kohle. Systematische Testreihen ergaben, daß hier achtzehn wirtschaftlich bedeutsame Elemente zu gewinnen waren. Die Lagerstätten drängten sich auf engem Raum so mit Kohle- und Erdgasvorkommen, »als hätte die Natur die Eisen- und Stahlproduktion in großem Stil erleichtern wollen«.

Obwohl das eisige Klima eine Besiedlung durch Menschen auszuschließen schien, hatte der Geheimdienst NKWD (später KGB) 1935 inmitten der Polartundra eine quadratische Fläche für den Bau eines Lagers abgesteckt; um das technische Personal zu rekrutieren, wurden kurzerhand mehrere hundert Bergbauingenieure verhaftet; der Geheimdienst bezichtigte sie der »Schädlingsarbeit« und ließ sie zu zehn Jahren Lagerhaft verurteilen. Im Sommer 1936 wurden die ersten 5000 Sträflinge mit Werkzeugen, Proviant und Zelten den Jenissej hinuntergeschickt. Die Männer räumten mit Spitzhacken, Brecheisen und Spaten ein Areal von Schnee und Eis, bauten Baracken und legten Bergwerke an. Die klimatischen Bedingungen waren jedoch so hart, daß trotz der nach Gulag-Maßstäben großzügig bemessenen Rationen über die Hälfte der Männer an Überanstrengung, Unterkühlung und Krankheiten starb.

1937 trafen 20 000 neue Gefangene ein, im Jahr darauf noch einmal 35 000. Dies machte die Errichtung einer Zeltstadt nötig; inzwischen hatte auch die Arbeit am Bau einer Schmalspurbahn von Norilsk zum Hafenstädtchen Dudinka an der Jenissej-Mündung begonnen. Obwohl regelmäßig neue Sträflingstransporte eintrafen, blieb die Zahl der Lagerinsassen praktisch konstant – so hoch war die Todesrate. Stalin trieb alle Beteiligten zur Verzweiflung: Er brauchte, um die Sowjetunion für den Krieg zu wappnen, dringend Nichteisenmetalle, hatte aber nicht genügend Devisen, um sie auf dem Weltmarkt kaufen zu können. Lagerkommandanten, die die festgelegten Normen nicht erfüllen konnten, wurden in

Fesseln abgeführt und erschossen. Karlo Stajner, der fast zehn Jahre in Norilsk war, schrieb, drei Jahre nach Gründung der Stadt sei der Friedhof schon so groß gewesen »wie der einer hundertjährigen Stadt«.

Die neuen Kommandanten begriffen, daß ein Unternehmen dieser Größe sich nicht »mit einfachem Terror« zum Erfolg führen ließ; sie beschlossen, die technischen Fachkräfte durch materielle Anreize wie eßbares Essen zu motivieren; sie ließen sogar zu, daß politische Gefangene in geheizten Räumen an Zeichnungen und Berechnungen arbeiteten. Das blieb nicht ohne Wirkung: 1942 wurde die Eisenbahnlinie nach Dudinka fertig, eine Raffinerie und ein Kohlekraftwerk waren errichtet, die Schornsteine des Stahlwerks rauchten und die Verhüttung von Nickel konnte beginnen. Diese Leistungen wurden kaum belohnt. Die Wachmannschaften nahmen weiter bis zu dreißig Erschießungen pro Tag vor. Die Essensrationen für die Mehrheit der Arbeiter waren so knapp bemessen, daß jede Krume, die zu Boden fiel, gierig aufgelesen wurde. Eine Gruppe Gefangener wurde dabei ertappt, als sie mitten in der Nacht Mäuse fing und sie in Konservendosen kochte.

»Einmal«, berichtete Stajner, »wurde während der Essensausgabe ein junger Bursche im Gedränge gestoßen und verschüttete seine Suppe. Im ersten Augenblick war er ratlos, dann warf er sich auf den Boden und leckte den Rest der Suppe auf wie ein Hund.« Um dem Skorbut vorzubeugen, bekamen die Gefangenen hin und wieder Karotten, etwas Sauerkraut, Kwas oder ein paar Tropfen Öl. Und die ganze Zeit mußte ihr ausgezehrter Organismus mit den Widrigkeiten des arktischen Klimas fertig werden. Wenn einer der regelmäßigen polaren Schneestürme losbrach, »glaubte man, der Weltuntergang sei gekommen«, erinnerte sich Stajner. »Es wurde finster, man sah nichts mehr ringsum und hörte nur das Heulen des Sturmes. Die Kälte war furchtbar, man glaubte, es würde einem das Gehirn einfrieren.«

Viele Sträflinge ließen vorsätzlich Hände oder Füße erfrieren, um ins Lazarett zu kommen; sie nahmen sogar das Risiko einer Amputation in Kauf. »Sehr beliebt«, war, wie Stajner berichtete, auch die Selbstverstümmelung. Das spielte sich so ab: »Ein Holzklotz wurde herbeigeschafft, der Henker stellte sich mit einem Beil in der Hand auf, und die Tapferen traten einer nach dem anderen vor, um sich zwei oder drei Finger abhacken zu lassen.« Die Lagerleitung ordnete an, daß solche Selbstverstümmler nicht mehr ins Lazarett gebracht werden durften, sondern an Ort und Stelle verbunden werden und weiterarbeiten mußten. Um aus dem

Lager wegzukommen, scheuten kriminelle Sträflinge nicht einmal vor Mord zurück; nach Aufdeckung der Tat wurden sie automatisch aus dem Lager ins Zentralgefängnis verlegt.

Die Stadt wuchs trotz allem. Stajner kam für einige Zeit nach Dudinka, wo er nur überlebte, weil er sich Kleinigkeiten von den im Hafen von Dieben abgezweigten Lebensmitteln zu beschaffen wußte. Als er wenige Jahre später nach Norilsk zurückkehrte, dehnten sich an der Stelle, wo früher nur eine kleine Metallgießerei gestanden hatte,

große Anlagen mit riesigen Schloten, Hallen, Werkstätten und Lagerhäusern aus. Ein dichtes Schienennetz überzog das ganze Gelände, aus allen Schloten qualmte Rauch. Auf Loren, von Lokomotiven gezogen, wurde die heiße Erzschlacke zur Halde transportiert. Auf den noch unverbauten Plätzen arbeiteten Gefangene mit den gleichen Werkzeugen wie seinerzeit meine Kameraden und ich an der Errichtung weiterer Betriebe, die noch mehr wertvolles Buntmetall liefern sollten. Ja, es wurde viel geschaffen. Wo aber sind die Erbauer dieses Riesenwerkes geblieben? Wo sind die Ondratschek, Kerosi, Feldmann und Tausende weiterer ausländischer Kommunisten, die gemeinsam mit Hunderttausenden Russen, Ukrainern, Usbeken, Georgiern und Angehörigen anderer Nationen all das aus dem Boden gestampft haben? Genießen sie jetzt die Früchte ihrer Arbeit? Nein, sie liegen in den Massengräbern von Norilsk, wohin ihnen die meisten der jetzt Arbeitenden nachfolgen werden.

Magnitogorsk und Norilsk sind nur Beispiele. Beim Aufbau der Sowjet-Wirtschaft waren überall Zwangsarbeiter am Werk, beim Straßenbau in der Mongolei, beim zweigleisigen Ausbau der Transsib, beim Bau der Stichbahn nach Ulan Bator, des Wasserkraftwerks von Ust-Kamenogorsk, des Hafens von Nachodka, bei der Verlegung der Ölpipelines von Sachalin zum Festland, beim Abbau der verschiedenen Erze und – nach 1950 – bei der Gewinnung radioaktiver Metalle in Tscheljabinsk, Swerdlowsk und Tura und bei der Grundsteinlegung für die sowjetische Nuklearindustrie.

Nicht alle Projekte waren sinnvoll: Der Versuch, eine parallel zur Nordmeerküste verlaufende Bahnlinie zu bauen, erwies sich als gigantische Fehlplanung. Von 1947 an wurden Hunderttausende Zwangsarbeiter, dazu ein riesiger Park mit technischer Ausrüstung, auf über 80 Baustellen mit angeschlossenen Lagern verteilt. Sie sollten eine Trasse von mehr als 3000 Kilometern Länge von Workuta durch endlose menschenleere Tundra nach Jakutsk bauen; geplant war schon eine weitere Bahnverbindung zwischen Igarka und Norilsk. Als nach Stalins Tod beide Projekte gestoppt wurden, waren nicht nur Dämme aufgeschüttet, sondern bereits Millionen Schwellen verlegt worden. Die Schwellen wurden wieder herausgerissen und über Tausende von Kilometern zu anderen Bahnbaustellen verfrachtet.

Die berüchtigtsten Lager gehörten zur Bauverwaltung Fernost; sie wurden im Winter 1931/32 vom NKWD errichtet und unter dem Namen Dalstroj-Komplex bekannt. Zu diesem Komplex gehörten 160 Lager, darunter zahlreiche Goldwaschanlagen im Kolyma-Becken. Die sowjetische Propaganda versuchte dieses Gebiet als »russisches Klondike« zu verherrlichen, doch in Wirklichkeit war es eine Hölle besonderer Art.

Bis zur Revolution hatte die Gegend als unbewohnbar gegolten, noch 1925 hatten dort nur 7580 Menschen gelebt. Bekannt vor allem durch erhebliche Glimmervorkommen, wurde das Gebiet erst wirklich interessant, als ein Offizier der Weißen, der sich jahrelang in der Taiga versteckt hatte, 1925 einige Klümpchen Platin fand. Zwei Jahre später entdeckten Prospektoren am Ufer des Aldan Gold; schon im selben Jahr begann die sowjetische Gold-Union mit der Ausbeutung der Vorkommen. 1938 ging die Gold-Union in der Bauverwaltung Fernost auf. Dieser vom NKWD kontrollierte Staatskonzern beherrschte schließlich das gesamte nordöstliche Sibirien östlich der Lena bis zur Tschuktschen-Halbinsel. Die Mehrzahl der Lager konzentrierte sich im Kolyma-Becken, das fast so groß ist wie die Ukraine.

Um Arbeitskräfte herbeischaffen und versorgen zu können, wurde die Fischersiedlung Nagajew – vermutlich der menschenfeindlichste Ort an der Ochotskischen Küste – zum Hauptumschlagplatz für das Kolyma-Becken gemacht. Auf einem Stück sumpfigen Schwemmlandes, umgeben von steilen Bergflanken mit teilweise überhängenden Felsklippen, entstand Magadan; die Hafenstadt wurde Operationsbasis des Dalstroj-Komplexes. Auf dem Weg dorthin durchliefen die Sträflinge die riesigen Durchgangslager an der Pazifikküste bei Wladiwostok, bei Nachodka oder bei Wanino. Ein Überlebender schilderte seine Ankunft in Wanino so:

Als wir auf dem riesigen Platz außerhalb des Lagers eintrafen, wurde ich Zeuge eines Schauspiels, das einer Filmproduktion von Cecil B. DeMille würdig gewesen wäre. Soweit das Auge reichte, Gefangene, die kolonnenweise in unterschiedliche Richtungen marschierten wie Armeen auf einem Schlachtfeld. Ein Heer von Sicherheitsbeamten, Soldaten und Funkern mit Feldtelefonen und Motorrädern hielt den Kontakt zum Hauptquartier und organisierte den reibungslosen Fluß dieser Menschenströme. Hunderttausende wirkten bei dem vor uns abrollenden Spektakel mit. Man sah endlose Kolonnen von Frauen, von Krüppeln, von alten Menschen und sogar von Jugendlichen, alle in militärischer Ordnung. In Fünferreihen marschierten sie, gesteuert durch Pfiffe oder Flaggen, über das riesige Gelände.

Zu Transportbataillonen zusammengefaßt, wurden bis zu 12 000 Gefangene in ein Frachtschiff geladen und unter so unbeschreiblichen Bedingungen auf die Reise geschickt, daß Andrej Sacharow mit Recht von den »Todesschiffen des Ochotskischen Meers« sprach. Auch Frauen ereilte dieses Schicksal: sie machten zehn bis 15 Prozent der Gulag-Bevölkerung aus. Michael Solomon, ein in die Sowjetunion verschleppter Rumäne, schilderte später, was er auf seiner Überfahrt nach Magadan erlebte:

Wir kletterten höchst mühsam eine steile, rutschige Holztreppe hinunter. Wir brauchten eine Weile, um uns an das trübe Licht des schmutzigen Unterdecks zu gewöhnen. Als unsere Augen sich angepaßt hatten, erblickte ich eine Szene, die sich weder Goya noch Gustave Doré je hätten ausdenken können. In der riesigen, höhlenartigen, düsteren Abteilung waren mehr als 2000 Frauen zusammengepfercht. Vom Boden bis zur Decke saßen sie in Käfigen wie in einer riesigen Geflügelfarm, jeweils fünf auf einer Fläche von weniger als einem Quadratmeter. Auch der Boden war mit Frauen bedeckt. Wegen der Hitze und der Feuchtigkeit hatten die meisten kaum etwas an, einige waren ganz nackt. Da jede Waschgelegenheit fehlte und eine grausame Temperatur herrschte, hatten sich auf ihren Körpern häßliche rote Flecken, Beulen und Blasen gebildet. Die Mehrzahl von ihnen litt an irgendeiner Hautkrankheit, dazu an Magenstörungen und Durchfall. An der Treppe, die wir heruntergekommen waren, stand

ein riesiges Faß. Auf dem Rand, voll im Blickfeld der Posten oben, saßen
Frauen wie Vögel – in den unglaublichsten Stellungen. Ohne Scham oder
Prüderie klammerten sie sich fest, um zu urinieren oder ihre Därme zu
entleeren. Man hatte den Eindruck, sie seien halb menschliche, halb vogel-
artige Kreaturen, die einer anderen Welt und einer anderen Zeit angehörten. Doch als sie einen Mann kommen sahen, lächelten viele, obwohl er
nur ein Häftling war wie sie. Einige versuchten sogar, sich zu kämmen.
Wer waren diese Frauen? Und woher stammten sie? Ich erfuhr bald, daß
man sie in ganz Rußland und in den von sowjetischen Truppen überrannten europäischen Ländern verhaftet hatte, meist wegen angeblicher Kolla-
boration mit dem Feind.

Kaum waren die Gefangenen nach acht- bis neuntägiger Seereise in Nagajew an
Land gegangen, wurden sie schon zur Arbeit beim Bau der Hafenanlagen und
der Straßen von Magadan eingeteilt. Ihre mageren Rationen Brot, Trockenfisch,
Suppe und heißes Wasser waren typische Gulag-Ware; mit bloßen Händen
mauerten sie Kais für Ozeandampfer, schlugen Schneisen für Straßen durch den
Fels, fällten Bäume, bauten Sägewerke, Ziegeleien, Trockendocks und ein Kraftwerk. Im Winter standen sie bei der Arbeit manchmal knietief im eisigen Wasser,
im Sommer machten ihnen die in Schwärmen auftretenden »entsetzlich fetten
Kolyma-Stechmücken« zu schaffen, die durch Pferdeleder hindurchstechen
konnten und aussahen »wie winzige Fledermäuse«. Die Häftlinge errichteten die
Wohnhäuser ihrer Unterdrücker, einen Zwinger für die Polizeihunde und für
die Soldaten Kasernen mit Doppelmauern, deren Zwischenräume zur Isolation
mit Sägespänen ausgestopft wurden. Zuletzt durften sie für sich selbst einfache
Bretterbaracken ohne jeden Kälteschutz bauen.

Während dieser Zeit trafen an der Mündung der Kolyma weitere Gefangene ein,
die auf dem Seeweg aus Archangelsk dorthin transportiert worden waren. Sie
wurden auf die Erzgruben verteilt und für den Bau einer Straße von der Kolyma-Mündung zu den Goldfeldern und weiter nach Magadan eingesetzt. Auf der
Tschuktschen-Halbinsel förderten Tausende Sträflinge Blei.

Da die Wissenschaftler das Gebiet Stück für Stück erkundeten, wurde das
Kolyma-Bergbaurevier ständig ausgeweitet – bis ins Tal der Jana. Als die Vorkommen über Tage erschöpft waren, wurden zur Erschließung Schächte vorangetrieben, zunächst nur einige Meter, später 50 Meter tief in den harten Felsbo-

den. Der gewonnene Goldstaub wurde in 20-Kilo-Säcke abgefüllt und in Holz-
kästen nach Moskau verfrachtet. Die Unmenschlichkeit des Lagerregimes wurde
zur alltäglichen Routine. Man schätzt, daß jedes Kilogramm Kolyma-Gold mit
einem Menschenleben bezahlt worden ist.

Der Hunger trieb die Gefangenen dazu, verwesende Tierkadaver ebenso zu
essen wie Schmierfett oder »Moos zu fressen wie die Tiere«. Sträflinge, die nicht
mehr in der Lage waren, selbst zur Arbeit zu gehen, wurden von ihren Gefährten
auf Schlitten mitgeschleppt. Wer zurückblieb, mußte damit rechnen, daß die
Bewacher ihn verprügelten und ihre Hunde auf ihn hetzten. Auch bei Temperaturen von 40 Grad unter Null war es den Häftlingen »untersagt, sich an einem
Feuer zu wärmen«. Eine Gefangene, die im Gefängnislazarett von Magadan als
Schwester arbeitete, berichtete später, der Chirurg sei regelmäßig die Reihe der
Kojen abgeschritten und habe reihenweise erfrorene Finger und Füße durch
einfaches Abschneiden amputiert. In manchen Lagern gab es überhaupt kein
ärztliches Personal; im Frauenlager von Elgen (das jakutische Wort steht für
»Tot«) reduzierte sich die fachliche Qualifikation des einzigen Sanitäters darauf,
daß er einmal als Assistent eines Tierarztes gearbeitet hatte.

1938 war die Häftlingsbevölkerung des Kolyma-Beckens auf eine halbe Million
angewachsen. Die Sterberate lag bei 25 Prozent, es mußten immer neue Häftlinge
herbeigeschafft werden, um die Produktion in Gang zu halten. Von den zwölf
bis 15 Millionen Todesopfern des Gulag entfiel, so wird geschätzt, ein rundes
Fünftel auf Kolyma. Eines der Lager, die sogenannte Serpentinnaja, wurde
ausschließlich für Massenerschießungen benutzt; allein 1938 wurden dort rund
28 000 Sträflinge umgebracht. Das waren, wie Solschenizyn feststellte, mehr
Hinrichtungen »als während des gesamten letzten Jahrhunderts der zaristischen
Herrschaft in ganz Rußland«.

Schlimmer noch als in den Arbeitslagern ging es in den sogenannten Besserungslagern für schwer erziehbare Fälle zu. In ihnen lag die jährliche Sterberate
bei über 30 Prozent. Es kursieren sogar Gerüchte über ein geheimnisvolles
Lager, dessen Insassen in Bergwerksstollen unter dem Boden des Nordpolar-
meers arbeiten und rund um die Uhr unter Tage bleiben mußten. »Kein Insasse
ist je lebend dort herausgekommen«, lautet ein Gerücht, »aber jeden Tag bringen
die großen Förderkörbe eine Reihe von Leichen nach oben.« Als im April 1990
ein für das Museum von Magadan tätiger Fotograf einen 1200 Kilometer nordwestlich der Stadt gelegenen Lagerstandort besuchte, fand er »zu Scheiben

zersägte Menschenschädel«. Er konnte sich nicht vorstellen, was es damit auf sich hatte.

Für die Sibirer war das europäische Rußland das ›Festland‹, für die Unglücklichen von Kolyma dagegen Sibirien. Aus dem Kolyma-Gebiet zu fliehen, war so gut wie unmöglich. Jedes Arbeitskommando wurde von Wächtern mit Wolfshunden eskortiert; wem es dennoch gelang, sich fortzuschleichen, der wurde zur Beute der tödlichen Taiga. Die meisten Lager des äußersten Nordostens waren von den nächstgelegenen Siedlungsgebieten durch breite Gürtel öden Sumpflandes getrennt, in denen allenfalls eingeborene Jäger vom Stamme der Tschuktschen, der Jakuten oder der Samojeden umherzogen. Sie pflegten, wie es alter Brauch war, Wanderer willkommen zu heißen, ihren grünen Tee mit ihnen zu teilen und ihnen einen Schlafplatz anzubieten – und dazu manchmal auch ihre Frauen. Doch die meisten dieser Eingeborenen hatten sich, um ihre Lebensbedingungen aufzubessern, in den Sold der sowjetischen Geheimpolizei begeben. Während die einen den aus der Wildnis aufgetauchten Flüchtling umsorgten, waren andere bereits als Kuriere zum nächsten Polizeiposten unterwegs.

1942 trafen bei der Lagerverwaltung Säcke mit Weizenmehl, Wurstkonserven und eine riesige neue Planierraupe ein; die Lieferung stammte aus den Vereinigten Staaten, die sich im Pacht-und-Leih-Abkommen zur Hilfe für die Russen verpflichtet hatten. Das Mehl und die Wurstkonserven verbesserten die Ernährungslage der Gefangenen kaum. Doch ein Faß des amerikanischen Schmierfetts für den Bulldozer wurde, wie sich der ehemalige Häftling Varlam Schalamow erinnerte, »sofort von einer Gruppe halbverhungerter Männer attackiert«: »Sie schlugen mit einem Stein den Faßboden heraus und labten sich an dem Fett.« Die erste Aufgabe für die amerikanische Planierraupe war die Aushebung eines Massengrabs.

So wurde Magadan bis Mitte der vierziger Jahre zu einer der Wunderstädte Sibiriens mit 70 000 Einwohnern. Stalinisten aller Schattierungen zeichneten für die Öffentlichkeit Bilder eines Lagerlebens, die der Wirklichkeit Hohn sprachen. Ein George Borodin schrieb 1944:

> Es besteht ein himmelweiter Unterschied zwischen dem Sträfling des Zarenregimes, der in den Bergwerken von Nertschinsk schuftete, und den sowjetischen Sträflingen, die zum Beispiel an der Dudinka-Norilsk-Eisenbahn im sibirischen Polargebiet arbeiten. Zunächst einmal ist die Tatsache,

daß sie sich an dieser Stelle der Erde befinden, ein reiner Zufall. Eine Verurteilung zieht nicht automatisch die Abschiebung nach Sibirien nach sich.

Die Delinquenten werden von einem der Gerichtshöfe Sowjetrußlands abgeurteilt – jener Gerichte im übrigen, die einem Harold Laski so viel Bewunderung abgenötigt haben. Sie werden dann dem einen oder anderen der gerade in Betrieb befindlichen Gefangenenlager zugeteilt. Wenn die Männer dort ankommen, erhalten sie Unterkunft, nicht in Zellen, sondern in Hütten oder Zelten – Unterkünfte, die weder schlechter noch besser sind als die der Arbeiter an irgendeiner anderen Pionierbaustelle. Von nun an muß der Sträfling seine Wahl treffen. Er hat ein Dach über dem Kopf, er wird verpflegt – eine tägliche Bauernration Suppe und Brot. Hier endet die Verantwortung des Staates, und alles hängt nun allein von ihm und seinen Gefährten ab. Überall um ihn herum wird gearbeitet. In den meisten Fällen ist es, da wir von Sibirien reden, Pioniertätigkeit, und es wird im Geiste eines Kreuzzugs gearbeitet. Die ganze Atmosphäre ist geladen von dem Drang, die Aufgabe zu bewältigen. Der Sträfling hat die Wahl: Er kann den Tag verschlafen, faulenzen und seine spärliche Ration verzehren. Er kann sogar um ein wenig zusätzliche Nahrung betteln, wenn ihm danach zumute ist. Aber – und das ist der springende Punkt – er kann sich auch den Arbeitern anschließen. Es wird kein direkter Druck auf ihn ausgeübt, man versucht lediglich, ihm vor Augen zu führen, daß Arbeit besser ist als Verbrechen, und der stärkere Druck geht von den Mithäftlingen aus, die sich schon freiwillig zur Arbeit gemeldet haben. Es wird ihnen keine Arbeitszeit vorgeschrieben. Sie können, wenn sie wollen, nur eine Stunde täglich arbeiten oder vier oder fünf Stunden die Woche. Nach und nach arbeiten sie immer länger, verdienen mehr Geld und werden nützliche Mitbürger. Dann wirken sie wiederum in diesem Sinn auf die Neuankömmlinge ein. Und so setzt sich die Geschichte immer weiter fort. Obwohl die Männer aus freien Stücken arbeiten, stehen sie natürlich unter der Bewachung von ›Administratoren‹, deren Aufgabe eher der des Missionars ähnelt als der des Gefängnisdirektors. Sie achten darauf, daß keine unerwünschten Dinge vorfallen. Die Siedlungen selbst sind ebenfalls bewacht. Jede ist von einem Stacheldrahtzaun umgeben, da und dort gibt es Wachposten. Aber diese Vorkehrungen bedeuten keineswegs einen Abschluß von der Außenwelt. Der Drahtzaun ist keine Sperre zwischen den Gefangenen und den Menschen draußen, wie eine Gefängnismauer es ist. Im Gegenteil, an mehreren Stellen befinden sich Durchlässe im Drahtzaun; Bürger aus der Umgegend, die die Siedlung betreten wollen, können sich darin frei bewegen. Die ganze Anlage erinnerte mich an die Zäune und Tore um die Felder eines englischen Farmers.

Hatte dieser Autor keine Ahnung, was in den Lagern wirklich los war? – Stalin tat alles, um die Wahrheit über das Gulag-System nicht nach draußen dringen zu lassen. Die deutschen Nazis jedenfalls haben die Wahrheit gekannt. Sie orientierten sich beim Aufbau ihrer Konzentrationslager an sowjetischen Beispielen; und wenn Hitler erklärte, er habe von den Sowjets eine Menge gelernt, läßt sich unschwer erraten, worauf er anspielte.

Listen und Karten der Lagerkomplexe wurden, wie Robert Conquest feststellte, schon 1937 publiziert. Bis Mitte der vierziger Jahre hatten zahlreiche Entflohene, NKWD-Überläufer und freigelassene Kriegsgefangene in Artikeln, Briefen und Büchern so ausführlich über ihre Erlebnisse berichtet, daß 1947 eine umfassende Bestandsaufnahme des gesamten Gulag-Systems erstellt werden konnte. Das hinderte den US-Vizepräsidenten Henry Wallace und Professor Owen Lattimore als Vertreter des amerikanischen Kriegsinformationsamts allerdings nicht daran, bei einem Besuch Magadans im Jahr 1944 viel Lobenswertes zu entdecken. Wallace beschrieb die Bergleute der Kolyma-Goldminen als »große, zähe junge Männer«, als »Pioniere des Maschinenzeitalters, Erbauer von Städten«. Er verglich Dalstroj mit der Hudson Bay Company und der Tennessee Valley Authority. Einen Lagerkommandanten, der ein sowjetisches Gegenstück zu Adolf Eichmann war, charakterisierte Wallace als »einen sehr feinen Mann, sehr tüchtig und im Umgang mit Menschen sanftmütig und verständnisvoll«. Lattimore zeigte sich beeindruckt von den Gewächshäusern, die man ihm zeigte. »Darin wurden Tomaten, Gurken und sogar Melonen angebaut, um die Versorgung der Bergleute mit Vitaminen sicherzustellen«. Natürlich war alles, was die beiden Amerikaner zu sehen bekamen, inszeniert. Sie besuchten kein einziges echtes Lager; auf der Farm, die sie besichtigten, wurden, wie Conquest schreibt, die Schweine von »Hirtenmädchen gehütet, die in Wirklichkeit Bürokräfte des NKWD waren«. Als vor dem Plenum der Vereinten Nationen die Lage der Sträflinge in der Sowjetunion zur Sprache kam, erklärte der Stellvertreter

Premierminister Anastas Mikojan unverfroren, »es gebe in Rußland keine Lager, und den Inhaftierten in Rußland gehe es so gut, daß die englischen und amerikanischen Arbeiter sie beneiden könnten«.

Boris Pasternak hat einmal die Vermutung geäußert, der Zweite Weltkrieg sei für das sowjetische Volk zu Beginn fast so etwas wie ein frischer Luftzug gewesen – verglichen mit der Unmenschlichkeit und Verlogenheit das Stalinschen Gewaltregimes in den Jahren des Friedens. Die Deutschen waren am 22. Juni 1941 in die Sowjetunion eingefallen und in drei Keilen zügig vorgestoßen: über Minsk und Smolensk geradewegs Richtung Moskau, im Norden durch die baltischen Staaten in Richtung Leningrad, im Süden durch die Ukraine in Richtung Kiew.

In aller Eile wurden in nur fünf Monaten 322 große Industriebetriebe des Donez-Beckens abgebaut und ins westliche Sibirien verlegt, um zu verhindern, daß sie in deutsche Hände fielen. Hunderttausende Facharbeiter gingen mit auf die Reise und verwandelten das Kusnezker Becken in eine Rüstungsschmiede für die sowjetische Armee. Omsk, Nowossibirsk und viele andere Städte wurden zu wichtigen Industriezentren. Sie produzierten Flugzeuge, Panzer, Traktoren, Treibstoffe und Feuerwaffen, Ersatzteile und Nachschubgüter. 1945 kamen 21 Prozent des in der Sowjetunion erzeugten Stahls, 18 Prozent des Gußeisens und 32 Prozent der Kohle aus Sibirien.

Auch die Ostfront Rußlands wurde in großer Eile ausgebaut. In Vorahnung eines Krieges gegen Japan zwischen 1937 und 1940 hatte Stalin die Industrieproduktion seiner östlichen Provinzen verdoppeln und 40 Divisionen in Russisch-Fernost aufmarschieren lassen. Stalin war überzeugt, daß die Niederlage seines Landes im Russisch-Japanischen Krieg »tiefe Spuren im Gedächtnis unseres Volkes« hinterlassen habe. »Es war ein dunkler Schatten auf unserem Land. Unsere Menschen vertrauten und warteten auf den Tag, an dem Japan geschlagen und der dunkle Schatten weggefegt würde.« Nicht nur das Zarenreich, auch die Sowjetunion hatte von japanischer Seite tiefe Demütigungen hinnehmen müssen: Im September 1931 hatten die Japaner die Mandschurei besetzt und, erweitert durch einige andere chinesische Gebiete, den Marionettenstaat Mandschukuo errichtet. Rußland mußte die Chinesische Ostbahn aus der Hand geben, doch Stalin hatte die feste Absicht, sie sich zurückzuholen. Auch andere strittige Gebiete standen auf seiner Liste. Ende 1944 berichtete der damalige US-Botschafter in Rußland, Averell Harriman, in einer Geheimdepesche an

Präsident Roosevelt über eine Unterredung, die er mit Stalin am Abend des
14. Dezember gehabt hatte:

> [Stalin] ging ins Nebenzimmer und holte eine Landkarte. Er sagte, die
> Kurilen-Inseln und das südliche Sachalin beherrschten die Zufahrten nach
> Wladiwostok. Die Russen hätten ein Recht, ihre Verkehrsverbindungen zu
> diesem wichtigen Hafen zu schützen, doch derzeit seien ›alle Ausgänge
> zum Pazifik vom Feind blockiert‹. Er zeichnete einen Kreis um den südli-
> chen Teil der Halbinsel Liaotung, einschließlich Port Arthur und Darien
> (Dalny) und sagte, Rußland wünsche diese Häfen und das umliegende
> Gebiet wieder zu pachten. Stalin erklärte des weiteren, er wünsche die
> Chinesische Ostbahn zu pachten.

Als sich 1945 die Niederlage Japans abzeichnete, sah Stalin seine Chance. Kurz
vor Kriegsende ließ er die Mandschurei besetzen, zahlreiche Gefangene machen
und Rohstoffe und japanische Industrieausrüstungen im Wert von Millionen
Dollar beschlagnahmen. Die Russen holten sich die Südhälfte Sachalins und die
vier Kurileninseln Habomai, Shikotan, Kunashiri und Etorofu zurück. Nach der
bedingungslosen Kapitulation Japans am 2. September 1945 schloß Moskau ein
Abkommen mit der nationalchinesischen Regierung Tschiang Kai-scheks, das
der russischen Seite praktisch die Kontrolle über die Chinesische Ostbahn, über
Port Arthur und Darien einräumte. (Nach der Machtübernahme der chinesischen Kommunisten gaben die Sowjets diese Erwerbungen allerdings an ihre
chinesischen Genossen zurück.)

Zu keinem Zeitpunkt des Zweiten Weltkriegs wurde Sibirien selbst zum Kriegs-
schauplatz. Hin und wieder tauchte ein deutscher Kreuzer vor der Nordmeerküste auf und beschoß alliierte Nachschubdepots auf Nowaja Semlja. Die Lieferungen im Rahmen des Pacht-und-Leih-Abkommens liefen teilweise über
Sibirien; zwischen 1942 und 1945 arbeiteten sowjetische und amerikanische
Piloten Hand in Hand, um amerikanische Militärflugzeuge aus Alaska über
Sibirien zu ihren Einsatzorten an der Front gegen Deutschland zu bringen.
Dutzende von Grabsteinen entlang der Flugroute vom Yukon zum Jenissej
künden in russischer und englischer Sprache von den Namen der Flieger, die
dabei ihr Leben ließen.

Es gab einen deutschen Plan für einen Angriff auf Sibirien. Er hieß »Operation

Wunderland« und sah vor, daß ein deutsches Schlachtschiff ein Truppenkontingent auf der Dikson-Insel in der Jenissej-Mündung an Land setzen sollte; Kommandoeinheiten sollten dann die umliegenden Garnisonen überrumpeln, das Kraftwerk zerstören und Anmarschwege für eine Invasion hinter den sowjetischen Linien erkunden. 1942 kreuzte denn auch das Schlachtschiff *Admiral Scheer* vor dem arktischen Außenposten auf und visierte ihn mit seinen 28 Kanonen an; zum Entsetzen der Deutschen konnten die Russen mit Hilfe ihrer Küstenartillerie und der leichten Geschütze des Kreuzers *Deschnew* den Angriff abschlagen.

Während des Krieges wurde niemand aus den Lagern Stalins entlassen; eine für die Nachkriegszeit versprochene Amnestie wurde nur kriminellen Sträflingen gewährt. Die Politischen blieben in Haft. 1948 ordnete Stalin sogar die erneute Festnahme aller entlassenen politischen Häftlinge an. Trotz der immensen Größe Sibiriens – noch 1936 wurde eine bis dahin unbekannte Bergkette entdeckt – schien es unmöglich, irgendwo vor der Geheimpolizei Stalins sicher zu sein. Das Schicksal einer kleinen, fleißigen Baptistengemeinde, die erstmals 1907 auf Befehl des Zaren nach Sibirien verbannt worden war, ist ein Beispiel hierfür. Die von Nikifor geleitete Gemeinde hatte sich in der Nähe von Atschinsk niedergelassen, wo sie Ackerbau und Viehzucht betrieb, ihre Religion ausübte und das Glück hatte, den Ersten Weltkrieg, die Revolution und den Bürgerkrieg unversehrt zu überstehen. 1929 wurden sie, wie Stajner erfuhr, mit der Kollektivierung konfrontiert.»Auch damit hätten sie sich abgefunden, denn sie wirtschafteten ohnehin gemeinsam. Als aber eines Tages ein Agitator im Dorf erschien und davon zu sprechen begann, welches Gift die Religion doch sei, entstand Unruhe. Und als ihr Bethaus in einen Club (den niemand besuchte) umgewandelt wurde, beschlossen die Bauern, von Haus und Hof fortzuziehen. Nach sorgfältiger Vorbereitung brach die Gemeinde, 200 Männer, Frauen und Kinder, mit ihrem Vieh und einem Teil der Gerätschaften auf. Sie gingen tief in den Urwald hinein.« Fast ohne Ruhepause marschierten sie zehn Tage lang und erreichten schließlich eine Wiese an einem Fluß, wo sie ein neues Dorf zu errichten begannen. Der Not gehorchend, mußten sie improvisieren. So fertigten sie Bindfäden aus Haaren und Nadeln aus Knochen an, fanden ein Kraut, das als Ersatz für Salz dienen konnte, verbrannten in ihren Lampen Harz und machten sich Kleider aus Tierfellen. Über zwanzig Jahre lang lebte und gedieh diese Baptistengemeinde in völliger Abgeschlossenheit von der Welt. Vom Zweiten Weltkrieg erfuhren sie erst sechs Jahre nach dessen Ende. Nikifor:

Eines Tages im Winter 1951 begannen unsere Hunde ungewöhnlich heftig zu bellen. Wir erschraken, denn wir ahnten, daß es nicht wegen der wilden Tiere sein konnte, die sich manchmal bis in die Nähe unserer Siedlung vorwagten. Dann verstummte das Gebell, und wir beruhigten uns wieder. Eine Woche später, als wir gerade im Bethaus waren, bellten die Hunde abermals wie toll. Einige Leute kamen ins Bethaus gestürzt, so erschrokken, daß sie kein Wort herausbrachten, sie deuteten nur mit den Händen zur Tür hinaus. Draußen hielt eine Abteilung Soldaten auf Skiern. Eine Weile standen wir einander wortlos gegenüber. Mit mir waren noch vier Männer und meine einzige Tochter. Einer der Uniformierten trat zu uns heran und fragte, wer hier der Führer sei. Ich antwortete, wir hätten keinen Führer, sondern seien alle gleich, für uns gebe es nur einen Führer, das sei Gott. Bei diesen Worten lachten die Soldaten laut auf.

Die Baptisten wurden drei Wochen lang unter der Beschuldigung verhört, über Funk mit amerikanischen Agenten Kontakt gehabt zu haben – obwohl bei ihnen keine Funkgeräte gefunden worden waren. Dann wurde die Gruppe geschlossen nach Atschinsk überführt und zu 25 Jahren Zwangsarbeit verurteilt. Die Kinder wurden ihnen weggenommen und in Sonderlager gebracht.

Zu den bizarrsten Experimenten Stalins gehörte die Ausweisung eines »Jüdischen Autonomen Gebiets« im Fernen Osten Sibiriens im Jahr 1934: Birobidschan, wie der Bezirk nach seiner Verwaltungshauptstadt an der Bira, einem Nebenfluß des Amur, genannt wurde, sollte eine »nationale Heimstätte« der Juden werden und vor allem unternehmungslustige junge Bewohner der seit der Zarenzeit bestehenden jüdischen Rayons im europäischen Rußland anziehen. Eine Zeitlang hatte Stalin mit der Idee gespielt, den Juden die Krim als Heimstätte zu geben – dahinter stand der Plan, das Volk der Krimtataren zu zerschlagen. Tatsächlich wurden auf der Krim einige jüdische Agrargemeinden angesiedelt, doch die Tataren wehrten sich dagegen; so fiel Stalins Wahl auf ein sibirisches Areal, das doppelt so groß wie Palästina war. Das Klima dort war freilich streng, das Gebiet in jeder Beziehung Welten vom biblischen Judäa entfernt. Dennoch forderte eine massive staatliche Propaganda begeisterungsfähige junge Juden auf, in dieses Gebiet umzusiedeln und dort ein eigenes Staatswesen aufzubauen – natürlich nicht nach religiösen, sondern nach kommunistischen Prinzipien. Die meisten Juden durchschauten Stalins Versuch, einen möglichst großen Teil der jüdischen Gemeinde Rußlands in eine freiwillige sibirische Verbannung zu locken. Dennoch machten sich 7000 Unbeirrbare auf den Weg. Bei ihrer Ankunft fanden sie ein kleines Eisenbahndepot abseits der Transsib-Strecke vor, ein paar Holzhütten und Sümpfe. Keine Straße verband diesen Ort mit der übrigen Welt.

Unter großen Mühen bauten die Siedler dennoch eine kleine Stadt auf, versorgten sich mit Strom, errichteten Werkstätten für Textilien, Bekleidung und Fertighäuser, pflanzten auf einigen dem Sumpf abgerungenen Feldern Hafer, Buchweizen und Reis und begannen auch mit der Ausbeutung vorhandener Bodenschätze. Trotz dieser Fortschritte kam nie eine breite jüdische Wanderungsbewegung in Gang. Die jüdischen Pioniere wurden nach kurzer Zeit zu einer Minderheit in ihrem eigenen ›Staat‹. Birobidschan blieb, wie ein sowjetischer Historiker einräumen mußte, »eine sterile politische Idee ohne jede wirtschaftliche oder emotionale Anziehungskraft auf das sowjetische Judentum«.

Da die Juden nicht willens waren, sich selbst zu »konzentrieren«, griff Stalin wieder zur Gewalt. Die von ihm inszenierte »Ärzteverschwörung« von 1953 lieferte den Vorwand für eine neue Säuberung. Stalins Mitstreiter behaupteten, eine Reihe hochrangiger Ärzte, in der Mehrzahl Juden, hätten 1948 den Chef der Leningrader Parteiorganisation, Andrej Schdanow, umgebracht und anschließend die Ermordung weiterer Partei- und Staatsführer, darunter auch Stalins, geplant. Um die Juden vor dem Volkszorn zu retten, wie die Behörden erklärten, bereiteten sie nach dem Ärzteprozeß eine massenhafte Umsiedlung von Juden in sibirische ›Reservate‹ vor. Tatsächlich war aber schon zwei Jahre vorher ein antijüdisches Programm angelaufen, das, wie Stajner als Betroffener schrieb, nur dem Zweck diente, »das zu vollenden, was Hitler begonnen hatte«. 1951 waren 50 000 Juden an die Lena deportiert worden, im Frühjahr 1952 kamen in Tajschet die ersten »Judentransporte« an. Die »Ärzteverschwörung« war dann das Signal für offene Diskriminierung und Pogrome. Juden wurden aus Behörden und Fabriken entlassen, von Universitäten und Berufsschulen verwiesen, als »Zionisten«, »Terroristen« und »amerikanische Agenten« eingesperrt. Nur der Tod Stalins im März 1953 bewahrte sie vor noch Schlimmerem.

Stalin, der sich von seinen Propagandisten als Freund der Künste feiern ließ, haßte Dichter noch mehr als Juden oder Baptisten und setzte seinen Terrorapparat, wie Ossip Mandelstam schrieb, zur Zerstörung, »nicht nur der Menschen, sondern des Geistes selbst« ein.

Der Ex-Ehemann von Anna Achmatowa, der Dichter Nikolai Gumiljew, wurde im August 1921 als Konterrevolutionär erschossen; der Leningrader Dichter Nikolai Sabolotskij, der im März 1938 verhaftet wurde, endete nach qualvollen Zwischenspielen als Zwangsarbeiter in Komsomolsk am Amur; der Theaterindant Meyerhold wurde verhaftet, gefoltert und am 2. Februar 1940 erschossen; seine Frau fand man später in ihrer Wohnung, brutal abgeschlachtet – ihre Mörder hatten ihr die Augen herausgeschnitten. Die Dichterin Marina Zwetajewa verlor durch den Stalinschen Terror ihren Mann und ihre Tochter und nahm sich im August 1941 das Leben.

Gegen Ossip Mandelstam hatte schon lange der Verdacht der »inneren Emigration« bestanden, als er 1934 wegen eines stalinkritischen Epigramms verhaftet wurde. Nach scharfen Verhören wurde er zu dreijähriger Verbannung nach Tscherdyn, einem Provinznest im Ural, verurteilt. Dort erlitt er einen Nervenzusammenbruch und versuchte Selbstmord zu begehen. Man erlaubte ihm daraufhin, den Rest seiner Verbannungsstrafe in dem weniger unwirtlichen Woronesch am Don zu verbringen. Nach seiner Rückkehr nach Moskau im Mai 1937 wurde er erneut verhaftet und zu fünf Jahren Zwangsarbeit im Fernen Osten verurteilt. Am 27. Dezember 1938 starb Mandelstam, halb wahnsinnig, in einem Durchgangslager bei Wladiwostok und wurde in einem anonymen Grab verscharrt.

Weniger bekannt ist das Schicksal des ukrainischen Dichters Michailo Dray-Chmara. Der am 10. Oktober 1889 in Kiew Geborene hatte an der Universität von St. Petersburg studiert und war in den Bann Alexander Bloks und Ossip Mandelstams geraten, deren Dichtungen ihm ein Gefühl dafür vermittelten, was eine eigenständige ukrainische Literatur leisten könnte. 1917 nach Kiew zurückgekehrt, lehrte er an der ersten allukrainischen Universität Philologie und übersetzte – er beherrschte neunzehn Sprachen – eine Reihe klassischer Werke in seine Muttersprache. »Wie Yeats in Irland«, hieß es nach seinem Tode in einem Nachruf, »strebte er danach, eine Poesie zu schaffen, die frei von Propaganda und nationaler Selbstbeweihräucherung sein sollte.«

Ein solcher Mann konnte unter Stalin nicht lange frei sein. Im Februar 1933 wurde Dray-Chmara wegen konterrevolutionärer Betätigung verhaftet. Man ließ ihn wieder frei, verwies ihn jedoch von der Universität und erteilte ihm

Veröffentlichungsverbot. Zweieinhalb Jahre später, am 4. September 1935, wurde er wiederum verhaftet, von gedungenen NKWD-Zeugen belastet und zu fünf Jahren Zwangsarbeit in Sibirien verurteilt. Ein Vorwurf der Anklage lautete, er habe Briefe aus dem Ausland erhalten – man hatte in seiner Wohnung eine Postkarte mit einer bulgarischen Briefmarke gefunden. Als Dray-Chmara darauf hinwies, daß die Karte laut Poststempel 1912 geschrieben worden sei, als es noch keine Sowjetregierung gegeben habe, erhielt er zur Antwort: »Es kommt gar nicht darauf an, ob es sie gab oder nicht; Tatsache ist und bleibt, daß Sie mit unserem Feind Bulgarien korrespondiert haben.«

Unter den wenigen persönlichen Habseligkeiten, die er in die Verbannung mitnehmen konnte, befand sich seine unvollendete Übersetzung von Dantes *Inferno.*

Fast alle Erlebnisberichte aus dem Gulag stammen von Überlebenden. Dray-Chmara überlebte zwar nicht, doch sind überraschend viele Briefe erhalten; sie sind erst vor kurzem gefunden worden.

»Meine Teuersten und Geliebten«, schrieb er am 27. Mai 1936 an seine Frau und seine Tochter, »Anfang Juni werde ich wahrscheinlich in Wladiwostok sein. Aus Wladiwostok werde ich Euch schreiben. Ich werde in einem Konvoi mit rund 1500 Gefangenen reisen. Zweimal täglich erhalten wir heißes Wasser. Auf dem Weg nach Mariinsk (vor Krasnojarsk) war ich in einem ›Stolypin-Waggon‹ (einem für den Transport von Gefangenen umgebauten Güterwaggon), wo es zum Essen nur trockene Rationen gab. Ich habe genug Zucker, um bis Wladiwostok damit auszukommen. In Nowossibirsk kaufte ich für fünf Rubel ein Kilogramm Fett.«

Im Kolyma-Revier angekommen, machte er das Beste aus seiner Lage. »In Kolyma zählt ein Jahr für zwei. Ich hoffe deshalb, früher freizukommen«, schrieb er am 2. Juni 1936; einige Monate später bat er seine Frau, ihm nur »Speck, Knoblauch und Trockenobst« zu schicken. Er mußte im Bergwerk schuften, knietief im eiskalten Wasser stehend Gold waschen und mit Holzfällerkommandos ausrücken. Er besorgte sich aus beschlagnahmten Buchbeständen Werke von Dickens, Balzac und Shakespeare und begann, im Selbststudium Englisch zu lernen. Die Kälte verharmloste er: »Die Temperaturen erreichen jetzt minus 45 Grad, aber die spüre ich nicht; sie sind dasselbe wie minus 15 Grad in Kiew. Das liegt an der Windstille und am Festlandsklima.« Nachts schlief er auf einer mit Sägespänen gefüllten Matratze und einem mit Gras ausgestopften Kissen. »Aber nach der Arbeit«, schrieb er,»schläft man schnell ein und merkt nicht, ob das Bett weich oder hart ist.«

Bei seiner Ankunft im Lager war Dray-Chmara noch bei relativ robuster Gesundheit. Nach einem Jahr mehrten sich die Anzeichen des körperlichen Verfalls. Ein Vorderzahn hatte sich gelockert, auf seinem Gesicht hatten sich Geschwüre gebildet, er verlor Gewicht. Um dem Skorbut vorzubeugen, trank er regelmäßig einen aus den Nadeln eines immergrünen Strauchgewächses gebrühten Tee, der angeblich viel Vitamin C enthielt. Im Frühjahr 1938 berichtete er:»Meine Brust – das ist nur noch Haut und Knochen. Alle meine Rippen sind sichtbar. Die Adern auf meinen Händen und Füßen sind geschwollen wie bei alten Leuten, wie die meiner Großmutter, über die ich mich als Kind wunderte. Manchmal, besonders nach dem Mittagessen, kann ich mich kaum mehr zur Arbeit aufraffen, wenn ich daran denke, wie ich den Bergmannspickel oder die Schaufel schwingen soll. Aber dann, wenn ich diese Schwäche überwinde und mir einen Ruck gebe, schaffe ich es doch.«

In dieser Zeit bestand seine tägliche Essensration lediglich aus 400 Gramm Brot, 50 Gramm Fisch und einem Löffel Wassersuppe.»Ich träume oft von wohlschmeckenden Dingen und denke zumeist ans Essen. Früher beschäftigten mich philosophische Fragen, jetzt – mein Magen.« Manchmal erinnerte er sich in liebevoller Ausführlichkeit an seine Lieblingsspeisen; ihre bloße Beschreibung verschaffte ihm eine Art Gaumenfreude. Im Juni 1938 waren seine Beine so angeschwollen, daß er in ärztliche Behandlung kam. Die Therapie bestand darin, daß man ihn an den Beinen aufhängte. Im Herbst hatten sich infolge des Skorbuts Blasen an seinen Händen und Beinen gebildet und – durch einen Sturz von einem Lastwagen – ein Tumor über der Hüfte; außerdem litt er an»Sodbrennen und Übelkeit«. Seine Frau und Tochter waren unterdessen aus ihrer Wohnung in Kiew ausgewiesen und in eine Kleinstadt in der Baschkirischen Republik verbannt worden. Seine Frau klagte über ihre Lage; er versuchte sie in einem seiner letzten Briefe zu trösten:

Etwas, was ich nicht verstehe, ist, warum Du Dich so quälst. Würde ich mich zusätzlich zu der schweren körperlichen Arbeit, die ich tun muß, so quälen und ›furchtbar leiden‹, wie Du Dich ausdrückst, so wäre das mein Ende. Angst kann einen stärker machen, aber nur wenn man sich bemüht, sie zu beherrschen, sich über sie zu erheben, wenn man nicht zuläßt, daß sie von der Seele Besitz ergreift. Mache Dich von dieser Melancholie frei, vergiß das Wort ›Leiden‹.

Michailo Dray-Chmara starb im Winter 1938/39. Seine Witwe tat ihr Bestes, um möglichst viele seiner Gedichte und Briefe für die Nachwelt zu bewahren. Doch eines Nachts brachen Tataren in ihr Häuschen ein. Sie stahlen die Manuskriptblätter und schnitten sich daraus Zigarettenpapier.

17

HORIZONTE

För Lenin war das Zarenreich ein »Völkergefängnis«; in der »Deklaration der Rechte der Völker Rußlands«, die er gemeinsam mit Stalin im November 1917 unterzeichnete, bekannte er sich daher zu den Grundsätzen der Gleichheit und der ungehinderten kulturellen und politischen Entwicklung aller in den Grenzen Rußlands lebenden Völkerschaften.

Bis zum Ende des Bürgerkriegs folgte diesen hehren Worte keine Tat. Weder Lenin noch Stalin lösten ihre Versprechen ein.

1924 wurde ein Hilfskomitee für die Völker des Nordens eingerichtet, das die materiellen Lebensbedingungen der Eingeborenen verbessern sollte. Sechs Jahre später wurde die Verwaltungsstruktur Sibiriens im Rahmen seiner Integration in die Russische Sozialistische Föderative Sowjetrepublik (RSFSR) reorganisiert. Am 10. Dezember 1930 schuf die Sowjetmacht zusätzlich zu den beiden bereits bestehenden Autonomen Sowjetrepubliken der Jakuten und Burjaten (gegründet 1922 und 1923) sechs nationale Regionen, zum Beispiel für die Korjaken, die Nenzen (Samojeden) und die Tschuktschen. Die Autonomen Republiken hatten eine enorme Ausdehnung: die jakutische umfaßte ein arktisches und subarktisches Territorium von der Größe Indiens, die burjatische mit ihrer Hauptstadt Ulan Ude (dem früheren Werchne-Udinsk) war eineinhalbmal so groß wie Großbritannien. Die Namen der Republiken erweckten zwar den Eindruck der Eigenständigkeit der eingeborenen Völker, die Wirklichkeit aber sah anders aus. Fortschritte gab es in der medizinischen Versorgung und im Bildungswesen.

Doch das Versprechen, Schulbücher in allen Eingeborenensprachen erarbeiten zu lassen, wurde nicht eingehalten. 1936 wurde das kyrillische Alphabet für verbindlich erklärt; das führte zu einer Konzentration auf das Russische und zu einer Vernachlässigung der Muttersprachen. Schamanen und Stammesoberhäupter wurden unter dem Vorwand, sie seien Kulaken, verhaftet und deportiert. Die Moscheen der Tataren wurden geschlossen, die Tempel der Burjaten bis auf einen einzigen zerstört. Die Regierung war zunächst davon ausgegangen, daß die Eingeborenen sich wegen des bei ihnen herrschenden »Urkommunismus« verhältnismäßig leicht an moderne kommunistische Formen des Wirtschaftens gewöhnen würden. Das stellte sich als falsch heraus. Die Burjaten und die Samojeden, die als Nomaden lebten, galten wie viele andere Minderheiten bald als »Träger einer falschen Ideologie«. Das änderte sich erst, als Stalin nach dem deutschen Überfall den Großen Vaterländischen Krieg ausrief. Jeder fünfte Angehörige der Eingeborenenbevölkerung wurde an die Front geschickt. Es gab eine von Burjaten und Mongolen gestellte Kavalleriedivision, Sibirer zeichneten sich als Scharfschützen und Pfadfinder aus, und sibirische Infanteristen spielten eine wichtige Rolle bei der Verteidigung Moskaus und in der Schlacht um Stalingrad. Vor allem die Jakuten erwiesen sich als kampf- und nervenstark selbst unter härtesten Bedingungen.

Nach dem Tod Stalins 1953 kamen im Rahmen einer Amnestie zahlreiche Sträflinge auf freien Fuß – nach Schätzungen rund acht von den zwölf Millionen, die zu diesem Zeitpunkt in den Lagern waren. Bei den meisten Begnadigten aber handelte es sich um gewöhnliche Kriminelle. Allein in den Lagern des Kolyma-Magadan-Komplexes befanden sich 1956 noch mehr als eine Million politische Sträflinge. 1958 wurden die Besserungslager offiziell abgeschafft; doch die Arbeitslager blieben in modifizierter Form Bestandteil des sowjetischen Strafvollzugs. Im Mai 1961 wurde unter Chruschtschow eine Verordnung über das »Parasitentum« verabschiedet: Jeder, der länger als einen Monat keinen ordentlichen Beruf ausgeübt hatte, konnte für die Dauer von zwei bis fünf Jahren in eines der traditionellen russischen Verbannungsgebiete verwiesen und zu körperlicher Arbeit gezwungen werden. »Diese Strafbestimmung«, kommentierte ein Autor, »sollte offensichtlich mehrere Fliegen mit einer Klappe schlagen: Arbeitslosigkeit beseitigen, Arbeitskräfte in die entlegenen Gebiete bringen und die Großstädte von ›antisozialen Elementen‹ säubern.« Die Parasiten-Verordnung bot zugleich eine praktische Handhabe, um mit unbequemen Intellektuellen fertig zu werden. Die in der Verordnung liegenden Möglichkeiten zu willkürlicher Machtausübung wurden jedoch nicht mehr mit so unbarmherziger Konsequenz genutzt wie früher.

Noch bis zur Auflösung der Sowjetunion aber wurden immer wieder Dissidenten verbannt; unter Gorbatschow wurden in den Großstädten Betrunkene und Herumtreiber bei Razzien aufgegriffen, in Verfahren ohne Verteidiger und ohne Beweisaufnahme verurteilt und in Lager eingewiesen. Dennoch gehört es zu den Großtaten Gorbatschows, daß er im August 1990 in einem Erlaß die Rechte aller noch nicht rehabilitierten Opfer des Stalinschen Unterdrückungssystems wiederherstellte. In Workuta, Swerdlowsk, Magadan und vielen anderen Orten ist die Errichtung großer Mahnmale für die Opfer der Straflager geplant; das aber, so Solschenizyn, bedeutet noch längst nicht, daß»das Phänomen des Gulag rechtlich oder moralisch überwunden« wäre.

Nach Ende des Zweiten Weltkriegs konzentrierte sich der Wiederaufbau der Sowjetunion anfänglich auf das europäische Rußland und die Ukraine. Einige der nach Sibirien verlegten Industrien kehrten mitsamt ihrer Arbeiterschaft an ihre ursprünglichen Standorte zurück, was für Städte wie Omsk und Nowossibirsk einen schweren, wenn auch nur vorübergehenden Rückschlag bedeutete. Da nach dem Tod Stalins 1953 die Zwangsarbeit als Institution stark eingeschränkt wurde, mußte Sibirien seine Wirtschaft nun auf freie Arbeiter stützen. Dies führte zu einer neuen Arbeitsteilung: das europäische Rußland wurde wieder, wie schon früher, zum Standort arbeitsintensiver Industrie; in Sibirien blieben die Branchen ansässig, die einen hohen Energie- und Rohstoffbedarf hatten. Geplant wurde die Entwicklung regionaler, ressourcenintensiver Industriezentren (nach dem Vorbild des Ural-Kusnezk-Reviers). Unter Stalin hatte die Eisen- und Stahlindustrie im Ural und im westlichen Sibirien eine starke Ausdehnung erlebt; im Verlauf des Krieges waren zusätzliche Produktionskapazitäten aufgebaut worden. Anfang der fünfziger Jahre begann die Arbeit an mehreren riesigen Staudamm- und Wasserkraftprojekten entlang der Angara und dem Jenissej. In Bratsk baute ein 54 000 Mann starkes Arbeiterheer 13 Jahre an dem bis dahin größten Wasserkraftwerk des Landes. »Für die Menschen in Sibirien«, schrieb ein von den technischen Großtaten der Sowjets begeisterter Autor, symbolisieren Staudämme die Macht Rußlands nicht weniger als Truppen und Raketen. Sie versinnbildlichen den Sieg des Menschen über die Natur und sind ein Glaubensartikel im kommunistischen Dogma. Lenin predigte die technische Modernisierung Rußlands mit den Worten:»Kommunismus bedeutet Sowjetmacht plus Elektrifizierung«; seine Jünger nahmen dies so wörtlich, daß sie bis heute mit ungebrochenem Fleiß ihre ›Kilowatt-Tempel‹ errichten, wie der Dichter Jewgeni Jewtuschenko sie genannt hat.

... Bratsk ist ein Symbol des neuen Jerusalems, der sowjetischen Vision von Sibirien – ein riesiges Wasserkraftwerkprojekt, das zum Versorger eines ganzen Schwarms neuer Industrien werden soll, dazu eine nagelneue Stadt, am Rande einer Schlucht des reißenden Angara-Flusses aus dem Nadelwaldboden gestampft, und das Ganze an einer Stelle im Niemandsland, die 1100 Kilometer weiter nördlich liegt als Montreal.

Ob das neue Rußland sich diese Vision zu eigen machen wird? – Unter den Sibirern selbst war die Begeisterung für das Projekt nicht gar so groß. Die Erbauer des Damms hatten bewußt in Kauf genommen, daß etliche am Fluß gelegene Dörfer in den Fluten versanken. Als Überreste von ihnen auftauchten und auf dem Wasser trieben, wurden sie aus der Luft bombardiert. Die Bewohner dieser Dörfer wurden in nahegelegene Holzfällerlager umgesiedelt. Doch viele von ihnen zählten sich zum»Kreis der Ertrunkenen«, wie der sibirische Umweltschützer und Schriftsteller Valentin Rasputin schrieb. Der alte Ort Bratsk, gegründet 1661, liegt heute auf dem Grund des Bratsker Stausees, der mit einer Breite von knapp 20 und einer Länge von 560 Kilometern das größte künstliche Gewässer auf der Erde ist.

In der Nähe des Kraftwerks wuchsen Industriebetriebe aus dem Boden, eine Aluminiumhütte und ein großes Holzkombinat zum Beispiel; es wurden Eisenbahnverbindungen geschaffen nach Schelesnogorsk, einem 150 Kilometer weiter nordöstlich gelegenen Bergbauzentrum, und nach Ust-Kut. Das Bratsker Kraftwerk mit seiner Kapazität von 4,1 Millionen Kilowatt wurde bald von dem noch größeren Wasserkraftwerk von Krasnojarsk übertroffen, dessen Herzstück zehn gigantische, jeweils über 200 Tonnen schwere Turbinen sind, die in Leningrad gefertigt und über den Ostsee-Weißmeer-Kanal zum Jenissej verfrachtet worden waren.

Diesen Projekten ließen die Sowjets Mitte der sechziger Jahre ähnlich ehrgeizige

Vorhaben folgen, etwa die Erschließung der neu entdeckten Erdöl- und Erdgasvorkommen im westlichen Sibirien; die neuen Unternehmen dienten dem Export und der Energieversorgung der Industriereviere im europäischen Rußland.

Mitte der siebziger Jahre fiel der Startschuß für zwei weitere Programme: die Erschließung der umfangreichen Braunkohlevorkommen des Kansk-Atschinsker Beckens sollte den Brennstoff für einen Kraftwerkskomplex liefern, der über Hochspannungsleitungen den Westen des Landes mit Strom versorgen sollte; der Bau der Baikal-Amur-Magistrale (BAM) sollte die Verbindung zwischen den mit Bodenschätzen gesegneten Gebieten Ostsibiriens und den Exporthäfen im Fernen Osten herstellen.

Der Größenordnung nach war die Baikal-Amur-Magistrale fast eine zweite Transsib; von Tajschet nördlich des Baikalsees windet sie sich über 3000 Kilometer weit nach Komsomolsk am Amur und untertunnelt dabei sieben Bergketten. In den dreißiger Jahren unter Einsatz von Zwangsarbeitern in Angriff genommen, um eine Verkehrsverbindung außerhalb der Reichweite der japanischen Luftwaffe zu schaffen, sollte die BAM das Herzstück des Dritten Fünfjahresplans (1938–42) werden. Zum Zeitpunkt des deutschen Überfalls auf die Sowjetunion waren die Gleise bis Tyuda verlegt. Während der Schlacht um Stalingrad mußten die Schienen jedoch abgebaut und an die Wolga transportiert werden, wo von Saratow aus eine Versorgungsstrecke zur belagerten Stadt gebaut wurde. Für die Wiederbelebung des Projekts im Jahr 1974 spielten wiederum militärstrategische Überlegungen eine Rolle: die Transsibirische Eisenbahn konnte durch China leicht angegriffen und unterbrochen werden. Ausschlaggebend waren jedoch wirtschaftliche Ziele: Die überlastete Transsib, die am dichtesten befahrene Bahnstrecke der Welt, sollte entlastet und Zugang zu den unerschlossenen Vorkommen strategischer Minerale und fossiler Brennstoffe im Boden Ostsibiriens geschaffen werden.

Die Baikal-Amur-Magistrale, an die sich hohe Erwartungen knüpften, wurde als »Heldenprojekt« in der Tradition das Ural-Kusnezk-Kombinats und des Bratsker Staudamms gefeiert. Investitionsmittel in Höhe von rund 25 Milliarden Dollar flossen in den Bau der Bahn, die – wie die Transsib – durch ein Gelände geführt werden mußte, das zu den schwierigsten auf der Welt gehört. 1984 trafen die Gleisbauer bei Kuanda zusammen und schlugen den letzten Gleisnagel ein. Es gibt Filmaufnahmen, die »Tränen der Freude auf den wettergegerbten Gesichtern der nach Tausenden zählenden Menschenmenge zeigen, die sich zur Feier des Tages eingefunden hatte«, wie es in einem Kommentar hieß. Doch die Freude war voreilig. Wegen notwendiger Ausbesserungsarbeiten blieb die Strecke noch fünf Jahre lang unbefahrbar; als schließlich im Dezember 1989 der regelmäßige Zugverkehr zwischen Amur und Baikalsee aufgenommen wurde, zeigte sich, daß die Bahn kaum einen nützlichen Zweck erfüllte. Die zu ihrer sinnvollen Nutzung erforderliche Infrastruktur – 45 Städte, Siedlungen und Industriekomplexe, die an der neuen Strecke vorgesehen waren – waren noch nicht fertig. Es gab kaum etwas zu transportieren. Der bislang einzige wirtschaftliche Nutzeffekt der Bahn war die durch japanische Investitionen in Höhe von drei Milliarden Dollar ermöglichte Eröffnung des Kohlebergbaureviers von Neryungri, das durch eine nördliche Stichbahn, die sogenannte Kleine BAM, erschlossen worden ist.

Auch die Südsibirische Eisenbahn, deren Bau in den Kriegsjahren begann, ist mittlerweile zwischen dem südlichen Ural und dem Kusbas fertiggestellt. In den sechziger Jahren entstanden außerdem Abzweigungen der Transsib, etwa nach Magnitogorsk und nach Tajschet. Die Stammlinie selbst wurde bis Nowossibirsk elektrifiziert. Eine weitere Bahnlinie wurde quer durch den nördlichen Ural in Richtung Ob-Mündung vorangetrieben. Das bis vor kurzem durch keinen ausgebauten Verkehrsweg mit der Außenwelt verbundene Jakutsk ist heute durch ganzjährig befahrbare Straßen an die Transsib angeschlossen, die Bergbaureviere von Kolyma und Indigirka sind an die Hafenstadt Magadan angebunden.

Die alte Vision von der Nordostpassage als kommerziellem Handelsweg ist der Verwirklichung ein gutes Stück nähergekommen. 1932 hatte der sowjetische Eisbrecher *Sibirjakow* die Reise von Murmansk durch die Beringstraße nach Wladiwostok in einer einzigen Saison geschafft. Ein Jahr später hatte die *Tscheljuskin* die Schiffbarkeit dieser Route für Dampfer unter Beweis gestellt. In den folgenden Jahren baute die Sowjetunion sechs nukleare und mehrere Dutzend konventionelle Eisbrecher sowie 150 eisgängige Schiffe; hinzu kam eine Flotte von in Finnland georderten »Universalfrachtern für trockene Ladungen«. Doch weder die Häfen an der Nordmeerküste noch die weltweit größte Flotte von Eisbrechern können etwas daran ändern, daß der 11 000 Kilometer lange Seeweg höchstens drei bis vier Monate im Jahr befahrbar ist.

Die leicht zugänglichen Erz- und Goldvorkommen im Nordosten waren schon unter Stalin fast völlig abgebaut; die tieferliegenden Erzschichten und Adern hatte man kaum angekratzt. In der Nachkriegszeit wurden unter dem Permafrostboden der Jamal-Halbinsel und unter der Karasee enorme Erdgasvorkommen entdeckt. Nowy-Urengoy, eine Industriestadt am Polarkreis, nahm durch den Zuzug von mehreren zehntausend Arbeitskräften einen rasanten Aufschwung. Für den Bau von Docks, Häusern, Straßen, Kraftwerken und für die Anlage von Bohrstellen wurden Millionen Tonnen Ausrüstungsgüter eingeflogen. Nischnewartowsk und Surgut, einst verschlafene Dörfer inmitten der Permafrost-Tundra, verwandelten sich durch den Ölboom der sechziger Jahre in Städte mit sechsstelliger Einwohnerzahl. In der Tundra schossen Bohrtürme aus dem Boden, ein Loch nach dem anderen wurde durch den vereisten Boden getrieben, Hochspannungsleitungen und Pipelines zogen sich kreuz und quer durch das öde Gelände. Das weiter südlich gelegene Omsk wurde zum Zentrum der sibirischen Erdölaufbereitung, in Barnaul entwickelte sich, versorgt durch die Raffinerien von Omsk, eine leistungsfähige Chemie- und Kunstfaser-Industrie.

Am Jenissej errichtete die Sowjetunion 23 große Wasserkraftwerke, im Bezirk Irkutsk Aluminiumhütten, chemische Werke und Papierfabriken. In Transbaikalien kann sich Ulan Ude, die Hauptstadt der Burjatischen Republik, der größten Lokomotiven- und Waggonfabriken Sibiriens rühmen. An anderen Orten in Sibirien gibt es Produktionsanlagen für Flugzeuge, Flußschiffe, Elektromotoren, Stahl- und Eisengußerzeugnisse. Transbaikalien verfügt über riesige Vorkommen an Bauxit, dem Ausgangsmineral für die Aluminiumherstellung, an den Ufern des Flusses Bargusin sind Goldadern gefunden worden. Im Gebiet um Tschita wird heute Silber geschürft, doch sieht man überall in Transbaikalien auch blühende Getreidefelder, weidende Rinder und umherziehende Schaf- und Ziegenherden. Vor der Pazifikküste gibt es üppige Fischgründe, vor allem im Bereich der nördlichen Kurilen und der Kamtschatka. Hier werden Lachs, Hering, Hummer, Kabeljau und Krabben gefangen.

Ein amerikanisch-japanisches Konsortium hat jetzt mit der Erschließung der ergiebigen Erdöl- und Erdgasvorkommen vor der Nordostküste Sachalins begonnen. Die Insel ist zu mehr als der Hälfte mit Wald bedeckt, dessen Holz in mehreren großen Betrieben zu Papier und Zellulose verarbeitet wird.

In Norilsk, der nördlichsten Industriestadt der Welt, steht ein Bergbau- und Metallurgie-Kombinat, das Kupfer, Nickel, Kobalt, Platin und andere strategische Metalle veredelt; das Kombinat arbeitet mit moderner Technik und erzeugt auch Stahl, Zement, Stahlbetonfertigteile und Ziegel. Die sowjetischen Planer haben sich bemüht, der Stadt ein neues Gesicht zu geben. Die Spuren der barbarischen Vergangenheit wurden getilgt und Bauwerke in neoklassizistischem Stil hochgezogen, die, auf Betonpfeilern gegründet, für ihre Bewohner Annehmlichkeiten wie Zentralheizung, fließendes warmes und kaltes Wasser bieten, wie man sie nördlich des Polarkreises sonst kaum findet. Norilsk verfügt nicht nur über rund 50 große Unternehmen, es hat sich auch die Aura einer Wissenschaftsstadt zugelegt. Hier haben sich mehrere Forschungseinrichtungen niedergelassen, das Institut für die Landwirtschaft des Äußersten Nordens zum Beispiel, das Laboratorium für Polarmedizin und das der Akademie der Wissenschaften unterstehende Versuchsgelände für Polare Luft- und Raumfahrtphysik.

Der Zobel gilt immer noch als der wertvollste Pelz der Welt; sibirische Pelze spielen nach wie vor eine wichtige Rolle im internationalen Pelzgeschäft. Die Pelztiere zu erbeuten ist Aufgabe lizenzierter Berufsjäger, die ihre Beute regelmäßig in Sammeldepots abliefern müssen, in denen Jahr für Jahr Hunderttausende von Fellen verarbeitet werden. Außerdem wurde das Zobelreservat Bargusin eingerichtet.

International begehrt sind neben Zobel- auch Hermelin- und Nerzpelze. Die Zucht von Bisamratten begann 1935 mit 50 aus Kanada eingeführten Pärchen; im Rahmen eines Versuchsprogramms, das die Möglichkeiten der Aufzucht von Pelztieren erforschen sollte, wurden 1936 in Jakutien einige Silberfuchsfarmen angelegt. Alles in allem bringt es die sibirische Pelzwirtschaft dem Vernehmen nach auf Erlöse von rund 60 Millionen Dollar pro Jahr.

Die Gold- und Diamantenvorkommen Sibiriens können sich mit denen Südafrikas messen, die Erdgasvorkommen übertreffen die der Vereinigten Staaten, die Ölfelder von Samotlor halten jedem Vergleich mit denen der Arabischen Halbinsel stand. Die Fischgründe um Sachalin stehen denen Neufundlands in nichts nach, mit seinem Waldreichtum rangiert Sibirien noch vor Brasilien. Sibirien ist ein Land der Hoffnungen und verfügt über die weltweit größten Reserven an Kohle, Eisenerz, Mangan, Blei, Nickel, Kobalt, Wolfram, Molybdän, Bauxit, Antimon, Schwefel und Asbest; auch seltene Metalle wie Platin und Titan finden sich in abbauwürdigen Mengen.

Eine Vorahnung von den Reichtümern Sibiriens überkam den verbannten Bischof Avvakum schon vor über 300 Jahren im Herbst 1661. An der Felsenküste des Baikalsees angekommen, bestückte er ein kleines offenes Boot mit einem aus einem alten Frauenrock gefertigten Segel und setzte bei stürmischem Wetter zum anderen Ufer über. Er erblickte dort »so hohe Berge, wie ich sie nie zuvor gesehen hatte. Und ihre Gipfel sind gekrönt mit Kuppeln und Türmen, Säulen und Toren, Mauern und Höfen, alles von Gottes Hand geschaffen.« Unterhalb dieser erhabenen Pracht dehnte sich ein Land, dessen natürlicher Reichtum den Bischof in Erstaunen versetzte – die großknolligen wilden Zwiebel- und Knoblauchstauden, die an den Berghängen wuchsen, die grünen Täler, die süß duftenden Blumen, der Fischreichtum des Baikalsees und die ihn in großer Zahl bevölkernden wilden Vögel: »Gänse und Schwäne, die wie Schnee auf dem See treiben. Und all dies ist von Christus für uns Menschen geschaffen worden, auf daß wir unser Wohlgefallen daran finden und den Erlöser rühmen.«

Nach den 1989 veröffentlichten amtlichen Zahlen leben heute in Sibirien rund 32 Millionen Menschen: etwas weniger als die Hälfte in Westsibirien (15 Millionen), ein knappes Drittel in Ostsibirien (9,2 Millionen) und ein Viertel in Russisch-Fernost (acht Millionen). Der Anteil der Eingeborenen an der sibirischen Gesamtbevölkerung liegt bei rund drei Prozent, der Anteil der Stadtbewohner bei rund 60 Prozent. Experten gehen davon aus, daß Sibirien eines Tages in der Lage sein könnte, 250 Millionen Menschen zu ernähren. Es gibt einige Regionen, die enorm schnell gewachsen sind, vor allem im westlichen Sibirien.

Nowossibirsk, vor nicht sehr langer Zeit noch ein staubiger Eisenbahnknotenpunkt, ist heute größer als Paris oder Berlin. Einst als Standort für Maschinenbaukombinate bekannt, die hydraulische Pressen, Kraftwerksturbinen und gigantische Pumpen herstellten, verdankt Nowossibirsk seine heutige Bedeutung der Wissenschaftsstadt Akademgorodok, die 1958 auf einer mit Birken und Nadelbäumen bewachsenen Talaue am Ob-Ufer, 30 Kilometer flußabwärts von Nowossibirsik, als Forschungszentrum gegründet wurde und seither um zahlreiche Institute erweitert worden ist. Die Voraussage Tschechows aus dem Jahre 1890, daß eines Tages ein »tapferes und intelligentes Volk« die Ufer des Jenissej erleuchten werde, hat sich wohl auch in Krasnojarsk erfüllt – trotz aller schweren Prüfungen, durch die Rußland gegangen ist.

Bis vor wenigen Jahren litt Sibirien unter einem relativen Bevölkerungsschwund: Die Zahl der Abwanderer übertraf die der Zuwanderer. Die Sowjetmacht hatte jahrzehntelang versucht, den Menschen die Arbeit in Sibirien durch Gehaltszulagen, längeren Urlaub, höhere Renten, Zuschüsse zu den Lebenshaltungskosten und andere materielle Anreize schmackhaft zu machen. Die positiven Auswirkungen dieser Maßnahmen hielten immer nur einige Jahre, da sich herausstellte, daß die Vergünstigungen die Nachteile nicht aufwiegen konnten.

Sowjetische Planungsstrategen träumten einst von Retortenstädten unter Glashauben in der sibirischen Tundra, von Eisenbahnen auf einem Fundament aus in den Permafrostboden gerammten Stahlträgern und von Zugverbindungen an der gesamten russischen Nordmeerküste. Inzwischen ist man realistischer. In jüngster Zeit gewinnt wieder die Vorstellung an Boden, Sibirien solle nur als Energie- und Rohstoffreservoir benutzt und ausgebeutet werden. Die Gewinnung und Primärverarbeitung von Rohstoffen soll bevorzugt im östlichen Sibirien vorgenommen werden, Westsibirien, wo sich die Arbeitskräfte und die Verbraucher konzentrieren, soll Schwerpunkt der Konsumgüterindustrie werden. Aber das ist nicht leicht. In großen Teilen Sibiriens muß unter den Bedingungen des Permafrostbodens gebaut werden. Konstruktive Lösungen zur Bewältigung der Probleme sind vor allem am Dauerfrost-Institut von Jakutsk erarbeitet worden, dem weltweit wichtigsten Institut zur Permafrost-Forschung. Jakutsk war auch der Ort, an dem die Tragweite des Permafrost-Phänomens erstmals erkannt wurde, als um die Mitte des 19. Jahrhunderts ein Kaufmann dort einen Brunnen zu bohren versuchte und im Verlauf von über zehn Jahren unter großen Mühen auf eine Bohrtiefe von 114 Metern kam, ohne Wasser zu finden. Heute ist dieser Bohrschacht aus der Pionierzeit eine Art Nationaldenkmal.

Der Permafrostboden birgt zwar auch gewisse Vorteile – man kann zum Beispiel Keller und Höhlen anlegen, die ohne Isolations- und Energieaufwand als natürliche Tiefkühltruhen dienen können. Aber unter dem Strich verteuert er das Bauen enorm. Das Tauen und Frieren des Bodens verursacht Felsstürze, Frostaufbrüche, Bodenwanderung, Kegelbildung und Versumpfung durch Schmelzwasser. Der Eisenbahn- und Straßenbau auf Permafrostboden erfordert die Aufschüttung mächtiger Schotterbetten und die Einbringung isolierender Baustoffe. Hochbauten müssen gleichsam auf Stelzen gestellt werden. Die von einem Gebäude ausgehende Wärme führt zu einem Auftauen der obersten Bodenschicht, so daß das Gebäude sackt, und zwar sehr häufig ungleichmäßig, so daß Schieflagen und Risse auftreten. Überall in Sibirien findet man daher ganze Ensembles älterer Häuser, die aussehen, wie»mastlose, von hohem Seegang gebeutelte Schiffe, bei denen der Bug hoch aus dem Wasser ragt, teils unter die Oberfläche gedrückt worden ist«.

Die Bauingenieure hatten es eine Zeitlang mit der Gründung auf Eisenträgern versucht; doch diese Träger leiten Wärme in den Boden. Um dies zu verhindern, ging man dazu über, die Gründungspfähle bis zu zwei Metern über Grund ragen zu lassen, so daß unter den Gebäuden Luft zirkulieren und die Eisenträger kühlen kann. Heute bevorzugt man die Gründung auf Stahlbetonpfähle; die Pfähle werden mit Spezialmaschinen zehn Meter tief in den Boden gerammt.

In Sibirien gibt es heute rund 25 000 Schulen mit sechs Millionen Schülern, Tausende von Theatern, Theatergruppen, Opern- und Ballettensembles und Hunderte von Zeitungen in verschiedenen Sprachen. Dennoch sind die Bedürfnisse der Menschen nach Wohnung, Nahrung, ärztlicher Versorgung, Betreuung und Konsum in Sibirien wie in der ganzen UdSSR jahrzehntelang vernachlässigt worden. Ein sibirischer Schriftsteller hat das Problem auf die Formel gebracht, Sibirien sei »wie ein an Rußland angehängter Frachtkahn, der seine Ladung sibirischer Ressourcen gelöscht hat und dann einfach leer vom Ufer weggestoßen wird«. Die Erzeugnisse Sibiriens würden zu niedrigen Preisen ausgeführt, die Konsumgüter aus den europäischen Landesteilen in Sibirien mit Preisaufschlag verkauft. Bis zur Auflösung der Sowjetunion sorgte Sibirien zeitweise für die Hälfte aller sowjetischen Exporterlöse.

Viele der gigantischen sibirischen Industrieprojekte wurden in den Jahren der Sowjetmacht ohne Rücksicht auf die Umwelt durchgezogen. Im Kusbas treten Lungenkrebs, Atemwegsentzündungen, Augenkrankheiten und andere Störungen in auffällig hoher Zahl auf – eine Folge der Anreicherung des Wassers und der Luft mit Schwefeldioxid und anderen giftigen industriellen Rückständen. In Bratsk sorgen die Emissionen der in der Nähe des Staudamms angesiedelten Aluminiumhütte und der Papierfabrik für eine so hochgradige Luftverschmutzung, daß Autos in der Stadt oft am hellen Tag mit Licht fahren müssen. In der Umgebung von Nischnewartowsk und der Samotlor-See hat ausgelaufenes Erdöl zahlreiche Flüsse und Bäche verschmutzt. Schwermetalle und andere industrielle Rückstände, Pestizide und Siedlungsabwässer verseuchen das Wasser des Ob bis zu seiner Mündung. Norilsk im hohen Norden »stinkt an windstillen Tagen wie das Höllenfeuer«, schrieb vor kurzem ein Besucher der Stadt, und in Magnitogorsk, der Stadt des Stahls, stoßen die Verhüttungsanlagen, die noch mit einer aus den Nachkriegsjahren stammenden Ausrüstung arbeiten, Jahr für Jahr 865 000 Tonnen Abgase aus. Der Lungenkrebs hat sich im zurückliegenden Jahrzehnt verdoppelt, mehr als die Hälfte aller Kinder leidet an chronischen Atemwegserkrankungen.

Die Überflutung ganzer Flußbecken bei der Errichtung der Staudämme, der Bau der BAM, die Erdöl- und Erdgasförderung, die Gold- und Silbergewinnung haben erhebliche Folgen für den Lebensraum und seine Einwohner nach sich gezogen. Einen besonders hohen Preis mußten die Samojeden der Jamal-Halbinsel bezahlen. Die Hälfte ihrer Rentier-Weidegründe wurde ihnen weggenommen. Das rücksichtslose Tempo, mit dem die Bohrungen nach Erdöl und Erdgas vorangetrieben wurden, droht das ökologische Gleichgewicht auf der Jamal-Halbinsel – einem »Eisberg mit grünem Pelz« – zu zerstören.

Von maßlosem Ehrgeiz getrieben, ließen sowjetische Planer sich Mitte der sechziger Jahre »das Projekt des Jahrhunderts« einfallen. Es sollte die Überlegenheit des Kommunismus ein für allemal beweisen. Die Sowjets wollten einen gigantischen, Hunderte von Kilometern langen Erddamm entlang der Nordmeerküste aufschütten und die Fließrichtung der sibirischen Ströme umkehren. Ganz Zentralsibirien sollte überflutet und in einen riesigen Binnensee verwandelt werden, dessen Wasser dann durch neu angelegte, teilweise durch Gebirgszüge gesprengte Kanäle nach Süden geführt und zur Bewässerung trockener Landstriche verwendet werden sollte. Umweltschützer, die bereits wegen der Opferung des Aralsees in Zentralasien für ein ähnliches Projekt Alarm geschlagen hatten, schlossen sich trotz staatlicher Drohungen zusammen, um dieses aberwitzige und größenwahnsinnige Vorhaben zu verhindern.

Ein kleineres Projekt sah den Bau eines gigantischen Staudamms mit Wasserkraftwerk am Katun, dem Quellfluß des Ob, vor. Vor dem Hintergrund des hoch aufragenden Altai mit seinen Gletschern und seinem ewigen Schnee begannen 1983 Arbeitsbrigaden mit dem Bau einer breiten Fahrstraße, die zu dem geplanten Staudamm führen sollte. Schon für die Straße mußten enorme Breschen in die felsigen Flanken des engen Taleinschnitts gesprengt werden. Ein Betonwerk und eine Fabrik für Fertighäuser wurden in kürzester Frist aus dem Boden gestampft. Durch einen Zufall wurden bei den Erdarbeiten dann aber 2000 vorgeschichtliche Grabhügel und Höhlenzeichnungen aus der Steinzeit entdeckt. Dies verzögerte die Bauarbeiten und führte dazu, daß das ganze Projekt nochmals untersucht wurde. Die Prüfung kam zu der Erkenntnis, daß durch einen Staudamm der Fortbestand des landwirtschaftlich ergiebigen Katun-Tales gefährdet worden wäre.

Schwer zu leiden hatte Sibirien auch unter dem kalten Krieg. Nowaja Semlja und Semipalatinsk wurden in den fünfziger Jahren als Erprobungsstätten für die sowjetischen Atombomben benutzt; das Industrierevier von Kyschtym, 80 Kilometer nordwestlich von Tscheljabinsk, wurde zur Geburtsstätte der sowjetischen Atomwaffen. Hier wurde die erste Plutoniumfabrik im Eiltempo und unter Einsatz von Zwangsarbeitern hochgezogen. Die Arbeiter waren schädlichen Strahlungswerten ausgesetzt, Pannen und Nachlässigkeiten führten zu Kernschmelzunfällen, zum Bersten des Reaktorkerns und zur fahrlässigen Ablagerung giftiger und strahlender Abfälle in den umliegenden Seen und Flüssen. Spuren radioaktiv strahlenden Materials tauchten schließlich im 1500 Kilometer entfernten Nordpolarmeer auf. Eine ungewollte nukleare Explosion im Jahr 1957 machte die Evakuierung von Tausenden Männern, Frauen und Kindern notwendig und schickte »eine Wolke toxischer Isotope« auf die Reise. Heute gibt es innerhalb des Kyschtym-Komplexes eine Wiederaufarbeitungsanlage, in der aus verbrauchtem Reaktorbrennstoff Plutonium zurückgewonnen wird, das dann beim Bau nuklearer Sprengköpfe Verwendung finden kann. Insgesamt gibt es allein in Sibirien neun militärische Reaktoren und zahlreiche zivile Atomkraftwerke. Das einzige Monument des kalten Krieges, das im Verlauf der letzten Jahre demontiert wurde, war der sagenumwobene Radarkomplex bei Krasnojarsk, eine Anlage, von der der ehemalige sowjetische Außenminister Eduard Schewardnadse einmal stoßseufzend sagte, sie entspreche in der Größenordnung »den ägyptischen Pyramiden«.

Keine Volksgruppe in Sibirien aber hatte mehr zu leiden als die Tschuktschen, von denen es heute vielleicht noch 11 000 gibt. Ihre Heimat wurde in den fünfziger und sechziger Jahren ebenfalls für die Erprobung von Atomwaffen genutzt, im Knochengewebe fast aller Tschuktschen finden sich heute sehr hohe Anreicherungen radioaktiver Elemente wie Blei und Cäsium. Jeder Fünfte von ihnen leidet an hohem Blutdruck, und fast alle leiden an Tuberkulose oder anderen chronischen Lungenerkrankungen. Die Lungenkrebsrate liegt beim Zwei- bis Dreifachen des sowjetischen Durchschnittswerts; die Anzahl der Magen- und Leberkrebsfälle hat sich in den letzten zwanzig Jahren verdoppelt. In jüngster Zeit sind zudem bösartige Tumore neuen Typs aufgetaucht, die das Bindegewebe und die Schilddrüse befallen. Dies hat zu einer jährlichen Sterberate von 70 bis 100 auf 1000 Personen und zu einem Absinken der durchschnittlichen Lebenserwartung auf rund 45 Jahre geführt.

Daß einige Regionen als Naturschutzgebiete ausgewiesen wurden, hat wenigstens Teile Sibiriens vor der Verwüstung bewahrt. Das erste Naturschutzgebiet, 260 000 Hektar groß, wurde 1916 noch unter Zar Nikolaus II. im Bargusin-Becken eingerichtet. Ursprünglich dem Schutz des Zobels dienend, ist es heute ein sicheres Refugium für seltene Tier- und Pflanzenarten. In sowjetischer Zeit wurde auch die Wrangel-Insel unter Naturschutz gestellt, die Walrössern, Füchsen, Eisbären und Schneegänsen als Zuflucht dient. Das große Zentralsibirische Naturreservat umfaßt rund eine Million Hektar Taiga; der Seja-Nationalforst im Amurgebiet ist ein riesiges Vogelrefugium. Andere Reservate schützen große Teile des Altai, der Kurileninsel Kunashir und der Taimyr-Halbinsel. Künftig wird es wahrscheinlich auch einen internationalen Naturpark zu beiden Seiten der Beringstraße geben.

Einige dieser Reservate haben kaum Ähnlichkeit mit Naturschutzgebieten, wie wir sie im Westen kennen. Von wenigen Ausnahmen abgesehen sind sie der Öffentlichkeit nicht zugänglich und so konzipiert, daß alles, was sich innerhalb ihrer Grenzen befindet, dem menschlichen Eingriff entzogen bleibt. Das ist gut für das Ökosystem des Gebiets und für die wissenschaftliche Forschung; die Allgemeinheit aber muß auf das erregende Erlebnis verzichten, einen Blick auf eine urwüchsige Wildnis werfen zu können.

Die Reisenden in Sibirien sind immer wieder von der Weite und Leere des Landes fasziniert: Hunderte Kilometer nichts als Taiga und Steppe. Zwischen den Städten finden sich hin und wieder baufällige alte Bauernhäuser aus Holz, staubige Feldwege und Bauern, die mit der Sichel in der Hand verwundert von ihrer Feldarbeit aufblicken. Die alten, einsamen Katen, die aus einem einzigen großen Raum bestehen, werden bis heute mit großen Kachelöfen beheizt, die zugleich als Bett dienen: In vielen Dörfern gibt es noch keine sanitären Einrichtungen, so daß sich im Winter häufig die Fäkalien in den Latrinen zu gefrorenen Kegeln türmen. Die Menschen bauen in ihrem kleinen Vorgarten alles an, was sie dringend brauchen; sie bekommen die Milch im Winter in Form von Eisblöcken geliefert, sie müssen das Fleisch mit der Axt zerteilen. Auf jedem Bahnhof, an dem die Transsibirische Eisenbahn hält, versuchen Einheimische mit dem Personal des Speisewagens und den Fahrgästen zu handeln, um etwas Abwechslung in ihr Leben zu bringen. Auf den Bahnsteigen warten russische, tatarische oder burjatische Bauern hinter ihren kleinen, provisorischen Marktständen, auf denen sie Schafskäse, eingelegte saure Gurken, Eier, Brathühnchen

Nikolai Murawjow-Amurski, der als
Gouverneur von Ostsibirien den Chinesen
das Amurgebiet entwand und in der Zeit
des Krimkriegs die fernöstliche Flanke
Rußlands verteidigte

Szene vor einem Siedlerhaus in Tobolsk

Sergej Wolkonski, einer der nach Sibirien verbannten Köpfe der Dekabristen-Verschwörung

Seine Frau Maria, die »Fürstin von Sibirien«

Sträflinge im Gefängnis von Alexandrowskij

Sträfling, an
eine Schubkarre gekettet

Gefängnisaufseher mit einem *plet*,
einer dreischwänzigen Lederpeitsche

Sträfling mit
Brandzeichen auf Stirn
und Wangen.
Das K steht für
katorschnik –
»Zwangs-
arbeitssträfling«

Sträflinge bei einem Fluchtversuch (Kupferstich)

mojeden

Burjatenfrau aus Transbaikalien

Burjate aus Transbaikalien

Wogule

Sergej Witte, Finanzminister unter dem
letzten Zaren und treibende Kraft hinter dem Bau
der Transsibirischen Eisenbahn

Karikatur, die einen leichten russischen Sieg über die Japaner
im Krieg von 1904–05 verheißt

Theodore Roosevelt und die Generalbevollmächtigten beider Kriegsparteien in Portsmouth (New Hampshire). Roosevelt vermittelte. Witte (ganz links) vertrat mit großem Geschick die russische Seite

Admiral Alexander Koltschak, Befehlshaber der »Weißen« im russischen Bürgerkrieg 1918–20

Grigori Semjonow, tyrannischer Herrscher in Transbaikalien während des russischen Bürgerkriegs und Marionette der Japaner

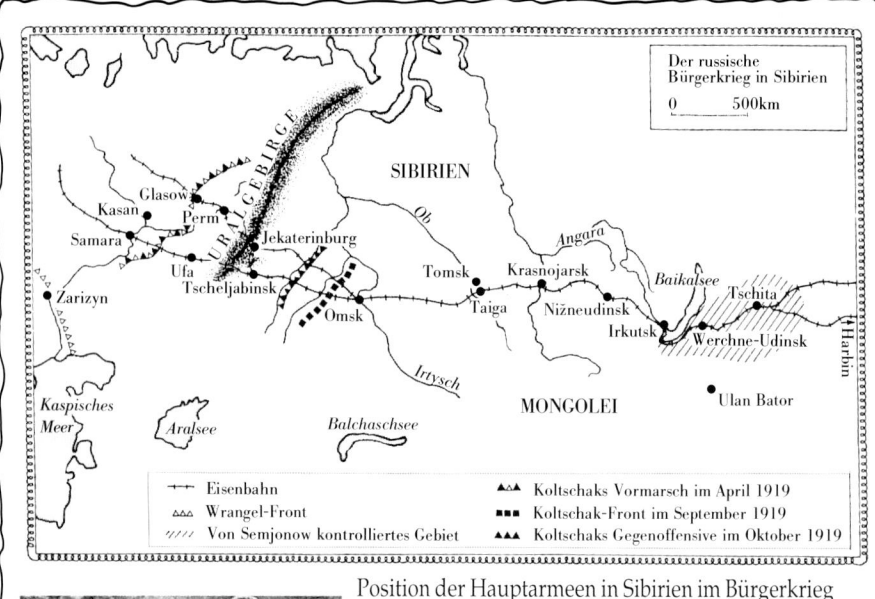

Der russische
Bürgerkrieg in Sibirien

0   500km

SIBIRIEN

MONGOLEI

Glasowa
Kasan
Perm
Samara
Jekaterinburg
Ufa
Tscheljabinsk
Zarizyn
Omsk
Tomsk
Krasnojarsk
Taiga
Nižneudinsk
Irkutsk
Werchne-Udinsk
Tschita
Baikalsee
Ulan Bator
Kaspisches
Meer
Aralsee
Balchaschsee
Ob
Angara
Irtysch
URALGEBIRGE
Harbin

┼┼ Eisenbahn
△△△ Wrangel-Front
⁄⁄⁄⁄ Von Semjonow kontrolliertes Gebiet
▲▲▲ Koltschaks Vormarsch im April 1919
■■■ Koltschak-Front im September 1919
▲▲▲ Koltschaks Gegenoffensive im Oktober 1919

Position der Hauptarmeen in Sibirien im Bürgerkrieg

Sibirischer Schamane

Hauptstraße in Norilsk

und Maisfladen feilbieten. Die Jakuten des Hinterlandes verschmähen moderne
Wohnhäuser und ziehen es vor, in ihren traditionellen sechseckigen, jurtenarti-
gen Holzhütten mit der Rauchabzugsöffnung in der Mitte des Dachs zu wohnen;
die Ewenken, die ihre nomadische Lebensweise schon vor langer Zeit aufgegeben haben und in feste Häuser eingezogen sind, verbringen nach wie vor viel
Zeit in ihren hinter dem Haus aufgestellten Zelten.

Während Tjumen, die erste Festungsstadt Sibiriens, heute eine Industriestadt mit
rund 350 000 Einwohnern ist, hat Tobolsk seinen früheren Glanz fast ganz
eingebüßt. Die weite, vereiste Einöde, in der die Stadt liegt, ist nur dünn besiedelt. In Jakutsk mit seinen 125 000 Einwohnern gibt es eine Universität, Theater
und Kinos; die einzige Ortschaft auf der von Treibeis umlagerten Wrangel-Insel
besteht aus wenigen, an der Flanke eines Küstenberges klebenden Gebäuden.
Anadyr hat 16 000 Einwohner; die nächstgelegene Ortschaft, eine winzige Eski-
mosiedlung, ist in drei Tagen auf Hundeschlitten zu erreichen. In Egwekinot,
einem Eskimodorf mit 1300 Einwohnern an der Krestowaja-Bucht, landen Flugzeuge auf einer Piste aus festgestampftem Schnee statt auf einer betonierten
Landebahn.

In vielen arktischen und subarktischen Städten und Dörfern sind die Fenster von
Häusern, Bussen und Automobilen doppelt oder dreifach verglast; viele Gebäude haben im Eingangsbereich eine Schleuse in der Art eines Windfangs als Puffer
zwischen der bitteren Kälte draußen und der Wärme drinnen. Die Körperwärme
der Menschen reicht, um jeden Passanten in eine kleine Dampfwolke zu hüllen;
der aufsteigende Dampf sammelt sich über der Stadt zu einem Nebelschleier.
Trotz großer Anstrengungen ist der Versuch, dem Boden trotz des eisigen Klimas
eine nennenswerte Agrarproduktion abzutrotzen, bislang erfolglos geblieben.
Nur in wenigen Experimentierbetrieben ist es bisher gelungen, durch spezielle
Gewächshäuser den Dauerfrost bis in zwei Meter Tiefe zurückzudrängen und
mit Erfolg Obst und Gemüse zu ziehen. Während die Taimyr-Halbinsel (deren
Fläche der von Kalifornien entspricht) über eine eigene Vieh- und Milchwirt-
schaft verfügt, muß die Region Magadan ihre Nahrungsmittel zu mehr als 60
Prozent einführen. Ein Magadan-Besucher schrieb vor kurzem:

Der Mensch ist hier ein Zaungast, ein Fremdling. Aus der Luft betrachtet,
sind die vereinzelten Straßen, Pipelines und Bahngleise, die er zustande
gebracht hat, nur kleine Kratzer an der Oberfläche einer großen Schnee-

wüste … Die Ölarbeiter von Surgut steigen in den Morgenbus, bevor sich am schwarzen sibirischen Himmel die erste Spur der Morgendämmerung zeigt. In grobe, wattierte Mäntel gepackt, fahren sie davon wie Fischer, die aus einem geschützten Hafen in ein Meer voller Wind und Wildheit hinausstechen.

Auch wenn heute ganzjährig befahrbare Straßen und schiffbare Flüsse die verschiedenen sibirischen Industriereviere untereinander und mit der Transsib verbinden, ist das sibirische Verkehrsnetz nach wie vor äußerst weitmaschig und unterentwickelt. Alle von Jakutsk wegführenden Straßen sind unbefestigt, Norilsk im Norden ist im Winter nur mit dem Flugzeug zu erreichen. Sieht man von der Transsibirischen Eisenbahn und der Baikal-Amur-Magistrale im Fernen Osten ab, ist der Reisende, der Sibirien von Westen nach Osten durchqueren will, heute wie vor hundert Jahren auf eine einzige, unbefestigte Fernstraße angewiesen:»Im Sommer eine staubige Holperstrecke, die an die Postkutschenzeit im amerikanischen Westen erinnert.« Der Vergleich mit dem amerikanischen Westen liegt nahe, wenn man sich im Fernen Osten Rußlands befindet. Es handelt sich nach wie vor um ungezähmtes Terrain mit »urwüchsigen neuen Städten«, die einen Besucher an das »Dodge City der Pionierzeit« erinnerten. Die wenigen größeren Städte dieser Region, wie Blagowestschensk und Chabarowsk, sind von Wildnis umgeben; wenn man von Chabarowsk aus, dem Hauptstützpunkt der russischen Streitkräfte in Fernost, über den eineinhalb Kilometer breiten Amur blickt, kann man in der Ferne die Berge der Mandschurei erkennen.

Andrej Amalrik, der Dramatiker und Dissident, der 1965 wegen »systematischer Verweigerung gesellschaftlich nützlicher Arbeit« nach Sibirien verbannt wurde, hat die Primitivität des sibirischen Landlebens aus eigener Anschauung kennengelernt. Seine erste Station war ein Dorf, 160 Kilometer südlich von Tomsk am Ob gelegen, mit eingeschossigen Holzhäusern, hölzernen Fußgängersteigen und zwei Hauptstraßen. Später wurde er in ein noch kleineres Dorf verlegt, das aus einer Reihe verfallender, strohgedeckter Häuser am Rande einer Schlucht bestand. Die Häuser hatten weißgetünchte Wände und Decken, kleine Fenster, die man nicht aufmachen konnte, große Öfen und zwei Zimmer; in dem einen, das als Küche diente, wurde auch das Futter für das Vieh gemischt; neugeborene Kälber und Ferkel verbrachten hier den Winter. Zu jedem Haus gehörte ein Gemüsegärtchen. Beeren wurden im Wald gesammelt, zwei alte Männer hielten

Bienen. Hauptsächlich lebten die Dorfbewohner von Zucker, Brot, Butter und Eiern. Elektrischen Strom hatte das Dorf drei Jahre zuvor erhalten, doch verlassen konnte man sich auf die Stromversorgung nur zu den Melkzeiten, in denen die Maschinen laufen mußten. Die Radioapparate, die es in einigen der Häuser gab, blieben meist stumm.

Amalrik wurde mit der Aufgabe betraut, Erdlöcher für Stromleitungsmasten auszuheben. Während des heißen westsibirischen Sommers wurde er von Stechmückenschwärmen verfolgt; wenn er unbehelligt urinieren wollte, mußte er auf einen hohen Baum steigen; wenn er an einem schattigen Platz Rast machte, mußte er ein Feuer anzünden, um die Mücken auf Distanz zu halten. Und wenn er sich hinsetzte, wurde er sofort von Heerscharen großer sibirischer Ameisen überfallen, deren Stiche noch gefährlicher waren als die der Mücken. Seine Qualen und Anstrengungen waren sinn- und nutzlos. Amalrik mußte die Erdlöcher mit dem Spaten ausheben, weil niemand daran gedacht hatte, einen Erdbohrer zu besorgen; die hölzernen Halterungen für die Masten waren unbehandelt, sie werden sehr schnell verrotten. Und:»Am Ende kam auch kein Leitungsdraht.«Maschinen hätten in Sibirien oft großen Nutzen bringen können. Doch der Terror der Stalin-Zeit hatte das Denken gelähmt. Eigentlich war alles egal. Weshalb einen Traktor oder eine Mähmaschine anfordern, wenn menschliche Arbeitskraft immer noch relativ billig zu haben war? Aufregung kostete Kraft. Und Kraft war zum Überleben notwendig.

Die Gulag-Epoche spiegelte sich auch in den ethnischen Siedlungsgebieten wider. Die Bewohner von Gurjewka waren aus Weißrußland zugewandert; in der Nähe gab es Dörfer mit lettischen, tatarischen und polnischen Einwohnern. Alle mußten im nächstgelegenen Holzfällerlager Sägedienste leisten und wurden behandelt wie Sträflinge. Im Frühjahr lieferten sie ihre Fron in der örtlichen Kolchose ab. Ihre innere Bindung an den Boden und die Arbeit verloren sie nach und nach. Der Unternehmungsgeist wurde ihnen schließlich so gründlich ausgetrieben, daß sie auf ihren Privatparzellen ebenso ineffektiv arbeiteten wie auf der Kolchose. Im Winter betranken sie sich bis zur Bewußtlosigkeit.»Verblüfft und beleidigt, daß ihr Dorf als Strafanstalt benutzt wurde, sagten sie: ›Warum gilt unser Leben, das wir seit je führen, als Strafe?‹«, schrieb Amatrik.

Das Leben in den Sträflingslagern drückt dem sibirischen Alltag auch heute noch oft seinen Stempel auf. Viele in abgelegene Dörfer verschlagene Sibirer bastelten Gaslampen, indem sie Kupferröhren an Blechdosen anlöteten; sie fertigten aus mehrschichtig aufeinandergeklebtem Papier Spielkarten an; als Klebemittel wurde vorgekautes und durch einen Stofflappen gedrücktes Brot benutzt. Manche brauten sich einen extrem bitteren Tee, der in den Sträflingslagern als Aufputschmittel getrunken wurde und heute bei Fernfahrern sehr beliebt ist. Sibirische Bauern brennen aus Roggen einen hausgemachten, schmutzig-grünen Wodka, den sie mit Äthylalkohol anreichern. Je weiter nördlich man kommt, desto stärker wird der Schnaps. Ein gängiger Spruch besagt, es sei eine »sibirische Tradition, daß der Alkoholgehalt des Wodkas mit dem Breitengrad des Ortes übereinstimmen muß«. Wenn sibirischen Alkoholikern der Schnaps ausgeht, können sie sich auch mit Kölnisch-Wasser, ja mit Terpentin oder Frostschutzmittel bei Laune halten.

Da moderne Arzneimittel aus russischer Produktion in Sibirien nicht immer erhältlich sind, greifen die Sibirer gern auf Gulag-Hausmittel zurück; sie benutzen aus rohen Kartoffeln geknetete Zäpfchen gegen Hämorrhoiden und Sauerkraut-Umschläge gegen Migräne. Wodka dient als Medikament zur Abtötung jedweder Bakterien, die mit der Nahrung in den Körper gelangt sind, Zucker ist ein Universalmittel gegen Vergiftungen aller Art.

Durch jahrzehntelange kommunistische Plan- und Mißwirtschaft verlor die Sowjetunion die Fähigkeit, ihre Industrie zu modernisieren und ihre Bodenschätze kostengünstig auszubeuten. Das Land schlitterte Anfang der achtziger Jahre in eine Energiekrise. Die Erdöl- und Kohlekombinate waren nicht mehr in der Lage, die Förderung zu erhöhen. Die Transsib konnte nicht durchgängig elektrifiziert werden, Tanker, die für den Erdöltransport im Nordpolarmeer gebaut worden waren, erwiesen sich als zu groß für die dortigen Häfen. Die von Michail Gorbatschow verkündete Perestroika schien zunächst einen Weg aus der Krise zu weisen. Dutzende ausländischer Firmen – Amoco, Mitsubishi, Hyundai, PalmCo und andere – schlossen Vorverträge mit sowjetischen Staatskonzernen: Erschließung von Erdöl- und Erdgasreserven im westlichen Sibirien, Entwicklung der Holzwirtschaft und Verlegung von Gaspipelines im Fernen Osten, Errichtung von Fabriken und Lagerkapazitäten für die lebensmittelverarbeitende Industrie, Hafenausbau, Wohnungsbau, Erschließung von Skigebieten, Entwicklung touristischer Infrastruktur (Hotels, Diskotheken). Verwirklicht wurden von diesen Projekten nur wenige. Die Risiken für westliche Unternehmen waren oft zu groß. Die Staatsbürokratie war schwerfällig und entscheidungsunfähig, die Arbeitsproduktivität in den Betrieben niedrig, Vertragstreue und

Zahlungsmoral waren schlecht. In den letzten Tagen der Sowjetunion brach auch noch das Güterverteilungssystem zusammen. Die Tauschwirtschaft zwischen den Republiken, den Bezirken, den Städten, Dörfern und Betrieben blühte auf. Holz wurde gegen Getreide getauscht, Schuhe gegen Traktoren, Zucker gegen Zement. Die Amur-Region lieferte einem Butter- und Speisefettkombinat in Chabarowsk Sojabohnen und erhielt dafür Unterstützung beim Ausbau ihrer Textilindustrie. Der Handel an der chinesisch-sowjetischen Grenze nahm einen ungeahnten Aufschwung: die sibirischen Partner tauschten Düngemittel und Holz gegen Handtücher, Hemden, Blusen und Taschenlampen.

Geschichte ist geduldig, und »wer auch immer beim Abfassen einer Chronik der jüngsten Vergangenheit der Wahrheit zu dicht auf die Fersen rückt«, warnte Sir Walter Raleigh in seiner *History of the World*, »dem kann es leicht passieren, daß sie ihm die Zähne einschlägt.« Raleigh, der sich den Zorn eines Souveräns zugezogen hatte, dachte nicht nur an das Problem der Wahrhaftigkeit. Einen Blick in die Zukunft Rußlands zu wagen, ist heute schwerer denn je. Es gibt zu viele Ungewißheiten. An eine Prophezeiung, die vor über 200 Jahren Michail Lomonossow ausgesprochen hat, können wir vielleicht doch anknüpfen: »Rußlands Macht wird auf dem Rücken Sibiriens wachsen.« Lomonossow sagte das zu einem Zeitpunkt, als das Zarenreich die ersten Expansionsschritte nach Osten tat. Heute, nachdem das Sowjetreich zerfallen ist, atmet diese Aussage mehr Wahrheit, als Lomonossow je gedacht hat. Als die Russen erstmals den Ural überschritten, gab es dort, abgesehen von dem äußerst lose konföderierten Staat Sibir, kein nationales Gemeinwesen, das Widerstand hätte leisten können; auch als die Russen zügig weitere Teile des Riesenlandes eroberten, stellte sich ihnen niemand entgegen – bis sie im Tal des Amur auf die Chinesen stießen. Doch die Chinesen reklamierten ihrerseits nie irgendeinen Teil Sibiriens für sich selbst (abgesehen davon, daß sie auf die Tributpflichtigkeit einiger weniger Eingeborenenstämme pochten); ihr Interesse, das sie an dem Land nördlich der Mongolei hatten, schrieben sie 1689 im Vertrag von Nertschinsk bereitwillig ab. Die Russen können daher davon ausgehen, daß ihre Besitzansprüche dieses Riesenlandes, abgesehen von den traditionellen Rechten der Ureinwohner, von keiner Macht der Welt bestritten werden, und die Eingeborenen sind im Verhältnis zu den in Sibirien ansässigen Russen nicht stark genug, um eine gemeinsame nationalistische Widerstandsbewegung aufbauen zu können. Keine Minderheit wird heute, so scheint es, auf die Idee kommen, einen unabhängigen Staat für sich zu fordern – es sei denn, die ganze russische Kolonie Sibirien würde ihre Unabhängigkeit erklären. Ein solcher Schritt ist jedoch von der Stimmungslage her kaum zu erwarten. Heute leben ein Viertel bis ein Drittel aller Russen in Sibirien; es gibt keine Anzeichen dafür, daß sie den Status einer autonomen Republik innerhalb der russischen Föderation beanspruchen wollen, wie er für die nichtrussischen Nationalitäten des Landes als Möglichkeit vorgesehen ist. Ein in Lettland geborener russischer Leutnant stellte, so war zu lesen, im Mai 1990 in einem Streitgespräch mit Landsleuten, die für ein unabhängiges Lettland waren, die Frage: »Wo soll das alles hinführen? Die baltischen Staaten wollen aus der Union austreten. Glaubt ihr, daß davon irgend etwas besser wird? Dann werden auch die Tschuktschen ihren eigenen Staat haben wollen. Und die sitzen auf dem ganzen Gold. Sie könnten leben wie die arabischen Scheichs.« Die meisten Tschuktschen würden diese Idee sicher verwunderlich finden. Was die eingeborenen und die russischen Sibirer allerdings wollen, ist mehr politische Mitsprache bei der Gestaltung ihres Lebens und bei der Verwaltung des Landes.

Während die dem Zaren- und Sowjetreich künstlich verbundenen Randstaaten sich von Rußland losgesagt haben, wird Sibirien wohl Teil des russischen Reiches bleiben. Mit Sibirien aber wird Rußland weiterhin das größte Land der Erde sein – und potentiell auch das reichste.

ZEITTAFEL

1803   Alexander Baranow bricht nach Alaska auf
1803   Erste russische Weltumsegelung
1804   Erste diplomatische Vertretung Rußlands in Japan
1812   Gründung der Ross Company nördlich des heutigen
San Francisco
1815   Der Zar beansprucht Hawaii
1823   Die Monroe-Doktrin wird verkündet
1825   Dekabristenaufstand
1847   Nikolai Murawjew wird Generalgouverneur Sibiriens
1849   Befahrbarkeit des unteren Amur und Inselcharakter
von Sachalin werden festgestellt
1853   Ausbruch des Krimkriegs
1856   Murawjew beansprucht den Amur für den Zaren
1858   Vertrag von Aigun
1860   Vertrag von Peking und Gründung von Wladiwostok
1867   Rußland verkauft Alaska an die Vereinigten Staaten
von Amerika
1891   Baubeginn an der Transsibirischen Eisenbahn
1896   Baubeginn an der Ostchinesischen Eisenbahn
1898   Rußland pachtet Port Arthur
1899   Verbannungssystem wird abgeschafft
1904-05   Russisch-Japanischer Krieg
9. Januar 1905   »Blutiger Sonntag«
1905   Vertrag von Portsmouth
1908   Baubeginn an der Amur-Eisenbahn
1914   Ausbruch des Ersten Weltkriegs
Februar/März 1917   Zar Nikolaus II. wird gestürzt
25. Oktober 1917   Bolschewiken ergreifen die Macht in St. Petersburg
März 1918   Vertrag von Brest-Litowsk
April 1918   Beginn der alliierten Intervention und des russischen
Bürgerkriegs
Mai 1918   Aufstand des tschechoslowakischen Corps

November 1918   Alexander Koltschak ernennt sich zum »Reichsverwe-
ser«

Winter 1919-20	Armeen von Koltschak und anderer »Weißer« werden besiegt
April 1920	Fernöstliche Republik wird gegründet
März 1921	Die »Neue Ökonomische Politik« (NEP) wird eingeführt
2. April 1922	Stalin wird Generalsekretär der Partei
Oktober 1922	Japan zieht sich aus Wladiwostok zurück
Oktober 1928	Erster Fünfjahresplan wird verabschiedet
Dezember 1929	Ende der NEP. Beginn des Kollektivismus
1930	Das sowjetische Zwangsarbeiterlagersystem, genannt Gulag, wird eingerichtet
1. Dezember 1934	Ermordung von Sergej Kirow
1937-38	»Der große Terror«
Juni 1941	Deutschland greift die Sowjetunion an
8. August 1945	Die Sowjetunion erklärt Japan den Krieg
Januar 1953	»Die Ärzteverschwörung«
5. März 1953	Tod Stalins
September 1953	Chruschtschow wird Erster Parteisekretär
1954	Baubeginn am Staudamm von Bratsk
Februar 1956	20. Parteikongreß mit Rede Chruschtschows: Absage an den »Personenkult« und Darstellung von Stalins Verbrechen
Februar 1958	Kollektive Landwirtschaftsmaschinen- und Traktoren-Stationen werden abgeschafft
November 1962	Solschenizyn veröffentlicht in *Nowi Mir* seinen Roman »Ein Tag im Leben des Iwan Dennisowitsch«
November 1963	Pläne für ein »Einheitliches Energiesystem« für Sibirien fertiggestellt
14. Oktober 1964	Chruschtschow wird seines Amtes enthoben. Nachfolger wird Breschnew
September 1966	Strafrecht wird überarbeitet, um Dissidenten besser verfolgen zu können
März 1969	Kämpfe an der russisch-chinesischen Grenze
Februar 1974	Solschenizyn wird nach dem Erscheinen seines »Archipel Gulag« in Paris aus der Sowjetunion verbannt

1974	Baikal-Amur-Magistrale (BAM) wird wieder in Betrieb genommen
November 1982	Berschnew stirbt. Nachfolger wird Andropow
Februar 1984	Andropow stirbt. Nachfolger wird Tschernenko
März 1985	Tschernenko stirbt. Nachfolger wird Gorbatschow
Sommer 1985	Start von »Perestroika« und »Glasnost«
1991	Auflösung der Sowjetunion

DANKSAGUNG

Der Autor dankt für die Erlaubnis, zitieren zu können aus: Karlo Stajner: *7000 Tage in Sibirien;* Christina Sutherland: *Die Prinzessin von Sibirien;* Leo Tolstoj: *Auferstehung;* John J. Stephan: *Sakhalin. A History;* Alan Wood: *The History of Siberia.* Der Autor dankt auch für die Abdruckerlaubnis von Koltschaks Sibirien-Karte aus Richard Luckett: *The White Generals* und der Karte von Russisch-Amerika aus James R. Gibson: *Imperial Russia in Frontier America.*

BIBLIOGRAPHIE

BIBLIOGRAPHIEN

Haycox, Stephen und Betty, Melvin Rick's Alaskan Bibliography: An Introductory Guide to Alaskan Historical Literature, Portland (Oregon) 1977.

Jakobson, Roman, Paleosiberian Peoples and Languages. A Bibliographical Guide, New Haven 1957.

Kerner, Robert J., Northeastern Asia. A Selected Bibliography, 2 Bde., Berkeley 1942.

Mezhov, Vladimir I., Sibirskaia Bibliografiia [Sibirische Bibliographie], 3 Bde. in 2, St. Petersburg 1903.

Pierce, Richard A., »Archival and Bibliographic Materials on Russian America Outside the USSR« in Russia's American Colony, Hrsg. Frederick Starr, Durham 1987, S. 353–65.

Polansky, Patricia, »Published Sources on Russian America«, in Russia's American Colony, Hrsg. Starr, S. 319–52.

- dies. und Robert Valliant, Siberia. A Bibliographic Introduction to Sources, Honolulu 1980.

Tomashevskii, V. V., Materialy k bibliografii Sibiri i dalnegovostoka, XV- pervaia polovina XIX veka [Material für eine Bibliographie zu Sibirien und dem Fernen Osten, 15. Jahrhundert bis erste Hälfte des 19. Jahrhunderts], Wladiwostok 1957.

ATLANTEN UND KARTEN

Atlas International Larousse Politique et Economique, Paris 1950.

Chew, A. F., An Atlas of Russian History: Eleven Centuries of Changing Borders, New Haven 1967.

Efimov, A. F. (Hrsg.) Atlas geograficheskikh otkrytii v Sibiri i v severo-Zapadnoi Amerike XVII–XVIII vv [Atlas Geographischer Entdeckungen in Sibirien und Nordwest-Amerika im Siebzehnten und Achtzehnten Jahrhundert], Moskau 1964.

Gilbert, M., Russian History Atlas, New York 1972.

Levin, M. G. und L. P. Potapov (Hrsg.), Istoriko-etnograficheskii atlas Sibiri [Historisch-Ethnographischer Atlas von Sibirien], Moskau und Leningrad 1961.

BÜCHER

Ackerman, Carl W., Trailing the Bolsheviki; Twelve Thousand Miles with the Allies in Siberia, New York 1919.

Adamov, A.G., G.I. Shelikhov, Moskau 1952.

Afonsky, Bishop Gregory, A History of the Orthodox Church in Alaska, 1794–1917, Kodiak (Alaska) 1977.

Alekseev, A.I., Kolumby russkie [Russische Kolumbusse], Magadan 1966.

- ders., Osvoeniia russkimi liudmi dalnego vostoka i Russkoi Ameriki do kontsa XIX veka [Die Eroberung des Fernen Ostens und Russisch-Amerikas durch das russische Volk bis zum Ende des Neunzehnten Jahrhunderts], Moskau 1982.

Amalrik, Andrei, Unfreiwillige Reise nach Sibirien, aus d. Russ. von Nonna Nielsen-Stokkeby, Reinbek 1971.

Anderson, M.S. Britain's Discovery of Russia, London 1958.

Andreev, A.I., Ocherki po istochnikovedeniiu Sibiri, XVII v [Quellenübersicht zur Sibirienkunde, Siebzehntes Jahrhundert], Leningrad 1937.

- ders. (Hrsg.), Russian Discoveries in the Pacific and in North America in the Eighteenth and Nineteenth Centuries, übers. v. Carl Ginsburg, Ann Arbor 1952.

Andrews, Clarence L., The Story of Alaska, Caldwell (Idaho) 1938.

Armstrong, Terence E., The Northern Sea Route; Soviet Exploitation of the North East Passage, Cambridge 1952.

- ders., The Russians in the Arctic, Fairlawn (New Jersey) 1958.

- ders., Russian Settlement in the North, Cambridge 1965.

- ders. (Hrsg.), Yermak's Campaign in Siberia: A Selection of Documents, übers. v. Tatiana Minorsky und David Wileman, London 1975.

Asher, Oksana Dray-Khmara, Letters from the Gulag. The Life, Letters and Poetry of Michael Dray-Khmara, New York 1983.

Atkinson, Thomas Witlam, Oriental and Western Siberia, London 1858.

- ders., Travels in the Regions of the Upper and Lower Amoor and the Russian Acquisitions on the Confines of India and China, New York 1860.

Avrich, Paul, Russian Rebels 1600–1800, New York 1972.

Avvacum: Das Leben des Protopopen Avvakum von ihm selbst niedergeschrieben, aus d. Altruss. von Gerhard Hildebrandt, Göttingen 1965.

Baerlein, Henry, The March of the Seventy Thousand, London 1926.

Baddeley, John F., Russia, Mongolia, China, 2 Bde., London 1919.

Bagrow, L. (Hrsg.), The Atlas of Siberia by Semyon U. Remezov, Supplement to Imago Mundi, 's-Gravenhage 1958.

- ders., A History of Russian Cartography up to 1800, Hrsg. H. W. Castner, Wolfe Island, Ontario 1975.

Bain, R.N., Slavonic Europe: A Political History of Poland and Russia from 1447 to 1796, Cambridge 1908.

Baker, John N.L., A History of Geographical Discovery and Exploration, London 1945.

Bakhrushin, S. V., Kazaki na Amure [Die Kosaken auf dem Amur], Leningrad 1925.

- ders., Nauchnie Trudy [Wissenschaftliche Arbeiten], 4 Bde., Moskau 1955.

Balzer, Marjorie M. (Hrsg.), Shamanism. Soviet Studies of Traditional Religion in Siberia and Central Asia, Armonk (New York) 1990.

Banno, Masataka, China and the West, Cambridge 1964.

Barber, Noel, Trans-Siberian, London 1942.

Baring, Maurice, The Russian People, London 1911.

Baron, S. H., The Travels of Olearius in Seventeenth Century Russia, Stanford 1967.

Baron, S. W., The Russian Jew under Tsars and Soviets, New York 1964.

Barratt, Glynn, Russia in Pacific Waters, 1715–1825: A Survey of the Origins of Russia's Naval Presence in the North and South Pacific, Vancouver 1980.

- ders., The Russian Discovery of Hawaii. The Ethnographic and Historic Record, Honolulu 1987.

- ders., The Russian View of Honolulu, 1809–26, Ottawa 1988.

Barsukov, Ivan, Graf Nikolai Nikolajewitsch Marawjev-Amurskij, 2 Bde., Moskau 1891.

Barthold, V.V. (Hrsg.), La Découverte de l'Asie; Historie de l'Orientalisme en Europe et en Russe, Paris 1947.

Bater, J.H. und R.A. French (Hrsg.), Studies in Russian Historical Geography, 2 Bde., London 1983.

Bau, Mingchien J., The Foreign Relations of China: A History and a Survey. New York 1921.

Bawden, C. R., Shamans, Lamas and Evangelicals. The English Missionaries in Siberia, London 1985.

Beaglehole, John C., The Life of Captain James Cook, Stanford 1974.

Beazley, Raymond, The Dawn of Modern Geography, 3 Bde., London 1906.

- ders., The Texts and Versions of John de Plano Carpini and William Rubruquis, London 1903.

- ders., Nevill Forbes und G. A Birkett, Russia from the Varangians to the Bolsheviks, Oxford 1918.

Belov, M.I., Istoriia otkrytiia i osvoeniia severnogo morskogo puti [Geschichte der Entdeckung und Entwicklung des nördlichen Seeweges], 4 Bde., Moskau 1956–69.

- ders., Semjon Deschnew, Moskau 1955.

Benyowsky, Mauritius Augustus, Graf von, Memoirs and Travels, London 1790.

Berg, L.S., Istoriia russkikh geograficheskikh otkrytii [Geschichte russischer geographischer Entdeckungen], Moskau 1962.

Berkh, Vasily N., The Chronological History of the Discovery of the Aleutian Islands, Hrsg. Richard A. Pierce, übers. v. Dimitri Krenov, Kingston (Ontario) 1974.

Beveridge, Albert J., The Russian Advance, New York 1903.

Blackwell, W.L., The Beginnings of Russian Industrialization, 1800–1860, Princeton 1968.

Blum, Jerome, Lord and Peasant in Russia from the Ninth to the Nineteenth Century, Princeton 1961.

Bobrick, Benson, Fearful Majesty. The Life and Reign of Ivan the Terrible, New York 1987.

Bockstoce, John R., Whales, Ice, and Men, Seattle 1986.

Bogaras, Waldemar, The Chukchee, New York 1904–09.

- ders., The Eskimo of Siberia, New York 1913.

Bolkhovitinov, Nikolay N., The Beginnings of Russian-American Relations, 1775–1815, übers. v. Elena Levin, Cambridge 1975.

- ders., Russko-amerikanskie otnosheniia, 1815–1832 [Russisch-amerikanische Beziehungen 1815–1832], Moskau 1975.

Bolshaia Sovetskaia entsiklopediia [Große Sowjetische Enzyklopädie], 2.Aufl., Moskau 1949–57.

Bond, E. A. (Hrsg.), Russia at the Close of the Sixteenth Century, London 1856.

Bookwalter, John W., Siberia and Central Asia. Springfield (Ohio) 1899.

Borodin, George, Soviet and Tsarist Russia, London 1944.

Brooks, Jeffrey, When Russia Learned to Read, Princeton 1985.

Brown, Arthur Judson, The Mastery of the Far East, New York 1919.

Bunje, E.T.H., H. Penn und F.J. Schmitz, Russian California, 1805–1841, San Francisco 1970.

Burney, J.A., Chronological History of the North-eastern Voyages of Discovery and of the Early Navigations of the Russians, London 1819.

Bush, Richard J., Reindeer, Dogs, and Snow-Shoes, New York 1871.

Butsinski, Petr N., Mangazeia i mangazeiskii uezd, 1601–1645 [Mangaseja 1601–1645], Charkow 1889.

Chamberlin, Henry, The Russian Revolution, 1917–1921, 2 Bde., Princeton 1987.

Channing, C.G. Fairfax, Siberia's Untouched Treasure. Its Future Role in the World, New York 1923.

Chard, Chester S., Kamchadal Culture and Its Relationships in the Old and New Worlds, Madison 1961.

Chen, Vincent, Sino-Russian Relations in the Seventeenth Century, Den Haag 1968.

Chevigny, Hector, Russian America: The Great Alaskan Venture, 1741–1867, New York 1965.

Chronicle of Novgorod, 1016–1417, übers. v. Robert Michell und Nevill Forbes, Hattiesburg (Massachusetts) 1970.

Churchill, Winston, The Aftermath, London 1929.

Clark, Francis E., A New Way Around an Old World, New York 1901.

Clark, Henry W., History of Alaska, New York 1930.

Clubb, O. Edmund, China and Russia: The »Great Game«, New York 1971.

Cochrane, Captain John Dundas, Narrative of a Pedestrian Journey Through Russia and Siberian Tartary, from the Frontiers of China to the Frozen Sea and Kamtchatka; Performed During the Years 1820, 1821, 1822, and 1823, Philadelphia 1824.

Colby, Merle, A Guide to Alaska, the Last Frontier, New York 1950.

Coleman, Frederic. Japan Moves North. The Inside Story of the Struggle for Siberia, London 1918.

Collins, Perry McDonough, Siberian Journey: Down the Amur to the Pacific, 1856–1857, Hrsg. Charles Vevier, Madison 1962.

Conolly, Violet, Siberia Today and Tomorrow, London 1976.

Conquest, Robert, Am Anfang starb der Genosse Kirow. Säuberungen unter Stalin, Düsseldorf 1970.

- ders., The Harvest of Sorrow, New York, 1986.

- ders., Kolyma. The Arctic Death Camps, Oxford 1980.

Conroy, Hilary, The Japanese Seizure of Korea, 1868–1910, Philadelphia 1960.

Cook, James, Cooks Fahrten um die Welt. Bericht nach seinen Tagebüchern, Leipzig 1966.

Cook, Warren L., Flood Tide of Empire: Spain and the Pacific Northwest, 1543–1819, New Haven 1973.

Cottrell, Charles Herbert, Recollections of Siberia, London 1842.

Courant, Maurice, La Siberie colonie russe jusqu'à la construction du Transsibérien, Paris 1920.

Coxe, William. Account of the Russian Discoveries between Asia and America; to which are added, The Conquest of Siberia and The History of the Transactions and Commerce between Russia and China, London 1804.

Cressen, W.P., The Cossacks, Their History and Country, New York 1919.

Cross, A. (Hrsg.), Russia Under Western Eyes, 1517–1825, New York 1971.

Czaplicka, M.A., Aboriginal Siberia, Oxford 1914.

Dall, William H., Early Explorations to the Regions of the Bering Sea and Strait, Washington (D.C.) 1891.

Dallin, David J., The Rise of Russia in Asia. New Haven, 1949.

- ders., The New Soviet Empire, New Haven 1951.

- ders. und Boris Nikoiaevsky, Forced Labor in Soviet Russia, New Haven 1947.

Davydov, G.I., Two Voyages to Russian America, 1802–1807, übers. v. Richard A. Pierce, Kingston (Ontario) 1977.

DeLesseps, M., Travels in Kamchatka, during the Years 1787 and 1788, 2 Bde., London 1790.

Deutsch, Leo, Sixteen Years in Siberia: 1884–1900, übers. v. Helen Chisholm, London 1903.

De Veer, Gerrit, The Three Voyages of William Barents to the Arctic Regions, London 1876.

De Windt, Harry, Through the Gold-Fields of Alaska to the Bering Straits, New York 1898.

Divin, V. A, Russkie moreplavaniia na Tikhom okeane v. XVIII veke [Russische Seefahrt im Pazifik im 18. Jahrhundert], Moskau 1971.

Dmytryshyn, Basil und E.A.P. Crownhart-Vaughan (Hrsg. und Übers.), Colonial Russian America: Kyrill T. Khlebnikov's Reports, 1817–1832, Portland (Oregon) 1976.

- dies. (Hrsg. und Übers.), The End of Russian America. Captain P.N. Golovin's Last Report, 1862, Portland (Oregon) 1979.

- dies. und Thomas Vaughan, Russia's Conquest of Siberia, 1558–1700: A Documentary Record, Portland (Oregon) 1985.

- dies., Russian Penetration of the North Pacific Ocean, 1700–1797: A Documentary Record, Portland (Oregon) 1988.

- dies., The Russian American Colonies, 1798–1867: A Documentary Record, Portland (Oregon) 1989.

Dobell, Peter, Travels in Kamtchatka and Siberia; With a Narrative of a Residence in China, 2 Bde., London 1830.

Dostojewski, Fjodor, Aufzeichnungen aus einem Totenhaus, Frankfurt a. M. 1972.

Dotsenko, P.S., The Struggle for Democracy in Siberia, 1917–1920, Stanford 1983.

Dubnow, S.M., History of the Jews in Russia and Poland, 3 Bde., Philadelphia 1916.

D'Wolf; Captain John, A Voyage to the North Pacific and a Journey Through Siberia, Cambridge 1861.

Edmondson, Linda (Hrsg.), Civil Rights in Imperial Russia, Oxford 1989.

Eden, Charles Henry, Frozen Asia: A Sketch of Modern Siberia, London 1879.

Efimov, A. V., Iz istorii velikikh russkikh geograficheskikh otkrytii v severnom ledovitom i tikhom okeanakh, XVII–pervaia polovina XVlII v [Geschichte der großen russischen geografischen Entdeckungen im Nordatlantik und im Pazifik vom 17. bis zur ersten Hälfte des 18. Jahrhunderts], Moskau 1950.

Emmons, Terence, The Russian Landed Gentry and the Peasant Emancipation of 1861, Cambridge 1968.

Erman, Adolph, Travels in Siberia, übers. v. W. D. Cooley. 2 Bde., Philadelphia 1850.

Esthus, Raymond A., Double Eagle and Rising Sun. The Russians and Japanese at Portsmouth in 1905, Durham (North Carolina) 1988.

Fedorova, Svetlana G., The Russian Population in Alaska and California: Late Eighteenth Century – 1867, hrsgg. und übers. v. Richard A. Pierce und Alton S. Donnelly, Kingston (Ontario) 1973.

Figner, Vera, Memoirs of a Revolutionist, New York 1927.

Fischer, Johann Eberhard, Sibirische Geschichte, 2 Bde., St. Petersburg 1768; Neudruck Osnabrück 1973.

Fisher, Raymond H., Bering's Voyages: Whither and Why, Seattle 1977.

- ders., The Russian Fur Trade, 1550–1700, Berkeley und Los Angeles 1943.

- ders., The Voyage of Semen Dezhnev in 1648. Bering's Precursor, London 1981.

Fisher, Robin und Hugh Johnston (Hrsg.), Captain Cook and His Times, London und Vancouver 1979.

Fitzhugh, William W. und Aron Crowell, Crossroads of Continents, Washington (D.C.) 1988.

Fleming, Peter, The Fate of Admiral Kolchak, New York 1963.

Fletcher, Giles und Jerome Horsey, Russia at the Close of the Sixteenth Century, Hrsg. E.A. Bond, London 1856.

Florinsky, Michael T., Russia: A History and an Interpretation, 2 Bde., New York 1953.

- ders. (Hrsg.), McGraw-Hill Encyclopedia of Russia and the Soviet Union, New York 1961.

Florovsky, George, Ways of Russian Theology, Belmont (Massachusetts) 1979.

Foust, Clifford M., Muscovite and Mandarin: Russia's Trade with China and Its Setting, 1727–1805, Chapel Hill 1969.

Garrett, Paul, St. Innocent. Apostle to America, Crestwood (New York) 1979.

Geyer, Dietrich, Der russische Imperialismus. Studien über den Zusammenhang von innerer und auswärtiger Politik 1860–1914, Göttingen 1977.

Gibson, James R., Feeding the Russian Fur Trade: Provisionment of the Okhotsk Seaboard and the Kamchatka Peninsula, 1639–1856, Madison 1969.

- ders., Imperial Russia in Frontier America: The Changing Geography of Supply of Russian America, 1784–1867, New York 1976.

Ginzburg, Eugenia Semyonovna, Journey into the Whirlwind, New York 1967.

Gmelin, Johann G., Flora Sibirica [Die Flora Sibiriens], 4 Bde., St. Petersburg 1747–69.

- ders., Reise durch Sibirien von dem Jahr 1733 bis 1743, 4 Bde., Göttingen 1751–52. Neuausgabe in Scurla, Herbert (Hrsg.), Jenseits des Steinernen Tores. Reisen deutscher Forscher des 18. und 19. Jahrhunderts durch Sibirien, Berlin 1976.

Goldenberg, L.A., Semen Ulianovich Remezov: Sibirskii kartograf i geograf, 1642 – posle 1720 gg. [Semjon Uljanowitsch Remesow: Kartograph und Geograph, 1642 bis nach 1720], Moskau 1965.

Golder, Frank A., Bering's Voyages: An Account of the Efforts of the Russians to Learn the Relation of Asia and America, 2 Bde., übers. v. Leonhard Stejneger, New York 1922 und 1925.

- ders., Russian Expansion on the Pacific, 1641–1850, Cleveland 1914.

Golovin, Pavel N., Civil and Savage Encounters, übers. und mit Anm. versehen v. Basil Dmytryshyn und E.A.P. Crownhart-Vaughan, Portland (Oregon) 1983.

- ders., The End of Russian America. Captain P.N. Golovin's Last Report, 1862. Portland (Oregon) 1979.

Golovnin, V.M., Around the World on the Kamchatka, 1817–1819, hrsgg. und übers. v. Ella Lury Wiswell, Honolulu 1979.

Graves, William S., America's Siberian Adventure 1918–1920, New York 1931.

Guide to the Great Siberian Railway, zusammengestellt vom Kaiserlichen Ministerium für Verkehr und Transport, Hrsg. Dmitriev-Mamonov und A.F. Zdziarski, St. Petersburg 1900.

Hakluyt, Richard, The Principal Navigations Voyages Traffiques & Discoveries of the English Nation, Erstveröffentlichung 1589, 12 Bde., Nachdruck New York 1964.

Halde, Jean Baptiste du, S.J., The General History of China Containing a Geographical, Historical, Chronological and Physical Description of the Empire of China and Chinese Tartary, London 1736.

Hale,.J.R., Renaissance Exploration, New York 1968.

Handbook of Siberia and Arctic Russia, A, Bd. 1, zusammengestellt von der Geographischen Abteilung des britischen Marinenachrichtendienstes, London 1920.

Hargreaves, R., Red Sun Rising: The Siege of Port Arthur, London 1962.

Heller, Mikhail und Aleksandr Nekrich, Utopia in Power. The History of the Soviet Union from 1917 to the Present, New York 1986.

Hellman, Lillian (Hrsg.), The Selected Letters of Anton Chekhov, übers. v. Sidonie Lederer, New York 1955.

Herberstein, Sigismund von, Notes Upon Russia, hrsgg. und übers. v. R.H. Major, 2 Bde., London 1851–52.

Hill, S.S., Travels in Siberia, 2 Bde., London 1854.

Hingley, R., The Tsars, London 1968.

Hoehling, A.A., The Jeannette Expedition, London 1967.

Howard, B.D., Life with Transsiberian Savages, London 1893.

- ders., Prisoners of Russia: A Personal Study of Convict Life in Sakhalin and Siberia, New York 1902.

Howorth, H.H., History of the Mongols from the Ninth to the Nineteenth Century, 5 Bde., London 1876–88.

Hrdlicka, Ales, The Peoples of the Soviet Union, Washington (D.C.) 1942.

- ders., The Aleutian and Commander Islands and Their Inhabitants, Philadelphia 1945.

Hulley, Clarence C., Alaska: Past and Present, Portland (Oregon) 1953.

Hummel, Arthur W., Eminent Chinese of the Ch'ing Period, 1644–1912, 2 Bde., Washington (D.C.) 1943.

Huppert, Hugo, Sibirische Mannschaft. Ein Skizzenbuch des Kussbass, Berlin/Ost 1961.

Imrey, Ferenc, Through Blood and Ice, New York 1930.

Istoriia Sibiri [Geschichte Sibiriens], 5 Bde., Leningrad 1968–69.

Ivanov, Vsevolod V., The Trans-Siberian Express, Moskau 1933.

Jefferson, Robert L., Roughing It in Siberia, London 1897.

Jochelson, Waldemar, History, Ethnology and Anthropology of the Aleut, Washington (D.C.) 1933.

- ders., Peoples of Asiatic Russia, New York 1928.

Johnson, Henry, The Life and Voyages of Joseph Wiggins, New York 1907.

Kaiser, Robert G., Alle Kinder Lenins. Rußland heute. Alltag einer Weltmacht, aus d. Amerik. von Reinhold Neumann-Hoditz, Reinbek 1976.

Karlinsky, Simon, Anton Chekhov's Life and Thought, Selected Letters and Commentary, übers. v. M.H. Hein, Berkeley 1973.

Karpovich, Michael, Imperial Russia, 1801–1917, New York 1932.

Keene, Donald, The Japanese Discovery of Europe, 1720–1798, New York 1954.

Kelly, Lawrence, Moscow, New York 1984.

Kennan, George F., Zeltleben in Sibirien, 3. Aufl., Berlin 1890.

- ders., Sibirien!, 10. Aufl., Berlin 1890.

- ders., Sibirien!, Neue Folge, 7. Aufl., Berlin 1890.

- ders., Sibirien!, Dritter (Schluß-)Band, 2. Aufl., Berlin 1892.

Kerner, Robert J., The Urge to the Sea, Berkeley und Los Angeles 1942.

Khlebnikov, K. T., Baranov: Chief Manager of the Russian Colonies in America, Hrsg. Richard A. Pierce, übers. v. Colin Bearne, Kingston (Ontario) 1973.

- ders., Colonial Russian America: Kyrill T. Khlebnikov's Reports, 1817–1832, hrsgg. und übers. v. Basil Dmytryshyn und E.A.P. Crownhart-Vaughan, Portland (Oregon) 1976.

Kirchner, W., The Commercial Relations Between Russia and Europe, 1400–1800, Bloomington 1966.

- ders. (Hrsg.), A Siberian Journey. The Journal of Hans Jakob Fries, 1774–1776, London 1935.

Klose, Kevin, Russia and the Russians. Inside the Closed Society, New York 1954.

Kolarz, Walter, Rußland und seine asiatischen Völker, übers. v. Gerhard Grüning, Frankfurt a.M. 1956.

Kotzebue, O. von, A Voyage of Discovery into the South Sea and Bering Straits for the Purpose of Exploring a North-East Passage, Undertaken in the Years 1815–1818, 3 Bde., London 1921.

Krasheninnikov, Stepan P., Explorations of Kamchatka, 1735–1741, Übers. und Anm. v. E.A.P. Crownhart-Vaughan, Portland (Oregon) 1972.

Krausse, A.S., Russia in Asia, 1558–1899, New York 1899.

Kropotkin, P., Memoirs of a Revolutionist, Boston 1899.

Krusenstern, Captain A.J. von, Voyage Round the World in the Years 1803, 1804, 1805, and 1806, übers. v. R.B. Hoppner, 2 Bde., London 1813.

Krypton, Constantin, The Northern Sea Route. Its Place in Russian Economic History Before 1917, 2 Bde., New York 1953–56.

Kuropatkin, A.N., The Russian Army and the Japanese War, 2 Bde., London 1909.

Kushnarev, Evgenii V., In Search of the Strait: The First Kamchatka Expedition, 1725–1730, übers. v. E.A.P. Crownhart-Vaughan. Portland (Oregon) 1989.

Langsdorf, Georg Heinrich von, Bemerkungen auf einer Reise durch die Welt in den Jahren 1803 bis 1807, Zerbst 1819.

Lansdell, Henry, Through Siberia, Boston 1882.

Lantzeff, George V., Siberia in the Seventeenth Century: A Study of the Colonial Administration, Berkeley und Los Angeles 1943.

- ders. und Richard Pierce, Eastward to Empire, Montreal 1973.

Lauridsen, Peter, Vitus Bering: The Discoverer of Bering Strait, übers. v. J.O. Olson, Chicago 1889.

Lavender, David, The Way to the Western Sea, New York 1988.

Ledyard, John, John Ledyard's Journal of Captain Cook's Last Voyage, Hrsg. J.K. Munford, Corvalis (Oregon) 1963.

Lengyel, Emil, Siberia, New York 1943.

Lensen, George, A Balance of Intrigue: International Rivalry in Korea and Manchuria, 1884–99, 2 Bde., Tallahassee (Florida) 1982.

- ders., The Russian Push Toward Japan; Russo-Japanese Relations 1697–1875, Princeton 1959.

- ders., The Russo-Japanese War. Tallahassee (Florida) 1967.

Lomonosov, Mikhail, A Brief Description of Various Voyages, St. Petersburg 1764.

Leroy-Beaulieu, A., Empire of the Tsars and Russians, 3 Bde., New York 1902–03.

Lesseps, Jean Baptiste Barthelemy, Baron de, Travels in Kamchatka, during the Years 1787 and 1788, 2 Bde., London 1808.

Lessner, Erwin, Cradle of Conquerors: Siberia, Garden City (New York) 1955.

Levin, M.G., und L.P. Potapov (Hrsg.), The Peoples of Siberia, übers. v. Scripta Technica Inc., Chicago 1964.

Lobanov-Rostovsky, Prince Andrei, Russia and Asia, New York 1933.

Longworth, Philip, The Cossacks, New York 1970.

Lower, J. Arthur, Ocean of Destiny: A Concise History of the North Pacific, 1500–1978, Vancouver (British Columbia) 1978.

Luckett, Richard, The White Generals, London 1971.

Lyaschenko, Peter I., History of the National Economy of Russia to the 1917 Revolution, übers. v. L.M. Herman, New York 1949.

- ders., Russia and China: Their Diplomatic Relations to 1728, Cambridge 1971.

Makarova, Raisa V., Russians on the Pacific, 1743–1799, Hrsg. und Übers. Richard A. Pierce und Alton S. Donnelly, Kingston (Ontario), 1975.

Malia, M., Alexander Herzen and the Birth of Russian Socialism, 1812–1855, Cambridge 1961.

Malozemoff, Andrew, Russian Far Eastern Policy, 1881–1904, Berkeley 1958.

Mancall, Mark, Russia and China. Their Diplomatic Relations to 1728, Cambridge 1971.

Martin, Christopher, The Russo-Japanese War, London 1967.

Massa, Isaak, Short Account of Muscovy at the Beginning of the XVII Century, übers. v. G. Orchard, Toronto 1982.

Massie, Robert K., Peter the Great, New York 1980.

Masterson, James R. und Helen Brower (Hrsg.), Bering's Successors, 1745–80: Contributions of Peter Simon Pallas to the History of Russian Exploration Toward Alaska, Seattle 1948.

Mavor, J., An Economic History of Russia, 2 Bde., New York 1925.

Mawdsley, Evan, The Russian Civil War, Boston 1987.

Maxwell, Margaret, Narodniki Women, New York 1990.

Mazour, Anatole G., The First Russian Revolution, 1825: The Decembrist Movement, Stanford 1937.

- dies., Women in Exile: Wives of the Decembrists, Tallahassee (Florida) 1975.

Meakin, Annette M.B., A Ribbon of Iron, London 1901.

Mehlinger, H.D. und J.M. Thompson, Count Witte and the Tsarist Government in the 1905 Revolution, Bloomington 1972.

Mendelsohn, Ezra und Marshall S. Shatz (Hrsg.), Imperial Russia, 1700–1917. Essays in Honor of Marc Raeff, DeKalb (Illinois) 1988.

Michael, Henry N. (Hrsg.), The Archeology and Geomorphology of Northern Asia, Toronto 1964.

- ders., Lieutenant Zagoskin's Travels in Russian America, 1842–1844, Toronto 1967.

- ders., Studies in Siberian Shamanism, Toronto 1963.

Mirsky, Jeannette, To the Arctic! The Story of Northern Exploration from Earliest Times to the Present, Chicago 1970.

Moore, Frederick F., Siberia Today, New York 1919.

Müller, G.F., Istoriia Sibiri [Geschichte Sibiriens], 2 Bde., Moskau und Leningrad 1937–41.

- ders., Sammlung Russischer Geschichte, 9 Bde., St. Petersburg 1732–64.

- ders., Voyages from Asia to America, for Completing the Discoveries of the North West Coast of America, London 1761.

Murphy, Robert, The Haunted Voyage, New York 1961.

Naske, C. M. und H. E. Slotnick, Alaska: A History, Norman (Oklahoma) 1970.

Neatby, L.H., Discovery in Russian and Siberian Waters, Athens (Ohio) 1973.

Newby, Eric, The Big Red Train Ride, New York 1978.

Nish, Ian, The Origins of the Russo-Japanese War, New York 1985.

Noble, Algernon, Siberian Days, London 1928.

Nolde, Boris, La Formation de l'Empire Russe, 2 Bde., Paris 1952–53.

Nordenskiöld, A. E., The Voyage of the »Vega« Round Asia and Europe, With a Historical Review of Previous Journeys Along the North Coast of the Old World, übers. v. Alexander Leslie, 2 Bde., London 1881.

Norton, Henry Kittredge, The Far Eastern Republic of Siberia, London 1923.

O'Brien, C. Bickford (Hrsg.), Fort Ross: Indians, Russians, Americans, Jenner (Kalifornien) 1978.

Ogden, Adele, The California Sea-Otter Trade, 1784–1848, Berkeley 1941.

Ogorodnikov, V.I., Ocherki istorii Sibiri do nachala XIX v. [Essays über die Sibirische Geschichte vor Beginn des Neunzehnten Jahrhunderts], Wladiwostok 1924.

Okladnikov, A. P., Ancient Population of Siberia and Its Cultures, Cambridge 1959.

- ders. (Hrsg.), Istoriia Sibiri [Geschichte Sibiriens], Bd. 2, Leningrad 1968.

Okun, S.B., The Russian-American Company, Hrsg. B. D. Grekov, übers. v. Carl Ginsburg, Cambridge 1951.

Olearius, Adam (d.i. Adam Oelschläger), Moskowitische und persische Reise, Darmstadt 1959.

Owens, Kenneth N. und Alton S. Donnelly (Hrsg. und Übers.), The Wreck of the Sv. Nikolai, Portland (Oregon) 1985.

Pallas, Peter Simon, Neue Nordische Beytraege, St. Petersburg 1787–93.

- ders., Reisen durch verschiedene Provinzen des russischen Reiches in den Jahren 1769 bis 1774, in Scurla, Herbert (Hrsg.), Jenseits des Steinernen Tores. Reisen deutscher Forscher des 18. und 19. Jahrhunderts durch Sibirien, Berlin 1976.

Pares, Bernard, A History of Russia, New York 1947.

Parker, E.H., China: Her History, Diplomacy and Commerce, London 1901.

Parker, W.H., An Historical Geography of Russia, London 1968.

Parry, J.H., The Age of Reconnaissance, London 1963.

Pasternak, Boris, Doktor Schiwago, aus d. Russ. von Reinhold von Walter, Frankfurt a. M. 1991.

Phillips, G.D.R., Dawn in Siberia: The Mongols of Lake Baikal, London 1942.

Pierce, Richard A., Georg Anton Schaffer, Russia's Man in Hawaii, 1815–1817, Kingston (Ontario) 1976.

- ders. (Hrsg.), Sitka. The Wreck of the Neva, übers. v. Antoinette Shalkop, Anchorage (Alaska) 1979.

- ders., Documents on the History of the Russian-American Company, übers. v. Marina Ramsay, Kingston (Ontario) 1976.

- ders., Rezanov Reconnoiters California, 1806, San Francisco 1972.

- ders., The Russian Orthodox Religious Mission in America, 1794–1837, übers. v. Colin Bearne, Kingston (Ontario) 1978.

- ders., Russia's Hawaiian Adventure, 1815–1817, Berkeley 1965.

- ders., Siberia and Northwestern America, 1788–1792. The Journal of Carl Heinrich Merck, Naturalist with the Russian Scientific Expedition Led by Captain Joseph Billings and Gavriil Sarychev, übers. v. Fritz Jaensch, Kingston (Ontario) 1980.

Platonov, S.F., Boris Godunov, Gulf Breeze (Florida) 1973.

- ders., The Time of Troubles, übers. v. J. Alexander, Lawrence (Kansas) 1970.

Pokrovskii, A. A., Ekspeditsiia Beringa: Sbornik dokumentov [Berings Expeditionen: Eine Dokumentation], Moskau 1941.

Pokrovskii, M. N., History of Russia from the Earliest Times to the Rise of Commercial Capitalism, Hrsg. und übers. v. J. D. Clarkson, New York 1931.

Polevoi, Boris P., Grigorii Shelikhov – »Kolumb russkii« [Grigorii Shelikhov – Der russische Kolumbus], Magadan 1960.

Price, Julius M., From the Arctic Ocean to the Yellow Sea: Narrative of a Journey, 1890–1891, Across Siberia, London 1892.

Price, Morgan Phillips, Siberia, London 1912.

Prothero, G.W. (Hrsg.), Eastern Siberia, London 1920.

Puschkin, Alexander S., Gedichte, Hrsg. Harald Raab, Berlin/Ost u. Weimar 1968.

Pushkarev, S.G.A., Source Book for Russian History from Early Times to 1917, 2 Bde., New Haven 1972.

Quested, R.K.I., The Expansion of Russia in East Asia, 1857–1860, Kuala Lumpur 1968.

Raeff, Marc, Imperial Russia: The Coming of Age of Modern Russia, New York 1971.

- ders., Mikhail Speransky. Statesman of Imperial Russia, 1772–1839, Den Haag 1957.

- ders., Siberia and the Reforms of 1822, Seattle 1956.

- ders., Understanding Imperial Russia, übers. v. Arthur Goldhammer, New York 1984.

Rasky, Frank, The Polar Voyagers. Explorers of the North, New York 1976.

Ravenstein, E.G., The Russians on the Amur, London 1861.

Rawicz, Slavomir, The Long Walk, New York 1988.

Ray, Dorothy, The Eskimos of Bering Strait, 1650–1898, Seattle 1975.

Rezanov, Nikolai Petrovich, The Rezanov Voyage to Nueva California in 1806, übers. v. Thomas C. Russell, San Francisco 1826.

Riasanovsky, N.V., A History of Russia, New York 1963.

Ricks, Melvin B, The Earliest History of Alaska. Anchorage (Alaska) 1963.

Riha, T. (Hrsg.), Readings in Russian Civilization, Bd. 1, Chicago 1969.

Rogger, Hans, Russia in the Age of Modernization and Revolution, 1881–1917, London 1983.

Romanov, Boris A., Russia in Manchuria, 1892–1906, übers. v. Susan Jones, Ann Arbor 1952.

Rondière, Pierre, Siberia, übers. v. Charles Duff, New York 1967.

Rowbotham, Arnold H., Missionary and Mandarin. The Jesuits at the Court of China, Berkeley 1942.

Russia. Arkheograficheskaia kommissiia. Akty istoricheskie [Historische Akten], 5 Bde., St. Petersburg 1841–42; Index 1843.

- desgl., Dopolneniia k aktam istoricheskim [Ergänzungen zu den historischen Akten], 12 Bde., St. Petersburg 1846–72; Index 1875.

- desgl., Sibirskaia letopisi [Chronik Sibiriens], St. Petersburg 1907.

- desgl., Sbornik imperatorskoe russkoe istoricheskoe obshchestvo [Sammlung der Historischen Gesellschaft des Russischen Reiches], 148 Bde., St. Petersburg 1867–1916.

Russian Primary Chronicle, Hrsg. und übers. v. Samuel H. Cross, Cambridge 1930.

Sarychev, Gavriil A., Account of a voyage of discovery to the north-east of Siberia, the Frozen ocean, and the North-East sea, London 1806.

Satow, Ernest M., Korea and Manchuria between Russia and Japan, Hrsg. George A. Lensen, Tallahassee (Florida) 1966.

Sauer, Martin, Reise nach den nördlichen Gegenden vom russischen Asien und America unter dem Commodor Joseph Billings in d. Jahren 1785 bis 1794, Weimar 1803.

Scott, John, Behind the Urals, Bloomington 1989.

Scurla, Herbert (Hrsg.), Jenseits des Steinernen Tores. Reisen deutscher Forscher des 18. und 19. Jahrhunderts durch Sibirien, Berlin 1976.

Sebes, Joseph, The Jesuits and the Sino-Russian Treaty of Nerchinsk, 1689; the Diary of Thomas Pereira, Rom 1961.

Seebohm, Henry, Siberia in Asia: A Visit to the Valley of the Yenesay in East Siberia, London 1882.

Semenov, Juri, Die Eroberung Sibiriens. Ein Epos menschlicher Leidenschaften. Der Roman eines Landes, Berlin 1937.

Sergeyev, M., Irkutsk, Moskau, 1986.

Seton-Watson, Hugh, The Russian Empire, 1801–1917, Oxford 1960.

Shabad, Theodore und Victor L. Mote, Gateway to Siberian Resources (The BAM), London 1977.

Shalamov, Varlam, Kolyma Tales, New York 1980.

Sharnoff, Morris, An Unforgettable Odyssey. Privatdruck 1988.

Shelikov, Grigorii I., A Voyage to America, 1783–1786, übers. v. Marina Ramsay, Hrsg. Richard A. Pierce, Kingston (Ontario) 1981.

Sherwood, Morgan B. (Hrsg.), Alaska and Its History, Seattle 1967.

Shinkarev, Leonid, The Land Beyond the Mountains. Siberia and Its People Today, New York 1973.

Shipler, David K., Russia. Broken Idols, Solemn Dreams, New York 1983.

Shoemaker, Michael Myers, The Great Siberian Railway from St. Petersburg to Peking, New York 1903.

A Short Outline of the History of the Far Eastern Republic. Publiziert von der Sonderdelegation der Far Eastern Republic in den USA, Washington (D.C.)

Simpson, Sir George, Narrative of a Journey Round the World, During the Years 1841 and 1842, London 1847.

Simpson, James Young, The Present-Day Significance of Siberia, New York 1918.

- ders., Side-Lights on Siberia. Some Account of the Great Siberian Railroad, the Prisons, and Exile System, Edinburgh 1898.

Skrynnikov, R.G., Boris Godunov, übers. v. Hugh F. Graham, Gulf Breeze (Florida) 1987.

Smith, Hedrick, Die Russen, aus d. Amerik. von Jürgen Bavendam, München u. Zürich 1980.

Smolka, H.P., Forty Thousand Against the Arctic. Russia's Polar Empire, London 1937.

Solomon, Michael, Magadan, aus d. Engl. von Helga Künzel, Bayreuth 1974.

Solschenizyn, Alexander, Der Archipel Gulag, 3 Bde., Reinbek 1990.

St. George, George, Siberia. The New Frontier, New York 1969.

Stadling, J., Through Siberia, Hrsg. F.H.H. Guillemard, London 1901.

Stajner, Karlo, 7000 Tage in Sibirien, Wien 1975.

Starr, Frederick (Hrsg.), Russia's American Colony. Durham (North Carolina) 1987.

Stejneger, Leonhard, Georg Wilhelm Steller: The Pioneer of Alaskan Natural History, Cambridge 1936.

Steller, Georg Wilhelm, Reise von Kamtschatka nach Amerika, St. Petersburg 1793.

- ders., Beschreibung von dem Lande Kamtschatka, in: Scurla, Herbert (Hrsg.), Jenseits des Steinernen Tores. Reisen deutscher Forscher des 18. und 19. Jahrhunderts durch Sibirien, Berlin 1976.

Stephan, J.J., The Kuril Islands, Russo-Japanese Frontiers in the Pacific, Oxford 1974.

- ders., Sakhalin. A History, Oxford 1971.

Stratton, Joanna, Pioneer Women, New York 1981.

Sumner, B.H., Survey of Russian History, London 1944.

Suslov, S.P., Physical Geography of Asiatic Russia, übers. v. Noah D. Gershevsky, San Francisco 1961.

Sutherland, Christine, Die Prinzessin von Sibirien. Maria Wolkonskaja und ihre Zeit, Frankfurt a. M. 1991.

Swearingen, Roger (Hrsg.), Siberia and the Soviet Far East: Strategic Dimensions in Multinational Perspective, Stanford 1987.

Taft, Marcus Lorenzo, Strange Siberia. Along the Trans-Siberian Railway, New York 1911.

Tang, P.S.H., Russian Policy in Manchuria and Outer Mongolia, 1911–1917, Durham (North Carolina) 1959.

Tikhmenev, P.A., A History of the Russian-American Company, Hrsg. und Übers. Richard A. Pierce und Alton S. Donnelly, Seattle 1978.

- ders., Supplement of Some Historical Documents to the Historical Review of the Formation of the Russian-American Company, übers. v. Dimitri Krenov, 2 Bde., Seattle 1938.

Tilley, Henry Arthur, Japan, the Amoor and the Pacific, London 1861.

Titov, Andrei A., Sibir v XVII v. Sbornik starinnykh russkikh statei o Sibiri i prilezhashchikh nei zemliakh [Sibirien im Siebzehnten Jahrhundert. Eine Sammlung alter russischer Artikel über Sibirien und die angrenzenden Länder], Moskau 1890.

Tolstoi, Leo, Auferstehung, 4. Aufl., Frankfurt a. M. 1991.

Tompkins, Stuart R., Alaska: Promyshlennik and Sourdough, Norman (Oklahoma) 1945.

Tooke, William, View of the Russian Empire, During the Reign of Catherine the Second and to the Close of the Eighteenth Century, Bd. 3, London 1800.

Tracy, James D., True Ocean Found, Minneapolis 1980.

Treadgold, Donald W., The Great Siberian Migration. Princeton 1957.

Trotsky, Leon, My Flight from Siberia, New York 1925.

Tschechow, Anton, Die Insel Sachalin, Zürich 1987.

Tupper, Harmon, To the Great Ocean: Siberia and the Trans-Siberian Railway, London 1965.

Urness, Carol, Bering's First Expedition: A Re-examination based on Eighteenth-Century Books, Maps, and Manuscripts, New York 1987.

Utley, Robert M., The Indian Frontier of the American West 1846–1890, Albuquerque 1984.

- ders. und Wilcomb E. Washburn, Indian Wars, Boston 1987.

Vainschtein, Saryan, The Peoples of Southern Siberia, Oxford 1980.

Vernadsky, George, The Mongols and Russia, New Haven 1953.

- ders., The Tsardom of Moscow, 1547–1682, New Haven 1969.

Vladimir (Pseudonym von Zenone Volpicelli), Russians on the Pacific and the Siberian Railway, London 1899.

Von Laue, Theodore H., Sergei Witte and the Industrialization of Russia, New York 1963.

Vucinich, Aleksandr, Science in Russian Culture (to 1800), Stanford 1963.

Vvedenskiy, A.A., Dom Stroganovkh v XVI–XVII vekakh [Das Haus Stroganow im Sechzehnten und Siebzehnten Jahrhundert], Moskau 1962.

Walder, David, The Short Victorious War. The Russo-Japanese Conflict 1904–5, London 1973.

Waliszewski, K., Ivan the Terrible, übers. v. Lady M. Lloyd, Philadelphia 1904.

Wallace, Donald MacKenzie, Russia, New York 1905.

Wallace, Henry A., Soviet Asia Mission, New York 1946.

Ward, John, With the »Die-Hards« in Siberia, London 1920.

Warner, Denis und Peggy, The Tide at Sunrise: A History of the Russo-Japanese War 1904–5, London 1974.

Watrous, Stephen (Hrsg.), Fort Ross: The Russian Settlement in California, Jenner (Kalifornien) 1978.

- ders. (Hrsg.), John Ledyard's Journey Through Russia and Siberia, 1787–1788. The Journal and Selected Letters, Madison 1966.

Waxell, Sven, The Russian Expedition to America, übers. v. M.A. Michael, New York 1962.

Westwood, J.N., A History of Russian Railways, London 1964.

- ders., The Russo-Japanese War, London 1973.

White, J.A., The Diplomacy of the Russo-Japanese War, Princeton 1964.

- ders., The Siberian Intervention, Princeton 1950.

Wieczynski, J.L. (Hrsg.), The Modern Encyclopedia of Russian and Soviet History [MERSH], 47 Bde., Gulf Breeze (Florida) 1976–88.

Withey, Lynne, Voyages of Discovery: Captain Cook and the Exploration of the Pacific, New York 1987.

Witte, Sergej Julewitsch, Graf, Erinnerungen, aus d. Russ. v. H. v. Horner, Berlin 1923.

Wood, Alan und R.A. French (Hrsg.), The Development of Siberia. People and Resources, New York 1989.

- dies. (Hrsg.), The History of Siberia. From Russian Conquest to Revolution, London 1991.

Wrangel, Ferdinand von, Reise längs der Nordküste von Sibirien und auf dem Eismeere in den Jahren 1820 bis 1824, Berlin 1839.

Wright, George Frederick, Asiatic Russia, 2 Bde., New York 1902.

Wright, Richardson L. und B. Digby, Through Siberia. An Empire in the Making, New York 1913.

Yakhontoff, Victor A., Russia and the Soviet Union in the Far East, London 1932.

Yarmolinsky, Avrahm, Road to Revolution: A Century of Russian Radicalism, Princeton 1957.

Zonn, J.G., Through Siberia by Train, San Francisco 1976.

ESSAYS UND ARTIKEL

SUPAR Report, 1988–91, Eine Informationssammlung, veröffentlicht vom Zentrum für die Sowjetunion in der Region Pazifik-Asien, University von Hawaii, Honolulu.

Ames, E. »A Century of Russian Railway Construction, 1837–1936,« American Slavic and East European Review, 6 (1947).

Andreev, Aleksandr I., »Trudy G.F. Miller o Sibiri« [»Die Arbeiten von G. F. Müller über Sibirien«], in: Müller, Istoriia Sibiri [Geschichte Sibiriens], Bd. 1, S. 57–144.

Andrews, Clarence L., »Alaska Under the Russians – Industry, Trade, and Social Life«, Washington Historical Quarterly, 7 (1916).

Armstrong, Terence E., »Cook's Reputation in Russia«, in Captain James Cook and His Times, Hrsg. Robin Fisher und Hugh Johnston, S. 121–8 und 248–50.

Ault, Philip, »The (Almost) Russian-American Telegraph«, American Heritage, 26 (1975), S. 12–15 und 92–98.

Baikalov, Anatole V., »The Conquest and Colonization of Siberia«, Slavonic Review, 10 (1932), S. 557–571.

Bakhrushin, Sergei V., »G.F. Miller kak istorik Sibiri« [»G. F. Müller als Historiker Sibiriens«], in Müller, Istoriia Sibiri [Geschichte Sibiriens], Bd. 1, S. 5–55.

Bassin, Mark,»Expansion and Colonization on the Eastern Frontier: Views of Siberia and the Far East in Pre-Petrine Russia«, Journal of Historical Geography, 14 (1988), S. 3–21.

Belyakov, Vladimir,»Terrorism Rejected«, Soviet Life (Juni 1987), S. 49–50.

Boxer, Charles R.,»Jesuits at the Court of Peking, 1601–1775«, History Today, 7 (1957), S. 580–589.

Blomkvist, E.E.,»A Russian Scientific Expedition to California and Alaska, 1839–1849«, (übers. v. Basil Dmytryshyn und E.A.P. Crownhart-Vaughan), Oregon Historical Quarterly, 73 (1972), S. 101–170.

Bolkhovitinov, Nikolay N.,»The Adventures of Doctor Schaffer in Hawaii, 1815–1819«, Hawaiian Journal of History, 7 (1973), S. 55–78.

Bradley, Harold Whitman,»The Hawaiian Islands and the Pacific Fur Trade, 1785–1813«, Pacific Northwest Quarterly, 30 (1939), S. 275–299.

Bruemmer, Fred,»Life upon the Permafrost«, Natural History, 96, Nr.4 (April 1987), S. 31–8.

Chard, Chester,»Soviet Scholarship on the Prehistory of Asiatic Russia«, American Slavic and East European Review, 22 (1963), 538–546.

Chertkov, Vladimir,»Taimyr«, Soviet Life (März 1988), S. 48–53.

Dall, W.H.,»A Critical Review of Bering's First Expedition 1725–1730, Together with a Translation of His Original Report Upon It«, National Geographic Magazine, 2 (1890), S. 111–166.

Dmytryshyn, Basil,»Russian Expansion to the Pacific, 1580–1700: A Historiographical Review«, Slavic Studies, 25 (1980), S.1–25.

Dufour, Clarence John, E. O. Essig et al.»The Russians in California«, California Historical Quarterly, 12(1933), S. 189–276.

Dumond-Fillon, Remy,»Historique de l'exploration scientifique du Pacifique par les Russes«, Cahiers d'histoire du Pacifique (1978), S. 13–37.

Dunlop, John B., Besprechung von Valentin Rasputins»Siberia on Fire« in der New York Times Book Review, 17. Dezember 1989, S. 25.

Edwards, Mike,»Siberia: In from the Cold«, National Geographic, 177, Nr. 3 (März 1990), S. 2–39.

Fisher, Raymond H.,»Mangazeia: A Boom Town of Seventeenth Century Siberia«, Russian Review, 4 (1944), S. 89–99.

Frank, V.S.,»The Territorial Aims of the Sino-Russian Treaty of Nerchinsk, 1689«, Pacific Historical Review, 16 (1947), S. 264–70.

Golder, Frank A., »The Purchase of Alaska«, American Historical Review, 25 (1920), 411–425.

- ders., »Russian-American Relations During the Crimean War«, American Historical Review, 31 (1926), 462–476.

Hirabayashi, Hirondo, »The Discovery of Japan from the North«, Japan Quarterly, 4 (1957), S. 318–328.

Kerner, Robert J., »The Russian Movement Eastward: Some Observations on Its Historical Significance«, Pacific Historical Review, 17 (1948), S. 135–48.

King, Jonathan F., »Nature Reserves of the U.S.S.R.«, Sierra (Mai/Juni 1987), S. 38–45.

Kinloch, Alexander, »Trade and the Siberian Railway«, Monthly Review, 2 (1901), S. 60–71.

Kirby, E. Stuart, »The Trail of the Sable: New Evidence of the Fur Hunters of Siberia in the Seventeenth Century«, Slavic Studies, 27 (1981), S. 105–118.

Kropotkin, P., »The Great Siberian Railway«, Geographical Journal, 5 (1895), S. 146–154.

Kushner, Howard, »The Russian-American Diplomatic Contest for the Pacific Basin and the Monroe Doctrine«, Journal of the West, 15 (1975), S. 65–80.

Lantzeff, George V., »Russian Eastward Expansion before the Mongol Invasion«, American Slavic and East European Review, 6 (1947), S. 1–10.

Lattimore, Owen, »New Road to Asia«, National Geographic Magazine, 86 (1944), S. 641–676.

Lin, T. C., »The Amur Frontier Question Between China and Russia, 1850–1860«, Pacific Historical Review, 3 (1934), S. 1–27.

Liubimenko, Inna I., »A Project for the Acquisition of Russia by James I«, English Historical Review, 29 (1914), S. 246–56.

- dies., »The Struggle of the Dutch with the English for the Russian Market in the Seventeenth Century«, Transactions of the Royal Historical Society, 7 (1924), S. 27–51.

Luthin, R., »Russian Opinion on the Cession of Alaska«, American Historical Review, 48 (1943), S. 521–531.

- ders., »The Sale of Alaska«, Slavonic and East European Review, 17 (1937), S. 168–182.

Marks, Steven G., »The Burden of Siberia: The Amur Railroad Question in Russia,

1906–1916«, vorgetragen bei der AAASS-Konferenz in Honolulu, November 1988.

Mazour, Anatole G., »Dimitry Zavalashin, Dreamer of a Russian-American Empire«, Pacific Historical Review, 5 (1936), S. 26–37.

McAleavy, Henry, »China and the Amur Provinces«, History Today, 14 (1964), S. 381–90.

McCarten, E.F., »The Long Voyages: Early Russian Circumnavigation«, Russian Review, 22 (1963), S. 30–8.

Nichols, Robert und Robert Croskey (Hrsg.), »The Condition of the Orthodox Church in Russian America«, Pacific Northwest Quarterly, 63 (1972), S. 41–54.

Pereira, N.G.O., »White Power During the Civil War in Siberia (1918–1920): Dilemmas of Kolchak's War Anti-Communism«, Canadian Slavonic Papers, 29 (1987), S. 45–62.

Sherwood, Morgan B., »Science in Russian America, 1741–1865«, Pacific Northwest Quarterly, 58 (1967) S. 33–39.

Skrynnikov, R. G., »Ermak's Siberian Expedition« (übers. v. Hugh F.Graham), Russian History/Histoire Russe, 13 (1986), S. 1–39.

Somov, Yuri und Oleg Makarov, »Buryatia. A Republic on Lake Baikal«, Soviet Life (März 1988), S. 41–7.

Stutz, Bruce, »Hurricanes of the Arctic Night«, Natural History, 96, Nr. 12 (Dezember 1986), S. 67–73.

Turnbull, D., »The Defeat of Popular Representation, December 1904«, Slavic Review, 48, Nr. 1 (1989), S. 62–72.

Vernadsky, George, »The Death of the Tsarevich Dmitry«, Oxford Slavonic Papers, 5 (1954), S. 1–19.

Vickers, C.E., »The Siberian Railway in War«, Royal Engineers Journal, 2 (1905), S. 130–138.

Voichenko-Markov, Euphesimia, »John Ledyard and the Russians«, Russian Review, 11 (1952), S. 211–222.

Wheeler, Mary E., »Empires in Conflict and Cooperation: The 'Bostonians' and the Russian-America Company«, Pacific Historical Review, 40 (1971), S. 419–441.

- dies., »The Origins of the Russian-America Company«, Jahrbücher für Geschichte Osteuropas, 14 (1966), S. 485–494.

Wildes, Harry Emerson, »Russia Meets the Japanese«, Russian Review, 3 (1943), S. 55–63.

- ders., »Russia's Attempts to Open Japan«, Russian Review, 5 (1945), S. 70–9.

Wiren-Garczynski, Vera von, »Russian America«, Soviet Life (Mai 1990), S. 55.

Yarmolinsky, Avrahm, »A Rambling Note on the 'Russian Columbus' Nikolai Petrovich Rezanov«, Bulletin of the New York Public Library, 31 (1927), S. 707–713.

- ders., »Shelikhov's Voyage to Alaska. A Bibliographical Note«, Bulletin of the New York Public Library, 36 (1932), S. 141–48.

Zavalishin, Dimitri, »California in 1824« (Übers. und mit Anm. versehen v. James R. Gibson), Southern California Quarterly, 55 (1973).

REGISTER

ALËUTEN

ALASKA

Beringmeer

Cook
Inlet

Kenai-Hi.

Kayak

KAMTSCHATKA

Kommandeurinseln

Alaska-
Halbinsel

Unimak

Unalaskap

Alexander-
Archipel

Petropawlowsk

Nahe
Inseln

Ratten-I.

Andreanow

Fuchs-I.
Unmak

Schumagin

Berings Route ⋯⋯⋯⋯
Ischirikows Route ─────

PAZIFISCHER OZEAN

120

80

90

N O R D P O L A R

60

70

Barents-
see

NOWAJA SEMLJA

Karasee

Kap Tscheljuskin

TAIMYR-
HALBINSEL

Karastraße

Archangelsk

Jugor - straße

Obdorsk

Ob-Busen

(Norilsk)

Hatanga

Bereschow

Mangaseja

Tas

Turuchansk

Perm

Ob

Jenissej

Surgut

Jekaterinburg

Tjumen

Tobolsk

Ob

Narym

Tscheljabinsk

Tobol

(Magnitogorsk)

Omsk

Tomsk

Jenissejsk

Angara

Krasnojarsk

Bratsk

Nowosibirsk

Irtysch

Nowokusnezk

Irkutsk

SIBIRIEN

0   800km

SAJANGEBIRGE

ALTAI GEBIRGE

URAL-GEBIRGE

Entdeckungs- und
Erschließungsrouten
(17. Jahrhundert)

++++++ Trasse der Transsibirischen
Eisenbahn (1891–1905)